Controverses

Custom Third Edition

Larbi Oukada| Didier Bertrand | Janet Solberg

CENGAGE Learning®

Australia • Brazil • Japan • Korea • Mexico • Singapore • Spain • United Kingdom • United States

CENGAGE Learning

Controverses: Custom Third Edition

Controverses, Troisième Edition
Larbi Oukada| Didier Bertrand | Janet Solberg

For product information and technology assistance, contact us at
Cengage Learning Customer & Sales Support, 1-800-354-9706
For permission to use material from this text or product,
submit all requests online at **cengage.com/permissions**
Further permissions questions can be emailed to
permissionrequest@cengage.com

This book contains select works from existing Cengage Learning resources and was produced by Cengage Learning Custom Solutions for collegiate use. As such, those adopting and/or contributing to this work are responsible for editorial content accuracy, continuity and completeness.

ISBN: 9781337049023

Cengage Learning
20 Channel Center Street
Boston, MA 02210
USA

Cengage Learning is a leading provider of customized learning solutions with office locations around the globe, including Singapore, the United Kingdom, Australia, Mexico, Brazil, and Japan. Locate your local office at:
www.international.cengage.com/region.

Cengage Learning products are represented in Canada by Nelson Education, Ltd.

For your lifelong learning solutions, visit **www.cengage.com/custom.**

Visit our corporate website at **www.cengage.com.**

Table des matières

Preface

Welcome to *Controverses!* As you continue your study of French with this book, you will find that ***Controverses*** makes it possible for you to discuss relevant topics and express your opinions about them both orally and in writing. This new level of sophistication will be challenging for you, of course, but it is extremely rewarding to be able to discuss topics of interest to you, to express and defend your ideas, and to project your personality in a foreign language. You'll find that ***Controverses*** provides you with interesting topics and the necessary linguistic support (vocabulary words, discussion questions, socially relevant readings, etc.) to help you discuss them, but remember, the energy and effort necessary to maintain a conversation must come from you. Don't worry about speaking perfectly—at the intermediate level, everyone makes mistakes. However, the desire to communicate is one of the most important factors in getting your point across, and focusing on that desire will help you make real progress.

Much of the grammar in ***Controverses*** will seem at least somewhat familiar to you. This will give you the opportunity to refine and deepen your understanding of some grammar points and gain more confidence about structures you were perhaps unsure of the first time you saw them. We hope it has become clear to you by now that grammar is a means to an end—a way to communicate your ideas more clearly and elegantly to others. ***Controverses*** offers you many exercises to help you practice grammar, but we want you to see them as a means of self-expression and communication with others and as a way to have fun with the linguistic progress you are making.

At some point in the future, we hope that you will find yourself having a truly satisfying conversation with another French speaker—a conversation that would not be possible if you couldn't speak French. Such conversations can truly foster the hope that by communicating across cultural and linguistic differences, we can make the world a safer, friendlier, and more interesting place for us all. When that conversation takes place, we hope that ***Controverses*** will have played a role in making that exhilarating experience possible.

Acknowledgments

The authors are deeply indebted to the editorial, marketing, and production staff of Cengage Learning, in particular Beth Kramer, Isabelle Alouane, and Aileen Mason. Special thanks to third edition editors Martine Edwards, Mayanne Wright, and Thomas Pauken for their intelligence and generosity.

Larbi Oukada would like to thank Christopher and Dan Oukada for their love and understanding. Didier Bertrand extends his most heartfelt gratitude and love to his generous wife Brenda and his wonderful sons, Nicolas and Matthieu, who have given up so much in the name of this project. Both Larbi and Didier would also like to mention the help they have received from many colleagues and friends: Rosalie Vermette and Brenda Bertrand, who field-tested the program in their classes and provided invaluable suggestions for improvement; Lizbeth Bernard, Amy Reinsel, and Ellen Sexauer for their insights and continued support. Last, but not least, they owe a big debt of gratitude to their students who have been very instrumental in testing and shaping this program.

Jan Solberg would like to acknowledge her many pedagogical mentors and collaborators who helped to make her into a teacher and textbook author: Ron Chastain, Don Rice (who is sorely missed), Janka Zask, Wendy Allen, Wendy Nelson, Terri Nelson and Lara Semones. For their support and encouragement, she thanks her friends and family (especially her husband, John Townsend) and her present colleagues at Kalamazoo College (especially Larissa Dugas). The current edition would not have been possible without the patience and help of French friends and colleagues (almost) too numerous to mention: Alain and Dominique, Bruno and Isabelle, Hélène, Simon, Joëlle and Jacques, Isabelle, Jérome, Nathalie, Agnès, Bernard and Marie-Thérèse, Bruno, Claudine, Dominique and Marc, Marion and Christophe – and the cultural hybrids, Dave Sheehan and Mary Vigier. Words cannot express the thanks she owes to Martine Edwards and Tom Pauken. Most importantly, she wants to express her affection to all of her students, who continue to make language teaching the best job in the world.

The author team would also like to thank our many colleagues who served as readers, consultants, and advisors on this project. Your comments and suggestions were invaluable to us.

List of reviewers

Eric Anderson, *University of Wisconsin-Milwaukee*
Hélène Blondeau, *University of Florida*
Jennifer Branton-Desris, *East Stroudsburg University of Pennsylvania*
Marc Brudzinski, *University at Purchase, SUNY*
Daniele Chatelain Slusser, *University of Redlands*
Rosalie Cheatham, *University of Arkansas at Little Rock*
Nathalie Dieu-Porter, *Vanderbilt University*
Larissa Dugas, *Kalamazoo College*
Beatrice Dupuy, *University of Arizona*
Nina Furry, *University of North Carolina at Chapel Hill*
Harry Gamble, *the College of Wooster*
Joel Goldfield, *Fairfield University*
Sarah Gordon, *Utah State University*
Cynthia Hahn, *Lake Forest College*
Christian Hommel, *University of Virginia*
Jessica Jensen, *University of Southern Indiana*
Michael Johnson, *University of Texas at Austin*
Christa Jones, *Utah State University*
Martine Kincaid, *Southern Methodist University*
Véronique Martin, *University at Albany, SUNY*
Kathryn McGroarty, *The Madeira School*
Victoria Minnett, *Crossroads School for Arts & Sciences*
Geraldine O'Neill, *Pace University*
Sara Ortega, *Lee University*
Lynn Palermo, *Susquehanna University*
Alexandra Parfitt, *Villanova University*
Robert Reichle, *Northern Illinois University*
Levilson Reis, *Otterbein University*
Stephanie Schechner, *Widener University*
Bendi Schrambach, *Whitworth University*
Stephanie Silvestre, *Ohio State University*
Melissa Skidmore, *University of Texas at Austin*
Catherine Theobald, *Brandeis University*
Jennifer Vanderheyden, *Marquette University*
Nicola Work, *University of Dayton*

CHAPITRE PRÉLIMINAIRE

Un premier contact

© William Perugini /Shutterstock.com

Objectifs communicatifs

COMMUNICATION

- Faisons connaissance!
- Discutons un peu!
- Lecture: L'étude du français est-elle importante aujourd'hui?
- Apprenons à écrire! La dialectique hégélienne

LIENS GRAMMATICAUX

- **Il/elle est** et **c'est**
- Le présent de l'indicatif

Controverse: Dans ce livre, vous aurez l'occasion de discuter de sujets d'importance individuelle et sociale. Bien qu'apprendre une langue étrangère soit un acte personnel, il s'agit en même temps d'un travail collectif. Vous allez donc souvent travailler avec un(e) partenaire et en groupes. Les exercices qui suivent vous permettront de mieux connaître vos camarades de classe et d'apprendre le vocabulaire qui vous permettra de participer efficacement à la conversation.

Faisons connaissance!

A Trouvez quelqu'un qui... Levez-vous, et circulez dans la classe. Posez les questions suivantes à différents camarades de classe. Quand quelqu'un (*someone*) répond «oui», écrivez son nom dans le tableau suivant. Notez aussi sa réponse à la deuxième question s'il y en a une. Si la personne répond «non», passez à un(e) autre étudiant(e) et posez la même question.

Modèle: Trouvez quelqu'un qui… regarde le football américain le lundi soir à la télé.
—Est-ce que tu regardes le football américain le lundi soir à la télé?
—Oui, je le regarde.
—Comment t'appelles-tu?
—Je m'appelle John. *(Vous écrivez «John» dans le tableau.)*

TROUVEZ QUELQU'UN QUI…	PRÉNOMS
1. … regarde le football américain le lundi soir à la télé.	*John*
2. … joue d'un instrument de musique. Lequel?	
3. … utilise «Facebook» tous les jours ou presque.	
4. … aime les émissions de télé-réalité. Lesquelles?	
5. … a seulement trois bon(ne)s ami(e)s.	
6. … a déjà voyagé à l'étranger *(abroad)*. Où?	
7. … a un(e) ami(e) ou un(e) parent(e) *(relative)* qui est ou a été militaire.	
8. … aime les anchois *(anchovies)*.	
9. … envoie beaucoup de textos *(text messages)* à ses amis.	
10. … a peur de parler en classe.	

B Qui es-tu? Choisissez cinq des questions suivantes et posez-les à un(e) camarade de classe que vous ne connaissez pas encore. Prenez quelques notes pour pouvoir ensuite présenter votre partenaire à la classe.

1. Comment t'appelles-tu? Quel âge as-tu?
2. Où est-ce que tu habites? (dans une résidence universitaire / dans un appartement / dans une maison…) Depuis quand est-ce que tu habites à [ville]?
3. As-tu des frères et sœurs? (Ou bien: As-tu des enfants?) Combien?
4. En quelle année es-tu au lycée / à l'université? (en première, deuxième, troisième, quatrième année, en maîtrise…)
5. Qu'est-ce que tu fais comme études *(major)*? Pourquoi est-ce que tu te spécialises dans cette matière *(subject)*?

6. Qu'est-ce que tu veux faire quand tu auras obtenu ton diplôme?
7. Depuis quand est-ce que tu apprends le français? Depuis le lycée? Depuis l'université? Depuis ton enfance?
8. As-tu déjà visité la France? Le Québec? Un autre pays francophone? Combien de temps as-tu passé dans ce(s) pays?
9. Avez-vous un emploi maintenant? Où est-ce que tu travailles? Est-ce que tu travailles à plein temps? à temps partiel? Combien d'heures par semaine est-ce que tu travailles?
10. Qu'est-ce que tu aimes faire quand tu as du temps libre? (sport, cuisine, cinéma, théâtre, littérature, musique, peinture, sieste…)
11. Quel est ton bar/café/restaurant préféré? Ton film ou roman préféré?

Liens grammaticaux

IL/ELLE EST ET *C'EST*

Quelle expression doit-on employer pour dire *he/she/it is*? **Il/elle est** ou **c'est?** Cela dépend du contexte. En général, on utilise **il/elle est** avec des adjectifs ou un nom qualifié qui indique une profession (dans ce cas, il faut supprimer l'article indéfini). On utilise **c'est** avec des substantifs ou un adjectif ou adverbe qui décrit une idée ou une situation.

Consultez le chapitre préliminaire du ***Cahier d'activités*** pour réviser l'emploi des expressions **il/elle est, ils/elles sont, c'est** et **ce sont.**

A Beaucoup de questions! Vous êtes dans la cour de l'université et une nouvelle connaissance vous pose beaucoup de questions. Complétez vos réponses en utilisant **il/elle est, ils/elles sont, c'est** ou **ce sont.**

1. Qui est la personne là-bas?

   ________ Monsieur Leclerc, mon professeur de français. ________ est très sympa.

2. Et les deux jeunes gens avec qui tu parlais tout à l'heure?

   ________ deux amis, Marc et Olivier. ________ beaux, non?

3. Et à côté de la fontaine, ________ ta colocataire?

   Oui, ________ elle. ________ étudiante de 2e année.

4. Dis, qu'est-ce que c'est, les bâtiments derrière la fontaine?

   ________ des résidences universitaires. ________ assez vieilles.

B **Permettez-moi de vous présenter…** Révisez vos notes de l'activité A, **page 5.** Ensuite, présentez votre partenaire en utilisant **c'est** ou **il/elle est** selon le contexte.

Modèle: Voilà Marie. Elle est en 2e année et elle fait des études de chimie. Elle…

C **Votre professeur se présente.** Votre professeur va se présenter à la classe. Écoutez ce qu'il/elle dit et notez quelques détails dans le tableau ci-dessous. Si votre professeur ne donne pas d'information dans une ou plusieurs catégories, mettez un «X» dans la/les case(s) correspondante(s). Ensuite, écrivez un petit résumé de ce que votre professeur a dit. N'oubliez pas d'utiliser **c'est, ce sont, il/elle est** ou **ils/elles sont** selon le contexte.

CATÉGORIE	RÉPONSES
1. la date de son anniversaire	
2. où il/elle a fait ses études	
3. s'il / si elle a des animaux	
4. les pays francophones qu'il/elle a visités	
5. ce qu'il/elle aime faire pendant son temps libre	
6. sa couleur préférée	
7. son restaurant préféré	
8. d'autres détails que le professeur a mentionnés	

De quoi parle-t-on?

Sandrine pense qu'il faut supprimer *(eliminate)* les examens à l'université, mais Rachid n'est pas tout à fait d'accord avec elle. Écoutez leur conversation et répondez aux questions suivantes.

QUESTIONS

1. Pour quelles raisons est-ce que Sandrine n'aime pas les examens?
2. Quelles sont les deux expressions que Sandrine utilise pour donner ses raisons? («____________, c'est trop… » / «Et ____________, un ou deux examens… »)
3. Quelle raison est-ce que Rachid donne pour justifier les examens?
4. Sandrine propose de remplacer les examens par des devoirs *(papers)* ou des exposés (présentations orales) aux examens. Quelle est la réaction de Rachid à cette idée?

Liens grammaticaux

LE PRÉSENT DE L'INDICATIF, *DEPUIS* ET *IL Y A*

Le **présent** s'utilise pour dire ce qui se passe 1) maintenant ou bientôt, 2) habituellement ou 3) éternellement.

Le présent du verbe **aller** + infinitif indique une action qui va se passer bientôt, et le présent de **venir** + **de** + infinitif indique une action qui vient d'avoir lieu *(just happened).*

Le mot **depuis** et l'expression **il y a** s'utilisent avec le présent de l'indicatif pour décrire une action ou un état d'esprit qui a commencé dans le passé mais qui continue dans le présent.

Consultez le chapitre préliminaire du ***Cahier d'activités*** pour réviser la formation et l'emploi du présent de l'indicatif et l'usage de **depuis** et **il y a.**

A Le premier jour de cours. Jouez la conversation entre Marc et Sophie sur leurs aptitudes en langues et leurs habitudes. Variez le type de questions que vous posez (inversion, **est-ce que**).

Modèle: Comment / tu / s'appeler?
Je / s'appeler / Sophie

Comment est-ce que tu t'appelles? ***ou***
Comment t'appelles-tu?
Je m'appelle Sophie.

1. Combien de / langues / tu / parler?
   Je / parler / trois langues: anglais / français / chinois
2. Tu / ne… pas apprendre / l'espagnol?
   Non, / je / ne… pas apprendre / l'espagnol / en ce moment
3. Tu / finir / tes devoirs / à l'heure *(on time)*?
   Oui, je / être / très consciencieux (-euse)
4. Combien de temps / tu / passer / à / faire / tes devoirs?
   Je / passer / deux heures / d'habitude / à / faire / mes devoirs, sauf quand / je / écrire / une longue dissertation
5. Tu / faire / tes devoirs / le matin?
   Oui, parce que / je / se coucher / tôt. Et toi, / quand / tu / travailler?
6. Moi, / je / ne… pas pouvoir / travailler / le matin
   Je / comprendre. De plus, / tu / courir / le matin / avec l'équipe d'athlétisme, *(track team)* / n'est-ce pas?

B **Vive les vacances!** Qu'est-ce que vous faites d'habitude quand vous êtes en vacances? Utilisez les phrases suivantes, ou bien créez des phrases personnelles. Avec un(e) partenaire, mentionnez *au moins* cinq activités.

Modèle: (Vous) *Mes amis et moi, nous faisons du lèche-vitrines.*

	faire la grasse matinée *(sleep in)*
	travailler pour gagner de l'argent
	aller au cinéma
Je	envoyer des mails
Mes amis et moi, nous	prendre un café avec des amis
Avec mes parents, je	avoir des conversations sérieuses
Mon frère / Ma sœur	s'amuser avec [mes/ses/nos/leurs] amis
Les étudiants	rendre visite à [mes/ses/nos/leurs] grands-parents
???	sortir en boîte *(go to a club)*
	lire un bon roman policier *(detective novel)*

C **Habitudes et préférences.** Complétez les phrases au présent pour parler de vos habitudes et de vos préférences personnelles. Pour chaque phrase, employez un verbe différent.

Modèle: Quand je suis stressé(e), *j'écoute de la musique.*

1. Quand je suis stressé(e), je…
2. Pour étudier, je…
3. Quand j'ai le temps, je…
4. Avec mes amis, je…
5. D'habitude, le week-end, je…

D **Le temps passe.** À tour de rôle, posez des questions à votre partenaire en utilisant les éléments donnés.

Modèle: Depuis / combien de temps / habiter à [nom de ville]?
Depuis combien de temps est-ce que tu habites à [nom de ville]?
J'habite à [nom de ville] depuis deux ans.
Il y a… que / combien de temps / étudier le français?
Il y a combien de temps que tu étudies le français?
Il y a deux ans que j'étudie le français.

1. Depuis / quand / être à l'université?
2. Depuis / combien de temps / connaître ton/ta meilleur(e) ami(e)?
3. Il y a… que / combien de temps / sortir avec ton copain / ta copine?
4. Il y a… que / combien de temps / parler français?
5. Depuis / quand / jouer à [sport]?
6. Il y a… que / combien de temps / fréquenter ton restaurant préféré?

Discutons un peu!

Les expressions et les activités suivantes vont vous aider à défendre vos arguments et à discuter de vos opinions.

Pour exprimer une opinion personnelle
Pour moi…
Selon moi…
À mon avis…
En ce qui me concerne…
Il me semble que…
Je pense que [+ indicatif]… / Je ne pense pas que [+ subjonctif]…
Je crois que [+ indicatif]… / Je ne crois pas que [+ subjonctif]…

Pour exprimer son accord
Je suis d'accord (avec [toi/vous]).
[Tu as / Vous avez] tout à fait raison.
Je suis de [ton/votre] avis.
Absolument!
Tout à fait.

Pour exprimer son désaccord
Je ne suis pas d'accord (avec [toi/vous]).
Je ne suis pas de [ton/votre] avis.
Absolument pas!
Pas du tout!
Tu as / Vous avez peut-être raison, mais…
Cette explication n'est pas mauvaise, mais…
Je vois les choses différemment.

Pour contredire une déclaration exprimée à la négation
Si! («Le café n'est pas une drogue.» «Mais si!»)

Pour développer un argument
Il y a de bonnes raisons pour/de + [infinitif]…
D'abord…
Ensuite…
D'une part… D'autre part…
Finalement…
C'est pourquoi…

Pour introduire un nouvel argument
De plus… Et d'ailleurs…
Et aussi…

Pour contester quelque chose
Cependant… Oui, mais…
Par contre… Pourtant…

Pour donner un exemple
Prenons le cas de… / Dans le cas de…
Par exemple…
D'après l'exemple [du texte / de Marc,…]

A À votre avis. Lisez les phrases suivantes, et dites si vous êtes d'accord ou non. Variez les expressions que vous utilisez pour répondre.

Modèle: —Les transports publics (le bus, le métro) devraient être gratuits *(free).*
—Moi, je suis d'accord. Je pense qu'ils devraient être gratuits.
—Moi, non. À mon avis, c'est une bonne idée, mais c'est impossible: Il faut que quelqu'un paie.

1. Il faut changer les écoles pour assurer une meilleure société.
2. On ne peut pas développer de l'amitié à travers les réseaux sociaux.
3. Les nouvelles technologies permettent au gouvernement de surveiller la vie privée des citoyens *(citizens).* Cela devrait être interdit.
4. Les femmes sont toujours victimes de discrimination, même dans les pays développés.
5. Il faut déréglementer la vitesse *(eliminate the speed limit)* sur toutes les autoroutes.
6. Il faut acheter seulement les produits fabriqués en Amérique du Nord.
7. Les immigrés contribuent de façon favorable à la santé économique de notre pays. Il faut leur permettre de rester ici.
8. Aux États-Unis, l'anglais doit être la seule langue officielle.

B Controverses. Avec un(e) partenaire, discutez de ces affirmations en utilisant les expressions de la page 9 pour:

(a) exprimer une opinion,

(b) indiquer qu'on est d'accord ou pas d'accord et

(c) ajouter un argument pour ou contre quelque chose.

Donnez des exemples pour justifier votre opinion.

Modèle: On devrait augmenter *(raise)* le salaire des professeurs.
—Moi, je crois qu'on devrait augmenter le salaire des professeurs. Il faut faire de longues études pour enseigner à l'université.
—Je ne suis pas de ton avis. D'accord, ils ont fait de longues études, mais ils ne font rien pendant l'été, et ils enseignent seulement deux ou trois heures par jour.
—Tu es sérieux (se)? Ils ont beaucoup d'autres responsabilités pendant la journée, et pendant l'été ils doivent faire des recherches. Prenons le cas de notre professeur de biologie. Il…

1. Il faut dénoncer un(e) camarade de classe qui triche *(cheats).*
2. Il faut autoriser les jeunes de plus de 18 ans à boire de l'alcool.
3. Il faut interdire les émissions *(programs)* violentes à la télévision.
4. Il faut supprimer tous les cours obligatoires *(required courses)* à l'université.
5. Tous les étudiants devraient étudier à l'étranger *(study abroad).*

Lecture

Remue-méninges

Vous poursuivez des études de français au lycée ou à l'université. Quelles sont les raisons qui vous motivent à étudier cette langue?

D'abord, faites une liste de cinq raisons qui expliquent pourquoi vous étudiez le français.

Ensuite, comparez votre liste à celle d'un(e) camarade de classe. Vos raisons sont-elles semblables ou différentes?

Enfin, créez une autre liste dans laquelle vous inscrivez les trois meilleures raisons des deux listes.

L'ÉTUDE DU FRANÇAIS EST-ELLE IMPORTANTE AUJOURD'HUI?

Lisez les données *(data)* suivantes sans l'aide d'un dictionnaire pour en comprendre l'essentiel *(the gist)*. Plusieurs raisons sont données pour expliquer l'importance de l'étude du français. Mettez un «P» devant les raisons politiques pour apprendre le français, un «D» devant les raisons diplomatiques, un «E» devant les raisons économiques et un «H» devant les raisons humaines.

Saviez-vous que le français est l'une des langues officielles des Jeux Olympiques?

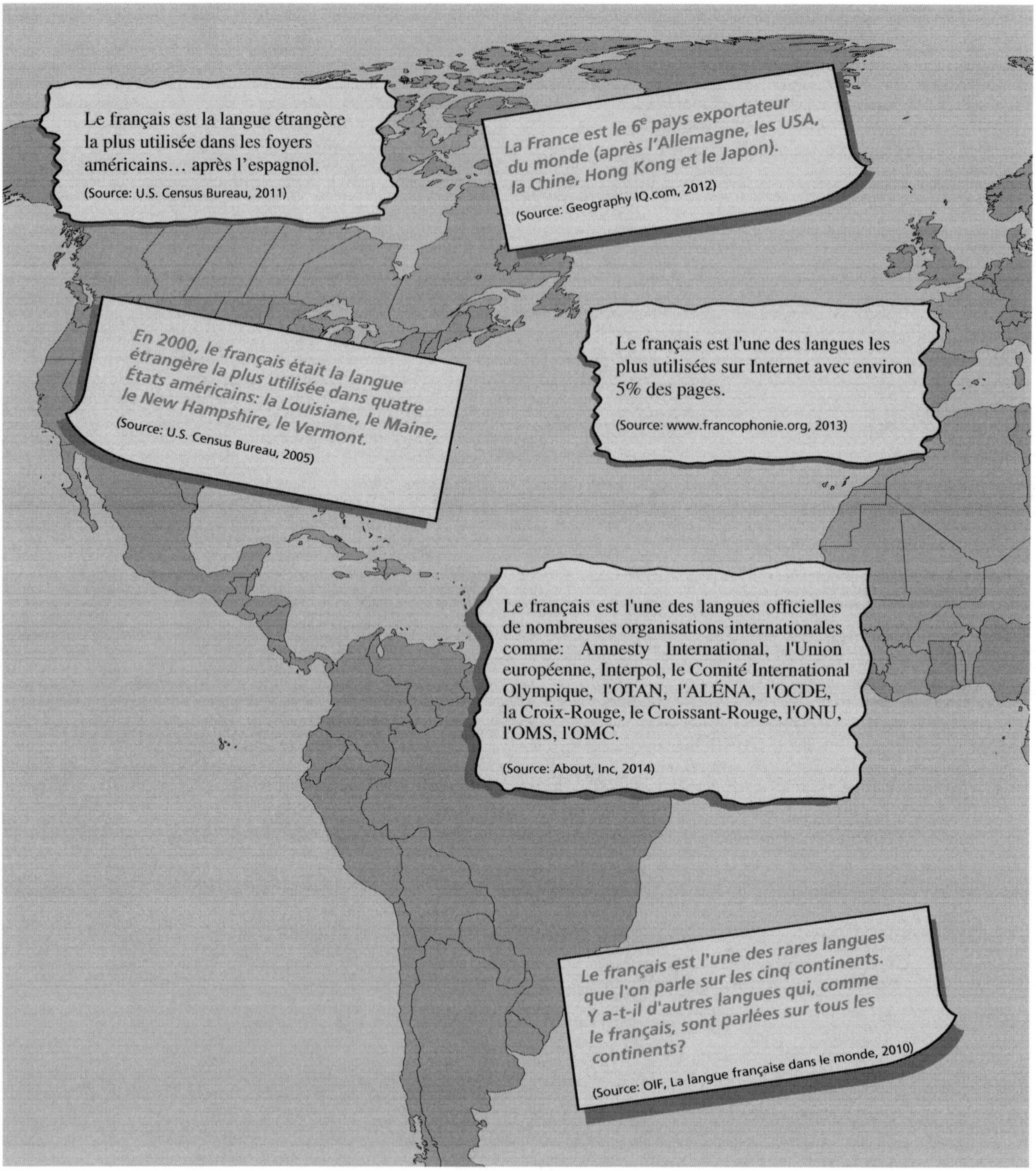
Le français est la langue étrangère la plus utilisée dans les foyers américains… après l'espagnol.
(Source: U.S. Census Bureau, 2011)
La France est le 6e pays exportateur du monde (après l'Allemagne, les USA, la Chine, Hong Kong et le Japon).
(Source: Geography IQ.com, 2012)
En 2000, le français était la langue étrangère la plus utilisée dans quatre États américains: la Louisiane, le Maine, le New Hampshire, le Vermont.
(Source: U.S. Census Bureau, 2005)
Le français est l'une des langues les plus utilisées sur Internet avec environ 5% des pages.
(Source: www.francophonie.org, 2013)
Le français est l'une des langues officielles de nombreuses organisations internationales comme: Amnesty International, l'Union européenne, Interpol, le Comité International Olympique, l'OTAN, l'ALÉNA, l'OCDE, la Croix-Rouge, le Croissant-Rouge, l'ONU, l'OMS, l'OMC.
(Source: About, Inc, 2014)
Le français est l'une des rares langues que l'on parle sur les cinq continents. Y a-t-il d'autres langues qui, comme le français, sont parlées sur tous les continents?
(Source: OIF, La langue française dans le monde, 2010)

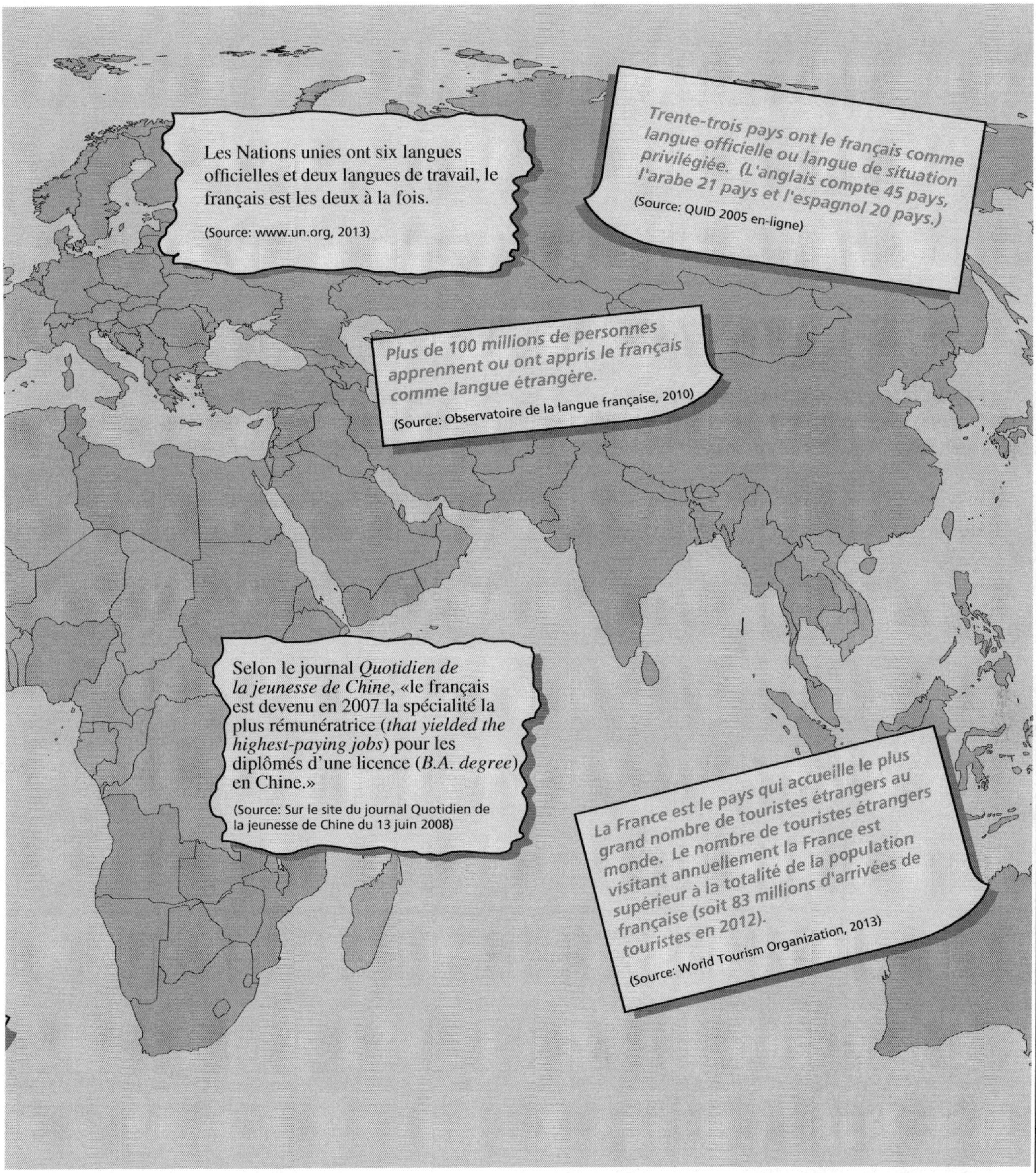

Map: Alliance Francaise: Delegation generale de l'alliance francaise en Chine. Sur le site du journal quotidien de la jeunesse de Chine du 13 juin 2008. (Source: http://www.afchine.org/spip.php? article89)

Avez-vous compris?

1. Dans le monde, combien de pays ont le français comme langue officielle?
2. Combien de langues officielles sont parlées aux Nations unies? Quelles sont-elles?
3. La population française est-elle supérieure ou inférieure au nombre de touristes qui visitent la France chaque année?
4. Selon vous, quelle est la langue étrangère la plus utile? Expliquez votre réponse.

Jeu de rôles: «Le séjour linguistique»

Vous voulez passer un semestre ou une année dans un pays francophone. Votre partenaire joue le rôle de votre père/mère qui pense que c'est une perte de temps *(a waste of time)*. Improvisez ou écrivez un dialogue où chaque personne présente des arguments, réfute les arguments de l'autre, cite des exemples, etc. Soyez convaincant(e)s, et utilisez les expressions que vous avez apprises dans ce chapitre pour exprimer votre opinion et pour développer un argument!

Rédaction guidée

Peer Review

Apprenons à écrire! La dialectique hégélienne

In the French educational system, students learn to write several kinds of compositions (**dissertations**). In this French class, you will learn to write one of them—a five-part essay that uses a technique of argumentation called "Hegelian dialectics."

For example, let's assume for a minute that you are studying at a French school, and you have been assigned **une dissertation** on the importance of the French language to Americans. After spending a few minutes free-writing (in English) and doing some idea mapping, as you may have done in your English composition courses, you might want to engage in a "dialectical discussion" with a classmate who will express a point of view different from your own, in order to play **l'avocat du diable** *(devil's advocate)*. The object of this discussion is to sensitize the participants to another viewpoint on the topic. In this process, participants assume that each viewpoint has strengths and weaknesses, and that even the strongest argument contains inconsistencies. The goal of dialectical discussion, unlike that of today's TV talk shows, is not to make you express your original opinion more loudly and more blindly than ever. Instead, it aims at opening your mind so you can understand and value the points the other side is making. In so doing, you will arrive at a more nuanced position than the one with which you started, and you may even find points of contact and agreement with "opposing" points of view. Let's now look at a concrete example of a dialectic composition.

L'importance du français aux États-Unis

I. The first part of the essay consists of the introduction, in which you explain what your composition is about and show the relevance of the topic. (What are you going to write about? Why is it important and why should I read it?) The introduction should include a striking statistic, anecdote, quote, or image that will grab your reader's attention.

Le français est-il une langue qu'il est encore important d'étudier aux États-Unis? On a vu dans la presse, lors de la guerre en Iraq en 2003, qu'un désaccord entre les gouvernements français et américain a poussé certains restaurants de Washington à adopter l'expression *Freedom fries* pour désigner les pommes de terre frites, ordinairement appelées *French fries*. Symptomatique des relations tendues *(tense)* entre les deux pays, ce changement de nom a inspiré des réactions différentes, depuis le rire jusqu'au boycott des produits d'importation français. Cette crise politique a encouragé les étudiants américains à se demander s'il ne serait pas plus logique aujourd'hui de commencer à étudier l'espagnol. Je voudrais démontrer ici que le rejet de la langue et de la culture françaises reflète un point de vue géopolitique limité et faux.

II. The second part is called **la thèse,** but this French term is not the equivalent of the English word "thesis." In this sort of composition, it simply means, "a statement of arguments that support your position on the subject you are writing about." The **thèse** is stated succinctly in one or two sentences before you begin your argument.

D'un côté, il faut reconnaître que l'étude du français présente des avantages géographiques, politiques et économiques. D'abord, le français n'est pas la langue d'une seule culture, mais de nombreuses cultures différentes, qu'on trouve sur les cinq continents. On parle en effet français en Asie (au Viêt Nam, par exemple), dans les îles du Pacifique (à Tahiti, en Nouvelle Calédonie, entre autres), en Afrique (essentiellement du Nord et de l'Ouest), en Europe, où il sert de langue maternelle non seulement aux Français, mais aussi à certains Belges, Suisses, Luxembourgeois, entre autres, et même en Amérique du Nord (au Québec, en Nouvelle-Écosse, au Nouveau-Brunswick…). Aux États-Unis mêmes, on parle toujours français dans quatre États: en Louisiane, dans le Maine, dans le New Hampshire et dans le Vermont. Donc, loin de disparaître de la carte du monde, le français demeure une langue internationale importante.

Ensuite, en plus de son implantation géographique à travers le monde, le français demeure une des langues principales pour les échanges diplomatiques, puisqu'il compte parmi les langues de travail, notamment, de l'Unesco, du Comité International Olympique et du Fonds monétaire international (FMI).

Enfin, du point de vue économique, notons que les relations franco-américaines continuent à se développer. Le *Department of Commerce, Economics and Statistics Administration* des États-Unis notait, en 2010, que la France était le quatrième investisseur de capitaux aux États-Unis, avec plus de 20 milliards de dollars. Inversement, les États-Unis ont souvent été le plus important investisseur étranger en France au cours des années. Les échanges économiques avec l'Europe justifieraient déjà l'étude de la langue française en Amérique. Quand on considère les rapports économiques entre les États-Unis et les pays africains francophones, cela démontre encore plus nos besoins en compétences liées à la connaissance de la langue française.

On peut donc dire que l'étude du français présente pour les États-Unis des avantages aussi bien à l'échelle mondiale qu'au niveau des nombreux échanges entre les États-Unis et la France.

III. Because the French are more impressed by the ability to understand and articulate the complexities of a topic than by the ability to write a completely one-sided paper, the third part of your composition presents the **anti-thèse.** In this part, you demonstrate a clear understanding of the arguments supporting the *opposing* point of view, and you acknowledge the value of this viewpoint:

Mais d'un autre côté, les raisons pour lesquelles les Américains pensent que le français perd de son importance sont visibles presque tous les jours et sur les mêmes plans: géographique, politique et économique.

D'une part, l'influx d'immigrants hispanophones est évident partout aux États-Unis. On y entend de plus en plus d'espagnol, ce qui n'est pas le cas du français. Il est donc peut-être justifié de se demander à quel moment on va avoir l'occasion de pratiquer son français, alors qu'on est presque sûr de pouvoir parler espagnol avec quelqu'un sur le sol américain.

De plus, du point de vue politique, les États-Unis ont toujours eu tendance à privilégier l'étude de langues plus «critiques», comme l'arabe, le russe et l'espagnol, langues parlées dans des régions du monde où les Américains ont eu besoin de défendre leurs intérêts nationaux plusieurs fois dans l'histoire récente.

Enfin, la situation privilégiée de l'anglais dans le monde peut aussi donner l'impression aux Américains qu'il n'est plus nécessaire de parler une langue étrangère, même dans le cadre *(in the area of)* du commerce, puisque l'anglais occupe le troisième rang des langues maternelles du monde (après le mandarin et l'espagnol), tout en étant la première langue internationale.

En bref, l'insularité du continent nord-américain, l'influence croissante de l'espagnol sur le sol américain et la position privilégiée de l'anglais dans le monde encouragent certains à penser que si on doit étudier une langue étrangère aux États-Unis aujourd'hui, le français n'est pas le meilleur choix.

IV. The fourth part of the dialectic composition—**la synthèse**—is perhaps the most difficult of them all. This synthesis should not simply contain a summary of the arguments advanced in the **thèse** and **anti-thèse,** but should instead introduce a new angle. Earlier arguments may be briefly summarized, but the true goal of the **synthèse** is to take the argument beyond the stalemate set up in the binary oppositions of **thèse** and **anti-thèse** (black/white, good/bad, right/wrong, etc.). This is done by introducing a third element that allows the reasoning to rise above the **thèse** and **anti-thèse.** This new perspective may allow readers to gain new insights into the question, and it also prepares them to see the value of the conclusions you will draw in the last part of the composition.

Jusqu'à maintenant, nous avons présenté quelques-unes des raisons géographiques, politiques et économiques pour lesquelles le français devrait constituer une langue privilégiée pour les Américains, et autant de raisons géographiques, politiques et économiques qui contredisent ce point de vue. Pour résoudre ce conflit apparent, nous devons rejeter la notion de «langue» comme un simple système linguistique qui permet la communication, et adopter plutôt une notion plus complexe, où la langue est vue comme un reflet de la culture. En effet, l'insularité des États-Unis est si complète que l'incompréhension des langues étrangères s'accompagne d'une incompréhension des cultures étrangères. L'étude d'une langue ouvre une fenêtre sur les cultures de cette langue et nous expose à la diversité du monde dans lequel nous vivons. Comprendre une langue étrangère va donc plus loin, beaucoup plus loin, que le fait de comprendre les mots et la grammaire d'un autre système linguistique. Cela nous permet aussi de développer une vision du monde plus complexe et peut-être plus tolérante.

V. In your conclusion, you not only conclude your paper, you also draw conclusions. First, you refer to arguments you have already presented; then, you express your convictions or opinions on the issue — ideas that seem to follow naturally from what you've said so far. To create a stylistically satisfying ending, consider returning in some way to the striking quote or image you used in your introduction:

En conclusion, il est clairement essentiel de ne pas limiter les États-Unis à l'apprentissage d'une langue étrangère unique, comme cela risque de devenir le cas avec l'espagnol. Plus on étudie de langues étrangères, mieux on comprend la variété culturelle qui nous entoure. L'étude du français en particulier permet cette ouverture, non seulement sur la France elle-même, mais aussi sur beaucoup d'autres pays francophones du monde. Et nous avons bien besoin de cette ouverture; appeler les frites des *Freedom fries* semble une réaction assez infantile de la part du pays qui est considéré comme le pays le plus puissant du monde libre. Même le terme *French fries* montre notre ignorance culturelle, puisque les frites sont considérées «belges» plutôt que «françaises» par les Français! Il est important que les pays développés se rejoignent dans la compréhension mutuelle. L'anglais est la première langue étrangère étudiée en France. N'est-il pas grand temps que les États-Unis se remettent de leur côté à l'étude du français?

Source: Didier Bertrand

QUESTIONS

1. In the introduction, what is the striking image the writer uses to grab the reader's attention?
2. Make an outline (in English) of the text. What are its main ideas? In which parts do these ideas seem to be at odds with each other?
3. Where do the contradictions pitted against each other seem to find their resolution? How does it happen? Is it a real resolution or simply another perspective?
4. Which sentences in the concluding paragraph reprise ideas that have appeared earlier in the essay? What else does the writer do in the conclusion? How is the conclusion linked to the essay's introduction?
5. Go through the composition and identify all the rhetorical markers that show the relationship between one sentence, or part of the composition, and another. Classify them by their function. For example, to introduce a new idea, we find **Je voudrais démontrer ici que…, D'un côté…, D'abord…,** etc.

CHAPITRE

1 Changer l'éducation ou la société?

David R. Frazier Photolibrary, Inc./Alamy Limited

Objectifs communicatifs

COMMUNICATION

- **Point** On doit changer l'école pour assurer une meilleure société
- **Contre-point** On ne change pas l'école sans changer la société

LIENS GRAMMATICAUX

- L'interrogation
- Les questions dont la réponse est **oui** ou **non;** les pronoms interrogatifs
- **Quel** et **lequel;** Les traductions de *What...* ?
- La négation

LIENS SOCIOCULTURELS

- L'organisation du système scolaire en France: un survol
- Les diplômes d'enseignement supérieur en France

LIENS INTERDISCIPLINAIRES

- La discipline est essentielle à l'éducation (Kant)

LIENS COMMUNAUTAIRES

- Un séjour linguistique

Controverse: Depuis un certain temps on ne fait plus confiance à l'éducation en France, et l'enseignement à tous les niveaux est l'objet de soucis continus. Les parents, les enseignants, les administratifs et les responsables politiques constatent une baisse° préoccupante du niveau de l'enseignement. Ils déplorent, entre autres, le contenu pauvre de l'instruction, les méthodes laxistes et rétrogrades, les performances médiocres des élèves, la formation faible des enseignants, l'absence de discipline et le manque de moyens°. Ces inquiétudes nous incitent à discuter dans ce chapitre des relations qui lient éducation et société et qui évoquent le paradoxe de l'œuf et de la poule. Comment peut-on séparer les problèmes de l'éducation des problèmes de la société? Faut-il ajuster l'éducation pour assurer une société meilleure ou faut-il réformer la société pour mieux éduquer l'adulte de demain? Dans ce chapitre, nous allons débattre sur ces questions et sur les enjeux° concernant l'éducation.

lowering

means, funds

issues, stakes

Premières pensées

Les mots pour le dire

noms

baccalauréat (m.)	*end-of-high-school / university entry exam*
calendrier (m.) scolaire	*school calendar*
clique (f.)	*clique*
collège (m.)	*middle school*
diplôme (m.)	*diploma, degree*
école (f.) maternelle	*preschool, kindergarten*
école (f.) primaire/secondaire	*primary/secondary school*
emploi (m.) du temps	*schedule*
enseignant(e)	*teacher*
enseignement (m.) supérieur	*higher education*
épanouissement (m.) personnel	*self-fulfillment*
études (f. pl.)	*course work, studies*
faculté (f.)	*college, school (within a university, e.g., law school, college of arts and sciences, etc.)*
formation (f.)	*training, education*
licence (f.)	*bachelor's degree*
lycée (m.)	*high school*
manque (m.)	*lack*
niveau (m.)	*level*
souci (m.)	*concern, worry*
tension (f.) raciale	*racial tension*
vandalisme (m.)	*vandalism*
vie (f.) active	*working world*
violence (f.)	*violence*

verbes

améliorer	*to improve*
apporter	*to bring, provide*
éduquer	*to educate*
enseigner	*to teach*
lier	*to link*
mener (à)	*to lead (to)*
réformer	*to reform*
résoudre	*to solve, resolve*

adjectifs

bas(se)	*low*
bon(ne)	*good*

chaleureux (-euse)	*warm; welcoming*
décontracté(e)	*laid-back, relaxed*
détendu(e)	*relaxed*
discipliné(e)	*disciplined*
distant(e)	*distant*
éducatif (-ive)	*educational*
ennuyeux (-euse)	*boring*
faible	*weak*
fort(e)	*strong*
froid(e)	*cold; aloof*
gratuit(e)	*free*
inquiétant(e)	*worrisome*
laïque	*secular*
mauvais(e)	*bad*
médiocre	*mediocre*
organisé(e)	*organized*
préoccupant(e)	*worrying*
sévère	*strict*
sûr(e) (de soi)	*self-assured, self-confident*
sympathique/sympa (inv.)	*friendly*

expressions

à partir de	*(starting) from*
apprendre à qqn à être heureux (-euse) / indépendant(e)	*teach someone to be happy/ independent*
avoir confiance en (soi)	*to be (self-) confident; to have confidence in*
faire face à	*to face, confront*

FETHI BELAID/Getty Images

A L'école et vous. Discutez des questions suivantes avec un(e) partenaire.

1. Comment étaient/sont vos expériences à l'école (à tous les niveaux)? Plutôt positives ou plutôt négatives? Quel type d'enfant est heureux à l'école? Quel type d'enfant est malheureux? Expliquez.
2. Qu'est-ce que vous aimiez à l'école quand vous étiez plus jeune (les maths, la lecture, la récré *[recess]*...)? Qu'est-ce que vous n'aimiez pas?
3. Comment était l'ambiance dans les écoles chez vous? Comment vous sentiez-vous? Comment étaient les enseignants? Les autres élèves?
4. Qu'est-ce que vous avez appris à l'école qui a facilité votre développement intellectuel/social?
5. Qu'est-ce que vos études à l'université vous apportent *(doing for you)*? Est-ce qu'elles répondent à vos attentes (*expectations*)? Est-ce que vos études vous préparent à entrer dans la vie active? Expliquez.

B L'éducation et la société: Un état des lieux *(inventory)*. Discutez des questions suivantes en petits groupes pour faire un état des lieux *(assess)* de l'éducation et de la société dans votre pays et votre communauté.

1. Quelle est la réputation des écoles dans votre communauté? dans votre pays? Pourquoi est-ce qu'elles ont cette réputation? Quels sont leurs points forts et leurs points faibles?
2. Qu'est-ce qu'il faut changer? Qu'est-ce qu'il ne faut pas changer?
3. Qu'est-ce que les membres de votre communauté font pour aider les écoles? Êtes-vous d'accord avec leurs actions?
4. En ce qui concerne la qualité de la vie dans la région où vous avez grandi, quels en sont les points forts (beaucoup d'activités, d'emplois, de bonnes écoles, etc.)? Quels sont les problèmes sociaux les plus inquiétants? (la violence, une forte population de sans-abris [*homeless*], la drogue, l'alcool, etc.)
5. Croyez-vous que la qualité des écoles dans votre région est liée à la qualité de la vie? Pourquoi ou pourquoi pas?

Point

On doit changer l'école pour assurer une meilleure société

Les mots pour le dire

noms

avenir (m.)	*future*
bande (f.)	*group of friends; gang*
bâtiment (m.)	*building*
classe (f.) sociale	*social class*
chômage (m.)	*unemployment*
compétence (f.)	*skill, literacy (as in computers)*
connaissance (f.)	*knowledge*
échec (m.)	*failure*
exigence (f.)	*requirement, demand*
faim (f.)	*hunger*
formation (f.) professionnelle	*vocational education; professional/formal training*
inégalité (f.)	*inequality*
lien (m.)	*link*
manque (m.)	*lack*
matériel (m.)	*equipment*
outil (m.)	*tool*
pauvreté (f.)	*poverty*
programme (m.) d'études	*curriculum*
reflet (m.)	*reflection*
réseau (m.)	*network*
scolarité (f.) obligatoire	*compulsory education*
tendance (f.)	*trend, tendency*

verbes

abandonner l'école	*to drop out of school*
acquérir	*to acquire*
ajuster	*to adjust, to arrange*
assurer	*to insure*
attendre	*to expect, to wait for*
bâtir	*to build*
interroger	*to question*
lancer un appel à	*to call for*
maîtriser	*to master*
récolter	*to raise (money)*

refléter	*to reflect*
s'épanouir	*to fulfill oneself, to blossom*
s'insérer	*to fit into, to insert one's self*
se mobiliser	*to mobilize*
transmettre	*to transmit*

adjectifs

conservateur (-trice)	*conservative*
efficace	*efficient*
favorisé(e)	*privileged*
indifférent(e)	*indifferent, apathetic*
intellectuel(le)	*intellectual*
libéral(e)	*liberal*
moins favorisé(e)	*less (under) privileged*
pauvre	*poor*
riche	*rich*

mots divers

car	*because*
d'abord	*first*
donc	*therefore*

expressions utiles

à l'égard de	*concerning, as regards*
de cause à effet	*cause and effect*
en partie	*in part*

Étude de vocabulaire

Parcourez *(Scan)* le texte aux pages 29–30 et cherchez (1) au moins cinq mots qui se rapportent à l'éducation et (2) trois mots ou expressions qui indiquent les fonctions principales de l'école. Faites une liste de ces mots et expliquez-en le sens.

Modèle: **enseigner:**
C'est transmettre des connaissances à quelqu'un.

De quoi parle-t-on?

Des soucis. Fabienne et Marc sont deux amis à l'université qui font des études pour devenir enseignants. Ils se rencontrent sur le campus. Écoutez leur conversation et dites si les phrases suivantes sont justes (**J**) ou fausses (**F**). Si vous trouvez qu'une phrase est fausse, corrigez-la.

1. Fabienne a des doutes à propos de sa carrière. J ______ F______
2. Marc va enseigner au lycée. J ______ F______
3. Fabienne pense qu'il y a trop d'élèves par classe dans les écoles. J ______ F______
4. Marc n'est pas optimiste sur l'avenir. J ______ F______
5. Fabienne pense que des réformes dans l'éducation sont nécessaires. J ______ F______

Liens grammaticaux

LES QUESTIONS DONT LA RÉPONSE EST *OUI* OU *NON*; LA FORMATION DES QUESTIONS (INVERSION, *EST-CE QUE*); LES PRONOMS INTERROGATIFS

Les questions se catégorisent généralement en deux types: (1) les questions auxquelles les réponses sont **oui** ou **non** *(Est-ce que vous êtes français[e]? Avez-vous des frères ou des sœurs?)* et (2) les questions qui réclament un contenu spécifique *(Quel âge avez-vous? Qui a gagné la Coupe du Monde de football en 2014?).*

Avant de faire les activités suivantes, consultez le premier chapitre du *Cahier d'activités* pour réviser les questions dont la réponse est **oui** ou **non** et les pronoms interrogatifs. Puis, faites les exercices suivants.

A Grand-père est dur d'oreille! *(Grandpa's hard of hearing!)* Vous rendez visite à votre grand-père qui entend mal. Chaque fois que vous lui posez une question, il vous demande de la répéter. Répétez chaque question en variant vos façons de la poser.

Modèle:
Vous: Bonjour Grand-père, vas-tu bien?
Votre grand-père: Comment?
Vous: Est-ce que tu vas bien? *ou* Tu vas bien?

1. Vous: Sais-tu que je passe mon bac cette semaine?

   G-P: Comment?

   Vous: Tu sais que je passe mon bac cette semaine?

2. Vous: Est-ce que maman t'a dit que je vais faire des études de pédagogie?

G-P: Qu'est-ce que tu dis, mon chéri (ma chérie)?

Vous: Dit-t'a que je vais faire . . . ?

3. Vous: Elle t'a dit que j'allais à la Sorbonne?

G-P: Pardon?

Vous: Est-ce qu'elle t'a dit que j'allais à la Sorbonne?

4. Vous: Tu sais que la vie à Paris coûte cher, n'est-ce pas?

G-P: Je suis désolé, je ne t'ai pas entendu(e)...

Vous: Sais-tu que la vie à Paris coûte cher, n'est-ce pas?

5. Vous: Peux-tu me prêter un peu d'argent?

G-P: Hein?

Vous: Tu peux me prêter un peu d'argent?

B **Grand-père est dur d'oreille *(suite)*!** La conversation avec votre grand-père continue péniblement et il vous pose des questions sur les choses qu'il n'entend pas. Posez les questions qui portent sur les mots en italiques. Utilisez cinq des pronoms interrogatifs suivants (qui est-ce qui, qui est-ce que, qu'est-ce qui, qu'est-ce que, qui, que) en fonction des besoins de la question.

Modèle: Vous: *Je* vais étudier la pédagogie.
G-P: *Qui est-ce qui* va étudier la pédagogie?

1. Vous: Je vais étudier *la pédagogie.*

G-P: Qu'est ce que tu vas étudier?

2. Vous: *Mes études* vont être longues!

G-P: Qu'est ce qui va être long?

3. Vous: Cette année je vais suivre *un cours d'histoire des doctrines pédagogiques.*

G-P: Que vas-tu suivre? l'inversion

4. Vous: *Papa et maman* sont très fiers de moi.

G-P: Qui est-ce qui est fier de toi?

5. Vous: Je vais appeler *oncle Jacques* pour lui annoncer la nouvelle!

G-P: Qui qu'est-ce que tu vas appeler?

Lecture

Remue-méninges

Répondez aux questions suivantes de façon générale et selon la situation particulière du système éducatif dans votre région.

1. Quel est pour vous le grand problème de l'éducation aujourd'hui? Est-ce le manque de budget? L'inégalité entre les écoles d'une ville ou d'un État à l'autre? L'attitude des élèves et de leurs parents? Autre chose? Que peut-on faire pour améliorer la situation?
2. Quels sont les obstacles auxquels les professeurs font face? Quels sont les obstacles auxquels les élèves et les parents font face?
3. Pourquoi selon vous y a-t-il souvent des différences de qualité entre les écoles privées et les écoles publiques?

C'EST À L'ÉCOLE DE CHANGER LA SOCIÉTÉ

Lors° d'un discours° prononcé le 7 novembre 2012, présenté au Colloque du **Cercle de recherche et d'action pédagogiques,** le ministre de l'Éducation nationale, Vincent Peillon, a exposé un certain nombre de remarques sur les préoccupations communes de l'éducation française. Réaffirmant le principe du socle° commun de connaissances, de compétences et de culture, ou le minimum de ce que les élèvent doivent savoir et maîtriser à la fin de la scolarité obligatoire, le ministre a lancé un appel à la mobilisation des pédagogues pour initier une refondation° fondamentale du système éducatif en France. Cette initiative, motivée par des tendances inquiétantes, est basée sur deux principes: (1) il y a un lien de cause à effet entre l'éducation et la société et (2), comme l'a été déjà proclamé par Jean Jaurès° à la fin du 19e siècle, l'éducation du peuple est un besoin essentiel au progrès d'une nation.

Tout en résumant le message principal de son discours par la petite phrase, «c'est bien à l'école de changer la société», le ministre ajoute qu'on

Lors° During/ discours° speech

socle° baseline, minimum

refondation° rebuilding

Jean Jaurès° Homme politique (1859–1914), devenu réformiste de l'éducation, qui a mobilisé en France la réflexion sur les problèmes de l'éducation.

doit toujours demander des exigences de l'école. «La France doit être capable de dire ce qu'elle attend de la scolarité obligatoire» insiste le ministre de l'Éducation nationale. L'école doit transmettre ce que l'enfant doit savoir et l'aider à acquérir les connaissances, les compétences et les valeurs nécessaires pour un avenir durable. Selon le ministre, le souci constant en France doit être «non pas des questions de structure, non pas des questions matérielles, non pas des questions d'organisation, non pas des questions budgétaires—tout cela existe, mais doit être commandé d'abord par l'intérêt de l'élève et la capacité qui est la nôtre à lui permettre d'apprendre, à lui permettre de s'émanciper, à lui permettre de construire son autonomie, à lui permettre aussi évidemment de s'insérer professionnellement.»

Pour construire un lien efficace entre l'éducation et le monde extérieur, explique le ministre, il faut avoir recours à l'inventivité et l'imagination. Elles sont clés à la transformation de l'éducation, dit-il. «Nous savons qu'enseigner n'est pas une science mais un art, il y a à inventer, mais à partir d'un certain nombre de connaissances, d'expériences, afin d'interroger en permanence sa propre pratique et se nourrir° des évolutions, et de la recherche.»

to nurture

La refondation du système éducatif en France proposée par le ministre de l'Éducation nationale a fait l'objet de plusieurs commentaires publiés sous forme de «messages» sur des sites divers. En voici un exemple qui supporte en particulier le message du slogan «c'est bien à l'école de changer la société».

MESSAGE

«C'est à l'école de changer la société», 14 novembre 2012, 12:50

«Les changements se font à l'intérieur de la société, pas à l'école». Certes, mais pour autant°, il n'est pas interdit de penser que le système scolaire modèle assez fortement la société. On peut tout à fait soutenir° (c'est mon cas) que la société est injuste, inégalitaire, fondée sur la compétition et la sélection, parce que ce sont également les critères de notre école! Car à la fin, qui façonne° la société? Je ne crois absolument pas à l'immanence° des changements sociaux. Ils sont le fait des hommes, quelquefois des citoyens, plus souvent des élites. Or° ces citoyens, ces élites, où apprennent-ils les fondements de leur pensée? En partie dans leur cercle de famille et leurs réseaux, c'est vrai, mais aussi à l'école. Le slogan «changer l'école pour changer la société» a donc du sens.

despite this

sustain, support

make, produce

innateness

Now

Source: Discours "C'est à l'école de changer la société" par Vincent Peillon; www.cahiers-pedagogiques.com

Avez-vous compris?

Répondez aux questions suivantes.

1. Pour le ministre de l'Éducation nationale, est-ce l'école qui doit changer la société ou la société qui doit changer l'école?
2. Sur quels deux principes est basée l'initiative du ministre?
3. Est-ce que le ministre propose une réforme partielle ou complète?
4. Selon le ministre, qu'est-ce que l'école doit transmettre à l'enfant?
5. Quelle est la source principale des problèmes de l'éducation selon le ministre?
6. Toujours selon le ministre, qu'est-ce qu'il faut faire pour transformer l'éducation?
7. Quelle comparaison est faite entre l'école et la société dans ce texte?
8. Selon le commentaire sur le discours du ministre, pourquoi le slogan «changer l'école pour changer la société» a-t-il du sens?

Qu'en pensez-vous?

1. Quels sont les objectifs principaux de l'école à votre avis? Transmettre des compétences et connaissances de base? Créer de bons citoyens? Offrir aux enfants l'environnement et les outils nécessaires pour se développer et s'épanouir? Autre chose? Est-ce que le ministre serait d'accord avec vous ou pas? Pourquoi?
2. Dans quel sens l'école est-elle un reflet de la société? Par exemple, est-ce qu'on trouve les mêmes sous-cultures (celles des athlètes, des étudiants populaires, des geeks, etc.) dans la société ? Les mêmes divisions de classe ? Les mêmes perspectives politiques?
3. Quels sont les problèmes les plus inquiétants de la société aujourd'hui? Est-ce que ces problèmes existent aussi dans les écoles? Dans quelle mesure?
4. Qu'est-ce que la phrase «il y a un lien de cause à effet entre l'éducation et la société» veut dire? Êtes-vous d'accord avec cette phrase? Expliquez vos idées.
5. Le ministre croit qu'il faut de l'inventivité et de l'imagination pour créer un lien efficace entre l'éducation et le monde extérieur. Qu'est-ce qu'il veut dire en termes concrets à votre avis?

LIENS SOCIOCULTURELS

A L'organisation du système scolaire en France: un survol Le système éducatif français est organisé en cinq étapes: **école maternelle**, **école primaire**, **collège**, **lycée** et **université**.

- L'entrée en **maternelle** se fait à 2 ou 3 ans.
- **L'école élémentaire** accueille les enfants de 6 à 11 ans.
- **Le collège** accueille tous les élèves après l'école élémentaire. Les enseignements sont structurés en disciplines: français, mathématiques, langues vivantes 1 et 2, histoire-géographie, éducation civique, sciences de la vie et de la terre, technologie, arts plastiques°, éducation musicale, éducation physique et sportive, physique-chimie. Les objectifs pour chaque matière sont fixés au niveau national.
- Après le collège, les élèves ont deux choix. Ils peuvent continuer leur scolarité dans **un lycée d'enseignement général et technologique** qui leur permet d'acquérir **le baccalauréat général** afin de poursuivre° des études supérieures. Ou bien, ils ont la possibilité d'entrer dans **un lycée professionnel** qui permet d'acquérir un diplôme qui vise° à les intégrer directement au marché du travail.
- L'enseignement supérieur propose deux systèmes, l'un ouvert et l'autre sélectif. Le premier comprend les universités, qui offrent des formations diverses. Tous les bacheliers° ont le droit d'y entrer. Le deuxième système comprend **les grandes écoles.** Pour y entrer, il faut passer un concours ou un examen, ou compléter un dossier et éventuellement° passer un entretien. Très peu d'étudiants sont sélectionnés.
- L'enseignement est obligatoire de 6 à 16 ans. Les écoles maternelles, primaires et secondaires publiques sont gratuites, neutres et laïques. Il existe aussi en France des écoles privées, normalement soumises aux mêmes obligations et spécificités du système scolaire français (par exemple, des écoles dites « confessionnelles », c'est-à dire catholiques, judaïques, etc.).

arts plastiques°: visual arts
poursuivre°: to pursue
vise°: aims
bacheliers°: students who have passed the **bac**
éventuellement°: possibly

Sources: (1) "Le système scolaire français: de la maternelle au lycée" par Le site officiel de la France; www.france.fr
(2) "La France à la loupe: le système éducatif en France"; www.ambafrance-at.org

DISCUSSION

1. Est-ce qu'il y a des détails sur l'organisation du système éducatif français qui vous ont surpris(e)? Lesquels?
2. Que pensez-vous des disciplines proposées au collège en France?
3. Quels avantages et inconvénients voyez-vous à s'orienter en France vers une carrière professionnelle à partir du lycée?
4. Comment l'enseignement supérieur en France est-il différent de celui de votre pays?

B Les diplômes d'enseignement supérieur en France

+ 6 semestres (Master + 3 ans)	• Doctorat	DOCTORAT
+ 4 semestres (Licence + 2 ans)	• Master recherche	MASTER
	• Master professionnel	
	• Diplôme d'ingénieur	
	• Diplômes des Écoles de Commerce et de Gestion	
+ 6 semestres (Bac + 3 ans)	• Licence	LICENCE
	• Licence professionnelle	
Fin d'études secondaires + Baccalauréat = Entrée dans l'enseignement supérieur		

Source: "L'enseignement supérieur" par le Ministère de l'Education nationale; www.education.gouv.fr

QUESTIONS

1. Si vous suiviez en France les mêmes études que vous suivez maintenant, où seriez-vous dans le schéma ci-dessus?
2. Dans les offres d'emploi, on lit souvent que les employeurs cherchent quelqu'un avec «Bac + 2» ou «Bac + 4». À votre avis, pourquoi disent-ils cela, au lieu de demander «une licence», par exemple?

Contre-point

On ne change pas l'école sans changer la société

Les mots pour le dire

noms	
adhésion (f.)	*membership; support*
aides (f. pl.) sociales	*social services*
bonheur (m.)	*happiness*
chômage (m.)	*unemployment*
compétence (f.)	*expertise, proficiency*
cursus (m.)	*curriculum*
choix (m.)	*choice*
démocratie (f.)	*democracy*
défi (m.)	*challenge*
devoir (m.) civique	*civic duty*
droits (m. pl.) civiques	*civil rights*
droits (m. pl.) de l'homme	*human rights*
économie (f.)	*economy*
étape (f.)	*stage, phase*
guerre (f.)	*war*
justice (f.)	*justice*
liberté (f.)	*freedom*
matérialisme (m.)	*materialism*
métier (m.)	*profession*
obésité (f.)	*obesity*
pédagogie (f.)	*pedagogy, teaching*
racisme (m.)	*racism*
reflet (m.)	*reflection*
réchauffement (m.) climatique	*global warming*
rentrée (f.)	*start of the school year*
réussite (f.)	*success*
tolérance (f.)	*tolerance*
tradition (f.)	*tradition*
vérité (f.)	*truth*
volontarisme (m.)	*volunteerism*
verbes	
empêcher	*to prevent*
gagner	*to earn*

oublier	*to forget*
prendre en compte	*to take into consideration*
régler	*to settle*
réussir	*to succeed*
soutenir	*to support*
se tromper	*to be wrong*
valoriser	*to increase the value of*

adjectifs

élargi(e)	*broad(er)*

mots divers

malgré	*in spite of*
puisque	*since*

expressions utiles

être reçu(e) à	*to pass (an exit exam)*
il s'agit de	*it's a question of*
par conséquent	*consequently*
pour autant	*despite this, therefore, nonetheless*

Étude de vocabulaire

Reliez les expressions équivalentes.

L'expression en italique...	veut dire...
1. À l'école, il faut travailler plus pour *avoir du succès.* (c)	a. défi
2. Les changements se font dans la société, *alors* la phrase «changer la société pour changer l'école» est vrai. (f)	b. reflet
3. On doit se mobiliser pour *solutionner* les problèmes dans l'éducation. (j)	c. réussir
4. On repense la *science de l'éducation* et les méthodes d'enseignement. (g)	d. la réussite

5. L'école est un *miroir* de la société. (b)	e. chute
6. Le système éducatif en France est réparti en cinq *niveaux*. (i)	f. par conséquent
7. Le ministre annonce un *challenge* à tous les enseignants. (a)	g. la pédagogie
8. *Le succès* des écoles dépend de l'engagement de tous. (d)	h. un métier
9. On choisit *une profession* par conviction. (h)	i. étapes
10. Il ne faut pas *négliger* le rôle de l'éducation dans la lutte contre la pauvreté. (l)	j. régler
	k. formation
	l. oublier

De quoi parle-t-on?

Au Salon de l'étudiant. Si elle est reçue au bac, Émilie commencera ses études universitaires cet automne. En mars, elle se rend au Salon de l'étudiant pour obtenir des conseils sur la façon d'organiser sa première rentrée universitaire. Elle parle à un conseiller pédagogique, Monsieur de Tienne. Écoutez leur conversation et indiquez «juste», «faux» ou «NP» (non précisé *[not mentioned]*) selon le cas. Si vous pensez qu'une affirmation est fausse, corrigez-la.

1. Émilie vient au Salon pour se renseigner sur des études d'anglais commercial.	J	F	NP
2. Selon certains étudiants, la première rentrée universitaire est difficile.	J	F	NP
3. Monsieur de Tienne lui conseille:	J	F	NP
— d'être patiente.	J	F	NP
— de ne pas hésiter à se renseigner.	J	F	NP
— de commencer tôt les démarches administratives.	J	F	NP
4. Émilie passe deux semaines aux États-Unis tous les ans.	J	F	NP
5. Elle décide de s'inscrire en LEA *(Langues étrangères appliquées).*	J	F	NP

Liens grammaticaux

QUEL ET *LEQUEL*, LES TRADUCTIONS DE *WHAT...?*, LA NÉGATION

Maintenant vous allez étudier l'adjectif interrogatif **quel** et ses composés **(quelle, quels, quelles)**, la traduction de *What... ?* en français et comment répondre aux questions par la négation.

L'adjectif interrogatif **quel** (+ nom = *What... ? Which... ?)* sert à choisir une chose/personne/idée parmi plusieurs.

Quel master?	*Which Master's degree?*
Quelle université?	*Which university? (among several choices)*
Quels cours?	*Which classes?*
Quelles étudiantes?	*Which [female] students?*

Pareillement, le pronom **lequel (laquelle, lesquels, lesquelles;** *which one[s])* sert la même fonction, mais sans utiliser le nom qui est déjà mentionné.

Prête-moi ton livre. —Lequel? *Lend me your book. —Which one?*
La traduction de l'interrogatif *What...?* pose souvent des problèmes aux étudiants anglo-saxons, car le français le rend de diverses façons.

Consultez le *Cahier d'activités* du chapitre 1 afin de réviser les formes et l'emploi de **quel** et **lequel,** les diverses façons de traduire *What?* en français et la négation. Ensuite, faites les exercices qui suivent.

A La rentrée des classes! C'est le jour de la rentrée *(first day of school)* et vous rencontrez votre nouveau/nouvelle camarade dont vous ne comprenez pas bien l'accent et à qui vous demandez des précisions sur ce qu'il/elle dit. Dans la première question, utilisez l'adjectif interrogatif et le nom, et dans la deuxième question, utilisez le pronom interrogatif correspondant.

Modèle: Camarade: J'ai acheté *des livres.*
Vous: *Quels* livres?
Camarade: Des livres *(de littérature britannique).*
Vous: *Lesquels?*
Camarade: *Les livres qu'il faut lire pour le cours de littérature britannique.*

1. Camarade: Tu peux me prêter *ton stylo,* s'il te plaît?

   Vous: Quel mon stylo?

   Camarade: Ton stylo *(bleu).*

   Vous: lequel?

   Camarade: Le bleu.

2. Camarade: Je voudrais manger de *la glace!*
   Vous: Quelle la glace?
   Camarade: De la glace *(Ben & Jerry's).*
   Vous: laquelle?
   Camarade: Ben & Jerry's.
3. Camarade: J'ai apporté toutes *mes photos.*
   Vous: Quels tes photos?
   Camarade: Mes photos *(de vacances).*
   Vous: Lequels?
   Camarade: Celles que j'ai prises en vacances.
4. Camarade: Je vais téléphoner *à mes amis.*
   Vous: Quels à tes amis?
   Camarade: Aux amis *(que j'ai laissés au Texas).*
   Vous: Lequels?
   Camarade: À mes amis texans.

B L'étudiant étranger. Un étudiant français va passer l'année universitaire dans votre résidence, mais il ne comprend pas bien l'anglais et vous traduisez tout pour lui! Traduisez ce que disent les gens en anglais pour votre ami français.

1. What time do your classes start?
2. Which required courses are you taking *(cours obligatoires / suivre)*?
3. You seem lost *(avoir l'air perdu).* What's going on?
4. What's the shortest way *(le chemin le plus court)* to the library?
5. What's the French word for *geek?*
6. What do you need?
7. What are you reading?
8. What is your nationality?

1.) À quelle heure est'ce que vos cours commencent?
2.) Suivez-vous qui cours obligatoires?
4.) Quel est le chemin le plus court au bibliothèque?
3.) Tu as l'air perdu. Qu'est ce qui sa passe?
5.) Quel est le mot français "geek"?
6.) De quoi avez-vous besoin?
7.) Qu'est ce que vous lisez?
8.) Quelle est votre nationalité?

C **Nous ne comprenons rien!** Les étudiants de Monsieur Hiver ne sont pas très bons et ils ne font pas toujours attention en cours. Écrivez leurs réponses à ses questions. Utilisez **rien** dans chaque réponse.

1. *Qu'est-ce que* vous savez sur le système éducatif en France?

   Mais, je ne sais rien sur le système . . .

2. *Qu'est-ce que* vous avez écrit comme notes?

   Je n'ai rien écrit comme notes.

3. *Qu'est-ce que* j'ai dit?

   Vous n'avez dit rien.

4. *Qu'est-ce qui* se passe?

   Eh bien, il ne se passe rien.

Utilisez **personne** dans chaque réponse.

5. *Qui* a fait ses devoirs?

   ____

6. Sur *qui est-ce que* ces étudiants-là ont copié?

   Ils ________________________________

7. Parmi (*Among*) les tricheurs (*cheaters*), *qui* avez-vous reconnu?

   Je ________________________________

8. *Avec qui* avez-vous déjà discuté l'examen?

   Je ________________________________

Utilisez **aucun** dans chaque réponse.

9. Avez-vous entendu *la sonnerie* (*alarm*)?

   Non, je ________________________________

10. Avez-vous *une idée* de qui a triché à l'examen?

    Non, je ________________________________

11. *Des agents de la police universitaire* vous ont-ils interrogé(e)?

    Non, ________________________________

12. Voulez-vous regarder *les réponses* (f. pl.) de vos camarades?

    Non! Je ________________________________

Lecture

Remue-méninges

Répondez aux questions suivantes de façon générale et expliquez vos réponses.

1. À votre avis, quels problèmes de la société faut-il changer pour la rendre meilleure?
2. Quelles attitudes et/ou valeurs est-ce qu'il faut changer dans la société pour la rendre meilleure? Quelles attitudes et/ou valeurs faut-il garder? Est-ce qu'on voit ces mêmes attitudes et/ou valeurs dans les écoles?
3. Croyez-vous que la prospérité et le bonheur d'un pays sont les conséquences du degré d'éducation de sa population? Expliquez.
4. Qu'est-ce que les écoles peuvent offrir pour qu'on puisse avoir une vie personnelle et sociale plus heureuse, après avoir quitté l'école?

MESSAGES (suite)

Résumé

Nous avons vu dans la lecture de la section **Point** que le ministre de l'Éducation nationale, Vincent Peillon, a annoncé en 2012 une grande réforme du système éducatif français et qu'il a déclaré en particulier qu'il faut changer l'éducation pour assurer une meilleure société. Cette déclaration a été vite contestée. En voici quelques exemples publiés sur Internet sous forme de «messages». Attention! Ces messages sont authentiques et écrits dans un style conversationnel et plutôt « télégraphique » où l'orthographe et la ponctuation ne sont pas toujours conformes aux règles de la grammaire française.

Message 1. «C'est à l'école de changer la société» 7 novembre 2012, 15:09

Le ministre se trompe° quand il dit «c'est bien à l'école de changer la société». L'école doit être à sa place (mais reste un acteur social); la société (les [hommes et femmes] politiques en premier car ils ont en charge la société) doit être à la sienne° et doit être un acteur central dans le changement. Demander à «l'école de changer la société» (on demande déjà beaucoup à l'école) c'est oublier que les changements (sociaux et de société) se font à l'intérieur de la société pas à l'école!

° se trompe: is wrong
° la sienne: its place

Message 2. «C'est à l'école de changer la société» 8 novembre 2012, 10:01.

Vincent Peillon a déclaré le 8/11 dans une interview au *Figaro Magazine*°, que l'école, qui est aussi le reflet de la société, ne pourra pas à elle seule régler tous les problèmes de la société. S'attaquer à ces inégalités, permettre la réussite de tous, remettre en route° la promesse républicaine … , ce sont nos objectifs. Toute la société doit se mobiliser à nos côtés autour de cette volonté.

Message 3. «C'est à l'école de changer la société», 8 novembre 2012, 18:33

La mixité° sociale et scolaire, la transformation du système, y compris par les pédagogies, la lutte° contre les discriminations supposent l'adhésion des parents. Nous devons nous rassembler° autour de l'école.

Message 4. «C'est à l'école de changer la société.», 9 novembre 2012, 08:18

Selon la devise paradoxale du **Cercle de recherche et d'action pédagogiques,** si l'école doit changer la société, ce n'est que si en même temps la société change l'école. On est dans la pensée complexe et dans l'interaction, causes et effets interagissant° à la Edgar Morin°. Trop simple de dire qu'il faut attendre un changement de société, trop scolarocentré° d'attendre trop de l'école. La pédagogie ne peut pas tout, mais on est loin d'avoir «tout essayé».

Message 5. «C'est à l'école de changer la société», 9 novembre 2012, 17:14

Vous avez raison, la vérité est entre les deux… sauf que la pression mise sur l'école, sur les parents, sur les enfants est d'abord le fait d'une société et par conséquent d'un choix politique. La dévalorisation° de la voie professionnelle° est d'abord un choix de société, politique dans la mesure où° la voie royale reste le lycée général.

Message 6. «C'est à l'école de changer la société», 15 novembre 2012, 09:54

«Le système scolaire modèle assez fortement la société.» Oui j'en suis convaincu non seulement qu'«il modèle» mais qu'il est surtout un agent de reproduction de la société (et pas encore de changement… pour l'instant). Les changements se font à l'école, dans la société… Vous avez raison et par conséquent le slogan «changer la société pour changer l'école, changer l'école pour changer la société» a tout son sens°. Il ne s'agit pas de remettre en cause le slogan. Il s'agit d'observer les acteurs («citoyens», «élites», «hommes») qui agissent° d'un côté sur l'école et de l'autre sur la société et se rendre compte que la société «résiste au changement» (malgré l'innovation pédagogique et l'investissement° de l'école). L'école reste le produit de la société et d'un choix de société (politique). La société est déterminante. Pourquoi la revalorisation de l'enseignement professionnel reste un défi; c'est parce que le choix de société qui est proposé à l'École est le suivant: la « voie royale » reste la voie générale et à l'intérieur de la voie générale, «la filière S»° reste la voie royale. Ainsi l'école s'adapte à la société (et à ce choix) et non l'inverse. Avant de poser la question de quelle école veut-on?, je pense que la question fondamentale est la suivante: Quelle société veut-on bâtir° ou fabriquer?

Source: "C'est à l'école de changer la société"; www.cahiers-pedagogiques.com

---

Figaro Magazine: a supplement to the daily French newspaper, **Le Figaro**

remettre en route: to put back on track

mixité: mixing

lutte: struggle

rassembler: join together

interagissant: interacting / Edgar Morin: Référence aux idées d'un philosophe et sociologue français, né en 1921, qui a proposé des changements à l'éducation pour assurer une meilleure société.

scolarocentré: centré sur la scolarité

dévalorisation: devaluation

voie professionnelle: "track" that leads students toward work or trades rather than college / dans la mesure où: given that

a tout son sens: makes total sense

agissent: act

investissement: investment

la filière S: science track, by far the most prestigious high school curriculum

bâtir: build

Avez-vous compris?

Répondez aux questions suivantes.

1. Où se font les changements de la société selon le message 1?
2. Pour permettre la réussite à l'école, à quoi faut-il s'attaquer au début selon le message 2?
3. Selon le message 3, qu'est-ce que la lutte contre les discriminations nécessite?
4. Selon le message 4, est-ce qu'on a déjà essayé toutes les modifications possibles du système éducatif?
5. Valorise-t-on ou ne valorise-t-on pas l'éducation professionnelle en France selon le message 5?
6. Selon le message 6, est-ce que l'école doit s'adapter à la société ou est-ce que la société doit s'adapter à l'école?

Qu'en pensez-vous?

Répondez aux questions suivantes et expliquez vos réponses.

1. Estimez-vous que les problèmes de l'éducation sont très complexes? Justifiez votre réponse.
2. Est-ce que les problèmes scolaires reflètent automatiquement les problèmes de la société ou est-ce que c'est le contraire? Donnez des exemples.
3. Y a-t-il des problèmes de la société que l'école pourrait régler? Lesquels? Y a-t-il des problèmes de la société que l'école ne pourra jamais régler? Lesquels?
4. Selon le message 3 les solutions aux problèmes de l'éducation supposent l'adhésion des parents. D'après vous, de quelle manière les parents peuvent-ils participer à l'éducation de leurs enfants pour transformer la société?
5. Est-ce que les «voies professionnelles» sont dévalorisées ou non dans votre région? Expliquez pourquoi ou pourquoi pas.

LIENS INTERDISCIPLINAIRES

LA DISCIPLINE EST ESSENTIELLE À L'ÉDUCATION

Dans ce texte, un extrait du ***Traité de pédagogie****, publié en 1803, Kant soutient que la discipline° est essentielle à la fonction de l'éducation.*

La discipline transforme l'animalité en humanité. Par son instinct un animal est déjà tout ce qu'il peut être, une raison étrangère a déjà pris soin° de tout pour lui. Mais l'homme doit user de sa propre raison. Il n'a point d'instinct° et doit fixer lui-même le plan de sa conduite. Or, puisqu'il n'est pas immédiatement capable de le faire, mais au contraire vient au monde pour ainsi dire à l'état brut°, il faut que d'autres le fassent pour lui…

La discipline empêche° que l'homme soit détourné de sa destination, celle de l'humanité, par ses penchants animaux. Elle doit par exemple lui imposer des bornes°, de telle sorte qu'il ne se précipite pas dans les dangers sauvagement et sans réflexion. La discipline est ainsi simplement négative; c'est l'acte par lequel on dépouille° l'homme de son animalité; en revanche° l'instruction est la partie positive de l'éducation.

L'état sauvage est l'indépendance envers les lois. La discipline soumet l'homme aux lois de l'humanité et commence à lui faire sentir la contrainte des lois. Mais cela doit avoir lieu de bonne heure°. C'est ainsi par exemple que l'on envoie tout d'abord les enfants à l'école non dans l'intention qu'ils y apprennent quelque chose, mais afin qu'ils s'habituent à demeurer° tranquillement assis et à observer ponctuellement ce qu'on leur ordonne, en sorte que par la suite° ils puissent ne pas mettre réellement et sur-le-champ° leurs idées à exécution.

—Kant

discipline° self-discipline
soin° another's mind has already taken care
instinct° no instinct
pour ainsi dire one might say
brut° unrefined
empêche° prevents
bornes° limits
dépouille° strip, skin (an animal)
en revanche° on the other hand
de bonne heure° early
demeurer° to remain
par la suite° consequently
sur-le-champ° immediately

Source: Emmanuel Kant, *Traité de pédagogie*, 1803

DISCUSSION

1. Dégagez l'idée principale du texte et les étapes des argumentations de l'auteur.
2. Expliquez:
   a. «Il n'a point d'instinct.»
   b. «La discipline empêche que l'homme soit détourné de sa destination.»
3. La discipline est-elle essentielle à l'éducation selon vous? Quelle sorte de discipline? Donnez des exemples. Comment est-ce qu'un élève apprend cette discipline et de qui?

Réplique et synthèse

A Discussion

1. Quel doit être le rôle de l'école dans la vie des étudiants? Est-ce principalement transmettre des connaissances et des compétences? Est-ce les aider à réaliser leur potentiel, à s'épanouir? Est-ce créer de bons citoyens? Les socialiser? Quel doit être le rôle de la société dans la création, la régulation et le maintien des écoles?
2. Pourquoi est-ce que certains élèves cessent d'aller au collège ou au lycée? Est-ce qu'ils sont découragés, est-ce qu'ils n'y voient pas d'intérêt ou est-ce qu'ils se trouvent obligés d'arrêter leurs études pour d'autres raisons? Et ces élèves qui continuent, pourquoi est-ce qu'ils le font?
3. Pourquoi est-ce que vous faites des études supérieures? Est-ce pour apprendre? Pour avoir un meilleur job, une carrière? Pour vous faire des amis? Pour être indépendant(e)… ?
4. Avec quelques camarades de classe, inventez le système éducatif idéal. Comment sont les écoles, les cours, les enseignants, les campus, les étudiants, le calendrier scolaire, l'accessibilité aux études, etc.?
5. Quand on veut se concentrer sur les études, l'environnement (le logement, les personnes autour de soi) est très important. Est-ce que votre environnement vous aide à travailler ou est-ce qu'il vous empêche de travailler? Quels sont les avantages et les inconvénients à vivre chez vos parents? En couple? Dans un appartement, seul(e) ou avec des ami(e)s? Ou dans une résidence universitaire, seul(e) ou avec des ami(e)s?
6. Maintenant que vous êtes à l'université, quelles lacunes *(holes, weak points)* remarquez-vous dans votre préparation à entrer à l'université? Si vous deviez refaire vos études secondaires, qu'est-ce que vous feriez différemment? À quoi feriez-vous plus attention? Quels cours suivriez-vous/ne suivriez-vous pas? Comment changeriez-vous le lycée?

B Débats sur des changements possibles

Préparez un débat (à deux ou en groupes) sur l'un des sujets suivants.

1. La musique et l'art sont plus importants pour les lycéens que les sports comme le football américain. S'il faut réduire le budget des écoles secondaires, il vaut mieux supprimer le football que les arts.
2. Toutes les écoles (y compris les universités) doivent être gratuites, laïques et accessibles à tous. C'est la responsabilité de l'État d'assurer que ce soit le cas.

3. Le système des notes *(grades)* est complètement arbitraire et appartient à une tradition dépassée. On devrait l'abandonner et repenser la façon dont l'acquisition des connaissances et du savoir-faire devrait être évaluée au 21e siècle.
4. Dans le système français d'études secondaires, les cours et les professeurs sont beaucoup plus exigeants qu'aux États-Unis, et les étudiants sont plus libres une fois qu'ils arrivent à l'université. Le système français est meilleur, parce que les lycéens français apprennent plus que les lycéens américains.
5. Il ne devrait pas y avoir de cours obligatoires à l'université.

C Exposés

Note: Quel que soit le sujet, les autres étudiants de la classe doivent poser des questions après la présentation!

1. Choisissez un aspect du système éducatif aux États-Unis et préparez une explication simple et claire qui aiderait un étranger à le comprendre. Exemples: les tests SAT et ACT; l'enseignement à domicile *(home schooling);* l'apprentissage par le service communautaire *(service learning);* le débat entre l'évolution et le créationnisme; les écoles «charter» ou «magnet»; la façon dont les enseignants sont formés *(trained)* aux États-Unis; un type particulier d'école (Montessori, Waldorf, une école privée religieuse, etc.); l'éducation spécialisée pour les handicapés; les écoles militaires; le système ROTC; le baccalauréat international; le phénomène du *dual enrollment*; le rôle du sport (en particulier, le football américain) dans la réputation et le financement des universités; ce qu'il faut faire pour obtenir un diplôme universitaire (les cours obligatoires, le nombre de cours requis dans la spécialité, etc.); le système américain de titularisation des professeurs *(tenure system);* la soirée *prom* et tout ce qui l'entoure; les matières *(subjects)* non-académiques proposées au lycée (comme le travail du bois ou le passage du permis de conduire, etc.); l'intégration des enfants handicapés dans des classes régulières; les étudiants qui participent aux jurys de leur université (pour juger les cas de malhonnêteté académique de leurs camarades de classe, etc.). Les autres étudiants doivent se mettre à la place de l'étranger et demander des précisions si l'explication n'est pas claire.
2. D'où vient l'argent qui finance les écoles publiques (élémentaires et secondaires) aux États-Unis? Pourquoi est-ce que certaines écoles publiques semblent bien mieux équipées que d'autres?
3. Résumez sous forme de « message » votre propre réaction au slogan du ministre de l'Éducation nationale, Vincent Peillon, «C'est à l'école de changer la société.».

D Grammaire

1. Préparez un sketch dans lequel *tout* le dialogue se présente sous forme de questions.

   Modèle: —*Comment ça va?*
   —*Ça ne se voit pas?*
   —*Qu'est-ce qui ne va pas?*
   —*Eh bien, est-ce que je t'ai parlé de mon amie française?*
   —*Laquelle? Celle qui est dans notre cours sur Shakespeare?...*

2. Faites un petit dessin ou bien utilisez celui que vous donnera votre professeur. Dos à dos *(back to back)* avec un(e) partenaire qui ne voit pas votre dessin, décrivez-lui votre image. Votre partenaire doit créer sa propre version du dessin pour qu'il ressemble le plus possible à l' original. Pour atteindre son but, votre partenaire doit vous poser beaucoup de questions! Et vous devez utiliser des expressions négatives dans vos réponses si nécessaire. La paire gagnante sera celle dont la reproduction sera la plus fidèle à l'original.

3. Trouvez une photo, une publicité de magazine, la reproduction d'une œuvre d'art, etc. Préparez huit ou dix questions à son sujet, en variant la forme des questions. Montrez votre image à un(e) partenaire. Il/elle doit bien regarder l'image pendant 60 secondes. Puis, cachez l'image et posez vos questions à votre partenaire. Votre partenaire va utiliser des expressions négatives quand c'est nécessaire. Ensuite, changez de rôles. Qui a la meilleure mémoire?

E Ouvertures créatives

1. Présentez un sketch à la classe, dans lequel il s'agit d'une histoire d'amour tragique à la manière de *Roméo et Juliette,* mais dans laquelle les deux personnages principaux sont étudiants dans deux universités de votre région qui ont une rivalité de longue durée, (comme Oxford et Cambridge en Angleterre, par exemple).

2. Préparez un sketch dans lequel une personne âgée prétend *(claims)* que la vie était beaucoup plus difficile quand elle était à l'université. Une personne qui étudie à l'université maintenant essaie de se défendre.

3. Vous organisez des cours d'orientation pour un groupe d'étudiants francophones qui vont étudier à votre université. Vous préparez des sketchs pour les aider à s'accoutumer à différents aspects de la vie dans une université américaine. Sujets possibles: la consommation d'alcool; la vie sociale (*dating*, l'amitié, etc.); la gestion du temps *(time management);* les rapports entre les professeurs et les étudiants; le sexe; le plagiat (*plagarism*); les différents «groupes sociaux» sur votre campus (les athlètes, les étudiants du système des *honors*, les étudiants de musique, de théâtre, etc.).

Liens communautaires

Un séjour linguistique. Tapez l'expression «séjour linguistique» sur un moteur de recherche français, comme *google.fr* ou *yahoo.fr* et cherchez des renseignements sur les établissements en France, au Québec ou dans d'autres pays francophones qui proposent des cours de FLE *(français langue étrangère).* Faites des recherches sur le Web et choisissez un programme que vous allez présenter à vos camarades de classe. Imprimez quelques pages du site pour les montrer aux étudiants de la classe. Vous pouvez aussi visiter le bureau de votre université qui aide les étudiants à sélectionner un programme d'études à l'étranger *(Study Abroad Office).* Les questions suivantes peuvent vous servir de guide pour préparer votre compte-rendu.

1. Comment s'appelle l'établissement que vous avez trouvé? Est-il public ou privé?
2. Pourquoi avez-vous choisi cet établissement?
3. Quelle est la durée des séjours proposés? Une année scolaire? Un semestre? Deux, quatre ou six semaines en été? Combien coûtent ces séjours?
4. Quels types de cours l'établissement propose-t-il? (Des cours de grammaire? De littérature? De civilisation? etc.)
5. Est-ce qu'on propose des hébergements en famille? En résidence universitaire?
6. Est-ce qu'on propose des activités culturelles ou sportives? Lesquelles?
7. Y a-t-il des restaurants universitaires? Est-ce que les étudiants étrangers ont accès à ces établissements? Les restaurants sont-ils ouverts le soir et le week-end? Quel est le prix d'un repas complet?
8. Est-ce que l'établissement est situé au centre-ville ou en banlieue?
9. Y a-t-il en ville une église, un temple ou une mosquée?
10. Quelles sont les formalités à remplir à l'arrivée dans le pays d'accueil pour être en règle avec les services d'immigration? Quels autres aspects de ces séjours est-ce que vos camarades trouveront intéressants?

Rédaction guidée

Concept mapping

Peer Review

A **Sujet.** Certains disent qu'il faut changer l'éducation pour assurer une meilleure société. Êtes-vous d'accord?

B **Orientation.** Le but de ce travail est de produire un plan (*outline*) de ce que seraient les arguments que vous utiliseriez dans une composition dialectique. Ici, vous allez donc écrire *seulement* le plan de votre thèse et de votre antithèse.

Dans vos cours de «*writing*», vous avez probablement appris à écrire vos idées sur une feuille de papier blanc, soit sous la forme de gribouillages (*doodles*), de diagrammes, de bulles de Venn, etc., pour vous aider à les organiser.

Mais il faut d'abord vous montrer réaliste sur ce que vous pouvez écrire en français. Si vous comparez votre capacité de vous exprimer en anglais à la surface d'un court de tennis, il faut bien réaliser que votre capacité de vous exprimer en français ressemble plus à la surface d'un timbre-poste! C'est pourquoi écrire vos compositions en anglais et essayer de les traduire en français ne peut vous mener qu'à la frustration.

Il est donc nécessaire, quand vous commencez à écrire dans une langue étrangère, de savoir où vous allez avant de commencer à écrire. Il faut donc avoir une idée claire de ce que vous voulez exprimer.

Dans cette section, nous allons nous concentrer sur le «*concept mapping*» pour nous assurer (1) que vos idées sont bien en place avant de commencer à composer et (2) que vous allez utiliser votre langue maternelle tant qu'elle vous sera utile, mais pas jusqu'au point où elle vous compliquera la vie.

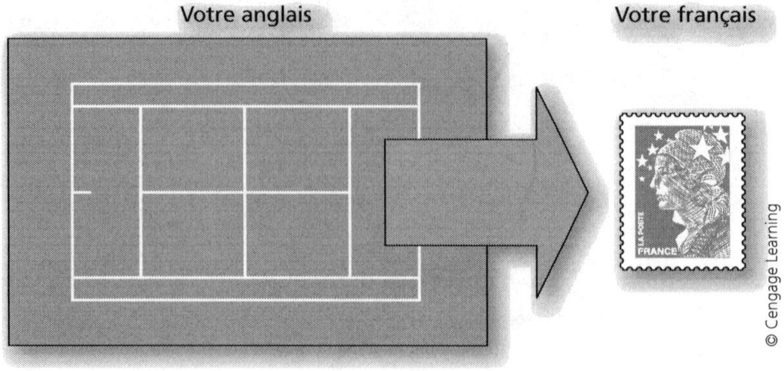

C **Avant d'écrire.** Les questions que vous devez vous poser sont de savoir s'il est nécessaire de changer l'éducation et si les changements vont vraiment assurer une meilleure société. Pour décider quelle est votre position sur le sujet, utilisez d'abord une technique que vous avez apprise dans vos cours de *Writing*, comme l'écriture libre (*free writing*) ou un schéma de vos idées (*idea mapping*).

Ensuite, discutez du sujet avec un(e) ou plusieurs camarade(s) de classe, et échangez vos idées et points de vue. Consultez le manuel d'écriture de votre choix, et en utilisant une des méthodes mentionnées plus haut, faites un schéma des problèmes que vous devrez considérer en écrivant sur ce sujet. Dans l'index de ce livre, cherchez la «discussion dialectique», qui est la technique vers laquelle les rédactions de ce cours vont vous guider. Selon le *Allyn & Bacon Guide to Writing*:

> A dialectic discussion differs from a talk show shouting match or a pro/con debate in which proponents of opposing positions, their views set in stone, attempt to win the argument. In a dialectic discussion, participants assume that each position has strengths and weaknesses and that even the strongest position contains inconsistencies, which should be exposed and examined.

Avec un(e) camarade de classe, assurez-vous que vous écrivez les idées que vous soulèverez *(lift, take)* dans deux catégories différentes. Dans cet exercice, il est autorisé d'utiliser toute information que vous avez trouvée dans ***Controverses***, mais pensez à citer *(quote)* tout texte que vous allez utiliser pour votre argument, suivi du numéro de page (par exemple: [***Controverses***, 19]). *Vous pouvez faire ce travail préparatoire en anglais, puisque vous rassemblez vos idées et que vous écrivez seulement les concepts ou les phrases-clés,* **mais vous devrez rendre à votre professeur la version finale de votre plan en français.** C'est une bonne idée de chercher le vocabulaire dont vous aurez besoin dès maintenant, afin d'exprimer vos idées plus complètement par la suite.

Au travail!

CHAPITRE

2 L'amitié est-elle possible à travers les réseaux sociaux?

Objectifs communicatifs

COMMUNICATION

- **Point** Les réseaux sociaux aident à développer l'amitié
- **Contre-point** On ne se fait pas de vrais amis dans un contexte virtuel

LIENS GRAMMATICAUX

- Le passé composé et le passé simple
- L'imparfait
- Le plus-que-parfait
- La narration au passé

LIENS SOCIOCULTURELS

- Les Français et leurs réseaux sociaux

LIENS INTERDISCIPLINAIRES

- «De l'amitié» (Montaigne)

LIENS COMMUNAUTAIRES: Carte de vœux

socializing, (acquiring) social skills

assertion, statement / to convince

to be hanging / public transportation

Controverse: Dans son livre *Les Liaisons numériques*, le sociologue Antonio Casilli explique que les nouvelles technologies de l'information et de la communication sont devenues un moyen de sociabilité° «supplémentaire» qui s'ajoute à la sociabilité en face à face et à la participation sociale plutôt que de les remplacer. Cette affirmation° est loin de convaincre° tout le monde. Beaucoup par exemple estiment qu'être pendu° au téléphone en faisant ses courses ou dans les transports en commun° met fin aux échanges qu'on avait avant et que le contact virtuel n'ajoute rien au contact physique. Qu'en pensez-vous?

Premières pensées

Les mots pour le dire

noms

ami(e)[1] (m., f.)	*friend*
amitié (f.)	*friendship*
collègue (m., f.)	*colleague*
copain/copine[1] (m., f.)	*friend, pal*
connaissance (f.)	*acquaintance*
contact (m.) virtuel	*online contact*
inconnu(e) (m., f.)	*stranger*
informatique (f.)	*computer technology, computer science*
lien (m.)	*tie, bond*
moyen (m.)	*means*
réseau (m.) social	*social network*
smartphone (m.)	*smartphone*
portable (m.)	*mobile phone; laptop computer*
tablette (f.)	*tablet*
voisin(e) (m., f.)	*neighbor*

verbes

aimer	*to love*
aimer bien	*to like, to be fond of*
avoir confiance en	*to have confidence in, to trust*
compter sur	*to count on*
être lié(e) à	*to be close to, connected to*
facebooker	*to be on Facebook*
pardonner	*to forgive*
partager ses affaires	*to share one's things*
passer du temps (avec)	*to spend time (with)*
révéler	*to reveal*
se confier à	*to confide in*
(se) donner des conseils	*to give (each other) advice*
s'engager à	*to commit to*
s'entendre avec	*to get along with*
se fâcher (avec/contre)	*to get angry (at/with)*
se fier à	*to trust (someone)*
tchatter	*to chat online*
twitter	*to tweet*

---

[1]**Attention:** Les mots «ami/amie» et «copain/copine» ont deux sens: utilisés avec un article indéfini, ***un* ami / *un* copain** ou ***une* amie / *une* copine** veut dire «*a friend*», mais utilisés avec un adjectif possessif, ***mon* ami / *mon* copain** ou ***mon* amie / *ma* copine** veut dire «*my boyfriend / my girlfriend*». De plus, pour dire «*a good friend*», on dit «un bon ami / une bonne amie ».

adjectifs et adverbes

en face à face	*in person*
environ	*about, approximately*
loyal(e)	*true, loyal, faithful*
multitâche	*multitasking*
numérique	*digital*

A Vos habitudes sur les réseaux sociaux. Répondez aux questions suivantes.

1. Chaque jour, environ combien de temps passez-vous sur Twitter? Sur Facebook? À tchatter?
   a. Je ne suis jamais sur les réseaux sociaux.
   b. quelques minutes
   c. une heure
   d. deux heures
   e. cinq heures ou plus
2. Quand êtes-vous d'habitude sur les réseaux sociaux? Indiquez toutes les réponses qui conviennent.
   a. le matin
   b. l'après-midi
   c. le soir
   d. toute la journée
   e. en faisant d'autres choses (on est multitâche)
   f. environ deux ou trois fois par semaine
   g. deux ou trois fois par mois
   h. très rarement ou jamais
3. Quel moyen utilisez-vous le plus pour vous connecter à Internet?
   a. un (téléphone) portable
   b. un smartphone
   c. une tablette
   d. un ordinateur
   e. autre: ____________________
4. L'idée de passer un week-end entier sans communiquer par l'informatique vous semble:
   a. tout à fait faisable
   b. faisable
   c. difficile
   d. presque impossible

5. De quoi seriez-vous prêt(e) à parler sur vos réseaux? (5 = très prêt[e]; 0 = pas du tout prêt[e])

   a. ______________ mes activités professionnelles
   b. ______________ mon shopping
   c. ______________ mes sorties (*outings)*
   d. ______________ mes vacances
   e. ______________ d'autres: ______________________________

6. Imaginez que le gouvernement adopte une loi qui interdise l'usage de plus d'un instrument numérique par personne. Vous seriez donc limité(e) à un seul appareil pour rester en contact avec le monde extérieur. Lequel choisiriez-vous? Pourquoi?

   a. un téléphone fixe
   b. un ordinateur portable
   c. un smartphone
   d. une radio
   e. une tablette
   f. un téléviseur
   g. autre: ______________________________

B **Les indicateurs de l'amitié.** Avant de discuter des rapports entre l'amitié et les réseaux sociaux, il vaut mieux commencer par déterminer ce qu'est un vrai ami et distinguer les différentes sortes de relations qui existent. À cette fin, lisez les phrases suivantes et, pour chaque situation hypothétique, indiquez le degré d'amitié qui existe entre vous et les personnes citées. (N = non; O = oui)

   a. un(e) inconnu(e)
   b. une connaissance
   c. un(e) voisin(e)
   d. un(e) collègue
   e. un copain / une copine
   f. un(e) ami(e)
   g. quelqu'un que vous avez rencontré sur un réseau social (type: Facebook)
   h. un(e) ami(e) que vous aviez perdu(e) de vue mais que vous avez retrouvé(e) sur un réseau social

tempted

Seriez-vous tenté(e)° de/d'...	a	b	c	d	e	f	g	h
Accès à l'espace privé								
1. inviter cette personne à une grande fête chez vous?			✓		✓	✓		
2. donner un double des clés de votre maison à cette personne?						✓		
3. laisser cette personne vivre chez vous si vous partez en vacances?						✓		
Sujets de conversation								
4. parler de votre famille, de votre travail, de vos intérêts personnels avec cette personne?				✓	✓	✓		
5. raconter des pensées intimes à cette personne?					✓	✓		
Sincérité								
6. lui faire un compliment pour faire plaisir, même si vous ne le pensez pas?								
7. lui dire la vérité bien franchement?					✓	✓		
8. lui mentir pour ne pas la blesser?	✓	✓	✓	✓			✓	✓
Argent, possessions matérielles								
9. prêter votre voiture à cette personne								
10. prêter 500$ à cette personne si elle en a besoin?					✓	✓		

C **Qu'est-ce que c'est qu'un(e) ami(e)?** Maintenant, examinez vos réponses à l'exercice B. En quoi sont-elles révélatrices de votre conception de l'amitié?

1. Qu'est-ce qui montre que vous êtes plus lié(e) à *(close to)* certaines personnes qu'à d'autres?
   Comparez vos réponses à celles d'un(e) camarade de classe. Traitez-vous les personnes de la même manière?
2. D'après ce que vous avez découvert, essayez de définir «l'amitié».
3. Selon vous, quelles différences existe-t-il entre l'amitié en personne et l'amitié «virtuelle» (c'est-à-dire, au travers des réseaux sociaux)?
4. À votre avis, peut-on considérer quelqu'un qu'on a rencontré en ligne comme un «vrai» ami?

Point

Les réseaux sociaux aident à développer l'amitié

Les mots pour le dire

noms	
approche (f.)	*approach*
complicité (f.)	*sense of closeness with someone; sense of understanding*
courriel (m.)	*email*
courtoisie (f.)	*courtesy*
échange (m.)	*exchange*
millier(s) (m.) (de)	*thousand(s) (of)*
rapport (m.)	*relationship*
réciprocité (f.)	*reciprocity*
reconnaissance (f.)	*recognition*
repère (m.)	*reference point*
sens (m.)	*meaning*
verbes	
(se) confondre	*to merge, to get mixed up*
(se) construire	*to build, to be built*
partager	*to share*
retrouver	*to meet by arrangement*
se faire des amis	*to make friends*
supporter	*to bear, to stand*
adjectifs et adverbes	
chaleureux (-euse)	*warm, friendly*
commun(e)	*shared, common*
durable	*lasting*
également	*also*
exigeant(e)	*demanding*
froid(e)	*cold*
indifférent(e)	*indifferent, uncaring*
(in)sensible	*(in)sensitive*
ouvert(e)	*open*
profond(e)	*deep*
réservé(e)	*reserved*
respectueux (-euse)	*respectful*
suffocant(e)	*stifling*

expressions

à cause de	*because of*
au même titre que	*just as*
en raison de	*because of*
être dommage	*to be too bad / a shame*
grâce à	*thanks to*
lors de	*during*
pour ma part	*as for me*

Étude de vocabulaire

A **Les mots apparentés.** Le français et l'anglais ont beaucoup de mots similaires par l'orthographe *(spelling)* et par le sens. Regardez attentivement les mots qui suivent et devinez leur sens en anglais. Récrivez les mots dans leur orthographe anglaise et trouvez un synonyme en anglais *qui est proche du sens du texte.* Utilisez un dictionnaire si nécessaire.

	Mot français	Équivalent anglais	Synonyme anglais
Modèle:	l'approche (f.)	*approach*	*plan or course of action*
Noms:	l'échange (m.)		
	la préoccupation		
	le rapport		
	le respect		
	la richesse		
	la signification		
	le terme		
Adjectifs:	commun(e)		
	incompatible		
	présupposé(e)		
	vigilant(e)		
Verbes:	se concrétiser		
	disparaître		
	émerger		
	permettre		
Adverbes:	apparemment		
	intrinsèquement		

B Chassez l'intrus! Un des mots ou expressions de chaque série ne correspond pas aux autres. Décidez de quel mot il s'agit et expliquez votre choix.

1. lors de	à cause de	en raison de
2. comme	grâce à	au même titre que
3. timide	réservé	exigeant
4. commun	profond	partagé
5. froid	ouvert	chaleureux
6. retrouver	rencontrer	se construire
7. échange	complicité	réciprocité
8. email	courriel	numérique

C Définitions. Associez chaque mot ou expression à sa définition.

1. ____________ exigeant	a. revoir quelqu'un
2. ____________ la courtoisie	b. aussi
3. ____________ supporter	c. devenir réel
4. ____________ se confondre	d. la politesse
5. ____________ se concrétiser	e. qui demande beaucoup
6. ____________ la complicité	f. mélanger
7. ____________ également	g. tolérer
8. ____________ retrouver	h. accord avec quelqu'un

De quoi parle-t-on?

© wavebreakmedia/Shutterstock .com

Au café. Vincent rencontre Chloé au café et ils prennent un verre ensemble. Écoutez leur conversation et répondez aux questions suivantes.

1. Qu'est-ce que Chloé faisait quand Vincent est arrivé au café?
2. Pourquoi Chloé aime-t-elle facebooker?
3. Qui sont «les amis» de Chloé sur Facebook?
4. Qu'est-ce que les interactions de Chloé sur Facebook lui apportent?
5. Quelle est l'attitude de Vincent à propos de l'amitié et des réseaux sociaux?
6. Comment est-ce que Chloé et Vincent aiment passer le temps avec leurs amis?
7. Pourquoi Chloé s'arrête-t-elle de tchatter?

Liens grammaticaux

LE PASSÉ COMPOSÉ ET LE PASSÉ SIMPLE

Le passé composé exprime une action ou un fait qui a déjà eu lieu au moment où on parle. Consultez le Chapitre 2 du ***Cahier d'activités*** pour réviser la formation et l'emploi du **passé composé,** et ensuite faites l'exercice suivant.

Attention: Le **passé simple,** que vous allez voir à la fin du Chapitre 2 du ***Cahier d'activités,*** est l'équivalent plus «littéraire» du passé composé. Pour le moment, il n'est pas obligatoire d'apprendre sa formation; il suffit de savoir le reconnaître et de comprendre ce qu'il signifie.

Le passé composé. Anne décrit l'expérience qu'une de ses copines a eue grâce à un réseau social. Écrivez les verbes entre parenthèses au passé composé.

1. Kristin __________ (rencontrer) un garçon sur Facebook.
2. Ils __________ (échanger) des messages pendant plusieurs semaines.
3. Elle __________ (se confier) complètement à lui.
4. Je lui __________ (dire) que ce n'était pas une bonne idée, mais elle l'__________ (faire) quand même.
5. C'est vrai que mes amis et moi, nous __________ (se faire) des amis sur Facebook, mais moi, je __________ (ne… jamais révéler) des détails intimes de ma vie sur Internet.
6. Heureusement, ce garçon __________ (garder) tous les secrets de Kristin pour lui *(to himself).*
7. En fait, ils __________ (décider) de se voir et ils __________ (sortir) ensemble.
8. Je __________ (passer) devant le café où ils étaient, et nous __________ (prendre) un verre ensemble.
9. C'était le début. Depuis, nous __________ (devenir) de très bons amis.

Lecture

Remue-méninges

Testez votre sens de l'amitié! Discutez des questions suivantes avec un(e) camarade de classe. N'oubliez pas de donner des exemples et des détails pour clarifier et soutenir vos idées.

1. Quels sont les différents types d'amitié?
2. Sur quoi l'amitié est-elle basée? Par exemple, est-elle basée sur des intérêts communs?
3. Croyez-vous qu'il soit possible de se faire des amis en ligne? Pourquoi (pas)?
4. Quelles sont les qualités que vous appréciez le plus chez vos amis?
5. Selon vous, pourquoi cherche-t-on à se faire des amis virtuels?

RÉSEAUX SOCIAUX ET LE SENS DES MOTS «AMIS» ET «AMITIÉ»

Dans ce texte, Jacques Houdremont nous invite à ne pas considérer les réseaux sociaux comme autant de façons° d'inhiber l'amitié véritable, mais en même temps, il nous engage à ne pas oublier à travers le monde virtuel l'existence du monde réel…

Le terme «ami» semble être utilisé, sur Internet, à tort et à travers°. Il serait dommage que la possibilité de communiquer avec des milliers de personnes fasse perdre le vrai sens des mots employés, et particulièrement de ceux° dont la signification porte intrinsèquement la notion de rapport humain non virtuel. «Être l'ami de…» a un sens. Si l'on regarde la définition du mot, une vie ne suffirait pas à chacun d'entre nous pour donner un sens à la présupposée relation amicale que permettraient des réseaux sociaux tels que Facebook.

Je suis de ceux qui ne souhaitent pas que l'avènement° d'Internet engendre la disparition des relations vraies. Au même titre que je ne supporte pas les courriels qui ne commencent pas par au moins un «Bonjour» et ne se terminent pas par un mot ou une phrase de courtoisie, j'ai du mal à accepter que les termes «ami» et «amitié» soient galvaudés°. Fort heureusement, je ne suis pas le seul.

Accorder le qualificatif d'ami° à une personne relève de l'aboutissement° d'une relation dans laquelle se sont construits des repères communs, où ont émergé des valeurs communes, des préoccupations partagées, même si nous n'en faisons pas toujours la même approche et si nous n'y apportons pas les mêmes réponses. Une amitié se construit sur la reconnaissance en l'autre, le respect de ce qu'il est, de ses différences, comme autant de richesses que nous avons mutuellement à offrir et à partager.

as so many ways

wildly; uncritically, in any old way

those

birth, advent

tarnished

to give the label of friend / depends on the successful realization/creation

Pour ma part je retrouve des amis grâce à Internet. Il m'est également arrivé de construire une relation amicale sur Internet mais qui ne s'est concrétisée que lors d'une rencontre physique. Je me rappelle ainsi avoir communiqué pendant plusieurs semaines avec Denys Lamontagne[2] via courriels interposés° et rencontres vidéo avant l'inauguration de la M@ison en 2004[3]. Et quand enfin nous nous sommes vus physiquement, j'ai eu l'impression que nous nous connaissions depuis longtemps et je n'ai souvenance d'aucune retenue° dans nos échanges. [...]

interposés°: exchanged

retenue°: holding back, restraint

L'amitié n'est pas incompatible avec l'Internet. Mais soyons vigilants à ce qu'«ami» ne se confonde pas avec un simple clic!

Source: Publié par Jacques Houdremont dans *Société, Technologies de l'Information et la Communication, tags: humanisme, humeurs, usages;* www.jacques.houdremont.fr

Avez-vous compris?

1. Selon l'auteur, quelle est la définition de base, mais essentielle de l'amitié?
2. Dans le premier paragraphe, qu'est-ce qu'il reproche à Facebook?
3. Dans le deuxième paragraphe, de quoi a-t-il peur?
4. Le troisième paragraphe continue de définir l'amitié. Quel est le point essentiel, selon l'auteur?
5. L'auteur pense-t-il que l'amitié en ligne soit impossible? Expliquez votre réponse.

Qu'en pensez-vous?

1. Quelle est la différence entre une amitié en face à face et une amitié virtuelle?
2. Pourquoi est-il difficile pour certaines personnes de se faire des amis en face-à-face? Comment les réseaux sociaux peuvent-ils aider ces personnes?
3. Pourquoi certaines personnes disent-elles que les amitiés sur les réseaux sociaux sont superficielles?
4. Pensez-vous qu'on puisse se faire des amis complètement nouveaux dans un environnement virtuel comme Facebook et qu'ils seront de vrais amis? Expliquez votre réponse en citant des exemples personnels ou ceux parmi vos connaissances.
5. À votre avis, est-il possible de retrouver des amis d'enfance sur un réseau social et de reprendre cette amitié là où elle s'était arrêtée? Donnez un exemple personnel ou de quelqu'un que vous connaissez pour soutenir votre point de vue.

---

[2] Denys Lamontagne: Directeur d'«E-cursus», un service québécois de promotion d'éducation en ligne

[3] L'inauguration de la M@ison: L'inauguration en 2004 d'un bâtiment dans la ville de Grigny (près de Paris) dédié aux technologies de l'information et de la communication.

LIENS SOCIOCULTURELS

LES FRANÇAIS ET LEURS RÉSEAUX SOCIAUX

1. Environ 80 % des internautes en France sont inscrits à au moins un réseau social.

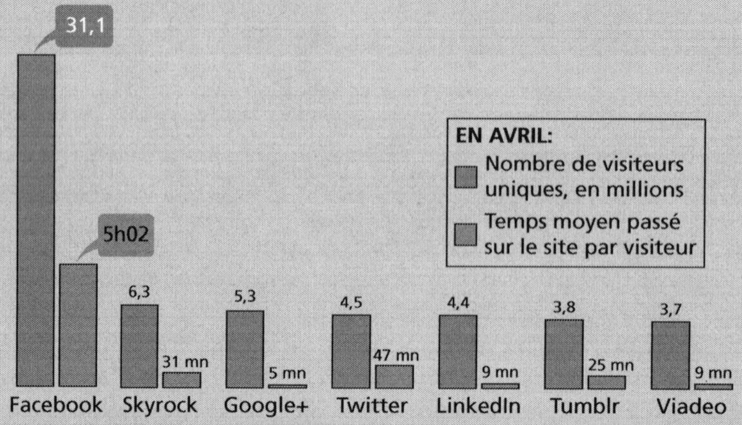

Source: "Les Français se sont massivement convertis aux réseaux sociaux" par Médiamétrie/NetRatings publié in www.lefigaro.fr, 24 juin 2013

2. Les principaux réseaux sociaux sont:

   Facebook: échanger sur soi et sa vie avec des amis

   Google+: échanger sur soi et sa vie avec des amis

   Skyrock: créer un espace web personnalisé

   Twitter: informer et influencer les autres

   LinkedIn: construire et développer un réseau professionnel

   Tumblr: blogger avec ses amis

   Viadeo: construire et développer son réseau professionnel (entre Français)

LIENS SOCIOCULTURELS (Suite)

3. Même si les inscriptions sur des réseaux sociaux sont en hausse, les utilisateurs s'exposent un peu moins *(share a little less)*.

L'évolution du temps consacré à différentes activités sur les réseaux sociaux

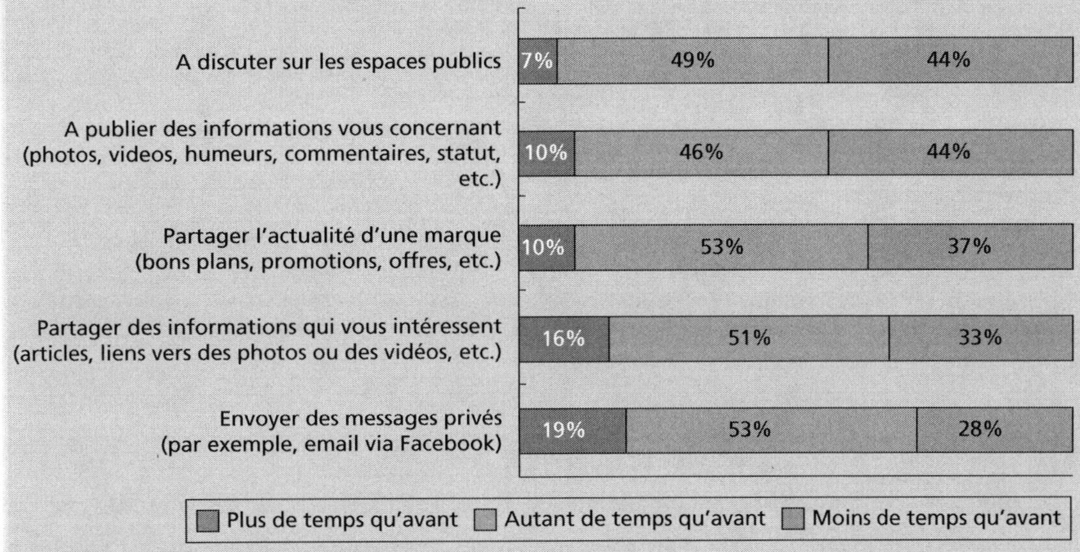

Question: Avez-vous le sentiment de consacrer plus, moins ou autant de temps qu'avant à chacune des activités suivantes sur les réseaux sociaux?

Source: Observatoire des réseaux sociaux 2013 (Ifop); www.ifop.com

DISCUSSION

1. Selon le premier tableau ci-dessus, quels sont les réseaux les plus fréquentés? Quel est le temps moyen passé sur ces réseaux populaires? Qu'est-ce qui peut expliquer ce phénomène? Étant donné les chiffres du tableau, comment envisagez-vous l'avenir des réseaux sociaux en France?
2. Selon le deuxième tableau, quelles sont les utilisations les plus communes des réseaux sociaux en France? Pensez-vous que les habitudes des Américains sont semblables à celles des Français? Expliquez votre réponse.
3. Toujours selon le deuxième tableau, quelles sont les habitudes sur les réseaux sociaux qui ont changé au cours du temps? Quelles habitudes sont restées les mêmes? Comment sait-on que les Français ont moins envie de s'exposer sur les réseaux sociaux? Croyez-vous que la même tendance soit présente dans votre pays? Pourquoi (pas)?

Contre-point

On ne se fait pas de vrais amis dans un contexte virtuel

Les mots pour le dire

noms

attentes (f. pl.)	*expectations*
bien-être (m.)	*well being*
comportement (m.)	*behavior*
compte (m.)	*account*
données (f. pl.)	*data*
inconvénient (m.)	*disadvantage*
internaute (m., f.)	*Internet user*
rencontre (f.)	*encounter, meeting*
utilisateur (-trice) (m., f.)	*user*

verbes

apprécier	*to appreciate*
avoir à	*to have to*
avoir la chance (de)	*to have the good luck (to)*
convenir	*to be suitable*
dépasser	*to exceed, to surpass*
gêner	*to bother*
gérer	*to manage*
manquer	*to miss, to be missing to*
tu me manques	*I miss you*
reconnaître	*to acknowledge*
remédier (à)	*to fix, remedy*
s'apercevoir	*to notice, remark*
supprimer	*to delete, to unfriend*

adjectifs

ancien(ne)	*former, from a long time ago*
chaque	*each, every*
peuplé(e)	*crowded*
proche	*close*
seul(e)	*alone, single*

adverbes/locutions adverbiales

dans un premier temps	*initially*
de longue date	*long-standing*
en effet	*indeed*
en réalité	*in fact, actually*
pourtant	*nevertheless*

expressions

dont (*pronom relatif*) — *whose*
faire comme tout le monde — *to do like everyone else*
garder le contact — *to stay in touch*
renouer le contact — *to reestablish contact*
reprendre contact — *to reestablish contact*

Étude de vocabulaire

A Definitions. Associez chaque mot ou expression à sa définition.

____________	1. renouer	a. manière d'agir; conduite
____________	2. en réalité	b. au début
____________	3. pourtant	c. déranger; embarasser
____________	4. dans un premier temps	d. éliminer
____________	5. seul	e. informations
____________	6. peuplé	f. section
____________	7. gêner	g. mais
____________	8. supprimer	h. reprendre
____________	9. données	i. solitaire
____________	10. comportement	j. en fait
		k. consommer
		l. ayant une multitude d'habitants

B L'amitié et les réseaux sociaux. Complétez les phrases suivantes avec un mot ou une expression tirées des **Mots pour le dire.** Faites les changements nécessaires.

1. Je vais sur les réseaux sociaux pour ____________ avec mes copains d'enfance, des anciens collègues et mes amis.
2. Bientôt le nombre d'utilisateurs des réseaux sociaux va ____________ toutes les attentes. Il y a déjà des milliers de personnes connectées dans chaque pays du monde!
3. Je reçois trop de messages sur Facebook. Je n'arrive plus à les ____________!
4. Martin est un ____________ ami. Nous nous sommes rencontrés avant l'arrivée des réseaux sociaux.
5. Karine est une amie très ____________. Je lui confie tous mes secrets, mais pas sur les réseaux sociaux!
6. Tu pars pour un an? Tu vas me ____________! Heureusement on peut rester en contact sur Facebook.

7. Je n'aime pas ____________. Je préfère être différent et suivre mon propre chemin. Je résiste aux réseaux sociaux.

8. C'est simplement horrible quand quelqu'un que tu croyais ton ami te ____________ de ses contacts.

Track 00

De quoi parle-t-on?

© David R. Frazier Photolibrary, Inc./Alamy

Au téléphone. Karen et Linda sont deux étudiantes américaines qui vivent à Paris. Elles sont au téléphone et elles parlent de Patrick, le copain de Linda. Écoutez leur conversation et répondez aux questions suivantes.

1. Depuis combien de temps est-ce que Linda sort avec Patrick?
2. Pourquoi Linda n'est-elle pas contente?
3. Quelle explication est-ce que Karen lui donne sur le comportement de Patrick?
4. Quel conseil est-ce que Karen donne à Linda?

Liens grammaticaux

L'IMPARFAIT

L'imparfait est un temps simple (= un seul mot) qui indique une action qui se développe ou se répète dans le passé. Cette action est incomplète et n'indique aucun sens de commencement ou de fin, contrairement à une action exprimée au passé composé. Consultez le chapitre 2 du ***Cahier d'activités*** pour réviser la formation et l'emploi de l'**imparfait.**

NB: Un autre emploi de l'imparfait dans les propositions introduites par «si» sera présenté au Chapitre 5.

Les amitiés de mon enfance. Avec un(e) partenaire, parlez de vos expériences de l'amitié quand vous étiez enfants. Attention! Puisque vous parlez de comment les choses étaient quand vous étiez petit(e)s, (presque) toutes vos réponses seront à l'imparfait.

1. Quand tu étais petit(e), où vivais-tu? (dans une ville, à la campagne, dans un appartement, une maison, etc.)
2. Connaissais-tu tous les enfants de ton quartier? Comment s'appelaient tes meilleur(e)s ami(e)s? Tes amis étaient des garçons *et* des filles?
3. Tes ami(e)s et toi, alliez-vous tous (toutes) à la même école? Pourquoi (pas)?
4. Tes ami(e)s et toi, jouiez-vous ensemble après l'école? Jouiez-vous souvent dehors (*outside*)? Quelles sortes d'activités faisiez-vous? Qu'est-ce que vous faisiez quand il pleuvait? Quel genre d'activités faisiez-vous dans la maison?

5. Vous engagiez-vous dans des débats, ou même des disputes, tes ami(e)s et toi? A quels sujets?

6. As-tu des frères et/ou des sœurs? Si oui, est-ce que vous étiez proches quand vous étiez petit(e)s? Pourquoi, ou pourquoi pas? Si tu étais enfant unique (*only child*), voulais-tu avoir des frères et/ou des sœurs?

7. Utilisais-tu Facebook ou un autre réseau social? Si oui, lequel? Combien d'amis avais-tu sur ces réseaux? De quoi parliez-vous? Qu'est-ce que tu partageais et qu'est-ce que tu postais sur les réseaux sociaux?

8. Avais-tu un(e) ami(e) qui habitait loin avec qui tu restais en contact à travers un réseau social? Combien de fois par semaine ou par mois vous écriviez-vous des messages?

Lecture

Remue-méninges

Vous est-il déjà arrivé (à vous ou à vos parents) d'utiliser un service comme une entreprise de déménagement ou un appareil comme un téléphone qui ne correspondait pas à vos attentes? Expliquez ce qui ne convenait pas et ce que vous avez fait pour remédier à la situation.

J'AI SUPPRIMÉ MON COMPTE FACEBOOK ET ÇA NE ME MANQUE PAS

growth

Dans ce texte, Michaël Tartar parle d'une personne proche de lui pour qui le service de Facebook ne convenait plus après un certain temps. Dans un premier temps, Tartar mentionne la croissance° spectaculaire des réseaux sociaux en France. Ensuite, il mentionne les raisons pour lesquelles son amie Cristelle a décidé de devenir membre de Facebook, et finalement, pourquoi elle a décidé de fermer son compte.

diehards, hardliners / invader

De septembre 2009 à juin 2011 en France, la part des internautes de 35 à 44 ans gérant un profil de réseau social a cru de 85,7% selon l'étude Global Web Index. Depuis février 2011, Facebook a même dépassé les 20 millions d'utilisateurs. Le réseau social numéro 1 dans le monde connaît donc une progression sans résistance dans notre pays. Et pourtant, quelques irréductibles° s'opposent à l'envahisseur°.

J'ai la chance d'en connaître une dans mon entourage proche: Cristelle qui dans un premier temps a succombé aux charmes de Facebook, a finalement décidé de fermer son compte et annonce aujourd'hui: «cela ne me manque pas». Alors que Facebook vient d'annoncer le 20 septembre 2011 lors de sa conférence F8 la nouvelle Timeline et un Open Graph offrant toujours plus d'accès aux données des utilisateurs de son service, j'ai voulu comprendre comment Cristelle a décidé d'ouvrir, puis finalement de fermer son compte Facebook, et plus généralement comment l'entreprise qui souhaite s'engager sur les médias sociaux, peut tirer profit de cette expérience.

Pourquoi avoir créé un compte Facebook?

Ce qui a d'abord motivé Cristelle pour créer son compte, c'est le souci de permettre à ses anciennes relations de reprendre contact avec elle. Après trois ans d'expérience sur Copains d'Avant[4], elle constatait° en effet que son besoin de renouer le contact avec ses anciennes relations, n'était plus satisfait avec ce seul réseau social. Facebook devenait à la mode et, «un peu pour faire comme tout le monde», Cristelle a donc décidé d'ouvrir un compte. En approfondissant la question°, nous nous sommes aperçus qu'en réalité, elle satisfaisait déjà son besoin de contact avec d'anciennes relations. Cristelle a en effet la chance d'avoir gardé le contact avec les personnes qu'elle apprécie de longue date, et que ces personnes vivent dans son environnement géographique proche. Qui plus est°, les rares anciennes relations entrées en contact avec elle via Facebook, n'ont pas donné lieu à° des rencontres. Selon son expérience, Facebook vu comme un outil de reprise de relation, ne répond donc pas à ses attentes. Qui plus est à l'usage,° Facebook a présenté un certain nombre d'inconvénients qui ont conduit° Cristelle à fermer son compte.

Pourquoi fermer un compte Facebook?

Les raisons qui motivent la fermeture° d'un compte Facebook sont multiples, et le Web est peuplé d'histoires à ce sujet. Cristelle, dont la vie sociale est pourtant déterminante° pour son bien-être, a renoncé à l'avantage que Facebook aurait pu lui procurer. Ce qui la gêne le plus? Comme elle le dit: «c'est compliqué, ça m'agresse°, j'ai à lire des choses que je n'ai pas demandées». Et c'est probablement un des principaux problèmes de Facebook aujourd'hui pour fidéliser° le quasi premier milliard° d'utilisateurs, et conquérir le suivant. En effet, tout le monde n'est pas voyeur au point de° vouloir tout savoir des moindres faits et gestes° des personnes de son réseau social. À ce titre°, Cristelle est probablement un exemple qui sera suivi si Facebook ne parvient pas° à permettre à ses utilisateurs de choisir ce qu'ils ont vraiment envie de voir des contenus publiés par leur réseau social. Il s'agit là simplement de reconnaître la liberté de chaque utilisateur de pouvoir exprimer son intérêt pour un sous-ensemble° des contenus publiés. Et plus généralement ne pas en arriver comme Cristelle à déclarer: «une fois qu'on est sur Facebook, on n'est plus tranquille»!

Source: Michaël Tartar, *Réflexions et commentaires personnels sur l'Internet;* www.michaeltartar.com

noticed
While exploring the question further
What is more
didn't lead to
while using it
led
closing
decisive, important
it attacks me
to win the loyalty of / a billion
to the extent of / all the comings and goings; the most trivial details / In this respect / doesn't manage, isn't able to
a subset

---

[4] Copains d'Avant *un réseau social français créé en 2001*

Avez-vous compris?

1. Est-ce que les statistiques mentionnées par Michaël Tartar soutiennent ce que vous avez appris dans ce chapitre au sujet des réseaux sociaux (dans la section *Liens socioculturels,* en particulier)? Expliquez votre réponse.
2. Quelle est la question à laquelle Michaël Tartar voulait une réponse?
3. Avec vos propres mots, expliquez ce qui a poussé Cristelle à rejoindre Facebook.
4. De même, expliquez les raisons qui l'ont poussée à fermer son compte Facebook.

Qu'en pensez-vous?

1. Avez-vous un compte sur Facebook ou sur un autre réseau social? Si oui, lequel (lesquels)? Pour quelles raisons avez-vous ouvert ce(s) compte(s)? Vos raisons sont-elles semblables *(similar)* à celles de Cristelle? Différentes? Expliquez.
2. À votre avis, quels sont les avantages et les inconvénients d'avoir un compte sur un réseau social?
3. Avez-vous fermé un compte sur un réseau social? Si oui, pourquoi? Sinon, avez-vous jamais été tenté(e) de le faire? Pourquoi?
4. Que pensez-vous des raisons de Cristelle pour fermer son compte Facebook? Croyez-vous qu'elle ait eu tort de le faire ou a-t-elle eu raison? Justifiez votre réponse.
5. Cristelle finit par dire: «Une fois qu'on est sur Facebook, on n'est plus tranquille!» Que veut-elle dire? Êtes-vous d'accord avec elle? Pourquoi ou pourquoi pas?
6. Si vous n'aviez pas de compte sur un réseau social, pensez-vous que cela affecterait vos amitiés? Si oui, de quelle façon?

Liens grammaticaux

LE PLUS-QUE-PARFAIT

On utilise le **plus-que-parfait** pour exprimer qu'une action a eu lieu (*took place*) avant l'action du verbe principal.

Exemple: **Quand Anne a vu la photo sur son mur, beaucoup de ses amis avaient déjà mis** (*had already put*) **«j'aime».** (Chronologiquement: (1) les amis ont mis «j'aime», et (2) ensuite, Anne a vu la photo.)

Révisez la formation et l'emploi du **plus-que-parfait** dans le Chapitre 2 du ***Cahier d'activités*** et faites l'exercice suivant.

Le plus-que-parfait. Un Français qui a fait un séjour aux USA a raconté une mauvaise expérience qui lui a fait critiquer l'amitié à l'américaine. Mettez le verbe entre parenthèses au plus-que-parfait.

«J'ai rencontré beaucoup d'Américains très sympathiques, mais aux États-Unis j'ai eu une expérience qui m'a fait douter de leur sincérité. Voilà ce qui s'est passé:

1. «Un jour, j'ai téléphoné à un Américain que j(e) ______ (rencontrer) à une soirée.
2. «À la soirée, il ______ (se comporter) de façon très amicale avec moi.
3. «Il ______ (déjà visiter) la France, et il m'en a parlé avec beaucoup d'enthousiasme.
4. «En quittant la soirée, nous ______ (échanger) nos emails et nous ______ (décider) de devenir amis sur Facebook. Je voulais lui montrer les photos que j' ______ (prendre) pendant des excursions de l'année précédente, et que j' ______ (poster) sur mon compte.
5. «Je pensais que j(e) ______ (se faire) mon premier ami américain.
6. «Après la soirée, il ne m'a pas fait signe. Pourtant, il ______ (promettre) de me téléphoner!
7. «Quand j'ai enfin décidé de lui téléphoner, il ne m'a pas reconnu. Je lui ai expliqué que je lui ______ (envoyer) des SMS (*texts*) et des messages sur Facebook, mais rien n'y a fait: il m' ______ (déjà oublier). C'était très décevant.
8. «Avant d'aller aux États-Unis, j' ______ (entendre) dire que les Américains étaient très chaleureux, mais je dois dire que j'ai trouvé cet homme assez superficiel. Ai-je mal compris la situation?»

Après avoir terminé l'exercice, relisez les phrases et imaginez bien les événements de cette histoire. Expliquez pourquoi on utilise le **plus-que-parfait** dans chaque cas.

LIENS INTERDISCIPLINAIRES

DE L'AMITIÉ

Une des plus célèbres amitiés est celle qui a uni Michel de Montaigne, un des grands philosophes français de la Renaissance, et Étienne de La Boétie, un juge et un philosophe. Bien que° l'amitié entre ces deux hommes se soit nouée° vers la fin de la vie de La Boétie et par conséquent, qu'elle ait été très courte, Montaigne décrit dans le texte qui suit l'expérience d'une amitié véritable. Notez qu'il y a des mots écrits en vieux français.

Although / formed

Au demeurant°, ce que nous appelons ordinairement amis et amitiés, ce ne sont qu'accointances° et familiarités nouées par quelque occasion ou commodité°, par le moyen de laquelle nos âmes s'entretiennent°. En l'amitié de quoi je parle elles se mêlent° et confondent l'une en l'autre, d'un mélange si universel, qu'elles effacent° et ne retrouvent plus la couture° qui les a jointes. Si on me presse de dire pourquoi je l'aimais, je sens que cela ne se peut exprimer, qu'en répondant: «Parce que c'était lui; parce que c'était moi.»

In fact / *connaissances* / convenience / our souls converse / to mix, mingle / erase / seam, stitches

Il y a au-delà de tout mon discours, et de ce que j'en puis dire particulièrement, ne sais° quelle force inexplicable et fatale, médiatrice° de cette union. Nous nous cherchions avant que de nous être vus, et par des rapports que nous oyions° l'un de l'autre, qui faisaient en notre affection plus d'effort que ne porte la raison des rapports, je crois par quelque ordonnance du ciel°; nous nous embrassions par nos noms. Et à notre première rencontre, qui fut° par hasard en une grande fête et compagnie de ville, nous nous trouvâmes si pris, si connus, si obligés entre nous, que rien dès lors ne nous fut si proche que l'un à l'autre. Il écrivit une satire latine excellente, qui est publiée, par laquelle il excuse et explique la précipitation de notre intelligence, si promptement parvenue à sa perfection. Ayant si peu à durer, et ayant si tard commencé, car nous étions tous deux hommes faits, et lui plus de quelques années, elle n'avait point à perdre temps et à se régler au patronalles° amitiés molles° et régulières, auxquelles il faut tant de précautions de longue et préalable° conversation. Celle-ci n'a point d'autre idée que d'elle-même, et ne se peut rapporter qu'à soi. Ce n'est pas une spéciale considération, ni deux, ni trois, ni quatre, ni mille: c'est je ne sais quelle quintessence° de tout ce mélange, qui ayant saisi toute ma volonté, l'amena se plonger et se perdre dans la sienne°; qui, ayant saisi toute sa volonté, l'amena se plonger et se perdre en la mienne, d'une faim, d'une concurrence pareille. Je dis perdre, à la vérité, ne nous réservant rien qui nous fût propre, ni qui fût ou sien, ou mien.

je ne sais / mediator / we heard / order from heaven / was / patrons / soft, feeble / prerequisite / very essence / his

Source: Michel de Montaigne, *De l'amitié,* 1572–1592

DISCUSSION

1. Comment est-ce que ces deux amis se sont rencontrés? Qu'est-ce qu'ils ont en commun? Comment décririez-vous l'intensité de leur amitié? Quel rôle a joué l'âge des deux hommes dans le développement rapide et l'intensité de leur amitié à votre avis?

2. Comment est-ce que l'auteur définit l'amitié? Pour vous, la description de l'amitié donnée dans ce texte est-elle positive? Négative? Objective? Citez des exemples du texte pour justifier votre réponse.
3. À quelle question répond la phrase «Parce que c'était lui ; parce que c'était moi.»? Qu'est-ce que Montaigne veut dire par cette phrase? L'auteur suggère-t-il que l'amitié est un choix ou le résultat du destin? Êtes-vous d'accord? Pourquoi ou pourquoi pas?
4. Qu'est-ce qui rend, selon vous, une relation amicale véritable ou superficielle? Quelles sont les qualités de l'amitié entre Montaigne et La Boétie qui la rendent véritable?
5. À quoi donnez-vous la priorité? À l'amitié? À la vie professionnelle? À la vie familiale? Pourquoi?

Liens grammaticaux

LA NARRATION AU PASSÉ

La narration au passé consiste en l'utilisation simultanée des trois temps majeurs du passé que nous avons étudiés dans ce chapitre (le passé composé, l'imparfait et le plus-que-parfait).

Révisez dans le ***Cahier d'activités*** l'explication de la narration au passé et faites l'exercice suivant.

La narration au passé. Mettez les verbes entre parenthèses à la forme qui convient : **passé composé, imparfait** ou **plus-que-parfait.**

Christophe et Kate (1) ______ (se rencontrer) à une fête à New York. Christophe (2) ______ (travailler) à New York comme consultant pour une compagnie américaine, et Kate (3) ______ (être) conservatrice de musée (*curator*) à Manhattan. Après avoir échangé des messages sur Facebook et de longues conversations par SMS, ils (4) ______ (tomber) amoureux l'un de l'autre. Kate (5) ______ (étudier) en France, et elle (6) ______ (savoir) donc parler français, et Christophe (7) ______ (adorer) parler d'art et de musique. Après un mois seulement, ils (8) ______ (se marier), sans écouter les conseils de leurs amis, qui leur (9) ______ (dire) que c(e) (10) ______ (être) beaucoup trop tôt. La «lune de miel» (*honeymoon*) (11) ______ (durer) six mois. Peu après, ils (12) ______ (commencer) à se disputer régulièrement. Kate (13) ______ (se sentir) souvent blessée par les remarques que Christophe lui (14) ______ (faire) devant ses amis, et ça (15) ______ (irriter) Christophe que Kate soit toujours d'accord quoiqu'il dise. Six mois plus tard, ils (16) ______ (divorcer). Il est clair qu'ils (17) ______ (ne... pas réfléchir) suffisamment aux aspects interculturels de leur couple avant de se marier. Si seulement ils (18) ______ (attendre) un peu plus longtemps!

Réplique et synthèse

A Est-ce que mes amis doivent me ressembler?

- Complétez le tableau ci-dessous. Ensuite, discutez de vos réponses avec un(e)/des camarade(s) de classe. Qu'est-ce que cela révèle sur l'amitié avec des gens différents de vous-mêmes? Comparez-le à vos amitiés avec des personnes très similaires à vous-même.

	Avantages, aspects agréables	Inconvénients, obstacles	Est-ce que j'ai des ami(e)s dans cette catégorie? Qui?	(Si j'ai des ami(e)s dans cette catégorie) Mon appréciation de notre relation: est-ce que «ça marche»? Exemples précis de mon expérience personnelle.
Un étranger, une étrangère	*On apprend des choses sur une culture différente. On peut parler une langue étrangère, peut-être.*	*Il peut y avoir des différences culturelles. On peut faire mal à l'autre* (hurt the other) *sans en avoir l'intention. On ne connaît pas les mêmes films, chansons, etc.*	*Oui, surtout mes amies Isabelle et Marion.*	*On se connaît depuis très longtemps. Le fait qu'elles soient françaises et que moi, je suis américaine, est peut-être même un avantage. On est automatiquement ouvertes à des idées différentes, et cela nous encourage à voir les choses de différents points de vue. (exemple: Marion m'a montré des inégalités dans la société américaine.)*
Des personnes que je rencontre sur un réseau social				
Des personnes du sexe opposé				
Des personnes bien plus jeunes ou plus âgées que moi				
Des personnes d'un groupe social/socio-économique différent du mien (*mine*)				

B Un dilemme. Discutez du scénario ci-dessous avec un(e) camarade de classe.

Dans une semaine, vous allez passer un examen très important (comme le LSAT, le MEDCAT, le GRE, etc.) pour continuer vos études dans une université prestigieuse. Vous révisez nuit et jour pour cet examen, parce que c'est votre dernière chance de le passer cette année. Une amie proche vous téléphone. Sa mère est à l'hôpital dans une autre ville, et elle vous demande de vous installer chez elle et de vous occuper de ses quatre jeunes frères et sœurs pendant qu'elle reste à l'hôpital avec sa maman. La mère risque d'être à l'hôpital pendant au moins cinq jours. Qu'est-ce que vous allez répondre à votre amie, et pourquoi?

C Discussions. En groupes de trois ou quatre, discutez des questions suivantes. Partagez vos réponses avec toute la classe.

1. Combien de vrais amis doit-on avoir selon vous? Pourquoi? Combien d'amis doit-on avoir sur un réseau social? Pourquoi?
2. Quels éléments favorisent les relations amicales (*friendly relationships*): Des intérêts ou des activités communes? Des principes semblables? Des différences intrigantes? Des circonstances difficiles? Etc. Est-ce que ces éléments sont les mêmes pour les amis virtuels? Expliquez.
3. Avez-vous perdu le contact avec certains amis? Pour quelles raisons? Avez-vous jamais «rompu» (*broken up*) définitivement avec un(e) ami(e) ou supprimé un(e) ami(e) (*unfriend someone*) sur un réseau social? Décrivez-en les circonstances. À votre avis, qu'est-ce qui tue (*kills*) une amitié?
4. Croyez-vous que les échanges virtuels entre amis aient la même valeur que les échanges en personne? Pourquoi ou pourquoi pas? Citez des exemples de votre vie pour soutenir vos opinions.
5. Quels sont les avantages et les inconvénients de la communication par les réseaux sociaux, les SMS ou même le courrier électronique? Comment est-ce qu'on doit utiliser la technologie pour soutenir les relations amicales? Est-ce qu'il y a des règles de courtoisie à suivre? Expliquez.

D Ouvertures créatives

1. **Mode d'emploi.** Vous allez créer un petit manuel qui présente un réseau social de votre choix (Facebook, Google+, Twitter, LinkedIn, etc.) et comment l'utiliser d'une manière efficace. Dans votre manuel, expliquez les objectifs du réseau, pourquoi on doit s'inscrire, les actions principales pour créer une identité et des conseils pour avoir une expérience positive.
2. **Un sketch.** Vous avez deux amis qui sont en couple et vous êtes très amis de tous les deux. L'homme (ou la femme) vous téléphone pour vous dire qu'il vient d'apprendre par Facebook que sa copine a rencontré quelqu'un et qu'elle sort avec lui. Il est désespéré et a du mal à vous raconter tous les

détails. Créez un sketch avec un(e) camarade de classe dans lequel vous lui posez des questions pour savoir exactement ce qui s'est passé et ensuite, vous lui donnez des conseils.

3. **L'amitié en anecdotes.** Préparez une anecdote sur un des sujets suivants, et racontez-la à vos camarades de classe. N'oubliez pas d'ajouter beaucoup de détails intéressants, et faites attention aux temps du passé.

   a. Comment j'ai fait la connaissance de mon ami(e) X.
   b. Une histoire qui illustre bien le caractère de mon ami(e) X.
   c. Un geste d'amitié que mon ami(e) X a fait pour moi.
   d. Un voyage agréable que mon ami(e) et moi, nous avons fait ensemble. (Une soirée / Une journée / Une fête agréable que nous avons passée ensemble.)
   e. Une expérience amusante *(funny)* que vous avez vécue ensemble.

Liens communautaires

Carte de vœux. Cherchez un site français de cartes de vœux (*greeting cards*) comme http://www.dromadaire.com/, et envoyez une carte appropriée à un(e) ami(e). Avant d'envoyer votre carte, imprimez-en une copie et montrez-la à votre professeur.

Devoirs
- p. 75
- Journal (5 phrases)
  ↳ • story abt you doing something or a friend doing something
  • funny anecdote

Rédaction guidée

Peer Review

Savoir choisir son sujet

A Sujet. L'amitié est-elle ou n'est-elle pas possible à travers les réseaux sociaux?

B Orientation. Il n'est pas rare que les sujets de composition proposent des choix mutuellement exclusifs, comme c'est le cas du sujet que vous avez devant vous. Les meilleures compositions développent également et objectivement la thèse et l'antithèse, il n'est donc pas suffisant que vous développiez une position unique au détriment de l'autre, ou que vous ayez une partie plus grande et développée que l'autre.

Avant d'établir votre position de façon sûre, il faut ébaucher *(draft)* quelques idées centrales, trouver des sources et des exemples intéressants et penser aux arguments de l'antithèse que vous allez retenir. Si vous avez plus d'idées pour la thèse que pour l'antithèse (ou le contraire), il est peut-être préférable de prendre une position qui sera plus équilibrée *(balanced)*.

C Avant d'écrire. Dans ce chapitre, nous allons nous concentrer sur trois idées principales et fortes qui vont structurer la base de votre thèse *et* de votre antithèse. Pour commencer, finissez la phrase suivante avec les trois arguments qui vous semblent les plus importants:

Oui, l'amitié est possible à travers les réseaux sociaux parce que…

1. les réseaux sociaux permettent une forme d'intimité qu'on peut entretenir à distance. Les échanges prolongent et enrichissent des amitiés déjà existantes et permettent le développement de nouvelles amitiés avec des personnes qui ne sont pas à proximité, ce qui n'est pas si différent des amitiés d'autrefois maintenues grâce aux lettres.
2. les réseaux sociaux permettent aux utilisateurs de dialoguer dans l'immédiat, de partager leurs expériences tout au long de la journée. Cette immédiateté et cet accompagnement constant créent des liens entre les participants, car ils «partagent» les mêmes expériences.
3. Les réseaux sociaux créent un endroit convivial où on invite des gens dans son monde personnel grâce aux photos, aux vidéos, à la musique et aux commentaires. Il est plus facile de se dévoiler (*to reveal oneself*) et découvrir ce qu'on a en commun—ce qui est fondamental pour nouer une

amitié. De plus, ce découvert a lieu plus rapidement que dans les amitiés plus traditionnelles.

Nous avons maintenant le «squelette» de votre thèse. Passons maintenant à l'antithèse:
Non, l'amitié n'est pas possible à travers les réseaux sociaux parce que (qu')...

1. les relations qu'on forme sur les réseaux sociaux sont superficielles. Une amitié suppose des confiances et des secrets partagés ainsi que des activités faites ensemble, comme par exemple une promenade ou un repas, et cela est impossible avec des centaines de personnes.
2. il est trop facile de mentir et de créer une fausse identité dans le monde virtuel des réseaux sociaux. Alors, on n'est jamais certain si l'amitié qu'on noue est basée sur la vérité ou pas.
3. il faut être vulnérable pour former des liens avec quelqu'un, et les réseaux sociaux mettent, par leur nature, une distance entre les gens, ce qui les aident à éviter la vulnérabilité. On peut rester dans le confort de son monde sans avoir besoin de s'impliquer de façon concrète dans la vie d'autrui (*others*).

D **À votre tour!** Choisissez un aspect du thème développé ci-dessus que vous allez utiliser pour illustrer la possibilité ou l'impossibilité de former, développer ou maintenir des relations amicales à travers les réseaux sociaux. Par exemple, est-il possible de se faire de nouveaux amis sur les réseaux sociaux qui deviendront des amis proches? Est-il possible de développer / faire évoluer une relation amoureuse grâce aux réseaux sociaux? Est-il possible de rendre plus fort les liens avec un groupe d'amis en utilisant les réseaux sociaux? Avec l'autorisation de votre professeur, vous pouvez en recycler un dont vous avez déjà parlé en classe. Les questions que vous devez vous poser, après avoir effectué quelques recherches initiales sont les suivantes:

1. Le sujet/thème de mon devoir est-il intéressant pour moi? Pour un(e) lecteur (-trice) potentiel(le)? Est-il peut-être trop banal, trop cliché?
2. Est-ce que mes recherches m'ont permis de découvrir des aspects surprenants de la question que je vais poser?
3. Est-ce que je peux trouver assez d'arguments à la fois en faveur et contre mon sujet pour écrire deux parties de mon ébauche de plan *(rough outline)* qui seront équilibrées?

Si vous pouvez répondre «oui» à ces trois questions, il est temps de vous mettre au travail!

CHAPITRE

3 La technologie pour tous: Pouvoir ou vulnérabilité?

PhotoAlto/James Hardy/Getty Images

Objectifs communicatifs

COMMUNICATION
- **Point** Big Brother nous observe-t-il vraiment?
- **Contre-point** Le phénomène Wikipédia: Un renouvellement de la connaissance?

LIENS GRAMMATICAUX
- Les pronoms personnels
- Les pronoms adverbiaux *y* et *en*

LIENS SOCIOCULTURELS
- La technologie en France

LIENS INTERDISCIPLINAIRES
- *Acide sulfurique* (Nothomb)

LIENS COMMUNAUTAIRES
- Une interview sur les dangers de la technologie

Controverse: Comme la plupart des innovations majeures (l'avion, la voiture, l'énergie nucléaire, la télévision), l'Internet se montre ambivalent, porteur du meilleur comme du pire; il soulève donc de nombreuses questions. Sera-t-il demain accessible à tous, y compris aux pays pauvres et aux dictatures? Restera-t-il un moyen de communiquer et de s'informer pour les particuliers ou sera-t-il annexé par les organisations commerciales? Réduira-t-il ou renforcera-t-il les inégalités entre les individus et entre les pays? Sera-t-il un instrument de liberté ou de surveillance? Les informations diffusées seront-elles objectives et fiables ou bien destinées à manipuler les opinions? L'avenir dira si les cyberphiles et les cyberoptimistes ont raison face aux cyberphobes et aux cyberpessimistes.

Dans ce chapitre, nous allons élargir la discussion pour parler de la technologie et de ses applications multiples. Nous allons voir si la technologie enrichit la vie ou lui impose plus de contraintes; si l'accès au Web facilite les échanges internationaux ou crée des problèmes de sécurité; si la démocratisation de l'ordinateur personnel réduit les inégalités; ou si ce que l'on gagne à utiliser l'informatique ne porte pas atteinte à notre liberté individuelle. À vous de juger!

Premières pensées

Les mots pour le dire

noms	
application (f.)	*application*
baladeur (m.) MP3	*MP3 player*
blog (m.)	*blog*
boîte (f.) aux lettres électronique	*email box*
caméra (f.) (de surveillance)	*(surveillance) camera*
clip (clip vidéo) (m.)	*clip; video clip*
courrier (m.) (électronique)	*(electronic) mail*
courriel (m.), email (m.), mail (m.), mél (m.)	*email*
DVD (m.) (lecteur [m.] de DVD)	*DVD (DVD player)*
écran (m.) tactile	*touch screen*
émission (f.) de télévision	*television show*
forum (m.) de discussion	*discussion forum*
jeu (m.) (en ligne, vidéo)	*(online, video) game*
lien (m.) (informatique)	*(computer) link*
site (m.)	*site*
~ personnel	*~ personal website*
~ de vente entre particuliers (comme eBay ou craigslist)	*~ person-to-person sales site (e.g., eBay or craigslist)*
SMS (m.), texto (m.), MMS (m.)	*SMS, text message, MMS*
tablette (f.)	*tablet*
toile (f.)	*Web*
traitement (m.) de texte	*word processing*
Web (m.)	*World Wide Web*
Wi-Fi (m.)	*WiFi*
verbs	
accéder à	*to reach, achieve, attain; to access*
afficher	*to put up, display*
bloguer	*to blog*
contacter	*to contact, get in touch with*
consulter Internet	*to consult the Internet*
fréquenter	*to go to, associate with*
~ un chat	*~ a chatroom*
~ un forum de discussion	*~ a discussion forum*
gagner du temps	*to save or gain time*
gêner	*to bother, disturb*
joindre	*to join, reach (by mail, phone, email)*
se passer de	*to do without*

perdre du temps	*to waste time*
rechercher des informations	*to look for information*
regarder ses mails	*to check one's email*
surfer	*to surf*
télécharger	*to download*
visionner	*to view*
~ un film	*~ a movie*
adjectifs et adverbes	
confidentiel(le)	*confidential*
efficace	*effective, efficient*
instantané(e)	*instant, instantaneous*
instantanément (adv.)	*instantaneously*
joignable	*available, reachable*
nuisible	*harmful, dangerous*
privé(e)	*private*
public (publique)	*public*
expressions	
en ligne	*online*
(de) n'importe où	*(from) anywhere*

A Les nouvelles technologies de communication

1. Avez-vous un smartphone? Pourquoi ou pourquoi pas?
2. Qu'est-ce que vous pouvez faire avec un smartphone que vous ne pouvez pas faire avec un fixe ou un portable? Est-ce que vous pourriez vous passer de votre smartphone ou de votre portable?
3. Quelle est votre réaction quand vous voyez quelqu'un parler au téléphone ou envoyer un texto au volant de sa voiture *(at the wheel of a car)*?
4. Avez-vous un ordinateur? Fixe ou portable? Les deux? Quelles sont les activités principales que vous faites sur votre ordinateur? Pourriez-vous vous passer de votre ordinateur? Sinon, pourquoi pas?
5. Avez-vous une tablette? Pourquoi ou pourquoi pas?
6. De toutes ces nouvelles technologies de communication, laquelle utilisez-vous le plus? Pourquoi?
7. Bien que pratiques et utiles, ces nouvelles technologies peuvent aussi être problématiques. Dans quelles mesures sont-elles nuisibles (harmful)? Donnez-en trois exemples.

1.) Le Web aide on perdre du temps quand on a besoin de faire ses devoirs.

B Les nouvelles technologies, les médias et la vie privée

1. Trouvez-vous acceptable la présence de caméras dans la vie privée? Par exemple, connaissez-vous des émissions du genre «Jerry Springer» ou des émissions de télé-réalité dans lesquelles des gens acceptent d'être filmés dans des circonstances assez personnelles/intimes? Donnez des exemples.
2. Est-ce que les caméras de surveillance dans les endroits publics (aéroports, magasins, sur la route, Google Earth, ou des technologies comme Google Glass) vous inquiètent? Pourquoi ou pourquoi pas?
3. À votre avis, est-ce que les gens aiment exposer leur vie privée au public (sur Facebook, YouTube, Blogger, Twitter, par exemple)? Pourquoi? Avez-vous un compte sur Facebook et/ou Twitter? Combien de temps par jour y passez-vous?
4. Est-ce que cela vous gêne que les réseaux sociaux comme Facebook vendent des informations sur vous à des entreprises commerciales qui vous envoient ensuite de la publicité pour des produits qu'elles veulent vous vendre?

Maksim Kabakou / Alamy

Point
Big Brother nous observe-t-il vraiment?

Les mots pour le dire

noms	
adhérent(e) (m., f.)	*a member, a subscriber*
base (f.) de données	*database*
cible (f.)	*target*
comportement (m.)	*behavior*
compte (m.)	*account*
confidentialité (f.)	*confidentiality*
contrôle (m.) (de sécurité)	*(security) check*
données (f. pl.)	*data*
enregistrement (m.)	*recording, film*
espion(ne) (m., f.)	*spy*
fichier (m.)	*file*
piratage (m.) informatique	*computer hacking*
puce (f.)	lit. *flea;* ici, *microchip*
risque (m.)	*risk*
surveillance (f.)	*surveillance*
verbes	
enregistrer, sauvegarder	*to record, to save (a computer file)*
espionner	*to spy on*
éteindre	*to turn off*
ficher	*to open (a file); to collect (and save) data about someone*
se généraliser	*to spread, become standard*
s'inscrire	*to enroll, register*
supprimer	*to eliminate, do away with; to delete*
surveiller	*to watch, to monitor*
adjectifs et adverbes	
bénéfique	*beneficial*
ciblé(e)	*targeted*
numérique	*digital*
sécurisé(e)	*secure, encrypted, password protected*
expression	
au lieu de	*instead of, rather than*

Étude de vocabulaire

A Chassez l'intrus! Éliminez le mot qui ne va pas avec les autres mots de la liste, et expliquez votre choix.

1. un adhérent / un comportement / un compte / un fichier
2. enregistrer / ficher / supprimer / surveiller
3. une base de données / une cible / un fichier / une puce

B Définitions. Choisissez la définition qui correspond à chaque mot.

1. cible	a. arrêter le fonctionnement d'un appareil
2. comportement	b. but, objectif ou personne qu'on voudrait atteindre
3. confondre	c. ensemble de fiches sur un même sujet et classées dans un ordre donné
4. enregistrer	d. ensemble des réactions observables chez un individu
5. espion	e. assurer le secret, particulièrement dans les systèmes informatiques
6. espionner	f. mettre fin à l'existence de quelque chose
7. éteindre	g. noter par écrit, par exemple
8. fichier	h. observer quelqu'un avec attention pour savoir ce qu'il fait
9. supprimer	i. personne chargée de recueillir clandestinement, des informations gardées secrètes
10. surveiller	j. prendre une personne ou une chose pour une autre

De quoi parle-t-on?

Mary Kate Denny/PhotoEdit

À la maison. Stéphane aime beaucoup la télé-réalité. Il est en train de regarder l'émission *L'Île de la tentation* quand sa mère entre dans le salon. Écoutez leur conversation et répondez aux questions suivantes.

1. Quelles raisons Stéphane donne-t-il à sa mère pour regarder l'émission?
2. Pourquoi est-ce que la mère de Stéphane refuse qu'il regarde *L'Île de la tentation*?
3. Quelle émission décident-ils de regarder? Pourquoi?

Liens grammaticaux

LES PRONOMS PERSONNELS

Quand on parle et quand on écrit, on évite les répétitions des noms en les remplaçant par des pronoms. Consultez le chapitre 3 du ***Cahier d'activités*** pour réviser l'usage des **pronoms personnels.**

1. Complétez les phrases par le pronom objet direct ou indirect qui convient.
   a. Le Pass Navigo sert à voyager dans le métro parisien. On ____________ utilise quand on prend le métro tous les jours.
   b. La police utilise le STIC, qui est un fichier électronique, pour appréhender les criminels. Malheureusement, la police ____________ remplit d'erreurs.
   c. Grâce à certaines applications, on peut savoir où sont les utilisateurs de téléphones portables. On peut ainsi ____________ localiser sans problème et ____________ infliger *(inflict on them)* un contrôle permanent.
   d. Il y a des sites Internet qui ont le droit de revendre toute information que leurs utilisateurs ____________ confient.
   e. Avec la compagnie Espion-on-line, vos conversations téléphoniques peuvent être mises sur écoute *(wiretapped)*. Quiconque *(Whoever)* achète ce service peut ____________ écouter sans que vous le sachiez.
   f. L'ironie du sort veut que l'appartement de George Orwell soit entouré de nombreuses caméras. On ____________ a estimées à trente, dans un périmètre de 200 mètres.

Lecture

Remue-méninges

Vous avez vu des films comme *The Matrix* ou encore *Her*, où la technologie contrôle le comportement humain jusqu'à nous réduire à l'état végétatif. Sans aller si loin, avez-vous jamais eu l'impression d'être contrôlé(e) par un aspect de la technologie? Si oui, quelle avancée technologique vous a donné cette impression? De quelle façon vous sentez-vous contrôlé(e)?

LA TECHNOLOGIE AU SERVICE DE LA SURVEILLANCE?

Dans son roman *1984,* George Orwell décrit une société anti-utopique dans laquelle la liberté individuelle est assujettie° aux manipulations d'un gouvernement dictatorial au moyen de° la télévision. Dans le roman, la technologie, en particulier la télévision, envahit les foyers° et exerce un contrôle constant sur ce que les individus ont le droit de penser. De plus, un système de caméras installées dans les téléviseurs anéantit° la liberté individuelle parce qu'il permet au gouvernement de voir ce qui se passe dans chaque foyer. Ce roman inquiétant pose des questions importantes sur le développement de notre société où la technologie, avec des applications innombrables, joue un rôle de plus en plus prépondérant. Aujourd'hui, les applications de la technologie se multiplient, et quelques-unes d'entre elles sont très inquiétantes. Prenons comme exemples les faits suivants:

Déjà, le Pass Navigo du métro parisien enregistre tous les déplacements de ses usagers. Les utilisateurs du métro qui ne veulent pas que leurs déplacements soient fichés doivent payer un supplément. Déjà, le STIC, ou Système de traitement des infractions constatées, est opérationnel. Il s'agit d'un fichier électronique où la police rassemble les infractions, les contraventions routières° et tout le passé judiciaire de tout individu interpellé° pour une raison ou une autre par la police française. Malheureusement, le STIC est plein d'erreurs, confondant par exemple les noms des criminels et ceux des victimes!

Déjà, il existe plusieurs applications, comme Traceur GPS Pro, qui permettent de localiser n'importe quel utilisateur de téléphone portable.

Déjà, Facebook a le droit d'utiliser l'image et le nom d'une personne si elle a cliqué sur *Like* pour soutenir un produit. De plus, depuis 2011 le réseau a mis en marche un logiciel de reconnaissance faciale pour taguer des photos par défaut ce qui aide le réseau à collectionner des données sur les utilisateurs.

Déjà, les téléviseurs numériques connectés par câble peuvent savoir quelles émissions de télévision l'utilisateur regarde.

subjugated
by means of
homes, households
annihilates
a traffic citation
taken in for questioning

Déjà, n'importe qui peut recevoir des copies de tous les textos envoyés depuis un téléphone portable ciblé. Pour 200 € de plus, la compagnie Espion-on-line envoie un SMS à son client chaque fois que ce téléphone sonne; n'importe qui peut donc écouter toutes les conversations téléphoniques.

Déjà, en 2009 on propose en Grande-Bretagne de diffuser à la télévision les enregistrements de différentes caméras de surveillance. Si un téléspectateur qui regarde ces enregistrements chez lui voit un crime en cours°, il peut envoyer un SMS pour le signaler aux autorités. Il gagne un certain nombre de points, et, à la fin de chaque mois, la personne qui a gagné le plus de points recevra 1000£.

in progress

Déjà, il y a à Paris, plus de 1 200 caméras de vidéosurveillance dans les rues, 3 500 dans les gares, 4 000 dans les bus, 8 300 dans les couloirs du métro. Il y aussi plus de 30 000 caméras privées dans les banques, les entreprises, les immeubles, etc. Les autorités ont inventé le mot «vidéo tranquillité» pour décrire l'état d'esprit créé par ce phénomène.

Déjà, les ordinateurs branchés° sur les caméras de surveillance ont la possibilité d'identifier des «comportements suspects» — par exemple, une personne qui attend longtemps dans un endroit, un groupe de personnes qui s'assemblent, une personne qui change souvent de direction en marchant, au lieu de marcher dans une direction précise, etc. Ces comportements seront signalés à la police, pour qu'elle puisse surveiller les personnes en question de plus près.

connected

Avec l'avènement° des nanotechnologies, on aura bientôt des systèmes d'information si petits qu'on ne pourra même pas les voir avec un microscope. Ils auront des applications bénéfiques (comme la création de nanorobots qui pourront circuler à l'intérieur de nos corps pour tuer les cellules cancéreuses), mais ils pourront aussi être utilisés pour espionner les gens, sans qu'ils le sachent. Le gouvernement chinois aurait déjà commandé 10 millions de puces pour effectuer le suivi° des étudiants sur les campus en Chine.

the advent

surveillance

Dans *1984,* George Orwell a imaginé un avenir inimaginable. Mais aujourd'hui, comme le constate Virginie Malingre, correspondante au journal *Le Monde,* «il y a 4,2 millions de caméras en Grande-Bretagne. Un Britannique est filmé 300 fois par jour en moyenne. L'appartement où George Orwell a écrit *1984* à la fin des années quarante, à Canonbury Square, dans le nord de Londres, est entouré de plus de trente caméras en circuit fermé, dans un périmètre de 200 mètres». On dit que la Grande-Bretagne va bientôt devenir une société totalement contrôlée par les ordinateurs et les caméras de surveillance, mais n'est-ce pas un péril que nous courons tous?

Sources: "Je te vois!" in *Les Dossiers du Canard enchaîné,* 2009; *Le Monde,* 11-12 octobre 2009; "Souriez, vous êtes fichés" in www.nonfiction.fr; "Vie privée - Facebook" in www.huffingtonpost.fr

Avez-vous compris?

1. Expliquez avec vos propres mots ce que la journaliste Virginie Malingre trouve plutôt ironique quand elle regarde aujourd'hui le quartier de Londres où George Orwell a écrit *1984*.
2. Vous venez de lire une liste de nouvelles technologies dont les utilisations qui en sont faites peuvent se révéler effrayantes *(frightening)*. Lesquelles vous inquiètent?
    a. L'écoute des gens, sans qu'ils le sachent.
    b. La localisation des gens dans l'espace.
    c. Le fichage ou l'affichage *(recording or display [on screen])* d'informations que les gens donnent volontairement.
    d. Le fichage d'informations sur les gens automatiquement ou sans qu'ils le sachent.
    e. L'enregistrement des visages ou du comportement des gens par le moyen de caméras.

Qu'en pensez-vous?

1. Certaines personnes qui parlent de Facebook ou d'autres sites similaires qualifient *(label)* les membres d'exhibitionnistes *(call members exhibitionists)* et les «amis» de voyeurs. Qu'est-ce que c'est qu'un exhibitionniste? Un voyeur? Êtes-vous d'accord avec l'emploi de ces termes pour décrire les usagers de Facebook? Expliquez votre réponse.
2. Des emplois de la technologie mentionnés dans cette lecture, lesquels trouvez-vous positifs? Lesquels trouvez-vous bénins *(harmless)*? Lesquels trouvez-vous inquiétants? Expliquez vos réponses.
3. Est-ce que *tous* les citoyens d'un pays sont également «ciblés» par ces techniques de surveillance? Sinon, quels types de personnes sont plus surveillés que d'autres? Pourquoi? Trouvez-vous toutes ces raisons justifiables?
4. Avez-vous jamais affiché *(posted)* des photos, des détails personnels ou des anecdotes sur Internet et regretté plus tard de l'avoir fait? Connaissez-vous quelqu'un d'autre qui a fait cela? Racontez ce qui s'est passé.
5. Connaissez-vous quelqu'un qui ait eu des ennuis (gros ou petits) à cause de données personnelles (numéro de sécurité sociale, mot de passe, etc.) tombées entre les mains d'autrui *(others)* contre sa volonté? Racontez ce qui s'est passé.
6. Qu'est-ce qu'on peut faire si on n'est pas content de certains emplois des nouvelles technologies? Faut-il simplement les accepter?
7. Un régime totalitaire est un régime politique où tous les citoyens sont soumis à un pouvoir centralisé et absolu (comme les régimes d'Hitler et de Staline). Certaines personnes prétendent *(claim)* que les pays développés manifestent aujourd'hui des tendances totalitaires, parce que tout le monde est surveillé et qu'on respecte de moins en moins notre vie privée. Êtes-vous d'accord avec cette interprétation idéologique de la technologie ou la trouvez-vous trop «paranoïaque»?

LIENS SOCIOCULTURELS

LA TECHNOLOGIE EN FRANCE

En France, le nombre d'internautes continue à augmenter. Selon Médiamétrie, une société spécialisée dans la mesure des audiences, la France comptait 41,2 millions de personnes qui utilisaient Internet en janvier 2012, soit plus de 70% de la population. Aujourd'hui c'est moins la question d'accès, que la question du moyen de connexion et de l'intensification de l'usage qui est intéressante. Même si l'ordinateur reste le moyen de préférence pour se connecter, les smartphones et les tablettes gagnent du terrain, avec plus de 23 millions de «mobinautes» et environ 2 millions de «tablonautes». Une majorité d'internautes se connecte tous les jours quel que soit le moyen de connexion, et ces internautes passent de plus en plus de temps en ligne. Et qu'est-ce qu'ils font? Ils consultent les actualités ou les réseaux sociaux, ils font des achats en ligne et ils regardent des vidéos, entre autres. En fait, au mois de décembre 2012 les vidéonautes ont regardé en moyenne 91 vidéos chacun et y ont consacré presque 5 heures par jour!

Accès et usage d'Internet par tranche d'âge en % (2012)

	15–29 ans	30–44 ans	45–59 ans	60–74 ans
Ordinateur à la maison	96,4	92,6	87,8	63,0
Internet à la maison	96,2	91,9	86,5	61,9
Accéder à Internet (au cours des 3 derniers mois)	97,7	92,2	82,3	52,2
Accéder à Internet presque tous les jours (au cours des 3 dernier mois)	88,3	79,4	75,9	74,3
Accéder à Internet mobile (au cours des 3 dernier mois)	75,0	50,8	33,7	16,4

Source: INSEE - [2012]

Plus d'un Français sur trois a un smartphone. Selon «Our Mobile Planet», une étude publiée en mai 2013 par Google et IPSOS, une société d'études, les smartphones constituent une «partie intégrante de notre vie quotidienne». Voici ce que les chercheurs ont découvert:

- 42% des Français possèdent un smartphone
- 61% utilisent leur smartphone tous les jours
- 74% ne sortent jamais sans leur smartphone
- 26% préfèrent abandonner leur télé que leur smartphone
- 81% utilisent leur smartphone pour accéder à leur boîte e-mail
- 69% consultent des réseaux sociaux avec leur smartphone
- 78% utilisent leur smartphone en même temps que d'autres médias

Source: Adapted from «Notre planète mobile: France» in www.services.google.com - Ipsos, mai 2013

Comment utilise-t-on son smartphone?

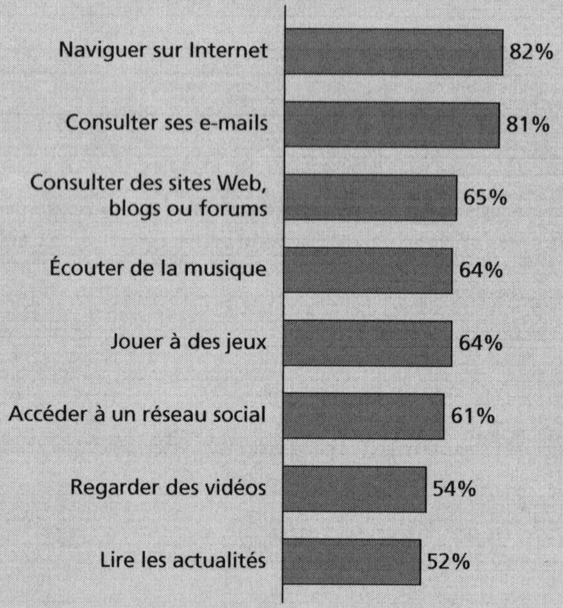

Source: Ipsos, mai 2013.

Contacts médias et multimédias par jour / par personne

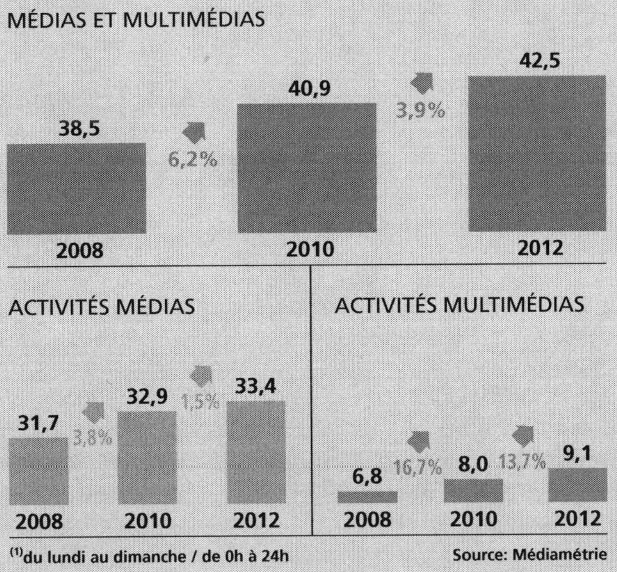

Source: Médiamétrie

Notes: Les activités médias comprennent la télévision, la radio, la presse, Internet et le cinéma. Les activités multimédias comprennent la musique, les jeux vidéo, le téléphone fixe et le téléphone mobile.

DISCUSSION

1. Quelles sont les deux tendances d'intérêt quant à l'usage d'Internet selon l'introduction?
2. Selon le Tableau 1, quelle tranche d'âge est la plus connectée? Quel moyen de connexion est-ce que ces personnes utilisent le plus?
3. Quelles statistiques à propos des smartphones vous surprennent? Pourquoi est-ce qu'elles sont surprenantes? Croyez-vous que les utilisateurs des smartphones dans votre pays ont les mêmes habitudes?
4. Selon le Tableau 3, quelles sont les activités en ligne préférées des Français? Quelle tendance voyez-vous par rapport aux contacts médias et multimédias? Est-ce que c'est une tendance surprenante? Croyez-vous que c'est une tendance positive ou négative? Pourquoi?

Contre-point

Le phénomène Wikipédia: un renouvellement de la connaissance?

Les mots pour le dire

noms	
blague (f.)	*joke*
connaissances (f. pl.)	ici, *here, knowledge*
entrée (f.)	*entry (in an encyclopedia)*
lien (m.) (informatique)	*link (computer)*
malveillance (f.)	*malice, ill will*
obscénité (f.)	*obscenity; lewdness; dirty joke*
plagiat (m.)	*plagiarism*
règle (f.)	*rule; regulation*
savoir (m.)	*knowledge*
utilisateur (-trice) (m., f.)	*user*
verbes	
cesser de	*to stop*
croire en/à	*to believe in*
déposséder	*to dispossess*
échapper à	*to escape*
remporter (une victoire)	*to win (a victory)*
indisposer	*to annoy, upset*
jaillir	*to emerge, shoot upward*
marquer (un point, un but)	*to score (a point, a goal)*
maudire	*to curse*
pleuvoir	*to rain (down on) (metaphorically: to pour on)*
rédiger	*to draft, to write*
se référer à	*to refer to*
se résoudre à	*to accept*
s'inquiéter de	*to worry about*
adjectifs	
adolescent(e)	*adolescent, teenager*
audacieux (-ieuse)	*bold; daring*
dérangeant(e)	*disturbing*
fondateur (-trice)	*founding*
fiable	*reliable*
gelé(e)	*frozen*
instruit(e)	*educated*
payant(e)	*paying; not free*
répandu(e)	*widespread*

adverbes

ailleurs	*elsewhere; somewhere else*
plutôt (que)	*rather (than)*
quelque	*some*

pronom

chacun(e)	*each; each one*

expressions

du premier coup	*the first time around*
s'il le faut	*if necessary*

Étude de vocabulaire

Définitions. Choisissez la définition qui correspond à chaque mot ou expression. Attention! Il y a plus de définitions que de mots/expressions.

1. audacieux
2. la blague
3. fiable
4. instruit
5. jaillir
6. la malveillance
7. marquer un but
8. maudire
9. le savoir
10. l'utilisateur

a. ensemble des connaissances acquises par une personne
b. synonyme de «troublant»
c. intention, volonté de nuire, acte criminel
d. personne qui utilise quelque chose
e. qui est digne de confiance
f. sortir avec force et impétuosité
g. souhaiter du malheur à une personne en appelant sur elle la malédiction
h. qui prend facilement des risques
i. donner un point à son équipe
j. qui a acquis une somme de connaissances par l'étude
k. caractère de ce qui offense ouvertement la pudeur en ce qui concerne la sexualité
l. histoire inventée pour faire rire ou mystifier quelqu'un

De quoi parle-t-on?

Chez un concessionnaire à Trois-Rivières. *(At a Trois-Rivières [Quebec] car dealership.)* Marc Tremblay accompagne son père qui cherche à acheter une nouvelle voiture. Aujourd'hui Alain, le père de Marc, veut rendre visite à un concessionnaire américain…

Erik Rank/The Image Bank/Getty Images

Vocabulaire utile

le téléphone cellulaire *(au Québec)* = le téléphone portable (en France)
le numéro vert *toll free number*
couper le moteur *to stop the engine*
les services de secours d'urgence *emergency services*
dépanner *to repair (a machine)*
une crevaison *a flat tire*

1. Que pense Alain, le père, de la technologie en général?
2. Quel est l'avis de son fils, Marc?
3. Nommez deux des quatre avantages technologiques du système *OnStar* que Marc mentionne.
4. À votre avis, est-ce que le système *OnStar* est une bonne ou une mauvaise application de la technologie?

Liens grammaticaux

LES PRONOMS ADVERBIAUX *Y* ET *EN*

Y remplace en général un nom précédé d'une préposition de lieu **(à, dans, sur…)** et **en** remplace la préposition **de.** Consultez le chapitre 3 du ***Cahier d'activités*** pour réviser l'usage de ces pronoms adverbiaux.

Identifiez. Scannez le texte de la lecture qui suit pour y trouver les passages cités ci-dessous et identifiez le(s) mot(s) que les pronoms adverbiaux **y** et **en** remplacent dans les phrases suivantes.

Modèle: Introduction: «… les renseignements qu'on **y** trouve …» Qu'on trouve où?
y = sur Internet

a. Premier paragraphe: «Chaque mois, ce sont 220 millions de visiteurs uniques qui s'**y** réfèrent.» Se référer à quoi? *y* = Wikipédia

b. Deuxième paragraphe: «Faut-il s'**en** inquiéter ou s'**y** résoudre?»
S'inquiéter de quoi? *en* = les autres sites
Se résoudre à quoi? *y* = leur loss

c. Deuxième paragraphe: «Faut-il brûler Wikipédia ou au contraire tenter d'**en** tirer parti?» *(to try to take advantage of something)*
Tirer parti de quoi? *en* = ____________

d. Septième paragraphe: «Ce qui ne veut pas dire que toutes les erreurs ou malveillances qui **y** figurent disparaissent aussi vite.»
Les erreurs et les malveillances qui figurent où? *y* = ____________

Lecture

Remue-méninges

1. **Pourquoi pas?** Beaucoup de professeurs refusent que l'on cite des articles d'encyclopédies en ligne comme Wikipédia. Pourquoi pensez-vous qu'ils refusent? Imaginez leurs raisons. Que pensez-vous de ce refus?
2. **Définition.** Trouvez un moyen d'expliquer ce que c'est que Wikipédia pour un grand-parent qui ne connaît pas ce phénomène.
3. **Néologismes.** Les journalistes aiment créer de nouveaux mots pour rendre leur style plus intéressant. Vous ne les trouverez pas dans le dictionnaire. Il y a plusieurs «mots nouveaux» dans ce texte. À l'aide des mots-clés ci-dessous, pouvez-vous en deviner le sens?

   Modèle: les Wikipédiens < Wikipédia = *les gens qui font fonctionner Wikipédia*

   a. un patrouilleur < la patrouille *(patrol)* = ____________

   b. un wikipompier < un pompier *(firefighter)* = ____________

   c. une cyberencyclopédie < une encyclopédie = ____________

   d. diaboliser < le diable *(the devil)* = ____________

FAUT-IL BRÛLER WIKIPÉDIA?

Grâce à l'Internet, nous sommes en relation constante avec tout ce qu'on veut. Nous pouvons maintenant partager des informations, des documents, des images et des vidéos avec des gens qui vivent de l'autre côté de la planète. Cependant, les renseignements qu'on y trouve sont-ils toujours fiables? L'encyclopédie en ligne Wikipédia est un phénomène récent de dissémination des connaissances qui est souvent contesté…

rain down on / grows

Les critiques pleuvent° sur Wikipédia tandis que son audience s'accroît°. Quelque 625 000 articles sont désormais disponibles en français, rédigés par 360 000 volontaires (par comparaison, l'*Encyclopaedia Universalis* propose 30 000 entrées). Ailleurs dans le monde, la popularité de Wikipédia ne se dément pas° non plus. Chaque mois, ce sont 220 millions de visiteurs uniques qui s'y réfèrent, dans 250 langues, amendant, s'il le faut, les 9 millions de notices existants[1].

the popularity of Wikipedia cannot be denied

---

[1]Tous les chiffres dans ce paragraphe ont beaucoup augmenté depuis la publication de cet article dans *Le Monde*. Par exemple, le nombre d'articles disponibles en français a déjà dépassé le million.

Chacun peut apporter son écot° à cette utopie raisonnée, sous l'œil vigilant de tous: tel est son principe fondateur. Avec la conviction que la lumière jaillira de cette aventure collaborative, plus sûrement que d'un débat entre experts. Le succès est là, de plus en plus dérangeant. C'est vers Wikipédia que pointent tous les moteurs de recherche — Google, Yahoo!... — souvent comme premier choix. Faut-il s'en inquiéter ou s'y résoudre? Faut-il brûler Wikipédia ou au contraire tenter d'en tirer parti? [...]

contribute his or her two cents

Les inventeurs de Wikipédia se moquent des critiques; ils croient en leur mission. C'est ce que ne cesse de répéter son cofondateur (en 2001), l'Américain Jimmy Wales: «*Imaginez un monde où chaque individu peut accéder gratuitement à la totalité des connaissances de l'humanité. C'est ce que nous voulons faire.*» [...]

«*N'hésitez pas à être audacieux*», recommande Wikipédia à ses contributeurs. «*Tout n'a pas à être parfait du premier coup*» (puisque les articles que les internautes rédigent sont modifiables). On n'avait pas connu une telle mobilisation, une telle émotion du monde instruit depuis *L'Encyclopédie* de D'Alembert et Diderot (1772), accusée elle aussi de déposséder les «maîtres» de leur pouvoir. [...] Wikipédia est-elle fiable? C'est pour l'internaute la seule question qui compte.

Contrairement à une idée répandue°, la réponse est plutôt oui. Une étude de la revue *Nature* l'a comparée en 2005 à l'*Encyclopaedia Britannica.* Sur quarante-deux sujets scientifiques retenus, Wikipédia avait commis 162 erreurs ou omissions, la *Britannica* 123.

widespread

En décembre 2007, Wikipédia a marqué un nouveau point contre ses détracteurs. Le magazine allemand *Stern* a publié les résultats d'une enquête portant sur cinquante articles piochés au hasard° dans Wikipédia, version allemande, et dans l'édition en ligne de l'encyclopédie *Brockhaus,* dont l'accès est payant. Exactitude, clarté, exhaustivité, actualisation: le cabinet indépendant chargé de l'enquête a tout passé au crible°. Dans 43 cas sur 50, Wikipédia l'a emporté.

randomly picked

examined closely

Une étude du Massachusetts Institute of Technology (MIT) confirme ce résultat. Elle montre qu'une obscénité introduite intentionnellement dans Wikipédia est «*nettoyée*» en moins de deux minutes par les wikipédiens. Ce qui ne veut pas dire que toutes les erreurs ou malveillances qui y figurent disparaissent aussi vite. En général, l'internaute de passage a intérêt à se méfier des articles récents°, les moins retravaillés.

it is in the casual Internet user's best interest to distrust recent articles fights an endless war

nothing is supposed to

ville du nord-est de la France / inexperienced, ill informed / mild, minor

While ... progressively equipped itself with flagship

attiraient

Under fire / assailed

contributory / are born

bien

agricultural engineer

to rage on/those who cut and paste

Une nouvelle écologie de la connaissance

Wikipédia mène une guerre sans merci° contre les provocateurs, les vandales et les autres perturbateurs, qu'elle appelle les «trolls». Un combat toujours recommencé dont sont chargés, chacun avec un rôle précis, les cadres bénévoles de Wikipédia, «administrateurs», «arbitres», «patrouilleurs» et «wikipompiers». Injures, manipulations, publicités déguisées, propagande... rien n'est censé° leur échapper. Les utilisateurs eux-mêmes sont invités à dénoncer ces hérésies pour correction immédiate. Ici des liens politiques ajoutés, en pleine campagne municipale, à l'article sur Troyes°. Là, dans l'article sur le hockey sur glace, «*des modifications qui apparaîtront sensées au lecteur non averti*°». Ailleurs, des «*blagues adolescentes*». La faute est souvent bénigne° et involontaire, quelquefois révoltante et délibérée.

Au fur et à mesure que° sa popularité augmentait, Wikipédia s'est dotée° de règles plus strictes, d'outils de contrôle plus performants. Des articles ont été «gelés» par la Wikimedia Foundation, la tête de pont° de la cyberencyclopédie en Floride: Hitler, Bush... Ils aimantaient° trop les «trolls». [...]

Sous le feu° des critiques et de la concurrence, Wikipédia évolue. Des projets d'encyclopédies contributives° et gratuites voient le jour°, dont les auteurs, à la différence de ceux de Wikipédia, sont des spécialistes dûment° identifiés: Citizendium et Knol (Google), par exemple, aux États-Unis. Attentive à la concurrence, la présidente de la Wikimedia Foundation, une agronome° de 39 ans, la Française Florence Devouard, a annoncé que bientôt certains articles, considérés comme sûrs, ne seront plus modifiables[2].

La bataille continue pourtant de faire rage° entre ceux qui° accusent Wikipédia d'encourager les élèves et les étudiants à «copier-coller»° et ceux qui saluent dans Wikipédia l'émergence d'une nouvelle écologie de la connaissance, à laquelle il vaut mieux préparer les jeunes générations plutôt que de diaboliser son succès.

Source: Bertrand Le Gendre, éditorial paru dans *Le Monde* du 15 mars 2008.

---

[2]Certaines pages de Wikipédia sont maintenant protégées pour différentes raisons (manque de consensus des éditeurs; la page est considérée une archive ou un modèle qui est terminé; il y a eu du vandalisme, [entre autres raisons]). Seuls les administrateurs peuvent les modifier.

Avez-vous compris?

Répondez «juste» (J), «faux» (F), ou «Non mentionné» (NM) selon le contenu du texte que vous venez de lire. Si une réponse est fausse, corrigez-la!

1. Malgré les critiques, Wikipédia gagne en popularité. J ___ F ___ NM ___
2. N'importe qui peut écrire un article sur Wikipédia; il n'est pas nécessaire d'être un spécialiste sur le sujet. J ___ F ___ NM ___
3. L'idéal de Wikipédia est de donner à tout le monde libre accès aux connaissances universelles. J ___ F ___ NM ___
4. Les études comparatives sur Wikipédia montrent que l'encyclopédie en ligne est populaire, mais inexacte. J ___ F ___ NM ___
5. Wikipédia mène une guerre sans merci contre les «trolls», mais ils sont trop nombreux. J ___ F ___ NM ___
6. L'étude menée par le journal allemand *Stern* montre que Wikipédia est plus juste dans 86% des cas. J ___ F ___ NM ___
7. Il n'existe pas de mécanisme pour dénoncer les «trolls». J ___ F ___ NM ___
8. Florence Devouard a annoncé que bientôt, les articles de Wikipédia ne seront plus modifiables. J ___ F ___ NM ___

Qu'en pensez-vous?

1. Utilisez-vous souvent Wikipédia? Pourquoi ou pourquoi pas? Quels en sont les avantages et les inconvénients selon vous?
2. En parlant de Wikipédia, l'auteur de cet éditorial dit qu'il s'agit d'une «utopie raisonnée». Quel sens attribuez-vous à cette expression? Êtes-vous d'accord avec l'auteur? Expliquez votre opinion.
3. Aimeriez-vous devenir un «wikipompier» et vous porter volontaire pour patrouiller les pages de Wikipédia? Pourquoi ou pourquoi pas? L'avez-vous déjà fait?
4. Selon vous, qu'est-ce qu'une «nouvelle écologie de la connaissance»? Pensez-vous que Wikipédia en soit une?
5. Que veut dire le phénomène du «copier-coller» parmi les élèves et les étudiants? En quoi ce phénomène est-il répréhensible?

LIENS INTERDISCIPLINAIRES

ACIDE SULFURIQUE

Les technologies de surveillance mettent les sociétés occidentales avancées qui les utilisent de plus en plus mal à l'aise° à cause de certaines utilisations sinistres qui en sont faites maintenant, alors qu'on ne les remettait pas vraiment en question auparavant (pensez par exemple à la série des films «Terminator»). Certains critiques français voient le phénomène de la télé-réalité comme une progression vers un État totalitaire dans la mesure où° on accepte les caméras de surveillance comme faisant partie de la vie de tous les jours. Ce qu'elles font en réalité, c'est effacer la distinction entre la sphère publique et la sphère privée des individus, comme c'était le cas sous Hitler ou Staline. À cette époque, la vie privée et la liberté étaient menacées par un système où les gens se dénonçaient les uns les autres afin d'assurer leur propre survie.

Dans son roman futuriste, Acide sulfurique, *Amélie Nothomb imagine une émission de télé-réalité développée pour retenir l'attention d'un grand public qu'on ne pensait plus capable d'être dégoûté ou choqué: il s'agit d'une émission appelée «Concentration», où des gens sont kidnappés et placés dans un camp de concentration du type qu'on a vu pendant la Seconde Guerre mondiale. Là, une fois leur matricule tatoué sur leur peau°, ils sont maltraités par les kapos° volontaires, et certains d'entre eux sont exécutés. Dans cet extrait du roman, les prisonniers se demandent qui sont les plus responsables de leur sort°: les kapos, les organisateurs de l'émission, les personnalités politiques ou les téléspectateurs qui approuvent tacitement l'émission parce qu'ils décident de la regarder*

— Selon vous, demanda EPJ 327, qui sont les plus coupables°?

— Les kapos, répondit l'homme.

— Non: les organisateurs, intervint° quelqu'un qui [d'habitude] ne parlait jamais.

— Les hommes politiques qui n'interdisent° pas une telle monstruosité, dit MDA 802.

— Et vous, Pannonique, qu'en pensez-vous? interrogea EPJ 327. [...]

— Je pense que les plus coupables sont les spectateurs, répondit-elle.

— N'êtes-vous pas un peu injuste? demanda l'homme. Les gens rentrent de leur journée de travail, ils sont épuisés°, mornes°, vides°.

— Il y a d'autres chaînes°, dit Pannonique.

— Vous savez bien que le programme télévisé est souvent l'unique conversation des gens. C'est pour ça que tout le monde regarde les mêmes choses: pour ne pas être largué° et avoir quelque chose à partager°.

— Eh bien, qu'ils regardent tous autre chose, dit la jeune fille.

— C'est ce qu'il faudrait, bien sûr.

— Vous en parlez comme d'un idéal utopique, reprit Pannonique. Il ne s'agit que de changer de chaîne de télévision, ce n'est quand même pas très difficile.

more and more ill at ease
in so far as
once their identification number is tattooed on their skin / prison guards / fate
guilty
interjected
forbid
exhausted / dreary / empty / TV stations
lost (in the conversation) / to share

It's quite a leap from there to saying that.../ worthlessness
evil-doing
sharks
brings in (money)
to monitor

— Je ne suis pas d'accord, déclara MDA 802. Le public a tort, c'est sûr. De là à dire que° c'est lui le plus coupable! Sa nullité° est passive. Les organisateurs et les politiques sont mille fois plus criminels.
— Leur scélératesse° est autorisée et donc créée par les spectateurs, dit Pannonique. Les politiques sont l'émanation du public. Quant aux organisateurs, ce sont des requins° qui se contentent de se glisser [...] là où il existe un marché qui leur rapporte°. Les spectateurs sont coupables de former un marché qui leur rapporte.
— Ne pensez-vous pas que ce sont les organisateurs qui créent le marché, comme un publicitaire crée un besoin?
— Non. L'ultime responsabilité revient à celui qui accepte de voir un spectacle aussi facile à refuser.
— Et les enfants? dit la femme. Ils rentrent de l'école avant les parents [...]. On ne peut pas contrôler° ce qu'ils regardent à la télévision.
— Vous voyez comme vous êtes, déclara Pannonique, à trouver [...] mille excuses et mille circonstances atténuantes là où il faut être simple et ferme. Pendant la dernière guerre, ceux qui avaient choisi la résistance savaient que ce serait difficile [...]. Et pourtant ils n'ont pas hésité [...]: ils ont résisté pour cette unique raison qu'il n'y avait pas moyen de faire autrement. [Et] leurs enfants les ont imités. Il ne faut pas prendre les enfants pour des idiots.

DISCUSSION

1. Quels sont les quatre groupes de gens qui sont accusés pendant cette conversation? Trouvez dans le texte tous les arguments donnés pour blâmer chaque groupe. Si les raisons ne sont pas données explicitement, essayez de les imaginer. Quelle est votre opinion personnelle sur cette question?

2. Quelles réponses Pannonique donne-t-elle aux efforts de ses compagnons à défendre le public?

3. À votre avis, pourquoi est-ce que les autres prisonniers ne veulent pas blâmer le public?

4. Comment la Seconde Guerre mondiale semble-t-elle avoir influencé la façon de penser des Français?

5. Pouvez-vous penser à d'autres situations où le public peut être considéré comme «complice» dans une situation ou une politique malsaine ou injuste? Qu'est-ce qu'on peut ou doit faire pour ne pas être complice?

Réplique et synthèse

A **Analysez l'impact d'une technologie.** Discutez avec votre partenaire de l'impact d'une technologie de votre choix que vous croyez devoir être mieux réglée ou même supprimée:

- les caméras de surveillance
- l'informatique et l'utilisation d'informations personnelles par les compagnies d'assurance
- les technologies de clonage
- les technologies de reproduction (la conception in vitro, différentes utilisations de la génétique et des tests prénataux, la possibilité de garder en vie des bébés très prématurés, etc.)
- les émissions de télévision comme *Judge Judy* où la situation personnelle des gens est exposée et jugée publiquement
- la pharmacologie: les antidépresseurs, le Ritalin chez les enfants, les antibiotiques, etc.
- les organismes génétiquement modifiés (OGM)
- l'énergie nucléaire

Expliquez vos arguments contre le développement de cette technologie. Votre partenaire à son tour essaiera de vous présenter des arguments *en faveur* de cette technologie.

B **Questions philosophiques.** Discutez en petits groupes les questions suivantes. Soyez prêts à présenter vos arguments à la classe.

1. Dans quelle mesure l'avancée technologique est-elle inévitable?
2. Comme dans *Acide sulfurique*, les films *Le Prix du danger* (Yves Boisset) et *Hunger Games* présentent une société futuriste où des concurrents se battent jusqu'à la mort pour gagner des prix, et leurs efforts sont retransmis en direct *(live)* à la télévision. Qu'est-ce que ces romans et ces films essayent de nous faire comprendre sur la nature humaine?
3. Il arrive que certaines personnes soient exposées sous les feux des projecteurs contre leur volonté *(against their will)* — les hommes et les femmes politiques et les stars du cinéma, par exemple. Ceux qui publient des photos «indiscrètes» ou qui révèlent des détails intimes de la vie privée de ces gens disent que le public a «le droit de savoir». Est-ce que vous partagez cette opinion? Selon vous, quelle information le public a-t-il le droit de savoir?

4. Pourquoi est-ce que les gens «publient» des blogs sur Internet? Est-ce qu'on devrait réglementer la publication des blogs? Quels sont les dangers de rendre sa vie privée trop publique?

5. Que pensez-vous de la censure d'Internet dans certains pays dirigistes? Le gouvernement devrait-il intervenir et contrôler la production de films pornographiques, par exemple?

6. Est-ce que les smartphones, les réseaux sociaux et les sites de blogs peuvent aider les gens à exprimer la vérité et la réalité de ce qui se passe sous certains régimes oppressifs? Par exemple, pensez-vous que ces technologies puissent aider à alerter l'opinion publique internationale sur les génocides qui ont lieu dans certains pays, et par conséquent, enrayer *(bring to a stop)* certaines atrocités?

7. Faites-vous partie d'un réseau social comme Twitter? Quels avantages et inconvénients voyez-vous à utiliser un tel réseau?

C Un débat

«L'État (= the government*) et la société en général ont le droit de s'impliquer dans la vie privée des citoyens et/ou d'en faire savoir les détails privés aux autres.»* Votre professeur va vous dire si vous allez être pour ou contre cette affirmation. Préparez vos arguments pour justifier votre point de vue, en donnant des exemples pour soutenir votre thèse. Comme il faut le faire dans un essai «hégélien», tenez compte du point de vue opposé. A-t-il du mérite? En préparant vos arguments, considérez les cas suivants:

1. Les vérifications du casier judiciaire *(background checks)* d'un individu pour obtenir un permis de port d'arme *(gun permit)*.
2. L'obligation d'avertir les parents quand une mineure demande un avortement.
3. La publication des listes de délinquants sexuels en cas de viol *(rape)*, de violence domestique ou d'acte sexuel avec un mineur.
4. Le fait de divulguer les notes des étudiants à leurs parents.
5. Le fait de donner à la police le droit d'arrêter n'importe qui sans raison légale.
6. Le fait de mettre un téléphone sous écoute *(wire tapping)*.
7. L'accumulation d'informations par les magasins sur nos habitudes d'achat, nos préférences en matière de location de vidéo, notre cote de crédit *(credit rating)*, etc.
8. Les contrôles de sécurité dans les aéroports?

Maintenant, présentez votre débat à la classe. Vos camarades de classe qui vous écoutent vont être le jury.

D Exposés. Faites des recherches (sur Internet, ou ailleurs) sur la politique actuelle des États-Unis sur des situations citées dans l'exercice précédent. Préparez une explication que vous pourriez donner à un(e) étranger (-ère). Ensuite, faites des recherches sur la même situation dans un pays francophone (la France, le Canada, le Sénégal, etc.) Expliquez les résultats de vos recherches à la classe.

E Ouvertures créatives

Préparez un sketch dans lequel vous imitez une émission de télévision comme le *Jerry Springer Show*. Pendant l'émission, les invités révèlent les détails les plus intimes de leur vie privée, se disputent, s'expliquent, se plaignent, se font des reproches (et même se réconcilient?) en direct devant les téléspectateurs et le public du studio. Les spectateurs du studio (c'est-à-dire vos camarades de classe) réagissent, sifflent ou applaudissent, posent des questions au micro du studio, expriment des opinions, etc.

Liens communautaires

Une interview sur les dangers de la technologie. Dans cette activité, vous allez chercher des sites Internet, et plus précisément des «chatrooms», où vous pourrez interviewer un(e) Francophone à propos de ses idées sur les dangers de la technologie. Ensuite, vous allez imprimer votre entretien et le comparer à l'entretien d'autres camarades de classe.

A Instructions. Essayez d'obtenir de votre «correspondant(e)» les informations suivantes:

1. Votre correspondant(e) est-il/elle confiant(e) vis-à-vis de *(feel confident toward)* la technologie en général?
2. Pense-t-il/elle que la technologie est plutôt positive pour l'homme ou plutôt négative? Pourquoi?
3. Quelle nouvelle technologie lui donne le plus confiance en l'avenir? Peut-il/elle expliquer pourquoi?
4. Quelle nouvelle technologie lui fait le plus peur pour le développement de l'humanité? Pourquoi?
5. Votre correspondant(e) pense-t-il/elle que nous pouvons ralentir le développement de certaines technologies néfastes (*harmful*), comme le clonage? Si oui, comment? Sinon, pourquoi pas?

B Comparaisons. Comparez votre entretien aux entretiens de deux camarades de classe. Y a-t-il des réponses semblables? Y a-t-il des réponses différentes? Lesquelles?

Rédaction guidée

Peer Review

Plan pour présenter la thèse et l'antithèse

A **Sujet.** La technologie: liberté ou asservissement?

B **Orientation.** Pour discuter le sujet que vous avez devant vous d'une manière spécifique et intéressante, il est nécessaire de délimiter la discussion et de redéfinir le sujet de façon précise. Il faut toujours éviter les généralités qui sont souvent des clichés qui n'apprennent rien de nouveau au lecteur. Nous avons décidé de limiter le sujet de la technologie présenté plus haut à une technologie particulière: le clonage. Voici la nouvelle question proposée ici: Faut-il dire «oui» ou «non» au clonage humain?

Dans ce chapitre, nous allons nous concentrer seulement sur l'opposition entre la thèse et l'antithèse et produire un plan de notre devoir qui s'arrêtera après l'antithèse. Dans une rédaction complète, nous devrions ajouter la synthèse (voir le chapitre 4) et la conclusion. Nous y reviendrons plus tard.

C **Avant d'écrire.** Avant de commencer à écrire, vous devez faire quelques recherches sur le clonage en vous demandant si vous pouvez soutenir trois arguments majeurs en faveur de chaque perspective, c'est-à-dire, à la fois du point de vue de la thèse et de l'antithèse.

D **Exemple**

INTRODUCTION. Le clonage devient une vraie réalité avec la naissance de la brebis *(ewe)* Dolly dans les années 1990. Et les scientifiques *(scientists)* de plusieurs pays différents ont réussi à cloner d'autres animaux depuis. Mais l'idée qu'un jour il sera possible de cloner un humain suscite de la peur et beaucoup de doutes.

- À la base, le clonage humain consiste à multiplier un patrimoine *(property)* génétique identique à l'original. Il y a deux types de clonage humain à présent: le clonage reproductif et le clonage thérapeutique. Différentes organisations font des recherches sur le clonage humain. La plupart d'entre elles sont gouvernementales, mais il y en a aussi dans le secteur privé.
- Doit-on tout faire pour faire avancer une technique qui peut révolutionner la médecine même si cette technique va à l'encontre *(goes against)* des croyances spirituelles de certains et des pratiques mises en place pour protéger autrui *(others)?* Quels sont les avantages et les inconvénients du clonage humain? Est-ce que les avantages l'emportent sur *(outweigh)* les inconvénients ou est-ce le contraire?

THÈSE. Nous devons dire «oui» au clonage humain.

- Le clonage humain peut sauver la vie quand il est utilisé de façon thérapeutique. Même si cette technique est toujours en cours de développement, les scientifiques espèrent pouvoir un jour mettre fin à certaines maladies graves, comme la maladie d'Alzheimer, la maladie de Parkinson, le diabète, qui sont actuellement incurables.
- Le clonage humain peut offrir une possibilité aux couples qui ne peuvent pas avoir d'enfants pour les raisons suivantes: la stérilité; l'homme ou la femme est porteur/porteuse d'une maladie génétique ou sexuelle qui pourrait être transmise à son enfant; le couple est du même sexe.
- Cette technologie rendrait possible le clonage des individus qui possèdent des talents spéciaux (des savants, des artistes, des sportifs, par exemple). Cela pourrait être très avantageux pour une société, mais il serait primordial d'assurer que sa pratique ait lieu dans des conditions éthiques. Donc il est nécessaire que la communauté scientifique des pays développés prenne l'initiative en mettant au point cette technologie.

Mini-conclusion de la thèse. Le clonage humain est une technologie dont on ne peut pas se passer. Il représente une avancée médicale qui pourrait mettre fin à beaucoup de souffrances humaines en éradiquant des maladies terribles et en donnant «une nouvelle vie» à des gens atteints de maladies jusqu'ici inguérissables.

Cependant, dans les mains des pays où son application serait moins morale il pourrait poser un danger à la société. Donc, il vaut mieux que la communauté scientifique des pays développés prenne l'initiative d'assurer le développement approprié de cette technologie si puissante.

ANTITHÈSE. Nous devons dire «non» au clonage humain.

- Les applications de cette technologie sont potentiellement terrifiantes. Exemple: le film américain *The Island* (2005) montre de façon dramatique les risques que nous courons à la développer. Nous risquons de créer une sous-catégorie d'esclaves humains dont on peut récolter les organes pour une personne de statut social supérieur, si elle en a besoin.
- Il faut penser aux conséquences du clonage s'il se développe: Ne courons-nous pas un risque accru de surpopulation et de manque de ressources suffisantes?
- Moralement, il y a des extrêmes auxquels l'Homme ne devrait pas accéder. Le serment des médecins *(Hippocratic oath)* entend guérir *(cure)* les maladies guérissables, pas de créer ni de prolonger la vie. Quand on se mêle des affaires de la nature, il y a souvent de graves conséquences financières, émotionnelles et spirituelles.

Mini-conclusion de la thèse. Il est évident que les applications et les conséquences de cette technologie mettent à risque le bien de la société et que certains seront tentés de jouer à l'apprenti sorcier. Donc, il vaut mieux abandonner le clonage pour empêcher toute menace au bonheur et à la liberté, pour que la nature puisse suivre son cours.

E **À votre tour!** Maintenant, à vous d'écrire le plan de la thèse et de l'antithèse d'une composition hégélienne. Suivant le modèle ci-dessus, développez un thème de votre choix sur les avantages et les dangers de la technologie. Avec l'autorisation de votre professeur, vous pouvez en recycler un dont vous avez déjà parlé en classe.

CHAPITRE

4 La parité entre les sexes

Ragnar Th Sigurdsson/ARCTIC IMAGES/Alamy

Objectifs communicatifs

COMMUNICATION

- **Point** La parité, fait presque accompli
- **Contre-point** La parité, fait à accomplir

LIENS GRAMMATICAUX

- Les adjectifs et les adverbes
- Le comparatif et le superlatif

LIENS SOCIOCULTURELS

- Dates importantes dans l'histoire de la femme en France et aux USA

LIENS INTERDISCIPLINAIRES

- *Le Deuxième Sexe* (Beauvoir)

LIENS COMMUNAUTAIRES

- Une manif

Controverse: Au cours du 20e siècle, la parité *(equal treatment)* entre les hommes et les femmes a beaucoup évolué, autant au niveau personnel que professionnel. Certaines femmes pensent que l'égalité entre les hommes et les femmes est un fait *presque* accompli. Selon elles, les femmes sont sur le point de se débarrasser des stéréotypes qu'on leur imposait et auxquels elles s'identifiaient et de redéfinir l'accord paritaire entre les sexes. D'autres sont moins optimistes et signalent que les femmes sont toujours en retard sur les hommes dans plusieurs domaines, notamment ceux de la politique, de l'économie et de la science. À vous de faire la synthèse des arguments présentés et de décider si la parité existe vraiment.

Premières pensées

Les mots pour le dire

noms

apparence (f.) physique	*physical appearance*
blague (f.)	*joke*
égalité (f.)	*equality*
parité (f.)	*equal treatment*
préjugé (m.)	*bias, prejudice*
progrès (m.)	*progress*
stéréotype (m.)	*stereotype*

verbes

(s')améliorer	*to improve (itself, oneself)*
contredire	*to contradict*
critiquer	*to criticize*
définir	*to define*
évoluer	*to evolve*
renforcer	*to reinforce*
se débarrasser de	*to get rid of*
se moquer de	*to make fun of*

adjectifs

agressif (-ive)	*aggressive*
amusant(e)	*funny, amusing*
bavard(e)	*talkative*
concerné(e) par	*concerned with*
drôle	*funny; bizarre, strange*
égal(e)	*equal*
étourdi(e)	*not paying attention, absent-minded*
faible	*weak*
féminin(e)	*feminine*
féministe	*feminist*
fort(e)	*strong*
incapable (de)	*incapable (of)*
inférieur(e)	*inferior*
(in)sensible	*(in)sensitive*
masculin(e)	*masculine*
offensif (-ive)	*offensive*
sexiste	*sexist*
soumis(e)	*submissive, compliant*
sportif (-ive)	*athletic*

superficiel(le)	*superficial*
supérieur(e)	*superior*

expressions

c'est dépassé	*it's outdated*
faire prendre conscience (de)	*to make aware (of)*

QUESTIONS

1. Quelles sont les images stéréotypées qu'on se fait des hommes et des femmes aujourd'hui? Faites une liste des caractéristiques qui sont attribuées à chaque sexe. Connaissez-vous des magazines, des films ou des publicités dans lesquels on trouve des stéréotypes masculins ou féminins? Donnez des exemples.
2. Lisez les blagues suivantes, puis répondez aux questions.

> i. La femme est, selon la Bible, la dernière chose que Dieu a faite. Il a dû la faire le samedi soir. On sent la fatigue. *(Alexandre Dumas fils, 19e siècle)*
>
> ii. Comment sait-on que la bière contient des hormones féminines? Parce que quand un homme en boit trop, il parle trop, et il ne peut pas conduire une voiture!
>
> iii. Les deux vrais principes élémentaires: (1) Les hommes sont plus intelligents que les femmes; (2) La terre est plate comme une crêpe.
>
> iv. Si un homme ouvre la portière de sa voiture à sa femme, on peut être sûr d'une chose: Ou bien c'est la voiture qui est neuve ou bien c'est la femme.

a. Reprenez les blagues précédentes et dites pour chacune: (1) De qui se moque-t-on, des hommes ou des femmes? (2) À quel stéréotype fait-on allusion? (Exemple: Les femmes blondes sont toujours stupides; les hommes refusent de parler de leurs émotions.)

b. Pensez-vous que ce genre de commentaire soit apprécié aujourd'hui? Si oui, par qui et dans quelles circonstances? Sinon, pourquoi pas? Aimez-vous personnellement ce genre d'humour? Pourquoi ou pourquoi pas?

c. Est-ce que ce genre d'humour présente un obstacle aux progrès de la parité? Est-ce que l'humour qui se moque des deux sexes peut aussi avoir des effets bénéfiques? Si oui, lesquels?

Le féminisme est le battre pour l'égalité entre les hommes et les femmes.

L'égalité est la partié ~~pour~~ de toute le monde égaux.

Point

La parité, fait presque accompli

Les mots pour le dire

noms

avantage (m.)	*advantage*
cadre (m.) (supérieur)	*(senior) executive, manager*
diplôme (m.)	*diploma, degree*
époux (-ouse)	*spouse*
études (f. pl.)	*studies (education)*
fait (m.) accompli	*accomplished fact*
milieu (m.)	*environment*
pouvoir (m.)	*power*
poste (m.)	*job*
salaire (m.)	*salary*
tâche (f.)	*task*
taux (m.)	*rate*
travail (m.)	*work*
victoire (f.)	*victory*

verbes

agir	*to take action; to act*
atteindre	*to achieve, attain*
bénéficier (de)	*to benefit (from)*
céder	*to give in*
gagner	*to earn; to win*
partager	*to share*
réussir	*to succeed*
revendiquer	*to demand*
s'adapter (à)	*to adapt (to)*
s'efforcer de	*to strive*
s'occuper de	*to take care of*

adjectifs

bas(se)	*low*
défavorisé(e)	*disavantaged*
élevé(e)	*high*
privilégié(e)	*privileged*
protégé(e)	*protected*
responsable	*responsible*

expressions

contrat (m.) paritaire	*contract based on equality*
avoir le droit de	*to have the right to*
élever des enfants	*to raise children*

être conscient(e) de	*to be aware of*
par rapport à	*compared to; in relation to; regarding*
quant à	*with regard to; as for*

Étude de vocabulaire

A Synonymes. Choisissez la définition ou le synonyme qui correspond à chaque mot ou expression.

1. préjugé	a. arriver à
2. s'efforcer de	b. haut
3. élevé	c. essayer de
4. atteindre	d. distribuer
5. céder	e. idée préconçue
6. milieu	f. diviser équitablement
7. partager	g. capituler
	h. remettre en question
	i. environnement
	j. cadre supérieur

B Un manifeste. Pour son cours de français, Claudine doit écrire un manifeste sur un sujet de son choix. Elle a décidé d'écrire sur la condition féminine. Complétez le paragraphe avec les mots de la liste selon le contexte et faites les changements nécessaires. Attention! Il faut utiliser un mot deux fois.

travail	gagner	fait accompli
salaire	paritaire	revendiquer

Depuis le début du 20e siècle, les femmes ________________ leur juste place dans la société afin de ________________ non seulement la parité politique, grâce au droit de vote, mais aussi la parité économique. Cependant, il demeure toujours vrai que le ________________ des femmes est plus faible que celui des hommes: On estime encore que pour le même ________________, le salaire des femmes est inférieur d'un tiers *(third)* à celui des hommes. Cette situation est tout à fait inacceptable! Pour que la parité soit un ________________ et pour que le contrat ________________ ne soit pas un doux rêve, il faut que les femmes ________________ autant d'argent que les hommes! Femmes de tous les pays, unissez-vous!

De quoi parle-t-on?

À table. Paul et Virginie parlent de la parité pendant le déjeuner. Écoutez leur conversation et dites si les affirmations suivantes sont **justes** ou **fausses**. Si elles sont fausses, corrigez-les.

1. Paul pense que la parité existe en France. J ______ F______
2. Selon Paul, les choses ont changé depuis le début du 20e siècle. J ______ F______
3. Virginie pense que la parité dans la vie professionnelle est réelle. J ______ F______
4. Paul est pessimiste quant à l'avenir. J ______ F______

© bikeriderlondon / Shutterstock.com

Liens grammaticaux

LES ADJECTIFS ET LES ADVERBES

Deux fonctions majeures du langage sont (1) de décrire les qualités des choses et des personnes en utilisant des adjectifs et (2) de nuancer les verbes et adjectifs en utilisant des adverbes.

Consultez le chapitre 4 du ***Cahier d'activités*** pour réviser l'usage des adjectifs et des adverbes. Ensuite, faites les exercices suivants.

A Les adjectifs. Écrivez à coté de chaque adjectif sa forme masculine (si l'adjectif est à la forme féminine) ou sa forme féminine (si l'adjectif est à la forme masculine). Attention aux pluriels!

1. ancien	*ancienne*	13. épouvantable	______
2. antipathique	______	14. féminin	______
3. audacieux	______	15. féministe	______
4. belles	______	16. fragile	______
5. public	______	17. irresponsable	______
6. calculatrice	______	18. menteuse	______
7. certaine	______	19. nouvelle	______
8. consciente	______	20. optimiste	______
9. dernier	______	21. petit	______
10. domestique	______	22. protégées	______
11. élitiste	______	23. pure	______
12. émotive	______	24. radical	______

B Les adverbes. Les phrases citées ci-dessous sont tirées de la lecture. Elles contiennent toutes des adverbes. Dans chaque cas, indiquez s'il s'agit d'un adverbe de manière, de temps, de lieu, de quantité ou d'intensité.

Phrases	Catégorie d'adverbe
1. *Aujourd'hui,* les femmes sont conscientes de leur capacité.	*adverbe de temps*
2. Les femmes peuvent *facilement* accéder à des postes de direction.	______
3. Les femmes ont *complètement* changé.	______
4. Je ne me reconnais pas *du tout* dans le féminisme radical.	______
5. On pensait que les femmes étaient irresponsables *politiquement.*	______
6. C'est une attitude qui m'est *particulièrement* antipathique.	______
7. L'importance de la parité a été perçue par un *tout* petit cercle.	______
8. *Elle* est un magazine féminin, mais pas *vraiment* féministe.	______
9. C'était un magazine *assez* audacieux…	______
10. J'ai *toujours* pensé que la parité est un débat perpétuel.	______

Lecture

Remue-méninges

Discutez des questions suivantes avec un(e) camarade de classe.

1. Qu'est-ce que c'est qu'un(e) féministe? Quelles sont ses actions? Comment la définition de ce terme a-t-elle évolué à travers le temps?
2. Quelle est la situation de la femme dans la société d'aujourd'hui? Quelle est la situation de l'homme? Et comment sont les rapports entre les hommes et les femmes?

POUR UN NOUVEAU CONTRAT ENTRE LES FEMMES ET LES HOMMES

Dans l'entretien qui suit, un journaliste, Jacques Pécheur, a posé des questions à Françoise Giroud, rédactrice du magazine Elle *(1946–1953), co-fondatrice de* L'Express, *secrétaire d'État à la Condition féminine (1974–1976) et ministre de la Culture jusqu'en 1977, qui venait de publier en 1999 un livre intitulé* Les Françaises. *Elle représente aussi la génération d'intellectuels qui est devenue adulte à l'époque de la Seconde Guerre mondiale.*

J.P.: 1946: parution° d, *Elle*. 1949: parution du *Deuxième Sexe*.[1] 1999: parution de votre dernier livre, *Les Françaises*, cinquante ans après. C'est une coïncidence ou une manière de prendre date°?

F.G.: Une pure coïncidence. Mais vous savez, quand il y a cinquante ans est paru° *Le Deuxième Sexe*, il n'a pas eu l'audience qu'il devait rencontrer° plus tard. Son importance n'a été perçue° que par un tout petit cercle. Quant à *Elle*, c'était un magazine féminin assez audacieux dans son esprit mais pas vraiment féministe.

J.P.: Vous avez toujours pris position et agi quant au sort qui est fait aux femmes°, mais vous récusez° le terme de féministe...

F.G.: Il n'y a, hélas°, qu'un mot pour désigner le fait qu'on s'occupe du° sort et de la condition des femmes... Alors oui, dans ce sens, je suis féministe, mais je ne me reconnais pas du tout dans le féminisme radical. Moi, j'ai toujours pensé aux femmes en général. Et je n'aime pas une certaine attitude des femmes qui ont réussi et qui demandent aux autres de les imiter. Or, la plupart de ces femmes ont reçu l'éducation qu'il fallait°, bénéficié des relations de leur milieu° et ont démarré° très protégées. Cette attitude élitiste m'est particulièrement antipathique°.

publication

to mark the date

appeared fifty years ago

was to have, would have / perceived

imposed on women / refuse

unfortunately / is concerned with

an appropriate education (that was) necessary (in order for them to succeed) / benefited from their connections / started out / distasteful

---

[1] Allez à la page 128 pour lire un extrait du *Deuxieme Sexe*.

J.P.: Comment caractériseriez-vous la représentation que les femmes se font aujourd'hui d'elles-mêmes?

F.G.: Elles ont complètement changé: Les femmes ont payé un tribut épouvantable à la société au 19e siècle. [...] C'est au 19e siècle que les femmes ont complètement introjecté° une image d'elles-mêmes qu'on leur a donnée ou imposée: fragile, émotive, au bord de l'évanouissement°, irresponsable politiquement, menteuse, calculatrice... Aujourd'hui, l'image de cette «pseudo-féminité» a complètement disparu. Aujourd'hui, les femmes sont conscientes de leur capacité, de leur valeur; elles pensent qu'elles vont pouvoir les développer, qu'elles ont [le] droit d'avoir des ambitions et en ce qui les concerne°, elles sont optimistes sur l'avenir. Les femmes peuvent aujourd'hui avoir de belles situations, elles peuvent être aidées dans les problèmes domestiques et avoir des enfants en continuant à travailler.

J.P.: Au moment où l'on parle d'inscrire la parité homme[s]-femme[s] dans la loi, comment définiriez-vous le contrat qui lie° aujourd'hui les femmes et les hommes?

F.G.: Il n'y a pas de contrat, c'est là le problème! Le contrat très ancien qui liait les hommes et les femmes est aujourd'hui caduc°. Le moment est venu d'en formuler un autre; c'est ce à quoi l'on s'efforce° aujourd'hui. Les femmes et les hommes ont d'ailleurs très bien compris que les choses ont complètement changé et qu'il faut trouver une nouvelle manière d'être ensemble, et ils n'y arrivent pas si mal°.

Source: Interview de Françoise Giroud par Jacques Pécheur, *Le Français dans le Monde*, no 304, mai-juin 1999

internalized

fainting

(ici) about things that matter to them

binds, ties

null and void

it's what we are trying very hard to do

they are not doing too badly

Avez-vous compris?

Indiquez «juste» ou «faux» selon le texte. Si la phrase est fausse, corrigez-la.

1. Françoise Giroud est radicalement féministe. J ______ F______
2. Françoise Giroud a écrit *Les Françaises* pour commémorer l'ouvrage de Simone de Beauvoir, *Le Deuxième Sexe*, publié cinquante ans auparavant°. J ______ F______
3. *Le Deuxième Sexe* de Simone de Beauvoir a connu un grand succès dès sa parution en 1949. J ______ F______
4. Selon Françoise Giroud, *Elle* est un magazine féminin sans être très féministe. J ______ F______
5. L'image actuelle de la femme a retenu *(kept)* beaucoup de stéréotypes du 19e siècle. J ______ F______
6. Aujourd'hui, les hommes et les femmes réussissent assez bien à trouver une nouvelle manière d'être ensemble. J ______ F______

before

Qu'en pensez-vous?

1. Comment est-ce que Françoise Giroud définit le mot «féministe»? Votre propre définition de ce terme a-t-elle changé après avoir lu le texte? Vous considérez-vous féministe?
2. De quoi parle l'ouvrage de Simone de Beauvoir *Le Deuxième Sexe*?
3. Quelle sorte de féminisme Françoise Giroud critique-t-elle? Elle dit que certaines femmes démarrent très «protégées». Donnez des exemples concrets de ce qu'elle veut dire. Par exemple, comment est-ce que la vie d'une femme de la classe aisée *(wealthy)* est différente de la vie d'une femme de la classe ouvrière *(working class)*?
4. Selon vous, les images stéréotypées dont Françoise Giroud a parlé existent-elles toujours aujourd'hui? Sont-elles un obstacle au progrès de la parité? Dans quels domaines faut-il faire encore des progrès pour atteindre la parité?

LIENS SOCIOCULTURELS

DATES IMPORTANTES DANS L'HISTOIRE DE LA FEMME EN FRANCE ET AUX USA

1791 Olympe de Gouges publie un ouvrage déclarant les «Droits de la femme et de la citoyenne».

1792 Première loi française autorisant le divorce.

1793 Interdiction des clubs féminins en France.

1832 Création de *La Femme libre,* journal écrit uniquement par des femmes.

1869 Le Wyoming est le premier État américain à donner le droit de vote aux femmes.

1880 Avant cette date l'instruction des filles était dispensée par les écoles privées ou religieuses.

1884 Supprimé en 1816 pour incompatibilité avec le catholicisme, le divorce est à nouveau en vigueur. À partir de 1884, il est possible de se séparer, mais uniquement si on peut faire preuve de fautes, telles que l'adultère.

1920 Les Américaines obtiennent le droit de vote.

1920 Loi contre l'avortement *(abortion)* en France. La contraception est également interdite.

1944 Les Françaises obtiennent le droit de vote.

1949 Simone de Beauvoir publie *Le Deuxième Sexe,* qui stipule que l'émancipation de la femme est possible uniquement par l'acquisition de son indépendance. D'après elle, «on ne naît pas femme, on le devient».

1960 La Food and Drug Administration (FDA) autorise la commercialisation de la pilule contraceptive aux États-Unis.

1965	La loi permet à la femme française de travailler sans l'accord de son mari.
1972	La rémunération égale entre hommes et femmes en France est exigée par la loi.
1975	La loi Veil autorise l'avortement.
1975	Le divorce par consentement mutuel est autorisé.
1980	Marguerite Yourcenar, écrivain, est la première femme élue à l'Académie française.
1991	Édith Cresson est la première femme nommée premier ministre.
2000	La loi française affirme la parité politique.
2003	La «Marche des femmes contre les ghettos et pour l'égalité» lance un mouvement dédié à briser le silence entourant la condition féminine dans les cités «difficiles» et à dénoncer les violences et les atteintes quotidiennes à la liberté.
2008	Loi constitutionnelle qui «favorise l'égal accès des femmes et des hommes aux mandats électoraux et fonctions électives, ainsi qu'aux responsabilités professionnelles et sociales».

Source: *L'Internaute,* Dossier "Histoire du féminisme" - www.linternaute.com

DISCUSSION

1. Quelle date, parmi les dates que vous venez de lire, vous a le plus surpris(e)? Et pourquoi?
2. Comment caractériseriez-vous l'histoire de la femme en France par rapport à l'histoire de la femme aux États-Unis? Justifiez votre réponse. Si vous constatez une différence, qu'est-ce qui pourrait l'expliquer?
3. Qu'est-ce qu'il faut faire, selon vous, pour assurer l'égalité des salaires entre hommes et femmes dans le secteur privé?
4. La loi de 2000 sur la parité en France exige qu'il y ait autant de candidates que de candidats aux élections politiques. Êtes-vous d'accord avec cette loi? Expliquez votre position.
5. Dans l'interview que vous venez de lire, Françoise Giroud montre beaucoup d'optimisme à l'égard de la parité. Est-ce qu'elle avait des raisons valables pour être optimiste? Y a-t-il des dates ou des événements dans la chronologie que vous venez de voir qui puissent expliquer son optimisme?

David Boily/AFP/Getty Images/Newscom

Ségolène Royal: candidate socialiste aux élections présidentielles de 2007

Contre-point

La parité, fait à accomplir

Les mots pour le dire

noms	
carrière (f.)	*career*
charge (f.)	*responsibility*
chiffre (m.)	*figure, number*
éducation (f.)	*upbringing*
entreprise (f.)	*enterprise, company, business*
entretien (m.)	*upkeep; interview*
étape (f.)	*stage (in a process)*
fonctionnaire (m., f.)	*civil servant*
horaire (m.)	*schedule*
partage (m.)	*division, sharing*
revenu (m.)	*income*
syndicat (m.)	*labor union*
verbes	
accéder	*to gain access*
accompagner (les enfants à l'école, chez le médecin, chez le dentiste)	*to accompany*
aider (les enfants avec les devoirs)	*to help*
appuyer	*to support, press, push*
bouleverser	*to upset*
concilier	*to juggle; to accommodate*
demeurer	*to remain*
discipliner	*to discipline*
s'écrouler	*to collapse*
faire la lessive	*to do the laundry*
faire la vaisselle	*to do the dishes*
faire le ménage	*to do the housework*
faire les courses	*to go shopping*
former	*to train*
garder (les enfants)	*to look after, take care of (children)*
nettoyer	*to clean*
passer l'aspirateur	*to vacuum*
pousser	*to push*
prendre en charge	*to take on*
préparer les repas	*to prepare the meals*
promouvoir	*to promote*
s'occuper des enfants	*to take care of the children*
soulager	*to relieve (a pain, worry)*
soutenir	*to support*

adjectifs et adverbes

actif (-ive)	*working*
actuel(le)	*current, present*
adapté(e) à	*suited for, appropriate for*
davantage	*more*
désormais	*from now on*
inédit(e)	*new, unprecedented*
efficace	*efficient*
fiscal(e)	*fiscal, relating to taxation*
flexible	*flexible*
imprévu(e)	*unexpected*
navrant(e)	*distressing*
nombreux (-euse)	*numerous*
provisoire	*temporary*
rigide	*rigid*
stressant(e); stressé(e)	*stressful; stressed(-out)*
subalterne	*inferior, subordinate*

prépositions

dès	*as early as, as soon as*
malgré	*despite*

expressions

aller / partir en congé	*to go / leave on vacation*
congé (m) maternité/paternité	*maternity/paternity leave*
congé (m) parental	*parental leave*
couple (m.) biactif	*dual-income couple*
exercer de la pression	*to exert pressure, lobby*
congés payés	*paid holidays*

Étude de vocabulaire

1 Synonymes. Choisissez un synonyme de la liste pour chaque mot ou expression.

bouleverser	emploi du temps	nettoyer
efficace	chiffre	malgré
inédit	former	flexible
inférieur	salaire	temporaire

1. numéro chiffre
2. agiter bouleverser
3. subalterne inférieur
4. faire le ménage nettoyer
5. provisoire temporaire
6. nouveau inédit
7. bien que malgré
8. revenu salaire
9. efficient efficace
10. horaire emploi du temps

2 Définitions. Lisez les phrases et choisissez entre la colonne A et la colonne B les synonymes des mots en caractères gras.

		A	B
1.	Non seulement la **charge** de l'éducation des enfants mais aussi...	*la responsabilité*	*la possibilité*
2.	La plupart des **tâches ménagères** sont souvent la responsabilité de la femme, même si elle travaille en dehors de la maison.	*les ustensiles ménagers*	*les travaux ménagers*
3.	Les femmes ont besoin de **congés** payés, de préférence...	*positions*	*vacances*
4.	Pour **soulager** le «double travail» à l'entreprise et à la maison	*diminuer*	*compenser*
5.	Dernière **étape**, en France, plusieurs textes ont été adoptés...	*phase*	*victoire*
6.	Pour **favoriser** la place des femmes dans la vie politique...	*revendiquer*	*avantager*
7.	Et malgré ces réformes, les salaires des femmes ne sont pas encore très **avancés**.	*améliorés*	*payées*
8.	Bien que proportionnellement **plus nombreuses** que les hommes...	*en plus grande quantité*	*plusieurs fois*
9.	À **accéder** aux études supérieures,...	*participer*	*rêver*
10.	Les femmes **demeurent** moins présentes dans des postes à responsabilités *(high-level jobs)*.	*travaillent*	*restent*

De quoi parle-t-on?

À table. Paul et Virginie continuent à se disputer au sujet de la parité. Écoutez leur conversation et choisissez la réponse qui vous semble la plus juste.

1. Virginie parle de parité...
   a. politique
   b. économique
2. La réaction de Paul à l'argument de Virginie est plutôt...
   a. positive et sympathisante
   b. négative et blasée
3. Virginie pense que les femmes doivent...
   a. maintenir l'égalité déjà acquise
   b. continuer à se battre

Liens grammaticaux

LE COMPARATIF ET LE SUPERLATIF

Dans ce chapitre nous examinons la condition de la femme à travers l'histoire. Il est naturel de comparer la situation de la femme à celle de l'homme. Pour cela, on utilise le **comparatif** et le **superlatif.** Pour parler de la situation actuelle de la femme, on se sert fréquemment du **participe présent**. Consultez le chapitre 4 du ***Cahier d'activités*** pour réviser les structures du comparatif et du superlatif et faites les exercices suivants.

1 Le comparatif et le superlatif. Survolez la lecture, «Il faut changer la situation de la femme» (page 124) et essayez de trouver des formes du comparatif et du superlatif.

Au paragraphe 1 il y en a trois:

1. *mieux que les hommes,* 2. __________ 3. __________

Au paragraphe 2 il y en a deux: 1. __________ 2. __________

Au paragraphe 3 il y en a deux: 1. __________ 2. __________

2 Les hommes et les femmes: une comparaison. Lisez les déclarations suivantes et complétez-les par des comparatifs ou des superlatifs (**plus**, **le plus**, **moins**, **le moins**, **autant**, etc.), suivant le sens que vous voulez donner aux déclarations.

1. La parité désigne une égalité générale entre les hommes et les femmes; mais elle s'applique uniquement à la vie politique, elle prend un sens __________ restreint.
2. En règle générale, les femmes restent __________ minoritaires dans les gouvernements de l'Union européenne.
3. Ce sont souvent les pays nordiques qui se rapprochent __________ de la parité.
4. À la tête du classement des États membres de l'UE ayant __________ de femmes élues, la Suède __________ a de femmes représentées dans la vie politique (en 2013, 45% des membres du parlement suédois sont des femmes).
5. Les femmes sont encore __________ nombreuses que les hommes à faire partie du gouvernement français.
6. Malgré les lois sur la parité en politique de 2000 et 2008, la présentation des candidats aux élections demeure __________ en faveur des hommes.
7. Les femmes sont __________ nombreuses que les hommes à accéder aux études supérieures.

8. L'Assemblée nationale impose aux partis de présenter __________ de femmes que d'hommes.

9. L'histoire politique et sociale depuis 1789 reflète un mouvement d'émancipation __________ progressif des femmes.

10. Les Français subissent __________ le chômage que les Françaises.

Lecture

Remue-méninges

Pourquoi les postes les plus importants dans la vie politique, dans les affaires et dans d'autres domaines sont-ils traditionnellement accordés aux hommes? Qu'est-ce qui, selon vous, explique la sous-représentation des femmes? Est-ce que c'est par choix que les femmes ne sont pas aussi nombreuses que les hommes en politique par exemple? Est-ce que les femmes essaient généralement d'obtenir des postes à responsabilités? S'agit-il des attitudes traditionnelles sur les rôles attendus des femmes? Que faut-il faire pour corriger la sous-représentation des femmes dans la vie politique et dans les affaires?

IL FAUT CHANGER LA SITUATION DE LA FEMME FACE À LA NOUVELLE RÉALITÉ

Selon les Nations unies, la situation des femmes continue à être inférieure à celle des hommes dans tous les pays du monde. Ce texte parle tout particulièrement de la situation en France.

Aujourd'hui, majoritairement, et avec une sûre évidence, les femmes travaillent. Les femmes font des études, comme les hommes, mieux que les hommes, et la grande majorité d'entre elles se présentent sur le marché du travail et continuent — même avec un ou plusieurs enfants — de travailler. Certes°, pas tout à fait autant que les hommes, mais au moins aussi efficacement que les hommes [on dira que les femmes ont *toujours* travaillé]. Certes, mais pas dans les conditions actuelles. Pas dans un système où le lieu de travail est totalement distinct du lieu d'habitation, pas en étant totalement séparées de leurs enfants. Pas en conciliant tous les rôles à la fois.

°bien sûr

La situation actuelle est inédite°: les femmes travaillent, ... [et] elles veulent tout: du temps pour le travail, pour leurs enfants, pour leurs conjoints°, pour elles et, aujourd'hui, elles prennent en charge toutes ces tâches en même temps. Or, pour accompagner cette révolution silencieuse, [...] notre société ne s'est pas adaptée. Nos structures sociales et nos conceptions traditionnelles du partage des rôles sont restées les mêmes, nos mentalités ont peu évolué, nos institutions n'ont pas été révisées. Tout se passe... comme si nous nous trouvions aujourd'hui dans des structures sociales archaïques, dans un habit° trop petit pour nous, qui ne nous va décidément plus. Les pouvoirs publics nationaux et locaux ne se sont adaptés ni en matière fiscale, ni en matière de garde d'enfants, ni en matière de politique familiale. Les entreprises, quant à elles, n'ont aucunement évolué: certes, elles se sont modernisées pour s'adapter à la globalisation et à la nouvelle économie, mais pas à la transformation en profondeur de l'activité des hommes et des femmes. Elles n'ont revu ni leurs horaires de travail ni leur organisation du travail afin de les rendre plus compatibles avec cette situation moderne qu'est la biactivité des couples. Et il semble bien°, statistiquement du moins, que les hommes soient ceux qui se sont le moins adaptés à cette nouvelle situation: ils paraissent n'avoir en rien évolué. Quand leurs femmes ne travaillaient pas et prenaient en charge l'entretien de la maison et les enfants, les hommes étaient d'abord Monsieur-Gagne-pain°, *pater familias* responsable du revenu et des relations avec le monde extérieur. Leurs femmes travaillent aujourd'hui quasiment° autant qu'eux: ils ne se chargent pas pour autant davantage des tâches parentales ou domestiques.

[L]es femmes assument aujourd'hui tous les rôles. Elles en sont fières, mais cela n'est pas toujours très facile. Pourquoi devraient-elles être seules à avoir parcouru° tout le chemin? Elles ont voulu travailler, elles ont voulu choisir le moment de leur maternité, elles ont voulu faire des études, comme les hommes. Aujourd'hui, elles réussissent aussi bien que les garçons à l'école et à l'université, elles ont fait la preuve qu'elles étaient aussi «intelligentes», elles ont montré qu'elles pouvaient apporter toutes leurs compétences à l'entreprise. Mais, autour d'elles, le monde n'a pas changé, [et il faut qu'il change]. Désormais, nous pouvons en être sûr, les femmes travailleront comme les hommes, et elles feront tout pour que leurs conditions de travail, leurs rémunérations, leurs responsabilités soient les mêmes que celles des hommes.

Face à cette nouvelle réalité, la société française n'a pas su très bien comment réagir durant les trente dernières années. Entre ceux qui étaient franchement contre [le travail des femmes] ... et ceux qui n'en pensaient pas grand-chose, la société française n'a trouvé que des solutions provisoires aux problèmes que font naître les couples biactifs chargés d'enfants. [...] Une telle situation n'est plus possible. Il faut tout remettre à plat°, accompagner° ces évolutions, revoir l'ensemble de nos institutions sociales et de nos fonctionnements, revoir nos modes d'imposition°, revoir l'organisation du

unusual
époux
vêtement
It truly seems
Mr. Breadwinner
almost
(ici) traveled
to start all over / *(ici)* to pay attention to, help along / taxation

travail, revoir enfin entièrement nos dispositifs° traditionnels pour nous mettre en phase° avec les évolutions sociales.

Pour aider les femmes dans cette évolution essentielle, il aurait fallu deux changements majeurs: déspécialiser les rôles — ou mettre en place les mesures qui y auraient aidé, c'est-à-dire reconnaître que, si les hommes et les femmes travaillent, alors, les tâches parentales, les activités de soins et les tâches ménagères incombent° également aux hommes et aux femmes; et revoir l'ensemble de nos institutions sociales. Nous ne l'avons pas fait. L'habit craque de partout. Il faut cesser de le rapiécer° et passer à une autre étape. D'autres pays européens l'ont fait très tôt, sans rechigner°, poussés par les mouvements féministes qui ont fait feu de tout bois° — investissant syndicats, partis politiques, associations — et [ont] modernisé du même coup° la société. Nous n'en sommes pas là en France. Nous vivons appuyés sur de vieilles croyances et de vieux modèles auxquels nos syndicats eux-mêmes n'osent pas toucher, comme si nous ne savions pas que, à la moindre chiquenaude, ces modèles s'écrouleront°.

dispositifs: measures
en phase: to get in synch with
incombent: *retombent*
rapiécer: to patch
rechigner: balking
fait feu de tout bois: attacked on all fronts
du même coup: at the same time
à la moindre chiquenaude, ces modèles s'écrouleront: at the slightest blow, these (old) models will crumble

---

Source: Dominique Méda, *Le Temps des Femmes* © Flammarion, coll. "Champs", 2001, 2008.

Avez-vous compris?

Indiquez «juste» ou «faux» selon le texte. Si la phrase est fausse, corrigez-la.

1. Le travail d'une femme moderne est différent du travail qu'une femme faisait autrefois, parce que les femmes ont plus de diplômes et plus de postes à responsabilités aujourd'hui. J ____ F ____
2. L'auteur compare les vieilles structures sociales françaises à un vêtement (habit) qui est trop large *(loose)* pour la France d'aujourd'hui. J ____ F ____
3. L'inégalité la plus évidente entre les hommes et les femmes dans la société française est le salaire: les femmes ont des salaires inférieurs à ceux des hommes. J ____ F ____
4. Les entreprises se sont mieux adaptées à la globalisation qu'à la présence croissante *(growing)* des femmes dans la vie active. J ____ F ____
5. Les hommes participent équitablement aux soins et à l'éducation de leurs enfants, mais ils n'assument pas leur part des tâches ménagères. J ____ F ____
6. Bien que la situation du couple biactif n'y soit pas parfaite, la France gère *(is handling)* la situation mieux que les autres pays européens. J ____ F ____

Qu'en pensez-vous?

1. Pourquoi, à votre avis, est-ce qu'il y a plus de femmes qui travaillent actuellement qu'il y en avait juste après la Seconde Guerre mondiale? Comment la société a-t-elle évolué depuis 1944?
2. L'auteur dit que les femmes d'aujourd'hui doivent concilier tous les rôles. De quels rôles parle-t-elle? Pourquoi n'est-il pas bon que la femme assume toutes ces responsabilités?
3. Si on cherche une personne ou une crèche pour garder ses enfants, quels sont les problèmes qu'on pourrait rencontrer?
4. Essayez d'imaginer quelles sortes de changements «en matière fiscale, ... en matière de garde d'enfants,... en matière de politique familiale» ou en matière d'horaires de travail pourraient aider les familles monoparentales ou les couples biactifs à mieux concilier leurs différentes responsabilités?
5. À votre avis, pourquoi est-ce qu'il semble toujours vrai que les hommes ne font pas autant de tâches ménagères et ne s'occupent pas autant de leurs enfants que les femmes? Quelle est la situation dans votre propre famille concernant le partage de ces responsabilités?
6. Pensez-vous préférable que ce soit les femmes qui s'occupent des bébés et des jeunes enfants? Est-ce qu'un homme est moins capable de s'occuper d'eux?
7. Connaissez-vous des pays où le partage de ces responsabilités semble plus équitable? Qu'est-ce qui explique cette différence, à votre avis?
8. Pour vous, quelles seraient les conditions idéales pour un couple biactif?
9. Dominique Méda (l'auteur de ce texte) est née en 1962. Si elle semble un peu plus pessimiste en ce qui concerne la condition féminine que n'était Françoise Giroud, comment peut-on expliquer ce fait?

LIENS INTERDISCIPLINAIRES

LE DEUXIÈME SEXE [EXTRAITS]

Hulton Archive/Getty Images

Plus de soixante ans après sa publication, l'ouvrage de Simone de Beauvoir (1908–1986), Le Deuxième Sexe, paru en 1949, est devenu la référence du mouvement féministe. Dans ce livre Simone de Beauvoir analyse la condition de la femme et dénonce certains mythes qui la concernent. En voici quelques extraits.

[La petite fille] n'accepte pas sans regret le destin qui lui est assigné; en grandissant, elle envie aux garçons leur virilité. Il arrive que parents et grands-parents cachent mal qu'ils eussent préféré un rejeton° mâle à une femelle; ou bien ils marquent plus d'affection au frère qu'à la sœur: des enquêtes° ont montré que la majorité des parents souhaitent avoir des fils plutôt que des filles. On parle aux garçons avec plus de gravité, plus d'estime, on leur reconnaît° plus de droits; eux-mêmes traitent les filles avec mépris°, ils jouent entre eux, ils n'admettent pas de filles dans leur bande, ils les insultent... En France, dans les écoles mixtes, la caste des garçons opprime et persécute délibérément celle des filles. Cependant, si celles-ci veulent entrer en compétition avec eux, se battre avec eux, on les réprimande. Elles envient doublement les activités par lesquelles les garçons se singularisent°; elles ont un désir spontané d'affirmer leur pouvoir sur le monde et elles protestent contre la situation inférieure à laquelle on les condamne. Elles souffrent entre autres de ce qu'on leur interdise de monter aux arbres, aux échelles, sur les toits°. Adler[1] remarque que les notions de haut et de bas ont une grande importance, l'idée d'élévation spatiale impliquant une supériorité spirituelle, comme on voit à travers nombre de mythes héroïques; atteindre une cime°, un sommet, c'est [devenir] comme sujet souverain; c'est entre garçons un prétexte fréquent de défi°. La fillette à qui ces exploits sont interdits et qui, assise au pied d'un arbre ou d'un rocher, voit au-dessus d'elle les garçons triomphants, s'éprouve corps et âme° comme inférieure. De même si elle est laissée en *arrière* dans une course ou un concours de saut°, si elle est jetée *par terre* dans une bagarre° ou simplement tenue à l'écart°.

Tout contribue à confirmer aux yeux de la fillette cette hiérarchie. Sa culture historique, littéraire, les chansons, les légendes dont on la berce° sont une exaltation de l'homme. Ce sont les hommes qui ont fait la Grèce, l'Empire romain, la France et toutes les nations, qui ont découvert la terre et inventé les instruments permettant de l'exploiter, qui l'ont gouvernée, qui l'ont peuplée de statues, de tableaux, de livres. La littérature enfantine, mythologie, contes, récits, reflète les mythes créés par l'orgueil° et les désirs des hommes: c'est à travers les yeux des hommes que la fillette explore le monde et y déchiffre son destin.[...]

Si dès l'âge le plus tendre, la fillette était élevée avec les mêmes exigences et les mêmes honneurs, les mêmes sévérités et les mêmes licences° que ses frères, participant aux mêmes études, aux mêmes jeux, promise à un même avenir, entourée de femmes et d'hommes qui lui apparaîtraient sans équivoque

- enfant
- studies
- *(ici)* to grant / disdain
- distinguish themselves
- to climb trees, ladders, roofs
- topmost point
- challenge, dare (to each other)
- body and soul
- jumping contest / a fight / excluded
- *bercer* = to rock (in a cradle); *ici:* [the stories] she's told as a child
- pride
- privileges, freedoms

[1] Alfred Adler (1870–1937) a fondé l'Ecole de la psychologie individuelle.

comme des égaux, le sens du «complexe de castration» et du «complexe d'Œdipe[2]» seraient profondément modifiés. [La fillette n'aurait pas] un «complexe d'infériorité»; corrélativement, le garçon n'aurait pas spontanément un «complexe de supériorité» si on ne le lui insufflait° pas et s'il estimait les femmes autant que les hommes. La fillette ne chercherait donc pas de stériles compensations dans le narcissisme et le rêve, elle ne se prendrait pas pour donnée°, elle s'intéresserait à ce qu'elle *fait,* elle s'engagerait sans réticence dans ses entreprises.

If people weren't puffing him up (flattering him)

she would not feel taken for granted

[2]Concept central en psychanalyse découvert par Freud: c'est le désir inconscient d'avoir des rapports sexuels avec le parent du sexe opposé et d'éliminer le parent rival du même sexe.

Source: Simone de Beauvoir, *Le deuxième sexe* © Éditions Gallimard; www.gallimard.fr

DISCUSSION

1. Mentionnez deux ou trois facteurs qui ont contribué au sens d'infériorié de la fille, selon Simone de Beauvoir. Quel facteur est le plus intéressant pour vous et pourquoi?

2. Quelles sont les différences entre les jeux des filles et les jeux des garçons selon de Beauvoir? Toujours selon elle, pourquoi ces différences sont-elles importantes?

3. Dans *Le Deuxième Sexe,* Simone de Beauvoir discute de quelques théories de Sigmund Freud parmi lesquelles celle qui postule que les petites filles ont souvent le désir d'avoir un pénis comme les garçons, et que c'est cette «envie» qui explique le complexe d'infériorité qu'on retrouve chez les femmes adultes. Que pensez-vous de cette théorie appelée en anglais «*penis envy*»? Est-ce qu'on la discute dans vos cours de psychologie ou de «Gender Studies»? Qu'est-ce qu'on en dit?

4. Quels genres de livres est-ce que vous avez lus quand vous étiez jeunes? Quelles impressions est-ce que ces livres vous ont données sur les rôles attribués aux hommes et aux femmes dans la société? Que pensez-vous des contes de fées *(fairy tales)* en particulier? Quels livres qui résistent aux stéréotypes sexistes ou qui les dénoncent pourriez-vous recommander aux parents et aux enfants d'aujourd'hui? Lesquels ne voudriez-vous pas recommander et pourquoi?

Réplique et synthèse

A Un sondage en France

Un sondage *(survey)* représentant les opinions de 1002 personnes âgées de 18 ans et plus a été réalisé en 2000 par un institut français d'études de marketing et d'opinion (CSA) et publié par *La Tribune,* un journal français d'économie.

a. Lisez les questions posées dans ce sondage.
b. Examinez les résultats.
c. Donnez vos impressions sur les résultats dans la colonne intitulée **Réactions personnelles.**
d. Préparez-vous à justifier vos réactions en répondant aux questions à la fin de l'exercice.

Question 1: Vous savez que les députés *(legislators)* ont adopté un projet de loi visant à *(aiming to)* favoriser l'égal accès des femmes et des hommes aux mandats électoraux *(elected offices)* et aux fonctions électives *(elected offices).* Personnellement, diriez-vous que le vote d'une loi est plutôt efficace *(effective)* ou pas vraiment efficace pour assurer l'égalité hommes-femmes dans la vie politique?

	Résultats		
	hommes %	femmes %	Réactions personnelles
Plutôt efficace	**47**	**46**	
Pas vraiment efficace	**48**	**51**	
Ne se prononcent pas	**5**	**3**	

Discussion 1: Les Français ne semblent pas très convaincus qu'une loi soit efficace pour assurer l'égalité hommes–femmes dans la vie politique. Êtes-vous d'accord avec eux? Pourquoi ou pourquoi pas? Vous attendriez-vous aux mêmes résultats dans votre pays ou à des résultats différents?

Question 2: Qu'est-ce qui selon vous explique le mieux la sous-représentation des femmes dans la vie politique?

	hommes %	femmes %	Réactions personnelles
La misogynie des hommes politiques	**41**	**42**	
La difficulté pour les femmes de concilier vie publique et vie familiale	**38**	**42**	
La dureté *(hardship)* de la vie politique	**29**	**29**	
Le manque *(absence)* d'intérêt des femmes pour la politique	**17**	**19**	
Ne se prononcent pas	**5**	**3**	

Discussion 2: Êtes-vous surpris(e) par les réponses à la question 2? Comment expliquez-vous ces réponses?

Question 3: Vous-même, êtes-vous tout à fait prêt(e), assez prêt(e), peu prêt(e) ou pas prêt(e) du tout à voter pour qu'une femme devienne Présidente des États-Unis?

	hommes %	femmes %	Réactions personnelles
Tout à fait prêt(e)	**72**	**67**	
Assez prêt(e)	**20**	**21**	
Peu prêt(e)	**2**	**3**	
Pas prêt(e) du tout	**5**	**7**	
Ne se prononcent pas	**1**	**2**	

Discussion 3: Comment expliquez-vous les différences entre les réponses des hommes et celles des femmes à la question 3?

Question 4: Pour chacun des points suivants dans l'entreprise *(in business)*, pouvez-vous dire si l'égalité hommes-femmes est assurée *(has been accomplished)* ou non?

a. Le respect de la personne

	hommes %	femmes %	Réactions personnelles
Oui	**60**	**44**	
Non	**34**	**52**	
Ne se prononcent pas	**6**	**4**	

b. L'accès aux postes à responsabilités à niveau de qualification égal (quand les hommes et les femmes ont les mêmes qualifications)

	hommes %	femmes %	Réactions personnelles
Oui	**49**	**33**	
Non	**47**	**63**	
Ne se prononcent pas	**4**	**4**	

c. L'égalité des salaires à poste égal et niveau de qualification égal

	hommes %	femmes %	Réactions personnelles
Oui	**37**	**23**	
Non	**60**	**74**	
Ne se prononcent pas	**3**	**3**	

Source: Groupe CSA

Discussion 4: Où y a-t-il des différences entre les femmes et les hommes sur la question 4? Et dans votre pays, dans quels domaines du secteur privé l'égalité hommes-femmes est-elle assurée? Pourquoi l'égalité hommes-femmes semble-t-elle assurée dans certains domaines mais pas dans d'autres?

B Conversations

1. D'après votre expérience, quels sont les avantages et les inconvénients de votre sexe? Racontez une anecdote qui illustre un avantage dont vous avez bénéficié ou un obstacle que vous avez rencontré à cause de votre sexe.

2. Si vous avez des enfants un jour, des garçons ou des filles, comptez-vous les élever de la même façon? Est-ce possible? Désirable?
3. Il y a des gens qui préfèrent les établissements scolaires (écoles, lycées, universités) qui ne sont *pas* mixtes *(co-ed)*. Quels pourraient être les avantages et les inconvénients des établissements scolaires et universitaires uniquement réservés aux garçons ou aux filles?
4. Pensez-vous que la biologie influencera toujours le destin des hommes et des femmes? Expliquez votre réponse.
5. Malgré d'importants changements dans la société, quels emplois semblent être restés «masculins» ou «féminins»? Pourquoi, à votre avis? Dans quels domaines est-ce que la parité semble atteinte? Pourquoi y a-t-il toujours si peu de femmes dans les sciences et si peu d'hommes infirmiers ou instituteurs, par exemple?
6. Presque tout le monde serait d'accord pour dire que les statuts de l'homme et de la femme ont évolué considérablement. Selon vous, est-ce que ces changements sont positifs ou négatifs? Est-ce que la vie était plus simple quand les deux membres d'un couple (hétérosexuel traditionnel) avaient des rôles sexuels bien définis?
7. Pensez-vous que tous les couples devraient être biactifs? Pourquoi ou pourquoi pas? Si les deux membres du couple travaillent, y a-t-il des problèmes? Si un membre du couple doit rester à la maison, comment devrait-on décider lequel va rester à la maison et lequel va travailler? Quand un membre du couple «ne travaille pas» (c'est-à-dire, qu'il reste à la maison avec les enfants), quels sont les risques pour cet individu?
8. Quelles activités de loisir sont associées aux hommes en particulier? Et aux femmes? Que pense-t-on si on rencontre une femme qui joue au hockey, par exemple? Et que pense-t-on d'un homme qui fait du tricot *(knits)*? Si vous pensez que les attitudes seraient différentes dans ces deux situations, expliquez pourquoi.
9. Faites des recherches sur la lutte contre la violence faite aux femmes. Ce genre de violence est-il fréquent dans votre pays? Comment peut-on expliquer cela? Que peut-on faire pour sensibiliser les coupables et les pousser à abandonner ce genre de comportement? Comment les hommes en général, ceux qui ne commettent pas ce genre de violence, peuvent-ils aider à l'enrayer *(to stop it)*?

C Comparaisons

1. Demandez à une personne plus âgée que vous son opinion sur la parité dans le domaine de son choix: sport, éducation, scolarité, travail, rôles définis en fonction du sexe *(gender roles)*, vie de couple, vie de famille, politique, situation économique, etc. Demandez-lui de vous donner des exemples de sa propre expérience qui montrent comment les choses ont (ou n'ont pas) changé. Qu'est-ce qui choque ou surprend le plus cette personne aujourd'hui? Résumez ses commentaires pour la classe.

2. En faisant quelques recherches, comparez le développement physique, intellectuel et psychologique des garçons et des filles (y compris l'incidence des maladies, les difficultés d'apprentissage, le taux de délinquance juvénile, le taux de suicides, etc.). Comment les scientifiques et les sociologues expliquent-ils ces différences?
3. De même *(likewise)*, comparez la santé des hommes et des femmes (en ce qui concerne les maladies, l'espérance de vie, le tabagisme *(smoking)*, l'alcoolisme, etc.). Quelles sont les conséquences de ces différences?
4. Trouvez quelques statistiques pour comparer l'emploi du temps *(schedule)* des hommes et des femmes dans votre pays. Qui passe le plus de temps au bureau? Qui s'occupe le plus des tâches ménagères? Qui dort le plus? Quelles sont les conséquences de ces différences?

D Conceptions culturelles de l'homme et de la femme

1. Choisissez un sujet à propos des hommes et/ou des femmes lié à votre domaine d'études *(your major)* ou à un de vos intérêts et faites un petit exposé pour votre classe. (Par exemple, sur une femme qui est chef d'orchestre, sur la représentation de la femme dans un texte religieux, sur les congés payés accordés aux pères après la naissance d'un enfant, etc.)
2. Lisez les expressions anglaises suivantes qu'on entend parfois aux États-Unis et choisissez-en quelques-unes que vous trouvez intéressantes. Imaginez que vous allez «traduire» *(translate)* ces phrases pour un(e) ami(e) français(e). Expliquez le sens (et les origines, si possible) de ces expressions. Ensuite, faites des commentaires sur les implications de ces phrases pour l'image de l'homme et de la femme dans la société. Est-ce que les expressions que vous avez choisies sont utilisées couramment aujourd'hui? Expliquez.

a. There are three ways to communicate information: telegraph, telephone, and tell-a-woman.
b. The way to a man's heart is through his stomach.
c. Women who seek to be equal to men lack all ambition.
d. When a woman is depressed, she eats or goes shopping. When a man is depressed, he invades another country.
e. A man may work from sun to sun, but woman's work is never done.
f. Men make houses; women make homes.
g. A woman needs a man like a fish needs a bicycle.
h. A man is as old as he feels. A woman is as old as she looks.
i. The hand that rocks the cradle rules the world.
j. Sugar and spice and everything nice—that's what little girls are made of.
k. Big boys don't cry.
l. Real men don't eat quiche.

Modèle: «Boys will be boys.»

Cette expression suggère qu'il y a des comportements typiques des hommes (buvant beaucoup d'alcool, la promiscuité sexuelle, etc.) et qu'il faut tolérer cela parce que c'est «naturel» ou «normal» pour les hommes. Moi, personnellement, je trouve que cette expression cherche à excuser le comportement des hommes et suggère que la «faiblesse des hommes» leur permet de faire des choses qu'on ne pardonnerait pas à une femme. Heureusement, on n'utilise pas beaucoup cette phrase aujourd'hui et quand on l'utilise, c'est pour critiquer ces attitudes sociales.

E Ouvertures créatives

1. Lors d'un débat à la télévision, un(e) féministe et le rédacteur / la rédactrice d'un magazine féminin se disputent. Le/la féministe se sent insulté(e) par l'image de la femme présentée dans les illustrations et les articles de ce magazine et il/elle montre des exemples; le rédacteur / la rédactrice défend son magazine. L'animateur / L'animatrice de l'émission *(the host)* pose des questions et dirige la discussion.
2. Créez une version féministe d'un conte de fées ou d'un film célèbre (comme la version du *Petit Chaperon rouge* que vous avez lue au chapitre 2 du ***Cahier d'activités***. Ou bien créez une nouvelle version d'une histoire familière dans laquelle l'héroïne est transformée en héros — ou vice-versa.
3. Un grand-père ou une grand-mère très «vieux jeu» *(old-fashioned)* explique comment un garçon / une fille bien élevé(e) doit s'habiller, se comporter, etc. Son petit-fils / Sa petite-fille n'est pas du tout d'accord.
4. Des extraterrestres venant d'une planète où il n'existe qu'un seul sexe voyagent vers la Terre où ils vont essayer de se faire passer pour des êtres humains. Imaginez la séance d'orientation qui a lieu dans la soucoupe volante *(flying saucer)*, pendant laquelle leur sociologue leur explique comment se comporter comme «un terrien» *("earthling")* ou «une terrienne».

Liens communautaires

Une manif. Y a-t-il un sujet lié à la parité qui vous tient à cœur *(that's dear to your heart)*? Allez-y, organisez une manifestation *(demonstration)*! Inventez des slogans, faites des posters et préparez un petit discours pour accompagner votre poster. Le jour de la «manif», chaque étudiant(e) va présenter son poster et faire son discours en classe. Bien sûr, les autres vont faire des remarques, applaudir ou même huer *(to boo)* — tout en respectant le droit de chaque personne de s'exprimer! Après la manif, trouvez un endroit où vous pouvez exposer vos posters au public — dans une salle de classe, dans les couloirs d'un bâtiment universitaire, dans le centre étudiant de votre campus ou sur le site Internet de votre Club de français, par exemple.

Rédaction guidée

Peer Review

Comment développer les arguments

A **Sujet.** Doit-on promouvoir la parité légalement ou individuellement?

B **Orientation.** Pour discuter la parité d'une manière spécifique et intéressante, il est nécessaire de délimiter la discussion et de redéfinir le sujet de façon plus précise. Nous avons choisi ici de centrer la question sur le domaine légal. Voici la nouvelle question proposée ici: Est-ce que la parité doit être promue par des lois?

Dans ce chapitre, vous allez lire un plan possible pour discuter de cette question. Ensuite, vous devrez développer votre propre plan sur un autre sujet de votre choix, en rapport avec le thème central de «la parité, fait presque accompli ou fait à accomplir?».

C **Avant d'écrire.** Voici ci-dessous un plan possible pour discuter la question: Est-ce que la parité doit être promue par des lois?

INTRODUCTION. Le sujet proposé est d'autant plus intéressant que *(even more interesting than)* la législation sur la parité en France déchaîne des débats passionnés.

- Comme pour le suffrage universel, la parité est fondée sur le principe de l'égalité entre les hommes et les femmes.
- Depuis quelques années, beaucoup de livres, d'articles, de discours et de manifestations soulignent le fait que plus de 70 ans après le suffrage universel en France les inégalités entre hommes et femmes subsistent.
- Que faut-il faire pour résoudre ces inégalités? Créer des lois pour assurer l'accès des femmes à des postes à responsabilités et à des salaires équitables, ou est-ce que la parité doit rester un engagement volontaire, une décision individuelle à résoudre personnellement?

THÈSE: La parité imposée par des lois est inutile.

- Les lois qui forcent la parité limitent la liberté individuelle.
- Si le suffrage universel est fondé sur le principe qu'il ne doit pas exister de discrimination basée sur des critères de couleur, de sexe, d'âge ou d'origine, alors il ne faut pas imposer des lois, de parité ou d'autres, qui favorisent un sexe sur l'autre. En contournant *(circumvent)* un article de la Constitution, on risque d'établir un précédent dangereux.

- Les systèmes de quota (50% de femmes pour 50% d'hommes), comme l'exigent les lois de parité, sont des mesures trop simples pour des problèmes très sérieux.

  On court le risque d'éliminer un candidat sérieux pour favoriser une candidate qui ne l'est pas, juste pour atteindre le quota.

- La parité forcée par des lois est humiliante et sera vite dévalorisée.

  Les femmes peuvent et doivent prouver leur valeur en politique par leurs actions, pas en se réfugiant derrière une loi arbitraire.

Mini-conclusion de la thèse: La parité forcée par la loi mènera à une parité de façade. La vraie parité doit être définie d'une manière individuelle et l'engagement à un contrat paritaire doit être un acte volontaire. Sensibiliser les citoyens aux inégalités entre hommes et femmes à travers l'éducation et à travers les médias mènera plus efficacement au bien-être social.

ANTITHÈSE: La parité ne peut être assurée que par des lois.

- Sans lois, rien ne change.

  Les femmes n'ont obtenu le droit de vote en France qu'en 1944. Les lois ont été conçues par les hommes et représentent principalement les besoins des hommes. Ces lois ne prennent pas en compte la situation des femmes et si elles évoluent, ce n'est que très lentement.

- La situation historique de la femme a changé. Il faut que la réalité salariale change aussi.

  Historiquement, ce n'est que quand on a commencé à envoyer les hommes au front pendant les deux guerres mondiales que les femmes sont sorties de leur rôle de femme au foyer et de mère, par nécessité, et ont obtenu des emplois traditionnellement réservés aux hommes. Après les guerres, les femmes n'ont eu accès qu'aux emplois les moins qualifiés, à des emplois à temps partiel et à des salaires inférieurs à ceux des hommes, même à travail égal. Seule la loi peut établir la justice salariale.

- Que cela soit juste ou non, les hommes continuent de dominer.

  Les femmes sont minoritaires aux postes à responsabilités dans le gouvernement aussi bien que dans le secteur privé parce que les hommes ont toujours dominé la politique et comptent préserver ce statu quo.

Mini-conclusion de l'antithèse: À voir le décalage *(gap)* entre les intentions affichées *(declared)* par les hommes politiques et la réalité de la condition de la femme, il est évident qu'il faut promouvoir des lois pour assurer que la parité devienne réelle.

SYNTHÈSE: Il existe déjà grand nombre de lois pour assurer la parité ainsi que des initiatives éducatives pour sensibiliser les citoyens aux inégalités entre les hommes et les femmes. Néanmoins, la parité est loin d'être atteinte. Au lieu de se concentrer sur la promotion de nouvelles lois ou initiatives individuelles, il faut faire respecter les lois et initiatives déjà existantes et rendre les conséquences pour le non-respect plus sévères.

- Les lois et les quotas ne sont pas toujours respectés; les partis impliqués préfèrent payer une amende *[fine]* que d'assurer la parité. Donc, il faut augmenter le montant des amendes et faire en sorte que la réputation des partis impliqués soit endommagée.
- Le gouvernement n'a pas toujours les fonds nécessaires pour contrôler l'application des lois. Alors, il faut mieux financer des agences de contrôle. On peut trouver le même manque de financement dans les initiatives éducatives, soit privées ou publiques.
- Souvent des lois sont votées ou des initiatives sont approuvées, mais aucune infrastructure n'est mise en place pour qu'elles soient appliquées. Il faut mettre en place et bien financer des infrastructures qui soutiennent les lois et initiatives privées.

Mini-conclusion de la synthèse: Le manque de parité existe malgré nos efforts. Au lieu de mettre en place de nouvelles lois et initiatives, il vaut mieux renforcer les politiques déjà existantes à travers des agences de contrôle, des amendes sévères et un financement correct des infrastructures.

CONCLUSION: Est-ce que la parité doit être promue par des lois? C'est une question qui cause beaucoup de polémique et les arguments pour et contre sont nombreux.

D'un côté, la parité forcée n'est pas égalitaire car elle favorise quelques-uns aux dépens des autres, comme il arrive souvent quand il y a un système de quotas. Ainsi elle limite la liberté des choix et d'accès basé sur le mérite. Cette situation peut à son tour mener à l'humiliation des personnes impliquées.

D'un autre côté, sans des lois qui visent à promouvoir la parité, l'égalité entre les hommes et les femmes est impossible. On n'a qu'à regarder les événements de l'histoire. C'est seulement grâce à la parité forcée que les femmes on eu le droit de voter et d'être indépendantes financièrement des hommes.

Cependant, ni les lois ni les efforts des individus n'ont assuré la parité jusqu'à présent. Des inégalités entre les hommes et les femmes continuent à exister. Donc, peut-être que la vraie question est: Comment doit-on renforcer les politiques déjà existantes et mettre en place des infrastructures qui aident la société à assurer la parité?

On ne va pas retourner en arrière et abroger *(rescind)* des lois sur la parité déjà en place, mais est-il toujours nécessaire de voter de nouvelles lois? Ceci dit, si on laisse la question de la parité à l'individu, on risque de l'inertie (comme on a souvent vu au cours des années de l'histoire). Peut-être que c'est la dernière solution mentionnée ci-dessus qui mérite le plus notre attention. En nous concentrant sur les infrastructures qui soutiennent les initiatives et les lois ainsi qu'en trouvant les fonds nécessaires pour faire respecter les lois et financer les initiatives, on assurera mieux l'égalité entre les sexes.

D **À votre tour!** Maintenant, à vous d'écrire le plan pour une composition hégélienne. Suivant le modèle ci-dessus, développez les arguments pour un thème de votre choix sur la parité. Voici quelques sujets possibles:

1. Françoise Giroud affirmait en 1999 que la parité est un fait presque accompli. Avait-elle raison? [Choisissez de parler soit de la France, soit des États-Unis, soit de votre pays d'origine, si ce n'est ni l'un ni l'autre.]
2. Selon Simone de Beauvoir, dans *Le Deuxième Sexe*, la femme est vouée *(destined)*, depuis sa plus tendre enfance et à travers sa culture, à un complexe d'infériorité. Cela est-il vrai aujourd'hui?
3. ??? [Sujet de votre choix, à discuter avec votre professeur.]

CHAPITRE

5 Le bien collectif et la liberté individuelle

dbimages / Alamy

Objectifs communicatifs

COMMUNICATION

- **Point** Il faut interdire le foulard islamique dans les écoles publiques pour préserver le caractère laïque des espaces publics
- **Contre-point** Il faut permettre le foulard islamique au nom du droit de l'individu à la différence

LIENS GRAMMATICAUX

- Le futur simple et le futur antérieur
- Le présent du conditionnel et le passé du conditionnel

LIENS SOCIOCULTURELS

- La religion en statistiques

LIENS INTERDISCIPLINAIRES

- *Le Journal d'Hélène Berr* (Berr)

LIENS COMMUNAUTAIRES

- Publicité d'intérêt général

doesn't hurt others
as long as

Controverse: Selon l'article 3 de la *Déclaration des droits de l'homme et du citoyen* du 26 août 1789, «la liberté consiste à pouvoir faire tout ce qui ne nuit pas à autrui°». En d'autres termes, je suis libre de faire ce que je veux tant que° je ne cause pas de problèmes aux autres. Le rôle du gouvernement sera donc de s'assurer que chaque individu ne nuit pas aux autres. Nous allons examiner dans ce chapitre des situations où la liberté individuelle semble être en conflit avec le bien collectif.

conspicuous

En 2004, une loi a été promulguée interdisant dans les écoles publiques tout signe religieux «ostensible°». Cette loi a surtout été votée parce que certaines jeunes filles musulmanes portaient un foulard pour se couvrir les cheveux conformément aux prescriptions du Coran. Au nom d'un pays laïque qui observe une séparation stricte entre le pouvoir temporel et le pouvoir spirituel, entre l'État et l'Église, le gouvernement estime que le bien collectif exige qu'on fasse des lieux publics et collectifs un espace neutre, libre de professions ouvertes d'une foi religieuse.

unleashed
support it

Cette loi a déclenché° un grand débat en France. Nombreux sont ceux qui la soutiennent° (y compris certains musulmans), mais d'autres disent qu'il y a beaucoup de raisons de porter le foulard, et que chaque femme devrait avoir la liberté de décider pour elle-même si elle veut le porter.

À vous de décider de quelle façon une société peut, ou même *doit*, promulguer des lois sur le comportement personnel des individus.

Premières pensées

Les mots pour le dire

noms

athée (m., f.)	*atheist*
christianisme (m.)	*Christianity*
comportement (m.)	*behaviour*
croyance (f.)	*belief*
devoir (m.)	*duty*
l'Église (f.)	*the Church*
église (f.)	*a church (building)*
islam (m.)	*Islam*
jour férié	*holiday*
jour (m.) de repos	*day of rest*
jour (m.) ouvrable	*working day*
judaïsme (m.)	*Judaism*
loi (f.)	*law*
religion (f.)	*religion*
séparation (f.)	*separation*
temple (m.)	*temple*
synagogue (f.)	*synagogue*
texte (m.) juridique	*legal text*

verbes

gêner	*to disturb, to bother*
imposer qch à qqn	*to impose something on someone*
interdire à qqn de faire qqch	*to forbid someone to do something*
jeûner	*to fast*
nuire à	*to harm, injure*
pratiquer (une religion)	*to practice (a religion)*
prier	*to pray*
protéger qch/qqn contre qch	*to protect something/someone from something*

adjectifs

catholique	*Catholic*
chrétien(ne)	*Christian*
croyant(e)	*religious (a believer)*
culturel(le)	*cultural*
illégal(e)	*illegal*
juif (juive)	*Jewish*
légal(e)	*legal*
musulman(e)	*Muslim*
nuisible	*harmful*
protestant(e)	*Protestant*

pronom

autrui	*others, other people*

expressions

avoir la liberté de + infinitif	*to have the freedom to* + infinitive
avoir le droit de + infinitif	*to have the right to* + infinitive
avoir un effet négatif sur	*to have a negative effect on*

QUESTIONS

1. Beaucoup des premiers colons européens en Amérique du Nord sont venus pour éviter qu'on leur impose une religion d'État. Que dit la Constitution américaine sur le statut de la religion aux États-Unis?
2. Pensez-vous que l'on devrait avoir le droit de prier dans les écoles publiques? Que les enseignants *(teachers)* devraient avoir le droit de parler de leurs croyances religieuses? Pourquoi ou pourquoi pas?
3. Quelles sont les principales religions pratiquées aux États-Unis? Est-ce qu'il y a des pratiques liées à ces religions qui ont été si institutionnalisées qu'elles influencent tous les membres de la société américaine, même ceux qui ne pratiquent pas cette religion (par exemple, Noël comme jour férié, le poisson sur le menu le vendredi)?
4. Nommez quelques actes qui pourraient nuire à autrui. Par exemple, l'acte de dépasser la limitation de vitesse, l'acte de conduire après avoir consommé de l'alcool. Lesquels sont les plus dangereux et les moins dangereux, à votre avis? Est-ce qu'il y a des lois contre ces actes? Dans quelles circonstances pensez-vous qu'une société devrait limiter les droits et préciser les devoirs d'un individu? Donnez des exemples précis.
5. Dressez *(prepare)* une liste de droits ou de libertés que tout le monde devrait avoir (qui ne nuisent pas à autrui.) Y en a-t-il que vous n'avez pas actuellement dans votre pays mais que l'on devrait avoir, à votre avis? Lesquel(le)s et pourquoi?

Point

Il faut interdire le foulard islamique dans les écoles publiques pour préserver le caractère laïque des espaces publics

Les mots pour le dire

noms

but (m.)	*goal, objective*
citoyen(ne) (m., f.)	*citizen*
égalité (f.) (des chances)	*equality (of opportunity)*
espace (m.)	*space*
esprit (m.)	*(here) mentality, way of thinking*
foi (f.)	*faith*
foulard (m.)	*headscarf*
intégriste (m., f.)	*fundamentalist*
kippa (f.)	*kippah, yarmulke*
laïcité (f.)	*secularism*
liberté (f.) (de culte)	*freedom (of worship)*
minorité (f.)	*minority*
peur (f.)	*fear*
port (m.)	*(here) wearing*
savoir (m.)	*knowledge*
terre (f.) d'accueil	*country of asylum (lit., welcoming country)*
terrorisme (m.)	*terrorism*
valeur (f.)	*value*
voile (m.)	*veil*

verbes

s'assimiler à	*to assimilate*
emporter sur	*to win out over, to prevail over*
former	*to educate, make (someone) into*
rester	*to remain*

adjectifs

laïque	*secular , lay, non-religious*
minoritaire	*minority*
neutre	*neutral*
réglementé(e)	*regulated*
seul(e)	*alone, only, sole*

adverbe

contrairement à	*unlike, as opposed to*

expressions

au sein de	*within*
d'ordre (culturel)	*of a (cultural) nature*
par-dessus tout	*above all*

Étude de vocabulaire

A Synonymes. Choisissez le synonyme ou la définition qui correspond à chaque mot ou expression. Attention! Vous n'allez pas utiliser toutes les réponses.

1. au sein de	a. à l'intérieur de
2. le but	b. la terreur
3. l'esprit	c. créer
4. former	d. le fait de mettre un vêtement, un bijou sur soi
5. imposer	e. forcer
6. laïque	f. l'emporter sur
7. par-dessus tout	g. la mentalité
8. la peur	h. non religieux
9. le port	i. l'objectif
10. seul	j. religieuse
	k. surtout
	l. unique
	m. la valeur

B Familles de mots. Complétez le tableau suivant avec les mots (noms, verbes ou participes passés / adjectifs) qui leur correspondent.

Nom	Verbe	Participe passé / Adjectif
la gêne	*gêner*	*gêné*
	savoir	
assimilation		
		interdit(e)
	porter	
	réglementer	

C **Les États-Unis, terre d'accueil.** Complétez le texte avec les mots de la liste suivante selon le contexte. Faites les changements nécessaires.

d'ordre	contrairement à
(l')espace	(l')égalité des chances
rester	(la) liberté de culte
(les) citoyens	(la) terre d'accueil
(le) terrorisme	

De nombreux immigrés viennent aux États-Unis pour profiter de ________________ qui fait partie du «grand rêve américain». Souvent ________________ la situation dans leur pays d'origine, ils jouissent ici de ________________, qui leur permet de pratiquer n'importe quelle religion de n'importe quelle façon — ou de ne pratiquer aucune religion du tout. C'est pour cette raison que beaucoup d'entre eux veulent ________________ aux États-Unis et devenir ________________. Malgré leurs différences ________________ culturel, la majorité arrive à bien s'intégrer à la société dans leur nouvelle ________________.

De quoi parle-t-on?

À la sortie du lycée. Deux amis, Alexandre et Leïla, se retrouvent à la sortie des cours et discutent de leur journée. Écoutez leur conversation, puis dites si les affirmations suivantes sont justes (J), ou fausses (F) ou non mentionnées (NM). Si elles sont fausses, corrigez-les.

Vocabulaire
la chorale *choir*
l'entraînement de basket *basketball practice*
les paroles *lyrics*

1. Alexandre n'aime pas le lundi. J ____ F ____ NM ____
2. Cela dérange Leïla de chanter un chant chrétien. J ____ F ____ NM ____
3. Alexandre pense qu'un chant représente une culture. J ____ F ____ NM ____
4. Alexandre n'aime pas la musique musulmane, parce qu'il ne comprend pas les paroles. J ____ F ____ NM ____
5. À la fin de la conversation, les deux amis ne sont pas tout à fait d'accord. J ____ F ____ NM ____

Liens grammaticaux

LE FUTUR SIMPLE ET LE FUTUR ANTÉRIEUR

Le **futur simple** est un temps utilisé pour décrire des actions qui vont avoir lieu *(that **are going** to take place)*. Par exemple, pour dire «*I'll go to the library*», on dit «J'**irai** à la bibliothèque».

Mais pour dire «*I **will have** finished*» en français, il faut utiliser le futur antérieur *(future perfect)*, un temps composé d'un verbe auxiliaire et un participe passé. Par exemple, «J'**aurai fini** mes devoirs quand tu arriveras» veut dire *I **will have finished** my homework by the time you get here.*

Consultez le chapitre 5 du ***Cahier d'activités*** pour réviser la formation et l'usage du **futur simple** et du **futur antérieur** et faites l'exercice suivant.

En 2025...

Mettez les verbes entre parenthèses au futur simple ou au futur antérieur, en fonction du contexte.

1. En 2025, il est fort probable que tous les élèves des écoles françaises ________________ (étudier) encore les mêmes points de grammaire en classe, pratiquement le même jour, qu'ils vivent à Paris, Lille, Marseille, à Pointe-à-Pitre ou à Nouméa, comme c'est le cas depuis un siècle déjà.
2. De même, ils ________________ (étudier) les mêmes concepts mathématiques à peu près en même temps, tant la centralisation est importante en France.
3. Une fois qu'ils ________________ (terminer) leurs études, ils ________________ (pouvoir) tous aller à n'importe quelle université parce qu'ils ________________ (recevoir) la même éducation au lycée.
4. Quoi qu'on fasse, la laïcité ________________ (être) toujours un principe clé de la Constitution française.
5. On ________________ (avoir) toujours des problèmes en France avec les situations qui la ________________ (remettre) en question.

Lecture

Lisa Marcelja / Photoshot

Remue-méninges

Est-ce qu'il y a/avait des règles sur la façon de s'habiller *(a dress code)* dans votre lycée? Lesquelles? Comment est-ce que l'administration de l'école explique / justifie ces règles? Est-ce que vous êtes d'accord avec son raisonnement?

La question de la séparation entre la religion et l'État est-elle controversée aux États-Unis? De quelle façon?

ÉDITORIAL: POURQUOI IL FAUT DIRE «NON» AU FOULARD ISLAMIQUE

La laïcité est une des valeurs fondamentales de la civilisation française depuis 1789. Le souci d'effectuer une séparation complète entre le pouvoir temporel (l'État) et le pouvoir spirituel (l'Église) a été l'une des idées «révolutionnaires» qui ont transformé les anciennes structures de «l'Ancien Régime»° en une république laïque, démocratique et sociale. Le texte qui suit est un éditorial qui défend la laïcité.

En effet, si les rois de France cumulaient° les pouvoirs temporels et spirituels, la création et l'évolution de l'État laïque en France ont établi qu'aucune autre autorité ne régirait° l'ensemble des citoyens que celle de la République française elle-même, dont l'autorité l'emporte sur n'importe quel intérêt personnel ou minoritaire. Contrairement à l'exemple des États-Unis, où chaque État peut avoir des lois différentes (sur la peine de mort°, par exemple), il n'existe en France qu'une seule loi pour *tous* les citoyens. Cette culture centraliste se manifeste dans tous les aspects de la civilisation française.

Fournir une instruction obligatoire, laïque et gratuite° est depuis son origine une des préoccupations de la République française, si bien que dans toutes les écoles, les élèves suivent exactement le même cursus. On va même jusqu'à dire que, fidèle à la centralisation extrême des origines, le programme scolaire du 12 octobre 2050, par exemple, prévoira le subjonctif au programme des classes de sixième° de la France entière, ou encore que ce même jour, les élèves des classes de quatrième° travailleront sur le théorème de Pythagore. Ce système a pour but d'offrir une instruction égale et une égalité des chances à tous ses citoyens, quelles que soient° leurs origines ethniques ou sociales.

Si on considère l'histoire européenne, il est facile de comprendre l'importance que les Français attachent à la laïcité. Étant donné l'immense pouvoir que le Pape et l'Église catholique ont exercé en Europe pendant plusieurs siècles, la France s'est souciée de créer un État dans lequel chaque citoyen a le droit d'avoir ses propres croyances religieuses, mais aussi dans lequel l'État reste strictement impartial. Après la Révolution, la France a promulgué° progressivement des lois pour que l'autorité de l'Église et sa

the [political and social] structures of pre-Revolutionary France

combined

would govern

the death penalty

mandatory, secular, and free education

the sixth grade

the eighth grade

whatever may be

promoted

présence dans l'espace public en France soient strictement limitées, comme la loi de 1905 sur la séparation de l'Église et de l'État. Par exemple, la sonnerie des cloches des églises° est réglementée, parce que le son° qu'elles émettent représente une intrusion de la religion dans l'espace public. De plus, pour qu'un mariage soit légal, on ne peut pas simplement se marier dans une église; il faut être marié à la mairie° par un représentant du gouvernement, le maire ou son adjoint°. Normalement, les lois sont érigées° pour le bien de tous, et c'est la responsabilité des représentants de la République de veiller à ce qu'elles soient respectées°, et qu'aucune confession° religieuse ne vienne s'imposer dans les écoles.

Les lois sur la création des écoles publiques en France visent donc à° créer un espace neutre dans lequel tout individu peut développer son propre esprit critique, sans qu'aucune opinion religieuse lui soit imposée, ni par les matières que l'on aborde°, ni par les enseignants qui les présentent. Bien que tout citoyen possède la liberté de pensée, ce qui est *croyance* (à distinguer de *savoir*) doit rester dans la sphère privée. Bien sûr, il reste toujours quelques vestiges des vieilles traditions catholiques en France (comme le fait qu'il n'y a pas d'école le mercredi), mais ces vestiges sont plutôt d'ordre culturel; l'instruction religieuse et la profession de foi sont absentes des écoles publiques depuis longtemps.

Suivant cette logique, une loi a été votée en 2004 interdisant le port de tout signe «ostensible°» d'une croyance religieuse dans les écoles publiques françaises. Cette interdiction affecte entre autres les jeunes filles musulmanes qui souhaitent porter le foulard islamique à l'école. Un élève peut porter un petit symbole religieux, comme une petite croix «discrète» sur une chaîne autour de son cou, mais le foulard est tellement plus «visible» qu'on estime qu'il ne peut pas être toléré dans une institution publique qui a la responsabilité de préserver le caractère laïque des espaces publics.

Le gouvernement n'entend pas empêcher les musulmanes de porter le voile en dehors de l'école, et si elles ne peuvent pas accepter de l'enlever, elles peuvent suivre des cours d'enseignement à distance°. Autre solution: la communauté musulmane pourrait même envisager de créer ses propres écoles confessionnelles°. Mais au sein de l'école publique, on a plusieurs soucis: (1) de ne pas autoriser le prosélytisme à l'école; (2) de créer un «espace libre» pour s'assurer que les jeunes musulmanes ne subissent pas° trop de pression de la part de leur famille, de leur communauté ou de groupes de musulmans intégristes en France ou dans d'autres pays; (3) de donner accès à *tous* les élèves à une école à l'esprit ouvert — le port du foulard indique pour certains une fermeture d'esprit chez celles qui le portent; (4) de ne pas encourager la communauté musulmane à penser que les jeunes filles qui portent le voile sont de «meilleures» musulmanes que celles qui ne le portent pas; (5) de faciliter l'intégration des musulmanes dans la vie active° et dans la société française.

La France a toujours été reconnue comme une terre d'accueil, qui reçoit des réfugiés et d'autres immigrés du monde entier. La République française offre à chacun l'opportunité de rechercher la liberté et une vie meilleure au sein de ses frontières. Mais la politique d'immigration de la société française

the ringing of church bells / sound
city hall
representative / established
to ensure they are upheld / faith
aim to
are studied
conspicuous
distance learning
religiously-affiliated schools
are not subjected to
professional life

a toujours été une politique assimilatoire. Du point de vue français, afficher° sa différence et se regrouper en communautés minoritaires menacent l'unité de la République française. Les Français non-musulmans — et certains musulmans aussi — s'inquiètent de voir un groupe distinct dans un pays où tous les citoyens sont censés° avoir les mêmes valeurs républicaines. Il semble évident que les musulmans doivent accepter les normes de la société dont ils font désormais° partie: après tout, à Rome, il faut vivre comme les Romains...

afficher: to call attention to
censés: supposed to
désormais: from now on

Source: © Cengage Learning

Avez-vous compris?

1. La séparation entre l'Église et l'État en France est-elle différente de celle qui existe aux États-Unis?
2. D'après les valeurs républicaines françaises, quel est le but de l'école, et pourquoi est-il important que l'école reste un espace laïque?
3. Quelle justification l'État français donne-t-il pour interdire le port du foulard islamique à l'école?
4. Pourquoi est-ce que les Français non musulmans semblent être plus gênés *(disturbed)* par la présence des musulmans que par la présence des immigrés espagnols, portugais, italiens, etc.?

Qu'en pensez-vous?

1. La loi de 2004 interdit les «signes ostensibles» (= visibles, qui se font remarquer) d'affiliation religieuse, mais permet des signes «discrets», comme une petite croix ou un petit Coran sur une chaîne autour du cou entre peau et vêtement. Quelles sortes de problèmes est-ce que cette distinction peut provoquer?
2. Beaucoup de féministes français s'opposent fortement au port du foulard islamique par les jeunes filles musulmanes. Pourquoi, à votre avis? Serait-il contradictoire d'accepter le port du foulard tout en légiférant *(legislating)* en faveur de la parité?
3. Il n'y a pas de règles concernant les vêtements dans les universités françaises, qui sont pourtant, elles aussi, des institutions d'État. Pourquoi, à votre avis?
4. Pour vous, est-ce que le port du foulard représente un refus de la part des musulmanes de s'assimiler à la société française? Quelle différence voyez-vous entre «intégration» et «assimilation»? L'une semble-t-elle préférable à l'autre? Expliquez votre réponse.
5. En 1999, on a demandé aux organisations musulmanes de France de signer un document écrit par *la Convention européenne de sauvegarde des droits de l'homme et des libertés fondamentales* concernant la liberté du culte. Avant de signer ce document, ces organisations en ont fait supprimer la phrase affirmant «le droit de changer de religion ou de conviction». Que pensez-vous de cette stipulation? Quelles en sont les implications?

LIENS SOCIOCULTURELS

LA RELIGION EN STATISTIQUES

En accord avec la définition de la séparation de l'État et l'Église, le gouvernement français ne collecte pas de statistiques sur l'affiliation religieuse des Français. Par conséquent, les sondages varient considérablement les uns des autres. Les chiffres ci-dessous sont cités du Département d'État américain.

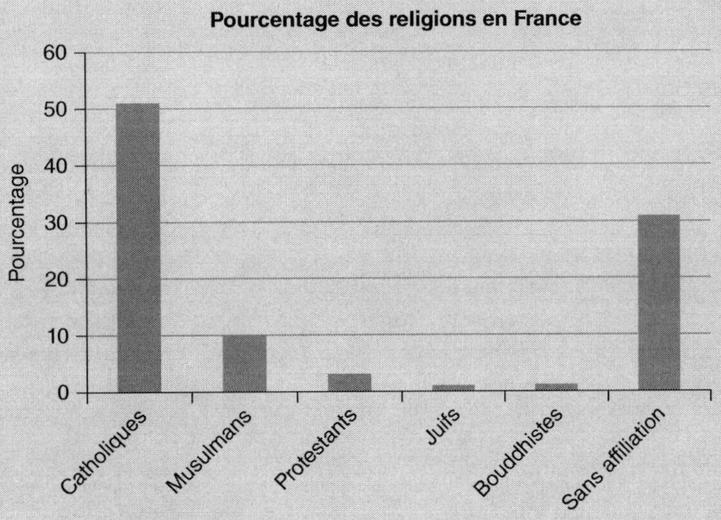

Source: U.S. Department of State, Bureau of Democracy, Human Rights, and Labor, "International Religious Freedom Report 2007", www.state.gov

DISCUSSION

1. Que pensez-vous du fait que le gouvernement français ne collecte pas de statistiques sur l'affiliation religieuse? Quels sont les avantages et inconvénients de cette politique?
2. Quelle est la principale religion en France? Pourquoi, à votre avis? Quelle est la seconde religion en France? Pourquoi, à votre avis?
3. Si on ajoute que selon la source ci-dessus, 6% des catholiques français sont pratiquants, contre 25% des musulmans, comment est-ce que ces informations changent votre perception des statistiques précédentes?
4. Comment les statistiques sur l'affiliation religieuse en France comparent-elles avec celles de votre pays?
5. La plupart des Français croient que l'affiliation religieuse et les croyances d'une personne doivent rester dans le domaine privé et qu'elles ne doivent jamais entrer dans la vie publique. Qu'est-ce que cela indique sur les valeurs des Français? Êtes-vous d'accord avec cette attitude? Pourquoi ou pourquoi pas? Est-ce même possible d'ériger *(erect)* des barrières entre la vie privée et la vie publique? Expliquez.

Contre-point

Il faut permettre le foulard islamique au nom du droit de l'individu à la différence

Les mots pour le dire

noms	
banlieue (f.)	*suburb*
bouc (m.) émissaire	*scapegoat*
choix (m.)	*choice*
chômage (m.)	*unemployment*
cité (f.)	*(here) low-income high rise housing («projects»)*
concitoyen(ne) (m., f.)	*fellow citizen*
école (f.) confessionnelle	*religiously-affiliated school*
étranger (-ère) (m., f.)	*foreigner, stranger*
harcèlement (m.)	*harrassment*
Hexagone (m.)	*metropolitan France*
Maghrébin(e) (m., f.)	*North African (from Algeria, Morocco, Tunisia, Libya or Mauritania)*
malaise (m.)	*discomfort*
mode (f.)	*fashion*
pression (f.)	*pressure*
prosélytisme (m.)	*proselytizing*
racine (f.)	*root*
statut (m.)	*status*
volonté (f.)	*will*
verbes	
aborder	*to approach, get started on*
s'accrocher	*to cling to, be attached to*
agresser	*to attack, be aggressive towards*
avouer	*to admit*
éviter	*to avoid*
focaliser	*to focus*
fréquenter	*to frequent, go often to, hang out with regularly*
lutter (contre)	*to fight, struggle (against)*
mener à	*to lead to*
oser	*to dare*
tenir à	*to be attached to, have one's heart set on*

adjectifs

asiatique	*Asian*
honteux (-euse)	*shameful*
occidentalisé(e)	*westernized*
oriental(e)	*Eastern, oriental*
subventionné(e)	*subsidized*

adverbes

ainsi	*thus, in this way*
fortement	*strongly*
ouvertement	*openly*
vigoureusement	*vigorously*

expressions

à force de	*as a result of*
à moins que … (ne)[1]	*unless*
avoir le souci de	*to take care to*
être mal à l'aise	*to be ill at ease, uncomfortable*
poser problème	*to be a problem; to cause a problem*
remettre en question	*to call into question*
tandis que	*while, whereas*
vis-à-vis de	*concerning, in regard to*

Étude de vocabulaire

A Synonymes. Choisissez le synonyme de chaque mot ou expression. Attention! Vous n'allez pas utiliser toutes les réponses.

1. aborder	a. approcher
2. le choix	b. avouer
3. fortement	c. par rapport à
4. le statut	d. condamnable
5. honteux	e. la préférence
6. ouvertement	f. le désir
7. lutter	g. l'état
8. les racines	h. franchement
9. vis-à-vis de	i. le harcèlement
10. la volonté	j. les origines
	k. s'accrocher (à)
	l. combattre
	m. vigoureusement

[1] When **ne** is used alone with **à moins**, its role is stylistic and carries no negative meaning. When **pas** is added, the meaning becomes negative.

B **Définitions.** Quel mot de la liste ci-dessous correspond à la définition donnée plus bas?

étranger	le prosélytisme	s'opposer (à)
le bouc émissaire	mener à	subir une pression
le chômage	occidentalisé	subventionner

1. effort de convertir = ______________
2. personne blâmée pour exonérer les autres = ______________
3. personne qui vient d'un autre pays = ______________
4. soutenir *(support)* financièrement = ______________
5. être contre = ______________
6. situation où beaucoup de gens n'ont pas de travail = ______________
7. transformé(e) par l'influence de l'Ouest = ______________
8. avoir comme résultat de = ______________
9. être l'objet sur lequel s'exerce une force = ______________

C **Question de contexte.** Lisez les phrases suivantes et décidez si elles sont logiques. Sinon, gardez les mots en italiques et changez le reste de la phrase pour qu'elle soit logique.

1. *À force d'*étudier, il n'a rien appris.
2. Elle ira à l'école publique, *à moins que* son père *ne* lui donne la permission d'enlever son foulard.
3. Si tu continues à travailler *ainsi*, tu auras une augmentation de salaire.
4. J'aime la cuisine *orientale*, mais je suis *mal à l'aise* quand je mange avec des baguettes *(chopsticks)*.
5. Chloé et moi *fréquentons* le même café. Voilà pourquoi nous ne nous voyons jamais.

D **Vive Guillaume le Conquérant!** Quand il a conquis l'Angleterre en 1066, Guillaume II de Normandie y a apporté la langue française. C'est pour cette raison que beaucoup de mots français et anglais se ressemblent aujourd'hui et ont le même sens. On les appelle des mots apparentés *(cognates)*. La difficulté est de trouver leur genre (savoir s'ils sont masculins ou féminins), mais il y a quelques principes de base pour vous aider.

1. Les mots qui finissent en **-tion**, **-té** ou **-e** en français sont pour la plupart féminins. Pouvez-vous deviner *(guess)* le sens de ces mots?

   colonisation = ____________ ségrégation = ____________
   désapprobation = ____________ identité = ____________
   discrimination = ____________ infériorité = ____________
   xénophobie = ____________ islamophobie = ____________

2. Les mots qui finissent en **-eur** et **–isme** sont généralement masculins. Quel est le sens des deux mots suivants?

   colonisateur = racisme =

3. Les mots qui finissent en **-é** sont souvent des participes passés qui sont devenus des adjectifs, comme c'est le cas des adjectifs en *-ed* en anglais (e.g. *tired*). Que peut donc vouloir dire «colonisé» qui est à la fois un nom et un adjectif?

4. Les verbes n'ont pas de genre, bien sûr, mais beaucoup ont gardé le même sens en français et en anglais, à quelques détails orthographiques près. Pouvez-vous deviner le sens des verbes suivants?

   coloniser = ____________ dénoncer = ____________
   effectuer = ____________ imposer = ____________
   maintenir = ____________ maîtriser = ____________
   obtenir = ____________ s'opposer = ____________
   renoncer à = ____________

5. De même, pouvez-vous deviner le sens des adjectifs suivants?

   hypocrite = ____________ injuste = ____________
   multiculturel(le) = ____________ patriarcal(e) = ____________

De quoi parle-t-on?

Au bureau. Deux collègues de bureau, Sébastien et David, parlent de leurs régimes alimentaires. Écoutez leur conversation, puis répondez aux questions qui suivent.

Vocabulaire

viande *meat*
abattoirs *slaughterhouses*
insalubre *unsanitary, unhealthy*
casher *kosher*
nourriture *food*
produits laitiers *milk products*
pendant un même repas *at the same meal*
mes sources *my roots, my origins*
dans une vaisselle différente *in/on different pans/dishes*
observer le Ramadan *to keep Ramadan (to fast, for example)*
athée *atheist*

1. Pourquoi Sébastien est-il végétarien?
2. Lesquelles des cinq affirmations suivantes sont fausses?
   a. David ne mange pas de porc.
   b. David ne mange pas certains types de poisson.
   c. David ne mélange pas certains produits.
   d. David observe le Ramadan.
   e. David est juif.
3. Quelles raisons David donne-t-il à son ami pour manger casher?
4. Comment Sébastien explique-t-il sa curiosité?

Liens grammaticaux

LE PRÉSENT DU CONDITIONNEL ET LE PASSÉ DU CONDITIONNEL

Le **présent du conditionnel** sert principalement à exprimer (1) la politesse, (2) une hypothèse, (3) un doute ou (4) un événement futur dans le passé. (Comparez: «Il dit qu'il viendra.» *[He **says** that he **will come**.]* et «Il a dit qu'il viendrait.» *[He **said** that he **would come**.]*)

Le **passé du conditionnel** indique (1) un degré supérieur de politesse ou (2) ce qui se *serait* passé *(what* would have *happened)* si les circonstances avaient été *(had been)* différentes.

De plus, on utilise le présent du conditionnel et le passé du conditionnel pour parler de choses qu'on n'a pas pu vérifier ou avec lesquelles on n'est peut-être pas d'accord.

Consultez le chapitre 5 du ***Cahier d'activités*** pour réviser la formation et l'usage du conditionnel.

Le présent ou le passé du conditionnel? Mettez les verbes des phrases suivantes au temps du conditionnel qui convient selon le contexte.

1. L'auteur de la lettre du «courrier des lecteurs» (pages 157–159) ________________ *(aimer)* que les musulmans puissent porter ce qu'ils veulent.
2. Selon elle, le problème fondamental ________________ *(avoir)* des origines coloniales. Cette idée n'est pas acceptée par tout le monde.
3. Selon beaucoup de Français, si les musulmans de France voulaient vivre en harmonie avec leurs voisins, ils ________________ *(s'adapter)* aux normes de leur pays d'accueil.

4. De plus en plus de musulmans français sont nés en France de parents maghrébins. Les historiens d'extrême droite pensent souvent qu'il ______________ *(falloir)* limiter l'immigration maghrébine après la Seconde Guerre mondiale et qu'il ______________ *(être)* préférable de ne pas coloniser l'Afrique du Nord en premier lieu *(in the first place)*.

5. Certaines jeunes musulmanes ______________ *(vouloir)* porter le foulard, bien que leurs parents ______________ *(préférer)* qu'elles s'assimilent à la culture française en sortant dans la rue tête nue *(uncovered)*.

Lecture

Remue-méninges

Quand de nombreux immigrants affluent dans un pays, cela entraîne fréquemment des malentendus, un malaise ou même des conflits sociaux, parfois violents. Pensez à une situation que vous connaissez déjà où un groupe ethnique a du mal à s'adapter à un nouveau pays (et/ou les résidents de ce nouveau pays ont du mal à s'adapter à eux). Essayez d'identifier la cause de ce conflit. Discutez de vos idées en petits groupes ou avec la classe.

Frederick Florin / AFP / Getty Images

COURRIER DES LECTEURS: UNE FRANÇAISE À LA DÉFENSE DE SES AMIES MUSULMANES

Le texte qui suit est une réponse passionnée à l'éditorial que vous avez lu dans la section **Point** de ce chapitre. La jeune femme qui l'a écrite croit que la loi sur les signes religieux dans les écoles publiques n'a pas été instituée pour maintenir une atmosphère impartiale dans les écoles, mais a été inspirée plutôt par la xénophobie d'un groupe de Français qui cherche à maintenir l'homogénéité d'un pays «européen» et «catholique». En lisant, notez les passages dans le texte où l'auteur semble être guidé par la passion plutôt que par la logique.

J'ai beaucoup de bons amis musulmans — dont la majorité sont français de naissance depuis plusieurs générations, d'ailleurs — et je tiens à vous dire que je trouve cette loi contre le foulard islamique à l'école tout à fait injuste. La pratique de l'islam fait partie de l'identité culturelle aussi bien que religieuse de certains musulmans, mais les Franco-Français sont mal à l'aise avec leur différence. La preuve? Vous ne demanderiez pas à une personne handicapée de cacher son handicap, ni à un Africain de cacher la couleur de sa peau. En interdisant le voile, vous transformez la différence en quelque chose de honteux et vous encouragez la discrimination. Au lieu de cacher les différences, il faut enseigner à nos citoyens que, dans une société multiculturelle, «différence» ne veut dire ni infériorité ni séparatisme.

Il faut d'abord reconnaître que les jeunes filles musulmanes n'ont pas toutes les mêmes raisons de porter le foulard. Pour certaines, il faut l'avouer, le voile est imposé par leur père, leurs frères ou d'autres figures d'autorité de la communauté musulmane patriarcale. Mais pour d'autres, c'est le choix personnel d'une fille qui a décidé d'observer ainsi sa foi en Allah; et ce choix est même parfois exercé *contre* la volonté de la famille, qui préférerait que leur fille minimise sa différence, reçoive une bonne éducation et monte ainsi plus facilement l'échelle sociale. Il y en a aussi qui le portent pour éviter le harcèlement des jeunes gens dans les cités de banlieue° qui agressent les filles musulmanes sans foulard parce qu'elles semblent trop «occidentalisées». Dans d'autres cas encore, c'est presque un choix de mode, motivé par le désir d'affirmer une identité culturelle unique.

° public housing in the suburbs of French cities

Donc, ceux qui dénoncent le port du voile au nom de la libération de la femme commettent un acte beaucoup trop réducteur. Et d'ailleurs, étant donné le statut d'inégalité de la femme dans la société française majoritaire, n'est-ce pas un peu hypocrite de dénoncer la nature «oppressive» de la société musulmane?

À mon avis, les racines de ce problème sont à chercher dans notre passé colonial. Nous avons imposé notre volonté sur les Maghrébins quand ils étaient toujours chez eux, et nous sommes en train de reproduire ce même rapport d'oppresseurs/opprimés dans l'Hexagone même°. Les inégalités économiques et sociales ont créé des ghettos dans les banlieues où la marginalisation et le chômage mènent à la frustration et à la violence. Nous faisons du foulard le bouc émissaire de ces problèmes sociaux qu'aucune loi ne saurait résoudre. Si les musulmans ne sont pas bien intégrés à la société française, c'est parce que nous les avons ségrégués. Notre malaise avec le visage changeant de la France, avec l'européanisation et la globalisation de notre société, fait que nous nous accrochons à tout prix à une vieille conception nostalgique de «l'identité française» selon laquelle tout le monde était blanc et catholique…

° *itself*

C'est peut-être notre *interprétation* du foulard qui pose problème, plutôt que le foulard lui-même. Ce qu'une jeune fille peut voir simplement comme le fait de vivre sa foi ou d'exprimer son identité, nous voyons comme un acte d'agressivité, de prosélytisme, ou — et c'est bien pire — comme un premier pas vers l'intégrisme et le terrorisme. Nous devons maîtriser notre peur ou notre désapprobation° de ce qui se passe en Iran ou au Pakistan et nous focaliser sur ce qui se passe *en France*. Il faut remettre en question notre paranoïa, notre — oserai-je le dire? — notre islamophobie. Après tout, les Asiatiques aussi vivent souvent entre eux, mais nous ne les accusons pas de refuser l'assimilation.

° *disapproval*

Il me semble évident qu'on n'encouragera pas l'intégration et le développement de l'esprit critique de nos concitoyennes musulmanes portant le foulard en les envoyant dans des écoles privées musulmanes. Quelle drôle de façon d'assurer l'assimilation! En fait, si une jeune fille remet en question ses propres croyances, ce sera probablement à force de fréquenter des gens (et des livres!) qui expriment d'autres idées et en faisant appel à son propre esprit critique — et ce n'est pas une nouvelle loi qui va parvenir° à une «conversion intellectuelle ou spirituelle» miraculeuse. Ce qui m'amène à poser la question peut-être la plus importante de ce débat: Allons-nous refuser de considérer nos frères et nos sœurs musulmans comme de «vrais Français» à moins qu'ils ne renoncent à l'Islam?

Je trouve très ironique que nous voulions bannir de nos écoles celles qui veulent porter le foulard, tandis que dans d'autres pays elles sont bannies si elles ne le portent *pas*. Autrefois, une observation stricte de la laïcité était plus raisonnable en France, mais aujourd'hui nous faisons partie d'une société pluriculturelle de citoyens de plus en plus individualistes. Il faut nous laisser libres de faire ce que bon nous semble. Promulguer une loi, ce n'est pas la meilleure façon d'aborder les affaires de conscience.

Il est temps de résoudre les problèmes économiques et sociaux qui marginalisent les Français musulmans du 20e siècle. Il est aussi temps de parler ouvertement de notre passé colonial et de tous les événements qui ont aidé à creuser un fossé d'amertume° entre ex-colonisateurs et ex-colonisés. Il faut inviter les Français musulmans à participer à la création d'un cursus° national qui enseigne l'histoire de *tous* les Français et qui permette à tout citoyen d'être lui-même et citoyen français en même temps.

Ceux qui s'opposent le plus vigoureusement au port du voile sont ceux qui tiennent le plus fortement à une image désuète° de la France. Quelle image cette obstination donne-t-elle de nous aux yeux du reste du monde?

lead to

to dig a ditch of bitterness / curriculum

outdated

Source: © Cengage Learning

Avez-vous compris?

1. L'auteur de la lecture déclare que certains Français sont mal à l'aise avec «la différence». À quelle différence fait-elle référence? Quels exemples donne-t-elle pour justifier son opinion? Qu'est-ce qu'il faut que ces Français comprennent selon elle?
2. Pourquoi est-ce qu'elle trouve cette loi injuste?
3. Selon le texte, pourquoi le fait que les pays du Maghreb sont d'anciennes colonies de la France est-il important?
4. D'après l'auteur, pourquoi certains Français sont-ils plus choqués par les Français musulmans que par *d'autres* groupes minoritaires en France?
5. Pourquoi est-ce que l'auteur est contre l'enseignement à distance et les écoles privées musulmanes?

Qu'en pensez-vous?

1. La Française qui a écrit cette lettre est en faveur du port du foulard dans les écoles publiques. Comment voit-on qu'elle n'est pas complètement objective?
2. Est-ce que les jeunes Américains ont le droit de porter des signes religieux dans les écoles publiques? Comment est-ce que ces symboles sont perçus par les autres jeunes gens?
3. Les États-Unis n'ont jamais eu de colonies officielles, mais quels événements historiques aux États-Unis ont aussi créé des problèmes sociaux? Expliquez.
4. Les Français ne pensent pas tous que le port du foulard islamique devrait être interdit dans les écoles. À votre avis, quelle est leur justification pour accepter le port du voile?
5. Dans cette lecture, l'auteur dit que le problème du foulard n'est pas le foulard lui-même, mais plutôt l'interprétation qu'en font les gens. Pouvez-vous accepter cet argument? Pourrait-on dire la même chose en ce qui concerne le drapeau des Confédérés *(Confederate flag)* et la croix gammée *(swastika)*, qui est aussi un élément décoratif de certains Amérindiens des États-Unis? Dans ces deux cas-là, est-ce plutôt l'intention (et non pas l'interprétation) qui compte?
6. Qu'est-ce qu'un cursus qui comporterait l'enseignement de l'histoire de «tous les Français» devrait inclure? Avons-nous un cursus aux États-Unis qui comprend l'histoire de «tous les Américains»? Comment pourrait-on améliorer le cursus aux États-Unis pour qu'il comprenne tout ce qu'il faut? Expliquez votre réponse.

LIENS INTERDISCIPLINAIRES

Memorial de la Shoah

Avant de lire

Imaginez que le gouvernement de votre pays force certains groupes qu'il estime «dangereux» (les athées, les malades atteints *(affected)* du SIDA, les intellectuels, etc.) à porter un brassard *(armband)* pour que les autres puissent les identifier. Les membres de ce groupe qui ne portent pas ce brassard risquent la prison ou la mort.

1. Si vous faisiez partie de ce groupe visé *(targeted)*, porteriez-vous le brassard ou le refuseriez-vous? Expliquez vos raisons // votre raisonnement.
2. Comment pensez-vous que les gens (vos amis, vos connaissances, etc.) réagiraient s'ils vous voyaient soudain porter ce brassard?
3. Imaginez que vous dînez dans un restaurant. Assis à la table à côté de la vôtre, deux homosexuels s'occupent de leur fille, une enfant de trois ans. Le serveur arrive et refuse de servir le couple, à cause de son orientation sexuelle. Comment réagissez-vous?

LE JOURNAL D'HÉLÈNE BERR [EXTRAITS]

Dans cette section, ***Liens interdisciplinaires****, nous allons considérer une autre situation dans laquelle un «signe ostensible» identifie ceux qui le portent comme pratiquants d'une certaine religion. Cette fois-ci, il s'agit de l'étoile jaune portée contre leur volonté par les juifs sous l'Occupation allemande…*

Aujourd'hui, soixante-dix ans après l'armistice, la Seconde Guerre mondiale demeure une des périodes de l'histoire de France sur laquelle on écrit le plus et dont on parle le plus: l'Occupation allemande, la Résistance, le sort de millions de juifs dénoncés par les autres Français et déportés en Allemagne dans les camps de concentration, ce sont encore des sujets qui hantent l'âme° nationale. Depuis la série de romans de Patrick Modiano, à commencer par La Place de l'Étoile *(1968), jusqu'aux films français ou américains, comme* Inglourious Basterds *de Quentin Tarantino (2009), les artistes, les intellectuels, comme les gens de la rue, relancent le débat national sur cette sombre période de l'histoire sans jamais sembler s'en fatiguer.*

haunt the soul

C'est dans ce contexte que Le Journal d'Hélène Berr*, récemment retrouvé et publié (2008), est rapidement devenu un best-seller national. La jeune Hélène, une juive française, étudiait l'anglais à la Sorbonne — d'où la présence de l'anglais dans son journal — dans les années quarante. Inévitablement, on l'a comparée à Anne Frank parce que toutes les deux sont mortes du typhus dans le même camp de Bergen-Belsen en 1945. Leurs journaux respectifs sont cependant très différents: là où Anne explique comment elle vit dans son appartement caché à Amsterdam, Hélène chronique l'évolution de sa vie quotidienne dans le Paris de l'Occupation de 1942 à 1944. Tragiquement, elle meurt cinq jours avant la libération de Bergen-Belsen, un mois après Anne Frank.*

1942

Lundi 1er juin

Maman est venue m'annoncer la nouvelle de l'étoile jaune[2], je l'ai refoulée°, en disant «Je discuterai cela après.» Mais je savais que quelque chose de désagréable était at the back of my mind (p. 28) […]

repressed

Jeudi 4 juin […]

Il faisait une chaleur brûlante quand je suis repartie, j'ai pris le [bus] 92. Chez Mme Jourdan, j'ai rencontré [une connaissance] avec qui nous avons discuté la question de l'insigne[3]. À ce moment-là, j'étais décidée à ne pas le porter. Je considérais cela comme une infamie et une preuve d'obéissance aux lois allemandes.

---

[2]Note de l'auteur: Le 29 mai 1942, la huitième ordonnance allemande concernant les mesures contre les juifs leur impose en public le port de l'étoile jaune dès l'âge de 6 ans: «L'étoile juive est une étoile à six pointes ayant les dimensions de la paume d'une main et les contours noirs. Elle est en tissu jaune et porte, en caractères noirs, l'inscription JUIF. Elle devra être portée bien visiblement sur le côté gauche de la poitrine et solidement cousue sur le vêtement.»

[3]l'étoile jaune

(ici) act of cowardice

dignified

Ce soir, tout a changé à nouveau: je trouve que c'est une lâcheté° de ne pas le faire, vis-à-vis de ceux qui le feront.

Seulement, si je le porte, je veux toujours être très élégante et très digne°, pour que les gens voient ce que c'est. Je veux faire la chose la plus courageuse. Ce soir, je crois que c'est de le porter.

Seulement, où cela peut-il nous mener? [...] (pp. 28–29)

Mardi 9 juin

très fatigué(e)

my face is tense

tears that gushed though I can't explain why

who pointed at me / *a subway stop in Paris*

the rumor that had been going around / sudden and jarring

stare at something

as if I were right in the middle of a nightmare

I had had a brand burned into my forehead

like it was nothing

Aujourd'hui, cela a été encore pire qu'hier.

Je suis éreintée° comme si j'avais fait une promenade de cinq kilomètres. J'ai la figure tendue° par l'effort que j'ai fait tout le temps pour retenir des larmes qui jaillissaient je ne sais pourquoi°.

Ce matin, j'étais restée à la maison, à travailler du violon. Dans Mozart, j'avais tout oublié.

Mais cet après-midi tout a recommencé, [j'ai dû sortir]. Je ne voulais pas porter l'étoile, mais j'ai fini par le faire, trouvant lâche ma résistance. Il y a eu d'abord deux petites filles Avenue de La Bourdonnais qui m'ont montrée du doigt°. Puis, au métro à l'École militaire° (quand je suis descendue, une dame m'a dit: «Bonjour, mademoiselle»), le contrôleur m'a dit: «Dernière voiture[4]». Alors, c'était vrai le bruit qui avait couru° hier. Cela a été comme la brusque° réalisation d'un mauvais rêve. Le métro arrivait, je suis montée dans la première voiture. Au changement, j'ai pris la dernière. Il n'y avait pas d'insignes. Mais rétrospectivement, des larmes de douleur et de révolte ont jailli à mes yeux, j'étais obligée de fixer° quelque chose pour qu'elles rentrent.

[Dans la cour de la Sorbonne, Hélène retrouve ses camarades de classe et ses professeurs. Elle a l'impression que tout le monde voit l'étoile qu'elle porte, et qu'ils sont tous gênés, mais qu'ils font un effort de ne pas en parler, et de se comporter normalement avec elle.] Mais s'ils savaient, eux, quelle crucifixion c'est pour moi. J'ai souffert, là, dans cette cour ensoleillée de la Sorbonne, au milieu de tous mes camarades. Il me semblait brusquement que je n'étais plus moi-même, que tout était changé, que j'étais devenue étrangère, comme si j'étais en plein dans un cauchemar°. Je voyais autour de moi des figures connues, mais je sentais leur peine et leur stupeur à tous. C'était comme si j'avais eu une marque au fer rouge sur le front°. Sur les marches, il y avait Mondoloni et le mari de Mme Bouillat. Ils ont eu l'air stupéfaits quand ils m'ont vue. Et puis, il y avait Jacqueline Niaisan, qui m'a parlé comme si de rien n'était°, et Bosc, qui avait l'air gêné, mais à qui j'ai tendu la main pour le mettre à son aise. J'étais naturelle, superficiellement. Mais je vivais un cauchemar. Tout le monde a été très gentil avec moi. [...] Mais je crois qu'aucune [des personnes présentes] ne comprenait ma souffrance. Si elles l'avaient comprise, elles auraient dit: «Mais alors, pourquoi le portez-vous?» Cela les choque peut-être

---

[4]Le 7 juin 1942, à la demande des autorités allemandes, le préfet de la Seine impose aux juifs de ne voyager dans le métro qu'en seconde classe et dans la dernière voiture de la rame *(carriage of the train)*. Pour éviter tout scandale, le préfet précise à ce sujet qu'aucune affiche ne sera apposée *(posted)* «ni aucun communiqué fait au public».

(ici) test

un peu de voir que je le porte. Moi aussi, il y a des moments où je me demande pourquoi je le fais, je sais évidemment que c'est parce que je veux éprouver° mon courage. [...]

I don't know what's wrong with me

Maintenant, en racontant ma journée à Maman, j'ai été obligée de me précipiter dans ma chambre pour ne pas pleurer, je ne sais pas ce que j'ai°. [...] (pp. 32–33)

Vendredi, 10 juillet [...]

Nouvelle ordonnance aujourd'hui, pour le métro. D'ailleurs, ce matin, à l'École Militaire, je me préparais à monter dans la première voiture lorsque j'ai brusquement réalisé que les paroles brutales du contrôleur s'adressaient à moi: «Vous là-bas, l'autre voiture». J'ai couru comme une folle pour ne pas le manquer, et lorsque je me suis retrouvée dans l'avant-dernière voiture, des larmes jaillissaient de mes yeux, des larmes de rage, et de réaction contre cette brutalité.

Les uifs n'auront plus le droit non plus de traverser les Champs-Élysées. [...]

I was boiling over

Lorsque j'y ai pensé, je bouillonnais° tellement que je suis venue dans cette chambre me calmer. [...] (p. 51)

Lundi 14 septembre

Je suis allée avec lui [mon fiancé] à [l'église] Saint Séverin, puis nous avons erré sur les quais, nous nous sommes assis dans le petit jardin qui est derrière Notre-Dame. Il y avait une paix infinie.

Mais nous avons été chassés par le gardien, à cause de mon étoile.

Vendredi 18 septembre [...]

bad faith, dishonnesty

Le Dr Charles Mayer a été arrêté parce qu'il portait son étoile trop haut... Une de ces dames s'est exclamée: «Cela prouve vraiment leur mauvaise foi°!!!» (p. 65) [...]

1943

Jeudi soir 28 octobre [...]

Après, je suis allée à Saint-Denis voir Keber. En portant les colis, [j'ai] parlé avec une femme du peuple, cela m'a fait si mal, car elle ne savait pas. Elle trouvait qu'il y avait beaucoup de juifs à Paris, évidemment, avec cette étiquette, on les remarque, et elle m'a dit: «Mais on n'ennuie pas les Français, et puis on ne prend que ceux qui ont fait quelque chose...» (p. 86)

Source: *Le Journal d'Hélène Berr*

DISCUSSION

1. Relevez au moins trois actions de Parisiens qui blessent *(hurt)* Hélène. Ces actions, qu'est-ce qu'elles ont en commun? Comment Hélène les ressent-elle?
2. Quels arguments Hélène utilise-t-elle pour soit porter l'étoile jaune, soit ne pas la porter? Expliquez le conflit interne qui l'anime.
3. Quel type de discrimination de ce genre avez-vous connu dans votre pays?
4. Pensez-vous que la mémoire collective de l'étoile jaune influence le problème du foulard islamique aujourd'hui? Expliquez votre réponse.

Réplique et synthèse

A Analysez les lois

1. **Qu'est-ce qu'une loi?** Pourquoi en avons-nous besoin? Existe-t-il des lois que vous trouvez ridicules? Ou encore, y a-t-il des lois qui n'existent pas, mais que nous devrions avoir, selon vous? Donnez des exemples précis pour chaque situation.

2. **Nous faut-il des lois? Cas spécifiques.** Voici une liste de quelques activités controversées. Remplissez ce tableau afin d'y réfléchir de façon plus systématique.

Activité	Légale aujourd'hui (au moins dans certains États)	Devrait être légale, selon vous?	Pourquoi (pas)?
Refus parental de vaccination ou de traitement médical pour les enfants			
Production, vente ou possession de pornographie infantile			
La consommation d'alcool avant l'âge de 21 ans			
La consommation de cannabis ou de drogues dites «douces»			
Le mariage homosexuel			
Le plagiat *(plagiarism)*			
La liberté d'expression, même s'il s'agit d'un rassemblement du KKK, par exemple			
L'utilisation d'un téléphone portable pendant qu'on conduit			

3. **Les lois — Êtes-vous fidèles à vos principes?** Regardez encore une fois le tableau ci-dessus. À quelles activités avez-vous donné votre approbation? Votre désapprobation? Pratiquez-vous certaines de ces activités même si elles risquent de nuire aux autres — ou bien à vous-même (par exemple, envoyer des SMS en conduisant votre voiture). Y a-t-il d'autres activités qui vous mettent mal à l'aise, même si vous pensez qu'elles devraient être légales pour défendre la liberté d'expression (par exemple: les rassemblements du KKK)? Expliquez ce qui détermine votre position sur ces différents problèmes.

B Questions de discussion

1. Nous sommes biologiquement programmés pour avoir peur des créatures différentes de nous. Ce type de peur a probablement contribué à notre survie pendant les époques plus primitives de l'histoire de notre espèce. Cependant, cette peur n'est plus utile aujourd'hui, et elle est la cause de problèmes importants de la société moderne. Peut-on dépasser cette réaction instinctive et négative à la différence? Si oui, comment?
2. Quand a-t-on institué un jour férié en l'honneur du Dr Martin Luther King, Jr. aux États-Unis? Comment cet acte a-t-il été perçu? Comment est-ce que certains groupes ont expliqué leur résistance à cette action? Quelles (autres) mesures a-t-on prises dans votre pays pour reconnaître l'existence et les contributions d'autres minorités?
3. À votre avis, existe-t-il ici dans votre pays un phénomène semblable au problème du foulard islamique en France? Si oui, lequel? Quelles pratiques culturelles vous semblent aller à l'encontre *(run counter to)* de vos valeurs collectives? Que pourrait-on faire pour enrayer *(to eliminate)* ces problèmes?
4. Que penser de la circoncision, un acte rituel millénaire que certains estiment barbare ou inutile *(unnecessary)*? Bien que la *American Academy of Pediatrics* ne considère pas la circoncision nécessaire du point de vue médical ou hygiénique, 85 % des bébés garçons aux États-Unis sont circoncis, contre 10 % en Europe. À votre avis, la circoncision est-elle une pratique qu'on doit encourager? Dans quelles circonstances doit-on permettre la circoncision rituelle qui fait partie des pratiques de certaines religions? A-t-on le droit ou l'obligation de l'interdire?
5. De même, que penser de l'excision, ou «circoncision féminine», aussi nommée «mutilation génitale féminine»? On estime à 30 000 le nombre de femmes et de fillettes excisées vivant en France actuellement, et environ 20 000 jeunes filles d'origine africaine sont exposées au risque d'excision dans l'Hexagone, malgré les pénalités sévères prévues par la loi française. Cependant, comme la circoncision des garçons et le port du voile, l'excision est une pratique religieuse et culturelle millénaire. Doit-on l'accepter au nom de la liberté de religion? Ou au nom du multiculturalisme?

6. Que penser aussi du mariage arrangé qui est pratiqué en Afrique du Nord et en Asie, et par conséquent en France, parmi les immigrés de ces diverses/différentes communautés? Jusqu'à quel point la loi peut-elle accepter ces pratiques culturelles et religieuses, et quand doit-elle intervenir pour les enrayer *(to stop them)*?
7. Le débat sur l'accès universel aux soins médicaux continue aux États-Unis. Dans quelle mesure pensez-vous que les pays développés doivent rendre possible pour tous l'accès à des soins médicaux de bonne qualité? Quelles exceptions, si c'est le cas, feriez-vous à cette politique inclusive?
8. Aux États-Unis, la sécurité sociale, certains soins médicaux, les écoles publiques, les bibliothèques municipales et les transports en commun, etc. sont en partie subventionnés par des gens qui ne les utilisent jamais. Cela vous semble-t-il juste? Expliquez votre réponse.
9. D'un point de vue strictement anthropologique, quel est le rôle de la religion dans la société? Partage-t-elle certaines fonctions semblables à celles du système légal? Faut-il parler de religion à l'école? Si oui, quelle approche devrait-on prendre?

C Exposés

1. Cherchez en ligne et lisez un article sur la cause des émeutes *(riots)* de 2005 dans les banlieues françaises et comparez-les aux événements survenus avec Rodney King ou Amadou Diallo aux États-Unis. Qu'est-ce que ces incidents révèlent sur la tension raciale et sociale dans nos sociétés? Que peut-on faire pour réduire cette tension?
2. Faites des recherches sur une religion que vous connaissez peu. Rapportez à la classe ses origines, ses croyances et ses pratiques. Cette religion présente-t-elle des aspects qui vous étonnent? Des aspects qu'elle a en commun avec une autre religion que vous connaissez mieux?
3. En regardant un calendrier français (e.g., http://www.almanach.free.fr/), dites si les jours fériés catholiques correspondent aux jours fériés américains. Compte tenu du fait que la population catholique baisse en France, pensez-vous qu'il vaudrait la peine de remplacer quelques jours fériés catholiques par des fêtes comme Yom Kippur ou Aïd el-Kébir (recherchez ces termes s'ils ne vous sont pas familiers). Quel jour férié proposeriez-vous et pourquoi? S'il y avait une certaine résistance à adopter des fêtes non chrétiennes, comment est-ce que le gouvernement devrait réagir?

D Ouvertures créatives

1. En groupes de trois ou quatre étudiants, créez une nouvelle loi — qui peut être sérieuse ou fantaisiste. Écrivez-la et présentez-la au reste de la classe. À la fin des présentations, votez pour la loi que vous voudriez voir passer. Vous pouvez voter pour votre propre loi et pour une autre. Pour que votre loi soit votée, il faut vous montrer persuasifs!

2. Créez une affiche qui encourage la tolérance religieuse ou adresse un autre problème social qui vous tient à cœur.

3. En imitant les exemples suivants, rédigez un poème de cinq lignes (un «cinquain»): (1) écrivez à la première ligne un mot lié à un problème social qui vous intéresse; c'est votre sujet et le titre *(title)* du poème; (2) à la deuxième ligne, écrivez deux adjectifs qui expriment vos impressions sur votre sujet; (3) à la troisième ligne, trois verbes; (4) à la quatrième ligne une phrase de quatre mots; et (5) à la cinquième et dernière ligne un mot récapitulant vos sentiments sur le sujet du poème.

   Modèles:

   La tolérance
   Juste, équitable
   Respecte, émeut, valorise
   Elle soutient la diversité.
   Fraternité

   Le mariage entre personnes du même sexe
   Complexe, controversé
   Intimide, surprend, choque
   Faut-il l'accepter?
   Amour

4. Avec un(e) partenaire, préparez un sketch dans lequel un(e) enfant vient voir le voyant / la voyante (*fortune teller*) et lui pose beaucoup de questions sur son avenir. Le voyant / la voyante regarde dans sa boule de cristal et lui répond de façon assez précise. En fait, l'enfant deviendra un(e) adulte célèbre! Les autres étudiants de la classe doivent écouter les questions et les réponses et puis deviner l'identité de l'enfant.

   Modèle:
   —*Est-ce que j'aurai une enfance heureuse?*
   —*Non, tu auras pas mal de problèmes.*
   —*Qu'est-ce que je ferai comme profession?*
   —*Tu seras une vedette* (star) *de la télévision.*
   —*Est-ce que je gagnerai beaucoup d'argent?*
   —*Oui, tu seras très riche.*
   —*Est-ce que je serai respecté(e)?*
   —*En général, oui. Tu encourageras beaucoup de téléspectatrices à lire des livres importants. Mais une autre personnalité de la télévision (qui s'appellera David Letterman) se moquera souvent de toi.*

   Réponse: Oprah Winfrey

5. Imaginez qu'on vient de créer un nouveau poste au sein du gouvernement de votre pays — ministre de la Sécurité des enfants. Si vous étiez nommé(e) à ce poste, que feriez-vous? Identifiez les aspects de la sécurité des enfants que vous trouvez les plus importants et dites ce que vous feriez pour améliorer la situation actuelle. Utilisez le conditionnel quand c'est nécessaire.

Liens communautaires

Publicité d'intérêt général *(Public service announcement).* Écrivez une publicité qui va passer à la télévision ou à la radio pour promouvoir un aspect du bien collectif qui semble préférable à (ou plus important que) la liberté individuelle. Voici une liste de sujets possibles, mais votre groupe peut choisir un autre sujet si votre professeur est d'accord avec votre choix: une publicité antitabac, une publicité pour les vaccins contre la grippe, une publicité sur le port de la ceinture de sécurité, une publicité sur la civilité et le respect de la diversité, etc. Filmez ou enregistrez votre publicité ou encore, jouez-la devant la classe. Si possible, partagez-la avec d'autres classes de français, votre club de français, etc.

Rédaction guidée

Peer Review

Conclure une composition hégélienne

A Sujet. «La liberté de chacun s'arrête où celle de l'autre commence.»

B Orientation. Cette fois, c'est à la rédaction de la conclusion que nous allons nous intéresser. Imaginez que le plan qui suit est celui que vous avez établi pour votre rédaction sur «la liberté individuelle et du bien collectif». En quoi va consister votre conclusion?

C Avant d'écrire. La difficulté de conclure... Ce qui rend la conclusion difficile à écrire est le fait qu'elle représente le point culminant de la rédaction. C'est par là que s'achève la lecture de la rédaction; la conclusion mérite donc d'être particulièrement soignée. De plus, une autre difficulté de la conclusion tient au fait que l'étudiant(e) est tenté(e) de reproduire la synthèse dans sa conclusion ou de faire de la synthèse la conclusion du devoir. Pour éviter ce problème, il faut s'assurer que le contenu de la conclusion ne répète pas celui de la synthèse.

La conclusion contient les éléments suivants:

- un résumé du contenu de la rédaction, **si la synthèse ne propose pas de résumé;** si votre synthèse en contient un, il est alors impératif de ne pas le répéter. Vous pouvez soit résumer votre devoir très brièvement (en ajoutant, par exemple, l'acquis de la synthèse), soit transposer le résumé de la synthèse à la conclusion.
- au moins un élément de réponse à la question qui dirige votre rédaction, que cette question soit explicite ou non
- votre opinion personnelle sur le sujet (opinion que vous avez jusqu'à présent évité de mentionner, par souci d'objectivité)
- Il est aussi possible d'ajouter une autre question, qui ouvre la discussion dans une nouvelle direction. Cet élément d'une conclusion est efficace et esthétique, mais il n'est pas obligatoire.

INTRODUCTION:

Avec la croissance de la population musulmane en France après la décolonisation des années soixante, un problème d'origine culturelle est apparu: Comment maintenir la laïcité des écoles françaises si on autorise le port du foulard islamique, un signe clair d'affiliation religieuse? Autrement dit, quand l'intérêt d'un groupe mineur va à l'encontre de l'intérêt général (dans ce cas, le désir de maintenir le caractère laïque des écoles publiques), que doit-on faire?

THÈSE: Il faut dire «non!» au port du voile islamique dans les écoles. Pouvez-vous trouver, dans ce chapitre et sur le Net, trois arguments en faveur de la thèse? Résumez-les ci-dessous:

- ______________________________
- ______________________________

ANTITHÈSE: Il faut embrasser notre diversité actuelle et accepter le port du foulard islamique dans les écoles publiques. Résumez vos trois arguments ci-dessous:

- ______________________________
- ______________________________
- ______________________________

SYNTHÈSE: La menace du passé à la laïcité — un retour éventuel à la monarchie — n'existe plus aujourd'hui. Peut-être est-il temps de réviser les lois pour qu'elles s'adressent à la réalité de notre temps?

CONCLUSION: «La liberté de chacun s'arrête où celle de l'autre commence.» Cette formule qui a le mérite d'être claire et de sembler autoritaire, se montre peut-être réductrice. On a vu avec cet exemple du foulard islamique en France que la réalité est plus complexe.

- D'un côté, on prétend que les musulmans de France devraient se conformer aux normes d'un pays extrêmement centralisé et pour lequel la notion de laïcité est intimement liée à l'identité nationale, au nom de l'intégration et des valeurs républicaines.
- De l'autre, on a vu que la question du foulard islamique cache peut-être plus la xénophobie qu'un problème de laïcité, la xénophobie étant le résultat regrettable de la colonisation.
- Somme toute, le vrai problème réside peut-être dans le fait que la notion même de laïcité est à redéfinir, non pas en opposition à la monarchie comme c'était le cas à l'origine, mais comme le droit de chacun à sa liberté de culte.
- La question est donc moins de préserver les normes périmées *(outdated)* d'une laïcité obsolète, que de les redéfinir. Puisque la peur du retour à la monarchie n'est plus en question, pourquoi ne pas laisser *à chacun et à chacune* le choix de porter les signes de son appartenance religieuse quelle qu'elle soit *(whatever that might be)*, même à l'école?

Cette solution a le mérite de traiter tous les citoyens de façon égale et d'éviter le problème délicat de «l'exception musulmane». Cependant, s'il est vrai que l'interdiction du foulard islamique n'est qu'une manifestation d'une xénophobie latente, ne faudra-t-il pas plus de bonne volonté de part et d'autre pour que le pays vive en harmonie?

D **À votre tour!** Maintenant, à vous d'écrire une conclusion d'une composition hégélienne.

CHAPITRE

6 La mondialisation: Est-ce une réalité inévitable ou une cause à combattre?

Adam Berry/Bloomberg via Getty Images

Objectifs communicatifs

COMMUNICATION
- **Point** La mondialisation — une aubaine pour tous
- **Contre-point** La mondialisation à quel prix?

LIENS GRAMMATICAUX
- Le présent du subjonctif
- Le choix entre le subjonctif, l'indicatif et l'infinitif; le passé du subjonctif

LIENS SOCIOCULTURELS
- Mondialisation: le cas des enfants

LIENS INTERDISCIPLINAIRES
- *New York Fantasy* (Jacquemond)

LIENS COMMUNAUTAIRES
- Signes de mondialisation: La présence de la France dans mon pays

Controverse: Au début du nouveau millénaire, ce qu'on appelle «la mondialisation» touche tous les aspects de la vie humaine. Plusieurs facteurs ont contribué à l'apparition de ce phénomène. On peut citer, par exemple, des transformations politiques (comme la fin de la guerre froide), la prolifération d'entreprises «multinationales» ou «transnationales», l'internationalisation du commerce et du secteur économique et l'expansion des médias de communication, y compris l'Internet. Le terme «mondialisation» *(globalisation)* possède une forte charge émotionnelle et provoque un débat animé. D'un côté, il y a les défenseurs de la mondialisation. Pour eux, la libéralisation et l'expansion des marchés facilitent les partenariats commerciaux, les alliances politiques et autres collaborations globales bénéfiques et créent des emplois pour les peuples du tiers monde *(Third World)* en même temps. De l'autre côté du débat, il y a les «antimondialistes» ou «altermondialistes» (*alter* veut dire «autre» en latin) qui voient surtout dans ce phénomène des inégalités économiques, des conséquences environnementales catastrophiques et l'homogénéisation des cultures. Et vous? De quel côté penchez-vous *(do you lean)*?

Premières pensées

Les mots pour le dire

noms

barrière (f.)	*barrier*
bien-être (m.)	*well-being*
chômage (m.)	*unemployment*
commerce (m.)	*trade*
coopération (f.)	*cooperation*
crime (m.)	*crime*
croissance (f.)	*growth*
droits [m., pl.] (de l'homme)	*(human) rights*
écart (m.)	*gap, discrepancy*
externalisation (f.)	*outsourcing*
libre-échange (m.)	*free trade*
maladie (f.)	*illness*
main-d'œuvre (f.)	*labor*
mondialisation (f.)	*globalization*
multinationale (f.)	*multinational (company)*
niveau (m.) de vie	*standard of living*
ouverture (f.)	*opening*
pays (m.) en voie de développement, pays en développement	*developing country*
ressource (f.) naturelle	*natural resource*
revenu (m.)	*income, salary, earnings*
savoir-faire (m.) technologique	*technological know-how*
solidarité (f.)	*solidarity*
tribunal (m.)	*court*

verbes

créer (des emplois)	*to create (jobs)*
engendrer	*to generate, cause*
épuiser	*to exhaust, use up*
faire concurrence à	*to compete with*
lutter	*to fight, struggle*
marginaliser	*to marginalize*
menacer	*to threaten*
partager	*to share*
poursuivre en justice	*to try, to bring to justice*
réglementer	*to regulate*
s'unir	*to unite, band together*

adjectif

efficace	*efficient*

A **Des slogans.** Lisez chacun des slogans suivants et exprimez son message avec vos propres mots. Êtes-vous d'accord avec leurs messages? Pourquoi ou pourquoi pas?

Modèle: **LA MONDIALISATION: L'ÉVÉNEMENT DU SIÈCLE**

Ce slogan suggère que la mondialisation, ce sera la tendance la plus importante du 21e siècle.

La terre n'est qu'un seul pays et tous les hommes en sont les citoyens.

L'Union européenne: Une réponse à la mondialisation

Nos vies valent plus que leurs profits

B **Réflexion**

1. D'après ce que vous savez déjà, citez deux phénomènes positifs et deux phénomènes négatifs engendrés par la mondialisation.
2. Souvent, quand on parle de la mondialisation, c'est dans le sens économique du terme. Pourtant, ce phénomène s'observe dans beaucoup d'autres domaines. Donnez des exemples des effets de la mondialisation (positifs ou négatifs) pour chacune des catégories suivantes:

la santé *(health)*	la culture	le crime / la justice
les langues	la politique	

3. Voici une liste de six secteurs de l'économie. Quatre des six catégories figurent parmi les exportations les plus importantes de la France. À votre avis, quels sont les deux secteurs dans lesquels la France n'est pas très compétitive sur le marché mondial? (*Vous trouverez les réponses au bas de cette page*). Quelles caractéristiques les secteurs qui ont du succès ont-ils en commun? À votre avis, pourquoi la France n'est-elle pas très compétitive dans les deux autres domaines?

l'automobile	l'informatique	les produits pharmaceutiques
les textiles	l'énergie	les télécommunications

4. Certaines personnes prétendent *(claim)* que la mondialisation pourrait influer sur le sens de l'identité nationale des peuples. Si cela est vrai, quelles pourraient être les conséquences positives et négatives de cette évolution?

Les deux secteurs dans lesquels la France a moins de succès économique sont les textiles et l'informatique.

Point

La mondialisation — une aubaine *(windfall)* pour tous?

Les mots pour le dire

noms

concurrence (f.)	*competition*
consommateur (-trice) (m., f.)	*consumer*
coût (m.) de la vie	*cost of living*
développement (m.)	*development*
économies (f. pl.)	*savings*
efficacité (f.)	*efficiency*
exportateur (-trice) (m., f.)	*exporter*
importateur (-trice) (m., f.)	*importer*
libre-échange (m.)	*free trade*
lutte (f.)	*struggle*
marché (m.)	*market*
ouvrier (-ière) (m., f.) (non spécialisé[e])	*(unskilled, semi-skilled) worker*
pauvreté (f.)	*poverty*
prise (f.) de conscience	*realization, awakening*
production (f.)	*production*
produits (m. pl.) pétroliers	*petroleum products*
(dé)réglementation (f.)	*(de)regulation*
subvention (f.)	*subsidy*
tarif (m.) douanier	*customs tariff*
taux (m.) d'intérêt	*interest rate*
transport (m.)	*shipping, transport*
travail (m.)	*work, labor*

verbes

aider (qqn à faire qch)	*to help (someone do something)*
avoir les moyens (de)	*to have the means (to)*
élargir	*to broaden*
emprunter	*to borrow*
exporter	*to export*
importer	*to import*
imposer (des conditions)	*to impose (conditions)*
prêter	*to lend*
produire	*to produce, manufacture*
promouvoir	*to promote*
ralentir	*to slow down*
tirer bénéfice	*to make a profit*

adjectifs

avantageux (-euse)	*advantageous*
bénéfique	*beneficial*
concurrentiel(le)	*competitive*
conservateur (-trice)	*conservative*
de gauche	*leftist, liberal*
disponible	*available*

Étude de vocabulaire

A Des définitions. Choisissez le synonyme ou la définition qui correspond à chaque mot. Attention! Vous n'allez pas utiliser toutes les réponses.

1. élargir	a. trouvable
2. ralentir	b. promouvoir
3. emprunter	c. importateur
4. consommateur	d. aide financière
5. subvention	e. compétition
6. concurrence	f. acheteur
7. lutte	g. concurrentiel
8. disponible	h. rendre plus large, étendre
	i. bataille
	j. réduire la vitesse
	k. accepter de l'argent en promettant de le rembourser plus tard

B Des sigles *(acronyms)*

1 Quand on parle de développement et de mondialisation, les noms de plusieurs organisations viennent à l'esprit. Lisez le nom de chaque organisme et écrivez le sigle qui le désigne en français. Ensuite, écrivez entre parenthèses le sigle équivalent en anglais.

Modèle: Organisation du traité de l'Atlantique Nord = *OTAN* (NATO)

1. Fonds monétaire international =
2. Organisation non gouvernementale =
3. Organisation des Nations unies =

Pourquoi est-ce que les lettres des sigles anglais et français apparaissent souvent dans un ordre différent?

Courtesy NATO

2 Quel est l'équivalent anglais des sigles français suivants?

SIDA   UE   ADN   OGM

3 Trouvez dans la liste ci-dessous le sigle français qui désigne les noms suivants:

World Health Organization	High Speed Train	World Trade Organization
Doctors Without Borders	Women's Liberation Movement	Unidentified Flying Object
Gross National Product	Post Office Box	

MSF   OMS   OVNI   BP   MLF   OMC   PNB   TGV

Liens grammaticaux

LE PRÉSENT DU SUBJONCTIF

Dans ce chapitre nous allons lire et exprimer des opinions assez fortes sur la mondialisation. On utilise le **subjonctif** pour exprimer la volonté, la nécessité, des sentiments, des regrets et d'autres jugements personnels. Consultez le chapitre 6 du ***Cahier d'activités*** pour réviser le **subjonctif** et faites l'exercice suivant.

Réactions. Kevin vient de se renseigner *(get information)* sur la production et la distribution des produits alimentaires *(foods)* et il a vivement réagi. Reprenez les phrases ci-dessous, en commençant chacune par une expression impersonnelle (**Il est choquant que, Il faut que,** etc.) ou par une expression d'émotion (**Je regrette que, J'ai peur que,** etc.). Attention! Il faudra que vous utilisiez le subjonctif.

Modèle: L'agriculteur reçoit seulement un petit pourcentage du prix de vente de ses récoltes (*harvests).*
Il est choquant que l'agriculteur ***reçoive*** *seulement un petit pourcentage du prix de vente de ses récoltes.*

1. Les distributeurs tirent un grand bénéfice de la vente des fruits et légumes qu'ils achètent à ces agriculteurs.
2. Les supermarchés peuvent ensuite vendre très cher ces marchandises qu'ils commandent *(order)* aux distributeurs.
3. Les consommateurs savent d'où vient leur nourriture et dans quelles conditions elle est produite.
4. Nous comprenons le fonctionnement du cycle production / consommation.
5. L'écart entre les plus riches et les plus pauvres devient de plus en plus grand.
6. La politique des grandes entreprises transnationales détruit l'environnement.
7. Les multinationales décident souvent ce que les agriculteurs du tiers monde vont cultiver!
8. Les agriculteurs dans les pays en développement sont encouragés à utiliser des engrais *(fertilizers)* chimiques.
9. Le public doit prendre des décisions responsables vis-à-vis de ses achats au supermarché.
10. Tu écris un éditorial sur ce sujet.

De quoi parle-t-on?

Au centre commercial. Deux amis, Éric et Maxime, se rencontrent par hasard au centre commercial. Écoutez leur conversation et répondez aux questions suivantes.

1. Quel est le nom du magasin dont on parle dans la conversation?
2. Lequel des deux amis aime ce magasin? Expliquez pourquoi.
3. Pour quelle raison l'autre personne n'aime pas ce magasin?
4. De quoi l'autre personne a-t-elle peur?

Lecture

Remue-méninges

Quels sont les risques, les dangers, les obstacles et les tentations *(temptations)* qu'un organisme peut rencontrer quand il lance un projet destiné à aider un pays — particulièrement un pays pauvre? (Cela peut être le Corps de la Paix [Peace Corps], le FMI, un organisme subventionné par un groupe religieux, etc.)

© Gary Blakeley / Shutterstock.com

LE MONDE CHANGE, NOUS DEVONS CHANGER AVEC LUI

L'Organisation mondiale du commerce (OMC) est une des agences internationales qui encourage et applaudit la mondialisation. L'objectif principal de l'OMC est d'aider les producteurs, les exportateurs et les importateurs de marchandises et de services à élargir leur marché en éliminant toutes les pratiques — tarifs douaniers, subventions gouvernementales, etc. — qui freinent° le commerce mondial. L'OMC veut voir accélérer encore plus le rythme de la mondialisation dans les années à venir, car l'ouverture des marchés et l'expansion du commerce global offrent plus de choix aux consommateurs et élargissent ainsi la variété et la qualité des produits disponibles sur les marchés qui les importent. Maintenant, grâce aux accords commerciaux passés avec d'autres pays, on peut:

freinent°: slow down

- acheter des fruits frais et des fleurs de n'importe quelle variété à n'importe quel moment de l'année
- acheter des produits artisanaux° — souvent faits avec des motifs exotiques et des matériaux uniques (le bois tropical, la soie°, etc.)
- contacter quelqu'un par téléphone en plein milieu de la nuit (en Inde, par exemple) pour du service après-vente° ou de la résolution de problèmes techniques

artisanaux°: handcrafted items
soie°: silk
après-vente°: customer service

Et les économies que les entreprises réalisent en externalisant le travail dans d'autres pays résultent souvent en des prix très avantageux pour les consommateurs.

L'OMC et les autres défenseurs de la mondialisation du commerce décrivent ainsi ses avantages pratiques:

- La mondialisation du commerce stimule la croissance économique, accroît° les revenus et diminue le coût de la vie.
- De plus, elle crée de nouvelles opportunités sur les marchés commerciaux et sur les marchés du travail, y compris° ceux des pays en voie de développement.

De plus, sur un plan plus abstrait ou philosophique, la libéralisation du commerce suscite° entre différents pays des discussions et des négociations qui mènent à des accords et à des prises de conscience bénéfiques pour le bien commun de tous les peuples.

Un autre organisme international, le Fonds monétaire international, (FMI), affirme aussi qu'il faut promouvoir et non ralentir la mondialisation des marchés car c'est le meilleur moyen de stimuler la croissance, le développement et la lutte contre la pauvreté. Pour le FMI, cela est possible parce que l'ouverture et la libéralisation du commerce favorisent l'efficacité grâce à la concurrence et à la distribution du travail: dans un système économique mondial, chaque pays peut se spécialiser et se consacrer aux travaux qu'il fait le mieux. Ceci ne peut que stimuler l'économie mondiale, assurer l'égalité des chances de chaque pays de développer ses propres marchés à l'échelle planétaire° et offrir aux consommateurs les meilleurs produits aux prix les plus compétitifs.

Enfin, selon ces organismes, cette évolution économique pourrait aussi mener à d'autres sortes de modifications positives dans notre façon de «vivre ensemble»:

- La mondialisation du commerce peut engendrer d'*autres* sortes de coopérations globales.
- La mondialisation peut faciliter la coopération multilatérale pour lutter contre le terrorisme et le trafic de drogue et d'armes.
- La mondialisation peut contribuer à maintenir la paix.

Le rythme de la croissance s'est déjà accéléré, grâce à la privatisation et à la dérégulation de certains secteurs de l'économie par le gouvernement de plusieurs pays et à l'extension rapide des technologies de l'informatique et de la communication; tout ceci signifie pour les défenseurs de la mondialisation que nous faisons des pas° importants vers le «meilleur des mondes possibles».

Source: © Cengage Learning

accroît°: increases
y compris°: including
suscite°: creates
à l'échelle planétaire°: on a planetary level, a worldwide scale
pas°: steps

Avez-vous compris?

1. Que signifie le sigle OMC? Quel est le but principal de cet organisme?
2. Juste ou faux? Selon les défenseurs de la mondialisation, le libre-échange contribue à la croissance économique et donc au bien-être des pays qui y participent.
3. Juste ou faux? Le Fonds monétaire international (FMI) veut ralentir la mondialisation.
4. Expliquez avec vos propres mots ce que sont un tarif douanier et une subvention. Connaissez-vous des produits fabriqués ou cultivés dans votre région qui bénéficient de ces genres de protection?
5. Toujours selon l'article, comment est-ce que la mondialisation peut engendrer l'efficacité? Donnez des exemples concrets qui illustrent cette idée.
6. Selon ce texte, quels sont les avantages de la mondialisation pour les consommateurs?

Qu'en pensez-vous?

1. Que savez-vous de l'OMC, du FMI et de la Banque mondiale? Comment ces institutions aident-elles les peuples des pays en voie de développement? Avez-vous jamais entendu des critiques à l'encontre de ces organismes? Lesquelles?
2. De tous les avantages de la mondialisation cités dans ce texte, lesquels sont ceux que vous trouvez les plus importants? Expliquez.
3. En principe, la mondialisation est aussi très bénéfique pour le consommateur. Considérez les trois exemples spécifiques de bénéfices pour le consommateur qui sont cités dans le texte (la disponibilité de fruits et de fleurs hors saison, d'objets faits de matériaux exotiques et la disponibilité d'assistance technique à n'importe quelle heure). Est-ce que ces avantages ont aussi des côtés négatifs? Lesquels?
4. L'article suggère que la mondialisation suscite «des prises de conscience bénéfiques pour le bien commun de tous les peuples». À votre avis, qu'est-ce que cela veut dire? Pouvez-vous citer des exemples qui confirment ou contredisent cette idée?
5. Expliquez comment, selon l'article, la mondialisation pourrait aider à maintenir la paix et la stabilité mondiale. Pensez-vous que ce soit le cas ou non?

LIENS SOCIOCULTURELS

MONDIALISATION: LE CAS DES ENFANTS

Le travail des enfants:

À peu près 168 millions d'enfants de 5 à17 ans sont engagés dans le travail des enfants et plus de la moitié d'entre eux (environ 85 millions) font du travail dangereux. Le travail dangereux est défini comme «toute activité ou métier qui, de par sa nature ou son type, a ou produit des effets négatifs sur la sécurité, la santé ou le développement moral de l'enfant».

Les enfants travaillent souvent:

- dans les mines
- dans l'agriculture
- comme domestiques
- comme prostitués
- comme des soldats et espions *(spies)* dans des conflits armés
- dans la production et le trafic de drogue
- comme des esclaves *(slaves)*

Enfants occupés économiquement, travail des enfants et travail dangereux par région, groupe d'âge des 5–17 ans, 2012

Région	Nombre d'enfants	Enfants occupés économiquement		Travail des enfants		Travaux dangereux	
	(milliers)	(milliers)	%	(milliers)	%	(milliers)	%
Asie et Pacifique	**835 334**	**129 358**	**15,5**	**77 723**	**9,3**	**33 860**	**4,1**
Amérique latine et Caraïbes	**142 693**	**17 843**	**12,5**	**12 505**	**8,8**	**9 638**	**6,8**
Afrique subsaharienne	**275 397**	**83 570**	**30,3**	**59 031**	**21,4**	**28 767**	**10,4**

Les enfants et le SIDA:

Plus de 2 millions d'enfants de moins de 15 ans dans le monde sont séropositifs, et plus de 5 000 d'entre eux ont contracté le virus récemment. Bien que le nombre d'enfants recevant des antirétroviraux augmente, la majorité des enfants qui en ont besoin n'en reçoivent pas.

Le trafic d'enfants:

On estime que 1,2 millions d'enfants sont exploités chaque anné: travail forcé souvent peu rémunéré, travail en servitude, exploitation sexuelle. Malheureusement, quand ces enfants sont enlevés *(kidnapped)* de chez eux, ils croient souvent (et leurs familles aussi) qu'ils partent vers une vie meilleure.

Selon l'Unicef:

- dans le Pacifique et en Asie de l'Est, les enfants sont destinés surtout à la prostitution, mais sont aussi pris pour travailler dans l'agriculture et l'industrie.
- en Asie du Sud, le trafic des enfants est plus lié à la servitude pour payer des dettes.
- en Europe, la plupart du trafic des enfants va de l'Est vers l'Ouest pour alimenter la prostitution enfantine ou fournir de la main-d'œuvre bon marché.

Sources: (1) Organisation internationale du Travail, Programme international pour l'abolition du travail des enfants (IPEC), "Mesurer les progrès dans la lutte contre le travail des enfants", www.ilo.org (octobre 2013).
(2) OIT, IPEC, www2.ilo.org (1996–2014)
(3) Le Fonds des Nations Unies pour l'enfance (UNICEF), "Protection de l'enfant contre la violence et les mauvais traitements" (2006), www.unicef.org

DISCUSSION

1. À votre avis, quelles conditions expliquent le fait qu'il y a tant d'enfants qui travaillent?
2. Qu'est-ce qui constitue «un travail dangereux»? À quels dangers ces enfants sont-ils exposés d'après vous?
3. Quelles sont les conséquences personnelles ou sociales pour les enfants qui travaillent?
4. Le travail des enfants existe-t-il (et/ou a-t-il existé) aux États-Unis? Expliquez.
5. Qu'est-ce que les consommateurs peuvent faire pour lutter contre le travail des enfants?
6. Pourquoi est-ce que tant d'enfants contractent le SIDA? Comment le contractent-ils? Quels risques est-ce qu'ils courent à cause de cette maladie?
7. Qu'est-ce que c'est que le trafic d'enfants? Pensez-vous que la plupart de ces enfants soient enlevés ou vendus? Quelles conditions favorisent le trafic d'enfants? Qu'est-ce qu'on doit faire pour éliminer ce trafic?

Contre-point
La mondialisation à quel prix?

Les mots pour le dire

noms

culture (f.)	*culture; (agric.) cultivation, crop, farming*
monoculture	*single-crop farming*
polyculture	*mixed-crop farming*
classe (f.) (moyenne)	*(middle) class*
commerce équitable (m.)	*fair trade*
conséquence (f.)	*consequence, result*
déchets (m. pl.) (ménagers)	*(household) waste, garbage*
effet (m.) de serre	*greenhouse effect*
épuisement (m.)	*draining, exhaustion*
équilibre (m.)	*balance, equilibrium*
gaz (m.) carbonique	*carbon dioxide*
gestion (f.)	*management*
grippe (f.) (A, aviaire, etc.)	*flu (H1N1, avian, etc.)*
lieu (m.)	*place*
malnutrition (f.)	*malnutrition*
milliard (m.)	*billion*
misère (f.)	*abject poverty*
ordures (f. pl.)	*garbage*
pandémie (f.)	*pandemic*
pollution (f.)	*pollution*
productivité (f.)	*productivity*
réchauffement (m.) climatique	*global warming*
recyclage (m.)	*recycling*
savoir-faire (m.)	*know-how*
syndicat (m.)	*(labor) union*

verbes

affaiblir	*to weaken*
boycotter	*to boycott*
entraîner	*to lead, bring about*
gérer	*to manage*
s'opposer (à)	*to be opposed (to)*
plaire (à quelqu'un)	*to please (someone)*
profiter à	*to benefit, to be profitable for*
se débarrasser de	*to dispose of*

adjectifs

chimique	*chemical*
désastreux (-euse)	*disastrous*
toxique	*toxic*
urbain(e)	*urban*

expressions

au détriment de	*at the expense of*
à vos risques et périls	*at your own risk*

Étude de vocabulaire

A Des synonymes. Choisissez le synonyme ou la définition qui correspond à chaque mot. Attention! Vous n'allez pas utiliser toutes les réponses.

1. gérer	a. groupe organisé de travailleurs
2. affaiblir	b. organiser, contrôler, surveiller
3. toxique	c. rendre moins fort
4. équilibre	d. qui empoisonne
5. entraîner	e. trouver important
6. syndicat	f. engendrer
7. savoir-faire	g. position stable
8. goût	h. augmentation
	i. habileté acquise par l'expérience
	j. préférence

B Tout le monde a des soucis. *(Everybody has worries.)* Quelques étudiants expriment leurs inquiétudes à propos de l'avenir de la planète. Complétez leurs phrases en utilisant un mot de la liste suivante. Faites les changements nécessaires.

au détriment de	désastreux
la pandémie	le gaz carbonique
s'opposer	le recyclage
les déchets	l'effet de serre
l'équilibre	la grippe
la pollution	

1. AÏCHA: J'en ai marre! Je n'achète plus de produits avec un emballage *(packaging)* inutile. Les entreprises essaient de plaire aux consommateurs en leur offrant un beau paquet, mais c'est ____________________ l'environnement. ____________________ s'accumulent — bientôt il n'y aura plus de place où les mettre. Et ____________________ n'est pas vraiment une solution. Il ne faut pas acheter de produits inutiles, c'est tout simple!

2. THIERRY: Moi, c'est la prolifération des voitures qui me fait enrager. Les émissions de ____________________ contribuent beaucoup à ____________________ de l'air et à ____________________. Si la Terre continue à se réchauffer, cela va avoir des conséquences ____________________ sur le climat.

3. JULIE: Ce qui me préoccupe, moi, c'est la transmission des maladies à l'échelle mondiale. On peut bien imaginer comment ____________________ de grippe ou d'autre chose peut être difficile à enrayer dans un monde où tout le monde se déplace constamment. Et quant au SIDA, je comprends la position des gens qui ____________________ à la distribution gratuite de préservatifs *(condoms),* mais il y a tant de gens qui prennent trop de risques dans la vie. C'est vraiment difficile de trouver un juste ____________________ entre les principes et les contraintes de la réalité.

Liens grammaticaux

LE CHOIX ENTRE LE SUBJONCTIF, L'INDICATIF ET L'INFINITIF ET LE PASSÉ DU SUBJONCTIF

Après avoir appris la forme et l'usage du présent du **subjonctif,** il faut maintenant apprendre à utiliser le **passé du subjonctif.** De plus, il faut savoir quand utiliser le **subjonctif,** quand utiliser l'**indicatif** et quand utiliser un **infinitif.** Consultez le chapitre 6 du ***Cahier d'activités*** pour réviser ces questions concernant le **subjonctif** et faites l'exercice suivant.

La survie *(survival)* de la culture française. Alain et Bernard donnent leur avis sur l'influence de la culture américaine sur la culture française. Combinez les phrases suivantes en faisant les changements nécessaires dans la deuxième partie de la phrase. Attention! Faut-il utiliser l'indicatif ou le subjonctif?

Modèle: Je ne pense pas / Tu as raison
Je ne pense pas que tu aies raison.

ALAIN:
Je crois que / La culture américaine a déjà commencé à menacer la culture française.

Il faut la protéger, avant que / La culture des jeunes devient tout à fait homogène.

BERNARD:
Écoute, Alain, je trouve que / Nous exagérons le danger que la culture américaine peut représenter.

Ce n'est pas vrai que / La culture française disparaît.

Je ne nie pas que / Certains mots anglais ont remplacé des mots français.

Mais il faut rester optimiste, parce que / La culture française est toujours bien vivante.

ALAIN:
Tu peux dire cela, bien que / Les jeunes sont devenus obsédés par tout ce qui est américain?

La culture d'Hollywood va s'imposer, sans que / Nous pouvons faire quoi que ce soit pour nous défendre.

BERNARD:
Mais, calme-toi, mon vieux. La fin du monde, ce n'est pas pour demain, quand même!

De quoi parle-t-on?

Dans le tram. Monsieur et Madame Garnier prennent le tram pour se rendre dans le centre-ville. Écoutez leur conversation et répondez aux questions suivantes.

1. Pourquoi les Garnier prennent-ils le tram?
2. Pourquoi les agriculteurs manifestent-ils?
3. Quelle est l'attitude de Monsieur Garnier vis-à-vis de la mondialisation?
4. Qu'est-ce que Madame Garnier pense de la position de son mari?

Lecture

Remue-méninges

Pour vous, la mondialisation comprend-elle des risques? Lesquels? Malgré ces risques, est-ce que c'est réaliste ou raisonnable de s'y opposer? Aujourd'hui, certains préfèrent s'étiqueter *(call themselves)* «altermondialistes» plutôt que «antimondialistes». Comment comprenez-vous la différence entre ces deux termes? Quels seraient les objectifs des «altermondialistes»?

LA MONDIALISATION: À NOS RISQUES ET PÉRILS!

La mondialisation est l'objet de critiques de sources diverses: Les syndicats, les écologistes, certains partis politiques et encore d'autres entités voient dans l'influence mondialiste une menace à l'équilibre de la planète. Le danger de la mondialisation, disent-ils, est très concret, et est à prendre au sérieux, avant que ce ne soit trop tard. Parmi les phénomènes engendrés par ce processus d'expansion et d'intégration de l'économie transnationale, ils citent:

- La destruction de la nature et l'épuisement des ressources naturelles: la pollution de l'air et de la mer; la déforestation; les dégâts° causés par l'extraction du charbon° et des produits pétroliers; la présence croissante de produits chimiques dans la nappe phréatique°; le nombre d'espèces animales menacées par le manque d'habitat et par l'ingestion de divers éléments toxiques; notre incapacité à gérer les déchets ménagers, industriels et nucléaires, etc.
- Toutes les conséquences des transports: les émissions de gaz carbonique générées par les voitures et autres véhicules; la consommation de carburant° pour les déplacements des êtres humains ainsi que le transport des produits vendus loin de leur lieu de production; la pollution de l'air et de la mer; les dégâts engendrés par les marées noires°, etc.
- Le manque de travail dans les régions rurales, qui oblige beaucoup de gens à se diriger vers les grandes villes ou même dans un autre pays. Ils y vivent souvent dans des conditions déplorables et contribuent à des concentrations démographiques malsaines°. Bien sûr, ceci peut entraîner la séparation des familles, la disparition des modes de vie traditionnels et la perte des identités régionales et ethniques.
- Les conflits politiques causés par les disputes autour de l'eau, des terres, des produits pétroliers, des pierres et métaux précieux, des armes nucléaires, etc.

damage
coal
water table
fuel
oil spills (lit. "black tides")
unhealthy

skills
unexpected incident / heavy storm, thunderstorm / drought

- La mondialisation des marchés impose aux pays du Sud de produire selon les goûts et les habitudes des consommateurs du Nord. Cela élimine des milliers de techniques de production qui utilisaient autrefois les ressources et les savoir-faire° locaux, et peut perturber l'équilibre des structures traditionnelles. Par exemple, le changement d'un système de polyculture à un système de monoculture peut causer la dégradation du sol. En cas d'imprévu° climatique (un orage°, une sécheresse°, etc.), la seule culture (et, donc, le seul revenu) de la famille paysanne peut être perdue et la famille peut vite se retrouver dans la misère.
- Le fait que la mondialisation profite surtout aux nations riches et, donc, qu'elle augmente l'écart entre les pays industrialisés et les pays en voie de développement. Par exemple, il arrive souvent que les pays du Sud produisent les produits de base (céréales, sucre, etc.) qu'on ne paie pas cher, et que ce soient les pays industrialisés qui tirent profit de l'augmentation en valeur due aux transformations effectuées sur ces produits (en fabriquant des gâteaux ou des sodas, par exemple). Dans d'autres cas, les travailleurs des pays en développement sont très mal payés pour leur travail, et ce sont encore les pays développés qui profitent de cette situation.

to apply, implement

- À cause du privilège accordé à la lutte contre l'inflation au détriment de la lutte anti-chômage, les politiques et les mécanismes anti-chômage sont devenus quasi impossibles à mettre en vigueur°. Depuis 25 ans, le chômage n'a cessé de croître vers des niveaux de plus en plus intolérables.

priority
stockholders
diminish

- Ceux qui détiennent le pouvoir économique accordent la primauté° absolue à la productivité, à la croissance et au souci de générer des bénéfices importants pour les actionnaires°. Selon les critiques de la mondialisation, ces préoccupations affaiblissent la démocratie et amoindrissent° les conditions de vie des pauvres et des gens de la classe moyenne.
- Par l'uniformisation et par la domination des cultures des pays les plus puissants (surtout les États-Unis), la mondialisation menace la diversité des cultures.

to be feared, reckoned with / financially advantageous

Le message des antimondialistes est clair: La mondialisation est un phénomène à redouter°! Car sous couvert d'améliorer la situation du consommateur et de fournir des revenus intéressants° aux actionnaires, les forces de la mondialisation ne font que détruire l'environnement, appauvrir les pays en voie de développement et provoquer des crises d'identité culturelle sans précédent. Seules les compagnies transnationales en profitent.

Source: Adapté de l'article "Desserrer l'étau de la mondialisation économique" de la Confédération des écologistes indépendants, www.cei-ser.com

Avez-vous compris?

Indiquez si les affirmations sont justes ou fausses, selon le texte. Si elles sont fausses, corrigez-les.

1. Les pires effets de la mondialisation retombent sur les pays du Sud. J ______ F ______
2. L'efficacité des transports d'aujourd'hui a presque éliminé des effets pollueurs. J ______ F ______
3. Le fait d'avoir des marchés établis avec les pays du Nord rend enfin la vie des paysans du Sud plus stable. J ______ F ______
4. Les goûts des consommateurs du Nord peuvent entraîner des mouvements migratoires dans le Sud. J ______ F ______
5. Selon le texte, le chômage est une partie regrettable mais inévitable de la mondialisation. J ______ F ______

Qu'en pensez-vous?

1. Des conséquences négatives de la mondialisation mentionnées dans le texte, lesquelles sont les plus dangereuses à votre avis? Expliquez votre choix.
2. Comment est-ce que le fait de privilégier l'économie pourrait affaiblir la démocratie?
3. Selon ce texte, un grand nombre des actions de multinationales seraient destinées à faire baisser les prix des biens et des services afin de plaire aux consommateurs. Est-ce que le prix est le seul critère qui vous pousse à acheter un produit plutôt qu'un autre? Quels autres facteurs influencent votre décision? Accepteriez-vous de payer plus cher pour un produit issu du commerce équitable ou un aliment bio *(organic)*?
4. Pensez-vous que les consommateurs puissent exercer une vraie influence sur les actions des grandes entreprises? Si oui, comment? Sinon, pourquoi pas?
5. Que pensez-vous de l'externalisation *(outsourcing)*? Donnez des exemples de produits qui se fabriquaient autrefois aux États-Unis mais qui sont fabriqués aujourd'hui à l'étranger. Pourquoi est-ce le cas? Est-ce que la région où vous vivez a été touchée par les délocalisations? Si oui, quels en ont été les effets sur votre communauté?
6. Trouvez-vous normal que la plupart des bénéfices de la vente d'un produit alimentaire reviennent aux industriels, aux distributeurs et aux supermarchés plutôt qu'aux agriculteurs qui ont cultivé les produits de base? Pourquoi ou pourquoi pas?
7. Quels sont les effets de la mondialisation sur l'environnement et sur la santé des habitants de la Terre? Peut-on dire que la plupart des effets négatifs retombent sur les pays du Sud? Expliquez votre réponse.

LIENS INTERDISCIPLINAIRES

NEW YORK FANTASY

Dans New York Fantasy, *le jeune narrateur raconte une période de sa vie où il ne savait pas trop quoi faire et où il a décidé d'aller faire un séjour à New York. Quand il y est arrivé, il a constaté qu'il n'était pas le seul à avoir ce «réflexe». La ville était pleine de jeunes gens du monde entier qui cherchaient tous… quelque chose. Dans cet extrait, il découvre que, bien que New York ne soit pas une ville* imaginaire, *elle est bien une ville* imaginée. *Les jeunes «créent» New York avec leurs rêves, mais New York les «crée» aussi, les baignant dans une ambiance qui les dirige tous dans le même sens. Le narrateur comprend aussi que son attitude vis-à-vis de New York et des Américains a changé depuis le 11 septembre…*

New York était le lieu où les gens venaient non pas afin de vivre ou de concrétiser leurs rêves, mais plutôt pour s'inventer les rêves qu'ils n'avaient pas. Mus° par un même désir, une même volonté, ils finissaient tous par se ressembler: impossible de trouver une serveuse qui ne rêvait pas de tourner pour Woody Allen ou Ridley Scott, de sortir avec Colin Farrell ou de faire un duo avec Mariah Carey, Beyoncé ou Gwen Stefani. Oui, New York était bien d'une certaine façon la ville de l'égalité des chances car chacun était à égalité devant ses rêves. Tout le monde était riche d'une vie fantasmée. C'était ça le ressort° de l'*American dream.* Et les États-Unis avaient même réussi à faire des rêves une industrie surpuissante: Hollywood. Ce pays avait construit sa grandeur sur les rêves, en réussissant à faire des délires° de chacun un délire commun: l'*American way of life.* Nulle nation, en dehors de° la France de la Révolution de 1789, n'avait su traduire la folie°, le solipsisme°, en étalon universel de valeur°. Pour les Américains, le rêve était le remède au réel, un point c'est tout°.

J'étais venu à New York sur la foi° d'un rêve, d'un vrai rêve. Mon corps s'était mis à rôder° dans la lumière souple de Manhattan et de ses larges avenues. Je n'avais pas le sou°, ne maîtrisait [sic] pas la langue, mais j'étais parfaitement heureux, et dès que j'entrais dans une boutique, dans un café, un accueil très chaleureux m'était réservé. Je n'avais nulle part° où dormir, où aller, et un homme, dans un magasin de tapis°, me proposa une chambre pour me dépanner°. C'était si simple… Cette ville m'aspirait°, elle me rappelait à elle, comme un de ses enfants perdus. […] Je me suis aperçu que je n'étais pas le seul dans ce cas, puisque, comme je l'ai lu dans *The New Yorker,* cinq cent mille personnes avaient fait, comme moi, ce trajet° depuis le 11 Septembre. Cela signifiait que mon acte, dicté° par des raisons extrêmement intimes, répondait aussi à des lois générales. Ce fut un choc considérable.

Le film *Shortbus* m'apporta un éclairage° intéressant sur cet étrange phénomène migratoire. S'il y avait autant de gens prêts à vivre à New York, parfois dans des conditions matérielles difficiles, sinon déplorables, c'était parce que le 11 Septembre était le seul événement réel qui s'était produit au cours de leur vie. Ce n'était peut-être pas tout à fait convaincant mais c'était déjà un début

Moved
driving force
fantasies
except
craziness / self-centeredness / universal standard of value / Period!
believing in / roam around / I didn't have a penny
nowhere
rugs
to help me out / sucked me in
journey
inspiré
(ici) insight

d'explication, ça lançait une piste de réflexion. Car il y avait une relation indéniable entre ces statistiques et la chute° du World Trade Center. En ce qui me concernait, le spectacle offert par le site du Ground Zero où se dressaient° autrefois les Twin Towers était absolument fascinant. C'était en quelque sorte mon voyage au centre de la Terre. Si les tours jumelles° étaient perçues° comme le symbole du capitalisme triomphant, à la fois par les Américains et par leurs ennemis, elles étaient pour moi, dans leur gémellité°, le symbole d'une Amérique qui ne regardait pas vers l'extérieur mais qui, tournée sur elle-même, s'abîmait° dans la contemplation narcissique de son succès. Je ne serais certainement pas venu à New York si le World Trade Center avait continué à nous narguer° ainsi dans cette posture de sublime suffisance. Ce trou béant° ouvert en plein cœur de Manhattan rendait la ville plus humaine, plus fragile et, en définitive, plus attractive. J'aimais assister au spectacle de ces grues°, de ces bulldozers, ça me touchait et ça m'apaisait°. Je voyais ça comme une parfaite allégorie du vide qui me rongeait°.

fall
stood up
twin / *vues*
twinness
sank into
taunt
gaping hole
cranes / calmed me
void that ate away at me

Source: Olivier Jacquemond, *New York Fantasy* © Mercure de France, 2009

DISCUSSION

1. Que représente la ville de New York pour le narrateur et pour les autres jeunes qui s'y sont installés? Selon l'interprétation du narrateur, pourquoi est-ce que tous les jeunes finissent par rêver de la même chose?
2. Selon le texte, qu'est-ce qui explique le succès d'Hollywood et des films américains?
3. Qu'est-ce que les États-Unis d'aujourd'hui et la France de 1789 ont en commun?
4. Quand le narrateur arrive à New York, il n'a pas d'argent, il ne parle pas bien l'anglais et il ne connaît personne. Comment vit-il? Pensez-vous que tous les jeunes qui arrivent à New York sont accueillis de la même façon? Pourquoi ou pourquoi pas?
5. Que représentent les Twin Towers pour les jeunes étrangers qui se sont installés à New York depuis le 11 septembre, mais *aussi* pour les terroristes qui sont responsables de leur destruction?
6. Le narrateur dit qu'il ne serait pas venu à New York — lui et jusqu'à 500 000 autres personnes — si les Twin Towers n'avaient pas été détruites. Pourquoi? Discutez de cette idée. Décrivez la conception des États-Unis du narrateur avant et après le 11 septembre.
7. Le trou à Ground Zero et les travaux qu'on y fait ont une importance métaphorique pour le narrateur. Laquelle?
8. Dans quel sens peut-on dire que ce texte parle de la mondialisation?

Réplique et synthèse

A Si le monde est représenté par un village de cent habitants...

Le professeur Donella Meadows a eu l'idée de représenter la population du monde comme un village de cent personnes. Cela rend les statistiques démographiques plus faciles à comprendre. Pour mieux apprécier les tendances d'ordre global, nous allons regarder notre planète de plus de 7 milliards d'habitants comme si elle était un petit village de cent personnes. Dans un premier groupe d'exercices **(Testez-vous),** vous allez deviner *(to guess)* quelques chiffres et quelques dates; et dans un deuxième groupe d'exercices **(Discussion),** vous comparerez vos réponses aux réponses correctes que vous donnera votre professeur.

TESTEZ-VOUS

1. **Population**

Modèle:

a. La répartition de la population du village. Quel serait le nombre d'habitants provenant des régions suivantes? Distribuez les chiffres suivants selon le cas: 1, 5, 8, 12, 13, 61.

__15__ Afrique
__60__ Asie
__8__ Amérique du Sud, Amérique centrale et Caraïbes
__5__ États-Unis et Canada
__11__ Europe
__1__ Océanie

b. La croissance de la population. Si aujourd'hui notre «village global» a une population de 100 personnes, quelle était la population...?

_____ en l'an 1000 avant J.-C.
_____ en l'an 1 après J.-C.
_____ en l'an 1000 après J.-C.
_____ en l'an 2000 après J.-C.

c. La population maximale du village. Certains scientifiques estiment que le nombre maximal d'êtres humains qui peuvent cohabiter dans notre «village global» est de 250. En quelle année atteindrons-nous ce chiffre, à votre avis?

2. **Niveau de vie** (Rappelez-vous que vous imaginez dans chaque cas un village de 100 habitants.)
   - **a.** Dans notre monde, ____ personnes doivent passer la plus grande partie de chaque journée à aller chercher de l'eau potable pour leur famille. ____ n'ont pas de système sanitaire suffisant et ____ doivent respirer de l'air qui est très pollué.
   - **b.** Actuellement *(currently)*, chaque personne dans le village a besoin de $4 000–$5 000 par an pour mener une vie correcte (pour avoir les nécessités de base). Si tout l'argent du monde était réparti *(distributed)* également, chaque personne aurait $6 200 par an, mais ce n'est pas le cas. Actuellement, les ____ personnes les plus riches ont $9000 par an et les ____ personnes les plus pauvres ont moins de $1 par jour (soit moins de $365 par an).
   - **c.** Si toute la nourriture de la planète était partagée également, tout le monde aurait assez à manger. Mais aujourd'hui, seulement ____ personnes ont toujours assez à manger. ____ ont faim de temps en temps ou tout le temps et ____ souffrent de malnutrition grave.

3. **Alphabétisation**
   - **a.** Le taux d'alphabétisation *(literacy rate)* de notre «village global» est en train de monter. Des 38 habitants du village âgés de 5 à 24 ans, ____ vont à l'école et il y a ____ enseignant(e)(s) *(teacher[s])* pour ce nombre d'élèves.
   - **b.** Des 88 adultes qui sont assez âgés pour savoir lire, ____ ne savent pas du tout lire. Il y a plus de femmes et de filles qui ne savent pas lire que d'hommes et de garçons.

     Exercice inspiré de: David J. Smith, *If the World Were a Village* (Toronto: Citizen Kid, 2002 (1st edition); 2011 [2d edition; updated 2012]).

DISCUSSION

1. Quelles réponses avez-vous devinées correctement? Qu'est-ce qui vous a permis de deviner les bonnes réponses? Quelles réponses est-ce que vous n'avez pas correctement devinées? Est-ce que vos réponses étaient trop optimistes ou trop pessimistes? Quelles réponses sont pour vous les plus surprenantes ou attristantes?

2. Selon vous, quel est le problème global le plus grave qui mérite une intervention immédiate? La surpopulation? La pollution? La destruction de l'environnement? L'analphabétisme? La redistribution des richesses? Quelles sont les causes et les conséquences du problème que vous avez identifié?

   À votre avis, quel organisme (l'Unesco, le Corps de la paix, etc.) peut le mieux améliorer le problème que vous avez mentionné? Que peuvent faire les individus pour améliorer la situation?

Si cela vous intéresse de découvrir votre propre empreinte écologique, vous pouvez visiter le site Web, http://www.myfootprint.org. Cliquez sur la langue française et répondez à leur questionnaire. Vous y trouverez aussi d'autres idées pour réduire votre empreinte écologique.

B Notre empreinte écologique. *(Our ecological footprint.)*

Beaucoup d'écologistes s'inquiètent au sujet de l'avenir de notre planète. Ils disent que certains d'entre nous consomment trop — et trop vite — les ressources de la Terre. Ils ont créé des questionnaires pour mesurer «la quantité de terre et d'eau qui vous sont nécessaires pour produire ce que vous consommez et pour absorber ce que vous jetez». Certaines personnes dans les pays développés auraient besoin de *plus d'une planète à eux seuls!* Répondez aux questions pour en découvrir un peu plus sur votre empreinte écologique.

1. Si vous mangez des produits d'origine animale (de la viande, du poisson, des œufs, des produits laitiers), vous consommez plus de ressources que si vous étiez végétarien(ne). Pourquoi est-ce que c'est le cas? Êtes-vous végétarien(ne)? Sinon, pourriez-vous le devenir?

2. Quel pourcentage de la nourriture que vous mangez a été traité *(processed),* emballé *(packaged)* ou importé *(not locally produced)*? Quel impact est-ce que cela a sur la planète?

3. Bien sûr, plus vous jetez, plus vous polluez la Terre. Chez vous, est-ce qu'on produit plus, moins ou autant de déchets que vos voisins? Que pourriez-vous faire pour réduire la quantité de vos déchets? Y a-t-il des objets «jetables» dont vous pourriez vous passer (*do without*)? Des objets qui ont trop d'emballages que vous pourriez refuser d'acheter? Lesquels? Qu'est-ce que vous pourriez réutiliser, recycler, emprunter ou louer? Est-ce qu'il y a eu une prise de conscience vis-à-vis du recyclage sur votre campus? Expliquez.

4. Comment pourrions-nous vivre pour être moins «gaspilleurs» (*wasteful*) en ce qui concerne le logement? Qu'est-ce que nous pourrions faire pour économiser l'eau et l'électricité, par exemple? Quelles autres suggestions pourriez-vous donner pour réduire le gaspillage?

C Sujets de discussion

1. **La coopération entre pays.** Les pays du monde ont maintenant la capacité de partager des informations sur les progrès technologiques et scientifiques, sur la progression des maladies transmissibles, sur les activités financières des individus et des compagnies et sur la poursuite des criminels et des terroristes. Quels sont les avantages et les aspects négatifs de ces échanges? Y a-t-il d'autres sortes de collaborations que vous aimeriez voir?

2. **Les médias.** Les médias et surtout la télévision et Internet ont aujourd'hui beaucoup d'influence sur nos pensées, nos habitudes et nos comportements. À votre avis, quelle devrait être la responsabilité morale des médias?

3. **La publicité.** Dans tous les médias, nous sommes constamment bombardés de publicités. Quels sont les objectifs des «pubs»? À votre avis, quels sont les produits qui figurent le plus souvent dans les pubs? Êtes-vous sensibles aux messages que transmettent les publicités? Y a-t-il des pratiques publicitaires que vous n'approuvez pas? Lesquelles, et pourquoi? Trouvez une pub (dans un magazine ou un journal, sur Internet, etc.), et montrez-la à vos camarades de classe, expliquant *comment* les créateurs de cette pub essaient de vous convaincre que vous avez besoin de leur produit.

4. **Une langue internationale?** L'espéranto (dont le nom vient du verbe «espérer») est une langue universelle artificielle qui a été créée en 1887 par le Polonais Ludwik Zamenhof pour promouvoir la paix en facilitant la compréhension mutuelle. Malgré sa simplicité, l'espéranto n'a jamais atteint le statut d'une langue universelle et très peu de gens l'utilisent aujourd'hui. À votre avis, pourquoi la mondialisation de l'espéranto n'a-t-elle pas réussi? Est-ce que l'anglais est en train de devenir une langue universelle? Si oui, pourquoi est-ce qu'il réussirait là où l'espéranto a échoué *(failed)*? À votre avis, est-ce que la domination mondiale de l'anglais est inévitable? Est-ce que nous allons voir diminuer le statut et le prestige du français en particulier et des autres langues nationales en général?

5. **L'effet papillon.** Sur Internet, cherchez les paroles de la chanson «L'effet papillon», chantée par Bénabar. D'abord, qu'est-ce que c'est que «l'effet papillon»? Le message général de la chanson est, donc, «Réfléchissons bien avant d'agir, parce que toutes nos actions…». Vous pourrez probablement regarder sur Internet le clip vidéo de cette chanson. Regardez bien les images. De quels dangers, de quelles conséquences Bénabar nous avertit-il? Pouvez-vous penser à d'autres actions qui peuvent entraîner des conséquences plutôt dangereuses?

6. Est-ce que l'État doit maintenir de très hauts niveaux de qualité de l'air et de l'eau, même si c'est mauvais pour l'économie, même si ça conduit à la perte d'emplois, même si on finit par perdre des usines au profit de pays étrangers dont les normes sont moins rigoureuses? Est-ce qu'il devrait y avoir des taxes encore plus élevées sur les produits pétroliers et des avantages fiscaux pour les gens qui n'ont pas de voiture (et qui se servent d'un vélo ou des transports en commun pour se déplacer)?

D Ouvertures créatives: Débat sur les effets du tourisme sur la culture et l'environnement (jeu de rôles) L'action se passe sur une île tropicale d'une beauté sans pareille. Un vrai paradis: il y a beaucoup d'animaux, d'oiseaux et de plantes exotiques, des plages magnifiques, des fruits, des légumes et des poissons délicieux. Colonisée il y a longtemps par les Français, cette île a été très peu visitée par les étrangers depuis le départ des colons, mais ses habitants parlent français.

Les ressources de l'île sont très limitées et ses habitants sont très pauvres. Une agence de voyages française veut amener de grands groupes de touristes sur l'île. Elle est sûre que ces touristes vont dépenser beaucoup d'argent pendant leur visite. Malgré cela, il y a des gens qui s'opposent à cette proposition.

LES ACTEURS: (Il faut avoir le même nombre de personnes dans le groupe «pour» et le groupe «contre».)

Ceux qui sont POUR le tourisme:

- des représentants de l'agence de voyages
- le ministre des Finances de l'île
- quelques professeurs et des étudiants de l'île
- des habitants de l'île (d'âge et de sexe différents, exerçant diverses professions, etc.)
- la Chambre de commerce de l'île

Ceux qui sont CONTRE le tourisme:

- des organisations environnementales internationales et locales
- quelques professeurs et des étudiants de l'île
- d'autres habitants de l'île (d'âge et de sexe différents, exerçant diverses professions, etc.)
- les citoyens les plus âgés de l'île
- les personnalités religieuses de la communauté
- les artistes expatriés qui se sont installés sur l'île

N.B.: Le gouverneur de l'île n'a pas encore pris position. Au début du débat, il est plutôt neutre.

Votre professeur va distribuer des rôles à tous les membres de la classe. Ensuite, vous allez préparer votre rôle en faisant quelques recherches sur Internet à propos de l'impact du tourisme sur la culture et l'environnement et en pensant à ce que votre personnage pourra dire pour justifier sa position. Organisez un grand débat dans votre classe. Chaque personne devra expliquer ou défendre son point de vue puis tous les étudiants de la classe devront discuter pour trouver une solution qui soit acceptable pour tous. Si vous n'en trouvez pas, vous devrez voter — pour savoir quel point de vue l'emportera. Le gouverneur décidera en cas de vote ex æquo *(tie)*.

Utilisez le subjonctif pendant votre débat:

expressions impersonnelles	Il est essentiel que…	C'est dommage que…	Il est inadmissible que…
expressions d'émotion	Je suis choqué(e) que…	Je regrette que…	J'ai peur que...
expressions de volonté et de préférence	J'exige que…	Je ne veux pas que…	Je préférerais que…
expressions de doute	Je doute que…	Je ne crois pas que…	Il n'est pas du tout sûr que…
phrases contenant des conjonctions	Il faut [+ *infinitif*] afin que…	Je m'oppose à cette idée bien que…	Il faut protéger notre île avant que…
phrases contenant des propositions relatives	C'est la pire décision que…	Il faut absolument développer des structures qui…	

Liens communautaires

Signes de mondialisation: La présence de la France dans mon pays. Dans cette activité, vous allez travailler en dehors *(outside)* de la classe (y compris sur Internet) et vous allez préparer un rapport *(report)* sur la présence de la France dans votre pays. Déterminez si, d'après vos recherches, la France est un acteur de la mondialisation, et comment elle est représentée dans le monde. Voilà quelques questions pour vous guider dans la préparation de votre rapport.

1. D'abord, considérez les noms des villes dans votre région et les noms des rues dans votre ville. Y a-t-il des noms français parmi eux? Sinon, quels noms français de villes ou de rues connaissez-vous? (Détroit, Racine, etc.) Savez-vous ce qui a motivé le choix de ces noms-là?
2. Y a-t-il eu des événements historiques liés à la France qui ont eu lieu dans votre région? Sinon, pour quelles régions est-ce le cas?
3. Dans quelles parties de votre pays y a-t-il eu un grand nombre d'immigrés français ou francophones?
4. Quels Français — auteurs, compositeurs, cinéastes, philosophes, couturiers *(fashion designers)*, athlètes, hommes ou femmes politiques, etc. — sont connus dans votre pays?
5. Quelle est l'image que les gens de votre pays ont de la langue française? Quels mots français utilise-t-on dans votre pays? («cuisine»? «mode»? etc.)
6. Si vous pensez aux produits fabriqués en France et disponibles dans votre pays, à quels produits pensez-vous?
7. Connaissez-vous des entreprises françaises dans votre pays? Lesquelles? Est-ce qu'elles fournissent des produits ou des services? S'il s'agit de produits, sont-ils des produits du quotidien? de luxe? de haute technicité?

Rédaction guidée

Peer Review

Écrire un plan

A Sujet. La mondialisation: Pour ou contre?

B Orientation. Dans ce chapitre, nous allons nous intéresser à l'organisation soignée des idées d'une rédaction avant de commencer à écrire. Jusqu'à maintenant, nous avons vu que la dialectique hégélienne présentait les idées de façon très structurée — introduction, thèse, antithèse, synthèse, conclusion. Afin de bien préparer cette structure, il est nécessaire de faire un plan de votre devoir.

C Avant d'écrire. Commencez par relire le devoir modèle du Chapitre préliminaire. Ensuite, avant de vous attaquer à chaque partie du plan, relisez les instructions pertinentes dans les chapitres 1 à 5 (chapitre 1 pour l'introduction, chapitre 2 pour la thèse, etc.).

Pour rédiger le plan que vous allez écrire maintenant, prenez comme thèse et antithèse les deux affirmations qui sont exprimées dans les points 2 et 3 ci-dessous.

En groupes de deux à trois étudiants, discutez les points suivants:

1. Comment comprenez-vous le sujet? Quel aspect de ce vaste sujet allez-vous traiter?

   Cette discussion va vous aider à limiter votre sujet et à préparer votre introduction, mais il ne faut pas l'écrire tout de suite! L'introduction est la dernière partie que vous rédigerez, pour vous assurer qu'elle anticipe bien le contenu de votre texte.

2. **THÈSE:** Les sociétés capitalistes et hautement industrialisées bénéficient le plus de la mondialisation parce que …
   Écrivez une phrase qui résume cette position.

PHRASE: Ensuite, écrivez trois points qui la soutiennent.

1. ______________________________
2. ______________________________
3. ______________________________

3. **ANTITHÈSE:** La mondialisation bénéficie aussi aux pays en voie de développement parce que…

   Même travail que pour la thèse. Essayez de présenter la position de quelqu'un qui a un point de vue différent de celle de la thèse. Mettez en avant *(bring forth)* les éléments de la façon de penser de cette personne qui vous semblent convaincants.

PHRASE:

1. ______________________________
2. ______________________________
3. ______________________________

4. **SYNTHÈSE.** Réfléchissez à la façon dont les deux points de vue opposés peuvent être dépassés *(moved beyond)*. Écrivez une phrase ou deux qui expliquent votre synthèse.
5. **CONCLUSION.** Notez brièvement les points essentiels de votre devoir (essayez de ne pas répéter les mêmes mots, mais de résumer vos idées). Indiquez la conclusion que vous pouvez tirer de ce travail. Votre conclusion peut-elle vous amener à répondre à la question de votre introduction?

   Mentionnez ici votre opinion personnelle sur le sujet.

6. **INTRODUCTION.** Pensez à la façon dont vous allez poser la question principale de votre devoir. N'oubliez pas de donner un contexte à votre travail et d'expliquer pourquoi la question que vous allez aborder est importante. Quelle image illustrative pouvez-vous utiliser pour attirer l'attention de votre lecteur? Pour donner vie à cette image, pensez à la façon dont elle va mener à votre thèse.

AU TRAVAIL! Vous êtes maintenant prêt(e) à rédiger le plan dialectique de votre rédaction.

CHAPITRE

7 L'immigration est-elle une menace ou un enrichissement?

DENIS CHARLET/AFP/Getty Images

Objectifs communicatifs

COMMUNICATION

- **Point** L'immigration met en péril l'identité nationale: Il faut expulser les immigrants
- **Contre-point** L'intégration des immigrants est une réalité nécessaire et préférable à l'expulsion

LIENS GRAMMATICAUX

- Les déterminants
- Les pronoms démonstratifs et les pronoms possessifs

LIENS SOCIOCULTURELS

- Pourquoi immigrer en France? Les motifs principaux

LIENS INTERDISCIPLINAIRES

- *Un aller simple* (van Cauwelaert)

LIENS COMMUNAUTAIRES

- La vie, le défi et les sentiments d'un immigré de ma communauté

Controverse: L'immigration est un phénomène universel suscité ordinairement par deux besoins: Le besoin de travailleurs migrants vers les pays d'économie forte et de natalité faible et le besoin de main-d'œuvre des pays développés. Aujourd'hui plus de 232 millions de personnes vivent dans un pays autre que leur pays d'origine. Ces flux migratoires, dont les origines géographiques sont de plus en plus lointaines, sont souvent au premier plan des débats politiques.

C'est le cas en France où un nombre considérable de citoyens s'inquiètent des conséquences d'une immigration incontrôlée, telles que le chômage, la baisse des salaires et la hausse des dépenses de sécurité sociale. Ceux qui s'opposent à l'immigration voient généralement dans la présence de nombreuses communautés étrangères, particulièrement si elles sont d'une origine ethnique et religieuse différente, une menace à l'identité française et la source majeure des difficultés de la société; et ils proposent, parmi d'autres mesures législatives, l'expulsion d'un grand nombre d'immigrés.

D'autres citoyens français estiment que l'immigration présente un avantage pour la France et que la diversité joue un rôle important dans la création de la richesse économique et culturelle. Ils s'interrogent sur le motif de la controverse liée à l'immigration, soupçonnant *(suspecting)* que derrière la polémique se cache une forme de racisme, de xénophobie et de discrimination. À vous de juger!

Source: *Adapted from* UN News Service, "The number of international migrants rises above 232 million," http://www.un.org/apps/news/story.asp?NewsID=45819#.U7X7deAV_fg (11 September 2011).

Premières pensées

Les mots pour le dire

noms

carte (f.) de résident	*resident (identification) card*
citoyen(ne) (m., f.)	*citizen*
clandestin(e) (m., f.)	*illegal immigrant*
courant (m.)	*(political) movement*
défi (m.)	*challenge*
étranger(-ère) (m., f.)	*foreigner, stranger*
immigré(e) (m., f.)	*immigrant*
irrégulier(-ière) (m., f.)	*irregular (here: person whose immigration status is irregular)*
Maghreb (m.)	*region in North Africa that includes Morocco (including the Western Sahara), Algeria, Tunisia, Libya, and Mauritania*
Maghrébin(e) (m., f.)	*person from the Maghreb*
main-d'œuvre (f.)	*labor, workforce*
menace (f.)	*threat*
parti (m.) politique	*political party*
péril (m.)	*danger*
prestation (f.) sociale	*money paid out by the federal government for unemployment benefits, retirement pensions, healthcare, assistance to families, etc.*
racisme (m.)	*racism*
ressortissant(e) (m., f.)	*national, citizen of a country*
séjour (m.)	*stay*

verbes

accueillir	*to welcome; to receive*
expulser	*to expel*
héberger	*to host, house*
intégrer	*to integrate*
rapatrier	*to repatriate (to send back to country of origin)*

QUESTIONS

Première partie: Lisez les citations suivantes.

1. Selon le *Dictionnaire des symboles,* «Le terme *étranger* symbolise la situation de l'Homme. Adam et Ève, chassés du Paradis, quittent leur patrie et possèdent dès lors *(ever since)* un statut d'étranger, d'émigré».
2. «La France, terre d'accueil? Ce qui fut vrai pendant des siècles ne l'est plus aujourd'hui». — *L'Humanité,* le 20 février 1997
3. «Attention à l'abandon de la tolérance, du respect de l'étranger, de l'élémentaire fraternité». — Isabelle Adjani (actrice française)
4. «Une société peut vivre sans difficulté avec 10% d'étrangers. Au-delà, on entre dans une zone dangereuse». — Pierre Chaunu, historien
5. «Les ouvriers étrangers viennent en France manger le pain des ouvriers français». — Le dirigeant d'un syndicat français

Deuxième partie: Quel est le message principal de chaque citation? Examinez les phrases de la colonne de gauche et décidez quelle citation s'applique à la phrase. Certaines citations peuvent avoir plus qu'un message.

Dans cette citation, il est question de…	citation n°1	citation n°2	citation n°3	citation n°4	citation n°5
justifier l'immigration					
reconnaître que chaque personne est dans un certain sens un «étranger»					
mettre en garde contre l'absence de la tolérance					
signaler que les étrangers prennent le travail des Français					
indiquer une certaine proportion au-delà de laquelle l'immigration devient une menace					

Point

L'immigration met en péril l'identité nationale: il faut expulser les immigrants

Les mots pour le dire

noms	
aide (f.) sociale	*social welfare (help provided by the state)*
centre (m.)	*the (political) center*
contrôle (m.)	*surveillance*
dirigeant(e) (m., f.)	*leader*
droite (f.)	*the (political) right*
durée (f.)	*duration*
emploi (m.)	*employment, job*
francité (f.)	*Frenchness*
gauche (f.)	*the (political) left*
logement (m.)	*housing*
(in)sécurité (f.)	*(in)security, (lack of) safety*
tiers-monde (m.)	*Third World*
verbes	
avertir	*to warn*
contrôler	*(here) to keep under surveillance*
estimer	*to believe, estimate*
établir	*to establish*
médiatiser	*to place, keep, in the public eye through the media*
régulariser	*(here) to grant legal status*
ressortir	*to stand out*
souligner	*to underline, emphasize*
soutenir	*to maintain, to support*
adjectif	
pénal(e)	*penal*
expressions	
à la une	*on the front page*
en couverture	*on the cover*
être de + *chiffre*	*to be + number (e.g., La population de la France est de 65 millions d'habitants.)*
prendre (qqch) au sérieux	*to consider (sth.) seriously; think seriously about (sth.)*

Étude de vocabulaire

1 Synonymes. Choisissez le synonyme qui correspond à chaque mot. Attention, vous n'allez pas utiliser toutes les réponses.

1. le péril	a. avertir
2. le séjour	b. le centre
3. la durée	c. le chef
4. l'emploi	d. le citoyen
5. estimer	e. le danger
6. le logement	f. établir
7. expulser	g. l'habitation
8. le ressortissant	h. penser
9. établir	i. fonder
10. le dirigeant	j. renvoyer
	k. le temps
	l. le travail
	m. la visite

De quoi parle-t-on?

À la fac. Deux étudiants boivent un café à la suite d'un cours d'histoire contemporaine du professeur Jacquard qui portait sur l'immigration. Écoutez ce qu'ils disent et dites si les phrases suivantes sont **justes** ou **fausses**. Si les déclarations sont fausses, corrigez-les.

1. La proportion d'étrangers dans la population française augmente depuis vingt ans. J ______ F ______
2. Antoine pense que Monsieur Jacquard est un professeur très objectif. J ______ F ______
3. La proportion d'Européens qui immigrent en France est en baisse. J ______ F ______
4. Les deux étudiants sont membres du Front national. J ______ F ______

Liens grammaticaux

LES DÉTERMINANTS

Les **déterminants** sont des mots qui précèdent le nom et qui « déterminent » ou précisent parmi d'autres choses le genre (masculin ou féminin) et le nombre (singulier ou pluriel) du nom. Dans le chapitre 7 du ***Cahier d'activités***, nous allons examiner plusieurs catégories de **déterminants:** les **articles** (**un**, **le**, etc.), les **chiffres** (**3**, **5**, etc.), les **adjectifs possessifs** (**ma**, **votre**, etc.) et les **adjectifs démonstratifs** (**ce**, **ces**, etc.). Consultez le ***Cahier d'activités*** pour réviser l'usage des **déterminants** et faites les exercices suivants.

1 Jean-Marie Le Pen: Une biographie. Complétez le texte suivant avec les articles, les adjectifs possessifs ou les adjectifs démonstratifs qui conviennent (**le, l', la, les, un, une, des, son, sa, ses, ce, cet, cette, ces**). Plusieurs solutions sont quelquefois possibles.

1. Jean-Marie Le Pen, né en Bretagne ______ 20 juin 1928, suit ______ études (f.) de droit et de sciences politiques.
2. Il écrit ______ mémoire (m.) *(thesis)* sur ______ courant (m.) *(movement)* anarchiste en France.
3. Ancien soldat, il a participé (à) ______ guerres (f.) d'Indochine et d'Algérie.
4. Attaqué souvent pour ______ idées (f.) choquantes, comme lorsqu'il déclare avoir pratiqué ______ torture (f.) en Algérie par nécessité et lorsqu'il déclare que ______ chambres (f.) à gaz sont «______ point (m.) de détail de l'Histoire» *(minor detail)*.
5. Appelé en 1972 à ______ (f.) tête du Front national, un parti politique d'extrême droite, Jean-Marie Le Pen a pour mission de populariser ______ idées (f.) du parti, notamment celles qui touchent à l'immigration.
6. Dans ______ années (f.) soixante-dix, Le Pen hérite *(inherits)* de ______ fortune (f.) d'un magnat du ciment, Hubert Lambert. ______ fortune facilite ______ mission (f.) politique.
7. (À) ______ élections (f.) européennes de 1994, le Front national a récolté *(garnered)* 11% des votes.
8. Aujourd'hui, Marine Le Pen, fille cadette de Jean-Marie Le Pen, est chef du Front national. Mais son père reste ______ emblème (m.) de l'extrême droite politique en France.

2 L'immigration au 20e siècle en chiffres. Lisez ce tableau sur le recensement *(census)* de la population en France au cours du 20e siècle et répondez aux questions qui suivent. Écrivez vos réponses en lettres.

Modèle: Quelle était la population totale de la France en 1901?
La population en mille neuf cent un était de trente-huit millions quatre cent cinquante et un mille personnes.

Année de recensement	*Population totale*	*Étrangers*
1901	38 451 000	2,7%[1]
1911	39 192 000	3,0%
1921	38 798 000	3,9%
1931	41 228 000	6,6%
1946	39 848 000	4,4%
1954	42 781 000	4,1%
1968	49 655 000	5,3%
1975	52 599 000	6,5%
1982	54 296 000	6,8%
1990	56 625 000	6,3%
2000	58 796 000	5,82%
2006	63 185 000	5,61%
2011	64 933 400	5,8%

[1] 2,7% se lit «deux virgule sept pour cent» et est l'équivalent anglais de «2.7%».

Sources: (1) Gérard Mermet, *Francoscopie 2009.*
(2) Insee - [Évolution de la population jusqu'en 2014 - 3 juillet 2014] - www.insee.fr
(3) Insee [Tableaux de l'économie française: 2013, Étrangers - Immigrés] - www.insee.fr

1. Quelle était la population totale de la France en 1990?
2. La population totale de la France a augmenté de combien de personnes entre 1901 et 2011?
3. En quelle année le pourcentage des étrangers était-il le plus élevé en France?
4. En quelle(s) année(s) la population totale de la France a-t-elle diminué? De *(By)* combien d'habitants? Pourquoi, à votre avis?
5. Est-ce qu'il y avait plus d'étrangers en France en 1931 ou en 1990? Expliquez.

Lecture

Remue-méninges

Lisez les slogans ci-dessous et répondez aux questions suivantes: Est-ce que ces slogans sont issus d'un parti politique de «gauche» ou de «droite»? Que pensez-vous de leur message?

A

Réussir la renaissance d'une France française dans une Europe européenne.

B

Les étrangers prennent le travail des Français et sont la cause du taux élevé du chômage.

C

Quand nous arriverons [au pouvoir], ils partiront.

JAUBERT IMAGES / Alamy

LE FRONT NATIONAL, UN PARTI POLITIQUE POUR LA DÉFENSE DE L'IDENTITÉ NATIONALE FRANÇAISE

En 1985, Le Figaro Magazine *a publié un article intitulé «Serons-nous encore français dans trente ans?» avec en couverture la photo de Marianne° voilée en musulmane. L'article, rédigé par Gérard-François Dumont, démographe, et Jean Raspail, auteur de plusieurs romans apocalyptiques, prédit, avec inquiétude, que 90% des immigrés seront en 2015 de culture et de religion islamiques et que leur nombre menacera la préservation des valeurs françaises traditionnelles.* Trente ans après, les mêmes questions inquiètent une partie des Français.

Même si cette prédiction n'est pas devenue une réalité, une grande partie des Français sont encore sensibles aux inquiétudes exprimées dans cet article. Un sondage Ifop° de 2013 indique que 63% des Français ne considèrent pas l'immigration comme «une chance pour la France» contre seulement 37% qui pensent que l'immigration présente un avantage pour la France. La proportion des Français qui considère l'immigration comme excessive n'a pas cessé d'augmenter depuis l'arrivée en 1972 sur la scène politique de Jean-Marie Le

Marianne: an imaginary woman, symbol of the French Republic (like Uncle Sam for the U.S.)

Ifop = Institut français d'opinion publique

Pen, premier président du Front national, un parti politique d'extrême droite. Le Pen et d'autres dirigeants du Front national ont médiatisé les problèmes associés à l'immigration pour les mettre à la une des journaux français et au centre des débats électoraux. Depuis plusieurs années, ils avertissent le public que la France changera de visage° si «elle continue de se couvrir de mosquées et si les enfants français sont élevés au sein des mélopées arabes ou africaines°».

will change face, appearance

surrounded by Arab or African chants, melodies

Marine Le Pen, présidente actuelle du Front national et fille de Jean-Marie, soutient que l'immigration menace l'identité française, et elle souligne de plus qu'«[i]l y a un lien important entre l'immigration et l'insécurité, à partir du moment où on laisse une immigration massive s'installer, où on laisse des ghettos se constituer, on crée les conditions d'une bombe à retardement°».

time bomb

Les dirigeants du Front national prétendent° que c'est un acte «d'honneur et de courage» de «vouloir rester français, en France». Ils insistent que pour défendre la France, la francité et la culture nationale face à l'invasion des immigrés du tiers-monde, il faut (parmi d'autres mesures):

claim

- réduire l'immigration légale
- expulser immédiatement tous les immigrés en situation irrégulière
- contrôler les réseaux des réfugiés politiques
- réduire la durée maximale de la carte de séjour de 10 ans à 3 ans
- soumettre l'acquisition de la nationalité française aux immigrés à des conditions strictes et interdire la double nationalité (sauf quand l'autre nationalité serait celle d'un des autres pays de l'Union européenne),
- supprimer la possibilité de régulariser les clandestins
- prioriser dans tous les domaines (logement, emploi, aide sociale) les Français

L'immigration n'est pas la seule préoccupation du Front national, qui voit aussi dans la mondialisation et dans l'Union européenne des raisons de s'alarmer. Selon le Front national, l'Europe ne doit pas construire à Bruxelles «un super-État européen» qui détruit les nations et qui ouvre l'Europe aux immigrés du tiers-monde et aux produits américains, chinois et japonais.

Un grand nombre de Français partagent les inquiétudes politiques du Front national. Ce nombre continue à grandir et à confirmer son soutien au FN. Lors des élections présidentielles de 1974, 0,75% des électeurs ont voté en faveur de Jean-Marie Le Pen. Au second tour des élections présidentielles de 2002, le score de Le Pen a augmenté de façon très significative à 16,6 %. Aux élections présidentielles de 2012, les électeurs français ont continué à accorder une place importante au Front national dans le jeu politique, avec presque 18% des voix accordés à Marine Le Pen au premier tour. Ce résultat a été vu comme un grand succès pour le Front national et sa position sur l'identité nationale. Désormais, on doit prendre au sérieux la politique du Front national, sa défense de l'identité nationale, sa lutte contre l'immigration et son opposition sans équivoque à «l'islamisation» de la France. Aux élections européennes de mai 2014, le Front National est arrivé en tête pour la première fois, et est devenu ainsi le premier parti de France avec 25% des voix.

Sources: (1) Gérard-François Dumont et Jean Raspail, "Serons-nous encore français dans 30 ans?" *Le Figaro Magazine, 1985.*

(2) Marine Le Pen, *Mon Projet,* 14 juillet 2014, www.frontnational.com.

Avez-vous compris?

1. Selon l'article du *Figaro Magazine* mentionné dans le texte, quelle sera la religion principale des immigrés en 2015? Quel sera le pourcentage des immigrés de culture et de religion islamiques, cette année-là? Est-ce que cette prédiction est devenue une réalité?
2. En quoi consiste le programme du Front national? (Résumez-le.)
3. L'immigration est une source importante d'inquiétudes pour les dirigeants du Front national. Est-ce qu'ils ont d'autres problèmes en tête? Lesquels?

Qu'en pensez-vous?

1. En pensant à l'immigration dans votre pays, êtes-vous pour ou contre les propositions du Front national sur l'immigration? Expliquez votre réponse.
2. Est-ce qu'un programme comme celui du Front national sur l'immigration pourrait inciter les gens à la xénophobie et à la haine raciale? Pourquoi et de quelle manière?
3. Que démontrent les succès électoraux des candidats du Front national aux élections françaises? Y a-t-il des gens dans votre pays qui soutiendraient les propositions du Front national?
4. À votre avis, y a-t-il des conditions où l'immigration en masse d'un pays vers un autre devrait être interdite? Si oui, quelles sont ces conditions et comment interdire l'immigration? Sinon, pourquoi pas?
5. La France a besoin de travailleurs immigrés. Les peuples des pays en développement ont besoin de travail. Peut-on satisfaire ces deux exigences sans provoquer un choc de cultures ou une crise d'«identité nationale»? Comment?
6. Quelle est la situation de l'immigration dans votre communauté? Y a-t-il beaucoup d'immigrés près de chez vous? De quelle(s) nationalité(s)? Où vivent-ils? Quels types d'emplois occupent-ils? Sont-ils bien accueillis?
7. Comparez la diversité ethnique en France à celle de votre pays. Quelles sont les différences et les ressemblances?

LIENS SOCIOCULTURELS

POURQUOI IMMIGRER EN FRANCE? LES MOTIFS PRINCIPAUX

Dans une étude menée en 2010 par l'Organisation des Nations Unies, sur les 197 pays étudiés, la France métropolitaine se trouvait au 6e rang pour le nombre d'immigrés (6 684 millions), bien derrière les États-Unis, qui se trouvaient au premier rang (43 millions). Pour quelles raisons ces personnes veulent-elles immigrer en France? Et comment ces flux d'immigration ont-ils évolué? Regardez le tableau et le texte ci-dessous pour trouver les réponses à ces questions.

Pays tiers à l'Union européenne[2] — Évolution des flux d'entrées selon le motif de l'entrée

	2005	2006	2007	2008	2009	2010
Motif économique	13.1%	13.1%	15.4%	17.6%	17.3%	15.5%
Motif familial	50.7%	52.1%	50.5%	46.5%	43.3%	41.4%
Asile	6.5%	4.8%	3.9%	4.1%	5.2%	4.2%
Etudiants	24.1%	24.4%	24.8%	27.0%	28.5%	32.4%
Autres	5.7%	5.6%	5.4%	4.8%	5.7%	6.4%
	100%	**100%**	**100%**	**100%**	**100%**	**100%**

[2]*Countries outside of the European Union*

Motifs économiques

La plupart des étrangers qui reçoivent une carte de séjour temporaire sont essentiellement des Américains, des Indiens, des Chinois, etc, qui sont cadres *(business executives)* des compagnies multinationales. Les autres professionnels étrangers avec des titres de séjour sont en grande partie des scientifiques, des artistes, des salariés ou des travailleurs saisonniers ou temporaires.

Motifs familiaux

Les motifs familiaux comprennent:

- le regroupement familial: quand un étranger établi légalement sur le territoire français fait venir son époux ou son épouse et ses enfants
- les membres de familles de Français: quand un Français ou une Française fait venir son épouse ou son époux (ou un autre membre de sa famille proche) qui est originaire d'un autre pays
- les gens qui bénéficient du titre de séjour «vie privée et familiale»[3]

Contrairement à ce que pensent beaucoup de gens, le flux d'entrées généré par les membres de familles de Français venant de pays étrangers est bien supérieur (51 709 personnes en 2010) à celui généré par le regroupement familial (14 502 personnes).

Étudiants

Le nombre d'étudiants munis d'un titre de séjour continue à augmenter. La plupart de ces étudiants sont chinois, marocains et américains. Ces étudiants ont aussi tendance à rentrer dans leurs pays d'origine après avoir terminé leurs études.

Humanitaire

On estime qu'il y a eu entre 8 000 et 11 000 demandes d'asile déposées en 2010 (les chiffres varient selon la source). Les gens demandant l'asile peuvent être des réfugiés, des personnes en besoin de protection de la persécution (dans leur pays d'origine), ou des victimes de la traite *(trade)* des êtres humains, entre autres. Il y a aussi des étrangers qui demandent un titre de séjour pour des motifs médicaux.

(3) *A temporary residence permit to spend a limited amount of time with family or friends in France*

Sources: (1) Site d'information de Migration Conseil, «Rapport de l'Ofii: statistiques de l'immigration en 2012», www.questionsdetrangers.com, 2010, p.50.
(2) Vie publique.fr, «Part des immigrés dans la population: la France au 54e rang mondial», 3 octobre 2012, www.vie-publique.fr
(3) Secrétariat général du Comité interministériel de contrôle de l'immigration, «Les orientations de la politique de l'immigration et de l'intégration», 2011, www.ladocumentationfrancaise.fr
(4) leparisien.fr, «Les quatre principaux motifs d'immigration», 8 avril 2011, www.leparisien.fr.

RÉFLEXIONS

1. Quels sont les motifs principaux d'immigrer légalement en France? Dans quelle catégorie se trouvent la plupart des immigrés? Croyez-vous que les motifs sont les mêmes pour les immigrés aux États-Unis? Pourquoi ou pourquoi pas?
2. À votre avis, quels sont les motifs principaux de l'immigration illégale en France? Sont-ils les mêmes qu'aux États-Unis?
3. Quelles tendances remarquez-vous dans l'évolution des flux d'entrée légale? Qu'est-ce qui peut expliquer ces tendances?
4. Les chiffres dans le tableau représentent les immigrés auxquels on a accordé un titre de séjour. Après avoir analysé ces chiffres et le texte ci-dessus, dites si vous croyez que c'est plus difficile pour certains groupes que pour d'autres d'obtenir la permission d'immigrer. Lesquels? Pourquoi?

5. Que pensez-vous du nombre d'immigrés? Trouvez-vous que ce nombre est bas? Élevé? Qui demande l'asile? Dans quelles situations croyez-vous qu'un pays doit accorder l'asile à un étranger?

Des perspectives différentes sur l'immigration en France.

Depuis toujours, la France attire *(attracts)* des citoyens de divers pays qui, pour une raison ou pour une autre, ont choisi d'y vivre. Après la Seconde Guerre mondiale, l'essor *(boom)* économique a incité le gouvernement français à créer l'Office national de l'immigration pour recruter de la main-d'œuvre dans les colonies françaises en Afrique noire, en Asie et surtout au Maghreb. Après plusieurs vagues d'immigration, la question de la diversité ethnique fait l'objet de tensions politiques. Voici quelques mesures qu'on propose pour résoudre les problèmes liés à l'immigration et à la diversité ethnique. Lisez-les et préparez-vous à les discuter.

A

D'un côté on propose de/d'...

- combattre fermement l'immigration clandestine.
- intégrer les immigrés qui ont choisi de devenir citoyens français.
- s'assurer que les lois de la République s'appliquent uniformément aux immigrés et aux nationaux.
- établir un «contrat d'intégration» pour assurer l'égalité des chances et l'égalité entre immigrants quelle que soit leur origine ethnique.

B

De l'autre côté on propose de/d'...

- rapatrier progressivement les immigrés réguliers.
- réformer le Code de la nationalité pour rendre plus difficile l'obtention de la citoyenneté française.
- révoquer la carte de résident qui serait remplacée par un permis de séjour temporaire d'un an.
- interdire le regroupement familial des immigrés.
- limiter le droit d'asile.
- expulser immédiatement les immigrés clandestins.

DISCUSSION

1. Connaissez-vous des hommes ou des femmes politiques dans votre pays qui proposent quelques-unes des idées citées ci-dessus *(above)*? Lesquelles? Quelles raisons ces personnes donnent-elles pour défendre leur position?
2. Pourquoi, selon vous, est-ce que l'immigration est une controverse omniprésente dans la majorité des pays? Pourriez-vous énumérer quelques facteurs qui animent le plus, selon vous, la polémique liée à l'immigration?

Contre-point

L'intégration des immigrants est une réalité nécessaire et préférable à l'expulsion

Les mots pour le dire

noms

beur (m., f.)	*person born in France of North-African descent.*
chômage (m.)	*unemployment*
droit (m.) d'asile	*right of asylum*
droits (m. pl.) de l'homme	*human rights*
émeute (f.)	*riot*
expulsion (f.)	*expulsion*
frontière (f.)	*border*
haine (f.)	*hatred*
lutte (f.)	*struggle*
manifestation (f.)	*demonstration*
parti (m.) (politique)	*(political) party*
permis/titre (m.) de séjour	*resident card*
rapatriement (m.)	*sending immigrants back to their country of origin*
sans-papiers (m/f)	*illegal immigrant "without (proper) papers"*
territoire (m.)	*territory*
visa (m.) de visiteur	*tourist visa*
xénophobie (f.)	*xenophobia*

verbes

désobéir	*to disobey*
fuir	*to escape*
refouler	*(here) to send back, keep out*
séjourner	*to stay, sojourn*

adjectifs

clandestin(e)	*clandestine, illegal*
multiethnique	*multi-ethnic, multiracial*

Étude de vocabulaire

Mots-clés *(Keywords)*. Complétez les phrases ci-dessous avec les mots de la liste suivante. N'oubliez pas d'ajouter les articles qui manquent et faites les accords qui sont nécessaires.

clandestin	parti	papiers	visa de visiteur	rapatriement
droite	expulser	territoire	xénophobie	multiethnique

1. Le visage de la France est aujourd'hui ____________, ce qui veut dire qu'elle est composée de diverses races.
2. Le Front national est un ____________ politique français, fondé en octobre 1972 et aujourd'hui présidé par Marine Le Pen.
3. La plupart des observateurs politiques situent le Front national à l'extrême ____________ de la scène politique française.
4. Pour le Front national, l'expulsion et ____________ sont les seules mesures pour résoudre les problèmes associés à l'immigration.
5. Aujourd'hui, un immigré peut être expulsé avec ____________ en règle et sans avoir commis de délit *(crime)*.
6. ____________ de certains Français est souvent motivée par la peur de perdre leur identité nationale.
7. De plus en plus d'immigrés ____________ tentent de rejoindre l'Europe sur de petits bateaux, au péril de leur vie.
8. Les personnes qui veulent faire une demande de ____________ sont priées de s'adresser à l'ambassade de France dans leur pays.
9. La France va durcir les conditions d'entrée sur son ____________ et renforcer sa politique d'immigration choisie.
10. En 2009, la France a ____________ de son territoire 29 000 étrangers en situation irrégulière.

De quoi parle-t-on?

Dans le cours du professeur Jacquard. Alan, un étudiant américain en France, rencontre un camarade de classe, Romain, et lui pose des questions sur le cours d'histoire contemporaine, présenté par le professeur Jacquard. Écoutez la conversation entre Alan et Romain et dites si les phrases suivantes sont **justes** ou **fausses**. Si elles sont fausses, corrigez-les.

1. Romain ne veut pas répondre à la question d'Alan. J ______ F ______
2. Le professeur Jacquard pense que les actes de racisme sont encore fréquents aujourd'hui en France. J ______ F ______
3. Le modèle républicain d'intégration tente d'assimiler les immigrés à la culture dominante. J ______ F ______
4. Alan a besoin d'exemples pour comprendre le professeur Jacquard. J ______ F ______
5. Aujourd'hui, la notion de «diversité ethnique» est mieux acceptée en France. J ______ F ______

Liens grammaticaux

LES PRONOMS DÉMONSTRATIFS ET LES PRONOMS POSSESSIFS

Vous avez étudié les **déterminants** dans la première partie du chapitre 4 du ***Cahier d'activités***. Dans la deuxième partie de ce chapitre vous allez examiner l'usage des **pronoms démonstratifs** (**celui**, **celle**, etc.) et des **pronoms possessifs** (**le mien**, **le vôtre**, etc.). Consultez le chapitre 7 du ***Cahier d'activités*** pour réviser l'usage de ces pronoms et faites les exercices suivants.

1 Les immigrés d'origine maghrébine. Complétez le texte suivant par les adjectifs ou pronoms démonstratifs ou possessifs (**son**, **sa**, **leur**, **leurs**, **ce**, **cette**, **le sien**, **la sienne**, **ceux**, **celles**, etc.) qui conviennent. Il y a souvent plus d'une réponse correcte.

1. La situation des immigrés maghrébins est l'une des plus visibles en raison de _____ nombre (m.), mais aussi de _____ langue (f.), de _____ religion (f.), de _____ coutumes (f.) vestimentaires et d'autres habitudes culturelles.
2. _____ situation (f.) se complique pour la deuxième ou la troisième génération, _____ qui sont nées en France et qu'on appelle parfois des «beurs». _____ -ci (m.) ont la nationalité française, parce qu'ils sont nés en France.
3. Les Français d'origine maghrébine souffrent parfois d'un malaise social souvent présent chez les individus qui chevauchent *(straddle)* deux cultures différentes. Certains sociologues pensent que _____ malaise (m.) aura toujours tendance à créer une résistance défiante à l'intégration.
4. _____ identité (f.) beur se définit, selon les sociologues, soit par un biculturalisme «conciliateur» et «additif» soit par une attitude défiante comme chez _____ (m.) qui portent des tee-shirts avec _____ déclaration (f.): «Je ne suis ni français ni arabe».
5. Le cas de Zinedine Zidane, né en France de parents algériens, est un des mieux connus du biculturalisme «additif». _____ joueur (m.) de la Coupe du Monde de football en 1998 est devenu une véritable idole en France à cette époque.
6. L'équipe multiethnique de France, championne du monde de foot en 1998, a été quelquefois surnommée «Black, Blanc, Beur» (allusion aux couleurs du drapeau français: bleu, blanc, rouge) à cause de _____ composition (f.) ethnique.

2 **La crise à Calais.** Complétez le texte suivant par les adjectifs ou pronoms démonstratifs ou possessifs (**son, sa, leur, leurs, ce, cette, le sien, la sienne, ceux, celles,** etc.) qui conviennent. Il y a souvent plus d'une bonne réponse.

1. La plus grande partie des immigrants en France désirent y rester, recevoir ______ carte de séjour, s'intégrer dans la société française. Mais il y a un autre groupe: ______ dont le but est tout à fait différent. ______ immigrants sont dans les camps à Calais, une ville assez pauvre au nord de la France. ______ -ci (les «sans-papiers») désirent entrer en Grande-Bretagne. Quelquefois ______ immigrants illégaux paient un chauffeur de camion pour les y transporter. D'autres essaient de se cacher dans un camion sans que le chauffeur le sache.
2. Il y a plus de 1 200 immigrants illégaux à Calais. ______ pays d'origine peut être l'Érytrée, le Soudan ou l'Afghanistan, mais on commence à en voir plusieurs qui sont originaires de Somalie, du Pakistan et du Tchad. Ils campent dans les cités industrielles, dans les forêts à côté de la ville et même dans les rues de la ville. Les groupes rivaux se disputent pour contrôler les routes qui donnent accès soit au port soit au Tunnel sous la Manche.
3. Il y a une dizaine d'années, c'étaient les Kosovars, puis les Turcs, qui venaient à Calais. Aujourd'hui ce sont les Africains. ______ gens ont commencé ______ odyssée d'abord en Libye. Ils ont pris des petits bateaux pour aller en Italie, puis ils sont allés en train à Calais. Ils vont chercher asile en Angleterre.
4. Une femme a raconté que la dernière fois qu'elle a été déportée par les Français, on l'a envoyée en Grèce. Elle a beaucoup aimé la Grèce, et ______ vie était assez tranquille là-bas. Mais la mentalité de ______ pays qui a ______ propres difficultés a changé. «Ils m'ont dit que ______ pays n'était pas le ______ et j'ai dû partir.»
5. La ville de Calais fait de ______ mieux pour nourrir ______ immigrants, mais ______ problèmes sont énormes. L'immigration illégale n'est pas le problème d'une seule ville ou même d'un seul pays. C'est l'Europe qui doit se décider à répondre à ______ défi.

Lecture

Remue-méninges

PIERRE ANDRIEU/AFP/Getty Images

Marine Le Pen, Présidente du Front national

L'INTÉGRATION VAUT MIEUX QUE L'EXPULSION

Selon TNS Sofres, un institut de sondage français, 34% des Français au début de 2014 approuvent les idées du Front national sur l'immigration, la sécurité et la défense des valeurs traditionnelles. Comment interprétez-vous la popularité relative du Front national?

Dans une élection nationale en 2014, le Front national a gagné 25% de la vote; plus que tout autre parti national. Avec ce succès, le débat sur l'immigration peut se réduire à ce choix: intégration ou expulsion?

La politique d'intégration est basée en principe sur la notion que c'est le devoir de la République d'assurer «l'égalité devant la loi de tous les citoyens sans distinction d'origine, de race ou de religion» et sur le raisonnement que l'immigration n'est pas la source de tous les problèmes de la France. Certains intellectuels et dirigeants politiques s'interrogent sur l'éventualité d'une expulsion totale de tous les étrangers illégaux de France et sur sa logique. Ils se demandent si derrière cette politique ne se cache pas une discrimination envers° ceux qui ne sont pas de race blanche, ceux qui ne parlent pas très bien le français ou ceux qui pratiquent d'autres religions. D'autres critiques ont ajouté que la chef du Front national, Marine Le Pen, et ceux qui soutiennent la politique d'expulsion en général, ne peuvent pas oublier les atrocités de la guerre d'Algérie (1954–1962) et par conséquent s'accrochent à l'hostilité contre les immigrés de cette ancienne colonie en particulier.

toward

Attaquant ce qu'il voit comme les implications idéologiques de la politique d'expulsion, le Parlement européen a adopté une résolution condamnant ceux qui «assimilent l'immigration à une invasion, une inondation ou une occupation sournoise°» et qui «attisent° les sentiments xénophobes de la société». La Commission européenne contre le racisme et l'intolérance (ECRI) a engagé la France à réviser «sa philosophie égalitaire», précisant qu'un «nombre considérable de professions sont actuellement inaccessibles à des personnes non citoyennes de l'Union européenne».

Harlem Désir, (depuis 2014, secrétaire d'État chargé des affaires européennes) a été fondateur° de *S.O.S. Racisme*, une association antiraciste. C'est le fils d'un Antillais° et d'une Française. Il souligne dans son livre, *Touche pas à mon pote*°, que le problème en France n'est pas l'immigration, mais le racisme, et déplore le fait que la discrimination fondée sur l'origine ethnique ou raciale soit répandue° en France. Il conclut qu'en grande partie les immigrés ne s'intègrent pas parce qu'on ne leur en a pas donné la possibilité.

Après la Seconde Guerre mondiale, l'immigration était nécessaire en France pour résoudre le problème de l'insuffisance de main-d'œuvre. Dans l'économie d'aujourd'hui, la compétition pour attirer les talents en affaires, en science et en technologie et pour remplacer les départs à la retraite° des *baby-boomers* est aussi importante que la compétition pour attirer le capital. Mais pour que l'immigration soit un avantage pour la France, il est indispensable que l'intégration aille de pair° avec l'immigration. Il faut assurer que les immigrés s'intègrent réellement sur le marché du travail, dans l'économie et dans la société. La France doit suivre le modèle américain de diversité. Si aux États-Unis on arrive à élire président un citoyen dont le père est né au Kenya, il est temps d'élire en France un citoyen compétent de souche africaine!°

La popularité d'une politique d'expulsion, dit l'ancien Premier ministre Laurent Fabius, est une «mise en garde contre ceux qui, parlant prétendument° au nom des valeurs françaises, prônent° aujourd'hui l'exclusion, l'égoïsme, le racisme et finalement la haine». D'ailleurs, on voit mal comment un projet d'expulsion peut être implémenté aujourd'hui en France. Ce qu'on peut voir, et d'une façon très claire, c'est que l'idée d'expulsion (et toute la xénophobie qui l'entoure) pourrait déclencher° en France des émeutes sociales et — éventuellement° — une guerre civile.

underhanded / encourage
founder
Caribbean (man)
Hands Off My Friend
widespread
retirement
go hand in hand with
of African roots
supposedly
encourage, preach
to set off
potentially

Sources: (1) © Cengage Learning
(2) TNS Sofres, «Baromètre 2014 d'image du Front national», http://www.tns-sofres.com/etudes-et-points-de-vue/barometre-2014-dimage-du-front-national

Avez-vous compris?

Dites si les phrases sont **justes** ou **fausses**, et corrigez les affirmations si vous pensez qu'elles sont fausses.

1. Le désir d'intégrer les immigrés en France est un programme des partis politiques de droite. J ______ F ______
2. Le Parlement européen utilise le mot «invasion» pour qualifier l'immigration. J ______ F ______

3. Selon Harlem Désir, une source des problèmes de la société française est le racisme. J ______ F ______
4. Dans l'économie mondiale, le besoin d'attirer des talents par le moyen de l'immigration est aussi important que le besoin d'attirer du capital. J ______ F ______

Qu'en pensez-vous?

1. Êtes-vous d'accord ou non avec l'assertion que l'immigration est la source des problèmes de la société? Expliquez votre réponse.
2. Pensez-vous que l'immigration puisse changer l'identité nationale d'un pays? Comment?
3. Trouvez-vous que les partis politiques ou certaines personnalités de la radio et de la télévision dans votre pays incitent les gens à la xénophobie? Expliquez votre réponse.
4. Pensez-vous que les immigrants doivent s'intégrer à leur pays d'accueil en apprenant et en parlant la langue de ce pays?
5. Selon l'Institut national de la statistique et des études économiques (INSEE), un immigré en France est «toute personne née de parents étrangers à l'étranger et qui réside sur le territoire français». Est-ce que cette définition ressemble à celle qui s'applique dans votre pays? Est-ce que le mot «immigré» a un sens péjoratif dans votre pays? Expliquez votre réponse.
6. Est-ce que l'immigration est le seul moyen de fournir aux entreprises la main-d'œuvre dont elles ont besoin?

LIENS INTERDISCIPLINAIRES

Avant de lire

Imaginez que vous êtes un «sans-papiers». Comment vivez-vous votre vie? Qui sont vos amis? De quoi avez-vous peur?

MAXPPP/DANIEL FOURAY/epa/Corbis

UN ALLER SIMPLE [EXTRAIT]

Aziz est un jeune délinquant sans famille, trouvé quand il était enfant dans une voiture abandonnée et recueilli par des Tsiganes°. Né en France mais ne possédant pas de carte d'identité, il s'est procuré de faux papiers indiquant qu'il est marocain, parce que les papiers français coûtaient beaucoup plus cher sur le marché noir. Dans l'extrait qui suit, Aziz vient de se faire arrêter par la police sans raison valable. Pignol, agent de police et ami d'enfance d'Aziz, lui annonce une étrange nouvelle…

— On va te ramener chez toi, Aziz.

J'ai remercié, mais ce n'était pas la peine°: je n'avais plus de «chez moi» […]; autant laisser la justice suivre son cours°.

— Tu n'as pas compris, Aziz. Te ramener chez toi, ça veut dire: dans ton pays.

— Mon pays?

— Le Maroc.

J'ai mis un temps à comprendre, et puis je me suis souvenu que sur mes papiers, en effet, j'étais marocain, mais comme ils auraient marqué° tunisien, algérien ou syrien; ça n'était pas une preuve°.

Tsiganes: Gypsies
ce n'était pas la peine: it wasn't worth the trouble
autant laisser la justice suivre son cours: might as well let justice run its course *(and stay in jail for the moment)*
ils auraient marqué: [the counterfeiters] could just as well have written
ça n'était pas une preuve: that didn't prove anything

— Ils veulent faire un exemple, Aziz. Ils sont obligés de te renvoyer d'où tu viens.

Alors là, j'ai dit: pardon. Je veux bien être un exemple, mais j'ai fait ma vie comme étranger en France; je ne vais pas la recommencer comme étranger dans un pays où je serai le seul à savoir que je ne suis pas chez moi. J'ai déjà eu assez de mal avec les Tsiganes. Je suis Aziz, fils d'Ami 6 de chez Citroën°, et je suis de Marseille comme toi, enfin, Pignol, quoi, merde! Ça se voit, ça s'entend°!

Mais je sentais bien que je n'avais pas d'arguments; même ma tête se retournait contre moi, j'étais le trahi complet. Pour ne pas pleurer devant lui, je lui ai dit de remercier le préfet° pour moi.

— Ça vient de plus haut, Aziz. Le gouvernement a pris des mesures contre les clandestins. Enfin... *pour* les clandestins. C'est une opération conjointe° avec les Droits de l'homme et l'OMI, l'Office des migrations internationales.

Et il m'a expliqué en gros que pour lutter contre le racisme en France, il fallait renvoyer les immigrés chez eux. J'ai continué à me taire°, mais ça me paraissait bizarre de lutter contre une idée en la mettant en pratique°. Il a ajouté que je prenais l'avion demain matin à Marignane°, et qu'un fonctionnaire spécialement affrété pour moi°, un «attaché humanitaire» ça s'appelait, allait m'accompagner au Maroc pour vérifier que tout se passait bien, me réinsérer, me trouver un travail, un logement, et, comme disait la circulaire du ministère°, «pouvoir donner à la France de bonnes nouvelles de ses amis retournés dans leur pays».

Il a conclu que l'attaché humanitaire aurait dû être là ce matin, mais il avait raté le TGV° et il prenait le suivant. J'ai dit que ça commençait bien, mais c'était pour faire le type dégagé°, qui prend la vie avec humour. En réalité j'étais complètement effondré°, Pignol aussi.

[...]

À cinq heures moins vingt, Pignol est revenu. Il évitait mon regard, mais j'avais eu le temps de réfléchir et je m'étais rassuré. Il a laissé tomber d'une voix molle°:

— Ton attaché est arrivé.

J'ai demandé, les jambes croisées, l'air de rien°:

— On lui a donné mes papiers?

— Oui.

— Bon, ben ça va, alors: il a vu que c'étaient des faux.

— Non.

J'ai arrêté de regarder mes ongles.

— Tout ce qu'il a vu, c'est que ton permis de séjour est périmé°.

Citroën: *brand and model of the car in which Aziz was found as a baby*
s'entend: you can hear it (in my accent)
préfet: regional authority, governor
conjointe: joint operation
me taire: to be quiet
en la mettant en pratique: by applying it
Marignane: the Marseilles airport
fonctionnaire spécialement affrété pour moi: civil servant especially chartered for me *(ironic)*
circulaire du ministère: official document
TGV: *Train à Grande Vitesse*
dégagé: to act cool
effondré: distraught
voix molle: in a toneless voice
l'air de rien: seemingly detached
périmé: expired

Il s'est assis près de moi sur le matelas, les mains entre les genoux, la tête basse. Mon inquiétude° est revenue d'un coup.

— Mais vous le lui avez dit, que c'était un faux?

Il n'a pas répondu tout de suite. Il a sorti son chewing-gum de sa bouche, s'est mis à le rouler entre son pouce et son index. Quand la boule a été bien lisse, il a déclaré que, de toute manière, qu'on le veuille ou non°, j'étais en situation irrégulière. J'ai protesté:

— Mais, Pignol, je le suis depuis que je suis né!

Il a crispé son visage° pour me faire taire.

— Il faut que tu comprennes une chose, Aziz: ça fait trois jours que la Brigade° a ces types° sur le dos, qu'ils réclament des clandestins, des clandestins, des clandestins! Ils sont dans un état°; on n'en peut plus°...

worry
whether we like it or not
contorted his face
squad, team
guys (here: from the ministry)
They're all worked up / we can't take it anymore

Source: Didier Van Cauwelaert, *Un aller simple* © Éditions Albin Michel, 1994, pp. 25–27

DISCUSSION

1. Pourquoi Aziz ne comprend-il pas l'expression «chez toi»?
2. Comment réagit-il à la nouvelle de son départ imminent pour le Maroc? Pourquoi?
3. Qu'est-ce qui fait comprendre au lecteur que Pignol est embarrassé par cette situation?
4. Selon Aziz, quelle est la position de la France vis-à-vis du racisme? Expliquez pourquoi cette position est paradoxale.
5. Quelle est la fonction de «l'attaché humanitaire» d'Aziz?
6. Quelle est la nationalité officielle d'Aziz? Pourquoi?
7. Pourquoi est-ce que l'attaché humanitaire ne voit pas que les papiers d'Aziz sont faux?
8. Pignol déclare: «On n'en peut plus...». À quoi fait-il référence?
9. Relisez soigneusement *(carefully)* le texte et notez tous les endroits où il y a un écart ironique *(ironic discrepancy)* entre la réalité et l'apparence. Quel effet cet écart a-t-il sur vous?
10. En quoi ce texte est-il une critique sociale?

Réplique et synthèse

A Questions de discussion

1. Quand on pense au mot «xénophobie», on l'associe à des mots comme «mépris», «haine», etc., mais, en fait, «xénophobie» (du grec, *xenos* = étranger) veut dire «*peur* de l'étranger». En réfléchissant aux origines de ce mot, commentez sur l'association entre «étranger» et «peur». De quoi pourrait-on avoir peur?

2. Comment est-ce que les problèmes liés à l'immigration se manifestent dans votre ville ou dans votre pays natal? Y a-t-il certains groupes ethniques qui rencontrent plus de discrimination que d'autres? Y a-t-il des groupes ethniques qui sont mieux acceptés que d'autres? Est-ce qu'on entend parler de crimes racistes ou de brutalité policière dans votre communauté? Existe-t-il des ghettos d'immigrés chez vous? Y a-t-il eu des émeutes violentes? Quelle en était la cause principale?

3. Nous avons beaucoup parlé de la discrimination contre les gens d'origine différente dans ce chapitre, mais il existe d'autres sortes de «racisme» ou d'autres formes de discrimination basée sur des idées préconçues. Quels autres groupes sont aujourd'hui victimes de ce genre de «racisme»? Quelle est la nature de la discrimination qu'ils rencontrent? Est-ce qu'elle est comme le racisme «pur et dur» *(hardcore)* ou est-ce qu'il y a des différences? Pensez aux personnes âgées, par exemple. Dans quelle mesure sont-elles victimes de la discrimination? À quelles autres situations semblables pensez-vous?

4. Quelle est votre définition du mot «citoyen»? À quoi est-ce que la citoyenneté vous donne droit? À votre avis, quelles sont les responsabilités et les obligations d'un(e) citoyen(ne)?

B Exposés

1. Choisissez un groupe ethnique dans votre pays qui n'est pas le vôtre. Expliquez à quelle époque et pour quelle(s) raison(s) les gens de ce groupe sont venus dans votre pays ou votre région, où ils se sont installés, comment la société les perçoit, quelles professions ils exercent, s'ils sont venus dans votre région *avec* ou *sans* l'intention de s'intégrer à la société…

2. Choisissez une organisation ou une personne qui lutte (ou qui a lutté) contre la discrimination, l'intolérance ou l'injustice, et décrivez-la pour vos camarades de classe. (Exemples: Amnesty International, Nelson Mandela, Rosa Parks, Toussaint Louverture, etc.)

3. Comment et dans quelles circonstances est-ce que les immigrés sont admis dans votre pays? Existe-t-il un système de «quotas»? Si oui, comment est-ce que les quotas sont déterminés? Quelles démarches faut-il suivre pour obtenir la permission d'immigrer?

4. **La «fuite des cerveaux»** *(brain drain).* Aux États-Unis, on donne la priorité pour l'immigration aux gens qui exercent des professions dont le pays a besoin (des ingénieurs et des infirmières, par exemple). Puisque les salaires sont plus élevés aux États-Unis, l'exode d'étrangers vers les États-Unis laisse leur pays d'origine sans travailleurs qualifiés. Pensez-vous que cette «fuite des cerveaux» soit injuste ou est-ce une simple réalité de la mondialisation?

C **Qui veut devenir millionnaire?** Chaque équipe d'étudiants doit écrire dix questions qui contiennent chacune une des structures de la liste ci-dessous. Ensuite, vous allez jouer le jeu! Quelle équipe va gagner? Attention! Les questions peuvent être difficiles, mais elles ne doivent pas être impossibles, et vous devez savoir la réponse correcte à vos propres questions!

Questions utilisant…

1. un article défini (**le, la, les**)
   Exemple: Quel fleuve est plus long, **la** Seine ou **le** Nil?

2. un article indéfini (**un, une, des**) ou un article partitif (**du, de la, de l'**)
   Exemple: Nommez **un** poète anglais qui a écrit **des** sonnets.

3. une expression de quantité (**beaucoup de, 50 grammes de, un bouquet de,** etc.)
   Exemple: Combien coûtent **100 grammes d'**or aujourd'hui?

4. un chiffre (**505, 2003**, etc.)
   Exemple: Juste ou faux? Il y a **435** représentants à la Chambre des représentants *(House of Representatives)* américaine.

5. un adjectif ou un pronom possessif (**mon, le mien**, etc.)
   Exemple: Dans l'histoire des *Trois petits cochons*, les deux premiers cochons ont construit **leurs** maisons en paille et en bois — en quoi est-ce que le troisième petit cochon a construit **la sienne**?

6. un adjectif ou un pronom démonstratif (**ce, celui**, etc.)
   Exemple: Dans *Le Seigneur des anneaux* l'épée de Frodon s'appelait «Dard» *(Sting)*. Comment s'appelait **celle** du roi Aragorn?

D Ouvertures créatives

1. Créez et «jouez» un message publicitaire pour encourager la tolérance. Si possible, faites une vidéo de votre présentation.
2. En petits groupes, créez des partis politiques dont le programme électoral vise la lutte contre la discrimination. Présentez des posters, des slogans, des discours politiques, etc. à la classe. Ensuite, organisez des élections!

Liens communautaires

La vie, le défi et les sentiments d'un immigré de ma communauté. Interviewez un immigré ou une immigrée dans votre communauté. De préférence, cherchez quelqu'un qui parle français. Discutez avec lui/elle de ses impressions et de ses difficultés à s'adapter à une nouvelle culture. Partagez ce que vous avez appris sur cet(te) immigré(e) avec la classe: Fournissez une brève biographie de sa famille et de lui/elle-même, expliquez la raison pour laquelle il/elle est venu(e) s'installer dans votre communauté, expliquez quels sont ses rêves et ses ambitions ainsi que les difficultés et les défis qu'il/elle rencontre, et ainsi de suite.

Rédaction guidée

Peer Review

A **Sujet.** « Le multiculturalisme: une réalité qu'il faut accepter ou à laquelle il faut résister? »

B **Orientation.** Dans ce chapitre, nous allons écrire notre première rédaction dialectique complète.

C **Avant d'écrire.** Pour écrire un bon devoir, n'oubliez pas de procéder par étapes. À chaque étape, soyez sûr(e) de relire la section «Rédaction guidée» de votre manuel qui traite de cette partie pour vous remettre les étapes en mémoire.

En groupes de deux à trois étudiants, discutez des questions suivantes:

1. Comment comprenez-vous le sujet? Quel aspect de ce sujet vaste allez-vous traiter?

Cette discussion va vous aider à limiter votre sujet et à préparer votre introduction, mais rappelez-vous qu'il ne faut pas écrire l'introduction tout de suite! L'introduction est la dernière partie que vous rédigerez, pour vous assurer qu'elle prépare bien le contenu de votre texte.

Ensuite, seul(e), commencez votre travail personnel.

2. **THÈSE:** Le multiculturalisme est une réalité qu'il faut accepter parce que… Complétez la phrase ci-dessus. Exprimez votre position sur le multiculturalisme selon votre discussion en petit groupe. Ensuite, écrivez trois points qui la soutiennent.

LA PHRASE:

1.

2.

3.

Développez finalement ces trois points en un paragraphe qui contient les éléments suivants: (Vous pourriez demander à un[e] autre étudiant[e] de les vérifier pour vous.)

- une phrase ou deux d'introduction: De quoi parle votre thèse?
- trois idées qui soutiennent la thèse
- un développement des idées 1, 2 et 3
- quand il est possible, des exemples qui clarifient votre point.
- une mini-conclusion: Comment pouvez-vous résumer et généraliser ce que vous venez d'exposer dans la thèse?

3. **ANTITHÈSE:** Le multiculturalisme est une réalité à laquelle il faut résister parce que…

Même travail que pour la thèse. Essayez de présenter la position de quelqu'un qui a un point de vue différent du vôtre. Mettez en avant *(bring forth)* les éléments de la façon de penser de cette personne qui vous semblent convaincants.

LA PHRASE:

1.

2.

3.

Vous avez maintenant la «structure» de votre antithèse. En développant ces trois points sous forme de paragraphe, assurez-vous que vous avez…

- une phrase ou deux d'introduction: De quoi parle votre antithèse?
- trois idées qui soutiennent votre antithèse
- un développement des idées 1, 2 et 3
- quand il est possible, des exemples qui vont clarifier votre point.
- une mini-conclusion (Comment pouvez-vous résumer et généraliser ce que vous venez d'exposer dans l'antithèse?)

4. **SYNTHÈSE.** Réfléchissez à la façon dont les deux points de vue opposés peuvent être dépassés. Votre synthèse contient-elle…

- ____________ un bref résumé de l'opposition exposée dans la thèse et l'antithèse?
- ____________ une résolution du conflit apparent qui propose un nouvel élément qui permet d'échapper à la contradiction originale?

5. **CONCLUSION.** Notez brièvement les points essentiels de votre devoir (essayez de ne pas répéter les mêmes mots, mais de résumer vos idées). Indiquez la conclusion que vous pouvez tirer de ce travail. Votre conclusion peut-elle vous amener à répondre à la question de votre introduction? Mentionnez ici votre opinion personnelle sur le sujet.

La conclusion contient-elle bien les éléments suivants?

- un résumé du contenu de la rédaction, *si la synthèse ne propose pas de résumé*
- au moins un élément de réponse à la question qui dirige votre rédaction, qu'elle soit explicite ou non
- votre opinion personnelle sur le sujet
- une *nouvelle* question, qui soulève de nouvelles réflexions à poursuivre ultérieurement, si vous le voulez

6. **INTRODUCTION.** Pensez à la façon dont vous allez poser la question principale de votre devoir. N'oubliez pas de donner un contexte à votre travail et d'expliquer pourquoi la question que vous allez aborder est importante. Quelle image illustrative pouvez-vous utiliser pour attirer l'attention de votre lecteur? Pour donner vie à cette image, pensez à la façon dont elle va mener à votre thèse.

   Est-ce que votre introduction contient les éléments suivants?

- un point de départ où vous établissez «ce que tout le monde sait»
- de nouveaux éléments moins connus
- un moyen d'attirer *(to attract)* l'attention du lecteur avec une anecdote, une image frappante, etc.
- une explication de la question que vous allez analyser
- l'annonce de la structure de votre devoir

7. Enfin, n'oubliez pas d'utiliser des mots connecteurs qui aideront votre lecteur à bien comprendre la structure de votre thèse: **Je vais montrer…, D'abord…, Ensuite…, De plus…, Donc…,** etc.
8. Retravaillez votre devoir plusieurs fois! Faites particulièrement attention aux erreurs de grammaire (accord du verbe avec son sujet, de l'adjectif avec le nom, etc.) et sémantiques. (Utilisez-vous bien un mot qui existe en français?)

   Bon courage!

CHAPITRE

8 Langue et société: Le statut de la langue française dans le monde

© iStockphoto.com/SimplyCreativePhotography

Objectifs communicatifs

COMMUNICATION

- **Point** Il faut supprimer le français en Afrique et revaloriser les langues et les cultures autochtones
- **Contre-point** Il faut valoriser et soutenir la langue française pour maintenir l'identité culturelle du Québec

LIENS GRAMMATICAUX

- Les pronoms relatifs
- Les pronoms relatifs sans antécédent

LIENS SOCIOCULTURELS

- Le français québécois

LIENS INTERDISCIPLINAIRES

- *Le Testament français* (Makine)

LIENS COMMUNAUTAIRES

- Un entretien sur le bilinguisme

Controverse: Ce chapitre examine le lien entre les langues et l'identité personnelle, sociale et nationale. Bien sûr, une langue est beaucoup plus qu'un système de signes. À l'échelle de l'individu, elle enrichit nos façons de penser, elle facilite des interactions avec toutes sortes de gens, et elle nous permet de voir le monde d'un autre point de vue. Au niveau du groupe social, elle joue un rôle fondamental dans la préservation et la transmission d'une culture et dans la création d'une fierté nationale. Il n'est donc pas surprenant que dans certains pays où les habitants parlent plus d'une langue on remarque des différences — et même des tensions — sociales. Dans de telles situations, on peut voir une langue devenir un instrument de pouvoir politique, et le choix de la langue peut prendre une importance idéologique.

La langue française jouit depuis très longtemps d'une importance mondiale; aujourd'hui c'est la langue officielle ou une langue co-officielle dans une quarantaine de pays ou de régions dans le monde entier. Les attitudes des habitants de ces pays et régions vis-à-vis du français nous permettent de constater l'importance quasi viscérale que les gens attachent à leur(s) langue(s).

Nous étudierons d'abord la situation plurilinguistique en Afrique noire où le français coexiste toujours avec des langues autochtones *(indigenous)* et où il jouit toujours du prestige d'une langue d'élite. Faut-il considérer la présence continue du français en Afrique comme un vestige du colonialisme indéracinable ou comme un fait justifié par l'utilité et l'universalité de cette langue mondiale? Enfin, nous étudierons la situation au Québec; dans ce cas-ci, c'est le français qui est menacé par un anglais monolithique. Pour affirmer et préserver leur identité culturelle, certains citoyens québécois mènent depuis longtemps une campagne pour proclamer la souveraineté de la langue française en interdisant la langue anglaise dans «La Belle Province». Ce sont des preuves incontestables de l'importance non seulement de la langue, mais aussi de la situation de communication.

Premières pensées

Les mots pour le dire

noms

anglophone (m., f.)	*someone who speaks English*
apprentissage (m.)	*learning*
colonie (f.)	*colony*
colonisation (f.)	*colonization*
colonisateur (m.)	*colonizer*
compétence (f.)	*competence*
ethnie (f.)	*ethnic group*
exploitation (f.)	*exploitation*
fierté (f.)	*pride*
francophile (m., f.)	*lover of French language and culture*
francophone (m., f.)	*someone who speaks French*
francophonie[1] (f.)	*the ensemble of French-speaking nations and regions*
langue (f.) maternelle	*native language, mother tongue native language*
lingua (f.) franca	*lingua franca, language used by people who do not have the same*
maîtrise (f.)	*mastery*
plurilinguisme (m.)	*use or coexistence of many languages*
ressentiment (m.)	*resentment*

verbe

rappeler qqch à qqn	*to remind someone of something*

adjectifs

anglophone	*English-speaking*
bilingue	*bilingual*
colonial(e)	*colonial*
cultivé(e)	*cultured, cultivated*
francophone	*French-speaking*

adverbes

couramment	*fluently*
quotidiennement	*on a daily basis*

[1]«**Francophonie**» avec majuscule fait référence à l'Organisation internationale de la Francophonie.

A **Définition du bilinguisme.** Chez un individu, le bilinguisme est la capacité d'utiliser des langues différentes au quotidien. En Afrique noire, par exemple, beaucoup de bilingues utilisent deux langues quotidiennement: celle de leur ethnie dans des situations sociales et une langue officielle (le français, l'anglais, etc...) pour certains échanges plus formels.

1. Quelles langues parlez-vous? Quelles langues voudriez-vous apprendre? Est-ce que votre raison de vouloir apprendre une langue varie selon la langue? (Par exemple, pourquoi est-ce que cela pourrait être intéressant d'apprendre l'arabe aujourd'hui? Le chinois? Peut-on défendre l'apprentissage du latin, du grec, du sanskrit, etc., aujourd'hui?)
2. Pourquoi étudier une langue étrangère? Pensez-vous que l'étude d'une autre langue peut vraiment changer votre façon de voir le monde? Expliquez votre réponse.
3. Il existe en français une expression, «une nation, une langue», pour expliquer le rôle unificateur d'une langue. Croyez-vous que cette expression soit conforme à la réalité? Connaissez-vous des pays où différentes langues jouent un rôle dans le/un conflit social?
4. Trouvez un exemple de gouvernement qui a essayé de faire disparaître une langue minoritaire dans son pays. Comment et pour quelles raisons a-t-on essayé d'éliminer cette langue? A-t-on réussi?
5. Pensez-vous que les États-Unis soient un pays bilingue (anglais/espagnol)? Expliquez votre réponse.

B **Le français dans le monde.** Le français existe depuis plusieurs siècles, et il se parle sur tous les continents.

1. Pourquoi est-ce qu'on parlait français à la cour impériale *(imperial court)* en Russie (et dans d'autres pays de l'Est) du 18e siècle jusqu'au début du 20e siècle? Si vous ne le savez pas, faites des recherches sur ce sujet.
2. Pourquoi parle-t-on français aujourd'hui au Sénégal, en Afrique du Nord et au Canada? Que savez-vous de l'attitude des Sénégalais et des Canadiens à l'égard de la langue française aujourd'hui?
3. Pour quelles raisons est-ce que le français est une des langues officielles du Comité national des Jeux Olympiques, des Nations unies, de l'OTAN, de la Croix-Rouge, du Croissant-Rouge, de l'Union européenne, de l'Organisation mondiale de la santé, de l'Organisation mondiale du commerce, etc.?

Point

Il faut supprimer le français en Afrique et revaloriser les langues autochtones

Les mots pour le dire

noms

analphabétisme (m.)	*illiteracy*
autochtone (m., f.)	*indigenous person, denizen*
bilingue (m., f.)	*bilingual person*
colonisé(e) (m., f.)	*colonized person*
crise d'identité (f.)	*identity crisis*
dilemme (m.)	*dilemma*
hégémonie (f.)	*hegemony, influence, dominance*
lettré(e) (m., f.)	*well-read person, intellectual*
mépris (m.)	*contempt*
métropole (f.)	*the "mother country" (as opposed to its colonies and/or overseas territories)*
outil (m.)	*tool*
peuple (m.)	*people, nation (e.g., the French people)*
public (m.)	*readership*
tradition (f.) orale/écrite	*oral/written tradition*

verbes

dédaigner	*to disdain, despise*
se détourner de	*to turn away from*
emprunter	*to borrow*
s'obstiner à + faire qqch	*to stubbornly insist on doing something*
se servir de	*to use, make use of*
valoriser / dévaloriser	*to affirm the value of /to denigrate*

pronoms: rappel *(reminder)*

celui, celle, ceux, celles	*the one, the ones, these, those*
le mien, le tien, le sien, le nôtre, le vôtre, le leur, etc.	*mine, yours, his/hers, ours, yours, theirs*

adjectifs

affectif (-ive)	*emotional*
analphabète	*illiterate*
conscient(e)	*aware*
curieux (-ieuse)	*strange, odd, curious*

autochtone	*native*
métropolitain(e)	*metropolitan (here, relating to "l'Hexagone")*
valorisé(e) / dévalorisé(e)	*affirmed/denigrated*

Étude de vocabulaire

A Synonyme. Choisissez le synonyme de la colonne de droite qui correspond à chaque mot de la colonne de gauche.

1. curieux	a. intellectuel
2. se détourner de	b. au courant
3. dilemme	c. domination
4. hégémonie	d. utiliser
5. conscient	e. problème
6. lettré	f. bizarre
7. se servir de	g. civilisé
	h. rejeter
	i. détester
	j. seulement

B Le choc des cultures. Deux instituteurs *(teachers)*, un Français et un Africain, discutent de leurs élèves et du conflit qui est parfois généré par la cohabitation de deux langues dans un seul pays. Complétez leur conversation en choisissant des mots de la liste suivante. Faites les changements nécessaires.

affectif	analphabétisme	crise d'identité	outil
autochtone	langue maternelle	dédaigner	emprunter
s'obstiner à	valoriser	dévaloriser	peuple

—Je suis vraiment frustré. Mes élèves ______________ rejeter le français. C'est bête! Le français est un ______________ merveilleux pour réussir dans la vie.

—Mais ils ont un lien *(bond)* ______________ avec leur ______________. Peut-être qu'ils ont l'impression que vous la ______________.

—Si j'ai donné cette impression, je suis désolé. J'ai beaucoup de respect pour les traditions ______________. Je vais essayer de trouver le moyen de ______________ leurs diverses langues et cultures. Je ne veux pas qu'ils souffrent d' ______________!

C **Des raccourcis *(Shortcuts)*.** Dans le Chapitre 7 du ***Cahier d'activités,*** nous avons étudié les pronoms démonstratifs et possessifs. Voici quelques phrases tirées de la lecture à la page 241, «Le bilinguisme colonial». Récrivez la partie soulignée de chaque phrase en remplaçant le pronom démonstratif ou possessif par le nom qui convient.

Modèle: [Dans le cas du colonialisme,] la possession de deux langues n'est pas seulement **celle** de deux outils, c'est la participation à deux royaumes psychiques et culturels.
la possession de deux outils

1. Or ici, *les deux univers symbolisés, portés par les deux langues, sont en conflit:* ce sont **ceux** du colonisateur et du colonisé.
2. En outre, la langue maternelle du colonisé, **celle** qui est nourrie de ses sensations, ses passions et ses rêves, … **celle**-là… est *la moins valorisée*. Elle n'a aucune dignité…
3. S'il veut [survivre et réussir], il doit d'abord se plier *(knuckle under)* à la langue des autres, **celle** des colonisateurs, ses maîtres.
4. Curieux destin que d'écrire pour un autre peuple que **le sien**!
5. Et ce mépris, … il finit par le faire **sien**.

De quoi parle-t-on?

La Bretagne, qui se trouve dans l'ouest de la France, se distingue des autres régions françaises parce que ses habitants sont d'origine celtique. Certains habitants parlent breton (une langue qui ressemble au gallois *[Welsh]*), et ils ont des costumes et des traditions uniques. Marielle Kervégan et Yannick Le Guélec, deux étudiants à l'université de Bretagne Occidentale, parlent de l'avenir du breton: que peut-on faire pour préserver cette culture «en voie d'extinction»? Écoutez leur conversation et dites si les phrases suivantes sont justes ou fausses. Si elles sont fausses, corrigez-les.

Vocabulaire utile «Fest-Noz» *soirée pendant laquelle on chante des chansons bretonnes, fait de la danse folklorique et boit des boissons bretonnes* «Ne ket gwir!» *Ce n'est pas vrai!* On a beau essayer *Try as one might* enregistrements (m.) *recordings*

1. Yannick veut voir des écoles bilingues en Bretagne. J ______ F ______
2. Marielle pense que c'est bon signe que le gouvernement intervienne pour préserver la langue bretonne. J ______ F ______
3. Yannick est plus optimiste que Marielle sur la survivance de la culture bretonne. J ______ F ______
4. Marielle admire les Américains qui ont préservé les langues de leurs ancêtres. J ______ F ______

Liens grammaticaux

LES PRONOMS RELATIFS

Quand on veut donner des explications ou des définitions, ou quand on veut créer des phrases plus longues et plus sophistiquées, on utilise souvent des **pronoms relatifs.** Consultez le Chapitre 8 du ***Cahier d'activités*** pour en apprendre davantage, et faites l'exercice suivant.

La culture francophone: «Soleil qui brille hors de l'Hexagone[2]»!

Lisez ce texte qui exprime une autre attitude vis-à-vis de la langue française en Afrique, et complétez chaque phrase en mettant le pronom relatif approprié.

qui que dont où lequel (laquelle, lesquels, lesquelles)

1. Léopold Sédar Senghor était un Sénégalais ________________ était admiré dans le monde entier.
2. Après avoir étudié dans des écoles françaises au Sénégal, il est allé en France, ________________ il a fait des études supérieures de lettres *(humanities)*.
3. C'était un étudiant ________________ la maîtrise de la langue française était étonnante, et il est en fait devenu écrivain.
4. Après le départ des colonisateurs français du Sénégal, c'était ce poète brillant ________________ a été élu le premier président de cette nouvelle nation.
5. Senghor n'a jamais considéré la langue française comme une arme *(weapon)* avec ________________ les colonisateurs ont soumis les peuples africains.
6. Pour lui, le français n'est pas du tout la «propriété» des Français métropolitains, mais plutôt un phénomène culturel (à)________________ tous les peuples francophones peuvent contribuer.
7. Senghor nous a dépeint une France et une langue française ________________ les langues et les cultures des *autres* pays francophones ont aussi beaucoup influencées.

---

[2]Léopold Sédar Senghor, «Le français, langue de culture». *Esprit,* n° 311, novembre 1962, p. 844 (extrait)

Lecture

Remue-méninges: Un dilemme

Pour certains intellectuels africains, la présence continue du français sur leur continent est un vestige du colonialisme qui dévalorise les langues maternelles et qui isole les écrivains africains de leur peuple. Prenons comme exemple le cas du Sénégal, un pays d'Afrique de l'Ouest et une ancienne colonie française. Voici quelques chiffres qui nous aideront à discuter de la complexité de la situation linguistique dans un tel pays.

- Nombre de groupes majeurs ethniques différents ± 9
- Nombre de langues autochtones principales parlées ± 6
- Pourcentage de gens qui parlent le wolof (une langue autochtone) comme langue maternelle ± 40%
- Pourcentage des Sénégalais qui parlent le wolof comme *lingua franca* 90%
- Pourcentage des Sénégalais qui savent lire et écrire ± 50%
- Pourcentage des hommes sénégalais qui comprennent et parlent le français ± 15-20%
- Pourcentage des femmes sénégalaises qui comprennent et parlent le français ± 12%
- Nombre de personnes dans le monde qui comprennent et parlent le français ± 220 millions
- Langue d'instruction dans les universités sénégalaises: le français
- Décennie où l'on a créé un système d'écriture pour la langue wolof, qui était jusque-là largement orale: les années soixante

Maintenant, le dilemme: Vous êtes sénégalais(e), le wolof est votre langue maternelle et vous avez fait des études supérieures à Dakar. Vous voulez devenir écrivain. Dans quelle langue allez-vous écrire vos poèmes et vos romans? Dans votre langue maternelle ou en français?

Avec des camarades de classe, faites une liste du pour et du contre de chaque langue. Citez des raisons pratiques, des raisons économiques, des raisons affectives, etc.

Source: France diplomatie, "Présentation du Sénégal", Dossiers-pays, www.diplomatie.gouv.fr, janvier 2014.

Bibby/Financial Times/REA/Red/Redux

LE BILINGUISME COLONIAL

Tunisien arabophone, Albert Memmi est à la fois philosophe, sociologue et écrivain. Dans ses essais, «Portrait du colonisateur» et «Portrait du colonisé», il essaie de répondre à la question «Comment le colonisateur et le colonisé arrivent-ils tous les deux à trouver normale une situation d'inégalité et d'exploitation qui est fondamentalement injuste?». Bien que ses ouvrages datent de 1957, ils restent l'une des explications les plus lucides de cette mentalité. Dans le «Portrait du colonisé», Memmi parle entre autres choses du dilemme linguistique du colonisé. Grâce au système scolaire européen que le colonisateur a instauré chez lui, il a maintenant la possibilité de faire des études. Mais toute sa scolarité s'effectue dans la langue du colonisateur; pendant tout le reste de sa vie, il se sentira déchiré (torn), *toujours conscient d'avoir trahi sa langue maternelle.*

Le colonisé n'est sauvé de l'analphabétisme que pour tomber dans le dualisme linguistique. S'il a cette chance°. La majorité des colonisés n'auront jamais la bonne fortune de souffrir les tourments du bilinguisme colonial. Ils ne disposeront jamais que de leur langue maternelle; c'est-à-dire une langue ni écrite ni lue, qui ne permet que l'incertaine et pauvre culture orale.

De petits groupes de lettrés s'obstinent, certes°, à cultiver la langue de leur peuple, à la perpétuer dans ses splendeurs savantes et passées°. Mais ces formes subtiles ont perdu, depuis longtemps, tout contact avec la vie quotidienne, [et] sont devenues opaques pour l'homme de la rue. Le colonisé les considère comme des reliques, et ces hommes vénérables comme des somnambules°, qui vivent un vieux rêve.

[...]

Muni° de sa seule langue, le colonisé est un étranger dans son propre pays.

luck

of course

to keep alive its wise splendors from the past

sleepwalkers

Equipped with

Dans le contexte colonial, le bilinguisme est nécessaire. Il est condition de toute communication, de toute culture et de tout progrès. Mais le bilingue colonial n'est sauvé de l'emmurement° que pour subir une catastrophe culturelle, jamais complètement surmontée. [...]

[Dans le contexte du colonialisme], la possession de deux langues n'est pas seulement celle de deux outils, c'est la participation à deux royaumes° psychiques et culturels. Or ici, *les deux univers symbolisés, portés par les deux langues, sont en conflit*: ce sont ceux du colonisateur et du colonisé. [...]

[La langue maternelle du colonisé] n'a aucune dignité dans le pays ou dans le concert des peuples°. S'il veut obtenir un métier, construire sa place, exister dans la cité et dans le monde, il doit d'abord se plier à° la langue des autres, celle des colonisateurs, ses maîtres. Dans le conflit linguistique qui habite le colonisé, sa langue maternelle est l'humiliée, l'écrasée°. Et ce mépris, ... il finit par le faire sien. De lui-même°, il se met à écarter° cette langue infirme°, à la cacher aux yeux des étrangers, à ne paraître à l'aise que dans la langue du colonisateur. En bref, le bilinguisme colonial... est un *drame linguistique*.

On s'étonne que le colonisé n'ait pas de littérature vivante dans sa propre langue. Comment s'adresserait-il à elle, alors qu'il la dédaigne? Comme il se détourne de sa musique, de ses arts plastiques, de toute sa culture traditionnelle? Son ambiguïté linguistique est le symbole, et l'une des causes majeures, de son ambiguïté culturelle. Et la situation de l'écrivain colonisé en est une parfaite illustration.

[...]

Supposons qu'il ait appris à manier° sa langue, jusqu'à la recréer en œuvres écrites, qu'il ait vaincu son refus profond de s'en servir; pour quoi écrirait-il, pour quel public? S'il s'obstine à écrire dans sa langue, il se condamne à parler devant un auditoire de sourds°. Le peuple est inculte° et ne lit aucune langue, les bourgeois et les lettrés n'entendent que celle du colonisateur. Une seule issue° lui reste, qu'on présente comme naturelle: qu'il écrive dans la langue du colonisateur. [...]

Curieux destin que d'écrire pour un autre peuple que le sien! Plus curieux encore que d'écrire pour les vainqueurs° de son peuple! On s'est étonné de l'âpreté° des premiers écrivains colonisés. Oublient-ils qu'ils s'adressent au même public dont ils empruntent la langue? Ce n'est, pourtant, ni inconscience°, ni ingratitude, ni insolence. À ce public précisément, dès qu'ils osent parler, que vont-ils dire sinon leur malaise° et leur révolte? Espérait-on des paroles de paix de celui qui souffre d'une longue discorde? De la reconnaissance pour un prêt si lourd d'intérêt°?

being walled up [that is, from social and intellectual progress]
realms
agreement of people of the world / submit to
the crushed one
By himself, / discard / weak (inferior)
handle
deaf people / uncultured
One way out
conquerors
fierceness
obliviousness
discomfort
Gratitude for a loan with such a high interest rate?

Source: Albert Memmi, *Portrait du colonisé, précédé du portrait du colonisateur,* Payot Éditions, 1973

Avez-vous compris?

Selon le texte que vous venez de lire, est-ce que ces affirmations sont justes ou fausses? Si elles sont fausses, corrigez-les.

1. Le fait de pouvoir faire des études est un avantage incertain *(mixed blessing).* J ____ F ____
2. La majorité des autochtones d'une colonie européenne a honte de sa langue et de sa culture maternelles. J ____ F ____
3. On peut réussir et même être respecté si on ne peut pas parler la langue du colonisateur. J ____ F ____
4. Un bilinguisme comme celui dont parle Memmi peut engendrer des difficultés psychologiques chez l'individu. J ____ F ____
5. L'écrivain africain qui écrit dans sa langue maternelle va sans doute avoir un grand nombre de lecteurs très cultivés. J ____ F ____
6. Bien qu'ils s'adressent à un public plutôt européen, les auteurs africains adoptent un ton un peu hostile en parlant de l'Europe. J ____ F ____

Qu'en pensez-vous?

1. Albert Memmi a écrit ce texte avant que les pays africains n'aient obtenu leur indépendance. Comment imaginez-vous que la situation linguistique en Afrique a évolué depuis l'indépendance?
2. Memmi suggère que le fait d'être trop bien instruit *(too well educated)* peut causer des problèmes. De quel problème parle-t-il ici? Pouvez-vous trouver d'autres difficultés éventuelles *(possible)*? Imaginez, par exemple, un jeune issu de la classe ouvrière qui obtient un doctorat: quelles difficultés pourrait-il éprouver?
3. Pourquoi est-ce que les colonisés ne défendent pas leurs langues maternelles plus vigoureusement? On voit là une des conséquences du racisme internalisé. Quels exemples de ce phénomène peut-on observer aujourd'hui dans votre pays?
4. Pensez-vous que les attitudes un peu agressives contre les ex-colonisateurs se soient adoucies *(softened)* en Afrique, plus de cinquante ans après l'indépendance des colonies? Expliquez votre réponse.
5. Repensez à la conversation à la fin de la section **Remue-méninges** que vous avez eue avant de lire ce texte. Si vous étiez sénégalais(e), écririez-vous en français ou dans votre langue maternelle? Comment est-ce que le Sénégal pourrait promouvoir le wolof comme seule langue officielle du pays? Qui est-ce qui s'y opposerait probablement? Expliquez votre réponse.

LIENS SOCIOCULTURELS

LE FRANÇAIS QUÉBÉCOIS

Samuel de Champlain a fondé la ville de Québec en 1608. Un siècle plus tard, 90.000 colons français vivaient en Amérique du Nord; au milieu du 18e siècle, quand le Canada est passé définitivement sous l'autorité britannique, la langue française canadienne et la langue française métropolitaine ont commencé à diverger, et chacune a évolué à sa façon. Trois facteurs en particulier ont influencé le développement distinctif du français québécois: 1) l'adoption de mots inuits et amérindiens; 2) la persistance de mots archaïques des 17e et 18e siècles qui ont disparu du français métropolitain; 3) l'influence de l'anglais.

Synonyme. Choisissez le synonyme en «français métropolitain» qui correspond à chaque mot québécois de la colonne de gauche.

mot québécois	équivalent en français métropolitain
1. un manitou	a. un renne *(reindeer)*
2. un char (vieux: *carriage*)	b. une chanson
3. un toune	c. un bar
4. Ferme-toi la trappe!	d. une personne importante
5. un caribou	e. s'amuser
6. watcher	f. faire du shopping
7. tof	g. une voiture
8. magasiner	h. regarder
9. un abreuvoir (vieux: *watering trough*)	i. Tais-toi!
10. avoir du fun	j. difficile

DISCUSSION

1. Combien de mots archaïques y a-t-il dans cette liste de mots québécois? Combien de mots sont probablement empruntés à des langues autochtones? Combien de mots sont plutôt des anglicismes?
2. Connaissez-vous des différences entre l'anglais britannique et l'anglais nord-américain? Lesquelles?
3. Quels facteurs influencent l'évolution d'une langue? Pensez-vous que les langues évoluent plus rapidement ou plus lentement aujourd'hui? Expliquez votre réponse.

Contre-point

Il faut valoriser et soutenir la langue française pour maintenir l'identité culturelle du Québec

Les mots pour le dire

noms	
atout (m.)	*advantage, asset*
avenir (m.)	*future*
déclin (m.)	*decline*
force (f.)	*strength*
langue (f.)	*language*
~ dominante	*most-used, dominant language*
~ minoritaire	*minority language*
~ véhiculaire	*lingua franca*
part (f.)	*portion, share*
partie (f.)	*piece*
référendum (m.)	*election, referendum*
souci (m.)	*worry*
souveraineté (f.)	*sovereignty, independence*
taux (m.) de	*rate of*
~ natalité	*birth rate (rate of birth)*
verbes	
appartenir à	*to belong to*
craindre	*to fear*
dépendre de	*to depend on*
être favorable à	*to favor, approve of*
instaurer	*to establish*
maintenir	*to maintain*
miner	*to undermine, to eat away at*
prévoir	*predict*
rendre qqn / qqch + adj.	*to make someone / something + adj.*
adjectifs	
démographique	*demographic*
fier (fière) (de)	*proud (of)*
habile	*skillful*
expressions	
de plus en plus (de moins en moins)	*more and more (less and less)*
plus… plus (plus… moins, etc.)	*the more. . . the more (the more. . . the less)*
Plus tu es petit, moins tu es important.	*The smaller you are, the less important you are.*
Ça va rendre le français désuet.	*That will make French obsolete.*

Étude de vocabulaire

A Définitions et synonymes. Choisissez le synonyme ou la définition qui correspond à chaque mot ou expression.

1. atout	a. préserver
2. instaurer	b. avoir peur de
3. la souveraineté	c. la préoccupation
4. maintenir	d. affaiblir
5. être favorable à	e. royauté
6. prédire	f. dextre, adroit
7. craindre	g. avantage
8. habile	h. mettre en place
9. miner	i. espérer
10. le souci	j. spéculer sur l'avenir
	k. l'indépendance
	l. trouver bon

B Un peu de traduction *(A bit of translation).* Certaines structures causent parfois des problèmes pour les anglophones. Traduisez les phrases suivantes pour montrer votre maîtrise de la langue française!

1. My brother has a part of my share.
2. She speaks French more and more fluently.
3. Everything depends on him.
4. That makes them happy.
5. The more I watch French movies, the more I understand.

De quoi parle-t-on?

Aline, immigrante. Aline est une Française qui a émigré au Québec. Elle parle avec Monique, une de ses nouvelles amies québécoises, de la situation linguistique de «La Belle Province». Écoutez leur conversation et dites si les phrases suivantes sont justes ou fausses.

1. Aline travaille pour une agence de placement *(employment agency).* J ______ F ______
2. Aline pense qu'elle parle bien anglais. J ______ F ______
3. La dame avec qui elle a parlé lui a fait des compliments sur la qualité de son anglais. J ______ F ______
4. Selon Aline, les Français ont une définition plus rigoureuse du «bilinguisme» que les Québécois. J ______ F ______

Liens grammaticaux

LES PRONOMS RELATIFS SANS ANTÉCÉDENT

Quelquefois, la personne ou la chose à laquelle le **pronom relatif** fait référence ne se trouve pas dans la phrase. Dans ce cas-là on met le pronom **ce** devant le pronom relatif.

Comparez:

Voici **le livre dont** tu as besoin.	Voici **ce dont** tu as besoin.
Here's the book you need.	*Here's what you need.*

Consultez le Chapitre 8 du ***Cahier d'activités*** pour en apprendre davantage, et faites l'exercice suivant.

Un séjour linguistique. Kathy aime beaucoup le français et elle tient à le parler couramment. Elle écrit à son professeur de français pour lui expliquer l'idée géniale qu'elle vient d'avoir. Complétez son courriel en ajoutant le pronom relatif approprié, avec le pronom **ce,** quand c'est nécessaire. Utilisez: **qui, que, dont, lequel (laquelle, etc.), où, ce qui, ce que, ce dont.**

Chère Madame Albertson,

J'espère que vous passez de bonnes vacances. J'ai une bonne idée ____________ (1) je voudrais vous expliquer. Vous savez que je veux continuer à progresser en français; à mon avis, ____________ (2) j'ai besoin maintenant, c'est de faire un séjour linguistique à l'étranger. Je viens de recevoir de la documentation décrivant un programme ____________ (3) me semble très intéressant. C'est un programme intensif ____________ (4) la description me semble très prometteuse. Le programme est offert à Montréal, une belle ville dans ____________ (5) on peut se promener entre les cours. Génial, n'est-ce pas? ____________ (6) m'inquiète un peu, c'est l'accent québécois. Croyez-vous que j'aurai des difficultés de compréhension? Je l'adore, cet accent, et je pense qu'après quelques jours, mon oreille s'y habituera, mais j'aimerais avoir votre avis.

S'il vous plaît, dites-moi ____________ (7) vous pensez de mon idée. J'attends votre réponse avec impatience!

Kathy

Lecture

Remue-méninges: Le Québec: Une province divisée

Selon le recensement *(census)* de 2011, la population du Québec est d'environ 7,9 millions d'habitants, dont 95% ont quelque sorte de connaissance de la langue française. Pour 80% d'entre eux, le français est soit leur langue maternelle soit la langue qu'ils parlent chez eux. Depuis toujours, les Québécois se sont considérés comme différents des autres Canadiens, et ils ont souvent pris l'initiative d'affirmer leur identité culturelle. En 1977, par exemple, ils ont signé la Charte de la langue française, qui donnait au français le statut de la seule langue officielle dans la province du Québec, dans le but «d'assurer la qualité et le rayonnement de la langue française» dans la civilisation nord-américaine. La charte voulait aussi «faire du français la langue de l'État et de la loi aussi bien que la langue normale et habituelle du travail et de l'enseignement, des communications, du commerce et des affaires». Mais dans les années 90, le désir de certains Québécois de sortir de la Confédération canadienne est devenu plus fort, et en 1995 s'est tenu un référendum qui leur a donné l'opportunité de s'exprimer sur la question de l'indépendance politique du Québec.

Voici le résultat de ce référendum:

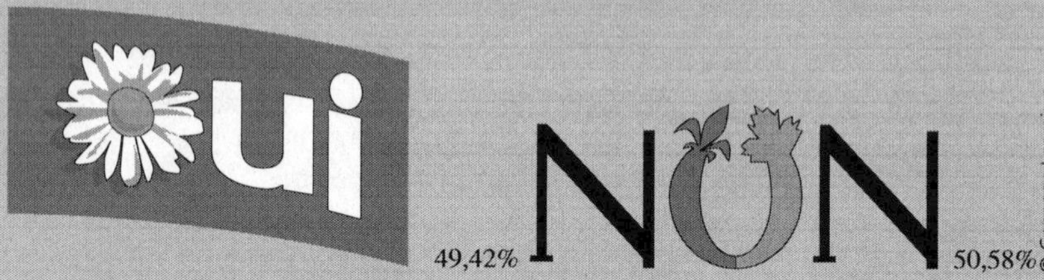

Essayez d'imaginer le raisonnement des Québécois qui ont participé à ce référendum. Faites une liste des raisons de se séparer du reste du Canada, et des raisons de rester une province de ce grand pays. Comment interprétez-vous le résultat du référendum? À votre avis, est-ce que le Québec aurait dû choisir de devenir indépendant? Pourquoi ou pourquoi pas?

Comme vous le savez, conformément aux résultats du référendum de 1995, le Québec ne s'est pas séparé de la Confédération canadienne. Pourtant, l'inquiétude vis-à-vis de la survie de la culture française dans le Nouveau Monde a persisté. En 1999, quatre ans après les résultats très serrés *(close)* du référendum, dans un éditorial du *Devoir* (journal quotidien québécois de langue française), Yves Beauchemin affirmait que, pour conserver la langue et la culture françaises au Québec, les Franco-canadiens devaient militer.

Selon lui, il faut lutter de toutes ses forces contre l'adversaire que représente la langue anglaise. Et les preuves qu'il avance pour démontrer la nature urgente de cet appel aux armes sont, malheureusement, très convaincantes et malgré la date de son article, restent pertinentes aujourd'hui.

Source: © Cengage Learning

PARLER FRANÇAIS, POUR COMBIEN DE TEMPS?

Michael DeFreitas/DanitaDelimont.com

Parler une langue peut être vu comme un acte strictement individuel. Les mots qui se forment dans notre tête et la coloration que nous leur donnons dans notre voix ou nos écrits dépendent, après tout, de notre seule volonté.

Mais parler une langue, c'est aussi un geste politique. Parler anglais à New York, n'est-ce pas, d'une certaine façon, afficher son appartenance au bloc culturel américain? Parler kurde en Irak, catalan en Espagne, acadien au Nouveau-Brunswick, c'est affirmer un choix, exprimer une opinion, parfois prendre des risques. Les langues ne flottent° pas dans une sorte d'abstrait culturel. Elles reposent sur des bases économiques et sociopolitiques. La force d'une langue — et son avenir — dépendent donc de la force collective de ceux qui la parlent. Se questionner sur le français au Québec, c'est se questionner sur nous-mêmes.

float, hang

Quelle est la situation des Québécois au Canada? Leur poids démographique y fond à vue d'œil°. En 1995, la part du Québec dans la population canadienne passait sous le seuil des 25%. Plus tu es petit, moins tu es important. Le Canada anglais en a pris bonne note° et, de plus en plus, décide sans nous consulter de choses nous concernant.

Their demographic weight (importance) is visibly diminishing / took notice of it

Comment se porte le français dans les neuf provinces anglaises? Il disparaît. À l'extérieur du Québec, moins de 3% des Canadiens le parlent encore à la maison. Nos arrière-grands-parents rêvaient d'un Canada biculturel. Leur rêve est bien mort. [...]

Les problèmes démographiques qui fragilisent la position du Québec dans le Canada ont commencé, sous une autre forme, à miner les bases du français au Québec même. De 62,7% en 1961, la proportion des personnes de langue maternelle française dans l'île de Montréal[3] était tombée à 53,4% en 1996 et ce déclin continue. On prévoit qu'au niveau de la langue d'usage cette proportion passera sous les 50% peu après 2006.[4] Les causes? Baisse de la natalité, exode des francophones vers la banlieue, attraction encore très forte de l'anglais sur les immigrants, sentiment chez plusieurs d'entre eux, lorsqu'ils arrivent au Québec, de s'établir non pas chez un peuple majoritairement français mais dans la province minoritaire d'un pays anglophone. À l'intérieur de la région métropolitaine, notre majorité reste plus nette, mais là aussi nous perdons du terrain°. Déjà difficile, la francisation° des immigrants le deviendra encore davantage, car, pour franciser, il faut des francophones! Le centre nerveux° du Québec parlera de plus en plus anglais ou, en tout cas, de moins en moins français. Qu'arrivera-t-il alors? Rien de bon pour notre langue. [...]

Qu'a donc de si nocif° le bilinguisme? Ne représente-t-il pas une richesse? Au plan individuel, oui, bien sûr. Parler deux langues — ou trois ou quatre — c'est un atout. Mais appliqué de façon collective et institutionnelle, le bilinguisme au Québec ne peut que menacer le français.

En effet, dans une Amérique massivement anglaise, [le bilinguisme] fera peu à peu de l'anglais le dénominateur commun et la langue passe-partout° sur le continent et finira, tôt ou tard, par rendre le français désuet° au Québec. Pourquoi parler ou apprendre une langue qui ne serait pas utile en toutes circonstances, alors que sa rivale le serait?

Nos difficultés sont aggravées par la guerre impitoyable que mène désormais Ottawa° contre le Québec. Oh! cette guerre est bien ancienne (1759, 1837, 1917–18, 1970, 1982, et cetera); elle a souvent été larvée°, elle a parfois connu des accalmies°, mais elle n'a jamais cessé. La quasi-victoire du Oui au référendum de 1995, paniquant le Canada anglais, a porté [cette guerre] à une intensité inouïe°, car les partisans d'un pays

losing ground
"Frenchification"
nerve center
toxic
all purpose
extinct, archaic
the merciless war that the federal government (in the capital city, Ottawa) is fighting from now on against Québec.
latent
quiet periods
unheard of

[3]L'Île de Montréal est l'île la plus peuplée du Canada. Trois-quarts de la population de l'île habite la ville de Montréal. Il y a aussi une douzaine d'autres municipalités qui se trouvent sur l'île. Vingt-cinq pour cent de la population du Québec habite l'île de Montréal. Depuis très longtemps c'est le centre des enjeux linguistiques au Québec.

[4]Mais il faut noter que la population dont la langue maternelle est l'anglais a subi une baisse encore plus majeure dans l'île de Montréal (de 24% à 17 %). La population qui croît est celle des gens dont la langue maternelle n'est ni le français ni l'anglais: leur pourcentage a doublé de 15% jusqu'à 31%.

unitaire, encore tout suants° de peur, ont décidé d'écraser° une fois pour toutes le mouvement d'émancipation nationale québécois. [...]

Si nous refusons de voir les conséquences pourtant si prévisibles de la présente situation; si nous hésitons à nous montrer au moins aussi habiles, audacieux et coriaces° que nos adversaires, il nous faudra alors accepter l'idée d'une disparition inévitable du français au Québec, dernier carré° de résistance après tant de batailles perdues à travers le continent.

Il suffirait pourtant de nous élever à la hauteur des circonstances pour obtenir cette chose qui, de tout temps, nous a appartenu mais qui nous a toujours si cruellement manqué: la liberté, dans toute sa plénitude° et sa magnifique concrétisation: le premier État français d'Amérique.

Source: Yves Beauchemin, *Le Devoir,* mardi 9 mars 1999.

sweaty / squash
tough, strong
corner
abundance

Avez-vous compris?

Lisez les affirmations qui suivent et décidez si elles sont justes ou fausses. Si elles sont fausses, corrigez-les.

1. L'auteur de l'article veut voir un Québec indépendant. J ____ F ____
2. Le français est en train de disparaître au Québec. J ____ F ____
3. Au niveau de l'individu, le bilinguisme est négatif. J ____ F ____
4. L'importance du français va augmenter dans les centres métropolitains du Québec. J ____ F ____
5. La population du Québec diminue. J ____ F ____

Qu'en pensez-vous?

1. Où voit-on dans ce texte qu'Yves Beauchemin éprouve des sentiments d'amertume *(bitterness)* vis-à-vis du Canada anglophone?
2. Dans la mesure où *(Since)* l'anglais devient de plus en plus la *lingua franca* de l'économie mondiale, quels arguments pour apprendre le français présenteriez-vous à un ami canadien anglophone?
3. Pour vous, est-ce que la situation du bilinguisme au Canada est essentiellement la même que celle du plurilinguisme au Sénégal et dans les autres pays francophones en Afrique? Expliquez votre réponse.
4. Y a-t-il des débats linguistiques dans votre pays? Faites le même genre d'analyse de la situation dans votre pays que Beauchemin a fait du Québec.
5. Parler une langue: qu'est-ce que cela symbolise pour vous? Est-ce simplement un outil de communication? Un acte politique? Une source de fierté culturelle? Expliquez votre réponse.

LIENS INTERDISCIPLINAIRES

LE TESTAMENT FRANÇAIS

Ce roman, écrit en français par un immigré russe, a gagné le plus grand prix littéraire de France – le Prix Goncourt. C'est l'histoire d'un jeune russe dans les années soixante et soixante-dix. Avec sa famille, il vivait à Saranza, une ville industrielle assez grande sur la Volga, mais chaque année il partait en Sibérie avec sa sœur pour passer l'été chez sa grand-mère Charlotte, une Française qui avait vécu la plus grande partie de sa vie en Russie.

Chez la grand-mère Charlotte, les enfants entraient dans un autre monde. Chez elle, ils parlaient français et Charlotte leur racontait des histoires de la France de la fin du 19e et du début du 20e siècle, recréant une démocratie pleine de charme, d'élégance et de poésie. Si différent de la Russie, c'était un monde aussi magique que celui d'un conte de fées.

Ne connaissant pas très bien l'histoire européenne, le jeune Russe et sa sœur se sont construit une réalité imaginaire de ce qu'était la France, basée sur les descriptions données par la grand-mère Charlotte. Peu à peu le jeune narrateur arrive à comprendre qu'il n'est pas comme les autres Russes de sa ville. Le fait qu'il parle une autre langue lui permet de voir la Russie «de l'extérieur». Il se rend compte que la réalité imaginaire que lui a léguée sa grand-mère Charlotte le rend profondément différent de ses compatriotes...

Sachant que leur grand-mère française est «différente», les enfants trouvent cela quand même normal de parler français en famille. Mais ils constatent aussi que les histoires que Charlotte leur raconte sont capables de les transporter dans un monde légendaire, que le narrateur voit comme une deuxième Atlantide (Atlantis). *Pendant plusieurs soirées, Charlotte leur raconte l'histoire de la visite en France de Nicolas et d'Alexandra — l'accueil chaleureux du président Félix Faure, les dîners de cérémonie, les sorties au théâtre, les poèmes récités en leur honneur, etc. Or, le Tsar et la Tsarine qu'ils rencontrent plus tard à l'école russe sont loin d'être ce prince et cette princesse charmants.*

Note aux étudiants: en lisant ce texte, ne cherchez *pas* les définitions des mots dans le menu du banquet. Les enfants qui le regardaient ne le comprenaient pas non plus.

[En racontant cette histoire,] Charlotte dépliait un vieux journal, l'approchait de sa lampe à l'abat-jour° turquoise et nous annonçait le menu du banquet donné en l'honneur des souverains russes à leur arrivée à Cherbourg°:

lampshade
a port city

Potage
Bisque de crevettes
Cassolettes Pompadour
Truite de la Loire braisée au sauternes
Filet de Pré-Salé aux cèpes
Cailles de vigne à la Lucullus
Poulardes du Mans Cambacérès
Granités au Lunel
Punche à la romaine
Bartavelles et ortolans truffés rôtis
Pâté de foie gras de Nancy
Salade
Asperges en branches sauce mousseline
Glaces Succès
Dessert

Comment pouvions-nous déchiffrer° ces formules cabalistiques°? *Bartavelles et ortolans°! Cailles° de vigne à la Lucullus!* Notre grand-mère, compréhensive°, cherchait des équivalents en évoquant [des aliments] très rudimentaires qu'on trouvait encore dans les magasins de Saranza. Ravis, nous goûtions ces plats imaginaires agrémentés° de la fraîcheur brumeuse° de l'océan (Cherbourg!).

decipher / arcane
partridges and small songbirds / Quail / understanding
garnished, seasoned / misty, foggy

[...]

[Parlant au couple impérial, le président Faure évoque la langue française, disant qu'elle] «n'est pas pour vous une langue étrangère». [...]

Nous nous regardâmes, ma sœur et moi, frappés d'une même illumination: « [...] qui n'est pas pour vous une langue étrangère». C'était donc cela, la clef de notre Atlantide! La langue, cette mystérieuse matière, invisible et omniprésente, qui [nous permettait de vivre cette autre réalité]. Mais surtout, elle palpitait en nous, telle une greffe°, fabuleuse dans nos cœurs, couverte déjà de feuilles et de fleurs, portant en elle le fruit de toute une civilisation. Oui, cette greffe, le français.

graft, transplant

[C'était la langue française qui permettait au narrateur et à sa sœur d'«accompagner» le couple impérial au théâtre à Paris, et d'écouter des acteurs sur la scène réciter un beau poème sur la Russie, évoquant la couleur d'or de ses immenses champs de blé, et la blancheur pure de sa neige.]

Pour la première fois de ma vie, je regardais mon pays de l'extérieur, de loin, comme si je ne lui appartenais plus. Transporté dans une grande capitale européenne, je me retournais pour contempler l'immensité des champs de blé° et des plaines° neigeuses sous la lune. Je voyais la Russie en français! J'étais ailleurs. En dehors de ma vie russe. Et ce déchirement° était si aigu° et en même temps si exaltant que je dus° fermer les yeux. [...]

wheat fields
plains
wrench, split / sharp, poignant / *passé simple* of *devoir*

[Quand les enfants retournent à Saranza, à l'école, et à la langue russe, leur vision de cette Atlantide française se cache derrière la vie quotidienne. Le narrateur apprend à l'école que le Tsar Nicolas était un tyran sanguinaire, mais il voit aussi dans sa tête un autre Nicolas, élégant et beau. Pour lui, il s'agit de deux Nicolas différents, l'un aussi réel que l'autre, mais qui ne se connaissent pas. Il se rend compte qu'aucun autre de ses camarades de classe n'a cette «double vision».]

Donc, je voyais autrement! Était-ce un avantage? Ou un handicap, une tare°? Je n'en savais rien. Je crus pouvoir expliquer cette double vision par mes deux langues: en effet, quand je prononçais en russe «tsar», un tyran cruel se dressait° devant moi; tandis que le mot «tsar» en français s'emplissait° de lumière, de bruits, de vent, d'éclats de lustres°, de reflets d'épaules féminines nues, de parfums mélangés — de cet air inimitable de notre Atlantide. [...]

defect
loomed / filled itself
chandeliers

[Une autre expérience a confirmé cette perception du narrateur. Un jour d'hiver, il fait la queue pendant très longtemps devant un magasin d'alimentation pour acheter quelques fruits, qui étaient bien rares en Russie en hiver. Enfin arrivé jusqu'à la porte du magasin, il est rejoint par sa sœur; à deux, ils pourront acheter une double quantité de cette marchandise rationnée. La foule en colère qui les fixe de regards haineux finit par expulser les deux enfants pour s'être insérés. Ils se retrouvent au bout de la queue, sachant qu'il ne restera rien quand ils arriveront pour la seconde fois à la porte du magasin. Le narrateur est triste et déprimé.]

Et c'est comme venant d'une autre planète que j'entendis soudain la voix de ma sœur. [...]: —Te rappelles-tu: *Bartavelles et ortolans truffés rôtis?* [...]

Elle rit doucement.

Et moi, en regardant son visage pâle aux yeux qui reflétaient le ciel d'hiver, je sentis mes poumons° s'emplir d'un air tout neuf — celui de Cherbourg — à l'odeur de brume salée, des galets° humides sur la plage, et des cris sonores de mouettes dans l'infini de l'océan.[...]

lungs
pebbles

Bartavelles et ortolans... *[Le narrateur sait bien que lui et sa sœur sont comme tous ces autres gens anonymes qui font la queue devant un magasin d'alimentation une journée d'hiver triste et grise en Russie [...]]*

Et pourtant, en entendant les mots magiques, appris au banquet de Cherbourg, je me sentais différent d'eux. Non pas à cause de mon érudition (je ne savais pas, à l'époque, à quoi ressemblaient ces fameux bartavelles et ortolans). Tout simplement, l'instant qui était en moi — avec ses lumières brumeuses et ses odeurs marines — avait rendu relatif tout ce qui nous entourait: cette ville et sa carrure° très stalinienne, cette attente° nerveuse et la violence obtuse de la foule°. Au lieu de la colère entre ces gens qui m'avaient repoussé, je ressentais

appearance / wait
crowd

towards them / by squinting slightly / aromas / algae / seagulls / original / words

maintenant une étonnante compassion à leur égard°: ils ne pouvaient pas, en plissant légèrement les paupières°, pénétrer dans ce jour plein de senteurs° fraîches des algues°, des cris de mouettes°, du soleil voilé... Une terrible envie de le dire à tout le monde me saisit. Mais le dire comment? Il me fallait inventer une langue inédite° dont je ne connaissais pour l'instant que les deux premiers vocables°: bartavelles et ortolans...

Andreï Makine, *Le Testament français* © Mercure de France, 1995.

DISCUSSION

1. Pourquoi est-ce que le narrateur et sa sœur voient un lien entre la France et l'Atlantide?

2. Rappelez-vous que le narrateur et sa sœur comprennent très peu le contenu du menu du banquet donné en l'honneur du Tsar et de la Tsarine. Comment peut-on «lire» ce menu sans en comprendre les mots? (C'est-à-dire, quelles impressions avez-vous de ce banquet, des invités, de la vie française au 19e siècle, etc.?)

3. Cherbourg, c'est le port sur la Manche *(English Channel)* en Normandie où le couple impérial a débarqué en France et où a eu lieu le banquet. Quels sons, odeurs, sensations physiques et images visuelles associez-vous à la plage? Les galets *(smooth, flat "skipping stones")*, les mouettes *(seagulls)*, la brume *(fog, mist)*, l'eau salée *(saltwater)*, les algues. (Continuez la liste, en citant autant d'autres images que possible.) Combien d'images les simples mots «Cherbourg», «port», «Normandie» et «mer» imprimés sur une feuille de papier ont-ils évoquées pour vous? À votre avis, pourquoi est-ce que ces images sont si évocatrices pour ces jeunes russes?

4. Que veut dire le narrateur quand il évoque les deux prononciations du mot «tsar»? Expliquez comment les mots/concepts peuvent être perçus de façons différentes dans deux contextes différents.

   «un ami» (pour un Américain et pour un Français)
   «le voile islamique à l'école publique» (pour un Américain et pour un Français)
   «la globalisation» (pour quelqu'un d'un pays du Sud et pour quelqu'un d'un pays du Nord)
   «la langue française» (pour un Québécois et pour certains Africains)

5. La nourriture apparaît dans deux endroits dans cet extrait. Comparez ces deux situations. Pourrait-on dire aussi que la nourriture prend un sens métaphorique dans le texte? Expliquez votre réponse.

6. Pourquoi est-ce que sa sœur rappelle au narrateur les **bartavelles et ortolans truffés rôtis** de la carte de la grand-mère Charlotte? Quel effet ce souvenir a-t-il sur lui? Comment est-ce que cela change son attitude vis-à-vis des autres gens qui font la queue pour acheter de la nourriture?

Réplique et synthèse

A Discussion

1. Quels problèmes est-ce que le bilinguisme peut causer dans un pays?
2. Est-ce désirable d'encourager et de protéger les cultures minoritaires aux États-Unis? Pourquoi ou pourquoi pas? Si oui, comment y parvenir?
3. Quels sont les avantages et les inconvénients pour les anglophones de la domination de la langue anglaise/américaine dans le monde d'aujourd'hui? Quels sont les bénéfices (personnels, professionnels, économiques, politiques) de parler une ou plusieurs langue(s) étrangère(s)? Devrions-nous encourager l'apprentissage des langues étrangères aux États-Unis? Si oui, comment?
4. Que savez-vous de l'éducation bilingue/biculturelle dans les écoles publiques et privées aux États-Unis? (Comment est-ce que cela marche? Quels en sont les résultats?)
5. Dans quelle mesure est-ce que la *façon* de parler sa langue maternelle (vocabulaire, accent, diction, grammaire, etc.) peut présenter un avantage ou un inconvénient dans la vie personnelle et professionnelle?
6. Boutros Boutros-Ghali (ancien Secrétaire général de l'ONU) a qualifié le français de «seule alternative pratique à une mondialangue», disant qu'il «incarne la langue de la différence par excellence, une langue "non alignée"». Qu'est-ce qu'il suggère sur l'*importance* et le *potentiel* de cette langue — selon lui, quel rôle peut-elle jouer que l'anglais ne peut pas?
7. Pour quelles raisons la France a-t-elle intérêt à encourager l'apprentissage et l'usage de la langue française dans le monde hors de la métropole?

B Débats

1. Est-ce que nous devrions avoir une charte aux États-Unis — pour déclarer, par exemple, que l'anglais est la seule langue officielle du pays ou pour reconnaître l'importance croissante de l'espagnol? Pourquoi ou pourquoi pas?
2. Est-ce possible d'être un(e) véritable citoyen(ne) d'un pays sans parler la langue ou (une des langues officielles) de ce pays? Expliquez.
3. Pensez-vous qu'une culture puisse survivre même si on ne parle plus la langue qui la véhicule? Expliquez.

C Recherches

1. Choisissez un endroit dans le monde où on parle (ou on a parlé) plus d'une langue et préparez un exposé à présenter à vos camarades de classe. Présentez les raisons historiques, géographiques, politiques ou autres qui expliquent la présence de plus d'une langue, et parlez de la situation actuelle: Est-ce que les deux langues fleurissent? Est-ce que l'une d'entre elles est en déclin? Est-ce

qu'elle a carrément disparu? Vous pouvez parler des pays francophones ou d'autres cas intéressants (par exemple, à une certaine époque aux États-Unis, la plupart des habitants de Martha's Vineyard "parlaient" anglais et la langue des signes *(sign language)* — pourquoi?).

2. Faites des recherches sur une langue que vous ne connaissez pas, mais qui vous intéresse. Apprenez quelque chose sur sa structure, sa grammaire, ses liens avec d'autres langues, les endroits où elle est parlée, etc. Enseignez quelques mots ou expressions de cette langue à vos camarades de classe.

3. **L'histoire des mots.** Cherchez les origines des mots suivants ou d'autres mots qui vous intéressent:
   français: anorak, assassin, barbare, bureau, bistro, café, canif, capitaine, choucroute, Louisiane, redingote, tête, transat, travail, vasistas, xénophobe, zéro
   anglais: buckaroo, entrée, goblin, gumbo, love (*en tennis*), mascara, Michigan, moose, parka, patio, sauna, sherry, taxi, thug, Timbuktu (*comme dans la phrase:* "from here to Timbuktu"), toboggan, tote

4. **Les langues de la France.** Bien que le français soit la seule langue officielle de la France, ce n'est pas la seule langue qu'un visiteur peut entendre en visitant le pays. Malgré son unité linguistique relative, la France demeure une nation plurilingue, avec sept langues (en plus du français) parlées à l'intérieur de ses frontières. Cherchez à la bibliothèque ou sur des sites Internet pour trouver les autres langues qui sont parlées en France.

5. Trouvez le nom d'un auteur qui n'écrit pas dans sa langue maternelle (Casanova, Ying Chen, Da Sijie, Joseph Conrad, Anna Moï, Léopold Sédar Senghor, Tahar Ben Jelloun, Julien Green, Samuel Beckett, Vladimir Nabokov, Julia Kristeva, Brunetto Latini, Nancy Huston, Eugène Ionesco, Érasme, etc.) et faites des recherches à son sujet. Pourquoi est-ce que cette personne a choisi d'écrire dans une langue qui n'est ou n'était pas «la sienne»?

6. Trouvez quelles études il faut faire aujourd'hui pour devenir traducteur (-trice) ou interprète. Où est-ce que ces gens travaillent et que font-ils exactement? Il y a un proverbe italien qui dit «Traduttore, tradittore» («Le traducteur est un traître») — êtes-vous d'accord avec ce proverbe?

D **Jeu: Tout le monde n'est pas bilingue!** Tout le monde n'est pas bilingue et ceux qui ne le sont pas doivent apprendre à faire des circonlocutions quand ils ont besoin d'un mot qu'ils ne connaissent pas. Ce qui suit est un jeu qui va vous aider à pratiquer la circonlocution.

La veille *(the day before)* du jeu, divisez la classe en deux équipes. Chaque membre de chaque équipe doit trouver trois ou quatre objets que ses camarades pourraient vouloir acheter pendant un voyage dans un pays francophone. Il s'agit d'objets qu'ils ne savent probablement pas nommer en français. Écrivez le nom anglais de chaque objet sur un morceau de papier et ajoutez les initiales de votre nom et prénom. Le jour du jeu, tous les mots de l'équipe A vont dans un sac et ceux de l'équipe B dans un autre. Un membre de l'équipe A tire un mot du sac de l'équipe B et, sans gestes ou autres moyens visuels, explique le mot à son équipe. Si les membres de son équipe devinent le mot dans les limites de temps indiquées par le professeur, cette équipe marque un point. S'ils échouent, l'étudiant(e) dont les initiales sont marquées sur le papier doit expliquer le sens du mot au professeur, de façon satisfaisante, sans lire la définition dans ses notes. Si l'étudiant(e) est incapable de le faire, son équipe perd un point. Avant de passer au mot suivant, enseignez à vos camarades de classe le vrai mot français pour cet objet.

quelque chose, un objet, une chose, un truc *(thing)*	pour (+ infinitif)
un médicament	qui est utilisé(e) pour (+infinitif)
un produit	qu'on utilise pour (+ infinitif)
un appareil	dont on se sert pour (+ infinitif)
un outil	avec (dans, sur, sous, etc.) lequel/laquelle (etc.) on… (+ verbe conjugué)
une sorte de	

Modèle: **clothes hanger**—*C'est un objet (généralement en métal ou en plastique) sur lequel on met ses vêtements quand on les range dans un placard.* — Ça s'appelle un cintre ou un porte-manteau.

E Ouvertures créatives

1. Sur Internet (en utilisant un moteur de recherche français) ou ailleurs, trouvez une histoire traditionnelle issue d'une culture francophone et transformez-la en un sketch à présenter à la classe.
2. Effectuez des recherches sur une destination francophone (trouvez aussi des photos) et faites une brochure pour encourager des touristes francophones à y aller. Vous pouvez aussi préparer un sketch dans lequel les acteurs sont soit des vacanciers potentiels soit l'agent de voyages qui leur décrit différentes destinations touristiques.
3. Trouvez la recette d'un plat typique d'un pays francophone, préparez-le pour le reste de la classe et apportez-le en classe le jour fixé pour la dégustation *(tasting)*.

Liens communautaires

Un entretien sur le bilinguisme. Cherchez dans votre communauté une personne bilingue, francophone si possible, et interviewez-la sur le bilinguisme. Avant de prendre rendez-vous avec cette personne, préparez des questions, de préférence en en discutant avec des camarades de classe. (Quelles langues parlez-vous? À quel âge avez-vous commencé à étudier une deuxième langue? Est-ce qu'il y a des débats linguistiques dans votre pays d'origine? etc.). Ensuite, imprimez votre interview et comparez-la avec les interviews d'autres camarades de classe. Y a-t-il des points similaires? Lesquels? Y a-t-il des différences? Lesquelles?

Rédaction guidée

Peer Review

A **Sujet.** «Le bilinguisme aux États-Unis est-il souhaitable?»

B **Orientation.** Dans ce chapitre, nous allons écrire une deuxième rédaction dialectique complète.

C **Avant d'écrire.** Pour écrire un bon devoir, nous allons procéder par étapes. À chaque étape, assurez-vous de relire la section pertinente des pages «**Rédaction guidée**» dans les chapitres précédents de *Controverses* pour vous «rafraîchir les idées»: par exemple, quand vous préparerez le plan de votre devoir, relisez la section sur le plan au chapitre 3.

1. Comment comprenez-vous le sujet? Quel aspect de ce vaste sujet allez-vous traiter? Quelle langue est susceptible de devenir une deuxième langue maternelle aux États-Unis? Pourquoi? En quoi la situation des États-Unis diffère-t-elle de la situation du Québec et de l'Afrique? En quoi est-elle similaire? Discutez de ces questions avec deux or trois autres étudiants. Cette discussion va vous aider à limiter le sujet de votre rédaction et à préparer votre introduction, mais rappelez-vous qu'il ne faut pas l'écrire tout de suite! L'introduction est la dernière partie que vous rédigerez pour vous assurer qu'elle prépare bien vos lecteurs au contenu de votre texte.

   Ensuite, seul(e), commencez votre travail personnel.

2. THÈSE: **Le bilinguisme aux États-Unis est souhaitable parce que…**

   Écrivez une phrase qui résume cette position. Ensuite, écrivez trois points qui la soutiennent.
   Résumez de votre position: ______________________________

   1. ______________________________

   2. ______________________________

   3. ______________________________

   Quand vous aurez écrit cette partie, assurez-vous qu'elle contient bien les éléments suivants: (Vous pouvez demander à un[e] autre étudiant[e] du cours de vérifier aussi pour vous!).

   - ______ une phrase ou deux d'introduction: De quoi parle votre thèse?
   - ______ trois idées principales qui soutiennent votre thèse
   - ______ un développement des idées 1, 2 et 3
   - ______ quand c'est possible, des exemples qui clarifient votre point
   - ______ une mini-conclusion: Comment pouvez-vous résumer et généraliser ce que vous venez d'exposer dans la thèse?

3. ANTITHÈSE: **Le bilinguisme aux États-Unis n'est pas souhaitable parce que...** Même travail que pour la thèse. Présentez la position de quelqu'un qui pense le contraire des déclarations dans la thèse. Mettez en avant *(Highlight)* les éléments de cet autre point de vue qui vous semblent logiques.
   1. ____________________
   2. ____________________
   3. ____________________

   Vous avez donc maintenant le «squelette» de votre antithèse. De plus, avez-vous...

   - _____ une phrase ou deux d'introduction? (De quoi parle votre antithèse?)
   - _____ trois idées principales qui soutiennent votre thèse?
   - _____ un développement des idées 1, 2 et 3?
   - _____ quand c'est possible, des exemples qui vont clarifier votre point?
   - _____ une mini-conclusion? (Comment pouvez-vous résumer et généraliser ce que vous venez d'exposer dans l'antithèse?)

4. SYNTHÈSE. Réfléchissez à la façon dont les deux points de vue opposés peuvent être dépassés. Quels sont les obstacles au bilinguisme aux États-Unis? Dans quelle mesure le bilinguisme est-il inévitable?
   Votre synthèse contient-elle...

   - _____ un bref résumé de l'opposition exposée dans la thèse et l'antithèse?
   - _____ l'introduction d'un troisième élément qui détruit l'opposition binaire?
   - _____ une résolution du conflit apparent qui propose un nouvel élément qui permet d'échapper à la contradiction originale?

5. CONCLUSION. Notez brièvement les points essentiels de votre devoir (essayez de ne pas répéter les mêmes mots, mais de résumer vos idées). Indiquez la conclusion que vous pouvez tirer de ce travail. Votre conclusion peut-elle vous amener à répondre à la question de votre introduction? Mentionnez ici votre position personnelle sur le sujet.La conclusion contient-elle bien les éléments suivants?

   - _____ un résumé du contenu de la rédaction, **si la synthèse ne propose pas de résumé**
   - _____ au moins un élément de réponse à la question qui dirige votre rédaction, qu'elle soit explicite ou non
   - _____ votre opinion personnelle sur le sujet
   - _____ une **nouvelle** question, qui pointe dans la direction de nouvelles recherches à faire ultérieurement (facultatif)

6. **INTRODUCTION.** Pensez à la façon dont vous allez poser la question principale de votre devoir. N'oubliez pas de donner un contexte à votre travail. Par exemple, faites quelques recherches sur Internet ou ailleurs sur le bilinguisme aux États-Unis. Ensuite, expliquez en quoi la question qui vous préoccupe est importante. Quelle image illustrative pouvez-vous utiliser pour attirer *(to attract)* l'attention de votre lecteur/lectrice? Pour donner vie à cette image, pensez à la façon dont elle va mener à votre thèse. Est-ce que votre introduction contient les éléments suivants?
   - _____ un début avec «ce que tout le monde sait»
   - _____ de nouveaux éléments moins connus (par exemple, le nombre de bilingues aux États-Unis, le nombre d'hispanophones, etc.)
   - _____ un moyen d'attirer l'attention du lecteur avec une anecdote, une image frappante,...
   - _____ une explication de la question que vous allez analyser
   - _____ des renseignements de fond
   - _____ l'annonce de ce qui va suivre, la structure de votre devoir
   - _____ une question dominante, à laquelle l'ensemble de votre devoir va essayer de répondre
7. Après avoir écrit votre introduction, essayez de trouver un moyen d'y reprendre votre anecdote ou image frappante, etc.
8. Enfin, n'oubliez pas d'utiliser des mots connecteurs qui aideront votre lecteur à bien comprendre la structure de votre thèse: **Je vais montrer...**, **D'abord...** , **Ensuite...** , **De plus...** , **Donc...** , etc.
9. Relisez votre devoir plusieurs fois!

Lexique français–anglais

This glossary includes terms that appear in the active vocabulary lists as well as those used in the exercises that might be unfamiliar to students. It does not include words and expressions that are generally learned in elementary-level courses, and other low-frequency words used in ***Controverses***.
List of abbreviations:

adj. adjective
adv. adverb
f. feminine
fam. familiar
inf. infinitive
m. masculine
pl. plural
pp. past participle
qch. quelque chose
qn. quelqu'un
sing. singular
subj. subjunctive

A

à to, at, in
  ~ **bientôt** see you soon
  ~ **cause de** because of
  ~ **contre-courant** against the tide
  ~ **l'égard de** concerning, as regards
  ~ **l'étranger** abroad
  ~ **la fois** at once, both
  ~ **moins que...** *(+ subj.)* unless
  ~ **partir de** from (a certain point in time)
  ~ **peu près** approximately
  ~ **plein temps** full-time
  ~ **savoir** namely
  ~ **temps partiel** part-time
  ~ **travers les ans** through the years
  ~ **un sens** one-way; one-sided
  ~ **votre avis** in your opinion
abaisser to lower *(something)*
abandon *(m.)* [school] withdrawal (from classes)
abord: d'~ first, in the first place
aborder to approach, get started on
aboutir (à) to result (in)
abri *(m.)* shelter
  mettre à l'~ de to shelter from, protect from
absolument absolutely
absurde absurd
accéder (à) to reach, attain; *[informatique]* to access
accompagner to accompany
accompli done, finished, accomplished
  fait *(m.)* ~ accomplished fact
accord *(m.)* agreement, understanding
  être d'~ avec to be in agreement with
accorder (à) to grant (to)
accoutumer (à) to accustom (to)
  s'~ (à) to get used to
accrocher to hang (from), to hook (to)
  s'~ à to hang onto, cling, be attached to
accroissement *(m.)* increase, growth
accroître to increase
accueil *(m.)* welcome, reception
  terre d'~ country of asylum
accueillir to welcome
achat *(m.)* purchase
acheter to buy, purchase
acquérir to acquire
acquisition *(f.)* acquisition
acteur (-trice) *(m/f)* actor/actress
actif/active active; working
actuel(le) current, present
actuellement at present, currently

adapté(e) à suited for
adapter to adapt *(something)*;
  ~ (à) to fit (to)
  s'~ (à) to adapt, adjust (to)
adhérent(e) member, subscriber
adhésion *(f.)* membership; support
adolescent(e) adolescent, teenager
affaiblir to weaken
affaiblissement *(m.)* weakening
affaire(s) *(f.)* business
  femme *(f.)* **d'~s** businesswoman
  homme *(m.)* **d'~s** businessman
  partager ses ~s to share one's things
affectif (-ive) emotional
affermir to strengthen
afficher to put up, display
afin que *(+ subj)* in order that, so that
agacer to annoy
âgé(e) old
  moins ~(e) younger
  plus ~(e) older
agir to act; to take action
  De quoi s'agit-il? What is it about?
  il s'~ de it is about . . .
  qu'il s'agisse de... ou de... whether it be about . . . or . . .
agréable nice, pleasant
agresser to attack, be aggressive towards
agressif (-ive) aggressive
agriculteur (-trice) *(m/f)* farmer
aides *(f. pl.)* **sociales** social services
aider to help
ailleurs elsewhere
  par ~ otherwise, moreover
aimer to like, love
  ~ bien to like, be fond of
ainsi thus, (in) this way
aisance *(f.)* comfort, easy circumstances
ajouter to add
ajuster to adjust, to arrange
alcool *(m.)* alcohol
aliment *(m.)* food item
  ~s *(pl.)* food
alimentation *(f.)* diet, food, supply
aller to go
alphabétisation *(f.)* literacy
  taux *(m.)* **d'~** literacy rate
amalgame *(m.)* combination, mixture
ambitieux (-euse) ambitious
amélioration *(f.)* improvement
améliorer to improve
  s'~ to improve (oneself)
aménagement *(m.)* development
amertume *(f.)* bitterness
ami(e) *(m/f)* friend
  ~ d'enfance childhood friend
amical(e) friendly
amitié *(f.)* friendship
  maintenir une ~ to maintain a friendship
  se lier d'~ avec to make friends with
  sens *(m.)* **de l'~** sense, conception of friendship
amour *(m.)* love
ampoule électrique *(f.)* light bulb
amusant(e) amusing, funny
an *(m.)* year
analphabète illiterate
analphabétisme *(m.)* illiteracy
ancêtre *(m/f)* ancestor
anchois *(m.)* anchovy
ancien(ne) old, ancient, former
  Ancien Régime *(m.) the political and social structures of pre-Revolutionary France*
anglais *(m.)* English
anglophone *(adj.)* English-speaking
  ~ *(m/f)* English speaker
animal (*pl* animaux) *(m.)* animal
animateur (-trice) *(m/f)* leader, organizer
année *(f.)* year
anniversaire *(m.)* birthday, anniversary
annonce *(f.)* announcement
antidépresseur *(m.)* antidepressant
apercevoir: s'~ to notice, remark
apparence *(f.)* **physique** physical appearance
appartenir (à) to belong (to)
appeler to call
  s'~ to be called
applaudir to applaud, clap
application *(f.)* application
apporter to bring, provide
apprécier to appreciate
apprendre to learn

apprentissage *(m.)* learning
apprêter to dress, get ready
  s'~ (à) to get ready (to), prepare (for)
apprivoiser to tame
approche *(f.)* approach
approuver to approve
après after
  ~ J.C. a.d. (Anno Domini)
  ~ que after
argent *(m.)* money
  ~ de poche spending money, allowance
  économiser de l'~ to save money
arme *(f.)* gun, weapon
  permis *(m.)* **de port d'~** gun permit
arracher to tear out/off
arrêter to arrest, to stop
  s'~ to stop (oneself)
arriver to arrive, to happen
art *(m.)* art
  œuvre *(f.)* **d'~** work of art
asiatique Asian
asile *(m.)* asylum, refuge
  droit d'~ *(m.)* right of asylum
aspirateur *(m.)* vacuum
  passer l'~ to vacuum
assaut *(m.)* **(de)** assault, attack (on)
assez rather, enough
assiette *(f.)* plate
assimiler à: s'~ to assimilate
assistant(e) social(e) *(m/f)* social worker
assurance *(f.)*: **compagnie** *(f.)* **d'~** insurance company
assurer to assure; to insure
athée *(m/f)* atheist
atout *(m.)* advantage, asset
atteindre to reach, achieve, attain
atteinte *(f.)* **(à)** attack (on)
attendant: en ~ que *(+ subj.)* until
attendre to wait for
  s'~ à to expect *(something)*
  attentes *(f. pl.)* expectations
attention *(f.)* attention
  Attention! Careful!
  faire ~ (à) to pay attention (to)
attirer to attract
attribuer to attribute
au:
~ lieu de instead of, rather than
~ même titre que just as
~ sein de within
aube *(f.)* dawn
audacieux (-euse) bold, daring
augmentation *(f.)* increase
augmenter to increase
aujourd'hui today
autant as much
  d'~ moins all the less
  d'~ plus all the more
auteur *(m.)* author
autochtone native
automne *(m.)* autumn, fall
autonome autonomous
autoriser to authorize
autoritaire authoritarian
autoroute *(f.)* highway
autour de around
autre *(adj.) (m/f)* other
  de l'~ côté on the other hand
autrefois formerly
autrement differently
  ~ dit in other words
  ~ que other than
autrui others, other people
avant before
  ~ J.C. B.C. (Before Christ)
  ~ que *(+ subj.)* before
  mettre en ~ to bring forth, to emphasize
avantage *(m.)* advantage
avantageux (-euse) advantageous
avenir *(m.)* future
aventure *(f.)* adventure
avertir to warn, to inform
avis *(m.)* opinion
avoir to have
  ~ à to have to
  ~ besoin de to need
  ~ confiance en to have confidence in; to trust
  ~ droit à to be entitled to
  ~ (le) droit de to have the right to
  ~ faim to be hungry
  ~ la chance to have good luck

~ **le souci de** to take care to
~ **lieu** to take place
~ **peur** to be afraid
~ **raison** to be right
~ **tort** to be wrong
avortement *(m.)* abortion
avouer to confess, to admit

B

baccalauréat *(m.)* high school diploma
baisse *(f.)* fall, decline, cut
être en ~ to be dropping, falling
baladeur *(m.)* MP3 player
bande *(f.)* group of friends; gang
banlieue *(f.)* suburb
en ~ in the suburbs
bas(se) low
base *(f.)* **de données** database
bâtiment *(m.)* building
battre to beat [opponent]; to break [a record]
se ~ to fight
beaucoup much, a lot
bénéfice *(m.)* benefit
tirer ~ to make a profit
bénéficier to benefit
bénéfique *(adj.)* beneficial
besoin *(m.)* need
avoir ~ de to need
en cas de ~ in case of need
subvenir à ses ~s to make ends meet, make enough to live on
bête stupid, silly
biactif: couple *(m.)* **~** dual-income couple
bibliothèque *(f.)* library
bien well
~ **élevé(e)** well-mannered, well-brought-up
~**-être** *(m.)* well-being
~ **que** *(+ subj.)* although
~ **rémunéré(e)** well-paid, well-paying
~ **sûr** of course
bienfait *(m.)* kindness, benefit, beneficial effect
bientôt: à ~ see you soon
bijou *(m.)* jewel
bilan *(m.)* **de santé** medical checkup
bilingue bilingual
blague *(f.)* joke, hoax
blé *(m.)* wheat
blesser to hurt
blog *(m.)* blog
bloguer to blog
boire to drink
bois *(m.)* wood, woods
boisson *(f.)* drink, beverage
boîte *(f.)* **à lettres électronique** email mail box
bonheur *(m.)* happiness
bon vivant *(m.)* [person] full of life
bouc émissaire *(m.)* scapegoat
boule *(f.)* **de cristal** crystal ball
bouleversement *(m.)* upheaveal
bouleverser to upset
bourse *(f.)* **d'études** scholarship
boursier (-ière): être ~ to be on scholarship
bout *(m.)* [rope] end
joindre les deux ~s to make ends meet
boycotter to boycott
bras *(m.)* arm
(se) serrer dans les ~ to hug
bref (brève) brief, short
brièvement briefly
bureau *(m.)* office
but *(m.)* goal, purpose, objective

C

cacher to hide
cadeau *(m.)* gift, present
cadre *(m.)* frame, setting
~ **de référence** frame of reference
~ **(supérieur)** (senior) executive, manager
café *(m.)* [drink] coffee, [place] café
calendrier *(m.)* **scolaire** school calendar
camarade *(m/f)* **de classe** classmate
caméra *(f.)* **(de surveillance)** *(surveillance)* camera
campagne *(f.)* countryside, campaign
~ **publicitaire** advertising campaign
car because
carrément straight, completely, really, clearly
carrière *(f.)* career
carte *(f.)* card
~ **d'identité** ID card
~ **de résident** resident (identification) card

cas *(m.)* case
  en ~ de besoin in case of need, if necessary
casier *(m.)* **judiciaire** criminal record
casque *(m.)* helmet
casquette *(f.)* cap
catholique Catholic
cauchemar *(m.)* nightmare
cause *(f.)* cause, reason, case
  à ~ de because of
causer to cause, to chat
ce (**c'** [in front of a vowel]) this
céder to give in, give up
c'est it is
c'est-à-dire that is to say
ceinture *(f.)* belt
  ~ de sécurité seat belt
  se serrer la ~ to tighten one's belt
célèbre famous
célibataire single, unmarried
celui (celle) the one
cendrier *(m.)* ash tray
censé(e) expected, supposed, alleged
  être ~ (e) *(+ inf)* to be supposed to
centre *(m.)* (political) center
cependant however
cercle *(m.)* circle
céréales complètes *(f. pl.)* whole grains
cerveau *(m.)* brain, mind
  fuite *(f.)* **des ~x** brain drain
cesser de to stop
chacun(e) each, each one
chaîne *(f.)* **de restaurants** franchise restaurant chain
chaleur *(f.)* heat
chaleureux (-euse) warm, friendly
champ *(m.)* field
chances: égalité des ~ equality of opportunity
changement *(m.)* change
chanson *(f.)* song
chanteur (-euse) *(m/f)* singer
chaque each, every
charge *(f.)* responsibility, charge
charte *(f.)* charter
chasser to hunt; chase away
chat *(m.)* cat, chatroom *(anglicism)*
chauffeur *(m.)* driver
chaussure *(f.)* shoe
chef *(m.)* leader, head
  ~ d'État head of state
  ~-d'œuvre masterpiece
cher (chère) dear, expensive
chercher to look for, to pick *(someone/something)* up
chercheur (-euse) *(m/f)* researcher
cheval *(m.)* horse
chez at the home, office, place of
  ~ le boulanger at the baker's
  ~ le docteur at the doctor's office
  ~ moi (toi, lui…) at my (your, his . . .) home
chien *(m.)* dog
chiffre *(m.)* number, figure
chimique chemical
choisir to choose
choix *(m.)* choice
chômage *(m.)* unemployment
  indemnité *(f.)* **de ~** unemployment compensation
  taux *(m.)* **de ~** unemployment rate
choquant(e) shocking
choquer to shock
chose *(f.)* thing
  quelque ~ *(m.)* something
chrétien(ne) Christian
christianisme *(m.)* Christianity
cible *(f.)* target
ciblé(e) targeted
ci-dessous below
circonlocution *(f.)* circumlocution
circonstance *(f.)* circumstance
circulation *(f.)* traffic
circuler to drive, circulate
cité *(f.)* housing; low-income housing
citer to quote, cite
citoyen(ne) *(m/f)* citizen
citoyenneté *(f.)* citizenship
clairement clearly
clandestin(e) *(m/f)* *(n)* illegal immigrant, *(adj.)* clandestine, illegal
  immigration ~e *(f.)* illegal immigration
classe *(f.)* class, classroom
  camarade *(m/f)* **de ~** classmate

clé *(f.)* key
mot-~ *(m.)* keyword
climat *(m.)* climate
climatique *(adj.)* climate, global
clip (~ vidéo) *(m.)* clip, video clip
coincé(e) *(fam.)* uptight
collège *(m.)* middle school
collègue *(m/f)* colleague
colocataire *(m/f)* roommate, housemate
colonial(e) colonial
colonie *(f.)* colony
colonisateur (-trice) *(m/f)* colonizer
colonisation *(f.)* colonization
colonne *(f.)* column
combien (de) how much/many
depuis ~ de temps (for) how long
comment how
commerce *(m.)* trade
~ équitable free trade
commun(e) common, shared
en ~ in common
communauté *(f.)* community
compagnie *(f.)* **d'assurance** insurance company
comparaison *(f.)* comparison
comparer to compare
compétence *(f.)* competence
complicité *(f.)* sense of closeness with someone; sense of understanding
comportement *(m.)* behavior, conduct
comporter to include, be comprised of
se ~ to behave
compréhensible understandable
comprendre to understand, to include
compte *(m.)* count, account
en fin de ~ in the end, finally
se rendre ~ to realize
tenir ~ de to take something into account
compter (sur) to count (on)
concitoyen(ne) *(m/f)* fellow citizen
concurrence *(f.)* competition
être en ~ (avec) to compete (with), be in competition (with)
faire ~ à to compete with
concurrent(e) *(m/f)* competitor, contender
concurrentiel(le) competitive
conducteur (-trice) *(m/f)* driver
conduire to drive
permis *(m.)* **de ~** driver's license
se ~ (bien/mal) to behave (well/poorly)
conduite *(f.)* behavior
confessionnel(le) religious
confiance *(f.)* confidence, trust
avoir ~ en to have confidence in
confidentialité *(f.)* confidentiality
confidentiel(le) confidential
confier to entrust; to confide
se ~ à to confide in
conflit *(m.)* conflict
résolution *(f.)* **de ~(s)** conflict resolution
(se) confondre to confuse, mix up, to merge
congé *(m.)* holiday, vacation, leave
aller en ~ to go on vacation
~ maternité/paternité maternal/paternal leave
~ parental parental leave
~s payés paid vacation
partir en ~ to leave on vacation
prendre des ~s to take a vacation
connaissance *(f.)* acquaintance, knowledge, **~s** *(f. pl.)* knowledge
connaître (*pp* connu) to know
connu(e) known, famous
consacrer to devote
conscience *(f.)* consciousness, awareness
faire / prendre ~ (de) to make aware (of)
prise *(f.)* **de ~** realization, awakening
conscient(e) conscious, aware
être ~(e) de to be aware of
conseil *(m.)* piece of advice, **~s** advice
conseiller to advise
conseiller (-ère) *(m/f)* counselor, adviser
conséquent
par ~ therefore, consequently
conservateur (-trice) conservative
consommateur (-trice) *(m/f)* consumer
consommation *(f.)* consumption
constamment always, continuously
consternant(e) distressing, appalling
(se) construire to build, (to be built)
consulter to consult
~ l'Internet to consult the Internet

contact *(m.)* contact
~ virtuel online contact
établir un premier ~ to make initial contact
garder le ~ to stay in touch
contacter to contact, get in touch with
conte *(m.)* **(de fées)** (fairy) tale
contenu *(m.)* content(s)
contraignant(e) restricting, constraining, restrictive
contraire *(m.)* opposite
contrairement à unlike, as opposed to
contre against
à ~-courant against the tide
par ~ on the other hand
contredire to contradict
contribuable *(m/f)* taxpayer
contribuer to contribute
contrôle *(m.)* **(de sécurité)** (security) check; surveillance
contrôler to control; to keep under surveillance
controverse *(f.)* controversy
convaincant(e) convincing
convenir to be appropriate, suitable
il convient de *(+ inf)* one/you should *(do something)*
copain (copine) *(m/f)* friend, pal
mon/ma ~ boy-/girlfriend
Corps *(m.)* **de la paix** Peace Corps
correspondant(e) *(m/f)* pen pal
correspondre (à) to correspond (to)
corriger to correct
côte *(f.)* coast
cote *(f.)* **de crédit** credit rating
côté *(m.)* side
de l'autre ~ on the other hand, on the other side
coucher (avec) to sleep (with)
couleur *(f.)* color
couloir *(m.)* hall
coup *(m.)* *strike, blow*
du ~ as a result
du premier ~ the first time around
coupable *(m/f)* culprit, guilty party
couper to cut
couramment fluently, commonly
courant(e) everyday, ordinary
à contre-~ against the tide
eau ~e *(f.)* running water
courir to run
couronnement *(m.)* coronation
courriel *(m.)* email
courrier *(m.)* **(électronique)** electronic mail
cours *(m.)* course, class
~ obligatoire required course
crime *(m.)* **en ~** crime in progress
court(e) short
de ~e durée *(f.)* short-lived
courtois(e) courteous
courtoisie *(f.)* courtesy
coût *(m.)* **de la vie** cost of living
coûter to cost
couverture *(f.)* cover *(n)*
craindre to worry, to fear
crainte *(f.)* fear
crânien (-ienne) cranial, brain *(adj.)*
crèche *(f.)* crib, day care center; Nativity scene
crédit *(m.)* credit
cote *(f.)* **de ~** credit rating
créer to create
crise *(f.)* crisis
cristal *(m.)* *crystal*
boule *(f.)* **de ~** crystal ball
critères *(m.pl.)* criteria
critiquer to criticize
croire to believe
~ en/à to believe in
croissance *(f.)* growth
croître to grow, to increase
couramment fluently
croyance *(f.)* belief
croyant(e) religious (a believer)
crucifix *(m.)* crucifix
cuisine *(f.)* kitchen, prepared food
faire la ~ to cook
culpabiliser to make (someone) feel guilty, to feel guilty
culte *(m.)* denomination, religion
liberté *(f.)* **de ~** freedom of religion
cultivé(e) cultivated, cultured

culture *(f.)* culture; crop, cultivation, farming
monoculture single-crop farming
polyculture mixed-crop farming
culturel(le) cultural
d'ordre ~ of a cultural nature
curieux (-euse) strange, odd, curious
cursus *(m.)* curriculum

D

d'abord first, in the first place
d'accord: être ~ avec to be in agreement with
d'ailleurs moreover, besides
d'après according to
d'autant moins/plus all the more/less
dangereux (-euse) dangerous
dans un premier temps initially
date: de longue ~ long-standing
davantage more
de of, from
~ cause à effet cause and effect
~ gauche leftist, liberal
~ longue date long-standing
~ plus moreover, in addition
~ temps en temps from time to time
être ~ + *chiffre* to be [number] + noun
débarrassé(e) (de) rid (of), through (with)
débarrasser: se ~ de to get rid of, dispose of
débrouille *(f.)* resourcefulness
débrouiller: se ~ to get along, manage, find a way
début *(m.)* beginning
décennie *(f.)* decade
déchet *(m.)* garbage, *(souvent utilisé au pluriel)* waste, scraps
déchirer to tear (up)
décision *(f.)* décision
prendre une ~ to make a decision
déclencher to start, to set off
déclin *(m.)* decline
déconcertant(e) disconcerting
déconcerté(e) disconcerted
décontracté(e) relaxed
découler to ensue, follow
découper to cut out, cut up
décrit(e) described
déçu(e) disappointed
dédaigner to distain, to despise
défavorisé(e) disadvantaged
défendre to defend, to forbid
défenseur *(m.)* defender
défi *(m.)* challenge
définir to define
se ~ par to define oneself by, in terms of
déréglementation *(f.)* deregulation
dehors outside
en ~ de outside of
déjà already
délai *(m.)* time limit, deadline
délit *(m.)* offense
demain tomorrow
demander to ask (for)
démarche *(f.)* step, process
déménager to move (one's household)
demeurer to stay, remain, to live
démontrer to demonstrate, to prove
dénoncer to denounce
dépanneur *(m.)* corner store, convenience store (Canada)
dépassé(e) old-fashioned, outdated
dépasser to exceed, to surpass
dépeindre to depict
dépendre de to depend on
dépens *(m.pl.)* expense
aux ~ de at the expense of
dépenser to spend
déplacement *(m.)* trip, displacement
faire le ~ to attend, to show up
déplacer to displace, shift
se ~ to move
dépliant *(m.)* leaflet
déposséder to dispossess
dépourvu(e) devoid of, without
être ~ (e) de to be lacking *(something)*
depuis since, for
~ cette époque-là since/from that time period
~ combien de temps for how long
~ quand since when
député(e) *(m/f)* legislator
déracinement *(m.)* uprooting
dérangeant(e) disturbing
déréglementer to deregulate
dernier (-ière) last

dès as early as
  ~ lors since then, from then on
désastreux (-euse) disastrous
désobéir to disobey
dessin *(m.)* drawing
détendre to release, relax, slacken
  se ~ to relax
déterminant(e) decisive
détournement *(m.)* **du système** hijacking of a system
détourner: se ~ de to turn away from
détriment: au ~ de at the expense of
deux two
  tous (toutes) les ~ both (of them)
deuxième second
  Deuxième Guerre mondiale *(f.)* World War II
dévaloriser to denigrate
devant in front of
développement *(m.)* development
  pays *(m.)* **en voie de ~** developing country
devenir to become
deviner to guess
devoir *(m.)* duty, *(pl.)* homework
devoir to owe, must, should, ought
  on devrait one should
dialecte *(m.)* dialect
dictature *(f.)* dictatorship
différend *(m.)* disagreement, dispute
différer to differ
dilemme *(m.)* dilemma
diminution *(f.)* decline
diminuer to diminish, to reduce, to decrease
dîner to have dinner
diplôme *(m.)* diploma, degree
dire to tell, say
  se ~ que to think (to oneself)
  vouloir ~ to mean
dirigeant(e) *(m/f)* leader
diriger to direct
discours *(m.)* speech
discuter to discuss
diseur (-euse) *(m/f)* **de bonne aventure** fortune-teller
disparaître to disappear
disparition *(f.)* disappearance
disponible available
disputer to argue, to dispute
  se ~ to fight, to argue, to quarrel
dit said
  autrement ~ in other words
divertir to amuse, to entertain
  se ~ to enjoy oneself
divertissant(e) enjoyable, amusing, entertaining
dizaine *(f.)* about ten *(of something)*
dominer to dominate
dommage *(m.)* harm, injury, *(pl.)* damages
  c'est ~ (que) it's a pity/shame (that)
donc therefore
données *(f. pl.)* data
  base *(f.)* **de ~** database
donner to give
  ~ raison (à) to agree (with)
dont *[pronom relatif]* whose
dos *(m.)* back
douanier (-ière) *(adj.)* customs
doucement slowly, leisurely
doué(e) gifted, talented
douloureux (-euse) painful
doute *(m.)* doubt
douter to doubt
douteux (-euse) doubtful, of questionable value, dubious, flawed, faulty
doux (douce) mild, soft, gentle
droit *(m.)* the right(s) (of a citizen, legal)
  avoir ~ à to be entitled to
  avoir (le) ~ de to have the right to
  ~ d'asile *(m.)* right of asylum
  ~s *(m.pl.)* **de l'homme** human rights
droit(e) *(adj.)* right (direction)
droite *(f.)* the right; the political right
  à ~ to the right
  un parti de ~ right-wing party
drôle funny, amusing, bizarre, strange
durable lasting
durant during
durée *(f.)* length [of time], duration
  de courte ~ short-lived
dureté *(f.)* harshness, hardness
DVD *(m.)* DVD
  lecteur de ~ DVD player
dynamiser to revitalize

E

eau *(f.)* water
~ **courante** running water
~ **potable** drinkable water
écart *(m.)* gap, space, difference, discrepancy
~ **ironique** ironic discrepancy
écarter to separate
échange *(m.)* exchange
échapper à to escape
échec *(m.)* failure
échelle *(f.)* ladder, scale
échouer to fail
éclairer to shine, to light, to enlighten, clarify
école *(f.)* school
~ **confessionnelle** religious-affiliated school
~ **élémentaire** elementary school
~ **maternelle** preschool, kindergarten
~ **primaire** primary school
~ **secondaire** middle and high school
économie *(f.)* economy, *(pl.)* savings
faire des ~s to save money
économiser to save
écoute *(f.)* listening
être sur table d'~ to have one's phone tapped
écouter to listen to
écran *(m.)* **tactile** touch screen
écrire to write
écrivain *(m.)* writer
éducatif (-ive) educational
éducation *(f.)* education, upbringing
éduquer to educate
effet *(m.)* effect
efficace effective, efficient
efficacité *(f.)* efficiency
efforcer to try
s'~ à *(+ inf)* to try hard *(to do something)*
s'~ de to strive
égal(e) (*pl* **égaux/égales)** equal
également equally, also
égalité *(f.)* equality
église *(f.)* church
l'Église the (Catholic) Church
égoïste selfish
élargi(e) broad(er)
élargir to widen
électif (-ive) elective
fonction ~ *(f.)* elective office
électrique electric
ampoule *(f.)* **~** light bulb
élémentaire elementary
école ~ *(f.)* elementary school
élevé(e) high
élever (les enfants) to raise (children)
éliminer to eliminate
éloignement *(m.)* distancing
emballé(e) packaged
embrasser to kiss
émission *(f.)* **de télévision** television show
emmener à to lead to
empêcher (de) to prevent (from)
emphysème *(m.)* emphysema
emploi *(m.)* job, work, use
~ **du temps** daily, weekly schedule
empoisonner to poison
emporter (une victoire) to win (a victory); to prevail
emprisonné(e) imprisoned
emprunt *(m.)* loan
emprunter to borrow
en in
~ **cas de besoin** in case of need
~ **effet** indeed
~ **face à face** in person
~ **fin de compte** in the end, finally
~ **ligne** online
~ **l'occurrence** in this case
~ **moyenne** on average
~ **partie** in part
~ **provenance de** *(+ country) (coming)* from *(country)*
~ **raison de** because of
~ **réalité** in fact, actually
~ **revanche** on the other hand
~ **en voie de** in the process of
encore still, yet, again
~ **et ~** again and again
~ **une fois** once again, once more
ne… pas ~ not yet
endetter to put [sb] into debt
s'~ to go into debt
endroit *(m.)* place

enfance *(f.)* childhood
enfant *(m/f)* child
enfermé(e) locked up
engagé(e) committed, politically engaged
s'engager à to commit to
engendrer to generate, to cause, to father
enlever to take away, to kidnap
ennuyeux (-euse) boring
enquête *(f.)* survey, investigation
enregistrement *(m.)* recording, film
enregistrer to record, make a record of
enrichissant(e) enriching
enseignant(e) *(m/f)* teacher
enseignement *(m.)* teaching, education
  ~ **supérieur** higher learning, post-secondary education
enseigner to teach
ensemble together
ensuite then
entendre to hear
  ~ **parler de** to hear about
  s'~ (avec) to get along (with), to agree (with)
entente *(f.)* understanding, agreement, harmony
entourer to encircle, surround
entraider: s'~ to help one another
entraîner to lead, to bring about
entrave *(f.)* hindrance
entraver to hinder
entre between, among
entrée *(f.)* entry [in an encyclopedia]
entreprise *(f.)* company, business world, undertaking
entretien *(m.)* upkeep; interview
entrevoir to foresee, to catch a glimpse of
énumérer to list
envahir to invade
environ about, approximately
environnement *(m.)* environment
envisageable conceivable
s'épanouir to fulfill onself, to blossom
épanouissement *(m.)* personnel self-fulfillment
épée *(f.)* sword
époque *(f.)* time, period, time period
  depuis cette ~-là since/from that time period
époux (épouse) *(m/f)* spouse
éprouver to feel, experience
épuisement *(m.)* exhaustion, draining; the using up
épuiser to exhaust, use up
équilibre *(m.)* balance, equilibrium
équitable *(adj.)* free, equitable
espace *(m.)* space
espagnol *(m.)* Spanish language
espagnol(e) *(adj.)* Spanish
espérance *(f.)* **de vie** life expectancy
espion(ne) *(m/f)* spy
espionner to spy (on)
esprit *(m.)* spirit, mentality, way of thinking
essai *(m.)* essay, attempt
essayer de *(+ inf)* to try *(to do something)*
essor *(m.)* flight, expansion
est *(m.)* east
estimer to feel, to value, to esteem, to appreciate, to think, to believe
estudiantin(e) student
  la vie ~ student life
établir to establish
  ~ **des priorités** to establish priorities
  ~ **un premier contact** to make initial contact
établissement *(m.)* establishment
étape *(f.)* stage, step
état *(m.)* state
  chef d'État head of state
  ~ **matrimonial** marital status
États-Unis *(m.pl.)* United States
étayer to support
été *(m.)* summer
éteindre to turn off
éthique *(f.)* ethics, moral code
éthique *(adj.)* ethical
ethnie *(f.)* ethnic group
étoile *(f.)* star
étonnant(e) surprising, astonishing
étonner to surprise, to astonish
étourdi(e) thoughtless, scatterbrained, absent-minded
étranger (-ère) *(adj.)* foreign
  à l'~ abroad
étranger (-ère) *(m/f)* foreigner, stranger

être to be
~ **en train de** *(+ inf)* to be in the middle of *(doing something)*
~ **favorable** to favor, approve of, to be advantageous to
~ **reçu à** to pass (an exit exam)
être humain *(m.)* human being
étude *(f.)* study, *(pl.)* course work, studies (education)
bourse *(f.)* **d'~** scholarship (to pay for college)
faire ses ~s to get an education, to study
événement *(m.)* event
éviter to escape, to avoid
évoluer to evolve
exagéré(e) exaggerated
examen *(m.)* exam, test
exemple *(m.)* example
exercer de la pression to exert pressure, to lobby
exigence *(f.)* requirement, demand
exigeant(e) demanding
exiger to require, to demand, to expect
exister to exist
explication *(f.)* explanation
expliquer to explain
exploitation *(f.)* exploitation
exporter to export
exportateur (-trice) *(m/f)* exporter
exposé *(m.)* oral presentation
exposer to expose, to divulge
exprimer to express
s'~ to express oneself
expulsé(e) the eliminated (person), banished (person)
expulser to expel, to kick out
externalisation *(f.)* externalization

F

fabriqué(e) manufactured
fabriquer to make, manufacture
face *(f.)* face, side
en ~ à ~ in person
faire ~ (à) to face, be confronted (with)
facebooker *(fam.)* to be on Facebook
fâcher: se ~ à/avec to get angry at/with
facile easy
faciliter to make easier
façon *(f.)* manner, way
facultatif (-ive) optional
faculté *(f.)* college, school (in a university)
~ **des lettres** College of Liberal Arts (in college)
faible weak
faim hunger
avoir ~ to be hungry
faire to do, to make
~ **attention** to pay attention
~ **comme tout le monde** to do like everyone else
~ **des économies** to save money
~ **des pieds et des mains** to work really hard
~ **du ski** to go skiing
~ **du vélo** to bike
~ **face (à)** to face, be confronted (with)
~ **la cuisine** to cook
~ **le déplacement** to attend, to show up
~ **mal à** to harm *(someone)*
~ **partie de** to be a part of
~ **ses études** to study
~ **ses premiers pas** to take one's first steps
~ **un séjour** to spend some time (in a place)
savoir-~ *(m.)* know-how
se ~ des amis to make friends
fait *(m.)* fact
~ **accompli** accomplished fact
tout à ~ completely, quite
falloir: il faut it is necessary
famille *(f.)* family
~ **monoparentale** single parent family
faut: il ~ it is necessary
s'il le ~ if necessary
faux (fausse) false
favorable favorable
être ~ (à) to favor, to be in favor of
favorisé(e) privileged
favoriser to favor, to show advantage
fée *(f.)* *fairy*
conte *(m.)* **de ~s** fairy tale
féminin(e) feminine
féministe *(m/f)* feminist

femme *(f.)* wife, woman
  ~ d'affaires businesswoman
ferié: jour *(m.)* **~** day off, holiday
fête *(f.)* party, celebration, holiday
fiable reliable
ficher to open a file; to collect (and save) data
fichier *(m.)* file
fier (fière) proud
fier: se ~ à to trust (someone)
fierté *(f.)* pride
fille *(f.)* girl, daughter
fin *(f.)* end
  en ~ de compte in the end, finally
financier (-ière) financial
finir to finish
  ~ par *(+ inf)* to finally *(do something),* to end up *(doing something)*
flamand(e) Flemish
fleurir to blossom, to flourish
fleuve *(m.)* river
focaliser to focus
foi *(f.)* faith
fois *(f.)* time
  à la ~ at the same time
  encore une ~ once again
fonction élective *(f.)* elective office
fonctionner to function
fondateur (-trice) *(adj.)* founder
fondé(e) (sur) based (on)
football *(m.)* soccer
force *(f.)* strength
formation *(f.)* training, education
  ~ professionnelle vocational education
former to train, to form, to educate
fort(e) strong
fortement strongly
forum de discussion *(m.)* discussion forum
fossé *(m.)* gap, gulf
fou (folle) crazy
fouiller to search
foulard *(m.)* (head)scarf
fournir to supply, provide
frais (fraîche) fresh
frais *(m.pl.)* expenses
  ~ de scolarité tuition
français *(m.)* the French language
français(e) *(adj.)* French
franchir to overcome, to go through, to cross
francité *(f.)* Frenchness
francophile *(m/f)* lover of the French language and culture
francophone *(adj.)* French-speaking
francophone *(m/f)* speaker of the French language
francophonie *(f.)* *The ensemble of French-speaking nations and regions*
frappant(e) striking
fréquenter to frequent, to go often to
  ~ un chat to visit a chatroom
  ~ un forum de discussion to visit a discussion forum
frère *(m.)* brother
froid *(m.)* cold
froid(e) *(adj.)* cold
frôlé(e) brushed by, grazed
frontière *(f.)* border
fuir to escape
fuite *(f.)* **des cerveaux** brain drain

G

gagner to earn, to win, to gain
  ~ du temps to save or gain time
gamme *(f.)* range
garder to take care of; to keep
  ~ le contact to stay in touch
  se ~ de to refrain from
gaspillage *(m.)* wasting, squandering
gâteau *(m.)* cake
gauche *(adj.)* left (direction)
gauche *(f.)* the left; the political left
gaz *(m.)* **carbonique** carbon dioxide
gelé(e) frozen
gêner to bother, to disturb; to embarrass
généraliser: se ~ to spread, to become standard
généreux (-euse) generous
genre *(m.)* kind, sort, grammatical gender
gens *(m.pl.)* people
gentil(le) nice, kind
gérer to manage
gestion *(f.)* management
goût *(m.)* taste

gouvernement *(m.)* government, administration
grâce à thanks to
graisse *(f.)* fat, grease
grand public *(m.)* the general public
gras(se) fat
  matière ~ *(f.)* fat
gratuit(e) free (at no cost)
grave serious
Grèce *(f.)* Greece
greffe *(f.)* **d'organe** organ transplant
grève *(f.)* strike
grimper to climb up
grippe *(f.)* flu
grossir to gain weight
guerre *(f.)* *war*
  Deuxième ~ mondiale World War II

H

** denotes an aspirate **h**; there is no « liaison » (*haricot = le haricot)*
habile *(adj.)* skillful
habileté *(f.)* skill
habitant(e) *(m/f)* inhabitant
habiter to live
***haine** *(f.)* hate, hatred
***harcèlement** *(m.)* harrassment
***hasard** *(m.)* *chance*
  par ~ by chance
hébergement *(m.)* accommodation, housing
héberger to host, to house
hégémonie *(f.)* influence, hegemony
héritage *(m.)* inheritance
hésiter to hesitate
heure *(f.)* hour
  à quelle ~ at what time
Hexagone *(m.)* metropolitan France *(roughly the shape of a hexagon)*
histoire *(f.)* history, story
hiver *(m.)* winter
homme *(m.)* man
  ~ d'affaires businessman
  droits de l'~ *(m.pl.)* human rights
honnête honest
honteux (-euse) shameful
horaire *(m.)* schedule
***hors saison** out of season
***huer** to boo
hypocrite insincere, hypocritical

I

idée *(f.)* idea
identifier to identify
identité *(f.)* identity
  carte *(f.)* **d'~** ID card
idiome *(m.)* language, dialect, idiom
île *(f.)* island
illégal(e) illegal
immigration clandestine *(f.)* illegal immigration
immigré(e) *(m/f)* immigrant
impliquer to involve, mean
  s'~ dans to involve oneself in
importateur (-trice) *(m/f)* importer
importer to matter, to import
  n'importe où anywhere, wherever
  n'importe qui anyone, who(m)ever
imposer (qch à qqn) impose (something on someone)
impôt *(m.)* tax
imprimer to print
incapable incapable
inciter to urge, to incite, to prompt, to encourage
incommodité *(f.)* inconvenience, lack of comfort
inconnu(e) *(m/f)* stranger
incontrôlé(e) uncontrolled
inconvénient *(m.)* disadvantage, drawback
indemnité *(f.)* **de chômage** unemployment compensation
indépendant(e) independent
indice *(m.)* sign, clue
indifférent(e) indifferent, uncaring
indiqué(e) indicated
indisposer to annoy, upset
individualisme *(m.)* individualism
individualiste individualistic
inégal(e) unequal
inégalité *(f.)* inequality, inequity
inéluctable inescapable, unavoidable
inévitable unavoidable, inevitable

inférieur(e) inferior
infirmier (-ière) *(m/f)* nurse
informatique *(f.)* computer science
ingénieur *(m.)* engineer
inquiétant(e) worrisome, distressing
inquiéter to worry *(sb)*
  s'~ de to worry about
inquiétude *(f.)* anxiety, worry, concern
inquisiteur (-trice) inquisitive
inscrire to enroll (someone)
  s'~ to enroll, register [oneself]
insécurité *(f.)* insecurity, lack of safety
insensible insensitive
insérer: s'~ to fit into, to insert one's self
installer to install, put in, connect
  s'~ to settle in/down
instant *(m.)* moment
instantané(e) instant, instantaneous
instantanément *(adv.)* instantaneously
instaurer to institute, to establish
instruit(e) educated
intégrer to integrate
  s'~ à to become integrated into
intégriste *(m/f)* fundamentalist
intensif (-ive) intensive
  bronzage ~ *(m.)* dark tan
interdiction *(f.)* ban
interdire to forbid, to prohibit
intéresser to interest
intérêt *(m.)* interest
interlocuteur (-trice) *(m/f)* speaker, participant in a conversation
interroger to question
internaute *(m/f)* Internet user
intervenir to intervene
intimité *(f.)* intimacy
intituler to entitle
  s'~ to be entitled
intrus(e) *(m/f)* intruder, odd or incongruous element
inutile useless
inverser to reverse, to invert
invité(e) *(m/f)* guest
inviter to invite
involontaire involuntary, unwilling
ironique ironic
irréaliste unrealistic
irrégulier (-ière) *(adj.)* irregular; *(m/f)* immigrant whose legal status is irregular
islam *(m.)* Islam
isoler to isolate, to insulate

J

jaillir to emerge, to shoot up
jalousie *(f.)* jealousy
jamais ever
  ne… ~ never
jambe *(f.)* leg
japonais *(m.)* Japanese language
jeter to throw (away/out)
jeu (*m.*) game
  ~ en ligne/vidéo online/video game
jeune young
jeûner to fast
jeunes *(m.pl.)* young people
joignable available, reachable
joindre to join, reach (by mail, phone, email)
  ~ les deux bouts to make ends meet
jouer to play
jour *(m.)* day
  ~ férié day off; holiday
  ~ de repos day of rest
  ~ ouvrable working day
  tous les ~s every day
journal *(m.)* newspaper
journée *(f.)* day
judaïsme *(m.)* Judaism
judéo- Jewish
judiciaire judicial
  casier ~ *(m.)* crimimal record
juger to judge
juif (juive) Jewish
juridique: **texte** *(m.)* ~ legal text
jusqu'à up to, until
juste fair
justice *(f.)* justice
justifier to justify

K

kippa *(f.)* kippah, yarmulke

L

laïque secular
laïcité *(f.)* secularism
laisser to allow, to let, to leave *(something behind)*
lancer to throw, to toss
~ **un appel à** to call for
langue *(f.)* language, tongue
~ **autochtone** indigenous language
~ **dominante** language most used in the area
~ **maternelle** native language
~ **minoritaire** minority language
~ **véhiculaire** language used for daily communication
lecteur (-trice) *(m/f)* reader
~ **de DVD** DVD player
lecture *(f.)* reading
légal(e) legal
léger (-ère) light, lightweight
lettré(e) educated, well-read
lettres: faculté *(f.)* **des ~** College of Liberal Arts
lexique *(m.)* vocabulary, glossary
liberté *(f.)* freedom
~ **de culte** freedom of worship
libre free
~**-échange** *(m.)* free trade
licence *(f.)* bachelor's degree
lié(e) close (to someone), connected to
lien *(m.)* connection, link, tie
~ **informatique** computer link
lier to tie, link
se ~ d'amitié *(f.)* **avec** to make friends with
lieu *(m.)* place, location
au ~ de instead of
avoir ~ to take place
ligne *(f.)* line
lingua franca *(f.)* *lingua franca (Latin: language used regularly in commerce, politics, education, and public functions)*
linguiste *(m/f)* linguist
lire to read
livret *(m.)* booklet, catalogue
locuteur (-trice) *(m/f)* speaker
logement *(m.)* housing
loi *(f.)* law
loin far (away)
lointain(e) faraway, distant
longtemps long time
lors *(untranslatable)*
dès ~ since then, from then on
~ **de** at the time of
lorsque when
louer to rent
loyal(e) true, loyal, faithful
lumière *(f.)* light
lutte *(f.)* struggle
lutter (contre) to fight, struggle (against)
lycée *(m.)* high school

M

magasin *(m.)* store
Maghrébin(e) *(m/f)* resident of either Morocco, Algeria, Mauritania, Libya, or Tunisia
maigrir to lose weight
mail *(m.)* email
main *(f.)* hand
~**-d'œuvre** *(f.)* manpower, labor
faire des pieds et des ~s to work really hard at sth.
maintenant now
maintenir to maintain
mairie *(f.)* city hall
maison *(f.)* house
maîtrise *(f.)* mastery, skill
maîtriser to master
mal *(adv.)* bad
~ **à l'aise** ill at ease
~ **rémunéré(e)** poorly paid, paying
faire ~ à to harm *(someone)*
malade sick, ill
maladie *(f.)* illness, sickness, disease
malaise *(m.)* uneasiness, discomfort
malentendu *(m.)* misunderstanding
malgré in spite of, despite
malsain(e) unhealthy
malveillance *(f.)* malice, ill will
manifestation *(f.)* demonstration, protest
manquant(e) missing
manque *(m.)* lack
manquer to lack, to be missing (to), lacking
marchandise *(f.)* commodity, merchandise

marché *(m.)* market
marginaliser to marginalize
mari *(m.)* husband
marque *(f.)* mark, sign
  prendre ses ~s to get one's bearings
marquer (un point, un but) to score (a point, a goal)
masculin(e) masculine
maternel(le) maternal
  langue ~ *(f.)* native language
matière *(f.)* (academic) subject, material, substance
matin *(m.)* morning
matrimonial(e) mariage *(adj.)*, matrimonial
  état ~ marital status
maudire to curse
médecin *(m.)* doctor
médiocre substandard, mediocre
méfait *(m.)* crime, misdeed
meilleur(e) better, best
  le ~/la ~e the best
mél *(m.)* email
même *(adj.)* same, *(adv.)* even
  ~ si even if
menace *(f.)* threat
menacer to threaten
ménager (-ère) domestic
  tâches *(f. pl.)* **~s** housework
mener to lead
mentir to lie
mépris *(m.)* scorn, contempt
mère *(f.)* mother
métier *(m.)* profession, occupation, trade
métro *(m.)* subway
métropolitain(e) metropolitain
mettre to place, put (on) [clothes]
  ~ à l'abri de to shelter from, protect from
  ~ en avant to bring forth, to emphasize
  ~ en relief to highlight
midi noon
mieux better
  il vaut ~ it's better
milieu *(m.)* environment, middle
militaire *(adj.)* military; *(m.)* soldier
millénaire *(m.)* millennium
milliard *(m.)* billion
millier *(m.)* thousand
  ~(s) de thousand(s) of
miner to undermine, to eat away at
minoritaire minority
  langue ~ *(f.)* minority language
minorité *(f.)* minority
mise *(f.)* **en scène** production, staging
misère *(f.)* abject poverty
mixte co-ed
MMS *(m.)* text message with media content
se mobiliser to mobilise
mode *(m.)* way, mode, method
  ~ de vie way of life
mode *(f.)* fashion
modernité *(f.)* modernism, modernity
moins less, fewer
  à ~ que unless
  d'autant ~ all the less
  ~ favorisé(e) less (under) privileged
mois *(m.)* month
moitié *(f.)* half
monde *(m.)* world
  tout le ~ everyone
mondial(e) world *(adj.)*
  Deuxième Guerre *(f.)* **~e** World War II
mondialisation *(f.)* globalization
monoculture *(f.)* single-crop farming
monolingue monolingual
monoparental(e) single-parent
monter to climb
  ~ l'échelle sociale to climb the social ladder
montre *(f.)* watch
montrer to show
moquer to mock, to poke fun at
  se ~ de to make fun of
moral *(m.)* moral, mood, mental state
  (se) remonter le ~ à (quelqu'un) to boost someone's spirits
morceau *(m.)* piece
mot *(m.)* word
  mot-clé *(m.)* keyword
moteur *(m.)* engine
  ~ de recherche search engine *(on the Internet)*
mou (molle) soft, weak, spineless
mourir (*pp* **mort**) to die

moyen *(m.)* means, way
~ **de transport** means of transportation
avoir les ~s to have the means, to have the money
moyen(ne) *(adj.)* average
en ~ne on average
multiethnique multiracial, multiethnic
multitâche *(adj.)* multitasking
musulman(e) Muslim

N

naissance *(f.)* birth
naître *(pp* **né***)* to be born
narrateur (-trice) *(m/f)* narrator
navrant(e) distressing
négliger to neglect
neuf (neuve) brand-new
neutre neutral
nier to deny
n'importe où wherever, anywhere
niveau *(m.)* level
~ **de vie** standard of living
nocif (-ive) harmful
noir *(m.)* dark, darkness
nom *(m.)* name
nombre *(m.)* number
nombreux (-euse) numerous; large
nord *(m.)* north
nordique Scandinavian, Nordic
norvégien(ne) Norwegian
note *(f.)* note, grade (in school)
nourriture *(f.)* food
nouveau (-elle) *(adj.)* new
nouvelle *(f.)* piece of news
nudité *(f.)* nudity
nuire (à) to harm, to injure
nuisible harmful, dangerous
nuit *(f.)* night
numérique *(adj.)* digital

O

obligatoire mandatory, required
cours ~ *(m.)* required course
obligé(e) obliged, obligated
obscénité *(f.)* obscenity, lewdness, dirty joke
occidentalisé(e) Westernized
occupé(e) busy
occuper to occupy
s'~ de to take care of, to deal with
occurrence *(f.)* case, instance
en l'~ in this case
œil (*pl* **yeux)** *(m.)* eye
œuf *(m.)* egg
œuvre *(f.)* **d'art** work of art
offensif (-ive) offensive
opposer: s'~ to be opposed (to)
ordinateur (portable) *(m.)* (laptop) computer
ordures *(f. pl.)* garbage
oriental(e) Asian, Eastern
ordre: d'~ (culturel) of a (cultural) nature
oser to dare
oublier to forget
ouest *(m.)* west
outil *(m.)* tool
ouvert(e) open
ouvertement openly
ouvrier (-ière) *(m/f)* ([non] spécialisé[e]) (un-/semi-skilled) worker

P

paille *(f.)* straw
paix *(f.)* peace
Corps *(m.)* **de la** ~ Peace Corps
pandémie *(f.)* pandemic
Pape *(m.)* Pope
papier *(m.)* paper; *(m.pl.)* **~s** ID papers, documents
sans-~s *(m/f)* undocumented; "without (proper) papers"
par by, through
~ **ailleurs** otherwise, moreover
~ **conséquent** therefore, consequently
~ **contre** on the other hand
~ **hasard** by chance
~ **rapport à** compared to
par-dessus above
paradis *(m.)* paradise
paraître to appear, seem
parcourir to travel on/across; to scan (a text)
pardonner to forgive
parfois sometimes
paritaire joint, equal, egalitarian

parité *(f.)* parity, equality, equal treatment
parler to speak, talk
  entendre ~ de to hear about
part *(f.)* portion, share
  pour ma ~ as for me
partage *(m.)* the (fact of) sharing
partager to share
partenaire *(m/f)* partner
particuliers *(m.pl.)* individuals (people)
parti politique *(m.)* political party
participer to participate
partie *(f.)* *part*
  faire ~ de to be a part of
partiel(le) part, partial
  à temps ~ part-time
parti-pris *(m.)* bias, preconception
partir to leave
partout everywhere
pas *(m.)* step
  faire ses premiers ~ to take one's first steps
pas du tout not at all
passé *(m.)* past
  temps *(m.)* **du ~** past tense(s)
passer to spend, to pass
  ~ le/du temps to spend time
  se ~ to happen, take place
  se ~ de to do without
passionner to fascinate, excite
patrie *(f.)* native country
pauvre *(adj.)* poor; *(m/f)* poor (person)
pauvreté *(f.)* poverty
payant(e) paying, not free
payer to pay
pays *(m.)* country
  ~ en voie de développement / en développement developing country
  ~ natal birth country, native land
pédagogie *(f.)* pedagogy, teaching
peinture *(f.)* painting
pénal(e) penal
pendant during
penser to think
perdre to lose
  ~ du temps to waste time
père *(m.)* father
péril *(m.)* danger
périmé(e) outdated
permettez-moi de... allow me to . . .
permis *(m.)* permit, license
  ~ de conduire driver's license
  ~ de port d'arme gun permit
  ~ de séjour resident card
personnel(le) personal, private
perte *(f.)* loss
  ~ de temps waste of time
petit(e) small, little
  petit-fils *(m.)* grandson
  petite-fille *(f.)* granddaughter
pétrolier: produit *(m.)* **~** petroleum product
peu little
  à ~ près about, approximately
peuple *(m.)* people
peuplé(e) crowded
peur *(f.)* fear
  avoir ~ (de) to be afraid (of)
phénomène *(m.)* phenomenon
pièce *(f.)* **de théâtre** play (theater)
pied *(m.)* foot
  faire des ~s et des mains to work really hard at (something)
pipe *(f.)* pipe
piratage *(m.)* **informatique** computer hacking
pire worse
placard *(m.)* closet
place *(f.)* room, seat, town/public square
plagiat *(m.)* plagiarism
plaindre to pity
  se ~ (de) to complain (about)
plaire (à) to be pleasing (to); to please
plan *(m.)* detailed outline, plan
planète *(f.)* planet
planifier to plan
plat *(m.)* dish
plein(e) full
  à ~ temps full-time
pleurer to cry
pleuvoir to rain
plupart most
  la ~ de the majority of
plurilinguisme *(m.)* use or coexistence of many languages

plus more
  d'autant ~ *(+ adj)* all the more *(+ adj)*
  de ~ en ~ more and more
  ~ tard later
plutôt (que) rather (than)
point *(m.)* **de vue** point of view
poisson *(m.)* fish
poivre *(m.)* pepper
politesse *(f.)* politeness, courtesy
pollué(e) polluted
port *(m.)* port; carrying
  permis *(m.)* **de ~ d'arme** gun permit
portable *(m.)* mobile phone; laptop computer
portemanteau *(m.)* clothes hanger
portière *(f.)* door (of a car, etc.)
poser to put
  ~ problème to be a problem, to cause a problem
  ~ une question to ask a question
poste *(m.)* job, position
poubelle *(f.)* trash can, garbage
pour for, in order to
  ~ autant despite this, therefore, nonetheless
  ~ ma part as for me
pourcentage *(m.)* percentage
poursuite *(f.)* **(de)** pursuit (of)
  (f. pl.) **~s pénales** *(f. pl.)* punitive action, prosecution
poursuivre to pursue
pourtant yet, nevertheless
pousser to push
pouvoir *(verb)* to be able, can
pouvoir *(m.)* power
  ~s publics *(m.pl.)* authorities
pratiquer (une religion) practice (a religion)
précédent(e) preceeding
préciser to specify, define
précoce early, precocious
préconçu(e) preconceived
préconiser to recommend
préféré(e) favorite
préférer to prefer
préjugé *(m.)* bias, prejudice
premier (-ière) first
  dans un ~ temps initially
  établir un ~ contact to make initial contact
prendre to take
  ~ des congés to take a vacation
  ~ en charge to take on
  ~ en compte to take into consideration
  ~ ses marques to get one's bearings
  ~ une décision to make a decision
  faire ~ conscience to make aware
préoccupant(e) worrying
préoccupation *(f.)* worry, concern
près close
  à peu ~ approximately, about
présenter to introduce, to present
presque almost
pression *(f.)* pressure
  exercer de la ~ to exert pressure, to lobby
prestation sociale *(f.)* social welfare (aid)
prêt *(m.)* loan
prêt(e) (à) *(adj.)* ready (to), willing
prêter to lend
prévenir to warn, to prevent
prévoir to predict
prier to pray
primauté *(f.)* primacy, preeminence
principe *(m.)* principle
priorité *(f.)* priority
  établir des ~s to establish priorities
prise *(f.)* **de conscience** realization, awakening, awareness
privé(e) private
  vie ~e *(f.)* private life, privacy
priver de savoir to deprive of knowledge
privilégié(e) privileged
privilégier (X sur Y) to favor, give priority to (X over Y)
prix *(m.)* prize, price
procès *(m.)* trial, lawsuit
prochainement soon, shortly
proche near, close
productivité *(f.)* productivity
produire to produce, manufacture
produit *(m.)* product
profiter à to benefit, to be profitable to
profond(e) deep
programme *(m.)* **d'études** curriculum
progrès *(m.)* progress
promettre to promise

promotion *(f.)* promotion
promouvoir to promote
prôner to advocate
propre clean; own
proprement really, absolutely, correctly
prosélytisme *(m.)* proselytizing
protéger to protect, shelter
protestant(e) Protestant
public (publique) public
  pouvoirs ~s *(m.pl.)* authorities
publicité (pub) *(f.)* publicity, advertising, ad
publier to publish
puce *(f.)* flea; microchip
puisque since

Q

qualité *(f.)* quality
quand when
quant à with regard to; as for
quel(le) what, which
quelquefois sometimes
quelques-uns/quelques-unes a few
question *(f.)* question
  poser une ~ to ask a question
  remettre en ~ to call into question
quitter son travail to quit/leave one's job
quoi what
  ~ que ce soit whatever
quotidien *(m.)* daily newspaper
quotidien(ne) daily, everyday
quotidiennement daily

R

racine *(f.)* root
racisme *(m.)* racism
raconter to tell, relate
raffiné(e) refined
rafraîchir to refresh
raison *(f.)* reason
  avoir ~ to be right
  donner ~ (à) to agree (with)
raisonnable reasonable
raisonnement *(m.)* reasoning
rajouter to add
ralentir to slow down
randonnée *(f.)* drive, ride; walk, hike
rapatriement *(m.)* repatriation, returning (or being returned) to one's country of origin
rapatrier to repatriate
rappeler to call back, to remind
  se ~ to remember
rapport *(m.)* relationship, report
  par ~ à compared to
rapporter to bring or take back; to report
  se ~ à to relate to
réagir to react
réalité *(f.)* reality
récemment recently
recette *(f.)* recipe
recevoir (*pp* reçu) to receive
réchauffement *(m.)* **climatique** global warming
recherche *(f.)* research
  moteur *(m.)* **de ~** search engine *(on the Internet)*
rechercher (des informations) to look for (information)
réciprocité *(f.)* reciprocity
recommander to recommend
recommencer to restart, to start over
reconnaissance *(f.)* recognition
reconnaissant(e) grateful
reconnaître (*pp* reconnu) to recognize, to acknowledge
recopier to recopy
recyclage *(m.)* recycling
rédacteur (-trice) *(m/f)* writer, editor
rédaction *(f.)* composition, writing
rédiger to draft, to write, to edit
redingote *(f.)* frock coat; long fitted coat
réduire to reduce
réel(le) real
référence *(f.)* reference
  cadre *(m.)* **de ~** frame of reference
référendum *(m.)* referendum
référer: se~ à to refer to
réfléchir to reflect, ponder
reflet *(m.)* reflection
refléter to reflect
refouler to send back, to keep out, to repress
réformer to reform
refuser to refuse
regarder ses mails to check one's email

régime *(m.)* diet
régir to govern
règle *(f.)* rule, regulation
réglementation *(f.)* regulation
réglementer to regulate
régler to settle
regretter to be sorry, regret
regroupement *(m.)* gathering together, grouping
régulariser to grant residency
rejeton *(m.)* offspring
rejoindre to return to, to meet together, to catch up
relation amoureuse *(f.)* love relationship
relief *(m.)* relief, depth
  mettre en ~ to highlight
religion *(f.)* religion
relire to reread, to proofread
remarquer to notice
rembourser to reimburse
remédier à to fix, remedy
remettre en question to call into question, challenge
remonter to go, put, bring back up; to lift
  ~ le moral to boost someone's spirits
  se ~ le moral to boost one's own spirits
remplacer to replace
remplir to fill
remporter (une victoire) to win (a victory)
rémunéré(e) paid
  bien/mal ~(e) well/poorly paid,
renaissance *(f.)* rebirth
renard *(m.)* fox
rencontre *(f.)* meeting, encounter
rencontrer to meet
rendre to make, to return (something)
  ~ visite à to visit (someone)
  se ~ compte to realize
renforcer to reinforce
renommé(e) well-known, famous
renouer le contact reestablish contact
renouveler to renew
renseignement *(m.)* (piece of) information, *(pl.)* information
renseigner to give information to
  se ~ (sur) to make inquiries (about)
rentrée *(f.)* start of the new school year/term, return
rentrer to return (home)
renvoyer to expel, to send back
répandu(e) widespread
répartir to spread
repas *(m.)* meal
  préparer les ~ to make meals
repère *(m.)* reference point
répertorier to list
répondre to answer
reprendre contact reestablish contact
rescousse *(f.)* rescue
  venir à la ~ (de) to come to the rescue (of)
réseau *(m.)* network
  ~ social social network (e.g., Facebook)
réservé(e) reserved
résidence universitaire *(f.)* university dorm, residence hall
résolution *(f.)* **de conflit(s)** conflict resolution
résoudre to solve, to resolve
  se ~ à to accept
respectueux (-euse) respectful
respectueusement respectfully
respirer to breathe
responsable *(adj.)* responsible; *(m/f) (n)* the person responsible
ressembler to resemble, look like
ressentiment *(m.)* resentment
ressentir to feel, to experience
  ~ de la déception to feel disappointment
ressortir to stand out
ressortissant(e) *(m/f)* national, citizen of a country
ressource *(f.)* **naturelle** natural ressource
rester to stay, remain
résultat *(m.)* result
retenir to keep
retour *(m.)* return
  être de ~ to be back
(se) retrouver to meet (by arrangement)
réussir (à) to succeed (in)
réussite *(f.)* success
revanche revenge, return game (sports)
  en ~ on the other hand
rêve *(m.)* dream

révéler to reveal
revendiquer to claim, to demand
revenu *(m.)* return, revenue
réviser to review
richesse *(f.)* wealth
rien nothing
  ne… ~ nothing
rigolo(te) *(fam.)* amusing, funny
risque *(m.)* risk
  à vos ~s et périls at your own risk
roman *(m.)* novel
rompre to break
ronger to gnaw away at
rouler to drive along

S

sacrifier to sacrifice
sain(e) healthy, sane
salaire *(m.)* salary
salarié(e) *(m/f)* salaried employee, worker
sanguin(e) blood *(adj.)*
  transfusion ~e *(f.)* blood transfusion
sans without
  ~ que *(+ subj.)* without
sans-papiers *(m/f)* illegal immigrant "without (proper) papers"
santé *(f.)* health
  bilan *(m.)* **de ~** medical checkup
satisfait(e) satisfied
sauvegarder to record, to save (computer file)
savoir *(m.)* knowledge
savoir *(verb)* to know
  à ~ namely
savoir-faire *(m.)* know-how
  ~ technologique technological know-how
scénario *(m.)* script
scène *(f.)* scene
  mise en ~ *(f.)* production, staging
scolarité *(f.)* schooling
  ~ obligatoire compulsory education
  frais *(m.pl.)* **de ~** tuition
séance *(f.)* session
secondaire secondary
  école ~ *(f.)* middle and senior high school
seconde langue *(f.)* second language
sécurisé(e) secure, encrypted, password protected
sécurité *(f.)* security
  ceinture *(f.)* **de ~** seat belt
sein: au ~ de within
séjour *(m.)* stay
  faire un ~ to spend some time (in a place)
  permis *(m.)* **de ~** resident card
séjourner to stay, to sojourn
selon according to
semaine *(f.)* week
semblable similar
sembler to seem
sens *(m.)* meaning, sense
  à un ~ one-way; one-sided
  ~ de l'amitié sense, conception of friendship
sensible *(adj.)* sensitive
sentiment *(m.)* feeling
sentir to feel, to smell, to taste
  se ~ *(+ adj)* to feel *(a certain way)*
séparation *(f.)* separation
séparer to separate
  se ~ (de) to leave; to split up (with)
sérieux (-euse) serious
serre: effet *(m.)* **de ~** greenhouse effect
serrer to clench, press, tighten
  se ~ to stand/squeeze/sit/be close together
  se ~ dans les bras to hug
  se ~ la ceinture to tighten one's belt
service *(m.)* a favor
servir to serve
  ~ à to serve as
  se ~ de to use
seul(e) only, alone
seulement only
  non ~ not only
sexe opposé *(m.)* opposite sex
sexiste sexist
si if
  même ~ even if
SIDA *(m.)* AIDS
siècle *(m.)* century
sieste *(f.)* nap
siffler to whistle
sigle *(m.)* acronym
signe *(m.)* sign
sinon if not

site *(m.)* site
  ~ **personnel** personal website
  ~ **de vente entre particuliers (comme eBay ou craigslist)** person-to-person sales site (e.g. eBay or craigslist)
sketch *(m.)* skit
ski *(m.)* *ski*
  faire du ~ to ski; to go skiing
smartphone *(m.)* smart phone
SMS *(m.)* text message
société *(f.)* society, company
sœur *(f.)* sister
soi-même oneself
soigné(e) tidy, carefully prepared, polished
soigner to take care of
soigneusement carefully
soir *(m.)* evening
soirée *(f.)* evening, evening party
soleil *(m.)* sun
solvable financially solvent
sommeil *(m.)* sleep
somnifère *(m.)* sleeping pills
sondage *(m.)* opinion poll, survey
sortie *(f.)* outing
souci *(m.)* concern, worry
soucoupe volante *(f.)* flying saucer
souffrir to suffer
souhaitable desirable
soulager to relieve, soothe
souligner to underline , to emphasize
soumettre to subject
soumis(e) submissive, compliant
sourire to smile
sous under
soutenir to support
soutien *(m.)* support
souvent often
souveraineté *(f.)* sovereignty, independence
spécialisation *(f.)* major
spécialiser to specialize
  se ~ (en) to major (in)
spécialité *(f.)* major, specialty
sphère *(f.)* **publique** public sphere
squelette *(m.)* skeleton
stationner to park
statut *(m.)* status
stéréotype *(m.)* stereotype
structure *(f.)* outline, structure
subalterne inferior, subordinate
subvenir à ses besoins to make ends meet, to take care of one's needs, to make enough to live on
subvention *(f.)* subsidy
subventionné(e) subsidized
sud *(m.)* south
suffisamment enough, sufficiently
suffisant(e) sufficient, enough
suffocant(e) stifling
suggérer to suggest
suicidaire suicidal
suite *(f.)* rest, sequel
  tout de ~ immediately
suivant(e) following
suivre to follow
superficiel(le) superficial, shallow
supérieur(e) superior
  enseignement ~ *(m.)* higher learning
supporter to bear, to stand
supprimer to eliminate, to suppress, to put an end to, to do away with, to delete
sur on, over
  être ~ table d'écoute to have one's phone tapped
surfer to surf
surpeuplé(e) overpopulated
surpeuplement *(m.)* overpopulation
surpopulation *(f.)* overpopulation
surprenant(e) surprising
surveillance *(f.)* surveillance
surveiller to watch, to monitor
survivre to survive
sympathiser to get on well; to "click"
syndicat *(m.)* (labor) union

T

table *(f.)* *table*
  sur ~ d'écoute wiretapping
tablette *(f.)* tablet
tâche *(f.)* task, job, work
  ~s *(f. pl.)* **ménagères** housework
  se tuer à la ~ to work oneself to death
tandis que while, whereas
tard late
  plus ~ later

tarif *(m.)* **douanier** customs tariff
taux *(m.)* rate, degree, level
~ **d'alphabétisation** literacy rate
~ **de chômage** unemployment rate
~ **de natalité** birth rate
~ **d'intérêt** interest rate
tchatter *(fam.)* to chat (online)
tel(le) que such as
télécharger to download
téléphone *(m.)* **cellulaire** *(Québec)* / **portable** cell phone
téléphoner to telephone
temps *(m.)* time, weather, *(verb)* tense
~ **du passé** past tense
à plein ~ full-time
à ~ partiel part-time
dans un premier ~ initially
depuis combien de ~ for how long
de ~ en ~ from time to time
emploi *(m.)* **du** ~ daily/weekly schedule
passer le ~ to spend time
tout le ~ all the time
tendance *(f.)* tendency , trend
tenir to hold
~ **à** to be attached to, to have one's heart set on
~ **compte de** to take something into account
tenter de to try
tenue *(f.)* **vestimentaire** clothing
terminer to end
terre *(f.)* **d'accueil** welcoming country, country of asylum
terrorisme *(m.)* terrorism
tête *(f.)* head
texte *(m.)* **juridique** legal text
texto *(m.)* text message
thèse *(f.)* thesis
tiers (tierce) *(adj.)* third party
~**-monde** *(m.)* Third World
un ~ *(m.)* one-third
tirer (de) to draw (from)
~ **bénéfice** to make a profit
titre *(m.)* title
toile *(f.)* web
tort *(m.)* fault, wrong
avoir ~ to be wrong
tôt early
toujours always
tousser to cough
tout, toute, tous, toutes all, everything
tous (toutes) les deux both
~ **les jours** *(m.)* every day
tout à fait completely, quite
~ **de suite** immediately
~ **le monde** everyone
~ **le temps** all the time
pas du ~ not at all
toux *(f.)* cough
toxique toxic
traducteur (-trice) *(m/f)* translator
train *(m.)* train; pace
être en ~ de *(+ inf)* to be in the middle of *(doing something)*
traitement *(m.)* **de texte** word processing
traiter to treat, to deal with, to handle
transfusion sanguine *(f.)* blood transfusion
transmettre to transmit
transport *(m.)* transport, transportation, shipping
moyen *(m.)* **de** ~ means of transportation
travail *(m.)* work, job, labor
travailler work
travailleur (-euse) *(m/f)* worker
travers
à ~ les ans through the years
tribunal *(m.)* court
tricher to cheat
trilinguisme *(m.)* knowledge of three languages
triste sad
troisième third
tromper: se ~ to be wrong
trop too (much)
trou *(m.)* hole
trouver to find
~ **(qqn)** *(+ adj.)* to find (someone) *(attractive, intelligent, etc.)*
se ~ to be found, located
truc *(m.)* thing (familiar)
tuer to kill
se ~ à la tâche to work oneself to death
turban *(m.)* turban
twitter *(fam.)* to tweet
typique typical

U

une: à la ~ on the front page
unir to unite; **s'~** to band together
universitaire *(adj.)* university
  résidence ~ *(f.)* university dorm, residence hall
université *(f.)* university
urbain(e) urban
usine *(f.)* factory
utilisateur (-trice) *(m/f)* user
utiliser to use

V

vacances *(f. pl.)* vacation
vaccin *(m.)* vaccine
vache *(f.)* cow
valeur *(f.)* value
valoir to be worth
  il vaut mieux it's better
valoriser to increase/affirm the value of
véhiculaire *(adj.)*
  langue *(f.)* **~** language used for daily communication, lingua franca
vendre to sell
venir to come
  ~ de *(+ inf)* to have just *(done something)*
vente: site *(m.)* **de ~ entre particuliers** person-to-person sales site
vérifier to verify
vérité *(f.)* truth
vêtement *(m.)* article of clothing, *(pl.)* clothes
victoire *(f.)* victory
vidéo: jeu *(m.)* **~** video game
vie *(f.)* life
  ~ active working world
  ~ privée private life, privacy
  ~ professionnelle professional life
  ~ quotidienne daily life
  ~ sociale social life
  coût *(m.)* **de la ~** cost of living
  espérance *(f.)* **de ~** life expectancy
  mode *(m.)* **de ~** way of life
vieux (vieil, vieille) old
  ~ jeu old-fashioned
vigoureusement vigorously
ville *(f.)* city
vis-à-vis face-to-face, opposite
  ~ de concerning, in regard to
viser to aim at, target
visionner to view
visite *(f.)* visit
  rendre ~ à to visit *(someone)*
visiter to visit *(a place)*
vite quickly, fast
vitesse *(f.)* speed
vivre to live
voie *(f.)* track, road, way
  en ~ de in the process of
  pays *(m.)* **en ~ de développement** developing country
voile *(m.)* **islamique** yashmak; *literally,* «islamic veil»
voir to see
voire or even, indeed
voisin(e) *(adj.)* neighboring; *(m/f)* neighbor
voiture *(f.)* car
voix *(f.)* voice
volage fickle
volant *(m.)* (steering) wheel (of a car)
volant(e) flying
  soucoupe ~ *(f.)* flying saucer
volontaire *(adj.)* voluntary, willing; *(m/f)* volunteer
volontarisme *(m.)* volunteerism
volonté *(f.)* will
voter pour/contre to vote for/against
vouloir to want
  ~ dire to mean
voyager to travel
vrai(e) true
vraiment really, truly
vue *(f.)* view, opinion
  point *(m.)* **de ~** point of view

W

Web *(m.)* World Wide Web
Wi-Fi *(f.)* WiFi

X

xénophobie *(f.)* xenophobia, fear or hatred of foreigners or strangers

Y

yeux *(m.pl.)* *(sing:* **œil***)* eyes

Indice

Controverses, 3rd Edition

Student Activities Manual

&

Answer Key with Audio Script

Table des matières

Le présent de l'indicatif

Sommaire

GRAMMAIRE

- I. Le présent de l'indicatif
  - A. Formation du présent de l'indicatif
  - B. Usages du présent
  - C. Les questions au présent
- II. *C'est* vs. *Il est*

À L'ÉCOUTE!

ATELIER D'ÉCRITURE

- I. Le sujet
- II. Détails à mentionner
- III. Questions à poser
- IV. Salutations
- V. Au travail!

www.cengagebrain.com

I. Le présent de l'indicatif

A. Formation du présent de l'indicatif

Grammar Podcasts, Grammar Tutorials

Note that the present indicative in French corresponds to three forms in English: the simple present, the present progressive, and the present emphatic.

Nous **parlons** français. { *We **speak** French.* / *We **are speaking** French.* / *We **do speak** French.* }

Conjugated forms of the present tense show three regular patterns and many exceptions.

1. Les verbes qui se terminent en *-er*. The first and most common pattern, is that of verbs whose infinitive ends in **-er** (example: **parler**).

sujet	**parler**	**manger**	**commencer**
je	parl **e**	mang **e**	commenc **e**
tu	parl **es**	mang **es**	commenc **es**
il, elle, on	parl **e**	mang **e**	commenc **e**
nous	parl **ons**	mang ***e*** **ons**	commen **ç** **ons**
vous	parl **ez**	mang **ez**	commenc **ez**
ils, elles	parl **ent**	mang **ent**	commenc **ent**

Remarques:

a. **Similar verb pronunciation.** Because some of their endings are silent, several **-er** verb forms are pronounced the same way. To use the verb **parler** as an example, [whether you are talking about yourself **(je parle)**, to a friend **(tu parles)**, or about another person or persons **(il parle, elle parle, ils parlent, elles parlent)**, the verb forms sound exactly alike. However, in cases where the verb begins with a vowel, **la liaison** allows you to hear whether a third-person verb is singular or plural **(Il aime / Ils** [z]**aiment).**

b. **Sole irregular *-er* verb.** The verb **aller** *(to go)* ends in **-er** but is conjugated differently.

je **vais,** tu **vas,** il/elle/on **va,** nous **allons,** vous **allez,** ils/elles **vont**

c. **Verbs with two stems.** Some verbs have one stem for the **je, tu, il/elle/on** and **ils/elles** forms, and a different stem for the **nous** and **vous** forms.

- Verbs like **lever**:

  je l**è**ve, tu l**è**ves, il/elle/on l**è**ve, ils/elles l**è**vent, *but:* nous l**e**vons, vous l**e**vez

- Verbs like **espérer** and **préférer**:

  j'esp**è**re, tu esp**è**res, il/elle/on esp**è**re, ils/elles esp**è**rent
  but: nous esp**é**rons, vous esp**é**rez

- Verbs like **appeler** or **jeter**:

  j'appe**ll**e, tu appe**ll**es, il/elle/on appe**ll**e, ils/elles appe**ll**ent
  but: nous appe**l**ons, vous appe**l**ez
  je je**tt**e, tu je**tt**es, il/elle/on je**tt**e, ils/elles je**tt**ent
  but: nous je**t**ons, vous je**t**ez

- Verbs ending in **-yer**, like **essayer**:

  j'essa**i**e… nous essa**y**ons

d. **Verbs with a spelling modification in the *nous* form**

- Verbs whose stem ends in ***g*** (**partager, déménager, ranger,** etc.) receive an extra ***e*** before the -**ons** ending to preserve the soft ***g*** sound.

  Nous mangeons au restaurant.

- Verbs whose stem ends in **c** (**placer, balancer,** etc.) add a cedilla to the ***c*** of the **nous** form to preserve the soft **c** sound.

  Nous commençons à étudier le français.

2. Les verbes qui se terminent en *-ir*. The second pattern is that of verbs ending in -**ir,** such as **finir.**

sujet	**finir**
je	fin **is**
tu	fin **is**
il, elle, on	fin **it**
nous	fin ***iss*** **ons**
vous	fin ***iss*** **ez**
ils, elles	fin ***iss*** **ent**

Remarques:

- A number of common -ir verbs, such as **sortir, partir, dormir,** and **servir,** follow a different pattern.

sujet	**sortir**	**partir**	**dormir**	**servir**
je	sor **s**	par **s**	dor **s**	ser **s**
tu	sor **s**	par **s**	dor **s**	ser **s**
il, elle, on	sor **t**	par **t**	dor **t**	ser **t**
nous	sor ***t*****ons**	par ***t*****ons**	dor ***m*****ons**	ser ***v*****ons**
vous	sor ***t*****ez**	par ***t*****ez**	dor ***m*****ez**	ser ***v*****ez**
ils, elles	sor ***t*****ent**	par ***t*****ent**	dor ***m*****ent**	ser ***v*****ent**

- In addition, a few verbs ending in -**ir**, such as **ouvrir, offrir, souffrir,** and **découvrir,** are conjugated like -**er** verbs.

sujet	**ouvrir**	**offrir**	**souffrir**	**découvrir**
je/j'	ouvr **e**	offr **e**	souffr **e**	découvr **e**
tu	ouvr **es**	offr **es**	souffr **es**	découvr **es**
il, elle, on	ouvr **e**	offr **e**	souffr **e**	découvr **e**
nous	ouvr **ons**	offr **ons**	souffr **ons**	découvr **ons**
vous	ouvr **ez**	offr **ez**	souffr **ez**	découvr **ez**
ils, elles	ouvr **ent**	offr **ent**	souffr **ent**	découvr **ent**

3. Les verbes qui se terminent en *-re*. The third regular pattern is that of verbs ending in **-re,** such as **vendre.**

sujet	**vendre**
je	vend **s**
tu	vend s
il, elle, on	vend
nous	vend **ons**
vous	vend **ez**
ils, elles	vend **ent**

4. Les verbes irréguliers au présent. A number of verbs have irregular conjugations.

avoir	*to have*	ai, as, a, avons, avez, ont
boire	*to drink*	bois, bois, boit, buvons, buvez, boivent
conduire	*to drive*	conduis, conduis, conduit, conduisons, conduisez, conduisent
connaître	*to know*	connais, connais, connaît, connaissons, connaissez, connaissent
courir	*to run*	cours, cours, court, courons, courez, courent
craindre	*to fear*	crains, crains, craint, craignons, craignez, craignent
croire	*to believe*	crois, crois, croit, croyons, croyez, croient
devoir	*to have to*	dois, dois, doit, devons, devez, doivent
dire	*to say, tell*	dis, dis, dit, disons, dites, disent
écrire	*to write*	écris, écris, écrit, écrivons, écrivez, écrivent
être	*to be*	suis, es, est, sommes, êtes, sont
faire	*to do, make*	fais, fais, fait, faisons, faites, font
falloir	*to be necessary*	il faut
lire	*to read*	lis, lis, lit, lisons, lisez, lisent
mettre	*to put (on)*	mets, mets, met, mettons, mettez, mettent
mourir	*to die*	meurs, meurs, meurt, mourons, mourez, meurent
plaire	*to please, be pleasing to*	plais, plais, plaît, plaisons, plaisez, plaisent
pleuvoir	*to rain*	il pleut
pouvoir	*to be able to*	peux, peux, peut, pouvons, pouvez, peuvent
prendre	*to take*	prends, prends, prend, prenons, prenez, prennent
recevoir	*to receive*	reçois, reçois, reçoit, recevons, recevez, reçoivent
rire	*to laugh*	ris, ris, rit, rions, riez, rient
savoir	*to know*	sais, sais, sait, savons, savez, savent
suivre	*to follow*	suis, suis, suit, suivons, suivez, suivent
valoir	*to be worth*	vaux, vaux, vaut, valons, valez, valent
venir	*to come*	viens, viens, vient, venons, venez, viennent
vivre	*to live*	vis, vis, vit, vivons, vivez, vivent
voir	*to see*	vois, vois, voit, voyons, voyez, voient
vouloir	*to want*	veux, veux, veut, voulons, voulez, veulent

5. **Les verbes pronominaux au présent**. These verbs follow the conjugation patterns outlined above, except that they are preceded by a reflexive pronoun.
Example: **se réveiller** *(to wake up)*, **se réunir** *(to meet)*, **s'entendre** *(to get along)*

sujet	*pronom réfléchi*	*verbe*	*verbe*
	se	**réveiller**	**réunir**
je	**me**	réveill **e**	réun **is**
tu	**te**	réveill **es**	réun **is**
il, elle, on	**se**	réveill **e**	réun **it**
nous	**nous**	réveill **ons**	réun iss **ons**
vous	**vous**	réveill **ez**	réun iss **ez**
ils, elles	**se**	réveill **ent**	réun iss **ent**

sujet	*pronom réfléchi*	*verbe*
	s'	**entendre**
je	**m'**	entend **s**
tu	**t'**	entend **s**
il, elle, on	**s'**	entend
nous	**nous**	entend **ons**
vous	**vous**	entend **ez**
ils, elles	**s'**	entend **ent**

B. Usages du présent

The present tense of the indicative is used in the following ways.

- To tell about what is happening at the present moment.

  Je te téléphone de l'avion.
  *I **am calling** you from the plane.*

  Les enfants **jouent** dans le jardin.
  *The children **are playing** in the yard.*

- To make generalizations or speak about habitual actions.

  Le soleil **se lève** à l'est. — *The sun **rises** in the east.*
  D'habitude, je **sors** le samedi soir. — *Usually, I **go out** on Saturday nights.*

- To indicate what is going to happen in the near future.

  Qu'est-ce que vous **faites** ce soir? — *What **are** you **doing** tonight?*
  Nous **allons** au cinéma. — *We **are going** to the movies.*
  Demain, nous **partons** pour Paris. — *Tomorrow, we **are leaving** for Paris.*

- To indicate what is going to happen in the near future using **aller** + *infinitive.*

  Mon colocataire **va être** ingénieur.
  *My roommate **is going to be** an engineer.*

  Demain, nous **allons ranger** notre chambre.
  *Tomorrow, we **are going to clean** our room.*

- To indicate what *has just happened* in the recent past, using **venir de** + *infinitive.*

  Mon frère **vient de finir** ses études.

  *My brother **has just finished** college.*

  Le film **vient de commencer** il y a quelques minutes.

  *The movie **just started** a few minutes ago.*

- To express an action that started in the past and that is continuing into the present, using **depuis** or **ça fait**.

  Tu **fais** du karaté **depuis** combien de temps?
  Je pratique le karaté **depuis** sept ans. *I **have been doing** karate **for** seven years.*

  Et **ça fait combien de temps** que tu **as** ta ceinture noire?
  Ça fait deux ans que j'ai ma ceinture noire. *I **have had** my black belt **for** two years.*

  Depuis quand est-ce que tu **participes** à des compétitions?
  Je **participe** à des compétitions **depuis** 2013. *I **have been** participating in competitions **since** 2013.*

- Note that **ça fait** + *period of time* begins a sentence, but **depuis** + *period of time* comes after the verb. With a *point in time* (**10h15, mardi dernier, 2013,** etc.) you must use **depuis**.

- Technically, **Depuis quand... ?** calls for a response designating a point in time (a day, a date, etc.) and **Depuis combien de temps... ?** asks for a period of time (a number of days, years, etc.). However, as long as you supply the information being asked for, it doesn't much matter how you phrase your answer.

Exercices

1. Au café. Vous êtes seul(e) à une table dans un café et vous entendez des bribes *(snippets)* de conversations qui ont lieu autour de vous. Choisissez le verbe approprié, et écrivez-le à la forme qui convient.

1. YANN: Julien et Paul, (avoir / être) ______________-vous libres ce soir?

   PAUL: Oui, et nous (avoir / vouloir) ______________ envie d'aller au cinéma. Est-ce que tes sœurs (savoir / vouloir) ______________ y aller avec nous?

2. JULIEN: Eh, Yann! Tu (s'endormir / se réveiller) ______________ ou quoi? Paul (proposer / venir de) ______________ te poser une question!

   YANN: Excuse-le, il (ne pas devoir / ne pas pouvoir) ______________ se concentrer. Il (attendre / prendre) ______________ sa fiancée.

3. PAUL: Voilà mon voisin qui (passer / savoir) __________. Monsieur Vautrin! Comment (aller / devenir) ______________-vous?

   M. VAUTRIN: Moi, je (faire / se sentir) ______________ mieux, mais ma femme (être / courir) ______________ toujours un peu malade. Elle (devoir / valoir) ______________ aller chez le médecin.

4. — Nous sommes des étudiants francophones: Émile et Lucien (entendre / venir) ______________ de la Guadeloupe, mais ils (conduire / vivre) ______________ à Paris actuellement. Moi, je (aller / être) ______________ du Cameroun, mais je (être / suivre) ______________ des cours de danse ici.

   — Enchantée de vous rencontrer!

5. — Qu'est-ce que vous (faire / savoir) ______________?

   — J(e) (finir / vendre) ______________ quelques cartes postales.

   — Vous en (écrire / recevoir) ______________ à tous vos amis? Moi, je (craindre / être) ______________ trop paresseux pour faire ça. Heureusement, mes amis (comprendre / croire) ______________ bien.

6. — Qu'est-ce que tu (pouvoir / vouloir) ______________ faire ce week-end?

   — Est-ce qu'on (aller / pouvoir) ______________ faire du camping?

   — Je veux bien, mais est-ce que tes parents (préférer / répondre) ______________ que tu restes à la maison?

7. — Qu'est-ce que vous (aller / mettre) ______________ pour sortir?

   — Lilou et moi, nous (porter / prendre) ______________ un beau tee-shirt et une jupe, mais les garçons (s'habiller / venir) ______________ toujours un peu moins bien que nous. Ils (mettre / vendre) ______________ généralement un vieux jean.

8. — Vous (lire / tenir) ______________ beaucoup de romans, n'est-ce pas?

   — Non, mais j(e) (acheter / écrire) ______________ beaucoup de journaux parce que je (craindre / s'intéresser) ______________ beaucoup à la politique. Mon mari (lire / rire) ______________ des bandes dessinées et nos enfants (lire / voir) ______________ tout le temps des romans policiers.

9. — Tu (connaître / savoir) ______________ qui est cette belle jeune fille, là-bas?

   — Non, mais demande à Mathéo et à Manon: ils (connaître / savoir) ______________ tout le monde!

10. — Je te (dire / faire) ______________ «au revoir» maintenant. Je (devoir / pouvoir) ______________ partir.

— Déjà? Mais quand est-ce que nous (attendre / se revoir) ______________?

— Bientôt, j(e) l' (espérer / préférer) ______________. Ça me (plaire / vouloir) ______________ de passer du temps avec toi. Je (découvrir / dire) ______________ toujours quelque chose de nouveau.

11. — Qu'est-ce que vous (tenir / vouloir) ______________? Un petit café?

— Rien, merci. Nous (partir / prendre) ______________ tout de suite. Mais nous (s'appeler / se retrouver) ______________ ici demain, à la même heure?

12. — Tu as entendu? Ils (aller / faire) ______________ divorcer!

— Non!

— Si! Je (ne pas croire / ne pas mentir) ______________.

— Oh, nous te (croire / devoir) ______________, mais ça nous (prend / surprendre) ______________. Ils (former / valoir) ______________ un beau couple.

13. — Tu (s'amuser / s'attendre) ______________ avec lui?

— Oh, oui. Quand il (raconter / rencontrer) ______________ des histoires, je (mourir / pleuvoir) ______________ de rire. Mais quelquefois, il (boire / répondre) ______________ un peu trop. Il (falloir / vouloir) ______________ faire attention.

14. — Tu (sentir / voir) ______________ cette fille là-bas? Elle nous (écouter / entendre) ______________ depuis vingt minutes.

— Et alors? Nous ne (dire / faire) ______________ rien de secret.

15. — Je vous (conduire / confondre) ______________ à la gare?

— Merci, mais nous (devoir / pouvoir) ______________ y être à 5 heures du matin.

— Pas grave. Je (s'habiller / me lever) ______________ très tôt d'habitude.

C. Les questions au présent

An easy way to ask questions that is acceptable in almost every situation is to add **est-ce que** to the beginning of the statement, or between the interrogative word (**où**, **quand**, **pourquoi**, **comment**…) and the rest of the statement.

Examples:

Statement: Les jeunes Français étudient souvent l'anglais au lycée.
Question: **Est-ce que** les jeunes Français étudient souvent l'anglais au lycée?
Statement: On parle beaucoup le français *en Afrique de l'Ouest.*
Question: Où **est-ce qu'**on parle beaucoup le français?
Statement: Le français est une langue internationale depuis *le 18e siècle.*
Question: Depuis quand **est-ce que** le français est une langue internationale?

For more information on asking questions in the present, see Chapter 1 of this ***Cahier d'activités***.

2. Questionnaire. Répondez au questionnaire suivant et posez ensuite les mêmes questions à un(e) partenaire. Servez-vous des questions entre parenthèses pour continuer la conversation avec votre partenaire.

1. Qu'est-ce que tu ______________ (faire) quand tu ______________ (avoir) du temps libre?

   Quand j'______________ (avoir) du temps libre, je…
   - ______________ (regarder) la télé. (Quelles émissions…?)
   - ______________ (écouter) de la musique. (Quelle sorte de musique…?)
   - ______________ (lire) un bon livre. (Quel livre… maintenant?)
   - ______________ ??? *(Proposez une autre activité.)*
2. Et quand tu ______________ (être) en ville?

   Quand je ______________ (être) en ville, je…
   - ______________ (prendre) un pot *(to have a drink)* avec des amis. (Où… ?)
   - ______________ (faire) du lèche-vitrines *(window shopping)*. (Quelles boutiques… ?)
   - ______________ (aller) voir une exposition. (Quel genre de… ?)
   - ______________ ??? *(Proposez une autre activité.)*
3. Comment est-ce que tu ______________ (dépenser) *(to spend)* ton argent?

   Avec mon argent, je(j')…
   - ______________ (aller) au cinéma. (Combien de fois par mois… ?)
   - ______________ (acheter) des vêtements et / ou des CD. (Où… ?)
   - ______________ (offrir) des cadeaux à mes amis. (Pour quelles occasions… ?)
   - ______________ ??? *(Proposez une autre activité.)*
4. Comment ______________ (passer)-tu le samedi soir d'habitude?

   Le samedi soir, je…
   - ______________ (recevoir) mes amis *(to have friends over)*. (Qui… ?)
   - ______________ (sortir) avec mes amis. (Où… ?)
   - ______________ (regarder) un DVD chez moi. (Quels films… ?)
   - ______________ ??? *(Proposez une autre activité.)*
5. Quand tu ______________ (vouloir) faire de l'exercice, que ______________ (faire)-tu?

   En général, je…
   - ______________ (courir). (Combien de kilomètres/miles… ?)
   - ______________ (suivre) un cours d'aérobic. (Pourquoi… ?)
   - ______________ (jouer) au basket. (Avec qui… ?)
   - ______________ ??? *(Proposez une autre activité.)*
6. Quelle ______________ (être) ton activité préférée quand il fait beau?

   Quand il fait beau, je…
   - ______________ (faire) du jogging. (À quelle heure… ?)
   - ______________ (se détendre). (Qu'est-ce que… ?)
   - ______________ (continuer) à travailler. (Pourquoi… ?)
   - ______________ ??? (*Proposez une autre activité.*)

3. Premiers jours sur le campus. Arnaud compose un message électronique à son ami d'enfance qui ne fréquente pas encore l'université. Écrivez ce message à partir des éléments donnés dans les deux colonnes suivantes.

Salut, Étienne,

Je suis bien arrivé sur le campus le week-end dernier…

1. Je / être ici depuis seulement trois jours,	mais je / avoir l'impression d'y être depuis un mois
2. Les cours / venir de commencer aujourd'hui,	et ils / sembler difficiles
3. Mon camarade de chambre / être en train d'installer le réseau numérique *(network connection).*	Nous / passer beaucoup de temps sur l'ordinateur
4. Je / avoir mal à la tête,	et je / avoir peur d'attraper un rhume *(a cold)*
5. Je / venir d'assister à	mon cours de littérature française
6. Je / lire un roman de Stendhal.	Et toi, qu'est-ce que tu / faire?
7. Merci pour ton colis *(package).*	Je / adorer le chocolat!
8. Je / aller t'écrire un autre message bientôt	pour te parler du campus.

À plus,

Arnaud

4. À votre tour! Comme Arnaud, écrivez un message électronique à un(e) ami(e) qui ne fait pas ses études sur le même campus que vous. Racontez-lui ce que vous faites depuis le début de l'année universitaire, ce que vous faites en ce moment et ce que vous allez faire.

1. ____________________
2. ____________________
3. ____________________
4. ____________________
5. ____________________

5. Depuis quand? / Depuis combien de temps? Interviewez un(e) camarade de classe sur sa vie et ses intérêts. Demandez-lui depuis quand ou depuis combien de temps il/elle a cet intérêt, fait cette activité, etc. Suivez le modèle.

avoir une voiture	faire du bénévolat *(volunteer work / service learning)*
étudier le français	s'intéresser à la politique / aux films d'animation / etc.
être membre d'un club sur le campus	vivre dans une résidence universitaire / une maison / un appartement
être membre d'une équipe sportive	
avoir un passe-temps *(hobby)*; Lequel?	
jouer d'un instrument / jouer dans un ensemble	

Modèle: VOUS: *Tu es membre d'une équipe?*
VOTRE CAMARADE: *Oui, je suis membre d'une équipe de foot.*
VOUS: *Depuis combien de temps?*
VOTRE CAMARADE: *Depuis six ans, je crois.*
Vous écrivez: Sharon est membre d'une équipe de foot depuis six ans.

1. ______________________________
2. ______________________________
3. ______________________________
4. ______________________________

Maintenant, présentez votre camarade de classe à un(e) *autre* camarade de classe, et parlez ensemble de vos intérêts.

Modèle: VOUS: John, je te présente Sharon. Elle est membre d'une équipe de foot.
VOTRE CAMARADE: *Cool! Moi, je ne joue pas au foot, mais je joue de la flûte depuis six ans. Je t'invite à mon prochain concert! Je peux aller à un de tes matchs? etc.*

II. *C'est* vs. *Il est*

It is not always easy to decide between **c'est** and **il/elle est** (*he/she/it is*) or **ce sont** and **ils/elles sont** *(they are).* Two general concepts will greatly help you to choose the correct subject in French.

1. **C'est** has two forms: a singular (**c'est**) and a plural (**ce sont**). **C'est** and **ce sont** are almost always followed by a noun, a pronoun, or an infinitive.

nouns:

C'est un médecin.	*He's a doctor.*
Ce sont de bons médecins.	*They are good doctors.*
C'est le Docteur Dupont.	*That's/it's Doctor Dupont.*
C'est le quatorze juillet.	*It's July 14.*

pronouns

C'est moi (toi, lui, elle, nous, vous, elles, eux).	*It's/that's me! (you, him, her, us, you, them).*

infinitive

Voir, c'est croire.	*Seeing is believing.*

2. **Il/elle est** and **Ils/elles sont** are followed by adjectives, not nouns.

Elle est brillante, mais **elle n'est pas** arrogante.
She is brilliant, but she's not arrogant.

This is equally true when the subject pronoun is the impersonal **il,** meaning *it.*

Il est amusant de comparer le français et l'anglais.
It's fun to compare French and English.

But: **C'est** dommage qu'il ne vienne jamais nous voir. *(«Dommage» is a noun, not an adjective.)*

3. When nouns designating profession, nationality, or religion are preceded by **il/elle est** or **ils/elles sont,** they function like adjectives. They are *not* preceded by articles.

Il est protestant. Elle est ingénieur. Elles sont égyptiennes.

When they are preceded by **C'est** or **Ce sont**, they function as nouns and are preceded by an article. When appropriate (for instance, for nationalities) the noun is capitalized.

C'est un protestant. **C'est une** Suisse. **Ce sont des** étudiantes égyptiennes.

There is generally no difference in meaning between these two structures and they are generally translated identically

Ils sont athlètes.	*They are athletes.*	Ce sont des athlètes.	*They are athletes.*
Il est français.	*He's French.* (adjective).	C'est un Français.	*He's French. (noun)*

Note: In some circumstances, **C'est** can also be followed by an adjective. This occurs when the adjective modifies a concept, a series of events, a situation, etc., and not just a single person or thing. Compare the following uses of **C'est** and **Il est** with adjectives:

Mon voisin? **Il est** bizarre.

My neighbor? He's strange. (Here, **bizarre** refers specifically to the neighbor [**il**], and follows the expected pattern described above of **Il est** + adjective.)

Il n'est pas venu à ma fête, et il ne m'a jamais téléphoné. **C'est** bizarre.

He didn't come to my party, and he never called me. It's/That's strange. (Here, **bizarre** doesn't refer specifically to **il,** but rather to the entire concept of not coming to the party and never calling afterwards, so in this exceptional case, we have **C'est** + adjective.)

6. Des présentations. Complétez les phrases suivantes avec **c'est, ce sont, il est, elle est, ils sont** ou **elles sont**.

1. —Tiens! _______________ Kévin! Je te le présente!

   Clara, je te présente Kévin. _______________ canadien, et _______________ un étudiant brillant. _______________ lui qui m'a aidée en maths le semestre dernier.

   — Enchantée, Kévin!

2. —Madame Martin, je vous présente Léna Pujol. _______________ une amie d'enfance.

   —Bonjour, Léna. Vous êtes la fille du professeur Pujol?

   —Oui, Madame. Vous le connaissez?

   —Bien sûr! _______________ un collègue. _______________ un excellent professeur, d'ailleurs. Tous les étudiants adorent sa façon d'enseigner les proverbes: «Partir, _______________ mourir un peu» _______________ le proverbe d'aujourd'hui. Enseigner un peu de culture avec la grammaire, _______________ bien!

   —Ça, _______________ mon papa!

3. —Anne, je te présente Joëlle. _______________ une étudiante étrangère, et _______________ très dynamique. Elle s'intéresse au club de Frisbee.

   —Vous avez déjà fait du Frisbee en Europe? _______________ super!

   —Non, je n'en ai jamais fait. Mais je trouve que(qu') _______________ important que je découvre des activités «typiquement américaines» pendant que je suis ici.

7. Je vous présente… Utilisant l'exercice précédant comme modèle, imaginez ce que vous diriez pour présenter trois personnes à quelqu'un qui ne les connaît pas. Donnez des informations sur la profession, la nationalité, les intérêts et talents, etc. de chaque personne.

1. (un ami / une amie) ____

   ____

2. (un membre de votre famille) ____

   ____

3. (un étranger / une étrangère [*foreigner*] que vous connaissez) ____

   ____

À l'écoute!

Brad et Zélie parlent de la différence entre la conversation «à la française» et la conversation «à l'américaine». Écoutez ce qu'ils disent et répondez aux questions qui suivent.

Première écoute

Est-ce que les phrases suivantes sont justes (J) ou fausses (F)?

1. Pendant une conversation, Brad a été vexé par des amis américains. J F
2. Zélie est d'accord que les Français sont impolis. J F
3. Différentes cultures ont différents styles de conversation. J F

Deuxième écoute

1. Quel était le sujet de la conversation entre Brad et des Français à la soirée?

   ____

2. Selon Zélie, pourquoi est-ce que les Français «interrompent» toujours?

   ____

Troisième écoute

Essayez de nommer trois résolutions qu'un(e) Américain(e) pourrait faire pour avoir un style de conversation plus français.

Modèle: Je vais parler moins longtemps — pas de monologues!

1. ____________________
2. ____________________
3. ____________________

Atelier d'écriture

I. Le sujet: Un courriel. Vous allez écrire un courrier électronique «***un courriel***» à un(e) étudiant(e) français(e) qui sera votre colocataire le semestre/trimestre prochain. Dans votre courriel, n'oubliez pas de mentionner les détails suivants, mais vous pouvez en ajouter d'autres si vous le désirez. Ensuite, en utilisant les suggestions ci-dessous, écrivez les questions que vous voulez poser à votre futur(e) colocataire. Ajoutez d'autres questions si vous le voulez!

II. Détails à mentionner:

- votre nom, votre âge, votre pays ou région d'origine, la ville où votre famille habite
- votre spécialité et la raison pour laquelle vous l'avez choisie
- si vous avez beaucoup de devoirs (ou non), l'heure à laquelle vous vous levez et vous vous couchez et l'endroit où vous étudiez (à la maison, dans votre chambre, à la bibliothèque, etc.)
- ce que vous faites quand vous avez du temps libre. Citez plusieurs activités en utilisant des verbes différents et donnez des détails spécifiques sur vos activités pour rendre votre message plus intéressant!
- ce que vous aimez faire quand vous sortez avec des amis

Ajoutez ici des détails qui vont permettre à votre colocataire de mieux vous connaître et de mieux connaître votre université.

III. Questions à poser:

Demandez à votre colocataire les informations suivantes:

- son âge (Quel âge… ?)
- ce qu'il/elle étudie (Qu'est-ce que… ?)
- depuis quand il/elle étudie l'anglais (Depuis quand / Depuis combien de temps… ?)
- s'il/si elle connaît déjà des Américains (Est-ce que tu… ?)
- ce qu'il/elle aime faire lorsqu'il/elle a du temps libre (Qu'est-ce que… ?)
- ce qu'il/elle veut faire pendant son séjour aux États-Unis (Qu'est-ce que… ?)

Posez d'autres questions qui vont vous permettre de mieux connaître votre colocataire.

IV. Salutations. Here are some ways you could open and close your email.

Opening formulas

Salut!	*Hi!*
Cher Jean-Claude / Chère Angie	*Dear Jean-Claude / Dear Angie*

Closing formulas

Bien amicalement	*In friendship, fondly*
À plus!	*See you!*
À bientôt!	*See you soon!*

V. Au travail!

1 L'interrogation et la négation

Sommaire

I. Notions de base

A. Questions en «oui» ou «non»

Grammar Podcasts, Grammar Modules

Since your earliest days of French, you have known several ways of asking yes-no questions. They are:

1. The repetition of a simple declarative sentence with a rising intonation in your voice.
   Vous êtes étudiant?
2. The addition of **est-ce que** or **n'est-ce pas** to your declarative sentence.
   Est-ce que vous êtes étudiant?
   Vous êtes étudiant, n'est-ce pas?
3. The use of inversion of the subject and the verb.
   Êtes-vous étudiant?

Remarques:

- When inverting with subject pronouns **il** and **elle,** if the verb ends with a vowel you will add **-t-** to facilitate pronunciation. When the subject is a noun, you will sometimes state the noun first, and then invert the appropriate pronoun subject and the verb.
  Va-t-il à la fac?
  Georges va-t-il faire des études de médecine?
- **N'est-ce pas** anticipates an affirmative reply. Be mindful not to overuse **n'est-ce pas** as a question tag (*is he? doesn't she? haven't you? can they?, etc.*).
  — Tu es le frère de Daniel, n'est-ce pas?
  — Eh bien, oui! C'est mon frère aîné.

B. Mots interrogatifs

A few of the more common question words are invariable; they are simple to use:

quand	*when*
pourquoi	*why*
comment	*how*
où	*where*
combien (de)	*how much, how many*

In standard French, these question words appear at the beginning of the sentence. The question can be formed using **est-ce que** or inversion.

Quand est-ce qu'il vient?
Quand vient-il?

In casual spoken French, we sometimes hear questions posed with the question word at the end of the sentence.

Il vient quand?
Tu habites où?

These forms are not appropriate in written French or in formal situations, but you will hear them often in informal settings.

Exercice

1. **Un coup de téléphone.** Vous êtes chez un ami quand sa tante québécoise lui téléphone pour savoir ses résultats au bac. En considérant les réponses données par votre ami, imaginez quelles questions sa tante lui a sans doute posées. (Il y a peut-être plus d'une question possible.)

Modèle: — **<u>Tu as passé le bac, n'est-ce pas?</u>**
— Oui, je l'ai passé en juin.

1. — ____?

— Oui, oui, je les ai eus. J'ai réussi!

2. — ____?

— La semaine passée. Et j'ai eu mention «bien» *(with distinction)*!

3. — ____?

— Parce que j'ai été très très occupé depuis. Mais j'allais te téléphoner ce week-end. Pardon, tatie (*aunt*) Colette.

4. — ____?

— Je vais probablement étudier à Paris III, la Sorbonne.

5. — ____?

— Maman et Papa vont m'aider et j'ai une bourse *(scholarship)*. Tu sais, les études ne coûtent pas très cher en France.

6. — ____?

— Oh, je suppose qu'il me faudra à peu près 30 euros par semaine comme argent de poche… Tu veux me les donner? Oh, c'est très très sympa de ta part! Je ne sais pas comment te remercier…

II. Les pronoms interrogatifs

Grammar Podcasts, Grammar Modules

The French equivalents for the English interrogative pronouns *who?, whom?,* and some forms of *what?* vary in form depending on three criteria:

1. whether the question is asking about persons or things
2. what their grammatical function is (whether they are asking about a subject, the object of a verb, or the object of a preposition)
3. whether you want to use **est-ce que** or inversion in your question

Using "long" question forms (with **est-ce**)
We'll look first at what we will call the "long" question forms. They contain three elements sequenced as follows:

first part	second part	third part
qui		**qui**
or	**est-ce**	or
que (qu')		**que**

To understand how questions are formed using "long" forms, keep in mind their three-part structure and follow these instructions:

1. The first element tells your listener whether you are asking about a person or a thing. Use **qui** *(who[m])* if you are asking about a person, and **que (qu')** *(what)* if you are asking about a thing.
2. The second element is a two-word expression: **est-ce,** the inversion of **c'est…** This expression will be the same in every "long" question form—it allows you to construct your question without inverting the subject and the verb.
3. The third element is *all about grammar.* You will use **qui** as your third element if the person or thing you are asking about is the grammatical subject of your question. If it is ***not*** the subject, you will use **que.**

Questions about a person who is the subject of the question
Scenario: Someone is crying, and you want to know who (____ **est-ce** ____ **pleure?).**

1. Since you're asking about a *person,* the first element in your "long" question will be **qui.**
2. Next comes **est-ce:** ***Qui est-ce*** ____ **pleure?**
3. Finally, decide if the person you're asking about is the subject of the question; that is, is the person you are asking about doing the crying? In this case, the person is indeed the subject, so the third element in your "long" question is **qui.**
   — **Qui est-ce qui** pleure?
   — Le bébé pleure.

Questions about a thing that is the subject of the question
Scenario: There's a strange mechanical noise outside, and you want to know what is making the noise: ____ **est-ce** ____ **fait ce bruit?**

1. Since you're asking about a *thing,* the first element in your "long" question will be **que (qu').**
2. Next comes **est-ce:** ***Qu'est-ce*** ____ **fait ce bruit?**
3. Finally, decide if the thing you're asking about is the subject of the question; that is, is the thing you are asking about making the noise? In this case, the thing is indeed the subject, so the third element in your "long" question is **qui.**
   — **Qu'est-ce qui** fait ce bruit?
   — Un bulldozer fait ce bruit.

Questions about a person who is* not *the subject of the question
Scenario: You want to ask your friend whom she saw at the party: (____ **est-ce** ____ **tu as vu?)**

1. Since you're asking about a person, you'll begin with **qui.**
2. Next comes **est-ce.**
3. Since the person you're asking about is *not* the subject (**tu** is the subject), the third element will be **que (qu')**

   — **Qui est-ce que** tu as vu?
   — J'ai vu Julie.

Questions about a thing that is* not *the subject of the question
Scenario: You want to ask your friend what he bought for his mom: ____ **est-ce** ____ **tu as acheté pour ta mère?**

1. Since you're asking about a thing, begin with **que (qu').**
2. Add **est-ce.**
3. Since the thing you're asking about is *not* the subject (**tu** is the subject), the third element is **que.**

   — **Qu'est-ce que** tu as acheté pour ta mère?
   — Je lui ai acheté une lampe.

Long questions that contain prepositions
When constructing a "long" question that includes a preposition (**pour, à, dans, avec,** etc.), the same principles apply, but the preposition must begin the sentence.

- **Pour qui** est-ce **que** Julie travaille? (You're asking about a person who is *not* the subject of the sentence.) (A logical answer might be: **Julie travaille pour Madame Carrer.)**
- When your question is about a thing and it is preceded by a preposition, use the pronoun **quoi.**

  Cette lampe est fragile? **Dans *quoi*** est-ce **que** tu vas la mettre? (Logical answer: **Je vais la mettre dans un carton solide**.)
- In casual American English, it has become acceptable to end sentences with a preposition: *Who[m] was she dancing* ***with****? What will he put it* ***in?*** This cannot be done in French, where questions containing prepositions will most likely *begin* with the preposition, followed by **qui** or **quoi.** Even with more "casual" word order, the preposition will not be separated from **qui** or **quoi.**

  Elle dansait ***avec qui?*** Tu vas l'écrire ***sur quoi?***

Let's construct some questions following this three-step procedure.

Imagine that someone is crying, and you want to know who it is: _____ ***est-ce*** _____ **pleure?** Since you are asking about a *person*, the first element in your long question form will be **qui.** Next comes **est-ce: *Qui est-ce*** _____ **pleure?** Now, is the person you're asking about the subject of the question (that is, is the person you're asking about doing the crying)? Yes; so the third element in your "long" question form will also be **qui.**

***Qui est-ce qui* pleure?** *(this person is the subject)* (e.g., Ma fille pleure.)

In a similar scenario, imagine that there's a strange mechanical noise outside, and you want to know what is making it: _____ ***est-ce*** _____ **fait ce bruit?** Since you are asking about a *thing,* the first element in your "long" question form will be **que.** Next comes **est-ce: *Qu'est-ce*** _____ **fait ce bruit?** Now, is the thing you're asking about the subject of the question (that is, is the thing you're asking about making the noise)? Yes; so the third element in your "long" question form will be **qui.**

***Qu'est-ce qui* fait ce bruit?** *(this thing is the subject)* (e.g., Un bulldozer fait ce bruit.)

What about situations in which you are asking about a *person* who is *not* the subject of your question? A friend of yours comes home from a party and you want to ask who(m) she saw: _____ ***est-ce*** _____ **tu as vu?** In this situation you are asking about a person, so the first element of the question form will be **qui;** and since the person is not the subject of the question (***tu*** is the subject), the third element will be **que.**

Qui *(person)* est-ce **que** *(this person is the direct object)* tu as vu? (e.g., J'ai vu Julie.)

Using "short" question forms

Most of the "long" questions discussed above can also be expressed using a shorter form without **est-ce.**

- **Qui est-ce qui** can be shortened to **qui. Qui** will be the first word of the question and will be followed by a verb.

  Qui pleure? (this means the same thing as ***Qui est-ce qui* pleure?**)

- **Qui est-ce que** can also be shortened to **qui.** Since it asks about a person who is the direct object of the question, it will be followed by an inverted *subject + verb.*

  Qui avez-vous vu? (this means the same thing as ***Qui est-ce que* vous avez vu?**)

- **Qu'est-ce que** can be shortened to **que.** Since it asks about a thing that is the direct object of the question, it will be followed by an inverted *subject + verb.*

  Qu'avez-vous acheté? (this means the same thing as ***Qu'est-ce que* vous avez acheté?**)

- *Preposition* + **qui est-ce que** can be shortened to *preposition* + **qui.** It will be followed by an inverted *subject + verb.*

  Avec qui danse-t-elle? (this means the same thing as ***Avec qui est-ce qu'elle danse?***)

- *Preposition* + **quoi est-ce que** can be reduced to *preposition* + **quoi.** It will be followed by an inverted *subject + verb.*

  Dans quoi allez-vous mettre le cadeau? (this means the same thing as ***Dans* quoi est-ce que vous allez mettre le cadeau?**)

Remarque:

There is one "long" question form that cannot be shortened—**qu'est-ce qui. Qui** alone means you are asking about a person **(Qui parle? Qui avez-vous vu?). Que(qu')** alone means that you are asking about a thing that is the direct object of its verb **(Que voyez-vous?)**. A question formed with **qu'est-ce qui** needs both **que** and **qui** in order to show that it is asking about a *thing* that is the *subject* of the question.

Qu'est-ce **qui** fait ce bruit?

Tableau récapitulatif

	people	meaning	things	meaning
subject of a verb	**qui** **qui est-ce qui**	*who?*	**qu'est-ce qui** [no short form possible here]	*what?*
direct object of a verb	**qui** + *inverted subject and verb* **qui est-ce que**	*whom?*	**que** + *inverted subject and verb* **qu'est-ce que**	*what?*
after a preposition	*prep.* + **qui** + *inverted subject and verb* *prep.* + **qui est-ce que**	*whom?*	*prep.* + **quoi** + *inverted subject and verb* *prep.* + **quoi est-ce que**	*what?*

Exercices

2. Le bon réflexe. Analysez les questions suivantes et choisissez la réponse logique parmi les possibilités données.

1. Qu'est-ce qui est arrivé?
   a. Marie.
   b. Un accident très grave.
   c. Les enfants et leurs amis.
2. Avec quoi mange-t-il?
   a. Une fourchette, bien sûr.
   b. Avec ma famille.
   c. Un steak et des frites.
3. Qui voulez-vous?
   a. Le directeur, s'il vous plaît.
   b. Deux baguettes et une tarte aux fraises.
   c. Rien du tout, merci.
4. Qu'est-ce que vous désirez, madame?
   a. Avec du lait et du sucre.
   b. Mon mari et ses amis.
   c. Un coca, s'il vous plaît.
5. Qui est-ce que vous cherchez?
   a. Un pull comme celui-ci, mais en rouge.
   b. Quelqu'un qui puisse traduire ceci.
   c. Pour vous, cela devrait être simple.
6. Sur quoi est-ce que vous comptez?
   a. Sur mon assistante. Elle est très responsable.
   b. Les comptes sont déjà réglés. C'est bon comme ça.
   c. Sur les notes que vous m'avez données. Merci.
7. Que préférez-vous?
   a. Madame Denis. Elle est toujours patiente.
   b. Aller au cinéma maintenant et manger après.
   c. Les jeunes filles qui nous ont aidés la dernière fois, si ça ne vous gêne pas.
8. Chez qui allez-vous dormir?
   a. Chez nos anciens voisins.
   b. Chez le dentiste — j'ai rendez-vous dans dix minutes.
   c. Vers 10 heures — je suis vraiment fatiguée.
9. Qu'est-ce qui sent *(smells)* si bon?
   a. Oh, j'ai fait un gâteau au chocolat tout à l'heure. Tu en veux un morceau?
   b. Je me sens très bien.
   c. Oui, je suis tout à fait d'accord.
10. Qui est-ce que vous avez vu?
    a. Une ville médiévale.
    b. Un ancien ami de lycée — c'était très sympa.
    c. Une nouvelle idée — il nous l'expliquera demain.

3. Test de mémoire. Étudiez l'histoire suivante pendant deux minutes. Ensuite, fermez votre livre et répondez aux questions que votre partenaire va vous lire. (Vous allez peut-être donner la même réponse plus d'une fois.) Avez-vous une bonne mémoire? (Si vous n'avez pas de partenaire, cachez *[hide]* le texte et répondez aux questions sans le regarder.)

Pierre est très ambitieux. Après avoir considéré pendant longtemps une carrière d'ingénieur, il sait maintenant qu'il veut devenir neurologue et se spécialiser dans les maladies dégénératives comme les maladies de Parkinson, d'Alzheimer et la sclérose en plaques *(multiple sclerosis)*. Il a réussi son bac scientifique il y a trois ans, il a fini sa première année de médecine et il va bientôt terminer sa deuxième. Après cela, il lui restera cinq années d'études avant de commencer sa spécialisation. Pierre s'intéresse à la chimie, mais il aime encore plus la biologie. En fait, c'est son ancien professeur de biologie, Monsieur Maupas, qui a suggéré pendant leurs discussions sur la recherche effectuée au CNRS (Centre national de la recherche scientifique) de Bordeaux-Talence qu'il fasse des études de médecine.

Pierre fait actuellement ses études à Montpellier, où il vit avec deux colocataires, Alain et Marc. Marc étudie la médecine comme Pierre, mais Alain fait du droit. Les trois amis sont très studieux et ils essaient de vivre simplement pour ne pas être obligés de travailler. Leur mode de vie, ainsi qu'une bourse de l'État et de petits chèques de la part de son grand-père maternel, permettent à Pierre de se concentrer sur ses études.

1. Avec qui Pierre vit-il?

    ____

2. Qu'est-ce qui permet à Pierre de se concentrer sur ses études?

    ____

3. Qui est-ce qui a recommandé que Pierre fasse des études de médecine?

    ____

4. Que veut faire Pierre comme spécialisation médicale? Cardiologue? Pédiatre?

    ____

5. Qui étudie la médecine comme Pierre?

    ____

6. Au lieu de quoi est-ce que Pierre a décidé de devenir médecin?

    ____

7. Qu'est-ce qui intéresse Pierre le plus — la chimie ou la biologie?

    ____

8. Que fait le CNRS?

    ____

9. De quoi Pierre parlait-il avec son prof de biologie?

    ____

10. Sur quoi est-ce que Pierre veut se concentrer en matière de maladies?

    ____

11. Qu'étudie Alain?

    ____

12. Qui envoie des chèques à Pierre?

    ____

13. Qu'est-ce que Pierre a déjà obtenu comme diplôme?

    ____

14. En quelle année est-il maintenant?

    ____

4. Pardon? Je n'ai pas entendu. Vous êtes à une fête où la musique est très forte, et vous êtes obligé(e) de répéter toutes les questions que vous posez à vos amis. Chaque fois que vous répétez une question, utilisez une autre forme, si c'est possible.

Modèle: — Qu'avez-vous fait hier?
— Pardon?
— J'ai dit, «Qu'est-ce que vous avez fait hier?»

1. — Oh là là! Qui a pris cette photo?

— ______________________________

2. — Avec quoi est-ce que tu vas mettre ton nouveau pantalon?

— ______________________________

3. — Que voulez-vous faire cet après-midi?

— ______________________________

4. — À côté de qui préférez-vous vous asseoir? A côté de ces garçons?

— ______________________________

5. — Qui est-ce qui veut aller chercher les pizzas?

— ______________________________

6. — Qu'est-ce que Carla veut boire? Du coca?

— ______________________________

7. — Près de quoi vais-je trouver les clés de ta voiture?

— ______________________________

5. Un remplaçant sympathique. Madame Martin a été absente hier. Monsieur Paré l'a remplacée dans sa classe, mais les élèves n'ont pas été très sages *(good)*. Les commentaires de Monsieur Paré sont assez vagues, mais Madame Martin est stricte, et elle veut savoir *exactement* ce qui s'est passé. Jouez les deux rôles.

Modèle: — Euh… *certains élèves* n'ont pas fini leur travail.
— Ah bon? Qui ne l'a pas fini?
(ou) **— Qui est-ce qui ne l'a pas fini?**

1. — Emma a cassé *quelque chose.*

— ______________________________

2. — *Quelqu'un* a bavardé pendant tout le cours.

— ______________________________

3. — Chloé a été taquinée *(teased)* par *quelqu'un.*

— ______________________________

4. — Ethan a dessiné *des choses inacceptables.*

— ______________________________

5. — *Quelque chose* a mouillé *(got wet)* les papiers sur votre bureau.

— ______________________________

6. — J'ai vu *une personne* tricher *(cheat)* au petit contrôle *(quiz)* que vous m'avez laissé.

— ______________________________

7. — Nous n'avons pas fini tout le travail *à cause d'un petit incident.*

— ______________________________

8. — *Des malentendus (misunderstandings)* ont causé une petite dispute.

— ______________________________

9. — J'ai puni *une élève.*

— ______________________________

6. Quelle chance! Vous travaillez pour le journal de votre université et vous avez la possibilité d'interviewer un personnage «célèbre» qui visite votre campus (à vous de choisir de qui il s'agit!). Terminez les questions ci-dessous pour demander tout ce que vous avez toujours voulu savoir sur la célébrité de votre choix.

Modèle: **Le Père Noël** Sans quoi...
Sans quoi ne pouvez-vous pas vivre?

Célébrité que vous allez interviewer: ______________________

1. Qu'est-ce que ______________________?
2. Avec qui ______________________?
3. De quoi est-ce que ______________________?
4. Qui est-ce qui ______________________?
5. Que ______________________?
6. Qu'est-ce qui ______________________?
7. Qui ______________________?
8. De quoi ______________________?

Si vous voulez, jouez votre interview avec un(e) camarade de classe. Il/Elle va jouer le rôle de «votre» célébrité et vous allez ensuite jouer le rôle de la sienne. Amusez-vous bien!

7. Des questions. Avec d'autres étudiants, vous allez faire une enquête *(study, survey)* sur les expériences et les attitudes de professeurs dans différents pays francophones. Après avoir formulé vos questions en anglais, vous devez maintenant les traduire.

1. *(Why did you become a teacher?)* (devenir enseignant[e]/professeur)

   ____

2. *(Who encouraged you to become a teacher?)* (encourager quelqu'un à devenir professeur)

   ____

3. *(Where and when did you get your degrees [diplomas]?)* (obtenir vos diplômes)

   ____

4. *(What did you major in?)* (se spécialiser en)

   ____

5. *(How did you find the job you have now?)* ([le poste; actuellement])

   ____

6. *(How many students are there in a typical class at your university?)*

   ____

7. *(Do you like your classes?)*

   ____

8. *(What makes you happy about [en ce qui concerne] your teaching career?)* (rendre heureux [-euse]) (carrière d'enseignant[e])

   ____

9. *(What don't you like about your job?)*

   ____

10. *(Whom do you talk to when you have a pedagogical* [d'ordre pédagogique] *problem?)*

    ____

III. *Quel* et *lequel*

Grammar Podcasts, Grammar Modules

You no doubt learned about **quel** and **lequel** rather early on in your career as a student of French, and we've used them frequently in *Controverses*, but here's a quick reminder of how they are used.

Quel

Quel is an interrogative *adjective* that means *what* or *which.* If you linger over the word "adjective" for a moment, you should realize:

1. that adjectives accompany nouns, so **quel** will always accompany a noun.
2. that adjectives agree with the nouns they accompany (or "modify"); **quel** has masculine, feminine, singular, and plural forms.

Here, as you'll recognize, are the forms of **quel:**

	masculine	feminine	meaning
singular	**quel**	**quelle**	*which? what?* (as in *What book[s] do you want?*)
plural	**quels**	**quelles**	

There are several different ways of translating *what,* as you will see below. When you use **quel,** you are saying: Out of a group of possible [books], *what/which* [book(s)] is/are being referred to? And, remember, the word [book] appears in the sentence.

Quel almost always immediately precedes the noun it modifies.

De **quelle couleur** est ta voiture? — ***What color*** *is your car?*
Quels CD a-t-il achetés? — ***Which CDs*** *did he buy?*

The one exception involves sentences containing the verb **être,** which follow the same pattern as English sentences containing ***which*** or ***what*** and the verb *to be.*

Quelle est votre **nationalité?** — ***What*** *is your* ***nationality?***
Quels sont tes **films** préférés? — ***What*** *are your favorite* ***movies?***

Lequel

Although it is related to the interrogative adjective **quel, lequel** is an interrogative pronoun. That means it takes the place of a noun. Instead of meaning *which,* it means *which **one**?* **Lequel** has four forms, and you will choose the one that reflects the gender and the number of the noun it refers to. (In Chapter 8 you will learn that **lequel** can also be a relative pronoun.)

	masculine	feminine	meaning
singular	**lequel**	**laquelle**	*Which one(s)?*
plural	**lesquels**	**lesquelles**	

Je vois que tu as deux vélos. **Lequel** est-ce que tu préfères?
Lesquels de ces blue jeans est-ce que tu portes le plus?
Tu as les qualités requises pour ces deux carrières. **Laquelle** vas-tu entreprendre?

Remember that when **à** or **de** is used before a form of **lequel,** the usual contraction occurs.

	masculine	feminine
singular	**auquel** **duquel**	**à laquelle** **de laquelle**
plural	**auxquels** **desquels**	**auxquelles** **desquelles**

Il aime parler de ses classes. — *He likes to talk about his classes.*
De laquelle parle-t-il le plus? — ***About which one*** *does he talk the most?*
Auxquels de tes amis vas-tu écrire? — *To which (ones) of your friends are you going to write?*

Exercices

8. Oui, mais quoi, exactement? Votre cousine vient vous rendre visite la semaine prochaine. Elle n'a pas d'idée précise de ce qu'elle veut faire pendant sa visite. Préparez des questions pour savoir exactement ce qu'elle veut. Utilisez la forme appropriée de **quel** dans chaque question.

Modèle: Pendant ma visite, je voudrais aller au *restaurant*.
D'accord, mais à *quel* restaurant veux-tu aller?

1. J'aimerais manger *de la cuisine internationale*.

____

2. On peut voir *deux ou trois films*?

____

3. Je voudrais rencontrer *ton amie*.

____

4. Je dois faire *quelques courses*.

____

5. Ce serait bien d'aller dans *quelques grands magasins*.

____

6. On aura le temps de parler du *problème* du cousin Hugo?

____

7. J'arrive à l'aéroport *demain soir*.

____

8. Si on ne se retrouve pas, appelle mon portable.

____

9. Ça fait longtemps! Vous assistez à une réunion de votre promotion de lycée *(high school graduating class).* Une ancienne amie vous parle de sa vie depuis ces années-là, mais vous êtes souvent obligé(e) de lui demander des précisions. Utilisez chaque fois une forme de **lequel.**

Modèle: — Après le lycée, je suis allée à *l'université.*
— Ah bon? À laquelle?

1. — Ensuite, j'ai travaillé pour *une grande compagnie de logiciels (software).*

   — ____

2. — Je me suis mariée avec *un de nos anciens camarades de classe.*

   — ____

3. — Il joue dans *un groupe de rock.*

   — ____

4. — Nous avons acheté une maison dans *une ville en Californie.*

   — ____

5. — Je participe à *beaucoup d'activités bénévoles.*

   — ____

6. — De temps en temps, je vois *des filles de notre classe.*

   — ____

7. — Tu te souviens de *notre cours d'anglais?*

   — ____

8. — Savais-tu qu'un *de nos professeurs* est mort?

   — ____

9. — Maintenant que les enfants sont à l'école, je cherche *un travail qui me plaît.*

   — ____

IV. Les traductions de *What?*

There are several different ways to translate *What?* in French. A quick review will make sure you've got them sorted out.

- **Hein?, Quoi?, Comment?,** and **Pardon?** (from *least* polite to *most* polite) are ways of saying *What?* when you mean *I'm sorry, I didn't hear/understand. Could you repeat that?*

- **Quoi?!, Comment?!,** and **Pardon?!** can also be exclamations of surprise: *What?! I'm shocked/ surprised!*

- **Qu'est-ce que… ?** and **Qu'est-ce que c'est que… ?** both mean *What is . . . ?*, in the sense of *What is a(n). . . ? Can you explain it, or give me a definition?* **Qu'est-ce que** alone is used in more formal language.

  — **Qu'est-ce que c'est qu**'un pansement?

  — C'est ce qu'on met autour d'une blessure pour la protéger ou l'empêcher de saigner *(to bleed)*.

- **Quel(le)** means *What?* in the sense of *What (or which) person or thing, among several possibilities?* Since **quel** is an adjective, the word it refers to is present in the sentence.

Quelle heure est-il?	*What time is it?*
Quelle est la réponse correcte?	*What is the right answer?*

- **Qu'est-ce qui, Que (Qu'est-ce que)** and ***preposition*** + **quoi (quoi est-ce que)** all mean *What?* as well. They're all asking about a *thing or an idea,* and they tell your listener or reader whether that thing is the subject, direct object, or object of the preposition in your sentence.

Qu'est-ce qui ne va pas?	*What's wrong?*
Qu'est-ce que tu veux?	*What do you want?*
De quoi parlez-vous?	*What are you talking about?*

- **Ce qui, ce que,** and **ce dont** also mean *what.* These are relative pronouns that either have no stated antecedent, or else their antecedent is an entire phrase or idea.

Dis-moi **ce qui** ne va pas.	*Tell me what's wrong. (no stated antecedent)*
Il est toujours en retard, **ce qui** me rend furieuse!	*He's always late, which makes me furious! (antecedent is an entire clause)*

- At other times, however, they are simply linking two sentences together to avoid repetition and are translated as *what* or *that which.* They do not introduce questions.

  Il fait ça. Il veut faire ça. ⟶ Il fait **ce qu**'il veut. *(He does what he likes.)*

Exercices

10. ***What?*** Pour vous assurer que vous comprenez toutes les différentes traductions de *what?*, traduisez en français les phrases suivantes. Et, bravo! Votre compréhension des structures du français devient de plus en plus sophistiquée.

Mots et expressions utiles: **adresse** (f.), **arriver (se passer), bruit** (m.), **satirique**

1. What's happening? ____?
2. What? Sorry, there's too much noise here! ______________________________.
3. What's your address? ____?
4. What do you need? ____?
5. What's a **canif?** ____?
6. What? That's impossible! ____________________________________!
7. What are you watching? ______________________________________?
8. I don't understand what he's saying. ___________________________.
9. That's what I'm afraid of. ___________________________________?
10. I want to do what seems to me to be fair. *(sembler juste)* ________________.

11. Qu'est-ce qu'il est curieux! ***(He's really curious!)*** Vous assistez à une fête où il y a un petit garçon qui est très curieux. Il fait beaucoup de commentaires, et il vous pose beaucoup de questions. Complétez ses questions.

1. Qu'est-ce qui ____?
2. Quels ____?

3. Voici mes deux livres préférés. Lequel ______________________________?
4. Avec qui ______________________________?
5. Je peux te montrer ce qu(e) ______________________________?
6. Qu'est-ce ______________________________ *un échiquier?* Tu peux m'expliquer?
7. Qui ______________________________?
8. De quoi ______________________________?

12. Des renseignements importants. Vous pensez peut-être faire des études en France l'année prochaine, mais vous avez beaucoup de questions! On vous a dit que le CROUS (vous ne savez pas exactement ce que c'est) peut vous aider. Écrivez dix questions qu'il serait utile de poser à cet organisme. Utilisez au moins une fois chacun des mots ou expressions suivants: **qu'est-ce que c'est que, quel(le)(s), qui, qu'est-ce qui, que, à qui, lequel (laquelle, lesquels, lesquelles), de quoi**

1. ______________________________
2. ______________________________
3. ______________________________
4. ______________________________
5. ______________________________
6. ______________________________
7. ______________________________
8. ______________________________
9. ______________________________
10. ______________________________

13. Un entretien *(An interview)*. Vous travaillez depuis deux ans sur votre campus dans le bureau qui renseigne les étudiants qui voudraient étudier à l'étranger *(to study abroad)*. Il y a un poste à pourvoir *(position available)* dans ce bureau et l'un des candidats est français. On vous a demandé de l'interviewer sur ses études, sur son expérience dans ce domaine en France et sur ses qualités et ses intérêts personnels. Écrivez trois ou quatre phrases pour expliquer quels atouts *(assets, advantages)* un(e) Français(e) pourrait offrir à votre équipe. Ensuite, écrivez huit à dix questions qui vous aideraient à déterminer si c'est le bon candidat pour le poste.

V. La négation

In French, there are two elements in every negation: **ne** and an additional word, the most common of which is **pas**. The most common negations are:

Negation	Meaning	What it negates
ne… pas Vous **ne** parlez **pas** français?	*not* *You **don't** speak French?*	Negates a verb
ne… pas encore Elle **n'**a **pas encore** 21 ans.	*not yet* *She's **not yet** 21.*	Negates a verb (often negates the element **déjà** [*already*])

(Continued)

Negation	Meaning	What it negates
ne… aucun(e) Tu **n'as aucune** idée de ce que tu veux faire?	*not a single, no, not one* *You have* ***no*** *idea what you want to do?*	Negates a noun that might have a qualifier like **quelques** (some) or **tous/toutes** (*all*). Always used in the singular, but it has a masculine (**aucun**) and feminine form (**aucune**), according to the gender of the noun it negates.
ne… guère Je **ne** peux **guère** le comprendre.	*hardly* *I can* ***hardly*** *understand him/it.*	Negates/limits a verb
ne… jamais Tu ne **m'**apportes **jamais** de fleurs.	*never* *You* ***never*** *bring me flowers.*	Negates a verb, often accompanied by **toujours** (*always*), **souvent, quelquefois,** or **parfois**
ne… ni… ni Le pauvre. Il **n'a ni** famille, **ni** amis.	*neither . . . nor* *Poor guy. He has* ***neither*** *family* ***nor*** *friends.*	Negates *two* elements that may be joined by **et… et** (*and*), **soit… soit** or **ou… ou** (*either . . . or*)
ne… nulle part Où sont tes sœurs? Je **ne** les ai vues **nulle part.**	*nowhere; not anywhere* *Where are your sisters? I have****n't*** *seen them* ***anywhere.***	Negates adverbial expressions like **quelque part** (*somewhere*), **partout** (*everywhere*), etc.
ne… personne / Personne… ne Je **ne** comprends **personne** et **personne ne** me comprend.	*no one, not anyone; nobody* *I do****n't*** *understand* ***anyone****, and* ***no one*** *understands me.*	Negates expressions like **tout le monde** and **quelqu'un. Personne** can be the subject of the sentence, in which case it precedes the verb.
ne… rien / Rien ne… Je **ne** veux **rien** faire, et **rien ne** m'intéresse.	*nothing, not anything* *I do****n't*** *want to do* ***anything,*** *and* ***nothing*** *interests me.*	Negates expressions like **tout** or **quelque chose. Rien,** like **personne,** can be the subject of the verb
ne… plus Il **ne** sont **plus** malades.	*no longer, not anymore* *They are****n't*** *sick* ***anymore.***	Negates verbs that may be accompanied by expressions like **toujours** and **encore** (*always* or *still*)
(ne… pas) non plus Tu n'aimes pas les maths ? **Moi non plus!** (Je **n'**aime **pas** les maths **non plus.**)	*(n)either* *You don't like math?* ***Neither do I!*** *(I* ***don't*** *like math* ***either.****)*	Indicates agreement with a previously-stated negative. **Non plus** can follow a noun or pronoun in a sentence fragment and omit the **ne… pas.**

Changes to the article in a negative sentence

- After most negations, the indefinite articles (**un, une, des**) and the partitive articles (**du, de l', de la**) change to **de.** Definite articles (**le, la, les**) remain unchanged.

  J'ai **des** difficultés. → Je n'ai **pas de** difficultés.
  Il a **du** temps. → Il n'a jamais **de** temps.
  J'ai **le** livre du professeur. → Je n'ai pas **le** livre du professeur.

- There are two exceptions to this rule:
  1. With the verb **être,** the indefinite and partitive articles are retained, even in negative sentences (as are definite articles).

     C'est **une** pipe. → Ce n'est pas **une** pipe.

     C'est **de la** viande. → Ce n'est pas **de la** viande.

  2. With **ne… ni… ni…,** indefinite and partitive articles disappear altogether. Definite articles (**le, la, les**) remain unchanged.

     Il a **du** charme et **du** talent. → Il n'a **ni** charme **ni** talent.

     Tu as **le** temps et **l'**argent pour faire ce projet. → Tu n'as ni **le** temps, ni **l'**argent pour faire ce projet.

You will practice the negation of articles further in Chapter 7.

Exercices

14. Quelle transformation! L'année dernière, Clément était un très mauvais élève, mais cette année c'est un élève modèle. Suivant le modèle, décrivez sa transformation positive. (Il y a parfois plus d'une réponse possible.)

Modèle: *L'année dernière…* — *Mais cette année…*

Rien n'était facile pour lui. — **Tout est facile pour lui. / Certaines choses sont faciles pour lui.**

L'année dernière… — *Mais cette année…*

1. Il ne parlait guère en classe. ______________________________
2. Il ne s'entendait avec personne. ______________________________
3. Il n'était jamais à l'heure. ______________________________
4. Il ne préparait jamais ses cours. ______________________________
5. Personne ne voulait travailler avec lui. ______________________________
6. Il ne faisait aucun effort. ______________________________
7. Il avait encore des difficultés. ______________________________
8. Il ne comprenait rien. ______________________________
9. Il n'avait ni énergie ni enthousiasme. ______________________________
10. Aucune matière n'était facile pour lui. ______________________________

Placement of elements in negative sentences

- **Ne** always goes before the verb, although there may be object pronouns between it and the verb.

  Je **ne fais** pas le travail.

  Je **ne *le* fais** pas.

- The other element in the negation normally comes just after the verb in a simple (one-word) verb tense. In the case of compound tenses, like the **passé composé,** the negating element normally comes after the auxiliary (**avoir** or **être**) and before the past participle.

  Je ne **parle pas** japonais.

  Je n'**ai jamais** étudié le japonais.

- Words that negate nouns come directly before the nouns they negate.

  Je n'ai **aucun** problème.

  Il n'a **ni** argent **ni** amis.

- **Nulle part** and **non plus** are placed at the end of a phrase.
  Je n'ai trouvé ce livre **nulle part.**
  Je n'aime pas ce livre **non plus.**
- When **personne** and **rien** are the subject of a sentence, they precede **ne**.
  Personne n'est parfait.
  Rien n'est facile.
- When they are not subjects, **rien** appears in its expected place in the sentence.
  Je ne comprends **rien.**
  Je n'ai **rien** vu.

Personne appears just after the verb in simple tenses, *after the past participle* in compound tenses, and after infinitives or prepositions of which it is the object.

Je n'admire **personne.**
Je n'ai vu **personne.**
Je ne veux voir **personne.**
Je ne veux parler avec **personne.**

Personne and **rien** are are always singular.

Il y a des gâteaux, des tartes, de la glace… mais **rien** ne l'intéresse.
Tu as vu Léa et Aaron? — Je n'ai vu **personne.**

15. Interro surprise (*pop quiz*). Vous avez aujourd'hui une petite interrogation sur la géographie du monde. Trouvez une réponse à toutes les questions!

Modèle: un pays qui n'est plus une colonie portugaise
Le Brésil n'est plus une colonie portugaise.

1. un endroit (*place*) où il n'y a aucun serpent

   ____

2. une région où il ne pleut presque jamais

   ____

3. un continent ou un pays où presque personne n'habite

   ____

4. un pays ou un état des USA où les montagnes ne se trouvent nulle part

   ____

5. un pays ou un état où il ne fait ni très froid, ni très chaud

   ____

6. un pays où il n'y a guère de forêts

   ____

7. un pays où aucune frontière (*border*) ne touche l'océan

   ____

8. un pays qui n'est plus une colonie britannique

   ____

9. un pays qui, comme les États-Unis, n'a ni roi ni reine

____

10. un pays qui n'est pas encore un pays démocratique

____

16. Des témoins inutiles (*Worthless witnesses*). Un crime a été commis, et malheureusement les témoins ne peuvent pas beaucoup aider la police. Imaginez les réponses qu'ils donnent aux agents.

a. Utilisez la forme correcte de **rien** dans chaque réponse.

1. *Qu'est-ce que* vous savez sur ce crime?

   Mais, je _______________!

2. *Qu'est-ce que* vous avez vu?

   Je _______________

3. *Qu'est-ce que* vous avez entendu?

   Je _______________

4. *Qu'est-ce qui* indique qui a commis le crime?

   Eh bien, pour moi, _______________ qui a commis le crime!

b. Utilisez la forme correcte de **personne** dans chaque réponse.

5. *Qui* peut identifier les criminels?

   _______________ identifier les criminels.

6. *Qui est-ce que* les criminels ont blessé (*harmed*)?

   Ils _______________

7. Parmi les criminels, *qui* avez-vous reconnu?

   Je _______________

8. *Avec qui* avez-vous déjà discuté de votre témoignage (*testimony*)?

   Je _______________

c. Utilisez la forme correcte d'**aucun** dans chaque réponse.

9. Avez-vous entendu un *bruit*?

   Non, je _______________

10. Avez-vous *une idée* de qui a commis le crime?

    Non, je _______________

11. *Quelques agents de police* vous ont déjà interrogé(e)?

    Non, _______________

12. Voulez-vous regarder *des photos* (*f.*) de suspects possibles?

    Non! Je _______________

Ne… que

Ne… que resembles a negation, since it includes **ne.** It is called a "limiting" element, and is the equivalent to **seulement** in French, or *only* in English. The **que** is placed before the element of the sentence that is being limited.

Je **n'**ai **que** dix euros.	*I **only** have ten euros.*
Il **ne** raconte ses secrets **qu'**à son meilleur ami.	*He **only** tells his secrets to his best friend.*

Articles do not change to **de** after **ne… que.**

Tu n'as qu'**une** sœur.	*You only have one sister.*
Je ne veux que **la** liberté.	*I only want freedom.*
Je ne prends que **du** pain et **de l'**eau.	*I'm only eating bread and water.*

17. **Ce n'est pas pareil en France!** Le système universitaire est peut-être différent en France que dans votre pays. Reformulez les phrases suivantes en utilisant **ne… que** pour décrire ce système.

Modèle: Au moyen âge (*In the Middle Ages*), on parlait seulement le latin à l'université en France.
Au moyen âge, on *ne* parlait *que* le latin à l'université en France.

1. Il y a seulement une vingtaine (*about 20*) d'universités privées en France.

____

2. Dans les universités publiques, les étudiants paient seulement une petite somme pour y étudier (moins de $1 000 par an, par exemple).

____

3. En France, il faut seulement trois ans pour préparer le premier diplôme universitaire.

____

4. Souvent on a des examens seulement à la fin de l'année scolaire.

____

5. Les examens sont difficiles, mais il faut seulement une note de 10/20 pour réussir.

____

18. **La maison hantée** *(haunted):* **Scénario de film.** Faites la négation de chacune des phrases suivantes.

1. Il fait nuit; **toutes** les fenêtres de la vieille maison hantée sont éclairées (*lighted*).

____

2. Quand le garçon sonne à la porte, **quelqu'un** vient l'ouvrir.

____

3. La porte **est** fermée à clé (*locked*).

____

4. Il entre dans la maison; il y a **quelqu'un** là-dedans (*inside*).

____

5. Il entend un bruit dans un placard (*closet*) et quand il y regarde, il voit **quelque chose**.

____

6. Il se sent en sécurité (*feels safe*) **partout** dans la maison.

____

7. Il a très peur! Il peut **bouger** (*move*) et **crier** (*scream*).

____

8. Il quitte la maison. Il y retourne **souvent**.

____

9. **Quelque chose** peut le convaincre (*convince him*) d'y retourner.

____

19. Jeu *(Game):* **Je n'ai jamais…** Écrivez cinq phrases négatives qui vous décrivent avec précision. Variez les négations que vous utilisez. Ensuite, lisez vos phrases à un(e) ou à plusieurs camarade(s) de classe. Si votre phrase est exacte uniquement pour vous, vous marquez un point. Si la phrase est exacte pour une autre personne dans votre groupe, personne ne marque de point. Le/la gagnant(e) est la personne qui a le plus de points à la fin du jeu.

Modèle: (*Vous écrivez*) **Je n'ai jamais fait de ski nautique**.
Si toutes les autres personnes dans votre groupe ont fait du ski nautique, vous marquez un point. (+1)
(Vous écrivez) **Je n'aime pas le yaourt.**
S'il y a une autre personne qui n'aime pas le yaourt non plus, vous ne marquez pas de point. (+0)

1. ______________________________
2. ______________________________
3. ______________________________
4. ______________________________
5. ______________________________

20. Il exagère! Votre ami a tendance à dramatiser sa vie et à en voir toujours le côté négatif. Traduisez en français ce qu'il dit pour décrire ses problèmes.

1. I only have one problem—I'm depressed (*déprimé*).

____

2. Nothing seems interesting to me.

____

3. I can never get up in the morning (*se lever le matin*).

____

4. I don't do anything during the day (*pendant la journée*).

____

5. I don't love anybody and nobody loves me.

____

6. I hardly have any fun (*s'amuser*).

____

7. I don't want to go anywhere.

____

8. I don't want to do a single sport.

____

9. I have neither plans (*projets*) nor dreams (*rêves*).

____

10. I'll never be happy.

____

21. Un sketch *(A skit).* Écrivez ou improvisez un dialogue entre deux personnes. Une personne rentre à maison, l'autre la questionne, et la première ne veut révéler ni où elle a été ni ce qu'elle a fait. Utilisez des costumes simples ou même des accessoires (*props*), si cela vous amuse!

Personnages possibles: **un chat ou un chien et son maître/sa maîtresse; les deux membres d'un couple; un(e) adolescent(e) et un parent; deux colocataires** (*roommates*)

Modèle: — **Où est-ce que tu es allé(e)?**
— **Euh… nulle part.**
— **Et qu'est-ce que tu as fait?**
— **Rien! Je n'ai rien fait!** *(etc.)*

22. Une «nouvelle» planète». Des scientifiques viennent de découvrir une nouvelle planète qui ne ressemble pas du tout à la Terre. Écrivez une description de cette planète, en utilisant beaucoup de constructions négatives.

Modèles: Il n'y a aucune végétation, et les habitants ne sont ni mâles ni femelles, par rapport à notre conception de ces termes!

Multiple negatives

In English, double negatives cancel one another out, or are considered grammatically incorrect. In French, multiple negatives are completely acceptable and retain their negative meanings.

Il ne dit plus jamais rien à personne.	*He never says anything to anybody anymore.*

Pas *without* ne; *ne* without *pas*

- In informal speech, you will often hear **pas** without **ne.** This is still a negation, and the **pas** is so audible that you will generally correctly process these statements as the negations they are.

J'aime **pas** les maths.	*I don't like math.*
J' sais **pas.**	*I dunno.*

The omission of **pas** is too casual or "ungrammatical" to be used in written French or in higher level speech.

- In earlier centuries, and even today in written or very careful language, you will sometimes see a **ne** without a **pas.** The **ne** still functions as a negative, The **ne** alone occurs with the verbs **cesser, oser, pouvoir,** and **savoir.** In a formal setting, if your instincts are telling you that the statement is negative, you're probably right.

Je **ne** saurais vous dire pourquoi.	*I wouldn't be able to / couldn't tell you why.*
Je **n'**ose avouer mon amour pour lui.	*I don't dare admit my love for him.*

À l'écoute!

Les universités et les Grandes Écoles françaises. Christopher, un étudiant américain qui suit des cours d'été à Strasbourg pose des questions à son professeur sur un aspect unique de l'éducation en France — les Grandes Écoles. Écoutez leur conversation et ensuite, répondez aux questions.

Première écoute

Juste ou faux?

1. Il y a une sélection plus rigoureuse dans les Grandes Écoles que dans les universités. J F
2. Si vous avez un diplôme universitaire en sciences économiques, vous avez suivi plus ou moins les mêmes cours, que vous ayez étudié *(whether you studied)* à Paris, à Grenoble ou à Bordeaux. J F
3. En général, on peut dire que les Grandes Écoles préparent leurs étudiants à des carrières spécifiques. Même aujourd'hui, c'est moins vrai pour les universités. J F
4. En général, les Grandes Écoles disposent de plus d'argent par étudiant que les universités et leurs locaux (bâtiments, campus, etc.) sont plus beaux, mieux équipés, etc. J F

Deuxième écoute

1. Selon le professeur Boucq, en quoi est-ce que les universités françaises sont en train de changer?

   ____

2. On entend parfois un(e) étudiant(e) français(e) dire: «J'ai fait une prépa à Dijon» (par exemple). «Prépa», c'est une abréviation pour quoi? Combien de temps un(e) jeune Français(e) y passe-t-il/elle, normalement?

   ____

3. Selon le professeur Boucq, quels aspects des Grandes Écoles sont peut-être supérieurs à leurs équivalents dans les universités françaises?

   ____

4. Pourquoi, à votre avis, le professeur Boucq estime-t-il que les Grandes Écoles représentent une forme d'élitisme?

   ____

Troisième écoute

1. Selon certaines analyses, dans les Grandes Ecoles, il y a plus d'enfants de cadres, d'avocats, de médecins, etc., que d'enfants d'ouvriers. Ce n'est sûrement pas parce que les enfants de la classe ouvrière *(working class)* sont moins intelligents. Quelles autres explications pouvez-vous trouver pour expliquer ce phénomène?

____

____

2. À votre avis, pourquoi est-ce que les universités françaises délivrent de plus en plus de diplômes professionnels et techniques?

____

____

Atelier d'écriture

I. Le but: Interviewez en personne, par téléphone, par courrier électronique ou par Skype—un résident d'un pays étranger, de préférence francophone, sur le système d'éducation de son pays. Résumez votre interview en utilisant le format questions–réponses.

II. Le sujet: Que peut-on savoir sur le système éducatif du pays d'où vient la personne que vous avez interviewée?

III. Quelques clarifications:

- Vous pouvez concentrer votre interview sur les études supérieures ou l'élargir à tous les niveaux d'éducation.
- Longueur: à peu près 400 mots.
- Nombre de questions: 10 à 15 questions seraient raisonnables.
- Durée de l'interview: entre 20 et 30 minutes.
- Modèle de la rédaction d'une interview:

  (Une étudiante interviewe une Sénégalaise sur l'école primaire.)

  Question: Y a-t-il des psychologues ou des conseillers qui travaillent dans les établissements scolaires au Sénégal?

  Réponse: Au Sénégal, à part les enseignants, il y a peu de personnes qui travaillent dans les établissements scolaires, et surtout dans les écoles primaires. On trouve normalement un directeur, une secrétaire et une infirmière. Parfois, on peut trouver un/une bibliothécaire.

IV. Quelques conseils:

- Préparez-vous à prendre des notes rapidement.
- Utilisez des abréviations (un code), par exemple: «quelqu'un» pourrait s'écrire «qqn.», «quelque chose», «qqch».
- Notez la date, l'endroit et l'heure de l'interview.
- Il ne s'agit pas de transcrire l'interview mot pour mot *(verbatim)*, mais de résumer l'essentiel en un texte de 400 mots tout en préservant les idées principales. Examinez ce modèle de «conversion» de l'oral à l'écrit:

  Question: Est-ce que les parents participent aux activités des écoles?

  Réponse mot pour mot: Ben, je dirais… enfin là encore… En résumé, voilà ce que je vois ou plutôt ce que je pense… La participation des parents est un point faible de notre système d'éducation. À mon avis, elle est totalement inexistante.

  Réponse «nettoyée»: La participation des parents est un point faible de notre système d'éducation. À mon avis, elle est totalement inexistante.

V. Comment écrire la rédaction d'une interview:
Dans ce chapitre, nous allons apprendre à résumer une interview dont le contenu est essentiellement un jeu de questions et de réponses.

A. Première étape: La préparation

1. **Recherches.** Pour préparer une interview, il est nécessaire de bien se préparer, de trouver des renseignements sur le sujet sur lequel on veut écrire et de consulter des sources variées (documents officiels, sites Web, articles de presse, livres de la bibliothèque, etc.).

2. **Préparation des questions.** Avant de préparer une liste de questions, considérez ces conseils:

   - Variez les pronoms interrogatifs. Il serait intéressant d'inclure des pronoms interrogatifs courts et longs.
   - Préparez des questions ouvertes et non des questions fermées. (On répond généralement aux questions fermées par un simple «oui» ou «non».) Posez des questions qui commencent plutôt par **qui, quoi, où, quand, comment** et **pourquoi.**
   - Au cours de l'interview, vous pouvez ajouter d'autres questions.

   1. ____________________
   2. ____________________
   3. ____________________
   4. ____________________
   5. ____________________
   6. ____________________
   7. ____________________
   8. ____________________
   9. ____________________
   10. ____________________
   11. ____________________
   12. ____________________
   13. ____________________
   14. ____________________
   15. ____________________

B. Deuxième étape: L'interview
Avant d'interviewer une personne, vous devez connaître certains aspects de sa vie. Écrivez ci-dessous une courte biographie de la personne que vous allez interviewer. Cette biographie peut vous donner des pistes *(paths)* à suivre dans votre interview.

____

____

____

____

____

C. Troisième étape: La rédaction de l'interview

Après l'interview:

- Relisez l'ensemble de vos notes et sélectionnez ce que vous allez garder.
- Arrangez les questions dans un ordre qui produit une interview cohérente et organisée, mais restez fidèle aux opinions et au caractère du langage de la personne interviewée.
- Éliminez les répétitions, les mots qui marquent l'hésitation ou l'incertitude (**Euh… voyons, c'était en 1980 ou en 1985?,** etc.), mais ne changez pas le contenu essentiel de ce que la personne interviewée a dit.
- Écrivez une introduction à votre rédaction.
- Terminez la rédaction avec une conclusion dans laquelle vous pourrez comparer, brièvement, les systèmes éducatifs de votre pays et de celui de la personne que vous avez interviewée.

VI. Au travail!

CHAPITRE 2 Les temps du passé

Sommaire

www.cengagebrain.com

The French language uses several tenses to express past actions. In this chapter we examine four of them: **le passé composé, l'imparfait, le plus-que-parfait,** and **le passé simple.**

I. Le passé composé

Grammar Podcasts, Grammar Tutorials

The **passé composé,** which is used to recount the main events when telling a story in the past, is so called because it is composed of two elements. (In English, we call this a *compound tense.*) The two elements are (1) an *auxiliary verb* (**avoir** or **être**), conjugated in the present tense, and (2) a *past participle.* (In the English sentence "She has gone to Paris," for example, "has" is the auxiliary verb, and "gone" is the past participle.)

Passé composé = auxiliaire [**avoir** ou **être**] au présent + participe passé

A. Choix de l'auxiliaire

Barring a few archaic exceptions (e.g., "Joy to the world, the Lord *is* come."), *to have* is the only auxiliary verb used in English compound tenses. But, as you know, French uses both *to have* (**avoir**) and *to be* (**être**). So how do you know whether to use **avoir** or **être**?

- The vast majority of verbs are conjugated with **avoir** in compound tenses.

  Nous **avons** souvent entendu les opinions des Français au sujet de l'amitié.

  Kristin **a** commencé à apprécier l'amitié française.

- All reflexive verbs such as **se confier à** *(to confide in),* **se sentir** *(to feel),* and **se plaindre** *(to complain)* use **être** as the auxiliary.

  Quand elle a eu des ennuis avec ses amis français, Kristin s'**est** confiée à son professeur américain.

  Sandrine s'**est** sentie exclue parce que ses collègues américains ne l'ont pas invitée chez eux.

  Chantal s'**est** plainte du comportement de ses amis américains.

- A small number of other verbs also use **être** when they are conjugated in the **passé composé.** Here is the list of these so-called "**être** verbs."

infinitive *(meaning)*	**conjugated verb**
aller *(to go)*	je suis allé(e)
arriver *(to arrive)*	je suis arrivé(e)
***descendre** *(to go down)*	je suis descendu(e)
devenir *(to become)*	je suis devenu(e)
entrer *(to come in)*	je suis entré(e)
***monter** *(to go up)*	je suis monté(e)
mourir *(to die)*	je suis mort(e)
naître *(to be born)*	je suis né(e)
partir *(to leave)*	je suis parti(e)
***passer** *(to pass by; to stop by)*	je suis passé(e)
***rentrer** *(to go back; to go home)*	je suis rentré(e)
rester *(to stay)*	je suis resté(e)

(continued)

***retourner** *(to return)*	je suis retourné(e)
revenir *(to come back)*	je suis revenu(e)
***sortir** *(to go out)*	je suis sorti(e)
tomber *(to fall)*	je suis tombé(e)
venir *(to come)*	je suis venu(e)

Remarque: Some **être** verbs (like those marked with an asterisk in the list above) are conjugated with **avoir** in the passé composé when they have a direct object. In the following examples, the direct objects have been underlined to highlight their presence, which triggers the use of the auxiliary **avoir.**

Je **suis sortie** hier soir. Je **suis passée** voir mon ami Yannick, qui est breton. Il **a sorti** une bonne bouteille de cidre et puis il m'**a passé** un petit bol. J'ai passé une excellente soirée avec lui! Est-ce que tu savais qu'on boit le cidre dans un bol en Bretagne?

As you have probably inferred, when the **être** verbs are conjugated with **avoir,** they have different meanings.

	used with être	***used with avoir + direct object***
descendre	*to go down*	*to bring or take (something) down*
monter	*to go up*	*to bring or take (something) up*
passer	*to pass by; to stop by*	*to pass (a thing or a period of time)*
rentrer	*to go back; to go home*	*to bring (something) in*
retourner	*to return*	*to turn (something) around or over*
sortir	*to go out*	*to bring or take (something) out*

B. Formation du participe passé

- You will remember that the past participle of regular verbs is formed as follows:

infinitive ends in:	***past participle ends in:***	***examples (infinitive):***	***examples (past participle):***
-er	**-é**	donn**er**	donn**é**
-ir	**-i**	fin**ir**	fin**i**
-re	**-u**	descend**re**	descend**u**

- Some verbs have irregular past participles. A partial list includes:

apprendre	*to learn*	j'ai **appris**
avoir	*to have*	j'ai **eu**
boire	*to drink*	j'ai **bu**
conduire	*to drive*	j'ai **conduit**
connaître	*to know*	j'ai **connu**
courir	*to run*	j'ai **couru**
découvrir	*to discover*	j'ai **découvert**

(continued)

détruire	*to destroy*	j'ai **détruit**
devoir	*to have to*	j'ai **dû**
dire	*to say*	j'ai **dit**
écrire	*to write*	j'ai **écrit**
être	*to be*	j'ai **été**
faire	*to do; to make*	j'ai **fait**
lire	*to read*	j'ai **lu**
mettre	*to put; to put on; to turn on*	j'ai **mis**
ouvrir	*to open*	j'ai **ouvert**
pouvoir	*to be able to*	j'ai **pu**
prendre	*to take*	j'ai **pris**
recevoir	*to receive*	j'ai **reçu**
savoir	*to know*	j'ai **su**
suivre	*to follow*	j'ai **suivi**
vivre	*to live*	j'ai **vécu**
voir	*to see*	j'ai **vu**
vouloir	*to want*	j'ai **voulu**

C. L'ordre des mots au passé composé

- In negation, the particles (**ne... pas, ne... plus, ne... rien,** etc.) are placed around the auxiliary.
  — Monique, est-ce que tu es allée au cinéma hier soir?
  — Moi? Non, je **ne** suis **pas** allée au cinéma. En fait, je **n'**ai **rien** fait ce week-end.
- In the case of **ne... personne,** the word order is different.
  Je **n'**ai vu **personne.**
- In interrogative sentences formed by subject-verb inversion, the auxiliary verb and the subject pronoun are inverted.
  N'**êtes-vous** pas sortie avec Julien?
  Quel film **avez-vous** vu? L'**avez-vous** aimé?

D. Accord du participe passé

- When a verb is conjugated with **être** in a compound tense like the **passé composé,** its past participle agrees in gender (masculine / feminine) and in number (singular / plural) with the subject of the verb, the same way an adjective would.
  Marc est américain, mais sa femme, Valérie, est française. **Elle** est restée près de deux heures chez moi hier soir. (***Elle:*** *feminine, singular*)
  Isabelle et Christopher sont devenus amis parce que chacun appréciait la culture de l'autre. (***Isabelle et Christopher:*** *plural*)
- When a verb is conjugated with **avoir,** however, the past participle is *usually* used in its neutral form, without any sort of agreement.
  Valérie a **passé** une semaine chez moi.
  Nous avons beaucoup **parlé** de l'amitié à l'américaine.

However, when a verb conjugated with **avoir** has a direct object that is placed before the verb, the past participle will change to agree in gender and in number with that direct object. (If you wish to read more about direct objects, consult pages 7–77.)

There are several instances when the direct object is placed before the verb.

(a) When the direct object is a pronoun that designates a feminine, a plural, or a feminine plural object. This includes **la** and **l'**(f.), and **me** and **te,** when they refer to females or feminine objects. **Nous, vous, les** are always plural, and *can* be feminine as well.

Elle ne **nous** a jamais invités à dîner.

Remember in these cases, the past participle is agreeing with the preceding direct object pronoun **(nous),** not with the subject **(elle).** Remember, also, that **me, te, nous,** and **vous** can also replace an *indirect* object, in which case there is no agreement of the past participle. (If you would like to refresh your memory about indirect objects, see pages 7–77.)

(b) When the relative pronoun **que** precedes the subject-verb clause, and **que** represents a female or plural antecedent.

1. When the relative pronoun **que** represents a female or plural antecedent:

   Les amies qu'elle a **vues** en Suisse vont lui manquer.

   Bien des gens que j'ai connus à la Martinique habitent au Canada.

2. After an interrogative such as the adverb **combien (de)**, the adjectives **quelle/quels/quelles,** or the pronouns **laquelle/lesquels/lesquelles.**

   Combien d'amies as-tu vues à l'exposition?

   Quels livres as-tu achetés à Francfort?

   Lesquels as-tu envoyés à ta mère?

- ***Le cas particulier des verbes réfléchis***

1. When it comes to figuring out past participle agreement, reflexive verbs are a special case. Do not look at the subject of a reflexive verb, but rather, look at the reflexive pronoun (**me, te, se, nous, vous)** in order to decide whether to make the past participle agree. Most of the time, a reflexive pronoun functions like a direct object that precedes the verb. If it is feminine and/or plural, you must make the past participle agree.

   Elles **se** sont rencontr**ées** en France. (*They met **each other,*** so **se** = feminine plural direct object.)

   Quelle surprise! Traci **s'**est fiancé**e** à un Français. (*She* (literally) *engaged **herself*** to someone. So, so **s'** = feminine singular direct object.)

2. Sometimes the reflexive pronoun **(me, te, se, nous, vous)** functions as an *indirect* object, in which case the past participle remains invariable. This happens often with verbs involving the transferring objects or information, such as **se dire** *(to say to oneself, to say to each other),* **se donner** *(to give to oneself, to give to each other),* **s'écrire** *(to write to each other),* **se parler** *(to speak to each other),* and **se téléphoner** *(to telephone [to] each other).*

   Jacques et moi, nous **nous** sommes téléphon**é** hier. (In French, we say **téléphoner *à* quelqu'un,** so the reflexive pronoun **nous** is an indirect object and there's no past participle agreement.)

3. In some cases, the reflexive verb has both a direct object and an indirect object.

   Elle s'est brossé les dents. (In this sentence, **les dents** is the direct object. Since it comes after the verb, the past participle is not changed.)

   Elle se **les** est brossées. *(She brushed **them.*** Since **dents** is a feminine plural noun, when it is replaced by **les,** and is placed before the verb, you must add both an -**e** and an -**s** to the past participle.)

Synthèse		
auxiliary	**agreement**	**no agreement**
AVOIR	• with a **preceding** direct object: **La pomme?** Adam **l'a mangée.** Voici **les dessins que** votre fils a fait**s.**	• when the direct object **does not precede** the verb: Adam a mangé **la pomme.** Votre fils a fait **les dessins.** • when the preceding object pronoun is not a **direct** object **(me, te, se, lui / leur, y, en...):** • Je n'ai pas vu Hélène. Je **lui** ai téléphoné. (téléphoner **à quelqu'un**)
ÊTRE	• when the subject of an "**être** verb" is female or plural: Sandrine est sorti**e.** • with reflexive verbs, when the reflexive pronoun is functioning as a direct object: Murielle **s'**est lavé**e.** • with reflexive verbs when the reflexive pronoun is functioning as an indirect object and when the sentence contains a feminine or plural **direct object pronoun:** Les cheveux? Elle se **les** est lavé**s.**	• with reflexive verbs, when the reflexive pronoun (**se**, etc.) is functioning as an indirect object: Sandrine et Aline se sont parlé. (i.e., Sandrine a parlé **à** Aline et Aline a parlé **à** Sandrine.) • with reflexive verbs, when the sentence contains a **noun direct object** that comes after the verb: Elle s'est lavé **les cheveux.**

Exercices

1. Avoir ou être? Votre amie écrit un courriel et a besoin de votre aide. Mettez les verbes entre parenthèses au **passé composé.**

Il y a quelques années, mes amies Barbara et Debby ________________ (1. *avoir*) une très mauvaise expérience. Tu verras — c'est vraiment triste!

Quand Debby ________________ (2. *finir*) ses études de médecine à Ann Arbor et Barb ________________ (3. *terminer*) sa maîtrise à Minneapolis, elles ________________ (4. *décider*) de faire un voyage en Europe.

Les deux jeunes amies ________________ (5. *se retrouver*) à Chicago pour prendre leur vol pour Paris. À l'aéroport, pendant que Barb se reposait, Debby ________________ (6. *faire*) une liste de toutes les choses qu'elle voulait faire pendant leur voyage.

Les jeunes femmes ________________ (7. *attendre*) quatre heures à Chicago et elles ________________ (8. *enfin entendre*) le haut-parleur annoncer leur vol pour Paris. Mais, quand Barb ________________ (9. *sortir*) son passeport de son sac, elle ________________ (10. *voir*) qu'elle avait le passeport de sa sœur! En quittant la maison, elle avait pris celui de sa sœur!

Raté, ce voyage de rêve! Après un bon dîner au restaurant de l'aéroport de Chicago, elles ________________ (11. *rentrer*) chez elles. Debby ________________ (12. *devenir*) médecin et Barb ________________ (13. *se marier*), mais les deux amies ________________ (14. *ne jamais aller*) en Europe ensemble. Quel dommage!

Dans cet exercice, il y a cinq verbes conjugués avec **être** et auxquels il faut ajouter **–e, -s** ou **–es.** Les avez-vous tous trouvés?

2. Test de compatibilité. Vous voulez faire un beau voyage l'été prochain, mais vous voulez trouver quelqu'un de compatible avec qui voyager.

- Premièrement, insérez les verbes dans les questions au passé composé.
- Deuxièmement, écrivez une réponse personnelle à chaque question.
- Ensuite, posez les questions à un(e) camarade de classe, et répondez-lui quand il/elle vous les pose à son tour.
- Finalement, comparez vos réponses à celles de votre camarade, et décidez si vous êtes compatibles pour voyager ensemble.

Première partie

Modèle: — En quelle saison est-ce que tu **as voyagé** (*voyager*)?
— **J'ai voyagé *en/au [saison].***

1. — Où est-ce que tu _______________ (*aller*)? Pourquoi est-ce que tu _______________ (*choisir*) cette destination?

   — Je (J') ____

2. — Avec qui est-ce que tu _______________(*faire*) ce voyage? (Un[e] camarade? Un groupe? Votre famille?)

   — Je (J') ____

3. — Comment est-ce que vous _______________(*voyager*)? (en voiture, en avion, etc.) Pourquoi?

   — Nous ____

4. — Où est-ce que vous _______________ (*dormir*)? Est-ce que vous _______________ (*descendre*) à l'hôtel? Vous _______________ (*faire*) du camping? Vous _______________ (*rester*) chez des amis?

   — Nous ____

   ____

5. — Est-ce que tu es matinal(e) *(a morning person)?* Combien de fois est-ce que tu _______________ (*se lever*) avant 8 heures du matin? Combien de fois est-ce que tu _______________ (*quitter*) l'hôtel (le camping, etc.) avant 9 heures du matin? Est-ce que ton camarade ou ta camarade _______________ (*se lever*) à la même heure que toi?

   — Il/Elle ____

   ____

   — Je (J') ____

6. — Combien de musées et de sites touristiques est-ce que tu _______________ (*visiter*)? Est-ce que les billets pour les visiter _______________ (*coûter cher*)?

   — Je (J') ____

   Les billets ____

7. — Est-ce que tu _______________ (*faire*) du sport pendant les vacances?

   — Je (J') ____

8. — Est-ce que tu _______________ (*faire*) du shopping? Tu _______________ (*s'acheter*) beaucoup de choses? Qu'est-ce que tu _______________ (*acheter*)? (des souvenirs, des vêtements, etc.)?

   — Je (J') ____

   ____

9. — Pour vous déplacer, vous _______________ (*se servir; invers.*) des transports en commun *(public transportation),* _______________ (*prendre; invers.*) des taxis ou _______________ (*se déplacer; invers.*) à pied? Tu as un bon sens de l'orientation? Combien de fois est-ce que tu _______________ (*se perdre*) pendant ce voyage?

   — Nous ____

   Je (J') ____

10. — Combien de fois par jour est-ce que vous _______________ (*manger*) au restaurant? Est-ce que tu _______________ (*maigrir*) ou est-ce que tu _______________ (*grossir*) pendant les vacances? Pourquoi?

    — Nous ____

    Je (J') ____

    ____

11. — Qu'est-ce que vous _______________ (*faire*) le soir? Combien de fois est-ce que tu _______________ (*se coucher*) après minuit?

    — Nous ____

    Je ____

12. — Ton compagnon et toi, est-ce que vous _______________ (*bien s'amuser*)? Est-ce que vous _______________ (*se disputer*) de temps en temps? Pour quelles raisons?

    — Nous ____

Writing Activity

Deuxième partie

Êtes-vous compatibles?

Maintenant analysez vos réponses et celles de votre partenaire. À votre avis, êtes-vous compatibles et pouvez-vous voyager ensemble? Expliquez votre réponse.

____

____

____

____

____

____

3. Un album de photos. Violaine met à jour *(is updating)* son album de photos après ses dernières vacances passées à la montagne avec un groupe d'amis. Elle a écrit des légendes pour les photos, mais elle n'a pas fait très attention à l'accord du participe passé. Aidez-la, en faisant l'accord chaque fois qu'il est nécessaire.

1. Voici le chalet que nous avons loué_____. Paul y est arrivé_____ avant les autres. C'est lui qui a préparé_____ le dîner vendredi soir.
2. Claire a monté_____ toutes ses valises elle-même! Regardez ses beaux muscles!
3. Samedi matin, nous sommes tous allé_____ faire du ski. Mireille est tombé_____ et elle s'est cassé_____ la jambe!
4. Les garçons se sont bien amusé_____, sur les pistes de ski comme dans les boutiques. Voici les belles lunettes de soleil que Thierry a acheté_____ pour Mathieu.
5. Nous avons commandé_____ une fondue savoyarde au restaurant samedi soir. Je l'ai adoré_____!
6. Tout le monde s'est reposé_____ dimanche après-midi. Après le ski, la sieste!
7. Yannick a laissé_____ pousser sa barbe pendant tout le week-end. Il se l'est enfin rasé_____ dimanche soir, juste avant le départ.
8. Nous nous sommes dit_____ au revoir là, devant le chalet. C'était triste, la fin des vacances, mais nous avons déjà réservé_____ le même chalet pour l'année prochaine!

II. L'imparfait

A. Formation

Grammar Podcasts, Grammar Tutorials

The tense called **imparfait** is also used to describe past actions. Unlike the **passé composé,** which has two elements (an *auxiliary* verb and a *past participle*), the **imparfait** is a single word composed of a *stem* and an *ending*. The *stem* is formed by removing the **-ons** ending from the **nous** form of the present tense. The *endings* of the **imparfait** are shown below.

aimer = nous aim *ons* ⟶ stem: **aim-**
finir = nous finiss *ons* ⟶ stem: **finiss-**
attendre = nous attend *ons* ⟶ stem: **attend-**

aimer	(aim-)
j'	aim**ais**
tu	aim**ais**
il/elle/on	aim**ait**
nous	aim**ions**
vous	aim**iez**
ils/elles	aim**aient**

finir	(finiss-)
je	finiss**ais**
tu	finiss**ais**
il/elle/on	finiss**ait**
nous	finiss**ions**
vous	finiss**iez**
ils/elles	finiss**aient**

attendre	(attend-)
j'	attend**ais**
tu	attend**ais**
il/elle/on	attend**ait**
nous	attend**ions**
vous	attend**iez**
ils/elles	attend**aient**

Imparfait = **stem** [nous form of present – ons] + **ais, ais, ait, ions, iez, aient**

Remarques:

- Only the verb **être** has an irregular stem in the **imparfait.**
  j'**ét**ais, tu **ét**ais, il/elle/on **ét**ait, nous **ét**ions, vous **ét**iez, ils/elles **ét**aient
- Verbs ending in -**ger** or in -**cer** use respectively an extra **e** or the letter **ç** in the **je, tu, il/elle/on,** and **ils/elles** forms. This spelling change is necessary in order to maintain the pronunciation of the soft **g** and the soft **c** throughout the conjugation. The **i** of the imparfait ending in the **nous (-ions)** and **vous (-iez)** forms performs the same function. Therefore, no **e** or **ç** is necessary in these forms.
  je nag**e**ais, tu nag**e**ais, il/elle nag**e**ait, nous nagions, vous nagiez, ils/elles nag**e**aient
  je commen**ç**ais, nous commencions, ils/elles commen**ç**aient
- Verbs whose infinitives end in -**ier** will have a double **i** in the **nous** and **vous** forms of the **imparfait** (nous étudiions, vous remerciiez).
- In negative and interrogative sentences, the word order is the same as it is in the present tense.

	La première fois que tu t'es disputé(e) avec ton meilleur ami, …	
interrogative	… est-ce que tu étais triste après?	… étais-tu triste après?
negative	… tu **ne** pensais **pas** avoir tort.	… tu **ne** voulais **plus** le voir.

B. Usage

The **imparfait** is used to complement the **passé composé.** It is used:

- to describe the way things *used to be,* or what a person *used to do* (ongoing states and repeated, habitual actions).
  Quand j'**étais** jeune, je **jouais** souvent au baseball avec mes copains et j'adorais ça!
  *When I **was** young, I often **played (used to play)** baseball with my friends and I loved it!*

- to designate an action that was in progress when it was interrupted by the next event in a story.
  Mon amie m'a téléphoné pendant que je **dormais.**
  My friend called while I ***was sleeping.***
- to add descriptive background information that "sets the stage" for the main events.
  Hier soir, je **faisais** un gâteau, mon frère **regardait** la télé et le chat **dormait**. Soudain, quelqu'un **a frappé** à la porte.
  Last night, I ***was making*** *a cake, my brother* ***was watching*** *TV, and the cat* ***was sleeping.*** *Suddenly, someone* ***knocked*** *on the door.*

Exercices

4. Quand j'étais jeune... Vous avez trouvé une vieille lettre que votre tante Louise a écrite à quelques cousines en France il y a plusieurs années. Tante Louise est née dans le Minnesota en 1891. Elle parle de ses propres expériences avec l'amitié pendant les années 1900 et 1910 aux États-Unis. Lisez le texte et écrivez la forme correcte à l'**imparfait** de chacun des verbes entre parenthèses.

Jusqu'à l'âge de 16 ans, j'ai vécu dans une ferme *(farm)* dans le sud-ouest du Minnesota et mes expériences avec l'amitié ont été très marquées par ce fait. Notre ferme _______________ (1. *se trouver*) à 35 km du village et les voisins les plus proches _______________ (2. *habiter*) à 30 minutes de marche de chez nous. Pour cette raison, j' _______________ (3. *avoir*) très peu d'amis. Mon meilleur ami, c' _______________ (4. *être*) mon frère, Johnny. Je _______________ (5. *se disputer*) très rarement avec lui et nous _______________ (6. *s'entendre*) très bien. Nous _______________ (7. *avoir*) très peu de jouets *(toys)* — moi, une poupée *(doll),* lui une luge *(sled),* mais pas de patins *(skates),* ni de vélos *(bikes)*. Pour la plupart de nos jeux, nous _______________ (8. *utiliser*) notre imagination et nous _______________ (9. *inventer*) des jouets faits de morceaux de bois ou de tissu, etc.

Bien sûr, j' _______________ (10. *aller*) à l'école, mais c' _______________ (11. *être*) une très petite école — quinze élèves en tout, dont seulement deux de mon âge. La journée _______________ (12. *commencer*) à 9 heures du matin et _______________ (13. *finir*) à 16 heures. Les élèves _______________ (14. *jouer*) ensemble à midi et pendant la récréation (30 minutes par jour). À midi, chacun _______________ (15. *apporter*) son déjeuner et on

_______________ (16. *partager*) sa nourriture les uns avec les autres. Pendant la récré, on _______________ (17. *jouer*) à cache-cache *(hide and seek)*, au chat perché *(tag)* et au baseball, selon la saison.

Mes camarades de classe et moi, nous _______________ (18. *ne pas se voir*) en dehors de l'école. Tout le monde _______________ (19. *devoir*) rentrer immédiatement après l'école.

En fait, notre «vie sociale» _______________ (20. *dépendre*) beaucoup de celle de nos parents. Ils _____________ (21. *ne pas pouvoir*) nous laisser avec une baby-sitter et donc, quand ils _______________ (22. *sortir*), nous les _______________ (23. *accompagner*). Leurs activités sociales _______________ (24. *être*) peu variées, mais très agréables. Ils _______________ (25. *faire*) souvent des parties de cartes chez des amis ou ils _______________ (26. *aller*) à des bals dans la grange *(barn)* d'une de leurs connaissances, durant lesquels les enfants _______________ (27. *s'endormir*) souvent dans le foin *(hay)*. Il leur _______________ (28. *arriver*) aussi d'aller au village le samedi pour faire des courses. Tous les agriculteurs _______________ (29. *s'y retrouver*) le samedi soir. Ils _______________ (30. *acheter*) les provisions nécessaires et _______________ (31. *se promener*) dans la grande rue.

J' _______________ (32. *adorer*) mes parents, mais des amis de mon âge, ça me _______________ (33. *manquer*). Quand j' _______________ (34. *être*) adolescente, nous avons déménagé dans le centre du village et je me suis enfin fait quelques bonnes amies.

5. Pour moi, ce n'était pas pareil. *(For me, it wasn't the same.)* Avec un(e) partenaire, comparez vos propres expériences avec celles de tante Louise (voir exercice 4). En quoi est-ce que son enfance et ses expériences de l'amitié sont différentes des vôtres? En quoi est-ce qu'elles se ressemblent?

Modèle: Jusqu'à 16 ans, Louise vivait dans une ferme, mais moi, je vivais en ville. Louise habitait dans le Minnesota et moi aussi, j'habitais dans le Minnesota.

III. Le plus-que-parfait

Grammar Podcasts, Grammar Tutorials

The **plus-que-parfait** is the equivalent of the English past perfect tense: *I* ***had done,*** *We* ***had gone,*** etc.

Je **n'avais pas encore préparé** le dîner quand mes invités sont arrivés.
I had not yet made *dinner when my guests arrived.*

A. Formation

Like the **passé composé**, the **plus-que-parfait** is a compound (two-part) verb tense. To form it, you use the **imparfait** of the auxiliary verb (**avoir** or **être**) and a past participle.

Je n'**avais** pas encore **préparé** le dîner.	*I* ***had*** *not yet* ***prepared*** *dinner.*
Ils **étaient** déjà **arrivés.**	*They* ***had*** *already* ***arrived.***
Nous ne nous **étions** pas **téléphoné** pour confirmer l'heure.	*We* ***hadn't called*** *each other to confirm the time.*

B. Usage

1. You know that when you are describing a series of past events in the order in which they occurred, you normally use the **passé composé.**

8h45	Ma mère est partie au travail.	*My mother left for work.*
9h00	Je me suis levée.	*I got up.*
9h30	J'ai décidé de prendre le petit déjeuner au café.	*I decided to have breakfast at a café.*
9h45	Là-bas, j'ai pris un café en lisant le journal.	*There, I drank a coffee while reading the newspaper.*

However, if you ever need to "back up,"—that is, mention events that occurred *earlier* in the chronology you would need to use the **plus-que-parfait.**

9h00	Quand je me suis levée,	*When I got up*
8h45	ma mère était déjà partie au travail.	*my mother had already left for work.*
9h30	Alors, j'ai décidé de prendre le petit déjeuner au café.	*So I decided to have breakfast at a café.*
9h45	Là-bas, j'ai pris un café en lisant le journal.	*There, I drank a coffee while reading the paper.*

The use of the **plus-que-parfait** in the second part of the first sentence (8h45) alerts the reader to the fact that the events in the narration are not mentioned in strict chronological order. When you resume chronological order, you will again use the **passé composé** (as in the case of the actions that took place at 9h30 and 9h45).

2. The **plus-que-parfait** is also used in a particular sentence structure introduced by **si** (sometimes called an "if-clause").

Si j'**avais étudié,** j'aurais réussi à l'examen.

If I had studied, I would have passed the test.

Exercices

6. Photo de groupe. Marine a retrouvé la photo d'une soirée entre amis de l'année dernière. Chaque personne sur la photo fait une drôle de tête *(has a particular facial expression)*. Expliquez pourquoi.

Modèle: Mathilde pleurait. (se faire mal en tombant)
Elle s'était fait mal en tombant. (She had hurt herself . . .)

1. Rodolphe souriait. (voir un bon film) ______.
2. Jules avait mal aux oreilles. (aller à un concert de rock la veille *[the day before]*) ______.
3. Les jumeaux avaient l'air fatigués. (jouer au basket toute la journée) ______.
4. Marine pleurait. (avoir une mauvaise note en maths) ______.
5. Gaël *(m.)* faisait la grimace. (manger trop de chocolat) ______.
6. Luc et Alain semblaient contents. (sortir avec des amies sympas) ______.
7. Les enfants se frottaient *(to rub)* les yeux. (regarder la télé trop longtemps) ______.
8. Sylvie avait l'air gênée. (renverser son coca sur Anaïs) ______.
9. Marc et Mathilde semblaient fâchés. (se disputer) ______.
10. Luce était toute rouge. (prendre un coup de soleil) ______.

7. Jeu: Déjà, ou pas encore? Avec un(e) partenaire, étudiez les paires d'événements historiques citées ci-dessous. Chacun(e) à votre tour, indiquez si le deuxième événement **avait déjà eu lieu** *(had already taken place)* ou **n'avait pas encore eu lieu** *(had not yet taken place)* quand le premier événement a eu lieu. Vous allez utiliser le **plus-que-parfait** pour compléter chaque phrase. À la fin du jeu, votre professeur vous donnera les réponses correctes. Qui va gagner?

Modèles: Quand un homme a marché sur la lune pour la première fois... (On a rayé [*crossed off*] Pluton de la liste des planètes.)

Quand un homme a marché sur la lune pour la première fois [1969], on n'avait pas encore rayé Pluton de la liste des planètes. [2006]).

Quand Beethoven a composé sa *Neuvième Symphonie*,... (Mozart a écrit *La Flûte enchantée.*)

Quand Beethoven a composé sa *Neuvième Symphonie* [1817–1823], **Mozart avait déjà écrit *La Flûte enchantée*** [1791]).

1. Quand les Américaines ont obtenu le droit de vote,... (Les Françaises ont voté à leur première élection.)

____

2. Quand la Révolution russe a commencé,... (Claude Monet a peint son célèbre tableau *Impression: Soleil levant.*)

____

3. Quand Victor Hugo a écrit *Les Misérables*,... (William Shakespeare est mort.)

____

4. Quand Jane Austen a publié *Raison et Sentiments*,... (Lewis Carroll a écrit *Alice au pays des merveilles.*)

____

5. Quand Napoléon a vendu la Louisiane aux États-Unis,... (Abraham Lincoln a été président des États-Unis.)

____

6. Quand la Première Guerre mondiale s'est terminée,... (On a développé la pénicilline comme antibiotique.)

____

7. Quand la guerre a éclaté en Corée,... (Pablo Picasso a peint son tableau *Guernica.*)

____

8. Quand Sigmund Freud a écrit son *Introduction générale à la psychanalyse*,... (Simone de Beauvoir a écrit *Le Deuxième Sexe.*)

____

9. Quand Jesse Owens s'est distingué aux Jeux olympiques de Berlin,... (Adolphe Hitler a accédé au pouvoir en Allemagne.)

____

10. Quand le public américain a vu la comédie musicale *Hair* pour la première fois,... (Arthur Miller a écrit la pièce *Les Sorcières de Salem [The Crucible].*)

____

11. Quand on a signé la *Déclaration de l'indépendance* américaine,... (La Révolution française a éclaté *[broken out]*.)

12. Quand le mur de Berlin est tombé (l'Union soviétique s'est dissoute *[dissolved]*.)

8. Un peu de contexte! Donnez un peu de contexte aux différentes époques de votre vie — complétez chaque phrase en mentionnant un autre **événement** qui avait déjà eu lieu. Suivez le modèle et utilisez le **plus-que-parfait.** *(Note: This exercise requires you to mention an* ***event,*** *and not a condition or state of being.)*

Modèle: À l'âge de 4 ans,...
À l'âge de 4 ans, j'*avais* déjà *appris* à lire. (... *I* had *already* learned ...)

1. Quand Barack Obama est devenu président...
2. Quand j'ai commencé à suivre ce cours...
3. Quand j'ai fini mes études au lycée...
4. Quand j'ai eu mon permis de conduire...
5. En 2012, quand on a annoncé la mort de Whitney Houston...
6. À l'âge de 10 ans...
7. À 11 heures ce matin...
8. La première fois que j'ai vu notre université...

IV. La narration au passé

The choice of the **passé composé,** the **imparfait,** or the **plus-que-parfait** to tell about past events is intensely "visual." Your choice of verb tenses helps readers or listeners "see" the story you are telling, transmitting a three-dimensional "play" or "film" of its events from your mind's eye to that of your reader or listener.

Let's look at some basic principles of verb-tense choice. We will then see how these play out in the context of a well-known story.

The **passé composé** is the skeleton of the story (the "bare bones"), the chronologically ordered presentation of its events. If you were to reduce a story to a brief plot summary, most of the items appearing in that summary would be expressed in the **passé composé.** (For example, in *West Side Story*, an American-born boy and a Puerto Rican girl met in New York and fell in love. Their family "gangs" opposed their love. Both boy and girl died tragically.) In fact, if you were to skim a story and read only the sentences containing verbs in the **passé composé,** you'd get the gist. If you are telling a story, the **passé composé** sentences are the answer to your listener's question, "And what happened next?"

The **imparfait** is the "flesh" on the skeleton. It is used to express all of the background details we need to visualize the story's setting and characters. In theatrical terms, the **imparfait** is the set, the lighting, the costumes, the makeup—everything that "sets the stage." When the curtain goes up on a Broadway musical, for example, before anything really happens, we get a sense of the historical period, of what time of day it is, what the weather is like, where the characters live, what they look like and how they're dressed, what their relationship is to one another, etc. The characters may even be doing something, but their actions are simply another element in creating the atmosphere—helping us see what typically went on in the lower west side of New York in the mid-twentieth century, or on the Serengeti plain teeming with African animals, or in an American high school putting on a musical in 2015. The **imparfait** makes us feel as though "we were there." It tells us what we need to know in order to understand and appreciate the events of the story (which will be expressed in the **passé composé**).

The **plus-que-parfait** is used with lesser frequency than the **passé composé** and the **imparfait,** but it has an important role to play as well. Again, think of yourself at the theater. Once the play begins and the plot begins to unfold, the **plus-que-parfait** will also be used to "back up" and tell us (or remind us) about actions that happened earlier in the play or before the play began, but that weren't mentioned at the time they happened. In cinematic terms, the **plus-que-parfait** expresses flashbacks.

So, with a judicious use of foreground actions **(passé composé),** background actions and flashbacks (**imparfait** and **plus-que-parfait**), and background details **(imparfait),** you can create a multi-dimensional story that helps your listeners put its various elements in perspective—*your* perspective—and creates the impression of a play or movie unfolding before their very eyes. Here is how one of our authors explains how she chose her verb tenses to tell the story of Cinderella:

> Let me take parts of a familiar story and decide which verb tenses I would use to tell it in French. I will make my choices based on which aspects of the various actions I want to emphasize, and on which actions I want to have in the foreground and which in the background. Remember that I say "I" here because other storytellers might make slightly different choices, depending on what they wished to emphasize.

Once upon a time, there *was* a young girl named Cinderella, who *lived* in a house with her stepmother and her three horrible stepsisters.	*I'll use the **imparfait** here, because I'm giving background information. These details don't advance the story; they just tell what the status-quo is when the story begins.*
Cinderella's mother *had died* when Cinderella *was* very young, and her father *had married* a young widow with three daughters.	*"Had died" and "had married" are both events that occurred, but they happened offstage before the curtain went up on my story, so I must use the **plus-que-parfait** to show this. "When Cinderella was very young" merely establishes a background for the other two actions, so I'll use the **imparfait** for that.*
Cinderella's stepmother *hated* Cinderella, and always *favored* her own daughters. Cinderella *had* only ragged clothes to wear. Every day, she *cleaned* the house, *did* the cooking, and *washed* the dishes. Her bedroom *was* so cold that she often *slept* near the fireplace in the kitchen. Everyone *called* her "Cinderella" because of the ashes on her face and clothing.	*All of these verbs will be expressed in the **imparfait,** because they give background information and help to establish the atmosphere of the story. Whether they describe states of mind ("hated"), ongoing possession ("had"), physical states ("was cold"), or repeated, habitual actions ("cleaned," "did," "washed," "slept," "called"), they all help to create the backdrop against which the events of the story will take place.*

Have you noticed that no events have taken place on stage as of yet? This is fairly common in a traditional story. Storytellers often give us an idea of who people are, how things look, and what is humming along in the background before beginning to narrate the events of the story.

One day, the household *received* an invitation to a ball being held for the purpose of finding a bride for the king's oldest son. The stepsisters *jumped* for joy, and immediately *decided* to attend.	*These are the first on-stage actions in my story, and I'll use the **passé composé** to foreground them. The action of receiving the letter sets off reactions in the stepsisters, be they physical (jumping for joy) or mental (deciding). In all cases, though, something has happened—there's been a change in the status quo.*
Just as quickly, Cinderella *realized* that she *couldn't* attend the ball. She *had* no dress to wear.	*Because I want to emphasize Cinderella's sudden stab of regret, I'll put "realized" in the **passé composé.** "Couldn't" and "had" are less dramatic. They describe ongoing states of inability and possession, so I'll relegate them to the background by using the **imparfait.***

Because you probably know this story, we can now skip much of it, and simply offer a sentence here and there that illustrates important aspects of past tense usage.

When the prince first *caught sight* of Cinderella at the ball, he *loved* her.	*I'll use the* ***passé composé*** *for both of these. "Caught sight of" is fairly obvious—something happened there. But the same thing is true for the second verb, "loved." Statements about feelings and emotions are often expressed in the* ***imparfait*** *in French, because they often give background information about ongoing states of mind. Here, though, a major change has taken place (conveying the idea that the prince "fell in love" with her).*
As the prince and Cinderella *danced,* everyone *wondered* about the identity of the beautiful young woman.	*Although there are other ways of doing this, I want to emphasize the duration of these two activities, and give them equal importance (like a "split screen" in a movie)—it's as if I were saying, "While they were dancing, everyone was wondering." For this reason, I'll use the* ***imparfait*** *for both verbs.*
When the clock *began* to strike midnight, Cinderella *panicked*. She *had forgotten* the promise she *had made* to her fairy godmother.	*"Began" =* ***passé composé.*** *I want you to focus on the beginning of the action. "Panicked" =* ***passé composé.*** *This is Cinderella's reaction to the clock's striking. "Had forgotten" and "had made" both need to be expressed in the* ***plus-que-parfait;*** *I am backing up in time, flashing back to things that happened earlier in the story, before the clock struck.*
As Cinderella *ran* from the castle, she *lost* one of her beautiful glass slippers. As the last stroke of midnight *was sounding,* Cinderella's beautiful dress *was transformed* back into her customary rags.	*Both of these sentences have the same structure (first verb [ran, was sounding] =* ***imparfait;*** *second verb [lost, was transformed] =* ***passé composé****). Each one describes one background action that is still in progress, and sets the stage for a second action on which you need to focus, and which is to be perceived as being completed.*
When the prince's emissary *arrived* at their house, each sister *tried,* but *failed,* to put on the glass slipper. When Cinderella *put it on,* it *fit* her perfectly.	*"Arrived" =* ***passé composé*** *(something happened). Even though some repetition is implied by three sisters trying and failing, I will use the* ***passé composé*** *in order to emphasize the successive nature and the finality of the actions.* *"Cinderella put it on" =* ***passé composé****. I want you to see her as having completed this action. How about "it fit her perfectly"? Is this the next action in the story? Did the shoe suddenly shrink to fit her foot? No, probably not. Its ongoing state was that of being a perfect size for Cinderella, so the* ***imparfait*** *is perfectly sufficient to describe that state.*
Cinderella and her prince *were married,* and they *lived* happily ever after.	*What do I mean by "were married"? Was that their pre-existing, ongoing state? No—I really mean that they "got married"—that's the next event in the story, and must thus be expressed by the* ***passé composé.*** *Finally, what to do with "they lived happily ever after"? Doesn't that describe duration? Yes, but this is the end of the story. Using the* ***imparfait*** *here would imply that this sentence is a background detail against which further actions will be brought to the foreground. Here, I want to show that the story is ended, that there's nothing more to say about Cinderella. The* ***passé composé*** *(or the* ***passé simple****) lends such an air of closure and finality to the end of a story that it's as though the words "The End" were embedded within that final sentence.*

Narration in the past is one of the most fascinating aspects of the French language. Keep practicing it and you'll feel very proud of yourself when you begin to make correct choices instinctively. One great way to practice is to tell yourself fairy tales or movie plots, and then simply to think about which verb tenses you would use if you were going to tell the same story in French.

Exercices

9. Justifications. Lisez l'histoire de Cendrillon et expliquez à un(e) partenaire (en anglais) pourquoi le conteur *(storyteller)* a choisi tel ou tel temps *(such or such tense)* pour chaque verbe.

Modèle: 1. **Il était: describes an ongoing, existing condition when the curtain goes up**

Il *était* (1) une fois une jeune fille qui *vivait* (2) dans une maison avec sa marâtre et ses trois méchantes belles-sœurs. Sa mère *était morte* (3) quand elle *était* (4) très jeune, et son père *s'était remarié* (5) avec une jeune veuve. La marâtre *détestait* (6) Cendrillon et *favorisait* (7) toujours ses propres filles. Cendrillon ne *portait* (8) que des haillons *(rags)*. Tous les jours, elle *nettoyait* (9) la maison et *faisait* (10) la cuisine et la vaisselle. Sa chambre *était* (11) si froide qu'elle *dormait* (12) souvent près de la cheminée dans la cuisine. Tout le monde l'*appelait* (13) «Cendrillon» à cause des cendres sur son visage et ses vêtements.

Un jour, la maisonnée *(household) a reçu* (14) une invitation à un bal, donné par le roi pour trouver une épouse *(wife)* pour son fils, le prince. Les belles-sœurs *ont* vite *décidé* (15) d'y assister. Mais la pauvre Cendrillon *s'est rendu compte* (16) aussi vite qu'elle ne *pouvait* (17) pas assister au bal parce qu'elle n'*avait* (18) pas de robe à porter.

Le jour du bal, Cendrillon *a aidé* (19) ses sœurs à s'habiller et à se maquiller pour le bal. Les sœurs *sont parties* (20), laissant Cendrillon toute seule à la maison.

La pauvre jeune fille *pleurait* (21) dans la cuisine quand sa marraine (*godmother*) *est apparue* (22). Elle *a dit* (23) à Cendrillon d'aller chercher une citrouille et des souris *(a pumpkin and some mice)* dans le jardin. D'un coup de sa baguette magique, elle les *a transformées* (24) en un carrosse et des chevaux et elle *a habillé* (25) Cendrillon en une ravissante robe du soir et de petites chaussures de verre. Avant de partir au bal, Cendrillon *a promis* (26) à sa marraine de rentrer avant minuit.

En arrivant au palais, elle *a été* (27) éblouie *(overwhelmed)* par sa splendeur. Quand le prince l'*a vue* (28) pour la première fois, il l'*a* tout de suite *aimée* (29) Pendant que Cendrillon et le prince *dansaient* (30), tout le monde *se demandait* (31) qui *était* (32) cette belle jeune fille. Quand l'horloge du palais *a commencé* (33) à sonner minuit, Cendrillon *s'est affolée (panicked)* (34). Elle *avait oublié* (35) la promesse qu'elle *avait faite* (36) à sa marraine!

Quittant le palais en courant, Cendrillon *a perdu* (37) un de ses beaux souliers de verre, que le prince *a* ensuite *ramassé* (38). Comme le dernier coup de minuit *sonnait* (39), la belle robe de Cendrillon *a disparu* (40), pour être remplacée par ses haillons habituels.

Triste, le prince *a envoyé* (41) un émissaire partout dans le royaume pour chercher la belle jeune fille qui *avait disparu* (42) si mystérieusement le soir du bal. Un jour, il *est arrivé* (43) chez la famille de Cendrillon, demandant à chaque fille de la maison d'essayer le soulier de verre. Chacune des belles-sœurs de Cendrillon *a essayé* (44) le soulier, mais aucune n'*a pu* (45) le mettre. Enfin, Cendrillon l'*a mis* (46). Il lui *allait* (47) parfaitement!

Cendrillon et le prince *se sont mariés* (48). Ils *ont vécu* (49) heureux et ils *ont eu* (50) beaucoup d'enfants.

10. Quel temps faut-il? *Le Petit Chaperon Rouge.* Lisez l'histoire suivante. Ne la traduisez pas, mais décidez quel temps il faudrait choisir si vous alliez la traduire en français. Choisissez le **passé composé,** l'**imparfait** ou le **plus-que-parfait,** et justifiez votre choix.

There once (1) was a young person named Red Riding Hood who (2) lived with her mother on the edge of a large wood. One day her mother (3) asked her to take a basket of fresh fruit and mineral water to her grandmother's house—not because this was womyn's [sic] work, mind you, but because the deed (4) was generous and (5) helped engender a feeling of community. Furthermore, her grandmother (6) was *not* sick, but rather (7) was in full physical and mental health and (8) was fully capable of taking care of herself as a mature adult.

So Red Riding Hood (9) set off with her basket through the woods. Many people (10) believed that the forest (11) was a foreboding and dangerous place and never (12) set foot in it. Red Riding Hood, however, (13) was confident enough in her own budding sexuality that such obvious Freudian imagery (14) did not intimidate her.

On the way to Grandma's house, Red Riding Hood (15) was accosted by a wolf, who (16) asked her what (17) was in her basket. She (18) replied, "Some healthful snacks for my grandmother, who is certainly capable of taking care of herself as a mature adult."

The wolf (19) said, "You know, my dear, it isn't safe for a little girl to walk through these woods alone."

Red Riding Hood (20) said, "I find your sexist remark offensive in the extreme, but I will ignore it because of your traditional status as an outcast from society, the stress of which has caused you to develop your own, entirely valid, world view. Now, if you'll excuse me, I must be on my way."

Red Riding Hood (21) walked on along the main path. But because his status outside society (22) had freed him from slavish adherence to linear, Western-style thought, the wolf (23) knew a quicker route to Grandma's house. He (24) burst into the house and (25) ate Grandma, an entirely valid course of action for a carnivore such as himself. Then, unhampered by rigid, traditionalist notions of what was masculine or feminine, he (26) put on Grandma's nightclothes and (27) crawled into bed.

Red Riding Hood (28) entered the cottage and (29) said, "Grandma, I (30) have brought you some fat-free, sodium-free snacks to salute you in your role of a wise and nurturing matriarch."

From the bed, the wolf (31) said softly, "Come closer, child, so that I might see you."

Red Riding Hood said, "Oh, I (32) forgot you are as optically challenged as a bat. Grandma, what big eyes you have!"

"They (33) have seen much, and forgiven much, my dear."

"Grandma, what a big nose you have—only relatively, of course, and certainly attractive in its own way."

"It (34) has smelled much, and forgiven much, my dear."

"Grandma, what big teeth you have!"

The wolf (35) said, "I am happy with *who* I am and *what* I am," and (36) leaped out of bed. He (37) grabbed Red Riding Hood in his claws, intent on devouring her. Red Riding Hood (38) screamed, not out of alarm at the wolf's apparent tendency toward cross-dressing, but because of his willful invasion of her personal space.

Her screams (39) were heard by a passing woodchopper-person (or log-fuel technician, as he (40) preferred to be called). When he (41) burst into the cottage, he (42) saw the melee and (43) tried to intervene. But as he (44) raised his ax, Red Riding Hood and the wolf both (45) stopped.

"And just what do you think you're doing?" (46) asked Red Riding Hood.

The woodchopper-person (47) blinked and (48) tried to answer, but no words (49) came to him.

"Bursting in here like a Neanderthal, trusting your weapon to do your thinking for you!" she (50) exclaimed. "Sexist! Speciesist! How dare you assume that women and wolves can't solve their own problems without a man's help!"

When she (51) heard Red Riding Hood's impassioned speech, Grandma (52) jumped out of the wolf's mouth, (53) seized the woodchopper-person's ax, and (54) cut his head off. After this ordeal, Red Riding Hood, Grandma, and the wolf (55) felt a certain commonality of purpose. They (56) decided to set up an alternative household based on mutual respect and cooperation, and they (57) lived together in the woods happily ever after.

Source: James Finn Garner, *Politically Correct Bedtime Stories* (New York: Macmillan, 1994) pp. 1–4.

11. Une affaire commerciale (*A Business Venture.*). Voici l'histoire de mon amie Karen et son sens des affaires. Mettez les verbes aux temps appropriés du passé **(passé composé, imparfait, plus-que-parfait).** Attention! Est-ce que le verbe est conjugué avec **avoir** ou **être**? Est-ce qu'il faut faire l'accord du participe passé?

Mon amie Karen est très sensible et très créative. Elle est aussi très idéaliste — l'argent ne l'intéresse pas du tout. Pourtant un jour, Karen _______________ (1. décider) de se lancer dans le commerce.

Tout le monde _______________ (2. adorer) les gâteaux de Karen. Ils _______________ (3. être) non seulement très beaux, mais aussi super délicieux. Alors, une idée lui _______________ (4. passer) par la tête: Vendre ses gâteaux à Noël à tous ses amis qui _______________ (5. ne jamais / avoir) le temps d'en faire eux-mêmes. Elle _______________ (6. demander) à son amie Debra de l'aider. L'année précédente, Debra _______________ (7. suivre) un cours sur «l'entrepreneurship», et le seul principe de ce cours dont elle _______________ (8. se souvenir), c' _______________ (9. être) qu'il faut toujours calculer le prix de *chaque élément* du produit qu'on va vendre — sinon, on risque de ne pas faire de bénéfice (*make a profit*). Alors, Debra et elle _______________ (10. aller) au supermarché pour faire les courses, et elles _______________ (11. calculer) le prix de chaque ingrédient. Elles _______________ (12. même / téléphoner) à la compagnie de gaz et d'électricité pour savoir le prix exact de l'électricité pour faire cuire les gâteaux. Ensuite, elles _______________ (13. écrire) de belles brochures et les _______________ (14. distribuer) à leurs amis. Elles _______________ (15. avoir) un succès fou, et *beaucoup* de commandes (*orders*). Elles _______________ (16. aller) être obligées de travailler deux week-ends entiers pour faire tous les gâteaux que leurs amis _______________ (17. commander)!

Le premier samedi, elles _______________ (18. se lever) tôt. Tout _______________ (19. être) prêt. Bientôt, la cuisine _______________ (20. sentir) bon, et elles _______________ (21. être) entourées de gâteaux qui _______________ (22. refroidir – *to cool*). Pendant qu'elles _______________ (23. travailler), elles _______________ (24. imaginer) comment elles _______________ (25. aller) dépenser (*spend*) tout l'argent qu'elles _______________ (26. aller) gagner. C'_______________ (27. *être*) chouette, ça!

Après une très longue journée, elles _______________ (28. commencer) à mettre les beaux gâteaux dans les belles petites boîtes qu'elles _______________ (29. faire) elles-mêmes. Pendant qu'elles _______________ (30. faire) cela, l'une des deux _______________ (31. réaliser) quelque chose d'horrible — alors qu'elles avaient calculé le prix de chaque ingrédient, elles _______________ (32. oublier) de calculer le prix de leur travail. Donc, elles _______________ (33. faire) les gâteaux pour le prix des ingrédients!

Comme vous pouvez l'imaginer, c(e) _______________ (34. être) décourageant de travailler encore trois jours pour faire tous les gâteaux, sachant qu'elles n(e) _______________ (35. aller) rien gagner. De plus, parce qu'elles _______________ (36. promettre) les gâteaux à leurs amis, elles _______________ (37. devoir) les finir. Tous les amis _______________ (38. être) ravis par l'apparence et le goût des gâteaux, et Karen et Debra _______________ (39. accepter) les compliments avec des sourires un peu forcés. L'année suivante, les mêmes amis _______________ (40. demander), «Vous allez faire des gâteaux cette année?», mais elles _______________ (41. répondre), «Euh, non, désolées, mais nous n'avons pas le temps…»

Karen représente beaucoup de choses pour moi — c'est ma meilleure amie. Mais en affaires, elle est l'antithèse du capitaliste américain — ça, c'est sûr!

12. Comment la souris et le lion sont devenus amis. Regardez les images suivantes et créez une histoire à partir des éléments donnés. Utilisez le **passé composé**, **l'imparfait** et **le plus-que-parfait.**

Vocabulaire utile

la souris	*mouse*	la patte	*paw*
une plaine	*plain*	supplier	*to plead*
capturer	*to capture*	se prosterner (devant)	*to bow (down)*
marcher sur la pointe des pieds	*to tiptoe*	laisser partir	*to let go*
		un filet	*net*
		se débattre	*to struggle*
		rugir	*to roar*
		ronger	*to gnaw*

13. Histoire enchaînée. Inventez et racontez l'histoire de l'amitié improbable *(unlikely)* entre deux animaux. Règles du jeu:

1. Choisissez un(e) partenaire.
2. Chaque partenaire choisit un animal, en silence. L'un(e) des étudiant(e)s commence à raconter l'histoire: «Il était une fois un hippocampe *(Once upon a time there was a sea horse)* qui était très curieux. Un jour, il nageait dans la mer quand il a rencontré... » (*L'autre étudiant(e) doit continuer l'histoire.*) «... un koala, qui se promenait seul en radeau (*on a raft*) sur la mer. Le koala avait été sur un grand bateau, mais il lui est arrivé un accident, et maintenant le koala était tout seul sur le radeau. Il était très... » (*Maintenant, on change encore de narrateur/ narratrice.*) [«... triste.», etc.].
3. Continuez à tour de rôle. Chaque partenaire crée deux phrases.
4. Essayez de faire un récit *(narrative)* cohérent.
5. Vous pouvez choisir parmi les animaux suivants:

le pingouin	le koala	le papillon *(butterfly)*
l'ours blanc	la loutre *(otter)*	le tigre
le raton laveur *(racoon)*	le saumon	le kangourou
le serpent à sonnettes *(rattlesnake)*	le putois *(skunk)*	le dauphin *(dolphin)*
la baleine *(whale)*	l'hippocampe *(sea horse)*	le crocodile
la tortue	la chenille *(caterpillar)*	le chimpanzé

V. Le passé simple

Grammar Podcasts, Grammar Tutorials

The **passé simple** is another past tense, often called the "literary past" because it is used almost exclusively in writing. It has essentially the same meaning as the **passé composé.** When students first encounter the **passé simple,** they are generally asked only to recognize and understand it, not to produce it.

A. Formation

Like some other French tenses, the **passé simple** is formed by adding a set of endings to a stem.

- **Regular verbs**. For regular verbs, the stem is formed by removing the **-er**, **-ir**, or **-re** ending from the infinitive and adding these endings:

infinitive ending in:	endings:	examples:
-er	**-ai, -as, -a, -âmes, -âtes, -èrent**	Victor Hugo **publia** *Les Misérables* en 1862.
-ir and –re	**-is, -is, -it, -îmes, -îtes, -irent**	Les étudiants **choisirent** de lire *Les Misérables* au lieu de *Candide*. La France **vendit** la Louisiane en 1803.

- **Irregular verbs**. There are three groups of verbs whose stems in the **passé simple** are irregular.

1. Some of these verbs take the endings **-is, -is, -it, -îmes, -îtes, -irent.**

acquérir	**acqu-**	il acquit	ils acquirent
s'asseoir	**ass-**	il s'assit	ils s'assirent
convaincre	**convainqu-**	il convainquit	ils convainquirent
faire	**f-**	il fit	ils firent
mettre	**m-**	il mit	ils mirent
naître	**naqu-**	il naquit	ils naquirent
prendre	**pr-**	il prit	ils prirent
rire	**r-**	il rit	ils rirent
voir	**v-**	il vit	ils virent

2. Others take the endings **-us, -us,-ut, -ûmes, -ûtes, -urent.**

avoir	**e-**	il eut	ils eurent
boire	**b-**	il but	ils burent
conclure	**concl-**	il conclut	ils conclurent
connaître	**conn-**	il connut	ils connurent
croire	**cr-**	il crut	ils crurent
devoir	**d-**	il dut	ils durent
être	**f-**	il fut	ils furent
falloir	**fall-**	il fallut	
lire	**l-**	il lut	ils lurent
mourir	**mour-**	il mourut	ils moururent
plaire	**pl-**	il plut	ils plurent
pleuvoir	**pl-**	il plut	
pouvoir	**p-**	il put	ils purent
savoir	**s-**	il sut	ils surent
vivre	**véc-**	il vécut	ils vécurent
vouloir	**voul-**	il voulut	ils voulurent

3. The verbs **venir** and **tenir** present a special case in the **passé simple.** They are conjugated in the following manner:

je vins	je tins
tu vins	tu tins
il/elle/on vint	il/elle/on tint
nous vînmes	nous tînmes
vous vîntes	vous tîntes
ils/elles vinrent	ils/elles tinrent

Remarques:

- Although the **passé simple** may be unfamiliar to you, you will probably still recognize most of its forms quite easily, because they resemble the infinitive or past participle.

  Antoine de Saint-Exupéry **écrivit** *Le Petit Prince* en 1943.

  Le petit prince **parla** du manque *(lack)* d'imagination des adultes. (**parla** looks like **parler**)

  Les premiers lecteurs **lurent** ce petit livre avec grand plaisir. (**lurent** looks like **lu**)

- A few forms are so strange as to be truly memorable.

  Saint-Exupéry **naquit** en 1900 et **mourut** en 1944.

- Pay special attention to three high-frequency verbs whose identity may be less obvious to you when you first begin to read texts in the **passé simple**. These are the verbs **faire**, **voir**, and **être**.

  L'aviateur **fit** un dessin pour le petit prince. Le petit prince le **vit,** et il **fut** très content.
  *(The aviator **made** a drawing for the Little Prince. The Little Prince **saw** it, and he **was** very happy.)*

B. Usage

We remarked earlier that the **passé simple** has essentially the same meaning as the **passé composé.** However, you will occasionally see both past tenses used in the same written text. In that case, a subtle distinction is being expressed. The **passé simple** is being used when the action is completed and has no connection to the present, whereas the **passé composé** is used to describe actions that still "resonate" in the present. To see an example of this distinction, compare the two tenses in this excerpt from Marcel Pagnol's *Le Château de ma mère*:

> Dans l'après-midi du jeudi, je **composai** longuement le brouillon de ma réponse. Je n'en sais plus les termes exacts, j'en **ai retenu** le sens général.
>
> *(The writing is long since finished, but the writer still retains the gist of what was written.)*
>
> Source: Marcel Pagnol, *Le Château de ma mère*

Exercices

14. Commencer par la fin. Voici un mélange de phrases qui ont l'air vaguement «littéraires». Regardez les terminaisons de chaque verbe et indiquez son sujet. Attention! De temps en temps, il y a plus d'une réponse correcte.

Modèle: Je (*ou*) Tu fis très attention.

1. ____________ vins voir le conseiller du roi.
2. ____________ vîmes le portrait au château.
3. ____________ chantai un air de Mozart.
4. ____________ ne purent pas vaincre l'ennemi.
5. ____________ fit un geste élégant.
6. ____________ conclut son discours avec une citation de Shakespeare.
7. ____________ voyageâtes par bateau vers le Nouveau Monde.
8. ____________ voulûmes dénoncer le criminel.
9. ____________ marchas très lentement vers la cathédrale.
10. ____________ se marièrent et eurent beaucoup d'enfants.

15. Au passé composé, s'il vous plaît! Teresa écrit son journal intime au **passé simple,** mais c'est un peu ridicule, parce qu'elle utilise un vocabulaire et un style très familier. Reformulez ces phrases extraites de son journal en mettant tous les verbes au **passé composé.** Attention au choix de l'auxiliaire et à l'accord du participe passé.

Modèle: Ils ne prirent pas le petit déj'.
Ils n'ont pas pris le petit déj'.

1. Il fut super cool!

   ____

2. Ils eurent plein de problèmes.

   ____

3. Je lui ai dit, «vous sûtes le nom de son copain?»

   ____

4. Je vis le nouveau clip de Mya à la télé.

   ____

5. Nous nous retrouvâmes au MacDo pour manger des hamburgers.

____

6. J'allai chercher le baby-sitter.

____

7. Elle mit son iPod sur la chaise.

____

8. Nous ne comprîmes pas ce truc.

____

9. Elles ne dirent pas «ciao» avant de partir.

____

10. Ils ne reçurent pas de courriel *(e-mail).*

____

11. Ils voulurent aller au ciné avec nous.

____

12. Ils achetèrent des albums de *Tintin* et d'*Astérix.*

____

13. Elles firent des «milkshakes» américains.

____

14. Nous fûmes très sympas avec lui.

____

15. Il plut à verse le jour de la fête de papy.

____

16. Ils burent deux bouteilles de coca.

____

À l'écoute!

Qu'est-ce que l'amitié? Une jeune Française qui s'appelle Mimi publie sur Internet ses propres réflexions sur l'amitié. Écoutez ce qu'elle dit et répondez aux questions qui suivent.

Première écoute

Juste ou faux?

1. Dans ce texte, on entend deux définitions de l'amitié — la première, c'est la définition de Mimi, et la deuxième, c'est celle qu'on trouve dans le dictionnaire. J F
2. Mimi dit que c'est pendant les moments les plus difficiles de la vie qu'on peut voir qui sont les vrais amis et qui sont seulement des copains. J F
3. Selon Mimi, vos vrais amis montrent leur loyauté en étant toujours d'accord avec vous. J F
4. À la fin de ses remarques, Mimi fait une liste qui résume les qualités des bons copains. J F

Deuxième écoute

1. Les expressions suivantes décrivent des problèmes qu'on peut avoir. Lesquelles sont mentionnées dans ce texte? *(Check the ones you hear.)*

   On est en bas de l'échelle *(ladder)*. ______

   On a de graves ennuis (*problems*). ______

   On est souffrant *(ill)*. ______

   On est au bout du rouleau *(end of one's rope)*. ______

   On n'en peut plus *(can't go on)*. ______

   On a besoin d'amour. ______

   On a besoin d'amis pour nous aider. ______

   On en a marre *(have had enough)*. ______

   On est au bord de la falaise *(at the edge of the cliff)*. ______

   On a subi des coups durs *(hard blows)*. ______

2. Quand on a un problème et qu'on téléphone à une personne qui n'est pas une vraie amie, qu'est-ce qui va probablement se passer, selon Mimi?

   ____

3. Selon Mimi, un(e) vrai(e) ami(e) va nous critiquer quand il/elle trouve que nous avons tort. Elle dit aussi: «C'est une personne qui te remet dans le droit chemin *(puts you back on the right path)*, qui…»

   ____

4. Pour Mimi, les copains jouent quand même un rôle dans sa vie. Quel est ce rôle?

   ____

Troisième écoute

1. Essayez de résumer ou d'écrire exactement *(verbatim)* les deux définitions de l'amitié que Mimi donne au début de ce texte.

   la définition de l'amitié qu'on trouve dans le dictionnaire:

   ____

   la définition de Mimi:

   ____

   ____

2. Mimi ne rejette pas exactement la définition du dictionnaire, mais pour elle, qu'est-ce que cette définition signifie?

   ____

   ____

3. Comment (et quand) est-ce que Mimi arrive vraiment à distinguer entre les amis et les copains? Êtes-vous d'accord avec elle? À votre avis, est-ce qu'il y a d'autres moyens de distinguer entre les deux? Lesquels?

____

____

____

____

4. Comment Mimi expliquerait-elle le fait que nous avons probablement plus de copains que d'amis, selon sa définition?

____

____

Atelier d'écriture

I. Le but: Rédiger un texte d'à peu près 300 mots.

II. Le sujet: L'amitié autrefois et maintenant *(then and now).* Pensez à un(e) de vos ami(e)s d'enfance. Expliquez comment vous vous êtes connu(e)s, ce que vous faisiez ensemble et ce que cette amitié représentait pour vous à cette époque-là. Ensuite, discutez de vos sentiments sur l'amitié aujourd'hui. Comment choisissez-vous vos amis maintenant? Quelles sont les qualités que vous appréciez le plus chez eux? Est-ce que la conception que vous avez de l'amitié aujourd'hui est pareille à *(the same as)* celle que vous aviez quand vous étiez enfant?

III. Activités préparatoires. Avant d'écrire le texte, répondez aux questions suivantes avec des phrases précises et cohérentes.

A. Événements importants

1. Quand et où est-ce que vous avez rencontré pour la première fois l'ami(e) que vous avez choisi(e) dans la partie II ci-dessus?

____

2. Quelles qualités est-ce que vous avez appréciées chez elle/lui?

____

3. Est-ce que vous vous entendiez bien avec cette personne dès le début?

____

4. Qu'est-ce que vous avez dit ou fait pour mieux vous connaître?

____

5. Combien de temps est-ce qu'il a fallu pour que vous la considériez comme un(e) véritable ami(e)?

____

6. Nommez deux ou trois choses extraordinaires que vous avez faites ensemble, ou deux ou trois expériences importantes que vous avez connues ensemble.

____

B. Détails descriptifs

1. Quel âge aviez-vous quand vous vous êtes connu(e)s?

___

2. Comment était-il/elle physiquement? Décrivez-le/la. (couleur des yeux, des cheveux, sa taille *(size)*, les vêtements qu'il/elle portait, etc.)

___

3. Avait-il/elle un caractère facile *(easy-going)* (charmant, sociable, etc.)?

___

4. Était-il/elle timide (amusant[e]., sérieux[-euse], etc.)?

___

5. Est-ce qu'il/elle était très différent(e) de vous ou est-ce que vous vous ressembliez beaucoup?

___

6. Qu'est-ce que vous faisiez souvent ensemble, votre ami(e) et vous? (Quelles étaient vos activités préférées?)

___

IV. Une narration au passé. Inspirez-vous des phrases que vous avez écrites dans la section précédente et racontez l'histoire de votre amitié dans un brouillon *(draft)* d'à peu près 200 mots. Faites attention aux temps du passé *(past tenses)*.

Modèle: **Quand j'ai vu mon amie Karen pour la première fois, nous avions sept ans toutes les deux. C'était le premier jour de l'école et nous portions toutes les deux une petite robe écossaise *(plaid)*...**

V. L'amitié: De l'anecdote à l'analyse. Après avoir écrit ce premier brouillon, examinez votre texte en pensant aux suggestions suivantes.

1. Soulignez *(Underline)* tous les verbes au **passé composé** et à l'**imparfait** dans la composition et étudiez-les sérieusement. Est-ce que vous pouvez justifier dans chaque cas votre choix du temps du verbe *(verb tense)*? Est-ce que les formes des verbes sont correctes?

2. Inspirez-vous de ces questions pour conclure votre rédaction: Fréquentez-vous toujours cet(te) ami(e)? Sinon, pourquoi pas ? Si oui, avez-vous toujours le même rapport avec lui/elle *(the same kind of relationship)*? Sinon, pourquoi pas? Est-ce que vous vous faites des amis aussi vite/lentement aujourd'hui qu'autrefois? Choisissez-vous des amis qui ressemblent à cet(te) ami(e) d'enfance? Pourquoi (pas)? Qu'est-ce que tout ceci révèle sur votre conception de l'amitié? Quelle est la place, l'importance, de l'amitié dans votre vie?

3. Variez les adverbes de temps qui situent la période dont vous parlez et utilisez des expressions qui s'accordent bien avec votre choix du **passé composé** ou de l'**imparfait.**

   Expressions que l'on rencontre souvent avec le passé composé:
   soudain *(suddenly);* **tout d'un coup** *(all of a sudden);* **pendant X heures/mois/ans...** *(for X hours/months/years...);* **X fois** *(X times);* **en 2005,** etc.

   Expressions que l'on rencontre souvent avec l'imparfait:
   souvent *(often);* **à cette époque-là** *(at that time);* **autrefois** *(formerly, in the past);* **tous les samedis/jours/étés,...** *(every Saturday/every day/every summer,...);* **toujours** *(always);* **pendant des heures** *(for hours);* **constamment** *(constantly),* etc.

   Expressions pour situer un événement dans le temps:
   quand j'avais X ans, à l'âge de X ans, pendant l'été 2002, etc.

Modèle: Elle était plus grande que moi.
À l'âge de 15 ans, elle était plus grande que moi.

3 Les pronoms

Sommaire

www.cengagebrain.com

I. Les pronoms personnels

Grammar Podcasts, Grammar Tutorials

A pronoun is a word used in the place of a noun or a noun phrase to avoid unnecessary repetition.

Mathis a peur de la technologie. *Mathis is afraid of technology.*
Il la trouve effrayante. *He finds **it** scary.*

A pronoun's form usually reflects the *number* (singular or plural), *gender* (masculine or feminine), *person* (first, second, or third), and *function* (subject, object, etc.) of the noun it replaces. In this chapter, we review the category of pronouns referred to as **les pronoms personnels** *(personal pronouns)*. They are:

- **les pronoms sujets** *(subject pronouns)*
- **les pronoms compléments d'objet direct** *(direct object pronouns)*
- **les pronoms compléments d'objet indirect** *(indirect object pronouns)*
- **les pronoms réfléchis** *(reflexive pronouns)*
- **les pronoms toniques** *(stressed pronouns)*

A. Les pronoms sujets

The French language has nine different subject pronouns. They are:

les pronoms sujets			
singular		**plural**	
je (j')	*I*	**nous**	*we*
tu	*you* (familiar)	**vous**	*you* (formal [singular and plural]; familiar [plural])
il	*he, it*	**ils**	*they* (masculine, or mixed masculine and feminine)
elle	*she, it*	**elles**	*they* (feminine)
on	*one, you, we, they*		

Remarques:

- A subject pronoun can *never* be used without a verb. A stressed pronoun is usually used instead.
  Personne ne comprend *1984* de George Orwell mieux que **moi.**
  Nobody understands 1984 *by George Orwell better than **I**.*
- Subject pronouns generally precede the verb in declarative statements. In inverted questions, they follow the verb.
  En France, **on** regarde normalement les infos à 8 heures.
  Regardez-**vous** souvent les infos chez vous?
- Subject pronouns may also follow the verb to create a more elevated literary style.
  «Comme je vous aime», a-t-il dit, avec une voix pleine de tendresse.
  "How I love you," said he, in a voice full of tenderness.
- In commands (the *imperative mood*), the subject pronouns (**tu, nous,** and **vous**) are omitted.
  Ne regarde pas la télévision!
  Chantons un peu ensemble!
  Allez à l'école!

  Remember, though, that sentences with reflexive verbs have *two* pronouns: the subject pronoun and the reflexive pronoun. Although you omit the subject pronoun to form a command, you will retain the reflexive pronoun.

Infinitif	Présent de l'indicatif	Impératif
(s'asseoir)	Vous vous asseyez.	Asseyez-vous.
(s'amuser)	Nous nous amusons bien!	Amusons-nous bien!

- As you know, there are two pronouns for the singular form of *you* in French: **tu** and **vous.** **Tu** is generally used to address a friend, a relative, a child, or a pet; however, young people (children, adolescents, young adults) often use **tu** with one another, even when they are meeting for the first time. **Vous** is used to address a person whom you don't know well or a person to whom one wishes to show respect (such as an older person or a person you are meeting in a professional capacity). In some social circles and families, even people who are very close may say **vous** to one another for their entire lives. When in doubt about which form of *you* to use, use **vous,** and wait for signals from the other person that you may switch to **tu.** Further, when an older person says **tu** to you, you should probably continue to use **vous** unless you are explicitly invited to change to **tu**.
- There is only one plural form of *you* in French: **vous.**
- The pronoun **on** conveys two distinct ideas:

1. It is used in a very *general* sense, in the way English uses the words *one, someone, you, they,* or *people.*

    Si **on** fait quelque chose de stupide en public, on devient célèbre pendant 15 minutes.

    If one (you, people) do(es) something stupid in public, one (you, people) become(s) famous for 15 minutes.

    On dit que les jeunes regardent trop la télévision.

    They say young people watch too much television.

2. **On** can also be used to talk about a *specific* group of people. In this case, **on** is often used to mean *we.*

On y va?	*Shall we go?*
On a regardé la télé tout le week-end.	*We watched TV all weekend.*

In order to use **on** in this sense, you yourself must be a part of the group designated by **on.**

Exercices

1. ***Tu* ou *vous*?** Ce n'est pas facile de choisir entre **tu** et **vous** — même pour les Français de temps en temps. Mais à votre avis, est-ce qu'il faut utiliser **tu** ou **vous** dans les situations suivantes? Quand vous parlez . . .

1. tu vous à un ami d'enfance?
2. tu vous à un professeur?
3. tu vous à un chat ou un chien français?
4. tu vous à un enfant?
5. tu vous à une vendeuse de votre âge qui travaille dans un grand magasin?
6. tu vous à un groupe d'amis?
7. tu vous à vous-même (si vous parlez tout[e] seul[e] *[if you're talking to yourself]*)?
8. tu vous à une nouvelle collègue de travail?
9. tu vous à une famille francophone à qui vous faites visiter *(are showing around)* votre campus?
10. tu vous à une personne d'un certain âge *(a middle-aged person)* que vous rencontrez pour la première fois?

2. Un petit paragraphe. Il n'y a qu'un seul mot en anglais pour exprimer le **tu** ou le **vous**. Comment est-ce qu'on montre en anglais qu'on a des rapports plus intimes ou plus familiers avec certaines personnes plutôt qu'avec d'autres? Expliquez.

____

____

____

____

____

3. C'est en forgeant qu'on devient forgeron. ***(Practice makes perfect. [literally, "It's by forging that one becomes a blacksmith."])*** Considérez chacune des phrases suivantes. Si vous voulez les traduire en français, est-ce que vous pouvez utiliser le pronom personnel **on?**

1. oui non *They* do bizarre things on cable TV shows.
2. oui non *One* shouldn't judge people by their appearance.
3. oui non When *you*'re under pressure, sometimes *you* make bad decisions.
4. oui non When my family sees that music video, *they*'re going to criticize it.
5. oui non When *people* get used to being filmed, *they* often lose their inhibitions.
6. oui non Shall *we* turn off the Xbox?
7. oui non Do *you* want to choose another game?
8. oui non *We*'ve all seen this one already!

B. Les pronoms compléments d'objet direct et indirect

You will remember that a direct object is so called because it receives the action of the verb *directly,* without any intervening preposition.

Paul parle *français* à Marie. (Paul parle *quoi? [français]*) In this sentence, *français* is the direct object.

The personal pronouns used to replace nouns or noun phrases functioning as direct objects, are called les **pronoms compléments d'objet direct.** (These pronouns can refer to people, to things, or even to an idea expressed in several words.

— Paul étudie *le français?*
— Oui, il **l'**étudie.

— Comment choisit-on *les contestants pour les jeux télévisés?*
— On **les** choisit d'après leur personnalité et leur apparence physique.

— Est-ce qu'Anne pense *qu'on ne respecte pas suffisamment la vie privée des autres aujourd'hui?*
— Oui, elle **le** pense.

les pronoms compléments d'objet direct	
me (m')	*me*
te (t')	*you* (familiar)
le (l')	*him, it* (masculine)
la (l')	*her, it* (feminine)
nous	*us*
vous	*you* (plural/formal)
les	*them*

An indirect object receives the action of the verb *indirectly,* preceded by the preposition **à** when expressed as a noun.

Paul parle français *à Marie.* (Paul parle français *à qui?* [À *Marie.*]) In this sentence, *Marie* is the indirect object.

The personal pronouns used to replace nouns or noun phrases functioning as indirect objects are called les **pronoms compléments d'objet indirect.** These pronouns refer only to people.

les pronoms compléments d'objet indirect	
me (m')	*(to) me*
te (t')	*(to) you* (familiar)
lui	*(to) him*
lui	*(to) her*
nous	*(to) us*
vous	*(to) you* (plural/formal)
leur	*(to) them*

— Quand est-ce que vous **me** téléphonerez si je suis sélectionnée pour le poste?
— On **vous** téléphonera la semaine prochaine, mademoiselle.

— Vous allez expliquer à vos enfants que le clonage est dangereux?
— Oui, nous **leur** expliquerons qu'il est dangereux.

C. La position des pronoms compléments d'objet direct ou indirect

Direct and indirect object pronouns precede the verb of which they are the object in one-word tenses.

On verra **Loana.**	*We will see Loana.*
On **la** verra.	*We will see her.*
Je parle **à mon frère.**	*I am speaking to my brother.*
Je **lui** parle.	*I am speaking to him.*

In compound tenses, such as the **passé composé,** direct and indirect object pronouns precede the auxiliary *(***avoir** or **être***)*. Remember that the past participle agrees in gender and number with a preceding *direct object*, but not with an **indirect object**.

— Avez-vous regardé **cette émission?**	*Did you watch that program?*
— Oui, je **l'**ai regardé**e** avec mes amis.	*Yes, I watched it with my friends.*
— As-tu déjà téléphoné **à Pauline?**	*Did you already phone Pauline?*
— Oui, je **lui** ai téléphoné hier.	*Yes, I phoned her yesterday.*

When a sentence has a verb plus an infinitive, pronouns generally precede the verb of which they are the object. This usually means they will precede the infinitive. Consider the following sentences:

J'ai beaucoup de devoirs et je vais **les** finir avant de me coucher. (You wouldn't say, "I ***am going*** *them,*" but rather, "I am going ***to finish*** *them.*")

Ta mère veut **te** parler. (You wouldn't mean, "*Your mother wants* **to you,**" but instead, "Your mother wants ***to speak*** *to you.*")

La télé? Notre mère ne **nous** laisse pas **la** regarder après 21 heures. *(She doesn't let* ***us*** *watch* ***it*** *after 9:00 p.m.)*

In negative sentences, the word order involving direct and indirect object pronouns is as follows:

with a one-word conjugated verb	Subject + **ne** + object pronoun(s) + verb + **pas**	Je **ne le** doute pas. *I don't doubt* ***it.***
with a compound verb (such as in the ***passé composé****)*	Subject + **ne** + object pronoun(s) + auxiliary (**avoir** or **être**) + **pas** + past participle	Nous **ne** l'avons **pas** vue. *We didn't see* ***her.***
In an inverted question with a one-word conjugated verb	**ne** + object pronoun(s) + verb + subject pronoun + **pas**	**Ne les** aimez-vous **pas?** *Don't you like* ***them?***
In an inverted question with a one-word conjugated verb	**ne** + object pronoun(s) + auxiliary (**avoir** or **être**) + subject pronoun + **pas** + past participle	**Ne les** avez-vous **pas** vus? *Didn't you see* ***them?***

D. Pronoms compléments d'objet direct ou indirect?

Direct object pronouns and indirect object pronouns are the same in the first and second persons. For instance, the pronoun **me** means both *me* (direct object) and *to me* (indirect object). The third person direct and indirect object pronouns are different, however (**le** or **la** vs. **lui; les** vs. **leur**). In order to use these pronouns correctly, you need to understand the difference between direct and indirect objects. If you're not sure whether to choose **le** or **lui,** when you want to say *I hate him*, for instance, here's how to figure it out. Think of a French sentence using the name of a person instead of *him:* **Je déteste *Pierre.*** The fact that ***Pierre*** is not preceded by the preposition **à** in your French sentence is your tip-off that it is a direct object, and you will say **Je *le* déteste.** On the other hand, if you want to say *I'll phone him,* think *I'll phone Pierre.* In that sentence, the noun ***Pierre*** will be preceded by the preposition **à** in French **(Je téléphonerai à *Pierre*),** so you will select the indirect object, **lui,** and you will say: **Je *lui* téléphonerai.**

Be careful, though. You need to think **in French** in order to come up with the right pronoun. Some verbs take a direct object in French, but an indirect object in English, and vice versa. For instance, in English, we say *I listen **to** my friends,* but in French, we say **J'écoute mes amis.** Since the French sentence contains no **à,** you'll say **Je *les* écoute** when you want to say *I listen to them.*

Here are two lists of verbs to watch out for when choosing the correct object pronoun referring to a person:

Some verbs that use a preposition in French, but not in English	
French	**English**
demander (quelque chose) à quelqu'un	*to ask someone (something / for something)*
(dés)obéir à quelqu'un	*to (dis)obey someone*
dire (quelque chose) à quelqu'un	*to tell someone (something)*
répondre à quelqu'un	*to answer someone*
téléphoner à quelqu'un	*to phone someone*

Since the name of a person will be preceded by the preposition **à** in a sentence with **demander,** the English sentence *I'll ask them* will be translated as **Je *leur* demanderai.**

Some verbs that use a preposition in English but not in French	
French	**English**
attendre quelqu'un	*to wait for someone*
chercher quelqu'un	*to look for someone*
écouter quelqu'un	*to listen to someone*
regarder quelqu'un	*to look at someone*

Since the name of a person will *not* be preceded by the preposition **à** in a French sentence with **écouter,** the sentence *I listened **to** him carefully* will be translated as **Je *l'*ai écouté attentivement.**

The two lists above are only partial. You can find out which pronoun to use for any verb in the French language by consulting a dictionary, however. Let's say you want to know how to use pronouns with the word **expliquer.** Look it up in the dictionary. Somewhere in the "fine print," you'll see the words **"expliquer qch à qqn"** (short for **"expliquer quelque chose à quelqu'un"**). This tells you that if you want to say, for instance, *I explained the problem to my boss, my boss* will be an indirect object, and you'll say:

J'ai expliqué le problème *à ma patronne.*

Then, if you want to replace **à ma patronne** by a pronoun (*I explained the problem to her.*), you'll say:

Je **lui** ai expliqué le problème.

Exercices

4. Entretien. Vous passez un entretien pour être animateur/animatrice (*host*) d'un talk-show. Jouez l'entretien avec un(e) partenaire. Dans vos réponses, remplacez les mots ou phrases en italique par le **pronom complément d'objet direct** approprié.

Modèle: vous / comprendre / *que l'apparence physique compte pour beaucoup?*
— Comprenez-vous que l'apparence physique compte pour beaucoup?
— Oui, je le comprends.

1. vous / regarder / régulièrement / *les talk shows*?

— ______________________________

— ______________________________

2. vous / respecter /*Jimmy Fallon?*

— ______________________________

— ______________________________

3. vous / aimer bien /*Stephen Colbert*?

— ______________________________

— ______________________________

4. vous / croire / *que le comportement de Stephen Colbert est extrême?*

— ______________________________

— ______________________________

5. si / nous / *vous* / choisir, est-ce que les téléspectateurs / *vous* / trouver [futur] / intéressant(e)?

— ______________________________

— ______________________________

6. vous / aimer / *les gens?*

— ______________________________

— ______________________________

7. les gens / *vous* / admirer?

— ______________________________

— ______________________________

8. vous / craindre / *les disputes?*

— ______________________________

— ______________________________

9. vous / avoir tendance à éviter / *le conflit?*

— ______________________________

— ______________________________

10. vous / toujours dire / *la vérité?*

— ____

— ____

Suggestion: One student reads the question to the other, who does not see it. Vary the order of the questions. After three minutes, exchange roles.

5. Communications. Un(e) ami(e) qui étudie la psychologie veut analyser la nature et la qualité de vos communications avec les autres. Répondez à chaque question en utilisant un pronom complément d'objet indirect.

Modèle: — Fais-tu beaucoup de compliments *à tes amis?*
— Oui, je leur fais beaucoup de compliments. / Non, je ne leur fais pas beaucoup de compliments.

1. — Est-ce qu'on envoie beaucoup de courrier électronique et de textos *à tes amis et à toi?*

— ____

2. — Quand tes amis voyagent, *t*'envoient-ils des cartes postales?

— ____

3. — Téléphones-tu tous les jours *à ton (ta) meilleur(e) ami(e)?*

— ____

4. — Est-ce que tes amis *te* laissent beaucoup de messages sur ta messagerie?

— ____

5. — En général, quand c'est leur anniversaire, préfères-tu envoyer une carte ou offrir un cadeau *à tes amis?*

— ____

6. — Dis-tu toujours la vérité *à tes amis?*

— ____

7. — Si un(e) ami(e) te pose une question indiscrète, réponds-tu *à cet(te) ami(e)?*

— ____

8. — Combien de fois par semaine/mois téléphones-tu *à tes parents?*

— ____

9. — As-tu déjà menti *à tes parents? / À des amis?*

— ____

10. — Quand c'est l'anniversaire d'un membre de ta famille, préfères-tu envoyer une carte électronique ou une carte «normale» *à cette personne?*

— ____

11. — Si tu rencontres une personne intéressante, *lui* demandes-tu son numéro de téléphone?

— ____

12. — Est-ce que tu me donnes ton numéro de téléphone?

— ____

6. Complément d'objet direct ou indirect? Choisissez le complément d'objet qui convient. Il s'agit toujours d'une ou plusieurs personne(s). Attention! Il faut penser en français pour faire l'exercice correctement!

Modèle: Je ________ (l' / lui) obéirai, mais je ne veux pas le faire!
(*Vous pensez,* «J'obéis **à** quelqu'un».) Vous choisissez **lui.**

1. Tu (le / lui) détestes, n'est-ce pas?
2. En général, je (l' / lui) écoute respectueusement.
3. Vous devriez (le / lui) donner votre opinion!
4. Nous (la / lui) écrivons toutes les semaines.
5. Elle (le / lui) regarde directement!
6. Ils (l' / lui) attendent là-bas.
7. Elle (les / leur) connaît très bien.
8. Nous (la / lui) demanderons de venir demain.
9. Je (les / leur) cherche partout.
10. Ils (le / lui) répondent promptement.
11. Il (les / leur) téléphonera pour (les / leur) donner ces renseignements.
12. Il ne (les / leur) désobéit jamais.

7. Jeu intellectuel. Les Français adorent analyser! Voici comment Michel Field (producteur de télévision et philosophe) analyse la signification d'une des premières émissions de télé-réalité en France. Complétez le texte en ajoutant le pronom approprié. S'agit-il d'un objet direct ou indirect?

Bonsoir, messieurs, mesdames, mesdemoiselles. Les téléspectateurs aiment la télé-réalité pour son drame interpersonnel, mais Michel Field ________________ (1) aime pour ses implications philosophiques. Quand je ________________ (2) ai parlé récemment, je ________________ (3) ai demandé de ________________ (4) expliquer son interprétation de *Loft Story.* Il a tout de suite évoqué Hobbes, Spinoza, Locke et Rousseau, car ces philosophes ont tous essayé d'imaginer les origines de la civilisation. Field pense que les émissions comme *Loft Story* ________________ (5) auraient permis d'observer les débuts d'une mini-civilisation qui s'organise et qui développe des structures pour se gouverner. Le seul problème avec cette comparaison, c'est que les premières personnes «civilisées» considéraient les autres membres de leur groupe comme des concitoyens, tandis que les lofteurs ________________ (6) voient comme des ennemis, et ils cherchent à ________________ (7) expulser de leur groupe.

Les idées de Michel Field sont influencées par les philosophes et je ________________ (8) trouve intéressantes, mais je ne suis pas sûre d'y croire. Field, c'est un intellectuel, et je ________________ (9) respecte, mais je trouve qu'il attache trop d'importance à un phénomène social assez trivial.

Source: Extrait de Michel Field, Courrier des lecteurs, Le Monde

Suggestion: One student reads the question to the other, who does not see it. Vary the order of the questions. After three minutes, exchange roles.

8. Un apéritif. Vous prenez un petit verre avec un groupe de Français que vous ne connaissez pas. Puisque vous êtes le seul étranger (la seule étrangère), on vous pose beaucoup de questions. Répondez-y en utilisant un pronom approprié (complément d'objet direct ou complément d'objet indirect) et ajoutez d'autres commentaires pour bien participer à la conversation.

Modèle: — Est-ce que vos amis *vous* manquent?
— **Oui, bien sûr qu'ils *me* manquent. Mais je *m'*amuse beaucoup ici. J'adore la France.**

1. — Écrivez-vous souvent *à vos amis et à votre famille?*

— ______________________________

____

2. — Vous parlez très bien. Où avez-vous appris *le français?*

— ______________________________

____

3. — Est-ce que vous parlez en anglais ou en français *à vos amis américains qui vivent en France?*

— ______________________________

____

4. — En général, est-ce que les Américains aiment étudier *les langues étrangères?*

— ______________________________

____

5. — Pensez-vous *que l'étude de la langue française soit importante aujourd'hui?*

— ______________________________

____

6. — Connaissez-vous *l'équipe (f.) de France de football?*

— ______________________________

____

7. — En général, les Américains aiment-ils *le football?*

— ______________________________

____

8. — Avez-vous parlé *à votre professeur de civilisation française* de l'importance du sport en France?

— ______________________________

____

E. Les pronoms réfléchis

Another set of personal pronouns is used with reflexive verbs. These pronouns, which are placed before the verb, are called **les pronoms réfléchis** *(reflexive pronouns)* and have the meaning of *myself, to myself, each other, to each other,* etc.

		les pronoms réfléchis
(je)	**me (m')**	*(to) myself*
(tu)	**te (t')**	*(to) yourself* (familiar)
(il/elle/on)	**se (s')**	*(to) himself, herself, itself*
(nous)	**nous**	*(to) ourselves, (to) each other*
(vous)	**vous**	*(to) yourself* (formal), *yourselves, (to) each other*
(ils/elles)	**se (s')**	*(to) themselves, (to) each other*

There are three reasons for using reflexive pronouns.

1. When the action of the verb is reflected back onto the subject.

   Je **me** lave tous les matins. (I wash *myself;* the reflexive pronoun is needed.)

   Mon frère aîné **se** prend trop au sérieux. (He takes *himself* seriously; the reflexive pronoun is necessary.)

   Compare these sentences to the following sentences in which the reflexive pronoun is **not** used.

   Il lave sa voiture tous les week-ends. (In this case, he's washing *the car, not himself.*)

   Aïsha prend le métro tous les jours. (She takes *the subway, not herself.*)

2. When the action is reciprocal. In this case, the reflexive pronoun has the meaning of *(to) each other* or *(to) one another,* and the verb is always plural.

   Nguyen et Dominique **s'**aiment beaucoup. *(They love each other very much.)*

   Nous **nous** envoyons souvent des textos. *(We often send texts to each other.)*

   Ton frère et toi, vous **vous** entendez bien, n'est-ce pas? *(You and your brother get along well with each other don't you?)*

3. There are a few idiomatic expressions where the reflexive pronoun is present for less obvious reasons. Here is a list of a few such verbs:

French	***English***
s'en aller	*to go away*
s'attendre à	*to expect*
se fier à	*to trust*
se dire	*to think, to tell oneself*
se rappeler	*to remember*
se servir de	*to use*
se souvenir de	*to remember*
se tromper de (numéro, réponse, etc.)	*to get the wrong (number, answer, etc.)*

Je **m'**en vais. — *I am leaving.*

Ils **s'**attendent à gagner le jeu. — *They are expecting to win the game.*

Remarque: Remember that some reflexive pronouns function as direct objects and others function as indirect objects. In the **passé composé**, when a reflexive pronoun is functioning as a *direct* object and it refers to a female or more than one male or female, the past participle will agree with it (it will end in -e, -s, or -es). When they function as *indirect* objects, there will be *no* agreement of the past participle (see Chapter 2, page 47).

Les deux hommes se sont regardés pendant des heures. *(regarder quelqu'un)*
But: Ils ne se sont pas parlé. *(parler **à** quelqu'un)*

Exercices

9. Recherchons colocataire! On cherche un(e) colocataire *(housemate)* pour habiter avec un groupe de jeunes dans une grande maison. Vous téléphonez à la personne qui a écrit l'annonce. Répondez sincèrement aux questions que votre colocataire potentiel(le) vous pose. Attention! Tous les verbes ne sont pas réfléchis!

Modèle: — Qu'est-ce que tu fais pour te détendre?
— Pour me détendre, j'écoute de la musique. J'adore la musique techno!
— Zut! Moi, je la déteste.

1. On se connaît déjà? Tu connais les autres habitants de la maison?

— ______________________________

— ______________________________

2. À quoi est-ce que tu t'intéresses? Qu'est-ce que tu fais pour t'amuser?

— ______________________________

— ______________________________

3. Tu t'entends bien avec les gens *(people),* en général? Tu t'es bien entendu(e) avec tes derniers colocataires? Tu n'énerves pas les autres?

— ______________________________

— ______________________________

4. Est-ce que tu te vexes *(get upset)* facilement? Tu ne te plains pas tout le temps, j'espère?

— ____

— ____

5. Tu ne réveilles pas les voisins en faisant trop de bruit? Est-ce que nous pouvons te faire confiance?

— ____

— ____

6. Tu acceptes de t'occuper de ta propre chambre, n'est-ce pas? Pourrais-tu te charger *(take responsibility for)* de la cuisine une fois par semaine?

— ____

— ____

7. Quand est-ce que qu'on va se voir? On se donne rendez-vous maintenant ou on se téléphone demain pour se fixer rendez-vous?

— ____

— ____

10. De la glace à volonté! ***(All the ice cream you can eat!)*** Le moniteur d'une colonie de vacances *(summer camp counselor)* pose des questions à des équipes de deux enfants. L'équipe qui a le meilleur comportement *(behavior)* mangera de la glace à volonté. Jouez la conversation entre un enfant et son moniteur. Bien sûr, l'enfant essaie toujours de dire que Tarik, son camarade de chambre, et lui, se comportent très bien; alors que les autres enfants ne se comportent pas bien.

Modèle: tu / se coucher à une heure raisonnable. Et Fred?
— **Est-ce que tu te couches à une heure raisonnable?**
— **Oui, je me couche toujours (à une heure raisonnable / vers 21 heures, etc.).**
— **Et Fred?**
— **Fred se couche (très tard / à des heures impossibles / à 3 heures du matin, etc.).**

1. ton ami Tarik et toi / se lever de bonne heure? Et Fred et Paul?

— ____

— ____

— ____

— ____

2. vous / se laver souvent les cheveux? Et Paul?

— ____

— ____

— ____

— ____

3. Tarik et toi / s'habiller bien? Et Fred?

— ____

— ____

— ____

— ____

4. Tarik / se brosser les cheveux souvent? Et Fred?

— ____________________

— ____________________

— ____________________

— ____________________

5. Tarik et toi / se brosser les dents régulièrement? Et Fred et Paul?

— ____________________

— ____________________

— ____________________

— ____________________

6. Tarik / se fâcher souvent? Et Fred et Paul?

— ____________________

— ____________________

— ____________________

— ____________________

11. Rapport confidentiel ***(Confidential report).*** Vous êtes détective, et vous surveillez depuis un mois le comportement d'une certaine femme. Hier, il y a eu des «développements», et aujourd'hui, vous allez faire votre rapport. Récrivez les notes ci-dessous au passé composé.

Modèle: (elle) faire sa toilette (*Vous écrivez*): **Elle a fait sa toilette.**

1. (elle) se maquiller et s'habiller soigneusement

____

2. (elle) quitter la maison

____

3. (elle) se diriger vers le centre-ville

____

4. (elle) retrouver un bel homme à l'air sinistre

____

5. (ils) s'asseoir ensemble dans un café

____

6. (je) s'installer à une autre table pour les observer

____

7. (je) téléphoner à une collègue

____

8. au bout de quelques minutes, (l'homme) s'énerver

____

9. (les deux) se disputer, tout en chuchotant *(whispering)*

____

10. (l'homme) se calmer

____

11. (la femme) lui passer une enveloppe

____

12. (ma collègue) arriver et (nous) parler de ce que j'avais vu

____

13. deux minutes plus tard, (l'homme) s'en aller

____

14. ma collègue et moi, (nous) se séparer

____

15. (elle) suivre l'homme, et moi, (je) suivre la femme

____

16. (l'homme) s'apercevoir que ma collègue le suivait, et (elle) se sauver

____

Mes conclusions: Il faut continuer la surveillance. Il est bien possible que cette femme soit une espionne *(spy).*

F. Les pronoms toniques

One additional set of personal pronouns sometimes used to refer to people is called collectively **les pronoms toniques** (*stressed, or disjunctive pronouns*).

les pronoms toniques					
singular			***plural***		
(je)	**moi**	*I, me*	*(nous)*	**nous**	*we, us*
(tu)	**toi**	*you (familiar)*	*(vous)*	**vous**	*you (plural, formal)*
(il)	**lui**	*he, him*	*(ils)*	**eux**	*they, them*
(elle)	**elle**	*she, her*	*(elles)*	**elles**	*they, them*
(on)	**soi**	*oneself*			

Stressed pronouns may occur in the following situations:

- After prepositions.

  Il travaille **pour elle.** — *He works for her.*
  Elle part **sans nous.** — *She is leaving without us.*
  Nous étudierons **chez moi.** — *We will study at my place.*

- In the case of **penser à** *(to think about),* **parler de** *(to talk about),* **se fier à** *(to trust),* and **être à** *(to belong to),* a stressed pronoun is used rather than an indirect object pronoun.

  Éric? Je pense **à lui** tous les jours!
  Nous parlons **d'eux** de temps en temps.
  Ce DVD est **à moi!**

- After the construction **ce + être.**

— Qui a oublié d'éteindre la télé?	— *Who forgot to turn off the TV?*
— Désolé, c'est **moi!**	— *Sorry, it's me!*

- When the pronoun is used without a verb.

— Qui veut une pomme?	— *Who wants an apple?*
— **Moi!**	— *Me! / I do!*
— Qui a cassé le vase?	— *Who broke the vase?*
— Pas **nous.**	— *Not us.*

- When there is a need to clarify or to add emphasis.

Elle, elle a fait ses devoirs, mais **lui,** il ne les a pas encore faits.	***She*** *has done her homework, but* ***he*** *hasn't done his yet.*
— Tu as téléphoné à Marc et à Hélène?	— *Did you call Mark and Helen?*
— Je lui ai téléphoné à **elle,** mais pas **à lui.**	— *I called* ***her*** *but not* ***him.***

- When there are multiple subjects or objects (e.g., *My friend and I, We and our parents,* etc.). Notice that when a noun and a stressed pronoun are used together, the stressed pronoun comes after the noun.

Son frère et *lui* vont aller en Floride.	*He and his brother are going to go to Florida.*
Nous allons offrir un beau cadeau à **Marc et à *lui.***	*We are going to give a very nice gift to Mark and him.*
Ma copine et *moi,* nous pensons nous marier cette année.	*My girlfriend and I are thinking of getting married this year.*
Lui et *toi,* vous formez un beau couple.	*You and he make a beautiful couple.*

Exercices

12. J'accuse! Vous vivez dans une maison avec cinq autres personnes. Un de vos amis vous demande comment ça va, et vous profitez de cette occasion pour vous plaindre *(complain)* de vos colocataires.

A. Réponses

Répondez aux questions en utilisant des pronoms toniques.

Modèle: Est-ce que tous les colocataires font la cuisine? (je / Caroline)
Eh bien, moi, je fais la cuisine, mais Caroline ne fait jamais la cuisine, elle!

1. Est-ce que tout le monde range *(cleans)* sa chambre? (je / Nicolas)
____
2. Est-ce que vous faites la vaisselle? (je + Inès/ Paul + Caroline)
____
3. Est-ce que vous sortez la poubelle *(garbage can)*? (je / Paul)
____
4. Est-ce que certains colocataires font trop de bruit? (je + Sylvie / Paul + Nicolas)
____
5. Vous partagez votre nourriture avec les autres? (je / Caroline)
____

B. Reproches

Après cette conversation, vous êtes énervé(e) et vous faites des reproches à certains de vos colocataires. Utilisez un pronom tonique dans chaque phrase. Basez vos réponses sur la partie A ci-dessus.

Modèle: (à Caroline) *Vous dites*: **Toi, tu ne fais jamais la cuisine!**

6. (à Nicolas) *Vous dites*: ______________________
7. (à Paul et Caroline) *Vous dites*: ______________________
8. (à Paul) *Vous dites*: ______________________
9. (à Paul et Nicolas) *Vous dites*: ______________________
10. (à Caroline) *Vous dites*: ______________________

13. Oui, maman! Maman est terrible! Elle surveille vos activités, elle vous demande des services et elle a tout le temps besoin d'être rassurée. Donnez-lui les réponses qu'elle veut entendre. Utilisez un pronom tonique dans chaque phrase.

Modèle: Tu peux faire des courses *pour moi?*
Bien sûr, maman. Je peux faire des courses *pour toi.*

1. Tu vas passer chez *tes grands-parents?*

____

2. Tu as acheté un cadeau pour *ta grand-mère?*

____

3. Tu ne t'es pas disputé(e) avec *ton frère,* j'espère.

____

4. Je peux toujours compter sur *toi?*

____

5. Il n'y a pas de problèmes entre *ta sœur et toi?*

____

6. Tu n'es pas fâché(e) contre *ton père et moi?*

____

7. Nous pouvons avoir confiance en *toi?*

____

8. Tu ne vas pas prendre une décision importante sans *moi,* n'est-ce pas?

____

14. Le match de foot. Alain vient d'assister à un match de la Coupe du Monde de foot avec ses amis, et il raconte l'expérience à son colocataire qui n'a pas pu assister au match. Complétez chaque phrase avec le pronom qui convient (pronom sujet ou pronom tonique.)

Les joueurs de l'équipe de France se sont présentés sur le terrain. ______________ (1) portaient des maillots *(shirts)* bleus et des shorts blancs. L'autre équipe, ______________ (2), portait le rouge et le blanc. Le gardien *(goalkeeper)* est entré le dernier. ______________ (3) avait des gants aux mains. La foule *(crowd)* s'est animée tout de suite. ______________ (4) voulait voir les tricolores gagner. ______________ (5), ______________ (6) ai eu la chance d'avoir une bonne place au deuxième rang. Tu vois, ce billet est à ______________ (7). Lucienne, Marc et Jacques, ______________ (8), étaient assis tout en haut du stade, les pauvres.

Au moment où Olivier Giroud a marqué le premier but, les supporters de l'équipe de France se sont levés. ______________ (9) ont fait beaucoup de bruit. ______________ aussi, (10), nous avons crié comme des fous! ______________ (11) a dû évacuer deux pauvres femmes que le bruit rendait malades. ______________ (12) pleuraient.

Quand l'équipe de France a marqué le deuxième but, l'ambiance est devenue folle. Même Marc, qui n'aime pas le foot, a crié de toutes ses forces. C'est ______________ (13) qui a perdu sa voix. Lucienne et ______________ (14), nous avons aussi mal à la gorge aujourd'hui. ______________ (15) nous sommes bien amusés. C'était un match formidable!

Et ______________ (16)? Qu'est-ce que ______________ (17) as fait cet après-midi? Tu nous as manqué, tu sais. C'était dommage d'y aller sans ______________ (18). Voici un cadeau de la part de Lucienne. C'est ______________ (19) qui l'a acheté pour ______________(20).

II. Les pronoms adverbiaux

Grammar Podcasts, Grammar Tutorials

The French language has two pronouns, **y** and **en,** that are called **pronoms adverbiaux** *(adverbial pronouns)* because they replace, respectively, adverbs of location and adverbs of quantity. These two pronouns are often grouped and studied with personal pronouns because they share similar structural properties. But unlike personal pronouns, which have separate forms for first-, second-, and third- person singular and plural, the pronouns **y** and **en** have only one form.

A. Le pronom *y*

The pronoun **y** is used to replace the name of a location preceded by any preposition (**à, en, dans, sur, chez,** etc.) except **de,** or to replace inanimate objects or concepts preceded by the preposition **à.** Like the personal pronouns, the pronoun **y** is placed before a one-word verb, an auxiliary verb, or an infinitive.

— Vous pensez **aux vacances?**

— Oui, j'**y** pense!

— Ali est allé **chez le boucher?**

— Non, il n'**y** est pas encore allé.

— Est-ce que ta copine va répondre **à ta lettre?**

— Non, elle ne va pas **y** répondre.

B. Le pronom *en*

The pronoun **en** is used to replace a noun in two situations:

1. When the noun is preceded by the preposition de.
   — Elle vient **de Paris?**
   — Oui, elle **en** vient.
2. When the noun is introduced by an indefinite article, a partitive article, a number, or any other expression of quantity. In this case, think of **en** as meaning *of it* or *of them.*
   — Tu as de l'argent sur toi?
   — Oui, oui. J'**en** ai. *(Yes, I've got some [of it].)*

   — Combien de petits-enfants avez-vous, madame?
   — J'en ai quinze *(I have 15 [of them]).*

   Voici de beaux fromages. Il en a acheté beaucoup. *(He bought a lot [of them].)*

Note that when the expression of quantity **quelques** *(a few)* is used with **en,** it becomes **quelques-uns** or **quelques-unes.**

— Tu as **quelques** euros à me prêter?

— Oui, je peux t'**en** passer **quelques-uns.**

Exercices

15. Le nouveau / La nouvelle. Vous êtes nouveau (nouvelle) dans votre immeuble *(apartment building)* et les voisins vous aident à vous y installer. Répondez à leurs questions en utilisant **y**, **en** ou un **pronom d'objet indirect**.

Modèle: les déménageurs ***(the movers)*** / être / *devant l'immeuble?*
— Est-ce que les déménageurs sont devant l'immeuble?
— Oui, ils y sont. / Non, ils n'y sont pas.

1. vous / aller habiter / *au* quatrième *étage?*

— ____

— ____

2. vous / avoir / *beaucoup de meubles (furniture)?*

— ____

— ____

3. vous / avoir besoin / *de peinture (paint)?*

— ____

— ____

4. vous / avoir / *un chat?*

— ____

— ____

5. vous / aller dormir / *dans cette chambre-ci?*

— ____

— ____

6. votre batterie de cuisine *(kitchen equipment)* / être / *dans ce carton?*

— ____

— ____

7. vous / aller parler / *au concierge?*

— ____

— ____

8. vous / avoir / *assez de cintres* (hangers)?

— ____

— ____

9. vous / aller donner un chèque / *aux déménageurs?*

— ____

— ____

10. vous / vouloir (Use **voudriez/voudrais**) /dîner / *au restaurant* / avec nous ce soir?

— ____

— ____

16. La vie sociale. Demandez à votre partenaire de décrire ses relations sociales. Suivez le modèle, mais n'hésitez pas à poser d'autres questions aussi. Utilisez des pronoms appropriés, quand c'est possible.

Modèle: — **Tu as un frère?**
— **Oui, j'*en* ai *un*.**
— **Tu *lui* parles souvent?**
— **Oui, je *lui* parle tous les jours.**
— **Tu *lui* offres un cadeau à Noël?**
— **Oui, bien sûr! Je *lui* offre toujours un cadeau à Noël.**

qui?	***quoi?***	***quand? (si c'est approprié)***
un frère / une sœur	être lié(e)s *(to be close)*	souvent
un(e) très bon(ne) ami(e)	parler / se parler	toujours
un(e) voisin(e) sympathique	voir / se voir	rarement
un(e) cousin(e) de ton âge	rencontrer dans un café	(ne) jamais
des amis plus âgés que toi	inviter à sortir avec toi	de temps en temps
des collègues / des colocataires intéressants	aller voir	tous les jours
	(s')envoyer des messages électroniques (à)	
	offrir un cadeau d'anniversaire/ s'offrir des cadeaux	
	demander des conseils (à)	
	aller au cinéma ensemble	
	parler de tes problèmes personnels	

17. Angoissé(e)? Est-ce que vous êtes trop angoissé(e)? Répondez sincèrement aux questions suivantes et lisez ensuite l'interprétation de vos réponses. Utilisez le pronom **y** ou le pronom **en** dans chacune de vos réponses.

Remarque: Si vous utilisez deux pronoms dans la même phrase, **y** précède **en.** Tous les autres pronoms précèdent **y** et **en.**

Modèle: Avez-vous trop *de travail?*
Vous écrivez: **Oui, j'en ai trop.** *(ou)* **Non, je n'en ai pas trop.**

1. Avez-vous beaucoup *de problèmes?*

   Vous écrivez: ____________________

2. Rêvez-vous tout le temps *de vacances?*

   Vous écrivez: ____________________

3. Pensez-vous constamment *à toutes vos obligations?*

   Vous écrivez: ____________________

4. Êtes-vous souvent *en retard à vos rendez-vous importants?*

   Vous écrivez: ____________________

5. Avez-vous peur *d'oublier quelque chose d'important ou d'être en retard?*

   Vous écrivez: ______________________________

6. Avez-vous beaucoup *de montres, de réveils et d'horloges (clocks)?* Combien? (Comptez-les!)

   Vous écrivez: ______________________________

7. Mangez-vous souvent *dans votre voiture ou dans le bus* pour gagner du temps?

   Vous écrivez: ______________________________

8. Vous installez-vous souvent *devant la télé* au lieu de faire de l'exercice?

   Vous écrivez: ______________________________

9. Avez-vous souvent le temps d'aller *au musée, au théâtre, au cinéma* etc.?

   Vous écrivez: ______________________________

10. Vous habituez-vous difficilement *au changement? (Do you adjust to change with difficulty?)*

    Vous écrivez: ______________________________

11. Vous souciez-vous *(to worry about)* assez souvent *de l'avenir (the future)?*

    Vous écrivez: ______________________________

Interprétation des résultats: Si vous avez donné une réponse affirmative à plus de quatre de ces questions, vous êtes probablement un peu trop angoissé(e). Si vous avez obtenu entre huit et douze réponses « oui » c'est très grave! Vous devriez peut-être essayer la méditation ou le yoga. Ils marchent très bien contre le stress!

18. Qui a peur de Facebook? Complétez cette histoire sur les périls de Facebook en ajoutant les pronoms qui manquent: **elle, elles, en, eux, il, ils, je, la, le, les, leur, lui, me, moi, nous, on, se, te, toi, tu, vous, y.**

Mercredi 30 octobre, le jeune employé de la banque, Kevin Colvin, est allé voir ses supérieurs. Il ______________ (1) a dit: «Je serai absent demain pour des raisons familiales». Ensuite, il est parti pour New York. Il ______________ (2) est allé pour assister à une fête d'Halloween, où on ______________ (3) a photographié, déguisé en fée *(fairy)*. Les photos étaient si amusantes qu'il ______________ (4) a postées sur son site Facebook. Le 1er novembre, son patron ______________ (5) a envoyé un message bref: «Merci de ______________ (6) avoir prévenus de votre absence pour des «raisons familiales». Et j'espère que vous ______________ (7) êtes amusé à New York. (Et cette robe! Où est-ce que vous ______________ (8) avez trouvée?)». Jointe à ce message, il ______________ (9) avait une photo de Kevin, prise à la soirée. Son patron ______________ (10) avait trouvée quelques heures après la soirée sur le site communautaire Facebook.

En ce qui concerne les adhérents, Facebook ______________ (11) offre très peu d'intimité. Tous les détails de leur vie, les adhérents veulent ______________ (12) partager avec leurs amis. Le problème, c'est qu' ______________ (13) ______________ (14) révèlent en même temps à beaucoup d'autres gens.

Autrefois, ______________ (15) était nécessaire pour les gens curieux de collecter des détails sur beaucoup de sites Internet différents. Maintenant, Facebook ______________ (16) a collectés pour ______________ (17) mettre sur son site, et ______________

(18) peuvent _______________ (19) trouver, tous dans un seul endroit *(place)*. En ce qui concerne ces détails, Facebook _______________ (20) utilise pour envoyer des publicités à différents publics spécifiques. Il _______________ (21) vend aussi à ses clients/entreprises.

Que Facebook peut vendre à n'importe qui les détails sur leur vie privée, les membres devraient _______________ (22) savoir, parce que c'est clairement indiqué dans la charte de Facebook. Mais quand _______________ (23) reçoit une longue liste de détails juridiques, _______________ (24) ne _______________ (25) lit pas toujours.

En effet, quand _______________ (26) entrez quelque chose sur Facebook, _______________ (27) _______________ (28) lui donnez! Vos photos, vos messages, les détails de votre profil, Facebook a le droit de _______________ (29) utiliser, de _______________ (30) vendre, et de _______________ (31) conserver aussi longtemps qu' _______________ (32) veut. Et, qui plus est, les entreprises consultent Facebook™ pour surveiller leurs employés, pour savoir ce qu' _______________ (33) font dans leur temps libre. Si _______________ (34) ne faites pas attention, vos employeurs peuvent décider que _______________ (35) ne méritez plus de travailler pour _______________ (36). Et, un recruteur peut aussi consulter Facebook — les détails qu' _______________ (37) _______________ (38) trouve sur _______________ (39) peuvent déterminer si _______________ (40) serez engagé(e) *(hired)* ou non.

Source: Le Figaro

III. La position et l'ordre des pronoms multiples

Grammar Podcasts, Grammar Tutorials

You might occasionally want to place two personal pronouns and/or adverbial pronouns (**y** and **en**)together in a sentence. In these instances, the sequence of pronouns varies according to whether the main verb of the sentence is an imperative (a command) or a non-imperative.

A. Position et ordre dans les phrases déclaratives

- When a combination of pronouns occurs in the same sentence, a particular sequence of pronouns must be followed: The subject pronoun will appear first, except in questions where the subject and the verb are inverted. Second, the other pronouns are placed in the following order:

ne	***first***	***before***	***before***	***before***	***last***	***VERB***	pas
	me						
	te	**le**	**lui**				
	se	**la**	**leur**	**y**	**en**		
	nous	**les**					
	vous						

Here are examples of various kinds of non-imperative sentences showing the placement of multiple pronouns:

- Sentences with a one-word conjugated verb:
  Ce DVD? Je **me le** réserve! — *That DVD? I am keeping it for myself!*
- Sentences in the **passé composé** or another compound tense:
  — Quel jour est-ce que ce film passe à la télé? — *When is that movie on TV?*
  — Je **te l'**ai déjà dit! — *I already told you (that)!* (literally *I already told it to you.*)
- Sentences with verb + infinitive:
  Ce club privé? Jean-Luc **m'y** a fait entrer.
  *This private club? Jean-Luc made **me** enter **it.***
- Inverted questions:
  Ne **les y** avez-vous pas vus? — *Didn't you see them there?*

B. Le cas particulier des phrases à l'impératif

- In *negative* commands, the word order is exactly the same as shown above for non-imperative statements except that the subject pronoun is omitted.
  N'**y** allez pas! — *Don't go there!*
  N'**en** parlons plus! — *Let's not talk about it any more!*
- The form of the *affirmative* command is a bit more complicated. In this case, object and adverbial pronouns are always located after the verb and attached to it with hyphens.
  La télé? Regardez-**la** si vous voulez, mais pas tous les soirs.
  Vas-**y!**
  Prenons-**en!**

- When **me** and **te** follow an imperative verb, they are replaced by **moi** and **toi**.

  Tu **me** prêtes ton stylo? → Prête-**moi** ton stylo!

  Tu **te** lèves? → Lève-**toi!**

- When two pronouns occur in the same affirmative command sentence, the verb comes first, followed by the pronouns in the following order:

	first	*before*	*before*	*last*
		-moi (m')		
	-le	**-toi (t')**		
verb	-la	-lui	-y	-en
	-les	**-nous**		
		-vous		
		-leur		

Remember that this is not the same order as for non-imperative sentences or negative commands.

You normally say: Tu **me la** donnes? *or* Ne **me la** donne pas.

The affirmative command is: Donne-**la-moi!**

Exercices

19. Oui, Monsieur le Comte / Oui, Madame la Comtesse! Vous êtes le Comte / la Comtesse de Cocagne, et ce week-end le roi et sa cour *(court)* vous rendent visite. Il y a beaucoup de détails à arranger et vous parlez avec votre domestique *(servant)* pour vérifier qu'il/elle a fait toutes les choses nécessaires. Certaines choses ont déjà été faites et d'autres vont bientôt être faites. Avec un(e) partenaire, jouez les deux rôles en suivant les modèles donnés. Utilisez deux pronoms dans chacune de vos phrases.

Modèles: *C'est* déjà fait. (Vous allez répondre en utilisant le **passé composé**).

mettre les nappes (tablecloths) blanches sur les tables (cet après-midi)

— **Il faut mettre les nappes sur les tables.**

— **Mais, Monsieur le Comte / Madame la Comtesse, je les y ai mises cet après-midi.**

Ce *sera* bientôt fait. (Vous allez répondre en utilisant le futur proche [aller + infinitif].)

me trouver *des musiciens* (dix)

— **Il faut me trouver des musiciens.**

— **Très bien, Monsieur le Comte / Madame la Comtesse, je vais vous en trouver dix.**

C'est déjà fait.

1. donner du foin *(hay)* aux chevaux du roi (il y a deux heures *[two hours ago]*)

   — ______________________________

   — ______________________________

2. mettre *des fleurs dans les chambres des invités* (ce matin)

   — ______________________________

   — ______________________________

3. installer *le roi dans la plus belle chambre* (dès son arrivée *[right after his arrival]*)

— ______________________________

— ______________________________

4. *me* décrire *le menu* pour le grand dîner (hier)

— ______________________________

— ______________________________

5. *me* faire *des bouquets* à offrir *aux dames* (cinq)

— ______________________________

— ______________________________

Ce sera bientôt fait.

6. monter *les bagages des invités dans leurs chambres* (tout à l'heure [here: *very soon*])

— ______________________________

— ______________________________

7. *me* trouver *d'autres domestiques* pour servir au banquet (vingt)

— ______________________________

— ______________________________

8. servir *du champagne au roi* (tout de suite)

— ______________________________

— ______________________________

9. *me* conduire *jusqu'à la chambre de la jeune princesse* (bientôt)

— ______________________________

— ______________________________

10. apporter *son chien à la reine* (dans cinq minutes)

— ______________________________

— ______________________________

20. Excuse-moi de te déranger… Une étudiante francophone veut étudier dans votre université l'année prochaine, mais elle a quelques questions sur les cours et sur les rapports entre les professeurs et les étudiants. Répondez à ses questions, en utilisant deux pronoms dans chacune de vos réponses. Ajoutez un petit commentaire pour expliquer vos réponses.

Modèle: Est-ce qu'il y a *des cours très difficiles à votre université?*
Oui, il y en a. En fait, tous nos cours sont difficiles, surtout les cours de maths.

1. Est-ce qu'il y a *quelques cours faciles* aussi?

____

2. On peut étudier *la philosophie à ton université?*

____

3. Est-ce que les professeurs expliquent bien *aux étudiants les aspects difficiles de leur matière (subject)*?

____

4. Si on a un problème, est-ce qu'on peut aller voir *le prof dans son bureau?*

____

5. On peut parler *aux profs de ses problèmes personnels* aussi?

____

6. Les profs *vous* donnent beaucoup *de devoirs?*

____

7. On peut remettre *les devoirs aux profs* par courrier électronique?

____

8. Les profs *vous* rendent assez vite *vos devoirs corrigés (corrected homework)?*

____

9. Je peux *te* téléphoner *à l'université* si j'ai d'autres questions?

____

21. Conversation. Guillaume et Germain parlent du sujet de mémoire de maîtrise *(Master's thesis)* de Germain. Récrivez quelques-unes de leurs phrases, en substituant des pronoms pour les mots ou expressions **en caractères gras** et *en italique.*

Modèle: GUILLAUME: Tiens, je prends un petit café. Allez, je ***t'***offre ***un café!***
*Allez, je **t'**en offre **un!***

GUILLAUME: Alors, tu as enfin décidé de ton sujet de mémoire? C'est le western?

GERMAIN: Pas du tout! (1) Le western, tout le monde a étudié ***le western***.

1. _______________

GUILLAUME: Qu'est-ce que tu as choisi alors?

GERMAIN: Je viens de le trouver: «L'Inquiétude vis-à-vis de la technologie dans les films d'anticipation *(futuristic films)* américains».

GUILLAUME: Je ne comprends pas le sujet … (2) Tu vas te mettre comment ***à ce sujet?***

2. _______________

GERMAIN: C'est facile: ça a commencé dans les années 70 avec des films comme *Rollerball* et *The Running Man*, et il y a maintenant tout un corpus de films américains qui expriment les pires anxiétés sur la technologie de l'avenir. (3) Dans ces films, ***cette technologie*** sert à divertir un public de plus en plus assoiffé *(thirsty)* de sang *(blood)* et de violence.

3. _______________

GUILLAUME: D'accord, j'ai souvent entendu parler de ces films. (4) Oui, j'ai même vu certains ***de ces films…***

4. _______________

Il est vrai que ça continue aujourd'hui …

GERMAIN: Tu penses à quoi, par exemple?

GUILLAUME: Je pense à la série des *Terminator* mais aussi à *Clones,* par exemple; le film avec Bruce Willis. Ou *Minority Report* avec Tom Cruise. Ce sont des films assez durs. (5) Je trouve ***à ces films*** des messages très pessimistes.

5. _______________

GERMAIN: Tu as raison, et ma thèse est précisément qu'ils représentent l'anxiété du pays vis-à-vis de la technologie.

GUILLAUME: Et tes profs? (6) Tu vas parler ***à tes profs*** de ton nouveau sujet?

6. ______________________________

GERMAIN: (7) J'ai déjà parlé ***à mes profs de mon nouveau sujet.*** (8) Ils ont répondu ***à ce sujet*** de façon très positive.

7. ______________________________

8. ______________________________

GUILLAUME: Est-ce qu'ils pensent que tu peux traiter un sujet si vaste? Il y a tellement de films comme ceux-là!

GERMAIN: (9) Oui, ils pensent ***que je peux traiter un sujet si vaste.***

9. ______________________________

(10) C'est précisément parce que le sujet est vaste que ***le sujet*** est important.

10. ______________________________

GUILLAUME: Ils ont des conseils à te donner?

GERMAIN: (11) Oui, ils ont plein ***de conseils;*** et (12) ils ont dit qu'ils allaient m'écrire ***leurs conseils.***

11. ______________________________

12. ______________________________

GUILLAUME: Et ces profs, (13) tu vas travailler fréquemment ***avec tes profs?***

13. ______________________________

GERMAIN: Oui, surtout avec le professeur McCrate, qui est un spécialiste du cinéma américain. (14) C'est ***le professeur McCrate*** qui m'encourage le plus.

14. ______________________________

GUILLAUME: C'est super comme sujet … Bon courage!

22. Votre conscience vous parle! ***(Your conscience is speaking to you!)*** Examinez les situations suivantes et écrivez deux phrases à l'impératif: (1) la tentation de *votre «côté faible»* et (2) le conseil de *votre conscience*. Notez que la voix de votre conscience et la voix de votre côté faible sont des amis intimes. Ils vous tutoient (*address with «tu»*) toujours.

Modèles: se disputer avec votre patronne
(votre côté faible): **Dispute-toi avec elle!**
(votre conscience): **Ne te dispute pas avec elle!**

snober vos collègues
(votre côté faible): **Snobe-les!**
(votre conscience): **Ne les snobe pas!**

1. écrire vos opinions de votre patron sur Facebook
   (votre côté faible): ____________________
   (votre conscience): ____________________
2. offrir du café à votre patron
   (votre côté faible): ____________________
   (votre conscience): ____________________
3. nettoyer la salle de séjour quand c'est votre tour
   (votre côté faible): ____________________
   (votre conscience): ____________________
4. critiquer votre patronne
   (votre côté faible): ____________________
   (votre conscience): ____________________
5. faire des compliments à vos collègues
   (votre côté faible): ____________________
   (votre conscience): ____________________
6. s'énerver tout le temps contre vos collègues
   (votre côté faible): ____________________
   (votre conscience): ____________________
7. raconter les problèmes de vos collègues à vos amis
   (votre côté faible): ____________________
   (votre conscience): ____________________
8. montrer votre site Facebook à votre patronne
   (votre côté faible): ____________________
   (votre conscience): ____________________

À l'écoute!

La télé-réalité: pour ou contre? Écoutez ce reportage sur la télé-réalité et choisissez la bonne réponse.

Première écoute

1. Ce reportage parle du succès de la télé-réalité en Amérique du Nord, plus particulièrement...
   a. au Mexique
   b. aux États-Unis
   c. au Canada
2. Certains aiment la télé-réalité et certains la détestent. Bien que les avis soient partagés, ce genre d'émissions a connu une popularité énorme parmi…
   a. les enfants.
   b. les jeunes.
   c. les gens d'un certain âge *(middle-aged people)*.
   d. les gens du troisième âge *(seniors)*.
3. Juste ou faux? Selon certains psychologues, le désir de regarder ces émissions est une sorte de voyeurisme qui peut encourager l'agressivité et l'immoralité chez les gens qui les regardent.
4. Selon le professeur d'université, le public aime la télé-réalité parce qu'il s'agit …?
   a. d'émissions sur la vie quotidienne (la vie de tous les jours) de personnes ordinaires.
   b. d'émissions sur la vie secrète de personnes célèbres.
   c. d'émissions sur la résolution calme et raisonnable de conflits interpersonnels.
   d. d'émissions sur les catastrophes, les actes extraordinaires de gens en temps de crise *(crisis)*.
5. Juste ou faux? Les opinions des psychologues n'ont pas encore été prouvées par des études scientifiques.

Deuxième écoute

Cherchons des détails!

1. Dans ce reportage, on cite quatre expressions péjoratives qui sont utilisées par la presse et par certains sites d'Internet pour décrire la télé-réalité. Combien pouvez-vous en citer?
   a. *la télé-poubelle* (trash)
   b. ______________
   c. ______________
   d. ______________
2. On mentionne trois émissions de télé-réalité qui sont populaires au Canada. Lesquelles?
   a. *Métier policier*
   b. ______________
   c. ______________
3. On dit que «la vie n'est pas un film ni un ______________________________».

Troisième écoute

1. Selon le professeur, qu'est-ce qui explique la popularité de la télé-réalité aujourd'hui? Qu'est-ce qui a changé dans le monde qui explique que les téléspectateurs rejettent maintenant les genres d'émissions qu'ils regardaient auparavant *(before, previously)*?

   ____

   ____

   ____

   ____
2. Quelle est l'opinion du professeur sur les théories des psychologues?

   ____

Atelier d'écriture

I. Le but: Rédiger un texte d'à peu près 300 mots.

II. Le sujet: Ma vie dans un monde virtuel. Réfléchissez sérieusement à la qualité de votre vie et à la «richesse» de vos contacts avec le monde. En quoi (*in what ways*) est-ce que votre vie est plus riche et plus variée grâce aux (*thanks to the*) divers moyens de communication virtuels ou électroniques dont vous disposez (*that you have at hand*)? Est-ce que vous vous contentez (*are you satisfied*) quelquefois d'expériences et de contacts plutôt superficiels parce que c'est plus facile comme cela?

III. Activités préparatoires.

A. Faites-vous les activités suivantes? Si oui, à quelle fréquence (tous les jours, souvent, de temps en temps, deux fois par semaine, (ne)… jamais, etc.)? Dans le cas des mots ou expressions en italique, utilisez un pronom dans votre réponse, si cela semble naturel.

Modèle: jouer *à des jeux en ligne*
J'y joue presque tous les jours — souvent deux heures par jour. J'adore Words with Friends.

1. écrire *un blog*

   ____

2. suivre *des gens* sur Twitter

   ____

3. écrire *des Tweets*

   ____

4. envoyer *des textos*

   ____

5. chatter avec *vos amis*

   ____

6. chatter avec des inconnus

   ____

7. afficher *des choses sur un site web personnel*

   ____

8. afficher des choses *sur Tumblr*

   ____

9. jouer à des jeux en *ligne*

   ____

10. parler avec des amis sur Skype

   ____

B. Analysez un peu le type et la qualité de vos interactions avec le monde en répondant aux questions suivantes. Encore une fois, si cela vous semble naturel, vous pouvez utiliser des pronoms dans vos réponses.

Modèle: Vous êtes-vous fait *de nouveaux amis* grâce à Twitter, à un blog, à un réseau social, etc.?
Je m'en suis fait une grâce à Twitter, mais jusqu'à présent j'utilise Facebook pour rester en contact avec mes vieux amis.

1. Passez-vous beaucoup de temps avec *vos amis* à parler ou à faire des choses ensemble, ou comptez-vous sur le contact «virtuel» pour maintenir *vos amitiés*?

2. Vous êtes-vous fait *de vrais amis* grâce à Twitter, à un blog, à un réseau social, etc.?

3. Pensez-vous *que les autres vous connaissent mieux du fait des communications électroniques que vous affichez (sur des sites publics, sur des blogs, sur des réseaux sociaux comme Facebook, etc.)*?

4. Pensez-vous que vos rapports avec les autres sont plus profonds grâce aux (*thanks to*) moyens de communication électroniques, ou sont-ils plutôt superficiels?

5. Êtes-vous plus au courant de (*aware of, in touch with*) ce qui se passe dans le monde grâce à vos communications électroniques?

6. Passez-vous du temps à faire *des activités inutiles* en ligne?

7. Est-ce que votre vie serait meilleure si vous passiez moins de temps *dans le monde «virtuel»*? Pourriez-vous vous passer *de* (do without) *votre téléphone ou de vos autres «appareils»*?

IV. Les pronoms et le style. Une des fonctions majeures des pronoms est de réduire la répétition des noms dans un texte (écrit ou oral) et d'en améliorer ainsi le style. Après avoir écrit un premier brouillon *(draft)* de l'analyse de votre vie dans un monde virtuel, examinez votre texte en pensant aux suggestions suivantes.

1. Cherchez dans votre texte des noms que vous pouvez remplacer par des pronoms pour en éviter la répétition. Attention: Il ne faut pas créer des difficultés de compréhension pour votre lecteur.
2. Cherchez s'il y a des pronoms que vous avez utilisés et dont la référence ne serait pas très claire pour le lecteur. Si vous en trouvez, corrigez le problème.

V. Au travail!

4 L'adjectif, l'adverbe et les comparaisons

Sommaire

www.cengagebrain.com

I. L'adjectif

Grammar Podcasts, Grammar Modules

An adjective is a word that describes (or "modifies") a noun or a pronoun. Contrary to English usage, a French adjective usually *follows* the noun it describes and agrees with it in *gender* and *number*.

Compare:

(*French*) Certains pensent que la parité est un **fait accompli.**

Un **fait** (masculine noun) **accompli** *(*masculine adjective)

(*English*) *Some think that gender equality is an accomplished fact.*

An **accomplished** (*invariable adjective*) **fact** (genderless *noun*)

A. Le genre

A large number of adjectives show gender agreement by the presence or absence of a final **e.** The addition of the letter **e** in the feminine form often causes the consonant preceding it to be pronounced. In these cases, you will hear a difference in pronunciation between masculine and feminine adjectives.

Compare:

masculine form	*feminine form*
intelligent	intelligent**e**
masculin	masculin**e**
brun	brun**e**

In some cases, however, the difference between the masculine and feminine forms is inaudible and is only apparent in the adjective's written form.

masculine form	*feminine form*
bleu	bleu**e**

When the masculine form of the adjective already ends in **-e,** the masculine and feminine forms are identical.

masculine form	*feminine form*
féministe	féministe
hypocrite	hypocrite
révolutionnaire	révolutionnaire

There are several other patterns for forming masculine and feminine adjectives. The following chart shows some examples.

masculine ending	feminine ending	sample adjectives following this pattern masculine	feminine	meaning
-c	**-che**	franc	franche	*frank*
-c	**-que**	public	publique	*public*
-eil	**-eille**	pareil	pareille	*similar*
-el	**-elle**	personnel	personnelle	*personal*
-en	**-enne**	ancien	ancienne	*old*
-er	**-ère**	régulier	régulière	*regular*
-et	**-ette**	muet	muette	*mute*
-et	**-ète**	discret	discrète	*discreet*

(continued)

-eur	**-euse**	travailleur	travailleuse	*hardworking*
-eux	**-euse**	curieux	curieuse	*curious*
-if	**-ive**	actif	active	*active*
-il	**-ille**	gentil	gentille	*kind, nice*
-on	**-onne**	mignon	mignonne	*cute*
-s	**-sse**	gros	grosse	*fat, big*
-teur	**-trice**	créateur	créatrice	*creative*

Some adjectives have irregular masculine and feminine forms.

masculine form	*feminine form*
beau	belle
bref	brève
doux	douce
faux	fausse
favori	favorite
fou	folle
frais	fraîche
long	longue
nouveau	nouvelle
vieux	vieille

B. Le nombre

In most cases, the plural of an adjective is formed by adding a final **s** to the singular form. This **s** is usually not pronounced.

un étudiant doué → des étudiants doué**s**
une étudiante douée → des étudiantes douée**s**

When an adjective ends with the letter **u,** an **x** (as opposed to **s**) is generally added in the plural. This **x** is generally not pronounced.

Il est beau. → Ils sont beau**x.**
Il est nouveau. → Ils sont nouveau**x.**
But: bleu → bleus

If the adjective already ends in -**s** or -**x** in the singular, no additional **s** or **x** is needed in the plural form.

un dessin curieux → des dessins curieux

Adjectives ending in -**al** often form their plural by changing -**al** to -**aux** (notable exceptions are **banals, fatals,** and **finals**).

un supporter loy**al** → des supporters loy**aux**
un congrès internation**al** → des congrès internation**aux**

When an adjective modifies several nouns with mixed gender, the adjective takes the masculine plural form.

Luc et Madeleine sont contents d'avoir lu *Le Deuxième Sexe*.
Il est vrai que les femmes et les hommes sont ég**aux** devant la loi.

C. La position de l'adjectif

As stated earlier, French adjectives usually follow the noun they modify.

French: Il existe encore beaucoup de **stéréotypes négatifs** sur les femmes.
stéréotypes *(noun)* **négatifs** *(adjective)*

English: *Lots of negative stereotypes about women still exist.*
negative *(adjective)* **stereotypes** *(noun)*

The number of adjectives that generally come before the noun is very small, but these adjectives are frequently used. They include:

ancien	*former*
autre	*other*
beau	*beautiful, handsome*
bon	*good*
court	*short*
gentil	*kind, nice*
gros	*fat, big*
grand	*tall, big, great*
haut	*high*
jeune	*young*
joli	*pretty, cute*
long	*long*
mauvais	*bad*
nouveau	*new*
petit	*small*
vieux	*old*
vilain	*ugly, nasty*
vrai	*real, true*

Exemple: Après la Deuxième Guerre mondiale, les femmes n'ont pas eu accès à de **bons** salaires. *(adjective precedes noun)*

A few adjectives can be used either before or after the noun, but their meaning changes according to their position.

adjective	adjective before the noun	adjective after the noun
ancien(ne)	**mon *ancien* immeuble** *(former)*	**un immeuble *ancien*** *(old, antique)*
cher(-ère)	**un *cher* ami** *(term of affection:"dear")*	**une veste *chère*** *(monetary value:"expensive")*
dernier(-ère)	**le *dernier* train** *last, final (in a series)*	**le week-end *dernier*** *last (before this one)*
grand(e)	**un *grand* homme** *(moral trait:"great")*	**un homme très *grand*** *(physical trait: "tall")*

(continued)

pauvre	**un *pauvre* étudiant** *(subjective: "unfortunate")*	**un étudiant *pauvre*** *(objective: "penniless")*
prochain(e)	**la *prochaine* fois** *next* *(in a series)*	**la semaine *prochaine*** *next* *(after this one)*
propre	**sa *propre* voiture** *(abstract: "[one's] own")*	**une voiture *propre*** *(concrete: "clean")*

Sometimes, **grand, petit,** and **vieux** take on a quantitative meaning.

un **grand** lecteur (= qui lit beaucoup)
un **petit** mangeur (= qui mange peu)
une **vieille** amie (= amie depuis longtemps)

The masculine adjectives **beau, nouveau,** and **vieux** become **bel, nouvel,** and **vieil** in front of a masculine singular noun starting with a vowel or an "unaspirated" **h.** This is done to avoid having to pronounce two vowels together without an intervening consonant, just as we say in English "*an* apple," and not "*a* apple."

un **beau** camion → un **bel** avion
un **nouveau** livre → un **nouvel** étudiant
un **vieux** monsieur → un **vieil** homme

Their feminine and plural forms remain the same, whether the noun they modify begins with a vowel or not.

une **vieille** voiture — une **vieille** auto
de **nouveaux** tableaux — de **nouveaux** arbres

The article **des** usually becomes **de** before a plural adjective preceding a noun, although this change is often not made in casual uses of language.

Elle a des yeux tendres et doux. Elle a **de** beaux yeux.

D. Les adjectifs invariables

Adjectives remain invariable (using only the masculine singular form) in the following situations.

- When the adjective follows the construction **ce + être,** the pronoun **ce** stands for a feminine or plural noun.

  Je n'aime pas étudier les maths; **ce** n'**est** pas **intéressant.**

- When the adjective modifies a verb and is used therefore as an adverb (**coûter cher, parler fort, travailler dur,** etc.).

  Les femmes n'ont pas encore la parité, bien qu'elles y travaillent très **dur.**

- When an adjective of color is qualified by another adjective, such as **foncé** *(dark),* **clair** *(light),* or by another color, as in the expressions **bleu vert, bleu gris,** etc.

  Janine porte toujours des robes bleu**es.**
  Compare: Aujourd'hui elle porte une robe **bleu clair.**
  Moi, j'ai acheté une robe **bleu vert.**

- The adjectives **chic, bon marché,** as well as many adjectives of color that are also nouns (**marron, citron, orange**) are always invariable.

  Lucette a acheté des livres **bon marché.**

  J'aime beaucoup cette voiture **marron.**

Exercices

1. Un étudiant hésitant. Marc a peur de faire des erreurs, alors il hésite beaucoup. Aidez-le à choisir la forme convenable de l'adjectif selon le contexte.

Modèle: Je suis un ami (**fidèle**) / fidèles, et j'ai beaucoup de copines.

1. J'essaie de rester en contact avec mes vieil / vieux / vieilles amies du lycée.
2. Nous allons souvent dans une nouvel / nouveau / nouvelle boîte en ville pour danser.
3. Mes amies sont très gentils / gentille / gentilles.
4. Elles s'intéressent toutes à ce beau / bel / belle homme qui vient d'entrer, parce qu'il a l'air riche.
5. Mais cet homme a des amis bizarres que je n'aime pas. C'est préoccupant / préoccupante / préoccupants.
6. Ses compagnons et lui semblent très indépendant / indépendants / indépendantes.
7. À mon avis, ils doivent travailler dur / durs / dures pour pouvoir payer leurs études…
8. …et s'acheter de bel / beau / beaux vêtements, mais je ne sais pas exactement ce qu'ils font. C'est un peu inquiétant.
9. Maintenant, mes amies parlent à deux nouvel / nouveau / nouveaux arrivés,
10. Tu les vois? Ces garçons là-bas aux cheveux brun / bruns / et aux yeux bleu / bleus / bleues vert.
11. Cela me rassure. Ils sont moins bien habillées / habillés que les autres, mais je sais qu'ils sont honnête / honnêtes, eux!

2. La vie estudiantine en France. Bertrand (qui est optimiste) et Cathy (qui est pessimiste) sont tous les deux étudiants à la Sorbonne. Ils parlent de leurs impressions de la vie universitaire à Paris. Jouez les deux rôles.

Modèle: le coût de la vie (élevé? bas?)
BERTRAND: **Le coût de la vie est (assez) bas ici.**
CATHY: **Bas? Tu parles! *(You've got to be kidding!)* Il est élevé!**

1. les repas au restau-U (restaurant universitaire) (bon? mauvais?)

BERTRAND: ______________________________

CATHY: ______________________________

2. les chambres en résidence universitaire (spacieux? petit?)

   BERTRAND: ______________________________

   CATHY: ______________________________

3. les professeurs (indulgent? strict?)

   BERTRAND: ______________________________

   CATHY: ______________________________

4. les cours (passionnant? ennuyeux?)

   BERTRAND: ______________________________

   CATHY: ______________________________

5. les autres étudiants (amical? froid?)

   BERTRAND: ______________________________

   CATHY: ______________________________

6. les filles (exubérant? réservé?)

   BERTRAND: ______________________________

   CATHY: ______________________________

7. les garçons (sportif? paresseux?)

   BERTRAND: ______________________________

   CATHY: ______________________________

8. la vie sociale (merveilleux? nul?)

   BERTRAND: ______________________________

   CATHY: ______________________________

9. la compétition (normal? insupportable?)

   BERTRAND: ______________________________

   CATHY: ______________________________

10. les vacances (long? court?)

    BERTRAND: ______________________________

    CATHY: ______________________________

3. La vie estudiantine chez moi. Maintenant, donnez vos impressions sur votre université, en utilisant quelques-uns des adjectifs de l'exercice précédent ou d'autres adjectifs qui conviennent mieux à votre situation.

Modèle: le coût de la vie
Le coût de la vie est très élevé à mon université.

1. les repas au restau-U

   ____

2. les chambres en résidence universitaire

   ____

3. les professeurs

4. les cours

5. les autres étudiants

6. les filles

7. les garçons

8. la vie sociale

9. la compétition

10. les vacances

4. Vous êtes le/la guide. Décrivez les endroits indiqués ci-dessous à des touristes francophones en utilisant des adjectifs de la liste suivante *ou* d'autres adjectifs de votre choix (attention aux accords et au placement des adjectifs). Ensuite, expliquez l'importance de chaque endroit pour la culture américaine.

animé	charmant	fascinant	impressionnant	superbe
beau	connu	gigantesque	intéressant	vieux
célèbre	cosmopolite	grand	joli	

Modèle: la Statue de la Liberté (un monument)
La Statue de la Liberté est un monument célèbre. La France l'a offerte aux États-Unis pour exprimer l'amitié entre les deux pays. La statue a été placée à New York pour accueillir les immigrants qui arrivaient aux États-Unis.

1. l'arche de Saint Louis (un monument)

2. Disneyland et Disney World (des parcs d'attractions)

3. le Golden Gate (un pont)

4. La Nouvelle-Orléans (une ville)

____

____

____

5. Las Vegas, Reno et Atlantic City (des villes)

____

____

____

6. le Texas, la Floride ou l'état de New York (des états)

____

____

____

7. les chutes du Niagara (des chutes [f.] d'eau)

____

____

____

8. Chinatown à San Francisco et à New York (des quartiers)

____

____

____

9. la Maison Blanche (une / la résidence)

____

____

____

10. un endroit dans votre région qui pourrait intéresser des touristes étrangers

____

____

____

5. L'habit ne fait pas le moine. ***(lit. "The habit does not make the monk" = Don't judge a book by its cover.)*** Madame Charrier cherche des cadeaux pour sa fille dans un grand magasin. Complétez sa conversation avec la vendeuse en ajoutant les formes correctes des adjectifs **beau** (b)**, nouveau** (n) et **vieux** (v).

Bonjour, mademoiselle. Je cherche un b_______________ (1.) ensemble pour ma fille. Elle commence un n_______________ (2.) emploi bientôt et ses v_______________ (3.) vêtements ne sont pas appropriés. C'était une b_______________ (4.) étudiante, mais maintenant elle commence une n_______________ (5.) vie — elle ne peut plus porter son v_______________ (6.) jean et son v_______________ (7.) anorak *(ski jacket).* Je vais lui acheter ce b_______________ (8.) tailleur *(suit).* Avec son n_______________ (9.)

imperméable et de n_______________ (10.) chaussures, elle aura vraiment un air professionnel. On a plus confiance en soi quand on porte de b_______________ (11.) vêtements, vous ne trouvez pas?

6. Une visite à Rouen. Meredith a passé le week-end dernier à Rouen. Complétez sa lettre avec des adjectifs de la liste. Certains adjectifs doivent être utilisés deux fois mais il faut toujours un seul adjectif par nom. Choisissez la bonne position (avant ou après le nom) pour chaque adjectif.

ancien	dernier	pauvre	propre
cher	grand	prochain	vieux

Modèle: Ce **pauvre** chien _______ est perdu.

Rouen, le 9 novembre

_______________ Marc et Éloïse _______________ (1.),

Bonjour de Rouen! Hier, je revenais d'un petit village où je rendais visite à une _______________ camarade de classe _______________ (2.) J'ai manqué le _______________ train _______________ (3.) pour Paris, alors j'ai dû passer la nuit à Rouen, une ville que je ne connaissais pas. Cette ville a beaucoup de _______________ bâtiments _______________ (4.) qui sont très beaux et elle a aussi une grande importance historique. Comme vous le savez sans doute, c'est la ville où Jeanne d'Arc, la_______________ héroïne _______________ (5.) du peuple français, a été brûlée vive en 1431.

Mais c'est aussi la ville où l'auteur Gustave Flaubert est né. Vous connaissez l'histoire qu'il a écrite qui s'appelle *Un cœur simple*? C'est l'histoire très touchante d'une femme très simple qui passe toute sa vie à aimer et à servir les autres. Nous allons étudier cela la _______________ semaine _______________ (6.) en cours de littérature! Cette _______________ femme _______________ (7.) avait un perroquet *(parrot)* qui était vraiment son seul ami au monde. Eh bien, figurez-vous que le perroquet empaillé *(stuffed)* qui aurait inspiré cette histoire se trouve ici à Rouen, au musée Flaubert! Je vais le voir cet après-midi.

J'ai passé la nuit dans un bel hôtel au centre-ville. C'était une _______________ chambre _______________ (8.) (le prix affiché était de 300 euros), mais j'avais ma _______________ salle de bains _______________ (9.) très luxueuse. J'ai été obligée de prendre la chambre, puisque j'avais manqué mon train, mais quand j'ai expliqué que j'étais une _______________ étudiante _______________ (10.), ils m'ont fait une petite réduction.

Dans ma _______________ lettre _______________ (11.), je vous parlerai de mes cours à la Sorbonne. Maintenant, je vais aller me promener dans Rouen. Je vous enverrai une carte postale avec une photo du fameux perroquet de Flaubert, si j'en trouve une!

Gros bisous,

Meredith

Petit test de culture.

(Cherchez sur Internet si vous ne savez pas les bonnes réponses).

1. Jean Anouilh a écrit une pièce de théâtre très célèbre sur Jeanne d'Arc. Comment s'appelle cette pièce?
2. Comment s'appelle le roman le plus célèbre de Gustave Flaubert?

7. George Sand: Une femme exceptionnelle. Caroline écrit un devoir *(paper)* sur George Sand. Complétez sa description en mettant les noms et les adjectifs entre parenthèses à la forme convenable. Suivez le modèle de la première phrase; faites attention à l'accord et à la place des adjectifs!

L'enfance de George Sand.

Amantine-Aurore-Lucille Dupin est née en 1804 à Paris, dans une (intéressant, cultivé / famille) **famille intéressante et cultivée.** Les membres de la famille de son père étaient de(s) (aristocrates / vrai) ______________________ (1.), mais ceux de la famille de sa mère étaient de(s) (simple / commerçants) ______________________ (2.) Après la mort de son père quand elle n'était qu'une (petit / fille) ______________________ (3.), elle a été élevée par sa (élégant, réservé, vieux / grand-mère) ______________________ (4.) et sa (bohémien, volatile, jeune / mère) ______________________ (5.), qui était un peu folle. Aurore était une (créateur, indépendant / enfant) ______________________ (6.) Elle adorait inventer des histoires, elle portait des (masculin / vêtements) ______________________ (7.), elle montait à cheval et allait à la chasse comme un garçon.

En 1822, Aurore s'est mariée avec un baron et ils ont eu deux enfants. Son ménage devait ressembler à ceux qu'on voit dans ses romans où une (amer *(bitter)* / femme) ______________________ (8.) commence à détester son (autoritaire / mari) ______________________ (9.) et où la société n'encourage pas les (instruit / femmes) ______________________ (10.).

8. George Sand à Paris. Comme dans l'exercice précédent, complétez le texte en mettant les noms et les adjectifs entre parenthèses à la forme convenable. Faites attention à l'accord et à la place des adjectifs!

En 1831, elle a quitté sa famille pour mener la vie d'une (pauvre / étudiant) ______________________ (1.) à Paris. Elle portait des vêtements d'homme, y compris des chapeaux haut-de-forme *(top hats)* et elle fumait de(s) (gros / cigare) ______________________ (2.). Elle devait être très impressionnante, avec ses (long, brun / cheveux) ______________________ (3.) et ses (marron, foncé / yeux) ______________________ (4.)!

Aurore prenait un (nouveau / amant) _______________ (5.) quand ça lui plaisait, et elle a commencé à publier des livres. Au lieu d'utiliser son (vrai / nom) _______________ (6.), elle a pris le pseudonyme de «George Sand».

Sand a eu de(s) (amoureux / liaisons) _______________ (7.) avec beaucoup d(e) (célèbre / hommes) _______________ (8.) pendant sa vie — des hommes comme Prosper Mérimée, Alfred de Musset et Frédéric Chopin. C'était souvent des rapports assez compliqués et elle demeurait parfois l'amie d'un (ancien / amant) _______________ (9.).

9. George Sand (conclusion et… conclusions). Comme dans les deux exercices précédents, complétez le texte en mettant les noms et les adjectifs entre parenthèses à la forme convenable. Faites attention à l'accord et à la place des adjectifs!

Les romans de George Sand remettent en question l(a) (sexuel / identité) _______________ (1.) et les rôles définis en fonction du sexe dans la société et ils montrent comment l'auteur a été influencé par les (socialiste / idée) _______________ (2.) de son époque.

Bien sûr, on ne peut pas approuver tous les aspects de la vie et des romans de George Sand. C'était souvent une (indiscret / femme) _______________ (3.) et sa (scandaleux / vie) _______________ (4.) a choqué beaucoup de gens. Mais c'était une (fascinant / femme) _______________ (5.) dont les (franc / opinions) _______________ (6.) sur les rapports entre les hommes et les femmes font d'elle un de mes (favori / écrivains) _______________ (7.).

10. Un autoportrait. Vous venez de recevoir le premier message d'un(e) correspondant(e) canadien(ne). Dans votre réponse, envoyez-lui votre autoportrait. Décrivez:

a. votre physique (la couleur de vos yeux, la couleur et la longueur de vos cheveux, votre taille, etc.)
b. votre personnalité, vos goûts, vos activités favorites
c. les vêtements que vous aimez porter (style, couleur, etc.)
d. vos études (Quelle est votre spécialité? Pourquoi l'avez-vous choisie? Quels sont vos objectifs *[goals]* de carrière?)

Note: Vous devez utiliser un minimum de ***dix*** adjectifs dans cet autoportrait.

____

____

____

____

____

____

____

____

____

II. L'adverbe

Grammar Podcasts, Grammar Modules

Adverbs are used to indicate the *manner, time, location, quantity,* or *intensity* of the verb, adjective, or adverb they modify. Unlike adjectives, adverbs are invariable. Here are some examples of adverbs.

function	adverb	English equivalent
manner	**facilement** **lentement** **rapidement**	*easily* *slowly* *quickly*
time	**aujourd'hui** **demain** **souvent** **toujours**	*today* *tomorrow* *often* *always*
location	**devant** **derrière** **ici** **là** **loin (de)** **près (de)**	*in front (of)* *behind* *here* *here / there* *far (from)* *near*
quantity	**assez (de)** **beaucoup (de)** **trop (de)** **tout**	*enough* *a lot (of)* *too much / too many* *very, quite*
intensity	**tellement** **très**	*so* *very*

A. La formation des adverbes de manière

As shown below, many adverbs of manner are formed by adding the suffix **-ment** to the feminine form of their corresponding adjectives. This is the equivalent of adding the suffix **-ly** to an English adjective.

masculine	*feminine*		*adverb*	*English equivalent*
clair	clair**e**	→	claire**ment**	*(clearly)*
facile	facile	→	facile**ment**	*(easily)*
lent	lent**e**	→	lente**ment**	*(slowly)*
premier	premi**ère**	→	première**ment**	*(first, firstly)*
rapide	rapide	→	rapide**ment**	*(fast, quickly)*

There are, however, many exceptions.

Some adverbs add **-ment** to the masculine form of the adjective or show other spelling changes.

assidu	→	assid**û**ment	*(diligently)*
bref	→	**brièvement**	*(briefly)*
énorme	→	énorm**ément**	*(enormously)*
gentil	→	genti**ment**	*(nicely, kindly)*
poli	→	poli**ment**	*(politely)*
vrai	→	vrai**ment**	*(really, truly)*

When the masculine adjective ends in -**ent** or in -**ant,** the formation of the corresponding adverb follows the following pattern: -**ent** → -**emment** and -**ant** → -**amment.** The pronunciation of -**emment** and -**amment** is the same: /amɑ̃/.

réc**ent**	→	réc**emment**	*(recently)*
fréqu**ent**	→	fréqu**emment**	*(frequently)*
puiss**ant**	→	puiss**amment**	*(powerfully)*
const**ant**	→	const**amment**	*(constantly)*

As seen above, **lent** follows the regular pattern.

The adjectives **bon** *(good)* and **mauvais** *(bad)* have irregular adverbs.

bon	→	**bien**	*(well)*
mauvais	→	**mal**	*(badly)*

B. Le placement de l'adverbe

When an adverb modifies an adjective or another adverb, it precedes it directly.

Le féminisme français est **très** intéressant mais je ne comprends pas **très** bien la théorie féministe.

Ce train va **assez** vite.

When an adverb modifies a verb in one-word tenses, such as the **présent,** the **imparfait,** and the **conditionnel présent,** the adverb follows the verb it modifies.

Au dix-neuvième siècle, les Scandinaves travaillaient **déjà** à l'émancipation des femmes. Aujourd'hui, les Françaises préféreraient **franchement** avoir commencé plus tôt: elles n'ont obtenu le droit de vote qu'après la Deuxième Guerre mondiale.

In compound tenses, like the **passé composé,** short adverbs and adverbs expressing manner are usually placed between the auxiliary (**avoir** or **être**) and the past participle. When the adverb has more than two syllables, it usually appears after the past participle.

Dans les années 30, quand les féministes américaines ont porté **sérieusement** leur cause à l'attention du public, les Françaises auraient **bien** fait d'en faire autant *(to do the same)*. Mais le féminisme français n'a **vraiment** commencé qu'avec la parution du *Deuxième Sexe*.

Adverbs expressing *time* **(hier, aujourd'hui, maintenant)** or *place* **(ici, là-bas)** are often placed at the beginning or the end of the sentence.

Hier, je suis allé à une conférence sur la parité.

Je suis allé à une conférence sur la parité **hier.**

Exercices

11. Une conversation franche. Au cours d'un entretien d'embauche (*job interview*), vous parlez de vos habitudes de travail en utilisant un des adverbes ou une des phrases adverbiales entre parenthèses. Le chef du personnel (votre partenaire) va réagir aux commentaires que vous faites.

Modèle: passer des coups de téléphone personnels au bureau (souvent, de temps en temps, rarement)
VOUS: **Je passe souvent des coups de téléphone personnels au bureau.**
VOTRE PARTENAIRE: **Hmm. C'est un problème, ça…**

1. m'entendre avec les autres (très bien, bien, assez bien, mal, très mal)

VOUS: ______________________________

VOTRE PARTENAIRE: ______________________________

2. faire des erreurs (beaucoup de, pas mal de, peu de, très peu de)

   VOUS: ____________________

   VOTRE PARTENAIRE: ____________________

3. oublier les détails (tout le temps, parfois, rarement)

   VOUS: ____________________

   VOTRE PARTENAIRE: ____________________

4. arriver au bureau en retard (rarement, quelquefois, fréquemment)

   VOUS: ____________________

   VOTRE PARTENAIRE: ____________________

5. parler avec mes collègues (franchement, respectueusement, brusquement, poliment)

   VOUS: ____________________

   VOTRE PARTENAIRE: ____________________

6. travailler (assidûment, correctement, paresseusement, négligemment)

   VOUS: ____________________

   VOTRE PARTENAIRE: ____________________

7. m'absenter du travail (très rarement, de temps en temps, constamment)

   VOUS: ____________________

   VOTRE PARTENAIRE: ____________________

8. être perfectionniste (très, assez, [ne pas] très)

   VOUS: ____________________

   VOTRE PARTENAIRE: ____________________

12. Le trac avant l'examen. *(Exam anxiety.)* Un étudiant pense qu'il y aura un «examen-surprise» demain, et il s'inquiète. Ajoutez à chaque phrase l'adverbe qui correspond à l'adjectif entre parenthèses.

Modèle: (sûr) Demain, je vais **sûrement** avoir un examen.

1. (ouvert) Le professeur l'a suggéré ________.
2. (certain) Mon amie Geneviève va ________ être surprise.
3. (récent) Je ne l'ai pas vue en classe ________.
4. (vrai, probable) Mais comme elle est ________ bonne en maths, elle n'aura ________ pas de problèmes.
5. (énorme) Moi, je vais travailler ________ ce soir.
6. (affreux) Avant l'examen, j'aurai ________ peur.
7. (complet) Je serai ________ affolé *(panic-striken)*.
8. (constant) Je changerai ________ mes réponses.
9. (drôle) Je serai ________ content si j'ai un C.
10. (rare) J'ai ________ de meilleures notes.

13. Les stéréotypes ont la vie longue! Vous utilisez beaucoup d'adjectifs dans vos rédactions, alors votre professeur vous recommande de varier votre style en utilisant des adverbes. Récrivez certaines phrases extraites de votre journal intime avec des adverbes.

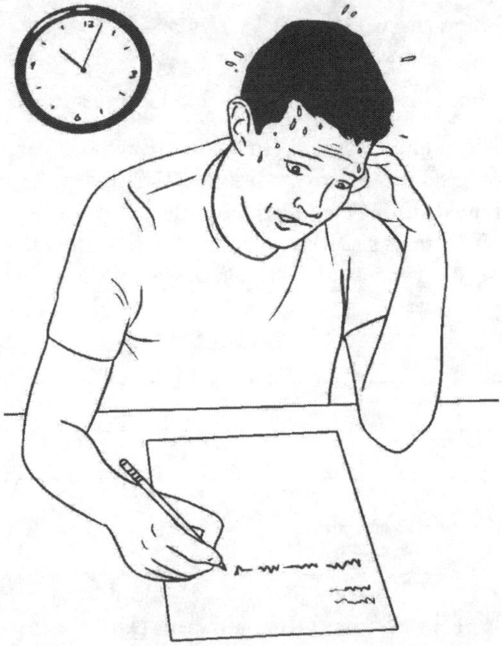

Modèle: Il est *clair* que les stéréotypes ont la vie longue.
Les stéréotypes ont *clairement* la vie longue.

1. Par exemple, pour beaucoup de travailleurs, il est *difficile* d'accepter une femme comme patronne.

   Beaucoup de travailleurs acceptent ______________________________.

2. C'est *rare* qu'on préfère l'autorité féminine.

   On préfère ______________________________.

3. Les patrons cherchent des femmes qui sont *douces* quand elles parlent.

   Les patrons cherchent des femmes qui parlent ______________________________.

4. Quand il s'agit de changer leurs opinions, ils sont *lents*.

   Ils changent ______________________________.

5. Mais les femmes ont des préjugés aussi. C'est *évident*.

   Mais les femmes ont ______________________________.

6. Il y a des femmes qui cherchent un mari riche. Elles sont *désespérées*.

   Il y a des femmes qui cherchent ______________________________.

7. Et elles peuvent être passives en classe et au travail. C'est *curieux*.

   Et ______________________________, elles peuvent être passives en classe et au travail.

8. Nous n'avons pas fini d'évoluer. C'est *heureux*.

   ______________________________, nous n'avons pas fini d'évoluer.

14. La vie est toujours plus agréable ailleurs. Fred a écrit une lettre à un ami, mais sa lettre serait plus intéressante et plus complète s'il ajoutait quelques adverbes! Récrivez sa lettre en ajoutant les adverbes de la liste suivante. Il y a souvent plus d'une possibilité de placement.

ailleurs *(elsewhere)*	franchement	récemment
beaucoup	hier	souvent
bien	très	théoriquement
définitivement	malheureusement	

J'ai eu une discussion intéressante avec un garçon que j'ai rencontré. Il est frustré parce qu'il pense que les rôles traditionnels définis en fonction du sexe sont tout aussi contraignants ***(constraining)*** pour les hommes que pour les femmes. Il a décidé de s'installer en Scandinavie, où les rôles sexuels sont, paraît-il, plus flexibles. J'ai réfléchi à ses opinions. Je crois qu'il va être déçu s'il va vivre là-bas. On pense que la vie sera plus facile mais ce n'est pas le cas.

____

____

____

____

____

____

15. Paris ne s'est pas fait en un jour. *(Rome wasn't built in a day.)* Comme vous le savez bien, il faut travailler et retravailler vos essais pour les améliorer. Prenez le petit texte que vous avez écrit pour l'exercice 10 **(Un autoportrait)** et essayez de le rendre plus intéressant en ajoutant un adverbe ou une phrase adverbiale dans chaque *(each)* phrase.

Le comparatif et le superlatif: Introduction

As you know, adjectives are used to describe things or people (that is, they modify nouns), and adverbs are used to indicate how, where, when, or how much something is done (in other words, they modify verbs). Adjectives and adverbs are also used to compare one entity to another or to several others. Here's a quick overview to give you a mental roadmap of the comparative and superlative before you begin to study them.

The *comparative (le comparatif)* is used when you are comparing *two* things: that is, when you want to say, for instance, that X is larger than Y, that X works as hard as Y, or that X has fewer pieces than Y. In these examples, *large* is an **adjective,** *hard* is an **adverb,** and *pieces* is a **noun.** The formation of the *comparative* is a bit different in each case, but you'll quickly learn to negotiate those differences.

The *superlative (le superlatif)* is used whenever you are comparing *more* than two things. In this case, someone or something will always "come out on top". For example, something will be *the biggest,* she will work *the hardest,* something else will have *the fewest* pieces.

III. Le comparatif

A. Le comparatif de l'adjectif et de l'adverbe

Comparisons using adjectives or adverbs follow similar patterns. The word **plus** *(more)*, **aussi** *([just] as)*, or **moins** *(less)* is placed before the adjective or the adverb. If the person or thing to which something is being compared is mentioned in the sentence, it is always introduced with **que**.

1. **Le comparatif avec *plus (more)***

   a) **avec un adjectif**

   Aujourd'hui, les lois sur la parité sont **plus strictes que** les lois du vingtième siècle.

   *Today, the laws on parity are **stricter (more strict) than** the laws in the twentieth century.*

   b) **avec un adverbe**

   Les femmes sont **plus souvent** victimes de violence **que** les hommes.

   *Women are **more often** the victims of violence **than** men.*

Remarques:

- The English equivalents of comparatives generally contain the suffix –**er** or the word **more**, and French comparatives usually contain the word **plus**. However, a couple of comparative forms are irregular, in both English and French. In English, something that is "more good" is better; similarly**,** the comparative of the adjective **bon** is **meilleur**, which changes form (**meilleure, meilleurs,** or **meilleures**) to agree in gender and number with the noun it modifies. And, just as in English the comparative of superiority of the adverb **well** is **better,** the comparative in French of **bien** *(well)* is **mieux** *(better)*; since **bien** and **mieux** are adverbs, they are invariable.

  Be careful: although **meilleur** and **mieux** both mean *better* in English, you must decide when you speak or write in French whether you need an adjective or an adverb.

  If you want to say:

  Hélène is better in English than her brother, think "Hélène **is** XXX"—adjective!

  Hélène est **meilleure** en anglais **que** son frère.

  But if you want to say:

  We speak English better than you, think "We **speak** (how?)"—adverb!

  Nous parlons **mieux** anglais **que** vous.

- The comparative of the English adjective *bad* is irregular: *worse*. The comparative of its French equivalent, **mauvais,** has both regular and irregular forms: **plus mauvais** and **pire**. Note that both agree with the noun they modify: **mauvais(e), mauvais(es); pire(s).**

  Ma cuisine est **pire (plus mauvaise)** que la cuisine de la cafet!

  My cooking is worse than the cooking at the cafeteria!

  The most commonly used form of the adverb **mal** *(badly)* is regular: **plus mal.** An alternate form, **pis**, is not often used.

  Il écrit **plus mal que** son petit frère.

  He writes worse than his little brother.

2. **Le comparatif avec *aussi ([just] as)***

   Julie est **aussi** intelligente **que** François.

   *Julie is **as** intelligente **as** François.*

   Manon travaille **aussi** dur **qu'**Éric.

   *Manon works **as** hard **as** Eric.*

Remarque: The comparative of equality of **bon *(good)*** and the comparative of equality of **bien *(well)*** are regular: **aussi bon (bons, bonne, bonnes)** and **aussi bien** (invariable).

Tu es **aussi bonne que** lui en maths, et tu peux donc réussir **aussi bien que** lui.

3. **Le comparatif avec *moins***

   Justine est **moins qualifiée que** Jeanne.

   *Justine is **less qualified than** Jeanne.*

   Marie a travaillé **moins rapidement que** Jean.

   *Marie worked **less quickly than** Jean.*

Remarque: The comparative of inferiority of **bon *(good)*** and the comparative of inferiority of **bien *(well)*** are regular: **moins bon (bons, bonne, bonnes)** and **moins bien** (invariable).

Je sais que je suis **moins bon que** lui, et que je travaille **moins bien;** alors, tu comprends pourquoi je suis déprimé *(depressed)*?

B. Le comparatif du nom

When comparing nouns, one is essentially comparing quantities ***(books*** [noun]. → ***more books than / as many books as / fewer books than).*** The comparative of nouns is formed by placing **plus de, autant de,** or **moins de** before the noun. Once again, if the second element of the comparison is present in the sentence, it is introduced with **que.**

1. **Le comparatif avec *plus de***

   Jeanne a **plus de** livres **que** Pierre.
   Jeanne has more books than Pierre.

2. **Le comparatif avec *autant de***

   Julien a **autant de** courage **que** Paul.
   Julien has as much courage as Paul.

3. **Le comparatif avec *moins de***

   Pierre a **moins de** patience **que** Maelys.
   Pierre has less patience than Maelys.

Remarque: When one is comparing two items, qualities, etc., associated with the same subject, the preposition **de** is repeated with **que.**

Jeanne a **plus d'**ambition **que d'**honnêteté.
Julien a **autant d'**ennemis **que d'**amis.
Pierre a **moins de** patience **que de** courage.

Le comparatif: tableau récapitulatif			
	supériorité (+)	**égalité (=)**	**infériorité (–)**
adjectif	**plus** adjectif **que**	**aussi** adjectif **que**	**moins** adjectif **que**
adverbe	**plus** adverbe **que**	**aussi** adverbe **que**	**moins** adverbe **que**
nom	**plus de** nom **que (de)**	**autant de** nom **que (de)**	**moins de** nom **que (de)**

4. **Les comparatifs irréguliers**

adjectif / adverbe	**comparatif**
bon *good* (adjective)	**meilleur(e)(s)** *better*
bien *well* (adverb)	**mieux** *better*
mauvais *bad* (adjective)	**plus mauvais(e)(s)** *worse* [*or* **pire(s)**]
mal *badly* (adverb)	**plus mal** *worse (or* **pis** *[rarely used])*

Exercices

16. Complexe d'infériorité. Dominique pense qu'il est moins doué *(gifted, talented)* que tous ses amis, mais Claude essaie de le rassurer. Jouez les deux rôles. La forme des commentaires de Dominique est indiquée par un +, un – ou un =. Variez les reponses de Dominique comme vous voulez.

Modèles: Je suis sérieux. (– / Marie)
— Je suis moins sérieux que Marie.
— Mais non! Tu es tout aussi sérieux qu'elle.

Jacques est intelligent. (+ / moi)
— Jacques est plus intelligent que moi.
— Mais non! À mon avis, tu es plus intelligent que lui!

Je ne suis pas fort en maths. (= / Théo).
— Je ne suis pas aussi fort en maths que Théo.
— Mais si! Je pense que Théo est moins fort en maths que toi!

1. Anne est patiente. (+ / moi)

   — ______________________________

   — ______________________________

2. Je ne suis pas blagueur *(witty).* (= / Hélène)

   — ______________________________

   — ______________________________

3. Je suis discipliné. (– / Jean)

   — ______________________________

   — ______________________________

4. J'écris bien. (– / Charles)

   — ______________________________

   — ______________________________

5. Paul et Christophe sont gentils. (+ / moi)

   — ______________________________

   — ______________________________

6. Je parle intelligemment. (– / Hélène)

— ______________________________

— ______________________________

7. Charles conduit prudemment. (+ / moi)

— ______________________________

— ______________________________

8. Francine parle bien français. (+ / moi [Attention! Le comparatif de **bien** est irrégulier.])

— ______________________________

— ______________________________

9. Tous mes amis sont élégants. (+ / moi)

— ______________________________

— ______________________________

10. Je ne suis pas intéressant. (= / mes amis)

— ______________________________

— ______________________________

17. Solutions diplomatiques. Paul et Anne parlent des relations entre les différents pays du monde. Complétez leur conversation en utilisant les expressions de la liste suivante. Attention! Vous allez utiliser certaines expressions plusieurs fois.

aussi de (d') moins plus que (qu')

PAUL: Quand je vois tout l'argent que les différents pays dépensent pour l'armement, ça m'inquiète. Les journaux nous apprennent qu'un premier pays dépense plus ________________ (1.) argent qu'un deuxième et qu'un troisième pays dépense autant d'argent ________________ (2.) le deuxième. À mon avis, tout le monde consacre ________________ (3.) d'argent que d'efforts diplomatiques aux relations internationales, et ça, c'est bien dommage.

ANNE: Tu as raison. Moi, je pense que la défense est peut-être ________________ (4.) importante que la diplomatie. Et aujourd'hui, les disputes entre les pays sont bien plus dangereuses ________________ (5.) autrefois, à cause du terrorisme et des armes nucléaires.

PAUL: Tu as raison. Mais je pense que je suis ________________ (6.) idéaliste que toi. Moi aussi, je crois qu'il est possible de vivre en paix avec les autres pays du monde. Mais il ne faut ni juger trop vite ni être trop arrogant. Il ne faut pas dire, par exemple, qu'un certain pays fait plus d'efforts pour maintenir la paix ________________ (7.) un autre ou prétendre (*claim*) que nous nous comportons ________________ (8.) honnêtement que les autres pays. Il faut faire des efforts pour bien nous entendre les uns avec les autres.

ANNE: C'est vrai. Quand on fait ________________ (9.) d'efforts pour la paix ________________ (10.) pour le développement économique, les résultats de cette politique peuvent être très graves.

18. Une féministe et un sexiste. Une féministe et un sexiste se disputent. Jouez les deux rôles et faites les comparaisons suggérées. Ajoutez d'autres commentaires si vous voulez!

Modèle: être créatif

LE SEXISTE: **Moi, je pense que les hommes sont plus créatifs que les femmes.**

LA FÉMINISTE: **Vous avez tort. Les femmes sont aussi créatives que les hommes. (S'il y a plus d'hommes qui sont des artistes célèbres, c'est parce qu'il y a toujours eu beaucoup de discrimination contre les femmes artistes.)**

1. être intelligent

   LE SEXISTE: ______

   LA FÉMINISTE: ______

2. travailler dur

   LE SEXISTE: ______

   LA FÉMINISTE: ______

3. être doué *(talented)*

   LE SEXISTE: ______

   LA FÉMINISTE: ______

4. avoir des responsabilités dans la vie

   LE SEXISTE: ______

   LA FÉMINISTE: ______

5. être fragile

   LE SEXISTE: ______

   LA FÉMINISTE: ______

6. avoir des avantages dans le monde du travail

   LE SEXISTE: ______

   LA FÉMINISTE: ______

7. travailler efficacement

   LE SEXISTE: ______

   LA FÉMINISTE: ______

8. parler franchement

   LE SEXISTE: ______

   LA FÉMINISTE: ______

9. avoir plus de problèmes psychologiques

   LE SEXISTE: ______

   LA FÉMINISTE: ______

10. penser logiquement

    LE SEXISTE: ______

    LA FÉMINISTE: ______

19. Meilleur ou pire? Jacqueline, la femme de Julien, est contrariante; elle dit toujours le contraire de ce que pense Julien. Complétez ses phrases avec **mieux** ou **meilleur(e)(s), pire(s), plus mauvais(e[s])** ou **plus mal,** de façon logique. Attention! Il y a parfois plusieurs possibilités.

Modèle: JULIEN: Ce vin blanc est **meilleur** que ce vin rouge.
JACQUELINE: *Ah, non! Il est* **plus mauvais.**

1. JULIEN: Aujourd'hui, le service est ______________ que la dernière fois.
   JACQUELINE: Ah, non… Il est ______________ que la dernière fois.
2. JULIEN: Ce restaurant est ______________ situé que les autres.
   JACQUELINE: Ce n'est pas vrai! Il est ______________ situé que les autres!
3. JULIEN: Cette serveuse parle italien ______________ que moi.
   JACQUELINE: Pas du tout! Elle parle italien ______________ que toi.
4. JULIEN: Maintenant que ma collègue m'a donné une ______________ explication de la situation dans notre filiale *(subsidiary)* américaine, je comprends ______________ ce qui se passe.
   JACQUELINE: Vraiment?! Je trouve cette explication ______________ que celle que j'ai lue hier…
5. JULIEN: Les deux premiers romans de cet auteur sont ______________ que son dernier.
   JACQUELINE: Tu trouves?! Moi je pense au contraire que ses deux premiers romans sont ______________ que son dernier.

20. Tout peut changer. Quelles sont vos impressions de l'évolution des rôles sexuels au cours du siècle dernier? Écrivez un petit paragraphe pour parler des changements qui ont eu lieu (ceux dont vous avez entendu parler ou ceux que vous avez observés). Écrivez 8-10 phrases en utilisant des comparaisons.

Modèle: **Autrefois, il y avait *plus d'hommes que de femmes* qui travaillaient à l'extérieur de la maison. Les hommes étaient généralement *plus instruits* que les femmes. Aujourd'hui, les femmes...**

IV. Le superlatif

As we mentioned above, the superlative is used whenever one is comparing three or more objects or people, designating one of them as being ***the most*** or ***the least*** [***something***] of the group. As in the case of the comparative, the forms of the superlative vary, depending on whether one is using adjectives, adverbs, or nouns.

A. Le superlatif des adjectifs

With adjectives, one way of forming a superlative is to use the definite article (**le, la,** or **les**), followed by **plus** or **moins,** and then the adjective. The choice of the definite article **(le, la, les)** and the form of the adjective reflect the gender and number of the noun that they qualify.

adjectif avec plus
le / **la** / **les** } **plus** + adjectif

adjectif avec moins
le / **la** / **les** } **moins** + adjectif

Remarque: Whereas in English we may say that something is the biggest *in* the world, *on* my street, *of* them all, etc., French always uses the preposition **de.**

Juliette est **la** moins **grande de** l'équipe de basket.
Juliette is the least tall on the basketball team.
Ce roman est **le** plus **passionnant de** tous.
It's the most fascinating novel of all.
Jeanne et Louis sont **les** plus **intelligents de** la classe.
Jeanne and Louis are the most intelligent in the class.

In the above examples, the noun is not included in the superlative phrase (that is, you're saying "the most fascinating of all" instead of "the most fascinating *novel* of all"). If you include the noun to say, for instance, "the most intelligent *students* in the class" you must put it in its proper place relative to the adjective.

As you already know, most adjectives are placed *after* the noun: **C'est un roman intéressant.** In those cases, the superlative phrase follows the noun and the definite article is repeated.

C'est **le** roman **le plus** intéressant de tous.
It's the most interesting novel of them all.

However, in those cases where the adjective normally *precedes* the noun **(**Monsieur **Duval est un gentil professeur),** the superlative phrase also precedes the noun.

Monsieur Duval est **le plus gentil professeur** du lycée.
Monsieur Duval is the nicest teacher at the high school.

As we saw for the comparative, the superlative forms of **bon** (*good*) and **mauvais** (*bad*) are irregular. The superlative of **bon** is **le meilleur** *(the best)* and the superlative of **mauvais** is either **le plus mauvais** or **le pire** *(the worst)*. Since they contain adjectives, these forms agree in gender and number with the noun they modify (**le meilleur, la meilleure, les meilleurs,** etc.):

Pierre est **le plus mauvais (le pire)** conducteur *(driver)* que je connaisse!
Pierre is the worst driver I know!
Elle est **la meilleure étudiante** de sa classe.
She's the best student in her class.

B. Le superlatif des adverbes

Superlatives of adverbs are formed by placing **le plus** or **le moins** before the adverb.

adverbe avec *plus*
le plus + adverbe

adverbe avec *moins*
le moins + adverbe

C'est toujours elle qui travaille **le plus efficacement!**
It's always she (She's always the one) who works the most efficiently!

- Since adverbs modify verbs and not nouns, they are invariable (there is no gender or number agreement); the superlative of adverbs *also* remains invariable. For instance, the definite article **le** preceding **plus** or **moins** never changes to reflect gender or number agreement.

  Juliette a travaillé **le moins rapidement** de tous.
  Juliette worked the least rapidly of all.

Martin et Kevin ont travaillé **le plus rapidement.**
Martin and Kevin worked the fastest.

The superlative of **bien** *(well)* is **le mieux** *(the best),* which is invariable. The superlative of **mal** *(badly)* is **le plus mal.** You may also say **le pis** *(worse)*, but this form is rarely used.

C'est Agathe qui chante **le mieux.**

Just as was the case with ***better*** or ***worse***, you will need to think carefully about whether you are focusing on an adjective or a noun in order to choose the right way to say ***the best*** or ***the worst*** in French. Compare:

Louane fait **les meilleurs gâteaux** du quartier.
*Louane makes **the best cakes** in the neighborhood.*
Jérémy **cuisine le mieux** de tous les gens que je connais.
*Jérémy **cooks the best** of all the people I know.*
C'est **la plus mauvaise** chanson qu'il ait jamais écrite!
*It's **the worst song** he ever wrote!*
De toutes les candidates, c'est elle qui **chante le plus mal.**
*She **sings the worst** of all candidates.*

C. Le superlatif des noms

Superlatives containing nouns are formed by placing **le plus de** or **le moins de** before the noun. Both expressions are invariable, regardless of the gender and number of the noun.

noms avec *plus*
le plus de + nom

noms avec *moins*
le moins de + nom

Le Brésil et la Colombie produisent **le plus de** café.
*Brazil and Columbia produce **the most coffee.***
De tous mes frères et sœurs, c'est Danielle qui a **le moins d'**ambition.
*Of all my brothers and sisters, it's Danielle who has **the least ambition.***

Tableau récapitulatif du superlatif	
adjectif qui suit (follows) un nom	**le** / **la** / **les** + nom + **le** / **la** / **les** { **plus** + adjectif **moins** + adjectif }
adjectif qui précède (precedes) un nom	**le** / **la** / **les** { **plus** + adjectif + nom **moins** + adjectif + nom }
adverbe	**le plus** + adverbe **le moins** + adverbe
nom	**le plus de** + nom **le moins de** + nom

Tableau récapitulatif des superlatifs irréguliers	
adjectif / adverbe	**superlatif**
bon *(good)*	**le/la/les meilleur(e)(s)** *(the best)*
bien *(well)*	**le mieux** *(the best)*
mauvais *(bad)*	**le/la/les plus mauvais(e)(s)** *or* **le/la/les pire(s)** *(the worst)*
mal *(badly)*	**le plus mal** *or* **le pis** *(rarely used) (the worst)*

Exercices

Students should change roles halfway through.

21. Bon voyage! C'est l'été et vous voyagez avec un(e) ami(e) qui vous demande pourquoi vous voulez faire certaines choses. Expliquez-lui vos raisons en suivant le modèle.

Modèle: Pourquoi veux-tu visiter cette ville? (+ / intéressant / le pays)
Parce que c'est la ville la plus intéressante du pays.

1. Pourquoi veux-tu visiter ces musées? (+ / intéressant / la région)

   ____

2. Pourquoi veux-tu acheter ces souvenirs? (– / cher / le magasin)

   ____

3. Pourquoi veux-tu envoyer ces cartes postales? (+ / beau / toutes)

   ____

4. Pourquoi veux-tu dîner dans ce restaurant? (+ / abordable *[affordable]* / le quartier)

   ____

5. Pourquoi veux-tu choisir ce plat? (+ / typique / le menu)

   ____

6. Pourquoi veux-tu boire cette bière? (– / alcoolisé / la brasserie *[brewery / pub]*)

   ____

7. Pourquoi veux-tu dormir dans cet hôtel? (+ / beau / le centre-ville)

   ____

8. Pourquoi est-ce que tu veux photographier ces maisons? (+ / vieux / la ville)

   ____

9. Pourquoi veux-tu prendre ce train? (+ / confortable / la ligne)

   ____

10. Pourquoi veux-tu continuer ton voyage sans moi? (compagnon/compagne de voyage / + / ennuyeux / le monde)

    ____

22. Et dans votre ville? Quels sont les «superlatifs» de *votre* ville? Parlez un peu des restaurants, de la pizza, des billets de cinéma, des boîtes de nuit, de tout ce que vous voulez! Faites au moins cinq phrases en employant le superlatif dans chacune d'elles.

Modèle: **Le Rex, c'est le cinéma le plus près d'ici. On mange la plus mauvaise pizza dans le restaurant Mo Vay's.**

Faites des phrases complètes à tour de rôle *(in turn)*.

23. Prix de fin d'année. Votre partenaire et vous enseignez dans une petite école élémentaire. À la fin de l'année, vous donnez des prix à vos élèves. Expliquez ce que chaque élève a fait pour mériter son prix. Attention! Toutes les phrases sont au passé composé.

Modèle: Paul / + / faire des progrès
Ceci est pour Paul parce qu'il a fait le plus de progrès cette année!

1. Marie / + / lire des livres

____

2. Jonas / + / étudier diligemment

____

3. Juliette / – / avoir des disputes

____

4. Sasha / – / avoir des absences

____

5. Pauline / – / arriver souvent en retard

____

6. Yanis et Hélène / – / jouer bruyamment

____

7. Sylvain / + / travailler patiemment

____

8. Patrick / – / faire des fautes d'orthographe *(spelling errors)*

____

9. Thomas / + / participer activement aux discussions en classe

____

10. Clara / + / soigner consciencieusement les animaux

____

24. Malheureux anniversaire! *(Unhappy Birthday!)* La famille de Cathy a fait une fête pour son anniversaire, mais même si Cathy n'a pas aimé ses cadeaux, elle reste polie. Traduisez les expressions qui manquent dans les phrases suivantes.

Vocabulaire utile

la grand-mère	l'activité (f.)	le gâteau
la menteuse	la fête	le cadeau

1. Merci pour ce pull-over orange et noir, maman. De tous les gens que je connais, c'est toi qui tricotes ________________ *(the best)*.
2. Oh, merci pour les chaussettes et les slips *(underwear)* en coton. C'est génial. Tu es ________________ *(the best grandmother)* du monde.
3. Jouer au Scrabble et regarder des vieilles photos de famille, ce sont ________________ *(the best activities)* que vous pouviez choisir.
4. Je suis sûre que vous avez choisi ________________ *(the best cake)* de la pâtisserie. J'adore le gâteau au café et aux raisins.

Mais plus tard, Cathy a écrit dans son journal intime:

Quelle fête catastrophique! Qu'est-ce que je me suis ennuyée! Mais j'ai essayé d'être polie quand même.

5. Je suis vraiment ________________ *(the best liar)* de ma famille!
6. C'était ________________ *(the worst party)* de ma vie.
7. On m'a offert ________________ *(the worst presents)* imaginables!
8. Christophe s'est comporté ________________ *(the worst)* de tous les petits cousins — il a cassé mon aquarium et il a donné mes poissons rouges à manger au chat. J'étais furieuse!

25. L'environnement — quelques records. Dans le *Livre des records (Guiness Book of World Records)*, vous avez remarqué des records qui vous ont semblé particulièrement intéressants et vous voulez les traduire pour un ami. Complétez la traduction en ajoutant les expressions au superlatif qui manquent.

Modèle: Composée d'hydrogène et d'hélium, Saturne est **la planète la moins dense** (– / dense / planète [f.]) du système solaire.

1. L'insecte qui ________________ (+ / fort / chanter), c'est la cigale africaine *(Brevisana brevis)*. Son chant est presque aussi fort que le volume de la musique qu'on entend au premier rang *(first row)* d'un concert de rock.
2. Les ________________ (+ / long / vers de terre (*earthworms* [m.]) se trouvent en Afrique du Sud. En 1967, on en a trouvé un qui mesurait 6,7 m *(22 feet)*.
3. Le pays qui émet ________________ (– / gaz carbonique), c'est la France — c'est grâce à son utilisation de l'énergie nucléaire.
4. Les animaux qui se déplacent ________________ (– / vite), ce sont les paresseux à trois griffes *(three-toed sloths)* d'Amérique du Sud. Quand ils marchent, ils avancent à peu près de 1,8–2,4 m par minute *(6–8 feet)*.
5. L'arc-en-ciel *(rainbow)* qui a duré ________________ (+ / longtemps) a été visible pendant six heures en 1994 en Angleterre. Normalement, un arc-en-ciel ne dure que quelques minutes.
6. La fleur qui a ________________ (+ / fort / odeur [f.]) vient de Sumatra. On peut sentir son odeur de chair pourrie *(rotten flesh)* à une distance d'un kilomètre.
7. La tempête de neige qui a produit ________________ (+ / neige [f.]) (4,8 m *[15,75 feet]*) a eu lieu en Californie en 1959.
8. L'animal qui a tué ________________ (+ / humains), c'est une tigresse qui aurait tué 436 personnes en Inde.
9. Les baleines bleues, qui font en moyenne 35 m *(115 feet)* de long et qui peuvent peser jusqu'à 130 tonnes *(287,000 pounds)* sont ________________ (+ / grand / mammifère [*mammals* m.] du monde.

Source: Guiness Book of World Records

26. Le palmarès *(record achievements)* de ma famille. Dans une famille, tout le monde se distingue d'une façon ou d'une autre. Écrivez un paragraphe dans lequel vous décrirez votre famille en expliquant ce qui est exceptionnel chez chacune des personnes dont vous parlez.

Modèle: **Dans ma famille, tout le monde est exceptionnel. Mes tantes Julie et Corinne sont les plus belles femmes de la famille et mon frère, Jack, c'est le plus beau garçon. Ma cousine Angélique, c'est la plus sportive — elle court le plus vite de tous les cousins…**

27. Les États-Unis: Le pays des superlatifs. Il est facile d'utiliser le superlatif quand on parle des États-Unis. Écrivez un paragraphe dans lequel vous discuterez la nature «superlative» de notre pays, que cela soit *(whether it be)* d'ordre positif ou négatif.

V. Le participe présent

The present participle is the equivalent of English verb forms ending in **–ing** (*being, doing, going,* etc.).

A. Formation du participe présent

To form the present participle, take the **nous**-form of the present tense, drop the **-ons,** and add **-ant.**

parler	(nous) **parl** ons	**parlant**
finir	(nous) **finiss** ons	**finissant**
vendre	(nous) **vend** ons	**vendant**

There are only three present participles that do *not* follow this pattern:

être	**étant**
avoir	**ayant**
savoir	**sachant**

B. Usage

1. The present participle often acts as a verbal adjective. In this case, it must agree with the noun it modifies.

   Anne? C'est une fille **charmante.** — *Anne? She's a* ***charming*** *girl.*

   Mes professeurs sont tous très **exigeants.** — *My professors are all very* ***demanding.***

Remarque: Not every present participle doubles as an adjective. Check a dictionary to make sure the adjective you want to form really exists in French.

2. The present participle can also function as a verb (in most cases preceded by **en**) to describe:

   (a) an action that is taking place at the same time as another action

   Nous étudions toujours **en mangeant.** *We always eat* ***while studying.***

   (b) **how** something is done

   Vous deviendrez plus forts **en faisant de la musculation.** *You'll get stronger* ***by lifting weights.***

3. The present participle can also be used *without* **en** to describe an action that takes place slightly before the action of the conjugated verb in the sentence or an action that brings about a certain consequence.

   Voyant que mon patron était occupé, j'ai décidé de ne pas le déranger.

   Seeing *that my boss was busy, I decided not to bother him.*

Remarque: In sentences such as the one above, the actions of *seeing* and *deciding* must be performed by the same subject. This is true in English as well, but this rule is sometimes ignored by inattentive users of the language, resulting in such amusing sentences as "Leaping from tree to tree, my grandmother observed the monkeys."

Exercices

28. Les nouveaux pères. Complétez le texte avec la forme correcte d'un adjectif en **-ant,** formé à partir d'un des verbes suivants. Attention! Il faut faire l'accord avec le nom qu'il modifie.

changer	hésiter
décourager	importer
effrayer	intéresser
encourager	obéir
épuiser	satisfaire

L'autre jour, j'ai lu un article très _______________ (1. *interesting*) sur les «nouveaux pères», un phénomène qui montre une attitude _______________ (2. *changing*) de la part des hommes d'aujourd'hui. Les pères d'autrefois (*of the past*) trouvaient souvent les obligations (f.) de la paternité _______________ (3. *discouraging*) et même _______________ (4. *frightening*). Mais au 21e siècle il y a eu des changements (m.) _______________ (5. *encouraging*). Les nouveaux pères veulent jouer un rôle _______________ (6. *important*) dans l'éducation de leurs enfants. Ils sont moins _______________ (7. *hesitant*) à assumer les responsabilités d'un parent. Ils tiennent à élever des enfants heureux et _______________ (8. *obedient*).

Les nouveaux pères trouvent les tâches (*tasks*) liées à la paternité _______________ (9. *exhausting*) mais _______________ (10. *satisfying*).

29. Elle est très multitâche! Cette mère fait toujours deux choses en même temps. Récrivez les phrases en utilisant un participe présent avec **en.**

Modèle: Elle travaille pendant qu'elle suit des cours du soir.
Elle travaille en suivant des cours du soir.

1. Elle travaille pendant qu'elle élève ses enfants.
2. Elle prépare le dîner pendant qu'elle aide les enfants avec leurs devoirs.
3. Elle couche les enfants pendant qu'elle range leurs jouets (*puts their toys away*).
4. Elle fait les courses (*runs errands*) pendant qu'elle téléphone à des collègues.
5. Elle fait la vaisselle pendant qu'elle parle des enfants avec son mari.
6. Elle fait des listes de tâches à faire pendant qu'elle attend les enfants.

30. Avis aux enfants. Leur fils va bientôt partir à la fac (à l'université), et Monsieur et Madame Merah lui pose des questions pour voir s'il est bien équipé pour réussir dans la vie. Imaginez ses réponses.

Modèle: — Comment est-ce qu'on réussit à ses examens?
— *On y réussit en étudiant régulièrement.*

1. — Comment est-ce qu'on obtient de bonnes notes dans ses cours?
2. — Comment est-ce qu'on reste en bonne santé?
3. — Comment est-ce qu'on devient un(e) bon(ne) ami(e)?
4. — Comment est-ce qu'on évite les dettes et les problèmes financiers?
5. — Comment est-ce qu'on se fait respecter par les professeurs?
6. — Comment est-ce qu'on s'entend bien avec les colocataires (*housemates*)?

À l'écoute!

La féminisation de la langue française? La grammaire française impose un genre (masculin ou féminin) à tous les noms même pour les objets. Une commission de réforme a commencé le processus de féminisation de la langue française, mais les choses ont peu changé. Écoutez la conversation entre deux amis, Julie et Denis à ce propos, et répondez aux questions suivantes.

Première écoute

Voici une liste de phrases qui résument la conversation que vous venez d'écouter. Cependant, ces phrases ne sont pas dans le bon ordre. C'est à vous de les remettre dans l'ordre correct en les numérotant de 1 à 7.

_______ Denis pense que le système des genres des mots marche déjà très bien.

_______ Julie donne des exemples de mots masculins qui n'ont pas d'équivalent féminin.

_______ Julie demande pourquoi il n'y a pas de féminin pour certains mots.

______ Denis parle d'une commission qui a étudié la question de la féminisation de la langue française.

______ Julie dit que la féminisation du français va continuer.

______ Julie n'aime pas le son *(sound)* du mot «écrivaine».

______ Julie dit que l'absence de termes féminins pour désigner certaines professions empêche *(hinders)* le progrès des femmes.

Deuxième écoute

Décidez si les affirmations suivantes sont justes ou fausses.

1.	Les Français essaient de mettre en pratique les recommandations de la commission de 1984–1986.	J	F
2.	Denis comprend et accepte le raisonnement proposé par Julie.	J	F
3.	Selon Denis, on débat la question de la féminisation du français depuis longtemps.	J	F
4.	Julie pense que s'il n'existe pas d'équivalents féminins pour les noms de certains postes, c'est comme si on refusait de reconnaître l'identité féminine de la femme qui détient *(holds)* le poste.	J	F

Troisième écoute

1. Cherchez les mots «vilaine» et «vaine» dans un dictionnaire et expliquez pourquoi Julie les mentionne dans ce contexte.

   ____

   ____

2. Selon Julie, qu'est-ce qui doit arriver avant que la situation politique et professionnelle de la femme ne s'améliore? Êtes-vous d'accord avec elle?

   ____

   ____

3. Selon Denis, pourquoi est-ce qu'il n'y a pas d'équivalent féminin pour un mot comme «ministre»? En anglais, les substantifs (noms) ont rarement de genre (masculin ou féminin). Est-ce que les anglophones estiment quand même que l'anglais a aussi des aspects sexistes? Expliquez votre réponse en donnant des exemples et décrivez les efforts qu'on fait pour corriger la situation.

   ____

   ____

Atelier d'écriture

I. Le but: Rédiger une rédaction d'environ 300 mots sur votre expérience personnelle avec la parité.

II. Le sujet: La parité dans ma vie. Est-ce que l'égalité entre hommes et femmes est assurée dans votre famille, votre travail ou votre université?

III. Élaboration sur le sujet

Selon la Constitution française, «la loi garantit à la femme dans tous les domaines des droits égaux à ceux de l'homme». Bien sûr, cette phrase décrit l'idéal, pas forcément la réalité. Est-ce que, selon vous, ce droit est actualisé? Considérez un aspect de votre expérience personnelle, soit votre vie familiale (ou la vie dans une famille que vous connaissez bien), soit votre expérience dans le monde du travail (ou la situation professionnelle d'un de vos parents), soit la situation actuelle dans votre université. Une fois que vous avez choisi un domaine d'analyse, essayez de répondre à la question suivante:

Est-ce que la parité semble assurée? Si, à votre avis, il y a eu des progrès, décrivez-les en donnant des exemples spécifiques. Si des inégalités subsistent, énumérez-en quelques-unes et expliquez comment on peut améliorer la situation.

IV. Comment écrire une bonne rédaction?

Voilà quelques recommandations:

- Définissez clairement votre sujet et exprimez vos opinions de façon très précise.
- Décrivez clairement votre situation personnelle en donnant des exemples et des détails précis.
- Rendez votre texte intéressant en utilisant beaucoup d'adjectifs et d'adverbes.
- Faites des suggestions concrètes et pratiques pour résoudre les problèmes que vous avez identifiés.

V. Activités préparatoires. Avant d'écrire la rédaction, faites les exercices suivants.

A. Aspects à analyser. Choisissez le domaine d'analyse (la vie familiale, le travail ou l'université). Posez six questions qui vous aideront à analyser ce domaine.

Modèles:

Dans la vie familiale:
Combien d'argent dépense-t-on pour les garçons et pour les filles?
Est-ce que les parents prennent les décisions importantes ensemble?

Au travail:
Comment est-ce que les tâches sont réparties *(assigned)* — qui fait le café, par exemple?
Combien de femmes et d'hommes occupent des postes à responsabilités?

À l'université:
Combien de filles y a-t-il dans les cours de science?
Qui parle le plus en classe, les garçons ou les filles?

1. ______________________________
2. ______________________________
3. ______________________________
4. ______________________________
5. ______________________________
6. ______________________________

B. Quelques comparaisons préliminaires. Répondez aux questions que vous avez soulevées *(raised)* ci-dessus. Utilisez le comparatif dans vos réponses.

Modèles:

Dans la vie familiale:
Je pense que mes (les) parents dépensent *autant d'argent* pour les filles que pour les garçons.

Au travail:
Il semble que les hommes occupent *plus souvent* des postes à responsabilités.

À l'université:
Dans mes cours de sciences humaines, les garçons parlent *plus* que les filles.

1. ______________________________
____
2. ______________________________
____
3. ______________________________
____
4. ______________________________
____
5. ______________________________
____
6. ______________________________
____

C. Plan de travail.

1. En considérant les réponses que vous avez données dans l'exercice précédent, écrivez une phrase qui pourrait être la première phrase de votre rédaction.
____
____

2. Relisez cette phrase. Est-ce qu'elle exprime clairement votre opinion? Sinon, réécrivez-la.
____
____

3. Établissez un plan *(outline)*. Commencez par la phrase que vous venez d'écrire ci-dessus. Ensuite, relisez les phrases que vous avez écrites dans l'exercice B et choisissez celles qui pourraient vous aider à construire le texte.

Modèle:

I. un paragraphe d'introduction

II. plus d'étudiantes que d'étudiants à mon université (x femmes contre y hommes)

III. plus de femmes en arts et en lettres, plus d'hommes en sciences (nombre de spécialistes d'anglais, nombre d'hommes dans mon cours de français, nombre de femmes profs de chimie, etc.)

IV. attitudes parfois sexistes des profs (anecdote sur mon prof d'histoire)

V. suggestions pour résoudre ce problème (lettres au journal de l'université, etc.)

VI. Au travail!
Quelques conseils.

1. Pour mieux décrire une situation, des personnages ou des événements, il faut utiliser des adjectifs et des adverbes, car ils vous permettent de varier votre style et de rendre plus précises les idées que vous voulez exprimer. Relisez votre rédaction et essayez d'ajouter quelques adjectifs et quelques adverbes.
2. Vérifiez que…
   - vous n'avez pas utilisé de mots dont vous ne connaissez pas très bien le sens.
   - vous n'avez pas écrit de paragraphe d'une seule phrase.
   - vous n'avez pas répété le même mot dans une phrase (utilisez des pronoms pour éviter ces répétitions).
   - vous n'avez pas utilisé trop de verbes faibles comme «être», «avoir», «faire», etc. (Remplacez-les par des verbes plus précis.)

CHAPITRE 5 Le futur et le conditionnel

Sommaire

www.cengagebrain.com

I. Le futur

A. Exprimer le futur en français

Grammar Podcasts, Grammar Modules

In conversational French, the "future" is often expressed simply by using the present tense **(Mon train** part **dans une heure),** or by using the verb **aller** (in the present) and the infinitive form of the main verb to indicate the notion of "near future" **(Je *vais déjeuner* dans une heure).** In this chapter, we will review the preferred ways of expressing the future in more formal French contexts, the tenses called the **futur simple** and the **futur antérieur.**

B. Formation du futur simple

The **futur simple** is called "simple" because it is a one-word tense. Regular future forms are constructed by adding the endings **-ai, -as, -a, -ons, -ez, -ont** to the infinitive of the verb. Note how similar these endings are to the present tense forms of the verb **avoir (j'ai, tu as,** etc.). Verbs ending in -**re** drop the final -**e** before the ending is added.

Sujet	Verbes en -er Exemple: parler	Verbes en -ir Exemple: finir	Verbes en -re Exemple: rendre
je/j'	parler**ai**	finir**ai**	rendr**ai**
tu	parler**as**	finir**as**	rendr**as**
il, elle, on	parler**a**	finir**a**	rendr**a**
nous	parler**ons**	finir**ons**	rendr**ons**
vous	parler**ez**	finir**ez**	rendr**ez**
ils, elles	parler**ont**	finir**ont**	rendr**ont**

Some verbs form their future by adding the future endings to an *irregular* stem, but the endings are always regular.

aller	**ir-**
avoir	**aur-**
devoir	**devr-**
envoyer	**enverr-**
être	**ser-**
faire	**fer-**
falloir	**faudr-**
pouvoir	**pourr-**
pleuvoir	**pleuvr-**
recevoir	**recevr-**
savoir	**saur-**
tenir	**tiendr-**
venir	**viendr-**
voir	**verr-**
vouloir	**voudr-**

Vous **irez** à la mosquée cet après-midi, alors?

Si tu veux vraiment changer le monde, tu **devras** t'engager *(get involved).*

Quand vous **voudrez** exprimer votre opinion sur la tolérance religieuse, vous **enverrez** un éditorial au journal local.

Take special note of **-er** verbs whose infinitives end in **e** + consonant + **er.** Some of these verbs have spelling changes in their future forms. If there is such a spelling change, it occurs in all persons (i.e., **je, tu, il/elle/on, nous, vous, ils/elles**) of the verb. Here are some patterns:

- Most verbs that end in **-eler** (like **appeler, épeler, renouveler**) double the **l** in the future stem.

  Je t'**appellerai** cet après-midi pour aller à la manifestation contre le racisme.

- Most verbs that end in **-eter** (like **jeter, rejeter, projeter, feuilleter**) double the **t** in the future stem.

  Lucien est borné *(narrow-minded).* Il **rejettera** toutes les idées qu'on lui présentera sur l'injustice du système scolaire français.

  A notable exception is **acheter** (**achèterai**, **achèteras**, etc.).

- Most verbs that end in **e** + consonant + **er** (like **lever, enlever, élever, mener, amener, emmener, promener, acheter, achever, peser**) change that first **e** to an **è** in the future stem:

  On **élèvera** nos enfants dans le respect de la laïcité.

- Verbs that end in **é** + consonant + **er** (like **préférer, espérer, compléter, répéter, suggérer**) change –**é** to –**è** in the **futur simple.**

  Je **préfèrerai** que les filles soient libres de choisir.

- Negative and interrogative structures follow the same pattern as the present tense.

  Les écoles publiques **refuseront** que les élèves portent des «signes ostensibles» de leur religion.

  Éric s'est converti à l'islam. Il **ne boira plus** d'alcool.

  Changera-t-il aussi son régime alimentaire *(diet)*?

  Est-ce qu'il faudra qu'il arrête de manger du porc?

C. Usage du futur simple

As we have already remarked, the **futur simple** is the preferred method of expressing the future in more formal contexts in speech and writing.

Le directeur du lycée vous **verra** aussitôt qu'il **aura** un moment.

- The use of the **futur simple** in French often parallels the use of the future in English—in sentences containing the conjunction **si** *(if),* for instance. When a clause introduced by **si** is in the present tense, the verb in the independent clause is often in the future. (If you consider what you'd say in English in a sentence containing *if,* you'll be right in French as well.)

  Si tu **continues** de porter ton foulard au lycée, tu **seras** expulsée.

  *If you **continue** to wear your headscarf at school, you **will be** expelled.*

There is one notable difference between the use of the future in French and English, however, and that is the case of sentences containing the adverbs of time **quand** *(when),* **lorsque** *(when),* **dès que** *(as soon as),* and **aussitôt que** *(as soon as).* These sentences tend to contain two parts, or clauses. In English the future tense is only used in one clause of the sentence, and the present is used in the other clause.

When you **see** *(present)* him, you **will notice** *(future)* his change in appearance.

In such sentences in French, if you are talking about what happens in the future, *both* clauses of the sentence must be in the **futur.**

Quand vous le **verrez** *(futur simple)*, vous **remarquerez** *(futur simple)* son changement d'apparence.

II. Le futur antérieur

A. Formation du futur antérieur

Grammar Podcasts, Grammar Modules

Like the **passé composé,** the **futur antérieur** is a compound (two-part) tense. It is formed by combining (1) the auxiliary verb (**avoir** or **être**) conjugated in the future tense, and (2) a past participle. The rules for agreement of the past participle are the same as those for the **passé composé.**

On organisera sa bar-mitsva dès qu'il **aura eu** 13 ans.
*We'll plan his bar mitzvah when **he has turned** thirteen.*

téléphoner			**partir**			**se lever**			
to telephone, call			*to leave*			*to get up*			
j'	aurai	téléphoné	je	serai	parti(e)	je	me	serai	levé(e)
tu	auras	téléphoné	tu	seras	parti(e)	tu	te	seras	levé(e)
il	aura	téléphoné	il	sera	parti	il	se	sera	levé
elle	aura	téléphoné	elle	sera	partie	elle	se	sera	levée
on	aura	téléphoné	on	sera	parti(e)(s)	on	se	sera	levé(e)(s)
nous	aurons	téléphoné	nous	serons	parti(e)s	nous	nous	serons	levé(e)(s)
vous	aurez	téléphoné	vous	serez	parti(e)(s)	vous	vous	serez	levé(e)(s)
ils	auront	téléphoné	ils	seront	partis	ils	se	seront	levés
elles	auront	téléphoné	elles	seront	parties	elles	se	seront	levées

B. Usage du futur antérieur

The **futur antérieur** is often used to talk about two different actions that will both take place in the future, but that are perceived as being somewhat separated in time. When that is the case, express the first action (the one *closest* to you in time) in the **futur antérieur,** and the second action (the more *distant* one) in the **futur simple.**

Quand il **se sera converti** à l'islam, on ne **servira** plus d'alcool à la maison.
*When he **has converted** to Islam, alcohol **will no longer be served** at home.*

In addition to "triggering" the use of the **futur simple** in French, the four time expressions mentioned above **(quand, lorsque, dès que, aussitôt que)** also "trigger" the use of the **futur antérieur,** when you wish to show more separation between two future actions. In addition to these four expressions, **après que** often calls for the use of the **futur antérieur** as well. Note that the **futur simple** makes the two actions sound closer in time to one another.

Après qu'il **se sera converti** à l'islam, on ne **servira** plus d'alcool à la maison.
*After he **has converted** to Islam, alcohol **will no longer be served** at home.*

Quand il **se convertira** à l'islam, on ne **servira** plus d'alcool à la maison.
*When he **converts** to Islam, alcohol **will no longer be served** at home.*

Exercices

1. Tout de suite, Monsieur! Le secrétaire de Monsieur Groslégume *(Bigshot)* est très efficace *(efficient)*. Jouez les deux rôles, en utilisant le **présent** dans la question et **aller** + infinitif dans la réponse. Remplacez autant de noms possibles par des pronoms dans vos réponses.

Modèle:

LE PATRON: Vous préparez le rapport pour le vice-président? (question au présent)
LA SECRÉTAIRE: **Oui, Monsieur, je vais le préparer tout de suite.**

D'autres expressions de temps possibles: **tout à l'heure, immédiatement, ce matin, cet après-midi, aujourd'hui, bientôt, dans X minutes, à X heures**

1. LE PATRON: Vous appelez l'hôtel à New York?
   LA SECRÉTAIRE: ____________________
2. LE PATRON: Vous vous occupez de mon billet d'avion aussi?
   LA SECRÉTAIRE: ____________________
3. LE PATRON: Vous me tapez ce rapport?
   LA SECRÉTAIRE: ____________________
4. LE PATRON: Vous envoyez cette lettre à Madame Charrier?
   LA SECRÉTAIRE: ____________________
5. LE PATRON: Vous me cherchez les dossiers Dupont?
   LA SECRÉTAIRE: ____________________
6. LE PATRON: Vous mettez les dossiers dans ma serviette *(briefcase)?*
   LA SECRÉTAIRE: ____________________
7. LE PATRON: Vous nous réservez la grande salle pour la fête des employés?
   LA SECRÉTAIRE: ____________________
8. LE PATRON: Vous parlez de la fête aux employés?
   LA SECRÉTAIRE: ____________________

2. La colonie de vacances *(Summer camp)*. La nouvelle directrice d'une colonie de vacances a beaucoup d'idées, mais elle n'a pas beaucoup d'expérience. Elle propose des changements dans l'emploi du temps *(schedule)*, mais le moniteur à qui elle parle suggère des scénarios qui lui semblent plus raisonnables. Jouez les deux rôles.

Modèle: les enfants / se lever / à 5h00.

LA DIRECTRICE: **Les enfants se lèveront à 5h00.**
LE MONITEUR: **Oh non, ils se lèveront à 8h00, c'est plus** *raisonnable. (Ou bien, choisissez un autre verbe pour votre réponse:)*
Oh non, ils dormiront jusqu'à 8h00. 5h00 c'est trop tôt.

1. les moniteurs / accompagner / les enfants aux toilettes
   LA DIRECTRICE: ____________________
   LE MONITEUR: ____________________
2. les enfants / écrire / à leurs parents / tous les jours
   LA DIRECTRICE: ____________________
   LE MONITEUR: ____________________

3. les enfants / avoir / un dessert par semaine

   LA DIRECTRICE: ______________________________

   LE MONITEUR: ______________________________

4. les enfants / devoir / nettoyer / leur tente / trois fois par jour

   LA DIRECTRICE: ______________________________

   LE MONITEUR: ______________________________

5. les enfants / ne pas choisir / les activités auxquelles ils participeront

   LA DIRECTRICE: ______________________________

   LE MONITEUR: ______________________________

6. les enfants / faire de la natation / trois fois par semaine

   LA DIRECTRICE: ______________________________

   LE MONITEUR: ______________________________

7. les enfants / ne jamais aller / en ville

   LA DIRECTRICE: ______________________________

   LE MONITEUR: ______________________________

8. les enfants / pouvoir / acheter des bonbons / une fois par semaine

   LA DIRECTRICE: ______________________________

   LE MONITEUR: ______________________________

9. les enfants / attendre / le soir / pour ouvrir leur courrier *(mail)*

   LA DIRECTRICE: ______________________________

   LE MONITEUR: ______________________________

10. les enfants / se coucher / à 20h00

    LA DIRECTRICE: ______________________________

    LE MONITEUR: ______________________________

3. Pour aider votre ami(e) à cesser de fumer. Votre meilleur(e) ami(e) veut arrêter de fumer. Pour chaque méthode que vous lui proposerez il/elle trouvera une excuse pour ne pas l'essayer. Il/Elle commencera toutes ses réponses avec **Si…**

Modèle: Arrête de fumer.
Si j'arrête de fumer, je grossirai.

1. Ne fréquente pas de fumeurs.

   ____

2. Ne garde pas de cigarettes à la maison.

   ____

3. Abstiens-toi de fumer dans la voiture.

   ____

4. Mords (***mordre*** = *to bite*) tes crayons.

   ____

5. Attends trois heures avant de reprendre une cigarette.

____

6. Ne bois pas de café.

____

7. Choisis de manger dans des restaurants, pas dans des bars.

____

8. N'emporte pas de cigarettes quand tu sors le soir.

____

4. **Merci, Roby!** Nous sommes en 2075 et vous avez un robot comme domestique *(servant)*. Cependant, Roby ne parle pas toujours logiquement. S'il crée une phrase qui est correcte et logique, il faut le remercier *(thank him)*. Si sa phrase n'est pas logique, il faut la corriger. Jouez les deux rôles.

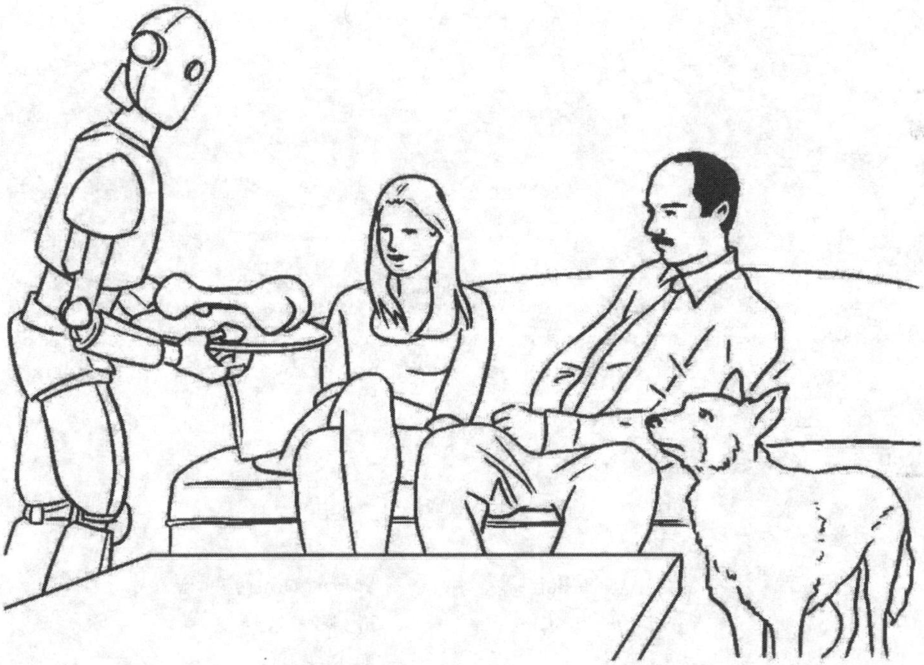

Modèles:

ROBY:	**Quand les invités partiront, je prendrai leurs manteaux.**
SON EMPLOYEUR:	**Non, Roby, quand les invités *arriveront,* vous prendrez leurs manteaux.**
ROBY:	**Quand les invités partiront, je leur ferai la bise.**
SON EMPLOYEUR:	**Non, Roby, quand les invités partiront, vous leur *direz au revoir.***
ROBY:	**Quand les enfants le voudront, je les emmènerai au cinéma.**
SON EMPLOYEUR:	**C'est bien. Merci, Roby.**

quand	vous	rentrer	je	(m', vous, le, la, les) emmener au cinéma
lorsque	votre mari / votre femme	partir	vous	(me, vous, lui, leur) donner un os *(bone)*
aussitôt que	la maison	téléphoner	il/elle/ils	(m', vous, lui, leur) offrir un apéritif
dès que	les enfants	être prêt(e)(s)		(me, vous, lui, leur) donner un bain
	le chien	vouloir		prendre un message
	les invités	arriver		(me, vous, le, la, les) promener
		avoir sommeil		changer (mes, vos, ses, leurs) draps *(sheets)*
		avoir faim		servir le dîner
		être sale(s)		(me, vous, le, la, les) coucher
				prendre (mon, son, votre, leur[s]) manteau(x)
				(vous, lui, leur) faire la bise
				passer l'aspirateur *(to vacuum)*
				mettre (mon, votre, son, leur[s]) pyjama(s)
				débarrasser *(to clear)* la table

5. À l'avenir… ***(In the future . . .)*** Essayez d'imaginer l'an 2075 et de prédire *(to predict)* certains changements qui auront déjà eu lieu avant cette année-là. Faites des prédictions dans différentes catégories et utilisez un verbe différent **(au futur)** dans chaque phrase.

Catégories:

éducation	France	exploration de l'espace
famille	écologie	travail
arts	économie	inventions
culture populaire	rapports entre les sexes	société
mode *(fashion)*	santé	droit *(law)*
politique	médecine	religion etc. (Ajoutez d'autres catégories de votre choix.)
États-Unis	science	

Modèles: (*mode:*) **En l'an 2075 les hommes porteront des jupes et des robes s'ils le veulent.**
(*travail:*) **Presque tout le monde travaillera à domicile en utilisant son ordinateur.**

1. ______________________________

2. ______________________________

3. ______________________________

4. ______________________________

5. ______________________________

6. ______________________________

6. Adieu, je pars. Regardez la bande dessinée *(cartoon),* et décrivez les événements qui auront lieu *(will take place)* en utilisant des conjonctions comme **quand, lorsque, dès que, aussitôt que,** et **après que,** et en employant dans chaque phrase un verbe au **futur antérieur** et un verbe au **futur** simple.

Modèle: ouvrir la porte / entrer dans la maison
Quand il *aura ouvert* la porte, il *entrera* dans la maison.

1. entrer dans la maison / voir l'enveloppe

____

2. ouvrir l'enveloppe / lire la lettre

____

3. lire la lettre / sauter de joie

___

4. boire du champagne et fumer un cigare / préparer le dîner

___

5. dîner / faire la vaisselle

___

6. faire la vaisselle / passer l'aspirateur

___

7. se brosser les dents / se coucher

___

8. se coucher / commencer à pleurer

___

7. Ne vous inquiétez pas… *(Don't worry . . .)* Vous invitez des amis à venir passer le week-end avec vous dans la vieille maison que vous retapez *(are restoring)*. Vous leur montrez des photos de la maison. Ils remarquent qu'elle est toujours dans un très mauvais état *(bad shape)* et qu'elle a l'air sinistre. Vous essayez de les rassurer.

Modèle: — Mais, il n'y a pas de tapis *(rugs)*! (mettre des tapis)
— **Ne vous inquiétez pas! Quand vous viendrez, nous aurons mis des tapis.**

1. — Mais, il n'y a pas de tableaux aux murs! (mettre des tableaux)

— ___

2. — Mais, il n'y a pas de toilettes à l'intérieur! (installer des toilettes)

— ___

3. — Mais, il y a des gros trous *(holes)* dans le plancher *(floor)*! (réparer les trous)

— ______________________________

4. — Mais, il y a des ordures *(garbage)* partout! (sortir les ordures)

— ______________________________

5. — Mais, il y a des marches *(steps)* qui manquent dans l'escalier! (construire un nouvel escalier)

— ______________________________

6. — Mais, le toit *(roof)* n'est qu'à moitié fini! (finir le toit)

— ______________________________

7. — Mais, il y a des insectes et des chauve-souris *(bats)* partout! (désinfecter la maison)

— ______________________________

8. — Mais, le grenier *(attic)* est plein d'oiseaux morts! (enlever les oiseaux)

— ______________________________

9. — Mais il y a des taches de sang *(bloodstains)* partout! (nettoyer les taches de sang)

— ______________________________

10. — Mais, il y a un cadavre au sous-sol! (enterrer *[to bury]* le cadavre)

— ______________________________

8. Quand est-ce que vous… ? Expliquez quand vous ferez les choses suivantes. Utilisez le **futur simple** et le **futur antérieur** dans chaque réponse.

Modèle: — Quand est-ce que vous choisirez une carrière?
— Je choisirai une carrière quand j'aurai fait un ou deux stages *(internships).*

1. — Quand est-ce que vous ferez vos devoirs ce week-end?

— ______________________________

2. — Quand est-ce que vous ferez un long voyage?

— ______________________________

3. — Quand est-ce que vous lirez pour le plaisir?

— ______________________________

4. — Quand est-ce que vous aurez une famille?

— ______________________________

5. — Quand est-ce que vous achèterez une maison?

— ______________________________

6. — Quand est-ce que vous obtiendrez un poste permanent?

— ______________________________

9. **De bonnes résolutions.** On peut prendre de bonnes résolutions à n'importe quel moment de l'année!

a. Que ferez-vous pour être en meilleure santé?

Modèle: **Je dormirai plus.**

1. ______________________________

2 ______________________________

3. ______________________________

4. ______________________________

5. ______________________________

b. Maintenant, choisissez trois des résolutions que vous avez prises et dites *quand* vous les mettrez en pratique.

Modèle: **Je dormirai plus quand j'aurai fini mes examens.**

6. ______________________________

7. ______________________________

8. ______________________________

10. **La prochaine fois...** ***(Next time . . .)*** Écrivez un petit paragraphe sur le sujet suivant. Utilisez le **futur**! Écrivez sur une autre feuille de papier.

Pensez à une «erreur» que vous avez faite dans le passé (vous avez écrit une très mauvaise dissertation pour un cours important, vous vous êtes disputé[e] avec un[e] ami[e], etc.). Que ferez-vous différemment la prochaine fois?

III. Le conditionnel

Grammar Podcasts, Grammar Modules

Verb tenses such as the **présent,** the **passé composé,** the **imparfait,** the **plus-que-parfait,** the **passé simple,** the **futur,** and the **futur antérieur** all belong to a class of tenses called the *indicative mood,* because they express actions that actually are happening, actually did happen, or actually will happen. The *conditional mood* generally expresses actions that are only possible, or hypothetical, and that are often predicated on a condition (either explicitly stated or implied). The conditional mood has two tenses in French: the **présent du conditionnel,** which generally indicates "what *would happen* (if) . . . ," and the **passé du conditionnel,** which generally indicates "what *would have happened* (if) . . . " Other uses of the conditional are explained below.

A. Le présent du conditionnel

1. Formation du présent du conditionnel

- The **présent du conditionnel** is formed by adding the endings **-ais, -ais, -ait, -ions, -iez,** and **-aient** to the same stem that is used for the future, which for verbs ending in **-er** or **-ir** is the infinitive. (Verbs ending in **-re** drop the final **e** before the ending is added.)

aimer		finir		attendre	
j'	aimer**ais**	je	finir**ais**	j'	attendr**ais**
tu	aimer**ais**	tu	finir**ais**	tu	attendr**ais**
il/elle/on	aimer**ait**	il/elle/on	finir**ait**	il/elle/on	attendr**ait**
nous	aimer**ions**	nous	finir**ions**	nous	attendr**ions**
vous	aimer**iez**	vous	finir**iez**	vous	attendr**iez**
ils/elles	aimer**aient**	ils/elles	finir**aient**	ils/elles	attendr**aient**

The irregular stems of the **futur** are also used to form the **présent du conditionnel.**

La loi **devrait**-elle défendre les droits de la communauté ou ceux de l'individu? — *Should the law defend the rights of the community or those of the individual?*

Auriez-vous une idée sur la question? — *Might you have an idea on this issue?*

Si j'étais toi, **je serais** fâché. — *If I were you, I'd be angry.*

Il **ferait** tout son possible pour m'embêter. — *He'd do anything he could to annoy me.*

You will note that these endings are the same as the endings used to form the **imparfait**. You can tell the difference between the **imparfait** and the **conditionnel**, though, because their stems are different.

je **parl**ais *(imparfait)* — je **parler**ais *(conditionnel)*

elle **ét**ait *(imparfait)* — elle **ser**ait *(conditionnel)*

2. Usage du présent du conditionnel

The **présent du conditionnel** is used in French:

- To *soften* a statement or make a request *more polite*.

  Je **voudrais** des cachets d'aspirine, s'il vous plaît. *I'd like some aspirin, please.*

- To *express a doubt,* or to repeat a "fact" you have not verified yourself.

  Cet étudiant ne peut pas passer l'examen *(to take the test)* parce qu'il **serait** malade.

  That student can't take the test because he's sick allegedly.

  (Note that in French, the use of the conditional (**serait**) is all it takes to indicate skepticism— the speaker isn't convinced the student is really sick.)

- To express *a future within a past tense context.*

  Il est né dans un petit village. Qui aurait cru qu'un jour il **vivrait** à Paris?

  *He was born in a small village. Who would have believed that one day he **would live** in Paris?*

- *After an adverbial phrase of condition* such as **au cas où**, **dans le cas où** *(in case)*, **à ta place** *(if I were you)*, **dans l'hypothèse où**, etc. In English, we would not always use the conditional in such sentences, but in French it is required.

  Je vais prendre mon parapluie, au cas où il **pleuvrait.**

  *I will take my umbrella in case it **rains.***

  À ta place, je lui **achèterais** un cadeau.

  *If I were you, I **would buy** her a gift.*

- To *express the hypothetical outcome* in a **si clause** when **si** is followed by the **imparfait.**

  Si j'**arrêtais** de fumer, j'**aurais** les poumons propres.

  (imparfait) *(conditionnel)*

  *If I **stopped** smoking, I **would have** clean lungs.*

B. Le passé du conditionnel

1. Formation du passé du conditionnel

The **passé du conditionnel** is formed very much like the **passé composé** and the **futur antérieur,** except that the auxiliary verb **(avoir, être)** is in the **présent du conditionnel.**

J'**ai fini** mon travail. *(passé composé)*	J'**aurais** fini mon travail. *(passé du conditionnel)*
*I **finished** my work.*	*I **would have finished** my work (if . . .).*
Elle **s'est couchée**. *(passé composé)*	Elle **se serait couchée**. *(passé du conditionnel)*
*She **went to bed**.*	*She **would have gone to bed** (if . . .).*

téléphoner			**partir**			**se lever**			
to telephone, call			*to leave*			*to get up*			
j'	aurais	téléphoné	je	serais	parti(e)	je	me	serais	levé(e)
tu	aurais	téléphoné	tu	serais	parti(e)	tu	te	serais	levé(e)
il	aurait	téléphoné	il	serait	parti	il	se	serait	levé
elle	aurait	téléphoné	elle	serait	partie	elle	se	serait	levée
on	aurait	téléphoné	on	serait	parti(e)(s)	on	se	serait	levé(e)(s)
nous	aurions	téléphoné	nous	serions	parti(e)s	nous	nous	serions	levé(e)s
vous	auriez	téléphoné	vous	seriez	parti(e)(s)	vous	vous	seriez	levé(e)(s)
ils	auraient	téléphoné	ils	seraient	partis	ils	se	seraient	levés
elles	auraient	téléphoné	elles	seraient	parties	elles	se	seraient	levées

2. Usage du passé du conditionnel

The **passé du conditionnel** is used:

- To express *extreme* politeness

Je veux voir... *(politely neutral)*	Je voudrais voir... *(polite)*	J'**aurais voulu** voir le docteur. *(very polite)*

  (*Note*: This is a common feature of "politeness" in most languages: The longer the utterance, the more polite it is perceived to be.)

- With **si** *(if)* clauses when the main clause is in the **plus-que-parfait.**

  Si tu **étais venue,** nous **nous serions** bien **amusés.**

  *(If you **had come**, we **would have had** a good time.)*

  (plus-que-parfait) *(passé du conditionnel)*

Temps du verbe après *si*	Temps du verbe dans l'autre proposition de la phrase
présent Si les enfants **mangent** des produits laitiers *(milk products)*…	**futur** …ils **auront** des os *(bones)* solides, grâce au calcium.
présent Si tu **penses** que tu couves *(are coming down with)* un rhume…	**impératif** …**prends** de la vitamine C.
présent Si je ne **dors** pas assez…	**présent** …je **tombe** plus facilement malade.
imparfait Si vous **vouliez** vraiment être en bonne santé…	**conditionnel** …vous ne **mangeriez** pas autant de sucre et de matière grasse.
plus-que-parfait Si ma grand-mère **avait fait** plus d'exercice physique quand elle était jeune…	**passé du conditionnel** …elle **aurait eu** moins de problèmes de santé en vieillissant.
plus-que-parfait Si tu **avais mangé** plus d'aliments riches en fer *(iron)*…	**présent du conditionnel** …tu ne **serais** pas anémique maintenant.

Exercices

11. S'il vous plaît! Vous organisez une fête, mais vous demandez de l'aide à d'autres personnes. Posez les questions suivantes avec le verbe en italique au **conditionnel,** pour adoucir votre requête.

Modèle: Tu peux *prendre* les gâteaux à la boulangerie?
Tu me prendrais les gâteaux à la boulangerie?

1. Est-ce que tu me *prêtes* des CD?

____

2. *Pouvez*-vous nous donner 100 euros pour acheter du vin?

____

3. Veulent-elles nous *aider* à faire le ménage?

____

4. Votre sœur peut-elle *envoyer* les invitations pour moi?

____

5. Est-ce qu'ils nous *achètent* quelques bouquets de fleurs?

____

6. Veux-tu *faire* une salade pour le dîner?

____

7. Je *veux* vous demander quelques autres petits services *(favors).*

____

8. Vous vous *occupez* des manteaux des invités?

____

12. À ta place... *(If I were you . . .)* Votre meilleur(e) ami(e) vous demande des conseils. Commencez chaque phrase avec l'expression **À ta place...** et ajoutez des commentaires pour justifier vos réponses.

Modèle: Il fait beau. Est-ce que je dois déjeuner dans le jardin ou faire un pique-nique à la campagne?
À ta place, je ferais un pique-nique à la campagne. Ce serait bien de respirer de l'air pur.
(ou:) **À ta place, je déjeunerais dans le jardin. Les fleurs sont magnifiques et il faut en profiter.**

1. J'ai un peu d'argent. Est-ce que je dois faire un beau voyage ou acheter une voiture?

____

____

2. Je dois demander de l'argent à ma mère. Dois-je lui écrire une lettre, aller la voir ou lui téléphoner?

____

____

3. Je suis en colère contre mon ami Paul. Est-ce que je dois essayer de lui parler maintenant ou attendre d'être plus calme?

____

____

4. Je voudrais apprendre l'espagnol très vite. Est-ce que je dois faire un séjour en Espagne ou prendre des cours particuliers *(private language lessons)?*

____

____

5. Je n'ai aucun projet pour dimanche prochain. Est-ce que je dois étudier mon français, regarder un film ou lire un bon livre?

____

____

6. Je n'aime pas beaucoup mon travail. Est-ce que je dois chercher un autre travail ou reprendre mes études *(to go back to school)?*

____

____

7. Mes colocataires *(roommates)* sont très désordonné(e)s *(messy)*. Est-ce que je dois avoir une conversation sérieuse avec eux/elles ou choisir d'autres colocataires?

____

____

8. Mon frère a besoin de mon aide ce soir. Est-ce que je dois l'aider ou est-ce que je peux sortir avec mes amis?

____

____

9. Je n'ai pas assez d'argent. Je résilie mon assurance voiture *(car insurance)* ou je vends ma voiture?

____

____

10. Depuis les dernières vacances, j'ai beaucoup grossi *(put on weight)*. Est-ce que je dois suivre un régime *(to go on a diet)* ou faire du sport?

____

____

13. La mère poule *(The overprotective mother)*. Votre mère vous donne constamment des conseils dont vous n'avez pas besoin. Complétez ses phrases en utilisant le conditionnel et l'expression **au cas où.**

Modèle: Mets des sous-vêtements propres…
au cas où tu aurais un accident de voiture et que tu serais transporté(e) à l'hôpital.

1. Prends ce parapluie…

____

2. Emporte ton téléphone portable…

____

3. N'oublie pas ton portefeuille *(wallet)*…

____

4. Habille-toi de façon plus élégante…

____

5. Prends un pull-over…

____

6. Je t'ai fait un sandwich…

7. Tu ne veux pas emporter un livre avec toi…

8. Fais une liste de tout ce que tu dois acheter…

14. Imaginez! Écrivez un petit paragraphe sur un des sujets hypothétiques suivants. Utilisez le **conditionnel!**

a. Si j'étais président(e)… Si vous étiez président(e) des États-Unis, que feriez-vous? Pourquoi? Expliquez.

b. Si j'étais un animal… Si vous étiez un animal, quel animal seriez-vous? Pourquoi? À quoi ressembleriez-vous *(What would you look like)*, que mangeriez-vous, que feriez-vous pendant la journée… ?

15. Quel feuilleton...! *(What a soap opera...!)* Adeline parle à sa meilleure amie Lilou, qui pleure en lui expliquant ce qui lui est arrivé. Lisez ce qu'elle a fait et dites si vous auriez fait pareil. Sinon, dites ce que vous auriez fait différemment.

Modèle: Lilou a vu son copain *(boyfriend)* Julien embrasser une autre fille.
Elle s'est mise à *(started to)* pleurer.
Moi aussi, je me serais mis(e) à pleurer.
(ou:) **Moi, je serais resté(e) calme mais je serais parti(e) tout de suite.**

1. Elle a confronté Julien au milieu du centre commercial.

2. Elle s'est mise en colère devant tout le monde.

3. Elle a donné une gifle à *(slapped)* Julien.

4. Elle a posé des questions personnelles à l'autre fille.

5. Elle a plaqué *(dumped)* Julien avant qu'il puisse se défendre.

6. Elle est rentrée chez elle.

7. Elle s'est enfermée *(locked herself)* dans sa chambre.

8. Elle a refusé de répondre aux questions de sa mère qui s'inquiétait.

9. Elle a éteint *(turned off)* son portable.

10. Elle a enfin décidé de sortir avec ses amis pour l'oublier.

16. Blanche-Neige... autrement. Dans l'histoire de Blanche-Neige, les événements auraient pu se passer autrement *(could have happened differently)*. Complétez les phrases suivantes avec la forme correcte du **passé du conditionnel.** Attention à l'accord du participe passé.

1. LE ROI: Si j'avais su que la reine était si méchante, je ne l(a) ____________________ (pas / épouser).
2. LE MIROIR: Si la reine ne m'avait pas demandé qui était la plus belle, elle n(e) ____________________ (jamais / apprendre) que Blanche-Neige était toujours vivante *(still alive)*.
3. LES NAINS: Quelqu'un ____________________ (rester) tout le temps à la maison avec Blanche-Neige, si nous avions su que la cruelle reine viendrait chez nous.
4. BLANCHE-NEIGE: Si j'avais reconnu la reine qui était déguisée en vieille femme, elle ne(n') ____________________ (pas / réussir) à entrer chez nous.
5. LA REINE: Blanche-Neige n(e) ____________________ (pas / mordre) dans la pomme si elle avait su qu'elle était empoisonnée.
6. LES NAINS: Si nous avions su que Blanche-Neige était toujours vivante, nous ne l(a) ____________________ (pas / mettre) dans un cercueil en verre *(glass coffin)*.
7. LE PRINCE: Si un de mes serviteurs n'avait pas trébuché *(stumbled)* en portant le cercueil, le morceau de pomme empoisonnée ____________________ (rester) dans la gorge *(throat)* de Blanche-Neige et elle ne ____________________ (jamais / revenir) à elle.
8. LES NAINS: Si elle ne s'était pas réveillée *(awakened)*, Blanche-Neige et son prince ne ____________________ (pas / se marier).
9. LE PRINCE: Cette histoire n(e) ____________________ (pas / avoir) une fin heureuse si Blanche-Neige et moi ne nous étions pas mariés.
10. LES ÉTUDIANTS: Si nous n'avions pas étudié le passé du conditionnel, nous n(e) ____________________ (pas / pouvoir) faire cet exercice!

17. D'autres scénarios possibles. Proposez d'autres scénarios pour les situations suivantes. Utilisez le **plus-que-parfait** et le **passé du conditionnel** quand c'est approprié.

a. Faites une liste d'événements qui — si les choses s'étaient passées différemment — auraient changé votre vie. (Exemple: **Si mes parents ne s'étaient pas rencontrés, je ne serais pas né[e].**)

b. Paul a passé une année en France. Il a parlé anglais tout le temps, il a passé tout son temps avec d'autres Américains et il est souvent resté dans sa chambre à lire et à écrire à sa copine. Si vous aviez passé l'année dernière en France, qu'est-ce que vous auriez fait pour profiter au maximum de cette expérience? (Exemple: **Moi à sa place, j'aurais essayé de parler français. Je n'aurais *pas*…**)

18. Réunion de famille. Une famille se réunit pour une fête. Dans chaque phrase, mettez le verbe entre parenthèses à la forme convenable. Attention: Les verbes peuvent être au **présent,** au **futur,** à l'**imparfait,** au **conditionnel,** au **plus-que-parfait,** au **passé du conditionnel,** au **futur antérieur** ou à l'**impératif.**

1. Quand tu seras grand, est-ce que tu ________________ (faire) des gâteaux pour tes enfants?
2. Si vous ________________ (ne / pas aller) à tous leurs concerts quand ils étaient petits, vos enfants n'auraient probablement pas continué à faire de la musique.
3. Tu ________________ (savoir) expliquer cela à tes propres enfants si tu fais attention maintenant.
4. Si nous avions eu plus d'argent quand nous étions jeunes, nous ________________ (offrir) plus de cadeaux à nos enfants.
5. Si j'avais des enfants, je ne leur ________________ (permettre) pas de conduire ma voiture.
6. Aussitôt que mes enfants ________________ (commencer) l'école, je chercherai un poste à plein temps.
7. Si vous ne voulez pas que vos enfants se droguent, ________________ (parler)-leur des risques pour la santé.
8. L'oncle Paul ne serait pas écrivain aujourd'hui s'il ________________ (ne / pas lire) autant de livres quand il était enfant.
9. Si ma nièce ________________ (pouvoir) apprendre à parler français, je l'inviterai à faire un voyage en France avec moi.
10. Nous ________________ (réussir) mieux à l'école si Papa et toi, vous nous aidiez à faire nos devoirs.

19. Ça m'étonnerait! *(I find that hard to believe!)* Citez (ou inventez) quelques rumeurs ou croyances *(beliefs)* bizarres, mais utilisez le **conditionnel** (**présent** ou **passé**) pour montrer que vous n'êtes pas sûr(e) d'y croire.

Modèle: **La lune** serait **faite de fromage vert.** *(The moon is [supposedly] made of green cheese.)* **On *aurait capturé* des extraterrestres à la Zone 51** *(Aliens were [allegedly] captured in Area 51).*

1. ____
2. ____
3. ____
4. ____
5. ____

IV. Le discours indirect

When you quote someone directly, you use the same words, including the verb tenses, that the speaker did.

(*Dorothy is speaking*:) "My friends and I are off to see the Wizard right now!" If you were to quote her directly, you would simply say, "Dorothy said: 'My friends and I are off to see the Wizard right now.'"

If you were to quote her indirectly, however, summarizing what she said, you'd change certain verbs and other words in the sentence and say: "Dorothy said *that she and her friends were off* to see the Wizard *right then*."

Verb tenses are the most common thing that usually needs to be changed to convert direct speech (direct quotes) into indirect discourse. They follow the same basic pattern of changes that they do in English. Study these examples to see which verb tenses change when speech is quoted indirectly. Note that some subject pronouns, possessives, and time expressions may also need to change.

Verb in direct speech	Verb in indirect speech ("reported speech")
présent: Il a dit: «J'ai faim.»	**imparfait:** Il a dit qu'il avait faim.
imparfait: Ils ont dit: «Nous étions fatigués.»	**imparfait:** Ils ont dit qu'ils étaient fatigués.
passé composé: Elle a dit: «J'ai fini mon travail.»	**plus-que-parfait:** Elle a dit qu'elle avait fini son travail.
plus-que-parfait: J'ai dit: «J'avais oublié son anniversaire.«	**plus-que-parfait:** J'ai dit que j'avais oublié son anniversaire.
futur: Nous avons dit: «Nous organiserons une fête pour ce soir.»	**conditionnel:** Nous avons dit que nous organiserions une fête pour ce soir-là.
futur antérieur: Tu as dit: «J'aurais bientôt fini le travail.»	**conditionnel passé:** Tu as dit que tu aurais bientôt fini le travail.
conditionnel: Elles ont dit: «Nous voudrions aller au cinéma ce soir.»	**conditionnel:** Elles ont dit qu'elles voudraient aller au cinéma ce soir-là.
conditionnel passé: Vous avez dit: «J'aurais pu arriver plus tôt!»	**conditionnel passé:** Vous avez dit que vous auriez pu arriver plus tôt.

20. Un conte édifiant. Complétez cette histoire en faisant les changements nécessaires dans les temps des verbes au discours indirect.

1. Frank dit: «Je **suis** multitâche!»

   Frank a dit qu'il ______________________ multitâche.

2. Frank dit: «Je **vais composer** ce texto en roulant vite *(driving fast)*.

   Frank a dit qu'il ______________________ un texto en roulant.

3. Frank dit: «Comme ça, **j'arriverai** plus vite chez mes amis.»

   Frank a dit que comme ça il ______________________ plus vite chez ses amis.

4. Frank dit: «Je **suis parti** en retard.»

   Frank a dit qu'il ______________________ en retard.

5. Frank dit: «Et je **voudrais** être à l'heure pour la fête.»

   Frank a dit qu'il ______________________ être à l'heure pour la fête.

6. Frank dit: «Une fois que je **serai arrivé** chez mes amis…

   Frank a dit qu'une fois qu'il ______________________ chez ses amis…

BOUM! (*bruit d'un accident de voiture*)

7. Frank dit: «Une demi-heure plus tard, j'**étais** à l'hôpital!»

   Frank a dit qu'une demi-heure plus tard, il ______________________ à l'hôpital!

8. Frank dit: «Je **n'aurais pas dû** utiliser mon téléphone au volant *(behind the wheel).*

   Frank a dit qu'il n' ______________________ utiliser son téléphone au volant.

9. Frank dit: «Si je **n'avais pas mis** ma ceinture de sécurité, je **serais** gravement blessé!»

   Frank a dit que s(i) ______________________ sa ceinture de sécurité, il ______________________ gravement blessé.

21. Questions hypothétiques. Demandez à un(e) camarade de classe ce qu'il/elle ferait dans les circonstances indiquées. Écrivez ses réponses et présentez-les à la classe.

Modèle: Si ton père fumait?

Vous:	**Que ferais-tu si ton père fumait?**
Votre camarade de classe:	**Je lui demanderais d'arrêter de fumer.**
Vous (à la classe):	**Claire a dit qu'elle lui demanderait d'arrêter de fumer.**

1. Si tu n'étais pas prêt(e) à passer un examen très important?

   Vous: ____

   Votre camarade de classe: ______________________________

   Vous (à la classe): ___________________________________

2. Si une amie française voulait porter le voile islamique?

   Vous: ____

   Votre camarade de classe: ______________________________

   Vous (à la classe): ___________________________________

3. Si un(e) de tes amis était trop ivre *(drunk)* pour conduire?

   Vous: ____

   Votre camarade de classe: ______________________________

   Vous (à la classe): ___________________________________

4. Si tu pouvais recommencer tes études?

   Vous: ____

   Votre camarade de classe: ______________________________

   Vous (à la classe): ___________________________________

5. Si le service militaire était obligatoire pour tout le monde?

   Vous: ____

   Votre camarade de classe: ______________________________

   Vous (à la classe): ___________________________________

6. Si tu avais beaucoup plus de temps libre?

   Vous: ______________________________

   Votre camarade de classe: ______________________________

   Vous (à la classe): ______________________________

7. Si tu gagnais un million de dollars à la loterie?

   Vous: ______________________________

   Votre camarade de classe: ______________________________

   Vous (à la classe): ______________________________

8. Si tu voulais faire changer une loi?

   Vous: ______________________________

   Votre camarade de classe: ______________________________

   Vous (à la classe): ______________________________

9. Si tu voyais quelqu'un tricher *(to cheat)* pendant un examen?

   Vous: ______________________________

   Votre camarade de classe: ______________________________

   Vous (à la classe): ______________________________

10. Si tu voulais faire une bonne surprise à ton(ta) meilleur(e) ami(e)?

    Vous: ______________________________

    Votre camarade de classe: ______________________________

    Vous (à la classe): ______________________________

22. Visite présidentielle. Le président des États-Unis visite votre État pour sa campagne électorale. Votre ami(e) n'a pas pu aller le voir, alors vous lui rapportez les paroles du président sur votre portable, en faisant attention de bien respecter la concordance des temps.

Modèle: LE PRÉSIDENT: **Si je suis réélu, je changerai complètement le système de sécurité sociale.**
VOUS: **Le président a dit que s'il était réélu, il changerait complètement le système de sécurité sociale.**

1. LE PRÉSIDENT: Je défendrai encore plus les droits des opprimés *(oppressed)*.

   Vous : ______________________________

2. LE PRÉSIDENT: J'aurai changé les lois sur l'immigration avant la fin de mon mandat.

   Vous : ______________________________

3. LE PRÉSIDENT: J'irai sur les lieux de catastrophes naturelles aussitôt que possible.

   Vous : ______________________________

4. LE PRÉSIDENT: Mon équipe aura mis en place un nouveau projet de protection de l'environnement avant la fin de l'année.

   Vous : ______________________________

5. LE PRÉSIDENT: Les électeurs comprendront qu'ils doivent me réélire après avoir regardé le débat télévisé de jeudi prochain.

   Vous : ______________________________

6. Le président: Mon adversaire ne fera aucun effort pour clarifier sa plateforme électorale d'ici-là *(between now and then)*.

   Vous : ______________________________

7. Le président: Les membres de l'opposition perdront beaucoup de sièges au Congrès.

   Vous : ______________________________

8. Le président: Vous serez ravis de m'accorder un second mandat!

   Vous : ______________________________

23. Erreur! On fait depuis toujours des prédictions sur le passé qui s'avèrent *(turn out to be)* fausses. Complétez les phrases suivantes en ajoutant la forme correcte du verbe au **conditionnel** pour exprimer le futur dans le passé.

Utilisez le **présent du conditionnel.**

1. L'hebdomadaire *U.S. News and World Report* a annoncé en 1969 qu'un jour, chaque famille ____________________ (posséder) quatre ou cinq voitures.
2. Mais en 1970, le magazine *Life* a prétendu *(claimed)* qu'à l'avenir, toutes les familles ____________________ (se déplacer) en hélicoptère plutôt qu'en voiture.
3. En 1969, deux professeurs américains ont dit que tous les enfants ____________________ (commencer) l'école à l'âge de 2 ans.
4. Le scientifique et mathématicien Desmond King-Hele pensait que, dès les années 1990, on ____________________ (pouvoir) acheter des téléviseurs qui ____________________ (diffuser) leurs émissions en trois dimensions, avec des odeurs, des goûts et des sensations tactiles.

Utilisez le **passé du conditionnel.**

5. En 1901, Wilbur Wright a dit à son frère Orville que les hommes ____________________ (ne / pas réussir) à voler *(to fly)* avant l'an 2001.
6. Edward Welsh, l'ancien secrétaire général de la NASA, a prédit qu'on ____________________ (construire) au moins une station permanente sur la lune vers l'an 1982.
7. En 1964, le Révérend Billy Graham a prédit que le public ____________________ (bientôt / oublier) les Beatles.
8. En 1990, John Elfreth Watkins, Jr., a dit qu'avant l'an 2001, les lettres C, X et Q ____________________ (disparaître) de l'alphabet.

Et vous? Qu'est-ce qu'on disait à propos de *vous* quand vous étiez petit(e)? Est-ce que ces prédictions se sont réalisées?

Modèle: **Quand j'étais petite, tout le monde pensait que je deviendrais scientifique, mais je préfère les langues étrangères et la littérature. Je me spécialise en français. On a dit aussi que je serais très grande, et c'est vrai. Je suis aussi grande que mon père.**

À l'écoute!

Sous le voile… le racisme! En France récemment, on parle beaucoup de ces élèves musulmanes qui veulent porter le foulard islamique à l'école. Le ministère de l'Éducation nationale a interdit cela au nom de la séparation entre l'Église et l'État. Écoutez le texte suivant dans lequel une jeune Française exprime ses opinions sur cette question. Ensuite, répondez aux questions.

Vocabulaire utile

franchir le pas	*cross the threshold*
les rejetons	*offspring*
user leur fond de culottes	*are educated*
sur les bancs	*on the benches*
egale	*equals*
écarter	*to separate*
celles dont (here)	*those women for whom*
priver de savoir	*to deprive of knowledge*
à sens unique	*one-sided*
qui consiste … à restreindre	*consists of limiting*
tenue vestimentaire	*clothing*

Première écoute

1. Comptez le nombre de fois où les mots «laïque» *(secular)* et «laïcité» *(secularism)* apparaissent dans ce texte. laïque _____ laïcité _____
2. Comptez le nombre de fois où vous entendez les mots «intégriste» *(fundamentalist)* et «intégrisme» *(fundamentalism)*. intégriste _____ intégrisme _____
3. La jeune Française pense que l'interdiction du foulard n'a pas été faite par souci de laïcité, mais plutôt pour des raisons ______________________.
4. La jeune Française a dit que pour bien des Français, le mot «musulman» était un synonyme d(e) ______________________.
5. Elle a dit: «Si l'on tolère ______________________ et kippa *(le chapeau que portent les garçons juifs)*, alors acceptons le foulard.»

Deuxième écoute

1. Le ton de ce texte est plutôt…
   a. critique et/ou sarcastique
   b. calme et philosophique
   c. amusé et amusant
2. Pour la jeune Française qui parle le problème n'est pas vraiment qu'on ait interdit le foulard en France, mais plutôt que ______________________________________.
3. Elle trouve amusant que certaines personnes qui défendent passionnément la laïcité envoient leurs enfants ______________________________________.
4. Le cri de ceux qui décrient l'intrusion d'un symbole religieux comme le foulard dans les écoles est: «C'est ______________________________________!»

Troisième écoute

1. La jeune Française suggère qu'on voit souvent les mêmes réactions quand une jeune fille portant un foulard arrive dans une école publique française. Citez une expression qu'elle utilise pour désigner la fréquence ou la longévité de ces réactions.

 ____

2. Pour elle, la laïcité n'est pas vraiment une question de vêtements, mais plutôt une question de (d') ____.

3. Selon elle qu'est-ce qui arrive si on exclut les jeunes filles musulmanes des écoles publiques françaises? Pourquoi est-ce qu'elle trouve cela si dommage?

 ____

 ____

4. La jeune Française utilise deux ou trois expressions qui sont particulièrement bien trouvées pour parler de ce sujet. Expliquez pourquoi les deux expressions suivantes sont amusantes:

 «un racisme… voilé»

 «les intégristes de la laïcité»

Atelier d'écriture

I. Le but: Rédiger un devoir d'à peu près 300 mots.

II. Le sujet: Comment décider d'une politique générale quand les désirs de certains individus semblent aller à l'encontre du (*go against, run counter to*) bien collectif? Prenons le cas de certains parents qui ne veulent pas faire vacciner leurs enfants contre les maladies infantiles, par peur des effets indésirables.

III. Élaboration du sujet: Aux États-Unis, on a presque vu l'élimination de plusieurs maladies infantiles, telles la varicelle (*chicken pox*), la rougeole (*measles*), les oreillons (*mumps*), la rubéole (*German measles*), la polio, la coqueluche (*whooping cough*). Mais petit à petit, certaines maladies commencent à réapparaître, en partie parce que certains parents refusent de faire vacciner leurs enfants. Les effets dévastateurs de ces maladies ont disparu de la mémoire collective de la société, ce qui suggère que nous sommes de nouveau vulnérables à des épidémies qui pourraient aujourd'hui être prévenues. Jusqu'à présent, la résistance à la vaccination de la part de certaines familles est plutôt marginale (environ 3%), mais elle peut atteindre jusqu'à 20% dans certaines régions. Pourtant, la question s'impose: que faire si certains parents refusent de faire vacciner leurs enfants? Comment peser les arguments en faveur des droits de l'individu contre ceux qui visent à privilégier le bien collectif?

IV. Pratique de vocabulaire. Utilisez six des expressions ou mots suivants dans une phrase complète qui parle de la controverse des vaccinations.

avoir le droit de	prévention (f.)
épidémie (f.)	protéger (contre) / protection (f.)
être responsable de	rendre obligatoire / exiger
nuisible (*harmful*)	risque (m.) (de)
prendre une décision	transmettre (une maladie)

1. ____
2. ____
3. ____

4. ______________________________

5. ______________________________

6. ______________________________

V. Effets indésirables. Faites quelques recherches en ligne afin de savoir quels sont les effets indésirables (appelés aussi «effets secondaires») de certaines vaccinations, et essayez de déterminer si ces effets sont fréquents ou rares.

____

____

____

____

VI. «Ce n'est pas évident… ». Répondez aux questions suivantes pour vous aider à préparer votre devoir. Attention aux temps et aux modes des verbes, surtout dans les phrases avec **si**.

1. Si vous étiez parent, auriez-vous peur des effets indésirables des vaccinations?

   ____

2. Comment réagiriez-vous si l'Etat vous refusait le droit de prendre des décisions au sujet de vos propres enfants?

   ____

3. Si on permet aux parents de ne pas faire vacciner leurs enfants, quelles pourront en être les conséquences?

   ____

4. Que feront les parents si on interdit à leurs enfants d'aller à l'école publique sans être vaccinés?

   ____

5. Que diriez-vous à des parents qui refusent de faire vacciner leurs enfants?

   ____

6. Est-ce que l'Etat devrait pouvoir punir les parents qui refusent de faire vacciner leurs enfants? Comment? (Quelles devraient être les conséquences d'un tel refus?)

   ____

7. Jusqu'à quel point la loi peut-elle aller sans dénier les droits des parents?

   ____

VII. Écrivez un premier brouillon de votre devoir dans lequel vous (1) expliquez les avantages de la vaccination, tels que vous les voyez, ainsi que les risques entraînés par le refus de certaines personnes de faire vacciner leurs enfants (2) expliquez le point de vue des parents qui hésitent à faire vacciner leurs enfants, et (3) suggérez quelles démarches il faudrait commencer à suivre pour résoudre ce dilemme.

VIII. Au travail!

6 Le subjonctif

Sommaire

www.cengagebrain.com

I. Le subjonctif présent

Thus far, most of the verb forms we have reviewed express facts, certainty, and reality and therefore are a part of the large class of tenses called collectively the *indicative mood*. In this chapter, we will examine a smaller class of tenses called the *subjunctive mood*. These tenses are used to express doubt, wishes, desires, obligation, emotion, necessity, and also are used in other subjective or hypothetical situations. The two main subjunctive tenses are the **présent du subjonctif** and the **passé du subjonctif.** The subjunctive mood has other tenses, which are found mostly in literary works written in past centuries and which will not be discussed in this chapter.

A. Formation du présent du subjonctif

Grammar Podcasts, Grammar Modules

1. La construction du subjonctif

The subjunctive needs to be "triggered" by a phrase (or "main clause") establishing the context of doubt, desire, emotion, necessity, or other "subjective" states. The verb in the subjunctive occurs in what is called a "dependent clause," introduced by a conjunction (usually **que**).

Main clause: necessity		*Dependent clause: subjunctive*
Il faut	**que**	tu **comprennes** la politique étrangère des États-Unis.
It's necessary	***that***	*you* ***understand*** *U.S. foreign policy.*
Main clause: emotion		*Dependent clause: subjunctive*
Les ouvriers ont peur	**que**	les conséquences de la mondialisation **soient** graves.
The workers are afraid	***(that)***	*the consequences of globalization* ***will be*** *serious.*

Remarque: Remember that there are only two commonly used tenses for the subjunctive (le **présent du subjonctif** and le **passé du subjonctif**). In the last example above, the idea of the future *(will be)* is expressed by simply using the present subjunctive **(soient).**

Remarque: In a few instances, the main clause that "triggers" the subjunctive is *understood,* but not *stated*, and the sentence begins with the "dependent" clause introduced by **que** and containing a verb in the subjunctive:

Que Dieu vous **bénisse!** *(May God bless you!)*

The "understood" clause is on the order of "We wish that . . .", or "May it come to pass that . . ."
You will see examples of subjunctive phrases beginning with **que** in Exercise 1, below.

2. Les formes régulières du subjonctif

As with other regular verb forms, a set of endings is added to a stem to form the subjunctive. To create the present subjunctive forms of most verbs, take the third person plural form of the present indicative (**ils/elles**) and replace the **-ent** ending with the subjunctive endings: **-e, -es, -e, -ions, -iez, -ent.** Examine these illustrative conjugations.

	parler	**finir**	**descendre**	**se réveiller**
stem	**parl-**	**finiss-**	**descend-**	**se réveill-**
que je	parl**e**	finiss**e**	descend**e**	me réveill**e**
que tu	parl**es**	finiss**es**	descend**es**	te réveill**es**
qu'il/elle/on	parl**e**	finiss**e**	descend**e**	se réveill**e**
que nous	parl**ions**	finiss**ions**	descend**ions**	nous réveill**ions**
que vous	parl**iez**	finiss**iez**	descend**iez**	vous réveill**iez**
qu'ils/elles	parl**ent**	finiss**ent**	descend**ent**	se réveill**ent**

Remarque:

- The forms of the present subjunctive of **-er** verbs look exactly like those of the present indicative except for the **nous** and **vous** forms, which are identical to the **imparfait.** In addition, the **nous** and **vous** forms of many non **-er** verbs look like those of the **imparfait** as well. The context in which the verb is used will keep you from confusing the **imparfait** and the **subjonctif.**

3. Les formes à deux radicaux (*two stems*)

In some cases, the **nous** and **vous** forms of the subjunctive use a different stem from the **je, tu, il/elle/on** and the **ils/elles** forms. Even in this case, the endings of all six forms are regular.

infinitive	stem for *nous*- and *vous*-forms	stem for other forms	subjunctive	
aller	nous/vous *all-*	je (etc.) ***aill-***	que j'**aille** que tu **ailles** qu'il/elle/on **aille** qu'ils/elles **aillent**	que nous **allions** que vous **alliez**
boire	nous/vous ***buv-***	je (etc.) ***boiv-***	que je **boive** que tu **boives** qu'il/elle/on **boive** qu'ils/elles **boivent**	que nous **buvions** que vous **buviez**
recevoir	nous/vous ***recev-***	je (etc.) ***reçoiv-***	que je **reçoive** que tu **reçoives** qu'il/elle/on **reçoive** qu'ils/elles **reçoivent**	que nous **recevions** que vous **receviez**
tenir	nous/vous ***ten-***	je (etc.) ***tienn-***	que je **tienne** que tu **tiennes** qu'il/elle/on **tienne** qu'ils/elles **tiennent**	que nous **tenions** que vous **teniez**
venir	nous/vous ***ven-***	je (etc.) ***vienn-***	que je **vienne** que tu **viennes** qu'il/elle/on **vienne** qu'ils/elles **viennent**	que nous **venions** que vous **veniez**
voir	nous/vous ***voy-***	je (etc.) ***voi-***	que je **voie** que tu **voies** qu'il/elle/on **voie** qu'ils/elles **voient**	que nous **voyions** que vous **voyiez**
vouloir	nous/vous ***voul-***	je (etc.) ***veuill-***	que je **veuille** que tu **veuilles** qu'il/elle/on **veuille** qu'ils/elles **veuillent**	que nous **voulions** que vous **vouliez**

4. Les verbes à un radical au subjonctif

Some very commonly used verbs that have one irregular subjunctive stem for all six verb forms.

faire *(to do; to make)*

que je fasse	que nous fassions
que tu fasses	que vous fassiez
qu'il/elle/on fasse	qu'ils/elles fassent

pouvoir *(to be able to)*

que je puisse	que nous puissions
que tu puisses	que vous puissiez
qu'il/elle/on puisse	qu'ils/elles puissent

savoir *(to know[a fact])*

que je sache	que nous sachions
que tu saches	que vous sachiez
qu'il/elle/on sache	qu'ils/elles sachent

5. Avoir et être

The verbs **avoir** *(to have)* and **être** *(to be)* have special stems *and* different endings in the subjunctive.

avoir *(to have)*

que j'aie	que nous ayons
que tu aies	que vous ayez
qu'il/elle/on ait	qu'ils/elles aient

être *(to be)*

que je sois	que nous soyons
que tu sois	que vous soyez
qu'il/elle/on soit	qu'ils/elles soient

Remarques:

- The following impersonal verbs also have irregular subjunctive forms:

falloir	*(to have to, must)*	qu'il **faille**
pleuvoir	*(to rain)*	qu'il **pleuve**
valoir	*(to be worth)*	qu'il **vaille**

- Verbs that change or add accent marks in the present of the indicative do likewise in the present of the subjunctive.

acheter	*(to buy)*	que j'**achèt**e	que nous **achet**ions
espérer	*(to hope)*	que j'**espère**	que nous **espér**ions
lever	*(to raise)*	que je **lèv**e	que nous **lev**ions
mener	*(to lead)*	que je **mèn**e	que nous **men**ions
préférer	*(to prefer)*	que je **préfèr**e	que nous **préfér**ions

- Verbs whose infinitive ends in -**yer** show the following stem change:

employer	*(to use)*	que j'**emploi**e	que nous **employ**ions
envoyer	*(to send)*	que j'**envoi**e	que nous **envoy**ions

Exercices

1. À la vôtre! *(Here's to your health!)* Avec vos amis, vous assistez au mariage de deux amis français que vous aimez bien. Chacun de vous va porter un toast à la réception après le mariage. Complétez chaque toast en mettant la forme correcte du subjonctif.

1. Marion, que tu _______________ (être) toujours aussi radieuse que tu l'es aujourd'hui!
2. Christophe, que tu _______________ (prendre) toujours bien soin de ta femme!
3. Que vous _______________ (avoir) beaucoup d'enfants et une famille très unie!
4. Que vos enfants _______________ (pouvoir) grandir dans un monde où règnent la paix et la justice pour tous.
5. Que vous ne _______________ (se disputer) que rarement, et que vous _______________ (réfléchir) toujours avant de parler.
6. Marion, que tu _______________ (parler) toujours tendrement à Christophe et qu'il te _______________ (répondre) toujours avec douceur.
7. Que nous _______________ (se souvenir) toujours de ce jour heureux!
8. Allez, qu'on _______________ (boire) tous à la santé des mariés!

2. Du tourisme «responsable». Avec des amis, vous préparez un voyage qui vous permet d'être des voyageurs éco-responsables. Complétez les phrases suivantes avec des verbes au subjonctif.

1. Il faut que nous _______________ (savoir) voyager de façon responsable.
2. Il est bon que nous _______________ (vouloir) protéger l'environnement, tout en voyageant.
3. Il est important qu'on _______________ (comprendre) les problèmes environnementaux des autres pays.
4. Je suggère qu'on _______________ (aller) dans un pays où nous pouvons faire du bénévolat *(volunteer work)*.
5. Il est important que je _______________ (dire) à notre agence de voyages que nous n'aimons pas les grandes «chaînes» d'hôtels.
6. Il vaut mieux que nous _______________ (faire) attention à l'eau que nous consommons quand nous prenons une douche. Il ne faut pas gaspiller *(to waste)* l'eau.

7. Il est essentiel que nous ________________ (être) respectueux des coutumes locales.
8. Ce serait bien que nous ________________ (rapporter) des photos et que nous les ________________ (montrer) à nos amis.

B. Usage du présent du subjonctif

Although you may never have thought of it in this way before, you can probably see that when humans develop languages, they don't learn a set of "rules" *first*, and then make up a language that follows the "rules." This suggests that when people write grammar books, they are not creating "rules" for you to follow. Instead, they're trying to write an accurate *description* of the patterns and tendencies they observe regarding how native speakers use the language. However, no pattern imposed upon a living system will capture all of its nuances and variations—this explains why there are exceptions to "rules." In the discussion below, we will outline some rough categories to help you learn how the French use the subjunctive today. Don't waste time deciding whether a particular use makes sense or complaining that the French are inconsistent. Concentrate instead on developing the same reflexes regarding subjunctive usage that native speakers of French have; if you do, your French will sound grammatically correct to other speakers.

1. Utilisation obligatoire du subjonctif

The use of the subjunctive is usually "triggered" in the following situations:

- **Après beaucoup d' "expressions impersonnelles."** You will use the subjunctive after many expressions beginning with the impersonal pronoun **il,** such as **il faut que, il vaut mieux que, il est nécessaire que, il est important que, il est urgent que, il est temps que, il est préférable que, il est bon que, il est normal que, il est surprenant que,** etc. Note that these main clauses express notions of *necessity, judgment*. Use the subjunctive *regardless* of whether the sentence is affirmative, negative, or interrogative.

  Il est nécessaire que nous **consommions** moins d'énergie.

  Il n'est pas nécessaire que vous **ayez** trois voitures.

  Est-il temps que nous **analysions** les conséquences de la mondialisation?

  Remarque: The negative expression **Il ne faut pas que…** means *one may not or one must not.* If you mean "you don't *have* to," or "It is not (absolutely) necessary that . . . " then use **Il n'est pas obligatoire que** (+ subjunctive) or **être obligé(e) de** (+ infinitive). Exercise 4 below will help you reinforce this distinction.

- **Après les expressions d'émotion.** The presence of expressions of emotion in the main clause triggers the use of the subjunctive in the dependent clause, whether the sentence is in the affirmative, the negative, or the interrogative.

  J'**ai peur que** la diversité culturelle ne **disparaisse** à cause de la globalisation.[1]

  Je **regrette que** les citoyens des pays industrialisés ne **considèrent** pas toujours les conséquences de leurs actions pour les pays en voie de développement.

  Êtes-vous **surpris que** certaines personnes dans d'autres pays **soient** contre les fast-foods?

  Here are some examples of the many expressions that indicate emotion and therefore require the subjunctive:

être heureux (-euse) que	**être content(e) que**	**être enchanté(e) que**
être surpris(e) que	**être étonné(e) que**	**être désolé(e) que**
être triste que	**regretter que**	**craindre que**
être furieux (-euse) que	**avoir peur que**	

- **Après les expressions de volonté.** The term **volonté** *(will)* is a shorthand way of referring to such notions as desiring, wishing, advising, insisting, approving or disapproving, forbidding, and giving or asking permission. Here is a partial list of the many verbs that express "will" and therefore require the use of subjunctive:

[1]After expressions of fear, a meaningless **ne** is sometimes added: J'ai peur qu'elle **ne** disparaisse.

aimer (mieux)	**préférer**	**proposer**
demander	**vouloir (bien)**	**exiger**
souhaiter	**désirer**	**suggérer**
trouver bon	**trouver souhaitable**	**tenir à ce que**
s'opposer à ce que	**permettre**	

Notre patron **veut** absolument **que** nous **sachions** parler une ou deux langues étrangères.

Remarque: The French and English languages have different ways of talking about wanting someone to do something.

In English, we use an infinitive

I want him **to do** this.

He would like me **to do** that.

In French, use a verb of desire + **que** + **subject** + **verb** to express the same idea:

Je veux qu'il fasse ceci.

Il aimerait que je fasse cela.

However, if the subject of the first sentence wants to do something him/herself (rather than wanting someone else to do it), use an infinitive in the second half of the sentence.

Je veux faire ceci.

Il aimerait faire cela.

- **Après certaines conjonctions.** The subjunctive is also used after these conjunctions:

en attendant que, jusqu'à ce que	*until*
avant que	*before*
afin que, pour que	*in order that, so that*
de façon que	*so that*
à condition que, pourvu que	*on the condition that, provided that*
à moins que	*unless*
bien que, encore que, quoique	*although*
sans que	*without*
de crainte que, de peur que	*for fear that*

Je peux voyager en Europe cet été, **à moins que** l'euro ne **soit** trop fort.

Remarques:

- Use the subjunctive with these conjunctions whether the main verb is in the affirmative *or* the negative.
- In sentences containing the conjunctions **à moins que, avant que, de peur que,** and **de crainte que** you will sometimes see the particle **ne** before the verb, without the particle **pas** following it. This **ne** is a sort of "historical relic," and carries no negative meaning.

  Les femmes doivent continuer leur lutte pour la parité **de crainte que** les hommes **ne** retournent au statu quo *(for fear that men will return to the old status quo).*
- The following conjunctions are followed by the indicative — *not* the subjunctive.

aussitôt que	*as soon as*
dès que	*as soon as*
parce que	*because*
pendant que	*while*
peut-être que	*perhaps*
puisque	*since*
tandis que	*while, whereas*

Ces MP3 ne coûtent pas cher **parce que ce sont** des copies illégales.

- The conjunction **après que** *(after)* is in a category all of its own. Although many grammar books still say that it is followed by the indicative, this seems to be changing. Today, you will hear even highly educated people use the subjunctive after **après que.**

Exercices

3. Monsieur/Madame le/la candidat(e) se prononce *(The candidate expresses her opinions).* Vous êtes candidat(e) aux prochaines élections présidentielles. Vous parlez avec des électeurs *(voters)* qui expriment leurs sentiments sur la situation mondiale. Réagissez à leurs commentaires en utilisant une expression impersonnelle. Ajoutez d'autres commentaires pour que les électeurs puissent mieux vous connaître! (e.g., **À mon avis, il est important... , Il ne faut pas... ,** etc.)

Modèle: Je pense que nous exploitons les pays pauvres.
Il est injuste que nous exploitions les pays pauvres. (Il faut plutôt les aider.)

Expressions utiles

Il (ne) faut (pas) que	Il (n')est (pas) bon que	Il est nécessaire que
Il est essentiel que	Il est honteux que	Il est choquant que
Il est juste / injuste que	Il est préférable que	Il vaut mieux que

1. Mon entreprise voudrait construire des usines *(factories)* en Asie.

____

2. Nous pensons que le taux de chômage *(unemployment rate)* est trop élevé. Est-ce qu'on peut le faire baisser *(to lower)?*

____

3. Il y a beaucoup de sans-abri *(homeless people)* dans notre pays.

____

4. Beaucoup de jeunes veulent faire du bénévolat *(volunteer work),* en travaillant pour des organisations non gouvernementales *(NGOs).*

____

5. L'utilisation de produits chimiques *(chemicals)* dans l'agriculture augmente.

____

6. Beaucoup de familles dans les pays en voie de développement ne peuvent pas nourrir leurs enfants.

____

7. Aujourd'hui, tous les enfants du monde ne sont pas assurés de recevoir un bon niveau d'instruction.

____

8. Différents pays s'unissent contre le terrorisme.

____

4. Obligatoire ou facultatif? *(Required or optional?)* Une connaissance française, Laurence, va visiter les États-Unis en voiture. Vous lui expliquez le code de la route aux États-Unis. Utilisez les expressions **Il faut que vous, Il ne faut pas que vous** et **Vous n'êtes pas obligé(e) de** avec les idées suivantes. Il y a peut-être plus d'une réponse possible. Ajoutez une petite explication, si vous voulez.

Modèle: Rouler à droite
Il faut que vous rouliez à droite. (C'est normal pour vous, n'est-ce pas?)

Payer pour vous garer *(to park)* dans la rue le dimanche.
Vous n'êtes généralement pas obligé(e) de payer pour vous garer dans la rue le dimanche. (Mais pour être sûr(e), lisez ce qui est écrit sur le parcmètre.)

1. Attacher votre ceinture de sécurité *(seatbelt)* quand vous roulez en voiture.

____

2. Prendre le volant *(take the wheel)* si vous avez trop bu.

____

3. Respecter la limite de la vitesse sur les autoroutes.

____

4. Mettre vos phares *(headlights)* pendant la journée.

____

5. Descendre de la voiture si vous êtes arrêté(e) *(stopped)* par la police.

____

6. Pouvoir prouver que la voiture est assurée *(insured)*.

____

5. Tout le monde a une opinion! Exprimez vos propres opinions en complétant les phrases suivantes. À vous de choisir le sujet, mais n'oubliez pas d'utiliser le subjonctif!

Modèle: Il est nécessaire que
Il est nécessaire que nous payions nos impôts *(pay our taxes)*.
(C'est le devoir *(duty)* de tous les citoyens.)

1. Il est important que ____
2. Il est temps que ____
3. Il est injuste que ____
4. Il est surprenant que ____
5. Il vaut mieux que ____

6. Nous avons bien reçu votre carte… *(We got your card . . .)* Vous avez reçu beaucoup de cartes de vœux *(greeting cards)* de vos amis qui vous racontent ce qui se passe dans leur vie. Répondez à leurs cartes en donnant une réponse appropriée. Utilisez une expression d'émotion dans chaque phrase.

Modèle: Notre fille est divorcée maintenant.
Nous sommes surpris que votre fille soit divorcée. (Pourquoi, si ce n'est pas trop indiscret?)

1. Notre fils finira bientôt ses études.

 ____

2. Mon mari est gravement malade.

 ____

3. À 40 ans, Juliette vient d'avoir un troisième enfant!

 ____

4. Nous connaissons vos voisins!

 ____

5. On va détruire notre ancienne école primaire. C'est terrible!

 ____

6. Notre vieux professeur a un cancer.

 ____

7. Soutien moral *(Moral support).* Vous parlez avec votre meilleur(e) ami(e), et vous essayez de l'encourager, de le/la rassurer, de le/la consoler, etc. Utilisez toujours la structure **Je + expression d'émotion + que tu…**, et variez les expressions et les verbes que vous utilisez.

Modèle: **Je suis désolé(e) que tu ne réussisses pas bien en maths.**

1. ______________________________
2. ______________________________
3. ______________________________
4. ______________________________
5. ______________________________

8. À chacun son dada! *(To everyone his/her pet idea.)* Lors d'une réunion dans une grande compagnie internationale, tout le monde exprime ses opinions. Exprimez un désir logique pour chaque individu ou groupe représenté ci-dessous. Variez les expressions de volonté que vous utilisez.

Désirs
La valeur des actions *(stock values)* reste haute.
La compagnie ne produit pas de déchets *(waste)* qui polluent.
Les dividendes sont élevés.
Des améliorations environnementales peuvent se faire sans coûter trop cher.
L'administration prend au sérieux le licenciement *(firing, layoff)* des ouvriers.

Modèle: **Le PDG (Président-Directeur général = *CEO*) veut que la compagnie croisse toujours.**

1. Le directeur administratif et financier (*CFO*) ______________________________

 ____

2. Les actionnaires *(stockholders)* ______________________________

 ____

3. Les environnementalistes ____

____

4. Le conseil d'administration *(Board of Directors)* ______________________________

____

5. Les ouvriers *(workers)* ____

____

9. Les conjonctions en français. Racontez l'histoire familière de Cendrillon en reliant chaque fois les deux phrases données avec la conjonction indiquée entre parenthèses. Utilisez le subjonctif quand c'est nécessaire.

1. Recevant l'invitation du roi, les belles-sœurs disent à Cendrillon: «Tu peux aller au bal. *(on the condition that)* Tu finis tout ton travail.»

   Tu peux aller au bal.. ____

2. Cendrillon travaille dur. *(so that, in order that)* Ses belles-sœurs — et elle — sont prêtes à y aller.

   ____

3. Cendrillon aide ses belles-sœurs à faire leur toilette. *(before)* Elles vont au bal.

   ____

4. Les belles-sœurs disent cruellement à Cendrillon: «Eh bien, nous t'emmenons avec nous. *(unless)* Tu n'as pas de robe de soirée.»

   ____

5. La marraine *(godmother)* de Cendrillon arrive. *(as soon as)* Les belles-sœurs s'en vont.

   ____

6. Elle donne une robe et un carrosse *(carriage)* à Cendrillon. *(so that, in order that)* La jeune femme peut aller au bal, elle aussi.

   ____

7. Cendrillon s'amuse beaucoup au bal. *(until)* Elle entend sonner minuit.

   ____

8. Perdant une de ses chaussures, elle part. *(without)* Le prince découvre son identité.

   ____

9. Elle court vite. *(for fear that)* Le prince la voit dans son état habituel.

   ____

10. Le prince cherchera Cendrillon. *(until)* Il réussit à la trouver.

    ____

11. Quand l'envoyé arrive, Cendrillon se cache. *(so that, in order that)* Il ne la reconnaît pas.

    ____

12. Les sœurs savent que le prince va se marier avec une demoiselle du royaume. *(provided that)* La chaussure lui appartient.

    ____

13. Le roi est content. *(because)* Son fils a trouvé une épouse.

____

14. Le roi accepte le mariage. *(although)* Le prince veut se marier avec une jeune femme du peuple (*a commoner*).

____

2. Subjonctif ou indicatif?

Up until now, we have introduced expressions that *always* use the subjunctive. For instance, a conjugated verb coming after an expression of emotion will *always* require the subjunctive, whether the sentence is negative or affirmative. We will now examine three cases in which the meaning of the sentence determines whether you will use the subjunctive or the indicative.

a. Le doute ou la certitude? When your sentence implies doubt or mere possibility, use the subjunctive. When the sentence implies greater certainty, use the indicative. Compare:

Je doute que Thomas **vienne.**	*doubt*	*subjunctive*
Je suis sûr(e) que Thomas **viendra.**	*certainty*	*indicative (future)*
Je ne doute pas que Thomas **viendra.**	*certainty*	*indicative (future)*
Je ne suis pas sûr(e) que Thomas **vienne.**	*doubt*	*subjunctive*

Notice that this choice is not based on whether the main clause is affirmative or negative. In this case, the mode being used (indicative or subjunctive) is determined by whether the main clause suggests *certainty* or *doubt.*

Here is a partial list of expressions that express doubt or uncertainty and therefore require the subjunctive:

Il semble que
Il est peu probable que
Il n'est pas vrai que
Il n'est pas probable que
Il n'est pas évident que
Il n'est pas clair que
Je ne dis pas que
Je ne trouve pas que
Je ne crois pas que
Je ne pense pas que
Je ne suis pas sûr(e) / certain(e) que
Il n'est pas sûr / certain que
Je doute que
Il est (im)possible que
Il se peut que
Est-il vrai que…?
Est-il probable que...?
Est-il évident que...?
Est-il clair que...?
Dis-tu que...?
Trouves-tu que...?
Croyez-vous que...?
Penses-tu que...?
Es-tu sûr(e) / certain(e) que...?
Est-il sûr / certain que...?
Je n'espère pas que

Other forms of these expressions that imply greater *certainty* call for the use of the indicative:

Il est probable que
Il est évident que
Il est clair que
Il est vrai que
Je dis que
Je trouve que
Je crois que
Je pense que
J'espère que
Je suis sûr(e) / certain(e) que
Je ne doute pas que

b. Certaines propositions relatives.[2] Some sentences containing a main clause, a relative pronoun, and a dependent clause can contain a verb in either the subjunctive or the indicative. The selection of subjunctive or indicative depends on the meaning you intend—how likely

[2]Relative pronouns will be explained in Chapter 8.

or attainable you consider the concept described in the relative clause. Compare the two possibilities:

Cherchons un village **où** il n'y **a/ait** pas de Macdo!

Nous recherchons un représentant **qui sait/sache** parler trois langues étrangères.

In the first example, the verb **a** indicates *I think we can find a village where there is no McDonald's,* whereas the subjunctive form, **ait,** would suggest that *I have no idea whether such a village exists.* In the second example, **sait** suggests *I believe a person who speaks three foreign languages can be found,* whereas **sache** would indicate that *I believe finding such a person is more problematic.*

c. Phrases superlatives. The subjunctive is also sometimes after superlatives. When the superlative statement expresses an opinion or a subjective state of mind, use the subjunctive in your dependent clause. Use the indicative to convey ideas that are matters of fact. Compare:

C'est le meilleur restaurant qu'il y **ait** à Québec!	(This is my excited opinion—others might disagree, of course.)
C'est le plus haut bâtiment qu'il y **a** à Québec.	(This can be measured and verified—we would all agree.)

Exercices

10. Le bon réflexe. Avec les expressions de doute et de certitude, il faut développer le bon réflexe! Pour chacune des expressions suivantes, indiquez s'il faut utiliser le subjonctif ou l'indicatif.

1. Nous ne pensons pas que	subj.	indic.
2. Il semble que	subj.	indic.
3. Il se peut que	subj.	indic.
4. Il est probable que	subj.	indic.
5. Est-ce vrai que...?	subj.	indic.
6. Il est évident que	subj.	indic.
7. J'espère que	subj.	indic.
8. Pensez-vous que…?	subj.	indic.
9. Nous disons que	subj.	indic.
10. Est-ce possible que…?	subj.	indic.
11. Nous trouvons que	subj.	indic.
12. Je ne crois pas que	subj.	indic.
13. Il est peu probable que	subj.	indic.
14. Ce n'est pas évident que	subj.	indic.
15. Il est clair que	subj.	indic.
16. Je ne doute pas que	subj.	indic.
17. Nous ne sommes pas sûrs que	subj.	indic.
18. Est-il probable que…?	subj.	indic.
19. Espérez-vous…?	subj.	indic.

11. La conférence de presse. Deux féministes célèbres font une conférence de presse sur votre campus. L'un(e) est positif (-ive), l'autre pas. Remplacez l'expression *en italique* par l'expression entre parenthèses. Faites les autres changements nécessaires et utilisez le subjonctif quand vous exprimez du doute.

Modèle: *Je pense* que la parité est une réalité. (Je ne pense pas)
Je ne pense pas que la parité soit une réalité.

1. *Il est probable* que le gouvernement fait de son mieux. (Il est possible)

____

2. *Je pense* que les livres de Simone de Beauvoir ont une influence remarquable sur les femmes d'aujourd'hui. (Je ne pense pas)

____

3. *Il est certain* que les hommes veulent éliminer l'inégalité. (Je doute)

____

4. *Nous savons* que les femmes de l'Europe du Nord opèrent des changements radicaux pour améliorer la condition féminine. (Nous doutons)

____

5. *Il ne fait aucun doute* que nous pouvons faire mieux. (Je ne crois pas)

____

6. *Je suis sûre* que la parité des salaires se produira bientôt. (Il est très douteux)

____

7. *Nous espérons* que la condition des femmes s'améliorera partout dans le monde. (Ça m'étonnerait)

____

8. *Il est vrai* que nous recevons beaucoup d'argent pour la cause des femmes. (Il n'est pas sûr)

____

9. *Il est certain* que les jeunes femmes d'aujourd'hui sont féministes. (Nous ne pensons pas)

____

10. *Je sais* que les femmes se lancent de plus en plus dans le domaine scientifique. (Il est peu probable)

____

12. Doucement! La Terre est fragile! ***(Gently! The Earth is fragile!)*** Que pouvez-vous faire pour aider l'environnement? Terminez les phrases avec le subjonctif ou l'indicatif.

Modèle: J'ai honte que
J'ai honte que nous buvions de l'eau en bouteille.

1. Il faudrait que je _______________
2. Je pense que nous _______________
3. Mon amie achète des vêtements d'occasion *(used)* parce que _______________

____

4. Je suis impressionné(e) que tu ______________________________

5. Je propose que nous ______________________________

6. Je fais des efforts pour recycler, bien que ______________________________

13. Au secours! *(Help!)* Vous faites du tourisme dans un pays francophone. Posez des questions à votre guide (votre partenaire) en utilisant le subjonctif quand c'est nécessaire. Il/elle répondra de même. Suivez le modèle.

Modèle: un magasin / prendre des dollars américains
— **Y a-t-il un magasin qui prenne des dollars américains?**
— **Oui, il y a un magasin qui prend des dollars américains. Il est là-bas.**
(ou:) — **Non, il n'y a pas de magasin qui prend des dollars américains. Je suis désolé(e).**

1. un cinéma / montrer des films américains

— ______________________________

— ______________________________

2. un kiosque / recevoir le *New York Times*

— ______________________________

— ______________________________

3. un restaurant / servir des plats végétariens

— ______________________________

— ______________________________

4. un pharmacien / vendre des médicaments naturels

— ______________________________

— ______________________________

5. un bus / aller au musée d'histoire

— ______________________________

— ______________________________

6. un hôtel / être climatisé (*air conditioned*)

— ______________________________

— ______________________________

7. un étudiant / vouloir apprendre l'anglais

— ______________________________

— ______________________________

8. un interprète / pouvoir m'aider

— ______________________________

— ______________________________

9. un magasin de chaussures / accepter la carte bleue (= la carte Visa)

— ______________________________

— ______________________________

10. un chanteur / faire un concert ce week-end

— ______________________________

— ______________________________

3. Subjonctif ou infinitif *(suite)*?

Sometimes, an infinitive is used in place of the subjunctive. Let us examine the situations in which this occurs.

a. After an impersonal expression **(Il est [adjectif]),** an infinitive construction is sometimes used instead of the subjunctive, in order to express a more general meaning. Compare:

Il est important **que tu réfléchisses** à ce que tu fais.

*It is important **for you** to think about what you're doing.*

Il est important **de considérer** les implications globales de ses actions.

*It is important **(in general)** to consider the global implications of one's actions.*

With all impersonal expressions except **il faut** and **il vaut mieux,** the infinitive must be introduced by the preposition **de.**

b. When the subject of the main clause is different from the subject of the dependent clause, you will use a conjugated verb in both clauses.

Je souhaite que **les Français** continuent à vendre du fromage artisanal.

***I** hope that **the French** will continue to sell cheese made using traditional methods.* [**I** and **the French** are two different subjects, and **souhaite** and **continuent** are both conjugated verbs.)

However, when the subject of the main clause and the subject of the dependent clause would be the same, an infinitive is generally used instead of a conjugated verb in the second part of the sentence. Compare:

Les Français veulent **continuer** à vendre du fromage artisanal. (**Les Français** is the subject of the first verb, and would have been the subject of the second as well, so the second verb **(continuer)** is used in its infinitive form instead.

Jeanne est sûre de **venir.** (**Jeanne** is the subject of the first verb, and would have been the subject of the second as well, so the second verb **(venir)** is used in its infinitive form instead.

Je suis sûr(e) qu'**elle** viendra. (***I** am sure that **she** will come.* [**I** and **she** are two different subjects, so **suis** and **viendra** are both conjugated verbs.])

c. Most of the conjunctions that require the subjunctive have a similar form that is used to introduce an infinitive.

+ conjugated verb		*+ infinitive*
en attendant que	*until*	**en attendant de**
avant que	*before*	**avant de**
afin que, pour que	*in order that, so that*	**afin de, pour**
à condition que	*provided that*	**à condition de**
à moins que	*unless*	**à moins de**
sans que	*without*	**sans**
de crainte que, de peur que	*for fear that*	**de crainte de, de peur de**

Compare:

Je veux le voir **avant qu'il parte.** *(**I** want to see him before **he** leaves. [two different subjects])*

Je veux le voir **avant de partir.** *(**I** want to see him before **I** leave [or, "before leaving"—only one subject].)*

However, **jusqu'à ce que, pourvu que, bien que,** and **quoique** have no alternate form for introducing infinitives. So, even when you have the same subject in both clauses of your sentence, you will use the subjunctive.

J'étudierai **jusqu'à ce que je comprenne** le subjonctif.

One more thing about infinitives: When you negate them, place both the **ne** and the **pas** before the infinitive and before any object pronouns that accompany the infinitive.

Je préfère **ne pas** y aller.

Je regrette de **ne pas** comprendre.

Exercices

14. Des souhaits *(Wishes)*. Créez des phrases en utilisant les sujets donnés pour exprimer les souhaits des personnes suivantes. Dans la deuxième partie de la phrase, utilisez trois fois un infinitif, et trois fois un verbe au subjonctif.

Modèle: Je **veux voyager un jour.**
Mes parents **exigent que mon frère leur téléphone s'il rentre tard.**

1. Je ______________________________
2. Mon/Ma meilleur(e) ami(e) ______________________________
3. Nos professeurs ______________________________
4. Mes parents ______________________________
5. Mes amis et moi, nous ______________________________
6. Tout le monde ______________________________

15. La fête de l'indépendance. Pierre s'installe dans un petit appartement car il commence bientôt ses études à l'université. Ses parents ont des exigences *(demands)*, mais Pierre n'est pas d'accord. Jouez les rôles de Pierre et de ses parents en utilisant le subjonctif ou l'infinitif selon les besoins de la phrase.

Modèle: nous envoyer des copies de toutes tes factures *(bills)*
LES PARENTS: **Nous voulons que tu nous envoies des copies de toutes tes factures.**
PIERRE: **Je ne veux pas vous envoyer des copies de toutes mes factures.**

Expressions de volonté que peuvent utiliser les parents

aimer (mieux)	exiger	trouver souhaitable
préférer	souhaiter	tenir à ce que
proposer	désirer	s'opposer à ce que
demander	suggérer	permettre
vouloir (bien)	trouver bon	ne pas permettre
ne pas vouloir		

Expressions que peut utiliser Pierre dans ses réponses

refuser (de)	tenir à	préférer ne pas + infinitif
vouloir	tenir à ne pas + infinitif	ne pas accepter de
ne pas vouloir	préférer	
trouver ridicule (inadmissible, stupide, etc.) de		

1. se coucher toujours avant minuit

   Les parents: ______________________________

   Pierre: ______________________________

2. faire souvent le ménage chez toi

   Les parents: ______________________________

   Pierre: ______________________________

3. nous écrire une fois par semaine

   Les parents: ______________________________

   Pierre: ______________________________

4. prendre le bus pour faire des économies

   Les parents: ______________________________

   Pierre: ______________________________

5. rendre visite à ta grand-mère tous les jours

   Les parents: ______________________________

   Pierre: ______________________________

6. rentrer chez nous tous les week-ends

   Les parents: ______________________________

   Pierre: ______________________________

7. attendre l'année prochaine pour acheter des meubles *(furniture)*

   Les parents: ______________________________

   Pierre: ______________________________

8. ne pas inviter des amis chez toi

   Les parents: ______________________________

   Pierre: ______________________________

9. ???? (d'autres «suggestions» de votre choix)

   Les parents: ______________________________

   Pierre: ______________________________

16. Voilà, c'est ma vie. Complétez les phrases suivantes avec une proposition *(clause)* subordonnée (où le verbe est conjugué à l'indicatif ou au subjonctif) ou avec une construction à l'infinitif, suivant les besoins de la phrase.

Modèles: Je serai satisfait(e) de mon travail, à condition que…
Je serai satisfait(e) de mon travail, à condition qu'il soit intéressant.

Je serai satisfait(e) de mon travail, à condition de…
Je serai satisfait(e) de mon travail, à condition de faire quelque chose d'utile.

1. Le samedi soir, je sortirai avec mes amis pourvu que...

____

2. Je dors tard le dimanche matin à moins de…

____

3. Si je fais du bénévolat avec des amis, peut-être que nous…

____

4. Beaucoup de mes amis se sont arrêté de fumer de peur de…

____

5. Je me sens frustré(e) quelquefois bien que…

____

6. Dans mon université, on étudie beaucoup parce que…

____

7. Je ne serai pas content(e) jusqu'à ce que…

____

8. Mes parents ont travaillé dur pour…

____

9. Je me sens adulte depuis que…

____

10. J'essaie d'être très actif (-ive) sans…

____

17. Mes prochaines vacances. En pensant à vos prochaines vacances, complétez les phrases suivantes — soyez réaliste ou tout à fait fantaisiste! Attention! Faut-il utiliser un infinitif ou un verbe conjugué?

1. Je voudrais ____________________
2. J'aimerais que mon meilleur ami / ma meilleure amie ____________________
3. Mon ami(e) préférerait trouver un endroit *(place)* où ____________________
4. Il faudrait que nous ____________________
5. Nous serions ravi(e)s ____________________
6. Nous y resterons jusqu'à ce que ____________________

II. Le passé du subjonctif

A. Formation

Grammar Podcasts, Grammar Modules

The **passé du subjonctif** is a compound tense, meaning that it is comprised of an auxiliary (**avoir** or **être**) and a past participle. The auxiliary verb is conjugated in the *present subjunctive,* and all the rules governing the selection of **avoir** and **être** and past participle agreement are the same as the ones you learned for the other compound tenses (**passé composé, plus-que parfait**, etc.).

manger
que j'aie mangé
que tu aies mangé
qu'il/elle/on ait mangé
que nous ayons mangé
que vous ayez mangé
qu'ils/elles aient mangé

partir
que je sois parti(e)
que tu sois parti(e)
qu'il/elle/on soit parti(e)(s)
que nous soyons parti(e)s
que vous soyez parti(e)(s)
qu'ils/elles soient parti(e)s

s'amuser
que je me sois amusé(e)
que tu te sois amusé(e)
qu'il/elle/on se soit amusé(e)(s)
que nous nous soyons amusé(e)s
que vous vous soyez amusé(e)(s)
qu'ils/elles se soient amusé(e)s

B. Usage

The **passé du subjonctif** is used instead of the **présent du subjonctif** to describe actions that took place in a time frame *before* that of the main clause. Contrast:

Je regrette que Paul **parte.**	*I regret that Paul is leaving (now, or in the future).*
Je regrettais que Paul **parte.**	*I regretted that Paul was leaving (at that time).*
Je regrette que Paul **soit parti.**	*I regret (now) that Paul left (some time earlier).*

J'étais ravi que tu **aies offert** des fleurs à ta femme.
I was delighted [at a certain point] that you had given flowers to your wife (some time before).
J'étais triste qu'elle **refuse** de te voir.
I was sad that she was refusing [at that same time] / would refuse (in the future) to see you.

Just as was the case with the present subjunctive, it is necessary to use the "infinitive form" of the **passé du subjonctif** to avoid repeating the same subject in the two clauses of your sentence. The use or non-use of the preposition **de** and the position of the **ne** and the **pas** in negative sentences follow the same patterns as for the present subjunctive. The same rules of agreement of the past participle apply.

Je regrette **qu'elle ne soit pas venue à la fête.**
Elle regrette **de ne pas être venue à la fête.**

Nous sommes frustrés **que Marc n'ait pas compris** vos explications.
Nous sommes frustrés **de ne pas** les **avoir comprises**.

Tableau récapitulatif

	dependent clause in present / future time	***action of dependent clause happened first***
one subject	present infinitive (e.g., **faire**)	past infinitive (e.g., **avoir fait**)
two subjects	present subjunctive (e.g., **que je fasse**)	past subjunctive (e.g., **que j'aie fait**)

Exercices

18. Des excuses, toujours des excuses! Avec un(e) partenaire, jouez les rôles d'Alain, qui a oublié d'offrir des fleurs à sa copine pour la Saint-Valentin, et de la copine qui exprime ses doutes.

Modèle: — Je ne t'ai pas offert de fleurs parce que… j'ai oublié mon portefeuille.
— **Écoute, Alain! Je doute que tu aies oublié ton portefeuille!**

— Je ne t'ai pas offert de fleurs parce que…

1. j'ai eu un pneu crevé.

   — ___

2. je me suis foulé la cheville *(sprained my ankle)*.

   — ___

3. je suis tombé dans l'escalier.

   — ___

4. j'ai été frappé d'amnésie.

   — ___

5. le fleuriste a fermé plus tôt que d'habitude aujourd'hui.

   — ___

6. mes parents sont venus me voir au bureau.

   — ___

7. le directeur m'a renvoyé *(fired)*.

   — ___

8. tu m'as dit que tu n'aimais pas les fleurs.

   — ___

9. les fleurs ont été volées *(stolen)*.

   — ___

10. ??? (Qui peut inventer l'excuse la plus créative?)

    — ___

19. Une manifestation *(A demonstration)*. Exprimez les opinions des participant(e)s à la manifestation pour les droits de la femme en utilisant le subjonctif passé ou un infinitif passé. Variez les expressions que vous utilisez.

Modèle: les femmes / être dominées si longtemps
C'est dommage que les femmes aient été dominées si longtemps.
(ou) **Elles sont furieuses d'avoir été dominées si longtemps.**

1. elles / parcourir tant de chemin en un siècle

   — ___

2. elles / rester silencieuses si longtemps

   — ___

3. elles / se mettre à revendiquer *(demand)* l'égalité

   — ___

4. elles / tellement influencer les hommes

   — ___

5. elles / être maltraitées pendant des siècles

   — ___

6. elles / réagir au 20e siècle

— ____________________

7. elles / finalement obtenir le droit de vote

— ____________________

8. ???

— ____________________

20. On fait le bilan. ***(Summing things up.)*** Avant de mourir, différentes célébrités réfléchissent aux événements de leur vie. Écrivez cinq phrases au passé qui exliquent leurs sentiments (utilisant des constructions infinitives ou subjonctives). Variez les verbes et les expressions que vous utilisez.

Modèle: (George Washington:) **Je regrette d'avoir abattu le cerisier *(chopped down the cherry tree).***
(Bill Clinton:) **Je suis content que ma femme ait joué un rôle important dans la politique américaine.**

1. ____________________
2. ____________________
3. ____________________
4. ____________________
5. ____________________

III. *Faire* causatif

In French, it is normally the subject that performs the action expressed by the verb.

Monsieur Betancourt récitait toujours le poème.
Monsieur Betancourt always recited the poem.

Les élèves de Monsieur Betancourt *récitaient toujours le poème.*
Monsieur Betancourt's pupils always recited the poem.

However, you can use a special infinitive construction to express the idea of *having someone else do something,* or *making someone else do something.*

- The verb **faire** should be conjugated in the appropriate tense. An infinitive is then added. (Although we sometimes call this construction **faire faire,** the second verb does not have to be **faire**.)

  Monsieur Betancourt **faisait** toujours **réciter** le poème.
  Monsieur Betancourt always ***had*** *the poem* ***recited.***

  Monsieur Betancourt **faisait** toujours **réciter** ses élèves.
  Monsieur Betancourt always ***had/made*** *his pupils* ***recite.***

- Note that when the verb has only one object, it is always a direct object, as in the examples above. When there are two objects in the same sentence, the entity performing the action of the infinitive becomes an indirect object and is is introduced by **à** (**par** is sometimes used instead of **à**).

  Monsieur Betancourt faisait toujours réciter le poème **à ses élèves**.
  Monsieur Betancourt always had/made ***his pupils*** *recite the poem.*

- The noun objects in ***faire* causatif** sentences can be replaced by direct and indirect object pronouns.

 Monsieur Betancourt faisait toujours réciter **ses élèves.**

 Monsieur Betancourt **les faisait** toujours réciter. (*Monsieur Betancourt always **had/made them** recite.*)

 Monsieur Betancourt **faisait** toujours réciter **le poème.**

 Monsieur Betancourt **le faisait** toujours réciter. (*Monsieur Betancourt always had **it** recited.*)

 Monsieur Betancourt faisait toujours réciter **le poème à ses élèves.**

 Monsieur Betancourt **le leur** faisait toujours réciter. (*Monsieur Betancourt always had/made **them** recite **it.***)

Remarque: In ***faire* causatif** constructions, the pronouns are placed before the conjugated verb **faire,** and in compound tenses (the **passé composé,** etc.), there is no agreement of the past participle.

Les rideaux? (*The curtains?*) Il **les** a **fait** faire. (*There is no final* **-s** *on* ***fait.***)

Exercices

21. De bons parents. Selon Charlotte, de bons parents «produisent» de bons adultes! Charlotte explique ce que ses parents font faire à leurs enfants pour les aider à développer de bonnes habitudes.

Modèles: J'aime manger des chips et boire des sodas. (manger correctement)
Ils me font manger correctement.
Mon frère n'aime pas éteindre son portable. (éteindre son portable pendant les repas (*during meals*) / l'éteindre pendant les repas)
Ils lui font éteindre son portable pendant les repas/ Ils le lui font éteindre pendant les repas.

1. Mon petit frère est désobéissant. (obéir)

 — ______________________________

2. Mes sœurs n'aiment pas le sport. (courir trois fois par semaine)

 — ______________________________

3. Ma chambre est en désordre. (ranger ma chambre / la ranger)

 — ______________________________

4. Nous, les enfants, nous négligeons nos devoirs. (faire nos devoirs / les faire)

 — ______________________________

5. Mon frère ne veut pas manger de légumes. (manger des légumes / en manger)

 — ______________________________

6. Mes sœurs n'aiment pas mettre leurs beaux vêtements pour sortir avec la famille. (mettre leurs beaux vêtements / les mettre).

 — ______________________________

22. Si j'étais riche… On a tous des tâches (*tasks*) qu'on n'aime pas faire. Si vous étiez riche, qu'est-ce que vous feriez faire (*what would you have done for you*)? Répondez pour vous-même, pour vos amis et pour différents membres de votre famille.

Modèle: **Si j'étais riche, je ferais faire ma lessive.**

Vocabulaire
tondre la pelouse (*mow the lawn*)
faire le jardinage (*do the gardening*)

entretenir la maison (*maintain the house in good repair*)
faire la lessive (*do the laundry*)
faire la cuisine
faire la vaisselle
laver les vitres
nettoyer la maison
déblayer la neige (*shovel snow*)
ramasser les feuilles mortes (*rake the leaves*)
d'autres tâches de votre choix

1. S'il (Si elle) était riche, mon père (ma mère) ______________________________

2. Si j'étais riche, je ______________________________

3. Si nous étions riches, mes amis (mes colocataires) et moi ______________________________
____

4. Si ______________________________
____

5. Si ______________________________
____

6. Si ______________________________
____

À l'écoute!

Un aperçu pessimiste sur la mondialisation. Le professeur Edmond a fait un cours magistral *(lecture)* sur les effets de la mondialisation. À la fin de sa présentation, il résume les points essentiels. Écoutez attentivement cette partie de son cours et répondez aux questions qui suivent.

Première écoute

Choisissez la bonne réponse d'après ce que vous avez entendu.

1. D'après le professeur Edmond, la mondialisation est…
   a. quelque chose qui a de bonnes et de mauvaises conséquences pour le monde.
   b. quelque chose de négatif pour le monde.
   c. quelque chose sans conséquences pour le monde.
2. En une décennie, la richesse globale est passée de…
   a. 7 milliards à 14 milliards de dollars.
   b. 14 milliards à 28 milliards de dollars.
   c. 20 milliards à 40 milliards de dollars.
3. Les dépenses quotidiennes *(daily)* de 50% de la population du monde sont de moins de (d')…
   a. 1 dollar par personne par jour.
   b. 2 dollars par personne par jour.
   c. 5 dollars par personne par jour.

4. Les huit pays les plus développés du monde (appelés le G-8) possèdent plus que…
   a. 15% de la richesse globale.
   b. 58% de la richesse globale.
   c. 63% de la richesse globale.
5. Deux-tiers des 125 millions d'enfants dans le monde qui ne vont pas à l'école sont…
   a. des filles.
   b. des garçons.
   c. des enfants du tiers monde.

Deuxième écoute

Lisez chaque déclaration et indiquez si elle est «**juste**» ou «**fausse**».

Selon la Banque mondiale, la richesse globale a doublé et a réduit la pauvreté globale.	J	F
Presque 50% de la population du monde a un niveau de vie qui peut être qualifié de pauvre.	J	F
Les huit pays les plus riches du monde comptent 10% de la population mondiale.	J	F
Les femmes souffrent des conséquences les plus désastreuses de l'économie globale.	J	F

Troisième écoute

Répondez aux questions suivantes et expliquez votre réponse.

1. Selon le professeur Edmond, est-ce que la mondialisation contribue à l'égalité entre les nations? Si oui, dans quelle mesure? Est-ce que la mondialisation marginalise certains groupes de la population? Si oui, lesquels?

   ____

   ____

2. Quelles statistiques montrent les conséquences de la mondialisation pour les femmes et les enfants?

   ____

   ____

3. Quelle conclusion est-ce que le professeur Edmond tire de son analyse?

   ____

   ____

Atelier d'écriture

I. Le but: Rédiger un article d'environ 300 mots sur la mondialisation.

II. Le sujet: La mondialisation: représente-t-elle un risque réel d'homogénéisation des cultures?

III. Élaboration du sujet. Certains déplorent la façon dont la culture des jeunes évolue aujourd'hui. Ils estiment que la culture américaine exerce trop d'influence sur les jeunes dans d'autres pays et présente un danger d'uniformisation des cultures. D'autres pensent que la mondialisation des cultures favorise l'échange et le dialogue continuel entre les pays. Et vous? Pensez-vous que la mondialisation représente un risque ou une chance pour l'épanouissement *(blossoming)* des cultures? Limitez votre sujet, et expliquez vos opinions sous forme d'article. (Les expressions dans la section **Exprimons des opinions** ci-dessous vous aideront peut-être à écrire votre article.)

IV. Activités préparatoires. Avant d'écrire votre article, complétez les exercices suivants.

A. Remue-méninges.

a. Faites une longue liste. Créez une liste de phénomènes culturels qui ont débuté aux États-Unis mais qui se sont propagés *(spread)* partout dans le monde.

Le Coca-Cola, le blue-jean, ______________________________

____

____

____

b. Faites une autre liste. Écrivez maintenant une liste de phénomènes culturels qui ont débuté dans d'autres pays mais qui jouent un rôle influent dans la culture américaine. Dans chaque cas, indiquez le pays ou le continent d'origine de chaque phénomène (cherchez les noms que vous ne savez pas dans un dictionnaire ou sur Internet).

Remarques:

Pour les pays masculins, on dit **Cela vient *du* Sénégal, *du* Mexique**, etc.

Pour les pays féminins, on dit **Cela vient *de* France, *d'*Australie**, etc.

Pour les continents, on dit **Cela vient *d'*Europe, *d'*Asie, *d'*Amérique (du Sud, du Nord), *d'*Afrique**, etc.

Pour les îles, on dit généralement **Cela vient *de* Porto Rico**, etc.

Phénomènes culturels étrangers:

la salsa (Cela vient d'Amérique du Nord)
le merengue (Cela vient de la République Dominicaine)
Harry Potter de J.K. Rowling (de Grande-Bretagne)
le manga (du Japon)

D'autres phénomènes culturels

les «dreadlocks»
les Beatles et les Rolling Stones
Hello Kitty
les jeux vidéo (PacMan, Mario, Pokémon, Final Fantasy)
les tresses (*braids*)
le tatouage
les bottes UGG
Rihanna
Adèle
les Neo Pets
la mini-jupe
l'anime
la musique reggae
les meubles «Ikea»
la musique afro-cubaine
les arts martiaux (le sport et les films [*Tigre et Dragon, Héros,* les films de Jackie Chan])
la culture «goth»
Pokémon

les briques Lego
les films/livres du *Seigneur des anneaux* de J.R.R. Tolkien
Harajuku (de Gwen Stefani) et la «mode lolita»
certaines émissions de télévision: *Iron Chef, American Idol, Queer as Folk, The Office, etc.*
le football
les tissus kente

B. Exprimons des opinions. Faites un commentaire sur les déclarations suivantes en commençant vos phrases avec l'une des expressions proposées. Attention à l'usage du subjonctif.

Je suis content(e) que	Je regrette que
J'ai l'impression que	Je suis persuadé(e) que
J'ai peur que	Je ne suis pas convaincu(e) que
Je crains que	Je suppose que
Je ne crois pas que	J'estime que
	Il est bon que

1. Les cultures des autres pays ont influencé la culture américaine.

____

2. Le jeune Américain ou Canadien ne se rend pas toujours compte *(doesn't always realize)* qu'il est influencé par des modes étrangères.

____

3. Les médias nous permettent de partager des idées et des modes de vie.

____

4. Il y a beaucoup de jeunes Européens, Africains et Asiatiques qui sont séduits par la culture américaine.

____

5. Tous les aspects de la culture des jeunes d'autres pays (la musique, la danse, les livres, etc.) exercent une même influence sur la culture américaine.

____

6. La culture des jeunes s'est transformée en une seule et unique culture, sans diversité.

____

V. Au travail! Rédigez un premier brouillon de 300 mots sur le sujet indiqué au début **(Le sujet).** Ensuite examinez votre texte en pensant aux questions suivantes.

- Ne peut-on pas couper une longue phrase en deux ou plus?
- Avez-vous vérifié l'accord sujet-verbe et nom-adjectif?
- Les temps sont-ils correctement utilisés? Avez-vous utilisé le mode indicatif quand il faudrait plutôt utiliser le subjonctif ou un infinitif?
- Les personnes ou les objets que les pronoms **il, elle, ils** et **elles** représentent sont-ils clairement identifiés?

CHAPITRE

7 Les déterminants; les pronoms démonstratifs et possessifs

Sommaire

Les déterminants

French nouns are almost always required to be preceded by a determiner. It can take the form of an *article* (**le, la, l', les; un, une, des; du, de la, de l', des**), a *number* (**trois, soixante**), a *demonstrative adjective* (**ce/cet, cette, ces**), an interrogative adjective (**quel, quelle, quels, quelles**), or a *possessive adjective* (**mon, ma, mes,** etc.). A determiner often indicates the noun's gender *(masculine* or *feminine),* its number *(singular* or *plural),* its state *(definite* or *indefinite),* and other useful information about the noun. English requires fewer determiners, so you must get used to using them in French in a wider variety of situations. Be suspicious of any French sentence you generate that contains nouns without determiners—they do exist, but they are much less common in French than they are in English. Compare:

Le racisme me fait peur.	***Racism** scares me.*
Elle a **des amis** en Espagne.	*She has **friends** in Spain.*

One common situation where a noun is usually not preceded by a determiner is after an expression of quantity (**beaucoup de, peu de**, etc.).

Elle a peu d'amis.	*She has few friends.*
Ils boivent beaucoup de lait.	*They drink a lot of milk.*

I. L'article

Grammar Podcasts, Grammar Modules

There are three categories of articles: *definite, indefinite,* and *partitive.*

	definite		indefinite		partitive	
	masculine	**feminine**	**masculine**	**feminine**	**masculine**	**feminine**
singular	le l'*	la l'*	un	une	du de l'*	de la de l'*
plural	les		des			

* The article **l'** is used before masculine and feminine nouns beginning with a vowel or a mute *h*.

A. L'article défini

The definite article is often the equivalent of the English article *the.* It is used in two different ways:

1. To make sweeping general statements, almost proverbial statements, and to talk about general likes and dislikes.

Le lait est bon pour **les enfants.**	*Milk is good for children.* (*Milk* [in general] *is good for children* [in general]).
L'enfer, c'est **les autres.**	*Hell is other people.* (J.-P. Sartre)
Je n'aime pas **la musique hip-hop.**	*I don't like hip-hop music.*

Remarque: When you use the definite article like this, you are often talking about the entire class of the things to which you refer (e.g., from the sentences above: *all* children, *all* other people). One often finds definite articles in sentences containing verbs like **aimer, adorer, détester,** and **préférer,** since these verbs express general likes and dislikes (again, of an entire class of objects or people).

2. In addition to expressing ideas in the most sweeping and general of ways, the definite article is also used to refer to things that are "identifiable"—that is, objects whose identity is clear both to the speaker (writer) and to the listener (reader) to whom the utterance is addressed—both know which object(s) you are referring to.

   Passe-moi **le lait,** s'il te plaît.

   Pass me ***the milk,*** *please.* (in this case, not milk in general, but rather, the milk that is on the table in plain sight of the person speaking and the person to whom this request is addressed)

   (Regardant dans le frigo) Je ne trouve pas **le lait!**

   (Looking into the fridge) I can't find ***the milk!*** (i.e., the milk the listener[s] and I know we have)

Remarques:

- The definite articles **le** and **les** contract with the prepositions **à** and **de.**

à	+	le	=	**au**	de	+	le	=	**du**
à	+	les	=	**aux**	de	+	les	=	**des**

  Je vais donner ces gâteaux **aux** enfants **d'Isabelle.**
  I'm going to give these cakes ***to Isabelle's kids.***

  Sais-tu le nom **du monsieur** là-bas?
  Do you know the name ***of the man*** *over there?*

- When used with days of the week, the definite article refers to that day *in general.*
  Le samedi, je vais au cinéma.
  (On) Saturdays, *I go to the movies. (i.e., every Saturday)*

  When referring to one Saturday in particular, however, the article is omitted:
  Samedi, je vais au cinéma.
  (On this) Saturday, *I am going to the movies. (i.e., this coming Saturday)*

Exercices

1. L'immigration: Comparaisons. Lisez les phrases suivantes sur l'immigration en France et dites (en entourant «oui» ou «non») si l'on peut dire la même chose pour les États-Unis. (Faites attention à l'emploi de l'article défini dans chacune des phrases. Il est utilisé ici parce qu'on fait des généralisations.)

	En France…	**Aux États-Unis aussi?**	
1.	Les hommes et les femmes politiques français parlent beaucoup de l'immigration aujourd'hui.	Oui	Non
2.	Les immigrés qui viennent des pays hispanophones *(Spanish-speaking)* sont assez peu nombreux en France.	Oui	Non

3.	Les réfugiés politiques qui veulent rester en France doivent démontrer qu'ils seront en danger s'ils rentrent chez eux.	Oui	Non
4.	En France, tout le monde n'est pas d'accord sur ce qu'il faut faire en ce qui concerne les immigrés clandestins.	Oui	Non
5.	En France, les problèmes auxquels doivent faire face les enfants d'immigrés sont beaucoup plus souvent d'ordre culturel que linguistique.	Oui	Non
6.	La majorité des immigrés en France vient des anciennes colonies.	Oui	Non
7.	Les immigrés viennent souvent en France à cause du chômage dans leur pays.	Oui	Non
8.	En France, on donne plus ou moins facilement le permis de résidence selon le pays d'origine du demandeur.	Oui	Non
9.	En France, les immigrés vivent surtout dans les grandes villes.	Oui	Non
10.	Aujourd'hui en France, les immigrés d'Afrique du Nord semblent moins bien accueillis que les immigrés d'autres régions du monde.	Oui	Non

2. Axel, prends bien soin de toi! ***(Take good care of yourself!)*** Votre ami va vivre seul dans un appartement. Avec un(e) partenaire, faites une liste de ce qu'il doit ou ne doit pas faire pour l'entretien *(maintenance)* de son appartement. Vous allez probablement utiliser beaucoup d'articles définis parce que vous faites des généralisations.

Modèle: **Il faut respecter les voisins, tu sais?**
Il faut nettoyer la cuisine au moins une fois par semaine pour tuer les microbes!

1. ______________________________
2. ______________________________
3. ______________________________
4. ______________________________
5. ______________________________
6. ______________________________
7. ______________________________
8. ______________________________

3. Juste ou faux? Étudiez le dessin et dites si les phrases suivantes sont justes (J) ou fausses (F). (Remarquez l'emploi de l'article défini. Il s'emploie beaucoup parce qu'on pourrait identifier tous les objets et toutes les personnes dont on parle.) Justifiez chacune des réponses que vous avez données.

1. La famille africaine emménage *(is moving in)* dans la maison à droite. J F
2. Le quartier est plutôt pauvre. J F
3. Les enfants des deux familles s'entendent plus vite que les adultes. J F
4. La famille africaine a plus d'enfants que la famille blanche. J F
5. L'homme africain semble un peu plus réservé que les autres adultes. J F

4. Tout le monde est critique! Avec un(e) partenaire, choisissez un film ou une émission de télévision que vous avez vu(e) récemment, tous (toutes) les deux. Mentionnez vos réactions à six ou sept aspects différents du film / de l'émission. Sur quels points êtes-vous d'accord? Vous pouvez parler de l'intrigue (f. *plot*), du décor *(setting)*, de l'éclairage (m. *lighting*), des personnages (m. pl.), de l'actrice principale, de l'acteur principal, du dénouement (m. *resolution, ending*), de la musique, des effets spéciaux, du script, du maquillage, des costumes, du jeu des acteurs *(acting style)*...

Modèle: (vous avez choisi *Hercule*)
— **J'ai bien aimé Dwayne Johnson, l'acteur principal, et les batailles étaient très crédibles.**
— **C'est vrai, mais je préfère les films avec plus de dialogue.**

5. Mes préférences. Pour chacune des paires suivantes, dites quel élément vous préférez et pourquoi.

Modèle: les chats ou les chiens
— **Que préfères-tu, les chats ou les chiens?**
— **Je préfère les chiens. Les chats sont trop indépendants.**

1. les lacs ou les piscines
2. le football (européen) ou la boxe
3. les grosses voitures ou les petites voitures
4. les cheveux courts ou les cheveux longs
5. les maisons ou les appartements
6. les films ou les livres
7. l'automne ou le printemps
8. le jazz ou le hip-hop
9. les émissions de télé-réalité ou les émissions d'informations
10. la plage ou la montagne

6. Qu'est-ce qu'on est difficile! Votre partenaire et vous voyez seulement les défauts de votre université ou de votre ville. Dites ce que vous n'aimez pas. Ecrivez au moins 8 phrases.

Modèle: (vous parlez de votre université)
La nourriture du restaurant universitaire est mauvaise.
Les chambres dans les résidences sont trop étroites.

B. L'article indéfini et l'article partitif

If the definite article is used to talk about things that are either blanket statements about an entire class of things, or about things that are identifiable for the listener(s) / reader(s) to whom they are addressed, the indefinite and partitive articles are used for that gray area in between the general and the identifiable. The speaker (writer) often uses them to present a noun for the first time in a conversation or a text, to identify it as a member or a "subset" of a certain class of objects, or to speak of an unspecified (or *indefinite*) quantity of the object in question. Here are some guidelines to follow for using indefinite or partitive articles.

- The singular indefinite article is the equivalent of the English *a* or *an.* The plural indefinite article (**des** in French) is frequently not used at all in English, although sometimes it is represented by the word *some.*

  C'est **un** problème incompréhensible. — *It's an unimaginable problem.*
  Ce sont **des** êtres humains, qui sont victimes d'humiliations extrêmes.
  These are human beings who are experiencing extreme humiliations.
  Je crois qu'il y a **des** organisations qui travaillent là-bas.
  I think there are (some) organizations who work there.
  Qu'est-ce que c'est? C'est **un** appareil photo numérique.
  *What is that? It's **a** digital camera.*

- The partitive article is the equivalent of the English word *some,* which is often omitted in English sentences. The partitive article usually appears only in the singular. Since it represents a part of a whole, it is not a "count noun" and thus cannot exist in the plural.

  Je voudrais **du lait** pour mon café. — *I'd like **some milk** for my coffee.*
  Veux-tu écouter **de la musique?** — *Do you want to listen to **some music?***

- In the same way that verbs expressing liking and disliking tend to elicit the use of the *definite* article, certain structures generally call for the use of the *indefinite* or *partitive* articles. These include:

  1. The expressions **c'est** and **ce sont,** when they are used to identify something as part of a class of objects. **(C'est *un* poète du 19e siècle. Ce sont *des* haricots verts.)**
  2. The expression **il y a,** since it is sometimes vague about the specificity and quantity of the noun it introduces **(Dans leur salon, il y a *des* fruits dans un bol.)**

3. Verbs of producing, consuming, and possessing, such as **acheter, avoir, boire, construire, écouter, écrire, faire, manger, mettre, porter, produire,** etc. (**Schubert a écrit *de la* musique de chambre.**) Here, you are not referring to all the chamber music in the world. You are referring to an unspecified subset of that chamber music that was written by Schubert.

- If the indefinite article and the partitive article are used in the same cases (to designate nouns in that gray area between general and identifiable), then what is the difference between them? The indefinite article is used to designate objects that can be counted. **Un** and **une** are used to designate *one* object, and the indefinite article **des** is simply the plural of **un** and **une**. Although **des** refers to an unspecified number of objects, these objects are perceived as discrete units (that *could* be counted).

  L'immigration est ***un* problème sérieux en France.**
  Immigration is a serious ***problem*** *in France.*
  (You can count problems—one problem, two problems, etc.)

  Il y a ***des* solutions** pourtant. *There are* ***(some)* solutions,** *however.*
  (More than one—even though you're not counting them, you could.)

- Partitive articles **(du, de la, de l')**, on the other hand, are used when the noun you refer to cannot be counted. This could be because it is an abstract quality like patience, honesty, or affection. It could also be because the object is either a liquid (like water), an amorphous mass (like bread dough), or a substance that has such small pieces that you do not think of them as discrete items (like salt, sugar, sand, etc.). In addition, the partitive article is used when referring to a *part* of a larger whole.

Il faut **de la patience** pour être pêcheur.	*You have to have* ***patience*** *to be a fisherman.*
Il y a **de l'eau minérale** dans la carafe.	*There is* ***mineral water*** *in the carafe.*
Voulez-vous **du thé** ou **du café**?	*Would you like* ***tea*** *or* ***coffee?***
Elle fait **du tennis.**	*She plays* ***tennis.***
Ce soir, je vais manger **du poulet.**	*Tonight, I'm having* ***chicken.*** (I'm only having a *part* of a chicken, not an entire chicken.)

C. À savoir sur les articles

1. La négation des articles indéfinis et partitifs

In negative sentences, the indefinite article **(un, une, des)** and the partitive article **(du, de la, de l')** become **de (d')**.

Il y a **des** fruits.	Il n'y a pas **de** fruits.
Étienne, tu veux **du** sucre?	Étienne, tu ne prends pas **de** sucre?

Think of this as being like the change in English from "*There is* ***some*** *fruit*" to "*There isn't* ***any*** *fruit.*"

However, after **c'est…** and **ce sont…**, the indefinite and partitive articles do not change.

C'est **une** pipe.	Ce n'est pas **une** pipe.
Ce sont **des** Américains.	Ce ne sont pas **des** Américains.

2. Absence d'articles

We said earlier that a noun in French almost always needs some sort of determiner. However, there are cases in which the determiner is omitted. Here are some of the most important ones:

- ***before an adjective, in certain cases***
  The article **des** often changes to **de** before a plural adjective preceding a plural noun.

  Après la Deuxième Guerre mondiale, le gouvernement français a recruté **des** travailleurs de l'Afrique.
  Dans les années cinquante et soixante, la France a recruté **d'**autres travailleurs étrangers.

- ***with names (proper nouns)***
  Nouns referring to people do not usually require an article.

  Assia Djebar et **Leïla Sebbar** ont écrit des romans sur les expériences des femmes maghrébines.

  However, a proper noun does require an article:

  1. when it refers to the members of a family (note that, unlike English, the family name does not take an **s**):

     Hier, j'ai vu **les** Martin. *I saw the Martins yesterday.*

  2. When it refers to the work(s) of an artist:

     Il faut être riche pour acheter **un** Picasso.

     J'aimerais que tu joues **du** Chopin.

  3. When the name is qualified with a title:

     Le docteur Pascal n'est pas là aujourd'hui.

     Le général de Gaulle dirigeait des opérations militaires depuis *(from)* Londres.

- ***with names of cities***
  Although proper names denoting continents, countries, provinces, seas, etc. are preceded by articles (**l'Asie**, **la France, la Normandie**, **la Méditerranée**), articles are generally not used with names of cities **(Paris**, **Montréal**, **Dakar).**

  Tu as passé l'été **à Paris,** n'est-ce pas?

  However, in a few instances, the article is actually a part of the city name: **Le Havre, La Nouvelle-Orléans, Le Mans,** etc. These articles are therefore always used. The usual contractions after **à** and **de** apply to masculine and plural articles.

  Je suis allé **au Mans.** Et toi? Tu es bien allé **à La Nouvelle-Orléans,** n'est-ce pas?

  Even cities whose names do not contain an article will be preceded by an article in one particular circumstance—when you are talking about (1) one aspect of the city among others, or (2) about a *specific* time period, or (3) about the city as it is represented by a *specific* artist.

  Le célèbre poème de Carl Sandburg dépeint **un** Chicago dynamique et puissant.

  Cet artiste a peint **le** Berlin de l'époque de la Guerre froide.

- **être** + ***profession***
  In sentences like the following, the word designating the person's profession is really functioning like an adjective, so no article is used.

  Monet était peintre.

  If the name of the profession is modified by an adjective, however, an article is required:

  Monet était **un** peintre **célèbre.**

  En fait, c'était **le** peintre **le plus célèbre** de l'école impressionniste.

- **parler** + ***language***
  With the verb **parler,** the article is often omitted.

  Nous parlons français en classe.

- **avec** ***or*** **sans** + ***noun***
  Articles are often omitted after the prepositions **avec** or **sans.**

  Je le ferai **avec** plaisir.

  Il a fini sa dissertation **sans** difficulté.

  Ils sont **sans** papiers.

- ***noun + noun structures***
  Articles are also omitted when a noun modifies or "complements" another noun. This is often the equivalent of the English *noun + noun* (residence permit, night train, wool sweater, wineglass).

In the French version, a preposition (such as **de, en,** or **à**) precedes the second noun. You will have to learn which preposition goes with each, but when in doubt, use **de.** It is by far the most common.

un permis **de** séjour
un train **de** nuit
un pullover **en** laine
un verre **à** vin

Exercices

7. L'opposition gauche/droite. D'après ce que vous savez sur les partis politiques et sur la politique d'immigration en France, dites si c'est «la gauche» ou «la droite» politique qui aurait pu faire les déclarations suivantes. Remarquez l'emploi de l'article indéfini ou partitif.

1. Je suis content qu'on ait déjà renvoyé des immigrants chez eux.	la gauche?	la droite?
2. Il n'y a aucune situation justifiable pour donner la citoyenneté à un immigré clandestin.	la gauche?	la droite?
3. Mon gouvernement essaie de donner une définition de l'identité nationale.	la gauche?	la droite?
4. Les lois de la République doivent s'appliquer de la même façon à un immigrant et à un Français.	la gauche?	la droite?
5. Les immigrés prennent du travail aux citoyens français.	la gauche?	la droite?
6. Un permis de séjour, ça ne devrait s'obtenir que pour un an.	la gauche?	la droite?
7. Nous devons intégrer tous les immigrés qui ont choisi de devenir des citoyens français.	la gauche?	la droite?
8. Une France française dans une Europe européenne!	la gauche?	la droite?

8. Dans le frigo chez moi: jeu de mémoire. Avec un(e) ou plusieurs camarades de classe, commencez une phrase en disant: **Dans le frigo chez moi, il y a *du lait*.** Un(e) camarade de classe va ajouter un autre nom en disant: **Dans le frigo chez moi, il y a *du lait et un citron*.** Un(e) troisième camarade de classe va ajouter un troisième nom, etc. Attention! Choisissez bien entre l'article indéfini et le partitif — s'agit-il de choses «comptables» ou «non comptables»?

9. Un repas marocain. Lisez le passage suivant et justifiez l'emploi de chaque article que son auteur a utilisé — ou bien l'absence d'article!

La semaine (1) dernière, un ami (2) marocain m'a invité à dîner chez lui. J'étais curieux, parce que je ne connaissais pas du tout la cuisine (3) marocaine — il n'y avait pas de restaurants (4) maghrébins dans ma ville. Tout ce que je savais, c'était que la plupart des Marocains (5) ne mangent pas de porc (6), parce que l'islam (7) interdit la consommation (8) de porc (9), mais qu'ils peuvent manger du bœuf, du poulet et de l'agneau (10) quand même. J'attendais cette soirée avec impatience!

Quand je suis arrivé chez Ibrahim (11), je lui ai offert une bouteille (12) de vin (13). Erreur culturelle! J'avais oublié que les musulmans (14) ne boivent pas d'alcool (15) non plus. Mais il a ri et il m'a dit de garder la bouteille (16) pour mon prochain dîner.

Quand <u>le dîner</u> (17) a été prêt, nous nous sommes assis à <u>une table</u> (18) basse, sur laquelle il y avait <u>un énorme plat</u> (19) couvert de couscous, avec <u>une sauce</u> (20) qui contenait <u>des légumes</u> (21) et <u>du poulet</u> (22). Ce n'était pas très épicé, mais cela se sert avec <u>une autre sauce</u> (23) appelée <u>l'harissa</u> (24), qui est très pimentée *(hot, spicy).* C'était délicieux!

Après <u>le repas</u> (25), nous avons mangé <u>des fruits secs *(dried)*</u> (26) et <u>des amandes</u> (27) *(almonds),* et nous avons bu <u>du thé</u> (28) à la menthe très sucré dans <u>des verres</u> (29) <u>à thé</u> (30) dorés *(decorated with gold).* Je ne l'ai pas beaucoup aimé parce que normalement, je préfère <u>le thé</u> (31) <u>sans sucre</u> (32), mais ce n'était pas grave.

Enfin, quelle belle soirée! *Inch'Allah* (ça veut dire «Si Dieu le veut» en arabe), Ibrahim m'invitera à revenir bientôt.

10. Un bon film «classique». Clara, une jeune Américaine qui vit en France, écrit une lettre à son ancien professeur de français aux États-Unis. Lisez sa lettre, en ajoutant un article défini **(le, la** ou **les)**, un article indéfini ou partitif **(un, une, des, du, de la, de l'), de (d')** ou rien du tout, selon le cas. Faites les contractions nécessaires.

Hier, chez un ami, j'ai vu un film qui est devenu un film culte, *Le fabuleux destin d'Amélie Poulain.* C'est un film français que ma famille d(e) ______________ (1) accueil *(host family)* m'a recommandé. Je savais que ce film français avait bien réussi (à) ______________ (2) États-Unis, et maintenant, je comprends pourquoi! Vous n'en connaissez pas ______________ (3) histoire? C'est ______________ (4) belle histoire d(e) ______________ (5) amour…

______________ (6) Poulain, parents d'Amélie, étaient un peu étranges, et Amélie est donc devenue une jeune femme assez timide. Elle était ______________ (7) serveuse dans ______________ (8) café (à) ______________ (9) Paris. Elle avait ______________ (10) charme (*m.*), mais elle n'avait pas ______________ (11) amis. Le jour où elle a appris que ______________ (12) Diana, ______________ (13) femme d(e) ______________ (14) Prince Charles, était morte, elle a décidé qu'elle allait aider les autres à être heureux. Ayant ______________ (15) imagination, elle a inventé______________ (16) excellentes ruses pour le faire, mais elle est restée timide et solitaire elle-même. Enfin, son vieux voisin, ______________ (17) peintre amateur, lui a rappelé qu'il fallait ______________ (18) courage pour être heureux, et qu'elle devrait prendre ______________ (19) risques elle-même pour être heureuse et pour trouver ______________ (20) amour.

Le film est très original et je l'ai adoré. Mais certains intellectuels français l'ont condamné, disant qu'il montrait ______________ (21) vision quasi-fasciste d(e) ______________ (22) monde qui soutient les attitudes d(e) ______________ (23) extrême droite. Le film dépeint ______________ (24) Paris d(e) ______________ (25) années 1990, mais c'est ______________ (26) Paris sans ______________ (27) graffiti, et sans diversité ethnique: comme si l'on suggérait que la France était plus belle quand il n'y avait pas ______________ (28) immigrés. J'ai été très surprise par cette interprétation. Il me semble que ______________ (29)

Français voient ________________ (30) implications idéologiques dans des situations où moi, je ne vois rien du tout!

11. Un poème. Écrivez un poème descriptif sur un sujet lié à l'immigration, à la xénophobie, au racisme, à l'intolérance, etc. Chaque vers *(line)* de votre poème doit commencer par un article défini, indéfini ou partitif, dans l'ordre suivant: **la (l'), un, une, des, les, du, de la, des, le (l').**

Modèle: **L'Irlande éternelle**
Un petit garçon catholique,
Une petite fille protestante,
Des actes de «vengeance» qui n'arrêtent jamais.
Les enfants apprennent vite que leur amitié est impossible.
Du sang sur le corps d'un enfant
De la douleur dans le cœur d'un autre
Des gens perdus qui courent, sans savoir ce qu'ils fuient
L'ennemi, c'est leur voisin…

II. Les expressions de quantité

Here are some examples of expressions of quantity:

assez de *(enough)*
autant de *(as much as, as many as)*
beaucoup de *(a lot of)*
combien de *(how much / how many?)*
moins de *(fewer, less)*
peu de *(little)*
plus de *(more than)*
tant de *(so many)*
trop de *(too much / too many)*
un peu de *(a little)*

Il a **moins de** temps que moi.
Tu veux **un peu de** gâteau?

Note that definite articles do not disappear after expressions of quantity; they are however contracted when necessary with the **de** that precedes them.

Combien *des* élèves dans cette classe parlent espagnol? (*les élèves spécifiques*)

Beaucoup *des* amis de Jean-Luc habitent Montréal. (*les amis spécifiques*)

but: **Beaucoup de gens** ne comprennent pas ce problème. (*une quantité non déterminée de gens*)

Other expressions designate weight or another specific quantity.

un kilo de, une tonne de, 500 grammes de...
une boîte de, un verre de, une poignée de *(a handful of)*, **une bouteille de**
un morceau de, une tranche de, une pièce de

Remarque: There are two expressions of quantity that do not lose their article: **bien (des)** *(a lot of)* and **la plupart (des).** They are usually but not always followed by a plural noun.

Bien des immigrés sont victimes du racisme.
La plupart des gens de mon quartier ont des enfants.
but: La plupart **du** temps, elles arrivent en retard.

- Note these expressions of quantity function as determiners and are thus followed directly by a noun.

divers(es) *(various)*
différent(e)s *(various, different)*
plusieurs *(several)*
quelques *(some, a few)*

Donnez-moi **quelques** pommes, s'il vous plaît.	*Please give me **a few** apples.*
Paul ne viendra pas pour **diverses** raisons.	*Paul will not come for **various** reasons.*

Exercices

12. **Inventaire *(Inventory)*.** Avec un(e) partenaire, vous faites «l'inventaire» de votre vie. À l'aide des catégories ci-dessous, «quantifiez» votre vie. Utilisez beaucoup d'expressions de quantité différentes (dans un sens affirmatif ou négatif).

Modèle: amis
— J'ai *beaucoup d'*amis. Tous les soirs, je sors avec *un groupe de* copains différents. Et toi? tu as *plusieurs* amis?
— Je pense que je n'ai pas *autant d'*amis que toi. Mais, ce que j'aime bien, c'est que j'ai *une grande quantité d'*amis d'enfance, y compris quelques-uns que je connais depuis l'âge de 3 ans. Et j'ai aussi *quelques* amis étrangers.

1. vêtements et chaussures
2. livres et CD
3. régime alimentaire *(diet)*
4. argent
5. temps, loisirs
6. cours à l'université

13. **Un pique-nique.** Vous allez faire un pique-nique impromptu avec deux autres amis. Dites ce que vous allez manger et discutez des quantités que vous allez acheter. Négociez avec votre partenaire et n'achetez que ce que vous aimez!

Expressions utiles:
Combien de?
un, une, des, deux, trois, quatre, plusieurs, quelques
assez de, autant de, beaucoup de, moins de, peu de, plus de, trop de, un peu de
un bocal *(jar)* de, une boîte *(box* or *can)* de, une bouteille de, un paquet *(package* or *packet)* de, un pot de, un sac de, un sachet *(little bag)* de, un tube de
un morceau de, une part *(portion)* de, une tranche de, une douzaine de
250 grammes de, un demi-kilo de, un kilo de

Modèle: **— Combien de jambon et de fromage est-ce que nous allons acheter?**
— Oh, 6 tranches de jambon et 350 grammes de fromage, peut-être?
— À mon avis, 350 grammes, c'est un peu trop. Je n'aime pas beaucoup le fromage et je ne vais probablement pas en manger beaucoup. Achetons-en plutôt 200 grammes.

1. coca, eau minérale, jus de… , vin, bière
2. petits pains *(rolls)*, pâtisseries, petits gâteaux
3. thon *(tuna)*, jambon
4. mayonnaise, moutarde
5. beurre, fromage, yaourt
6. fruits (poires? pommes? oranges? etc.), salade *(lettuce, head of lettuce)*, tomates, salade de carottes

14. Au restaurant. Complétez les phrases avec l'article défini **(le, la, les)**, indéfini **(un, une, des)**, partitif **(du, de la, de l')**, **de (d')** ou avec une autre expression de quantité **(divers[es], différent[e]s, quelques, plusieurs).** Il y a parfois plus d'une réponse possible. Faites les contractions nécessaires avec l'article.

1. Un clochard *(street person)* arrive dans un restaurant où il y a ______________ clients qui dînent. Il s'approche d'un client qui mange ______________ steak et ______________ frites.

2. Il dit (à) ______________ client, «S'il vous plaît, monsieur. J'ai faim. Pourriez-vous me donner un peu ______________ argent pour acheter ______________ hot-dog?» Mais ______________ client ne lui donne pas ______________ argent; il a ______________ problèmes qui l'inquiètent et il est de mauvaise humeur.

3. ______________ clochard s'approche d(e) ______________ autre client qui a commandé un bol ______________ soupe et lui pose ______________ même question. Avec ______________ euros en poche, il pourrait acheter quelque chose à manger. Mais ______________ client a peu ______________ patience et il chasse ______________ clochard. (Il déteste ______________ clochards et il ne leur donne jamais ______________ argent!)

4. Ayant fini de dîner, ______________ troisième client prend ______________ tasse ______________ café. Il arrive souvent que ______________ gens soient plus calmes après ______________ bon repas et ce client-ci est un homme généreux. Il donne ______________ billets de banque *(bills)* (à) ______________ clochard et il lui fait même ______________ suggestions.

5. Il dit: «Prenez cet argent, mais ne prenez pas ______________ hot-dogs. Commandez plutôt ______________ poisson, ______________ jambon avec ______________ pommes de terre, ______________ poulet, ______________ salade ou ______________ rôti de porc. Et prenez un dessert — ______________ gâteau ou ______________ fruits!»

6. Le clochard s'installe à ______________ table. Quand ______________ garçon arrive, il commande beaucoup ______________ hot-dogs.

7. En fait, il n'aime pas ______________ jambon — ni ______________ autres plats que le client a recommandés. Il aime seulement ______________ hot-dogs!

III. Les chiffres

Just like articles, numbers function as noun determiners and "qualify" nouns by adding numerical information. Below, we will remind you how to spell certain French numbers.

- The round number 80 and multiples of 100 add a final -**s**: **quatre-vingts**; **deux cents,** etc. However, if they are followed by another number, they drop the "**s**": **quatre-vingt-un; deux cent un**, etc.
- **Mille** is never plural and it does not use the indefinite article **un** when it means *one* thousand.

1 000 personnes	**(mille personnes)**	*one thousand people*
2 000 personnes	**(deux mille personnes)**	*two thousand people*

- **Million** and **milliard** behave like other expressions of quantity; they are preceded by the indefinite article **un** or another number and take **de** when a noun follows them.

un million **de** personnes	*one million people*
deux milliards **d'**euros	*two billion euros*

- Ordinal numbers are formed by adding **-ième** to the cardinal number.

  2e = deux**ième**
  3e = trois**ième**
  4e = quatr**ième**
  18e = dix-huit**ième**
  21e = vingt et un**ième**
  100e = cent**ième**

  There are some notable exceptions:

1er, 1ère	**premier, première**
5^{e}	**cinq*u*ième**
9^{e}	**neu*v*ième**

  Also: **second(e)** (*alternate form of* **deuxième**)

Numbers that end in -**e** (**quatre, onze** to **seize, trente, quarante,** etc.) drop the -**e:** before the ordinal ending: **quatre --> quatrième.**

Exercices

15. Trouvez votre numéro de sécurité sociale français! En France, le numéro de sécurité sociale n'est pas arbitraire. Répondez aux questions suivantes et écrivez vos réponses dans les cases *(boxes)* appropriées.

☐-☐ ☐ ☐ ☐-☐ ☐ ☐ ☐ ☐-☐ ☐ ☐

1 2 3 4 5 6 7 8 9 10 11 12 13

1. Dans la première case, mettez 1 si vous êtes un garçon et 2 si vous êtes une fille.
2. Dans les deuxième et troisième cases, mettez les deux derniers chiffres de l'année de votre naissance. Par exemple, si vous êtes né(e) en 1994, mettez un 9 dans la deuxième case et un 4 dans la troisième.
3. Dans les quatrième et cinquième cases, mettez le nombre correspondant au mois de votre naissance. Par exemple, si vous êtes né(e) en janvier, mettez un 0 dans la quatrième case et un 1 dans la cinquième (zéro un).
4. Dans les cinq cases suivantes (de 6 à 10), mettez le code postal *(zip code)* de la ville où vous êtes né(e). (Si vous ne connaissez pas ce numéro de code postal, mettez celui de votre adresse actuelle.)
5. Les cases 11 à 13 représentent l'ordre dans lequel vous êtes arrivé(e) au monde par rapport aux autres enfants nés dans votre code postal le même mois de la même année. Par exemple, si vous avez été le quatorzième garçon ou la quatorzième fille né(e) ce mois-là, dans votre code postal, les trois derniers chiffres de votre numéro de sécurité sociale sont 014 (zéro quatorze). (Inventez un chiffre plausible.)
6. Devinez le numéro de sécurité sociale de Florence Mafranc, née le 22 août 1993 à Compiègne (code postal: 60 610 [= soixante / six cent dix]). Elle était la cent soixante-quatorzième fille à être née ce mois-là.

   ☐-☐ ☐-☐ ☐-☐ ☐ ☐ ☐ ☐-☐ ☐ ☐

   1 2 3 4 5 6 7 8 9 10 11 12 13

7. Lisez votre numéro de sécurité sociale français à un(e) camarade de classe qui l'écrira. Vérifiez bien qu'il/elle a noté le numéro exact!

16. La population des immigrés en France en 2008. Regardez le tableau suivant sur l'immigration en France. Puis, répondez par écrit aux questions ci-dessous (écrivez les nombres en toutes lettres: **quatre millions**, etc.). Ensuite, lisez vos réponses à voix haute *(aloud)* à un(e) partenaire, qui va comparer ses réponses aux vôtres sans les regarder. Avez-vous écrit vos réponses correctement et les avez-vous lues correctement?

La population des étrangers et des immigrés* en France en 2008

Étrangers	**3 720 000**
Immigrés	**5 340 000**
Étrangers nés en France	**550 000**
Étrangers nés à l'étranger	**3 170 000**
Français par acquisition nés à l'étranger	**1 170 000**

Source: Insee, Recensement de la population 2008, exploitation principale

1. Quelle était la population étrangère en France en 2008?

____

2. Quelle était le nombre d'étrangers nés en France en 2008?

____

3. Quelle était en 2008 la population des personnes nées à l'étranger qui ont acquis la nationalité française?

____

4. Calculez la différence entre le nombre d'immigrés et le nombre d'étrangers en France en 2008.

____

IV. L'adjectif démonstratif et le pronom démonstratif

Grammar Podcasts, Grammar Modules

L'adjectif démonstratif

Another category of noun *determiners* is demonstrative adjectives **(ce, cet, cette, ces)**. They point out a person or an object or refer to a person or object mentioned before. As is the case of articles, the demonstrative determiner reflects the gender and number of the noun it precedes.

<table>
<tr><th></th><th>masculine</th><th>feminine</th></tr>
<tr><td rowspan="2">singular</td><td>ce garçon</td><td rowspan="2">cette maison</td></tr>
<tr><td>cet enfant</td></tr>
<tr><td rowspan="3">plural</td><td colspan="2">ces garçons</td></tr>
<tr><td colspan="2">ces enfants</td></tr>
<tr><td colspan="2">ces maisons</td></tr>
</table>

Remarques:

- The demonstrative adjective **cet** (pronounced just like **cette**) is used before masculine nouns starting with a vowel or a mute *h*.

* Note these definitions:

Un étranger: quelqu'un qui n'a pas la nationalité française. Un étranger peut être né en France (des parents étrangers, par exemple), mais il est probablement né à l'étranger.

Un immigré: quelqu'un qui réside en France mais qui n'est pas né en France. Un immigré peut être citoyen d'un autre pays ou peut avoir acquis la nationalité française.

- The demonstrative adjective can be accompanied by **-ci** or **-là** to refer to something that is near (**-ci**), or to something that is farther away (**-là**).

  Ce livre-ci est plus intéressant que **ce** livre-**là.**

  This *book is more interesting than* ***that*** *book.*

- The demonstrative adjective is also used to designate moments in time. For past and future moments, **-là** is often added to the time expression.

  En **ce** moment, j'ai beaucoup de temps. — *At this moment, I have lots of time.*

  À **cette** époque-**là,** nous vivions toujours en Algérie. — *At that time, we still lived in Algeria.*

Le pronom démonstratif

The demonstrative words **ce, cet, cette,** and **ces** are adjectives and are always followed by nouns. If your listener or reader already knows what you are referring to, you may eliminate the noun and use a demonstrative *pronoun* instead.

J'aime bien **ce** jean, mais j'aime mieux **celui** que tu portais hier.

I like ***that*** *pair of jeans, but I prefer* ***the ones*** *you were wearing yesterday.*

The demonstrative pronoun has four forms: masculine singular **(celui),** feminine singular **(celle),** masculine plural **(ceux),** and feminine plural **(celles).** These words can refer to things or people, and are variously translated as *that one, this one, the one, the ones, these, those,* etc.

Although the demonstrative pronoun takes the place of a noun, it must be followed by something. This something can either be:

1. the word **-ci** or **-là**

   Laquelle de ces chemises préfères-tu? **Celle-ci** ou **celle-là?**

   Which of these shirts do you like best? ***This one*** *or* ***that one?***

2. a prepositional phrase (with **de, en,** etc.)

   Désolée, mais ma voiture est en panne. On va prendre **celle de** mon père.

   *Sorry, but my car is not working. We're going to take my father's (****the one of*** *my father).*

   Toundé aime beaucoup les bijoux et les vêtements. Il emprunte souvent **ceux de** son frère.

   *Toundé loves jewelry and clothes. He often borrows his brother's (****those of*** *his brother).*

   De toutes les bagues qu'il possède, c'est **celle en** or qui lui vient de son grand-père qu'il porte le plus.

   Among all the rings he owns, it's ***the one made of*** *gold that he inherited from his grandfather that he wears the most.*

3. A clause beginning with a relative pronoun

   Je n'ai plus rien à lire parce que j'ai fini mon livre. Tu veux bien me passer **celui que** tu as fini hier?

   I don't have anything to read, because I have finished my book. Would you mind giving me ***the one that*** *you finished yesterday?*

   Ma bague en or? C'est **celle que** j'aime le plus, **celle qui** me porte chance et **celle dont** je ne peux pas me séparer.

   My gold ring? It's ***the one (that)*** *I love the most,* ***the one that*** *brings me luck, and* ***the one (that)*** *I can't be separated* ***from (from which . . .).***

Remarque: **Celui-ci** and **celui-là** also convey the notion of "the latter" or "the former." **Celui-ci** always appears first in the French sentence, and it refers to the *closer* of the two nouns between which you are distinguishing; thus, in French, you are really saying "the latter . . . and the former . . ." (the opposite of what we say in English).

Non, tu confonds Amélie Poulain et Amélie Nothomb; **celle-ci** est une femme écrivain belge et **celle-là** est un personnage de film!

— Qu'est-ce que tu veux voir? La tour Eiffel ou la tour de Pise?

— Hum… **celle-ci** se trouve à Pise, **celle-là** à Paris… Difficile!

Exercices

17. Rien à déclarer? Le douanier *(customs officer)* examine les bagages d'un(e) touriste qui revient en France après des vacances passées en Asie. Il demande le prix de chaque vêtement ou objet que le/la touriste a acheté. Complétez les questions du douanier avec la forme appropriée de l'adjectif démonstratif.

Modèle: Combien ont coûté **ces** foulards en soie *(silk scarves)*?

1. Combien a coûté ________________ veste (f.) en cuir *(leather)*?
2. Combien a coûté ________________ serviette (f.) *(briefcase)*?
3. Combien a coûté ________________ sac (m.) à main?
4. Combien ont coûté ________________ bijoux (m.) *(jewelry)*?
5. Combien a coûté ________________ imperméable (m.)?
6. Combien a coûté ________________ service (m.) à thé?
7. Combien ont coûté ________________ valises (f.)?
8. Combien a coûté ________________ boîte (f.) laquée *(lacquered box)*?
9. Combien ont coûté ________________ statuettes (f.)?
10. Combien ont coûté tous ________________ articles (m.)?

18. Une visite. Imaginez qu'un(e) ami(e) français(e) vous rend visite et vous vous promenez sur votre campus et dans votre ville. Il/Elle vous posera des questions sur ce qu'il/elle voit en utilisant chaque fois un adjectif démonstratif. Vous donnerez une réponse appropriée pour votre campus / votre ville.

Modèle: ? / le parking / être suffisamment grand
— Est-ce que ce parking est suffisamment grand?
— Non, il n'y a pas assez de place pour toutes les voitures des étudiants.

1. ? / le campus / recevoir beaucoup d'étudiants étrangers
2. ? / les résidences universitaires là-bas / être confortables
3. ? / la salle de travail-ci / avoir des ordinateurs Mac ou PC?
4. ? / l'administration / encourager le recyclage?
5. ? / les cafés / être fréquentés par les étudiants?
6. ? / le quartier / être calme
7. ? / l'hôtel-là / coûter cher
8. ? / la ville / avoir un système de transports en commun

19. Où sommes-nous? Décrivez un endroit touristique célèbre sans mentionner le nom de l'endroit. Lisez votre description à la classe et faites-lui deviner *(to guess)* le nom de l'endroit.

Modèle: **Oh! regarde ce fleuve qui coupe la ville en deux! Et cette grande tour-là; qu'est-ce qu'elle est belle! Elle a été construite au 19e siècle, je parie *(I bet)*.**
— C'est Paris.

20. Nous ne sommes pas tous pareils! *(We're not all the same!)* Vous ressemblez peut-être à d'autres membres de votre famille en ce qui concerne l'apparence physique, le caractère, les possessions et les goûts. Choisissez quelques éléments de la liste suivante et comparez-vous à différents membres de votre famille en utilisant des pronoms démonstratifs.

Modèle: peau — **Puisque je suis adoptée, ma peau est plus foncée *(darker)* que celle de mes parents.**
caractère — **Mon caractère est doux, comme celui de ma cousine Paula.**

1. yeux, cheveux, doigts, pieds, voix (*voice,* f.), habitudes alimentaires, caractère

____

2. idées politiques, intérêts, passe-temps (m. pl.), sens de l'humour (m.)

____

3. vêtements, voiture, collection de CD, appareil photo, appartement (maison, chambre)

____

4. rapports avec ma grand-mère (mon/ma patron[ne], mes ami[e]s)

____

21. Précisons. Quand vous voulez distinguer entre deux ou plusieurs objets pour en indiquer *un seul,* vous pouvez utiliser un pronom démonstratif et une phrase descriptive qui comprend *(includes)* une préposition. Étudiez bien le dessin *(drawing)* ci-dessous. Répondez aux questions en suivant le modèle.

Mots utiles: **à côté de, à droite de, à gauche de, au-dessous de, au-dessus de, animaux en peluche (m pl), contre, dans, derrière, devant, entre, parmi *(among),* par terre, sous, sur, tiroir *(drawer,* m), vase (m)**

Modèle: Laquelle des deux chaussures est trouée *(has a hole in it)*?
Celle qui est entre le lit et la commode.

1. Quelles fleurs sont fanées *(wilted)?*

2. Quels livres sont en meilleur état?

3. Des deux chatons *(kittens),* lequel dort?

4. Lequel des deux parapluies est cassé?

5. Quel poster représente la tour Eiffel?

6. Et quelle chemise est sale *(dirty)?*

22. C'est vous l'interprète! Vous êtes à l'ambassade américaine à Paris, où vous essayez d'aider un employé américain à communiquer avec une Française. Traduisez les phrases suivantes afin de l'aider avec tout ce qu'il ne sait pas dire.

1. Vous avez besoin d'un nouveau visa. (The one you have now is no longer valid *[valable].*)

2. Ce ne sont pas les bonnes lettres *(the right letters.)* (Where are the ones you received last week?)

3. Mais, je ne vois ici que votre acte *(m.)* de naissance *(birth certificate)* à vous. (Do you have your husband's too?)

____

4. J'ai plusieurs dépliants *(flyers, m.)* à vous proposer. (Here are the ones that explain our immigration policy [**politique d'immigration**].)

____

V. L'adjectif possessif et le pronom possessif

A. L'adjectif possessif

Grammar Podcasts, Grammar Modules

Possessive adjectives (*my, your, her, their,* etc.) also function as noun determiners. The French possessive adjectives, listed below, give information about the "owner" of the object in question and also about the gender and number of the person or thing "owned." Here's an easy way to remember the various forms of the French possessive adjectives: the first letter of the adjective tells us who the "owner" is, and the rest of the word tells us more about the person or thing "owned."

owner	1st letter of the possessive adjective	masculine singular	feminine singular	plural
je	m	+ on = ***mon***	+ a = ***ma***	+ es = ***mes***
tu	t	+on = ***ton***	+ a = ***ta***	+ es = ***tes***
il/elle/on	s	+on = ***son***	+ a = ***sa***	+ es = ***ses***
nous	n	+ otre = ***notre***	+ otre = ***notre***	+ os = ***nos***
vous	v	+ otre = ***votre***	+ otre = ***votre***	+ os = ***vos***
ils/elles	l	+ eur = ***leur***	+ eur = ***leur***	+ eurs = ***leurs***

Remarques:

- With feminine nouns that start with a vowel, use the masculine form of the possessive adjective instead of the feminine, to make the combination easier to pronounce.

  J'ai rencontré **mon** amie hier. — *I met **my** (female) friend yesterday.*
  Ton écriture est parfaite! — ***Your** handwriting is perfect.*
  Son école est petite. — ***His/Her** school is small.*

- Even though **son, sa,** and **ses** can mean either *his, her, its,* or *one's,* their meaning is usually obvious because of the context in which they are used. If necessary, you may add **à lui** or **à elle** in order to clarify the adjective's meaning.

  J'aime **son** appartement **à elle,** mais **son** appartement **à lui** est trop petit.
  *I like **her** apartment, but **his** apartment is too small.*

- The definite article **(le, la, l', les)** is usually used instead of the possessive adjective when describing parts of the body, particularly in the following situations:

  1. When referring to something one does with a body part:
     Si vous voulez répondre, levez **la** main. — *If you want to answer, raise **your** hand.*
  2. When using a reflexive verb describing something done to a body part:
     Elle s'est brossé **les** cheveux. — *She brushed **her** hair.*

However, if you use an adjective to describe a body part, you must then use a possessive adjective.

Elle est fière de **ses** longs cheveux blonds.

B. Le pronom possessif

Possessive pronouns are the equivalent of *mine, yours, ours,* etc.

Tu n'aimes pas ta mère? **La mienne** est super.	*You don't like your mother? **Mine** is cool!*
Ne prends pas mes clés. **Prends les leurs.**	*Don't take my keys. Take **theirs.***

All French possessive pronouns are used with an article (**le, la,** or **les**) and vary in gender, number, and grammatical person. As is the case with the possessive adjectives, the first letter of the word tells you who the owner is; the **le/la/les** and the pronoun endings tell you whether the thing owned is masculine singular, feminine singular, masculine plural, or feminine plural.

person	1st letter of pronoun	masculine singular	feminine singular	masculine plural	feminine plural
je	m	le mien	la mienne	les miens	les miennes
tu	t	le tien	la tienne	les tiens	les tiennes
il/elle/on	s	le sien	la sienne	les siens	les siennes
nous	n	le nôtre	la nôtre	les nôtres	les nôtres
vous	v	le vôtre	la vôtre	les vôtres	les vôtres
ils/elles	l	le leur	la leur	les leurs	les leurs

Remarques:

- In the case of **nous, vous,** and **ils/elles,** as "owners," there is no distinction between masculine and feminine forms in the plural to describe what they "own" or are related to (**les nôtres, les vôtres, les leurs**).
- As always, **le** and **les** contract with the prepositions **à** and **de (aux miens, des vôtres).**

Exercices

23. Une famille multiethnique. Rachid décrit les membres de sa famille à sa copine, mais Julie ne comprend pas très bien. Répondez aux questions de Julie avec les réponses correctes selon l'arbre généalogique ci-dessous.

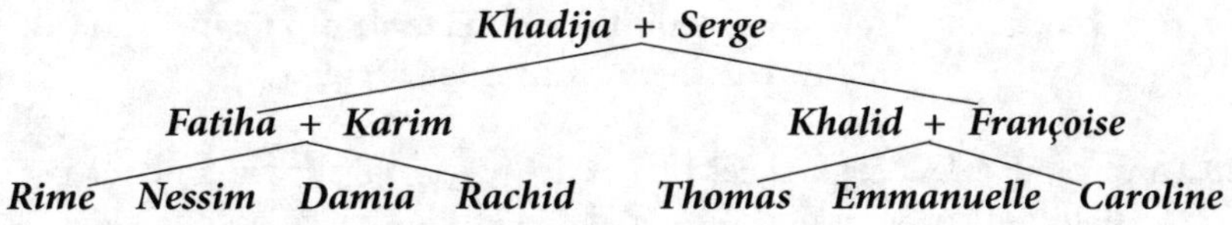

Modèle: — Fatiha est la mère de Damia?
— Oui, c'est sa mère.

1. Serge est le mari de Khadija?
2. Caroline est la mère d'Emmanuelle?
3. Karim est le cousin de Fatiha?
4. Thomas est le frère d'Emmanuelle et de Caroline?
5. Khalid et Françoise sont les parents de Thomas, d'Emmanuelle et de Caroline?

6. Fatiha et Karim sont les parents de Damia?
7. Serge et Khadija sont les beaux-parents de Françoise?
8. Nessim est le cousin d'Emmanuelle?

24. Quels sont tes goûts *(tastes)*? Avec un(e) partenaire, posez-vous les questions suivantes et répondez-y. Attention à la forme de l'adjectif possessif.

Modèle: acteur préféré
— Quel est ton acteur préféré?
— Mon acteur préféré est Denzel Washington. J'aime son air digne.

1. actrice préférée
2. chanteurs préférés
3. activité de loisir préférée
4. animal préféré
5. professeur préféré
6. saison préférée
7. plats *(dishes)* préférés
8. marque *(brand)* de vêtements préférée

25. Brochure touristique. Dans les guides *(guidebooks)* écrits en français, on trouve souvent des descriptions contenant beaucoup d'adjectifs possessifs: «Visitez la Floride! Découvrez **ses** plages ensoleillées, **ses** restaurants sympathiques…». Écrivez une description de votre université ou de votre ville en utilisant ce même style. Votre description peut être sérieuse ou amusante.

26. L'accident. Un soir, vous êtes seul(e) chez votre famille d'accueil *(host family)* française. Vous recevez un coup de téléphone annonçant que les neveux *(nephews)* de votre mère d'accueil ont eu un accident de voiture. Écrivez le message en français, en utilisant l'adjectif possessif quand cela est nécessaire!

1. Your nephews have had an accident.
2. Their car is damaged *(endommagée)*.
3. Paul broke his arm.
4. He also broke his glasses, and he had ten stitches *(points de suture)* in his right ear.
5. Pierre went to the hospital with him, but his injuries *(blessures* [f. pl.]) are less serious.
6. His head hurts, but that's all.

27. Un coup de main *(A helping hand)*. Une famille de réfugiés va bientôt s'installer dans votre ville et vos amis et vous allez les aider. Dites ce que chaque personne va faire pour la famille en utilisant au moins huit adjectifs possessifs dans votre description.

Modèle: **Moi, je vais leur donner ma table de cuisine. Camille va montrer aux enfants comment trouver leur école…**

28. À qui appartient cet article? Prenez des objets qui appartiennent à vos camarades de classe. Ensuite, redistribuez-les en posant des questions qui contiennent des pronoms possessifs.

Modèle: **— Cette serviette, c'est la tienne?**
— Non, ce n'est pas la mienne.
— *(En montrant un autre étudiant)* C'est peut-être la sienne?
— Oui, je crois bien.
— Et ces chaussures?
— Celle de droite, c'est la mienne, mais celle de gauche est à Julie.

29. Mon colocataire. Dans ce message électronique, Hassan décrit son colocataire à ses parents. Complétez ses phrases avec des pronoms possessifs. N'oubliez pas de faire les contractions nécessaires.

Maman, papa, vous m'avez demandé de vous décrire mon colocataire et de comparer son comportement (à) _______________ *(1. mine)*. Voici une courte description de lui.

C'est un type fort sympa. Son caractère et _______________ *(2. mine)* sont assez semblables. Si vous pensez que mes idées politiques sont très libérales, il faut que je vous parle un jour (de) _______________ *(3. his)*!

Il a une copine qui habite dans le même bâtiment, mais je dois vous dire que _______________ _______________ *(4. mine)* est plus charmante que _______________ *(5. his)*. Il porte des vêtements qui sont certainement plus chic que _______________ *(6. mine)*. Et il me rappelle toujours: «Ma voiture est plus neuve que _______________ *(7. yours)*.»

Nous habitons dans un appartement plus grand que _______________ *(8. yours)*. Mais_______________ *(9. ours)* est beaucoup plus sale! Puisque mon anniversaire *(m.)* et _______________ *(10. his)* sont à quelques jours l'un de l'autre, voulez-vous nous offrir un aspirateur *(vacuum cleaner)?*

À la semaine prochaine!

Hassan

30. Ça commence bien! ***(We're off to a good start!)*** Votre famille et vous partez demain en vacances, mais personne n'est prêt *(ready)*! Votre frère et vous essayez d'organiser un peu les choses. Quand il vous demande si un objet appartient *(belongs)* à un certain membre de votre famille, vous dites que «non». (Pour continuer la conversation, dites à qui il appartient, et justifiez votre réponse.)

Modèle: — Ce sont tes affaires *(f)*?
— Non, ce ne sont pas les miennes. Ce sont probablement celles de Thomas. Les miennes sont mieux organisées que les siennes.

— C'est le maillot de bain de Julie?
— Non, ce n'est pas le sien, c'est le mien. Celui de Julie est beaucoup plus petit!

1. — Ce sont nos valises *(f.)*?

   — ____

2. — C'est la raquette de tennis de papa?

   — ____

3. — Ce sont mes lunettes (f.) de soleil?

   — ____

4. — C'est ta crème solaire?

   — ____

5. — C'est le passeport de maman?

   — ____

6. — Ce sont les rollers (m.) *(in-line skates)* de Thomas et Julie?

   — ______________________________

7. — C'est l'appareil photo (m.) de maman et papa?

   — ______________________________

8. — C'est notre tente (f.) à nous? Je ne l'ai jamais vue!

   — ______________________________

31. Objets trouvés. Quelques passagers à l'aéroport cherchent des objets perdus. Complétez les phrases suivantes avec des pronoms possessifs.

1. *Une dame qui cherche une boucle d'oreille*

   — J'ai perdu une boucle d'oreille au Terminal 1.

   — J'en ai plusieurs. Est-ce que vous pouvez décrire ______________ (1)?

   — ______________ (2) est comme celle-ci.

   — Je n'ai rien comme cela.

2. *Un garçon qui cherche le portable de son père*

   — Pardon, madame, vous avez trouvé un portable?

   — Nous en avons plusieurs. De quelle couleur est ______________ (3)?

   — Ce n'est pas ______________ (4). C'est celui de mon père.

   — Où est-ce qu'il a perdu ______________ (5)?

   — Au café, là-bas.

   — Voici un Nokia. C'est ______________ (6)?

   — Oui, merci, madame.

3. *Une jeune fille qui cherche des gants*

   — J'ai perdu des gants.

   — J'ai une boîte pleine de gants. Comment sont ______________ (7)?

   — ______________ (8) sont en cuir.

   — J'en ai plusieurs en cuir. De quelle couleur sont ______________ (9)?

   — Si vous le permettez, je vais essayer de trouver ______________ (10) dans la boîte.

   — Allez-y.

4. *Un couple qui cherche des billets*

— Mon mari et moi, nous avons perdu nos billets.

— Quel est votre nom?

— Leclair.

— Ces billets Air France sont peut-être _______________ (11)?

— Oui, oui, ce sont _______________ (12).

À l'écoute!

Langue maternelle et langues ennemies. Dans le texte que vous allez écouter, une écrivaine d'origine hongroise *(Hungarian)*, Agota Kristof, raconte ses premières rencontres avec des langues autres que sa langue maternelle, le hongrois. Agota Kristof est née en Hongrie en 1935 et arrive en Suisse en 1956, où elle travaille dans une usine. Elle apprend le français et écrit pour le théâtre. En 1987, elle devient célèbre avec son premier roman, *Le Grand Cahier,* qui reçoit le Prix du Livre Européen. Écoutez le texte et ensuite faites les activités qui suivent.

Première écoute

1. Quel âge avait l'auteur quand elle a rencontré pour la première fois une population qui parle l'allemand? _______________
2. Quel âge avait l'auteur quand elle a entendu pour la première fois la langue russe? _______________
3. Quel âge avait l'auteur quand elle a rencontré pour la première fois des gens qui parlent français? _______________
4. Dans quel pays est-ce que l'auteur a découvert la langue française? _______________
5. Est-ce que l'auteur parle français sans faute après trente ans d'apprentissage du français? Oui? _______________ Non? _______________

Deuxième écoute

1. Pendant sa jeunesse, l'auteur considérait l'allemand et le russe comme des «langues ennemies». Pourquoi leur donne-t-elle cette qualification?

____

2. Pourquoi est-ce que les élèves en Hongrie devaient tous apprendre le russe? Qui enseignait le russe?

____

3. Pourquoi les élèves hongrois n'avaient -ils aucune envie d'apprendre le russe?

____

4. L'auteur a aussi qualifié le français de «langue ennemie». Pourquoi?

____

Troisième écoute

1. Pourquoi est-ce que l'auteur utilise les mots en italique?
   «*j'affronte* une langue»

   ____

   ____

   «C'est ici que commence ma *lutte* pour *conquérir* cette langue, une *lutte* longue et *acharnée…*» ____

   ____

2. Dans le cas de l'apprentissage du russe, l'auteur parle d'un «sabotage intellectuel national». Qu'est-ce qu'elle veut dire par cette expression?

   ____

   ____

3. Vers la fin du texte, l'auteur révèle qu'après plusieurs années d'apprentissage du français, elle n'a pas «conquis» cette langue et qu'elle parle toujours en faisant des fautes. En deux ou trois phrases, racontez votre apprentissage de la langue française.

   ____

   ____

   ____

   ____

Atelier d'écriture

L'immigration chez moi

I. Le but: Rédiger une lettre d'à peu près 300 mots sur la situation de l'immigration dans votre propre pays. Imaginez que cette lettre sera affichée dans la section «courrier des lecteurs» d'un site Internet.

II. Le sujet: L'immigration chez moi. Depuis des siècles, la France attire des citoyens de divers pays qui, pour une raison ou une autre, ont choisi de quitter leur pays d'origine et de vivre en France. Aujourd'hui, le nombre de ces «invités» a augmenté et fait l'objet de débats politiques et idéologiques. Écrivez une lettre où vous exprimez vos propres sentiments sur les problèmes ou les avantages de l'immigration.

Voici une liste de questions qui peuvent vous aider à rédiger votre lettre:

- Est-ce que la situation de l'immigration dans votre propre pays est similaire à celle de la France ou est-ce qu'elle est différente?
- Considérez-vous que l'immigration dans votre région est excessive?
- Faut-il freiner les migrations parce qu'elles engendrent, selon certains hommes et femmes politiques, des effets négatifs dans le pays d'accueil (perte d'emplois des travailleurs nationaux, baisse des salaires, etc.)?
- Faut-il encourager les migrations comme le proposent d'autres hommes et femmes politiques, puisque la diversité joue un rôle important dans la création de la richesse économique et culturelle d'un pays?

III. Activités préparatoires. Avant d'écrire votre lettre, faites les exercices suivants.

A. Le lexique de l'immigration. Cherchez dans votre texte, dans un dictionnaire ou sur Internet le sens des expressions suivantes. Écrivez une petite définition en français.

1. la carte de résidence ______________________________
2. le code de la nationalité ______________________________
3. le droit du sang ______________________________
4. le droit du sol ______________________________
5. les «sans-papiers» ______________________________
6. les immigrés clandestins ______________________________
7. un permis de séjour ______________________________
8. le rapatriement ______________________________

B. Déterminez les noms. Ajoutez les déterminants (si nécessaires) des noms dans les phrases suivantes tirées d'un forum sur l'immigration en France. Il y a parfois plus d'une réponse logique.

1. L'Islam est devenu ______________ deuxième religion de France.
2. ______________ immigration apporte ______________ richesse culturelle exceptionnelle.
3. Vive ______________ France de la diversité!
4. L'immigration sans ______________ intégration, c'est une blague *(joke)*.
5. Je suis tout à fait d'accord avec vous quand vous dites que ______________ immigrants sont ______________ force *(a source of strength)* pour la France qui, de tout temps *(historically)*, a été prête à les accueillir *(has always been prepared to welcome them)*.
6. «Tout homme a ______________ patries, la sienne et ______________ France.» *(Adam Mickiewski)*
7. Je n'ai que 75 ans, mais ______________ grand-père, un marchand de bestiaux, disait qu'un homme était étranger s'il lui fallait plus d'un jour (à pied) pour se rendre à ______________ foire. *(I'm only 75, but my grandfather, a cattle dealer, used to say that a man was a foreigner/stranger if it took him more than a day [on foot] to get to the fair.)*
8. L'accueil de l'étranger a déjà été défini dans ______________ Bible, lorsque Dieu rappelle au peuple d'Israël qu'il est lui-même étranger en Terre promise et que ______________ terre de Canaan lui a été prêtée mais jamais donnée. Nous devons nous dire que partout dans ______________ monde, nous sommes ______________ étrangers.

C. Réflexion préliminaire. Répondez aux questions suivantes et donnez quelques détails ou précisions dans votre réponse.

1. Est-ce que votre communauté est multiraciale et diverse, du point de vue ethnique? Expliquez la situation.

____

____

2. De quelles catégories professionnelles sont les immigrés? Est-ce que ce sont généralement des travailleurs très qualifiés ou peu qualifiés?

____

____

3. Existe-t-il dans votre communauté de petits «espaces culturels» (quartiers ethniques)? Expliquez.

____

____

4. Est-ce que les immigrés prennent les emplois de citoyens américains dans votre région?

____

____

5. Estimez-vous que les gens de votre région ont le droit de connaître le nombre exact d'immigrés et le nombre exact d'étrangers en situation irrégulière?

____

____

6. Pensez-vous que les immigrés peuvent respecter les coutumes de leur pays d'origine, tout en vivant dans un nouveau pays?

____

____

7. Dans quelles circonstances est-ce que les immigrés séjournant dans votre pays devraient-ils être expulsés en cas de crime? (Pour quels crimes: Vols, attentats, incendies, meurtres, viols, insultes au drapeau, insultes aux forces de l'ordre... ?)

____

____

8. Est-ce que la plupart des immigrés de votre communauté viennent seulement pour y travailler ou avec le désir de s'intégrer à la société? Que pensez-vous du slogan «Immigration sans intégration»?

____

____

9. Estimez-vous que le pays d'accueil doit accorder aux immigrés la nationalité, l'accès à l'école pour leurs enfants, l'allocation chômage, etc.?

____

____

10. Estimez-vous que les étrangers accueillis dans votre pays doivent être soumis à une période probatoire prouvant qu'ils sont dignes de s'installer dans votre pays?

____

____

11. Pouvez-vous nommer des hommes ou des femmes politiques, des acteurs ou des actrices de cinéma, d'autres personnes du monde du spectacle, du sport ou de la littérature, qui sont issus de l'immigration?

____

____

12. Estimez-vous que votre pays a une attitude et une politique généreuses dans le domaine de l'immigration ou, au contraire, que la plupart des gens sont xénophobes ou racistes?

13. Estimez-vous que les États-Unis devraient être considérés comme un pays bilingue (anglais-espagnol)?

IV. Au travail! Rédigez un premier brouillon de votre lettre (300 mots). Ensuite, examinez votre texte et faites attention à votre emploi de déterminants.

8 Les pronoms relatifs

Sommaire

Some of the signs that you are making progress in French are your ability to avoid redundancy and your ability to form longer and more complex sentences. These longer sentences are sometimes made possible by the use of a relative pronoun (**qui, que, dont**, etc.).

J'ai acheté le livre. Tu as recommandé ce livre.
I bought the book. You recommended the book.

J'ai acheté le livre **que** tu m'as recommandé.
I bought the book (that) you recommended.

The longer sentence above contains a *main clause* **(J'ai acheté le livre)** and a *relative clause* **(… que tu m'as recommandé),** so called because it begins with a relative pronoun.

In English grammar books, relative clauses are often called *adjective clauses;* even though they are an entire sentence, they function like adjectives, because they modify a noun in the main clause. (*Which book did I buy? The* ***blue*** *book, the* ***interesting*** *book, the book* ***that you recommended***.) Just as adjectives most often come after nouns in French, relative clauses also come after the noun they modify (here, **livre**); this noun is called the *antecedent* (from the Latin *ante-*, "before"), because it appears *before* the relative clause.

I. Les pronoms relatifs *qui* et *que*

Grammar Podcasts, Grammar Modules

When you construct a sentence containing a relative pronoun, your choice of the *correct* relative pronoun allows your listener to:

1. "see" the relative clause for a split second as if it were a separate sentence.
2. understand the function of the antecedent in that separate sentence (subject, direct object, etc.).

Let's illustrate this by looking at **qui** and **que,** the relative pronouns you probably know best from your previous study of French.

If you say **J'ai une amie *qui* parle quatre langues,** your use of **qui** allows your listener to understand that you're really saying **J'ai *une amie* et *cette amie* parle quatre langues.** (That is, if you were to repeat **cette amie,** it would be the *subject* of your second sentence.) Here's another sentence that follows the same principle:

Léopold Sedar Senghor écrivait en français, **qui** est la langue officielle du Sénégal.

Now, what about **que**?

Le Québec, c'est la province canadienne **que** je connais le mieux.

In this sentence, you're saying **C'est *la province*** and **Je connais *cette province* le mieux.** By using **que,** you are indicating that **cette province** would be the *direct object* in your second sentence. Here's another example:

Martin Short, c'est un acteur canadien **que** j'aime bien.

Remarques:

- **Qui** and **que** refer to people, things, or concepts.

  The use of **qui** or **que** is determined by the grammatical function of the word replaced in the relative clause (subject or direct object). *It has nothing to do with whether that word refers to a person or a thing, as would be the case in English.*

- Unlike *whom, that, which* in English, **que** may not be omitted in French.

  Le Vieux-Port à Montréal est un quartier pittoresque **que** nous avons visité pendant les vacances l'année dernière.

  Old Harbor in Montreal is the picturesque district ***(that)*** *we visited on our vacation last year.*

- Since **qui** *(who, that, which)* replaces a *subject,* it is usually followed by a verb.

  Ma correspondante québécoise a des ancêtres **qui *sont*** français.

- Since **que** *(whom, that, which)* replaces a direct object, it is usually followed by a noun or a pronoun and a verb.

  Il parle avec un accent **que *j'ai*** du mal à comprendre.

Be careful, though! Since **que** clearly indicates how the relative clause relates to the main clause, the word order **que** + *noun or pronoun* + *verb* is not obligatory. In fact, it is rather common in French to find sentences like this one:

J'aime les chansons politiques **que** chantaient *(verb)* les chanteurs québécois des années soixante *(subject)*.

*I like the political songs **that** the Québécois singers of the sixties used to sing.*

Que tells you that you haven't yet seen the subject of this clause. If it doesn't appear right after the relative pronoun, you're going to have to look for it further on in the sentence! One often finds this construction in cases such as the one above, where there is a very long subject and a very short verb.

- Notice that the relative clause does not have to follow the main clause. It can also be embedded within it. The relative pronoun still directly follows its antecedent, however:

  La pêche sous la glace (**qui** est une coutume héritée des Amérindiens) se pratique un peu partout au Québec.

- The verb that follows the pronoun **qui** always agrees with its antecedent.

  Ce sont **les Canadiens** *(pl.)* **qui** jouent *(pl.)* au hockey à Montréal.

- Since **que** is a direct object (relative) pronoun that precedes the verb in the relative clause, it requires you to make the past participle agree in compound tenses like the **passé composé** (see pp. 46–48).

  La Nouvelle-France est **le premier nom** *(masculine singular)* **que** les colonisateurs français ont donn**é** (*no need to add -**e** or -**s***) au Québec.

  Au parc de la Jacques-Cartier, on peut faire des randonnées pédestres sur **les pistes** *(feminine plural)* **que** les anciens explorateurs ont utilis**ées** **(utilisé + e + s).**

Exercices

1. Êtes-vous cultivé(e) *(cultured)?* Test 1. Montrez vos connaissances culturelles en répondant aux questions suivantes. Attention au sens des phrases qui contiennent **que!**

Modèle: Nommez un tableau que Pablo Picasso a peint.
Guernica.

1. Nommez un artiste français qui était impressionniste.
2. Nommez un opéra que Mozart a composé.
3. Nommez une chanson qu'a chantée Adele.
4. Nommez un Américain célèbre qui était architecte.
5. Nommez l'auteur français qui a écrit *Le Petit Prince*.
6. Nommez une sculpture célèbre qui se trouve au musée du Louvre et qui n'a pas de bras *(arms)*.
7. Nommez un roman qu'a écrit Victor Hugo.
8. Nommez une comédie musicale qui est basée sur une pièce de théâtre ou un opéra.

2. Un vernissage *(An art opening)*. À un vernissage, vous présentez des gens que vous connaissez. Si le sujet est un prénom, utilisez **un(e) ami(e)**. Autrement, utilisez **une jeune fille, un homme** ou **une jeune femme**.

Modèles: M. Boucher (*Il* travaille au Musée des Beaux-Arts.)
Je vous présente M. Boucher. C'est un homme qui travaille au Musée des Beaux-Arts.

Caroline (L'artiste *l'*a utilisée comme modèle.)
Je vous présente Caroline. C'est une amie que l'artiste a utilisée comme modèle.

1. Laurent (*Il* aime le jazz, comme vous.)

   ____

2. Mlle Delaborde (Vous *l'*avez rencontrée au mariage de mon frère.)

   ____

3. Julie (*Elle* vient du Québec, et *elle* est parfaitement bilingue.)

   ____

4. M. Delpêche (Je *l'*admire beaucoup, surtout pour son sens de l'humour.)

   ____

5. Maintenant, pensez à quatre amis et/ou à des membres de votre famille. Que diriez-vous pour les présenter à quelqu'un au vernissage?

   - ____
   - ____
   - ____
   - ____

3. Le lendemain de la fête. Hier soir, Suzanne a donné une fête. Aujourd'hui, elle demande à son amie Marie ce qu'elle pense de la soirée. Avec un(e) partenaire, posez des questions et donnez des réponses en suivant le modèle. Utilisez les pronoms relatifs **qui** et **que** de façon appropriée.

Modèle: les gens; je *les* ai invités (sympas / prétentieux / ?)
— Qu'est-ce que tu penses des gens que j'ai invités?
— Ils étaient sympas (*ou*: Ils étaient prétentieux. *ou:* Ils étaient ____.)

1. les hors-d'œuvre; je *les* ai préparés (bons / mauvais / ?)

   ____

   ____

2. mes amis belges; *ils* étaient en retard (décontractés *[relaxed];* impolis / ?)

____

____

3. le garçon; *il* parlait fort *[was loud]* (gentil / agaçant (*annoying*)/ ?)

____

____

4. la robe; Marie-Thérèse *la* portait (trop courte / seyante *[becoming]* / ?)

____

____

5. la musique; je *l'*ai choisie (assez variée / trop techno / ?)

____

____

6. les boissons *[drinks]; elles* étaient disponibles au bar (trop sucrées / trop alcoolisées / ?)

____

____

4. Le Grand Nord *(The Great White North.)* Complétez le passage suivant en ajoutant **qui** ou **que** aux endroits appropriés.

Pendant les années 80, il y avait une émission ________________ (1) je regardais souvent à la télévision. Elle s'appelait *SCTV.* Elle était tournée au Canada et la plupart des acteurs ________________ (2) jouaient dans cette émission étaient canadiens. Mais c'était une émission ________________ (3) le public américain appréciait autant que ses voisins canadiens.

L'émission était diffusée au Canada aussi, mais il y avait une chose ________________ (4) gênait les producteurs canadiens — il n'était pas clair que l'émission était «canadienne». Ils ont insisté pour qu'une partie de chaque émission ait un contenu ________________ (5) soit «canadien». Les créateurs de l'émission ont trouvé cet «ordre» ridicule et ils ont décidé de s'en moquer. Ils ont créé une série de petits sketchs ________________ (6) ils appelaient *The Great White North* — une causerie *(talk show)* imaginaire ________________ (7) contenait tous les stéréotypes imaginables sur les Canadiens. Les deux personnages, ________________ (8) étaient joués par Rick Moranis et Dave Thomas, étaient très drôles. Ces deux «Canadiens typiques», les «frères McKenzie» (Bob et Doug) buvaient constamment de la bière et mangeaient du *back bacon.* Ils parlaient avec des accents canadiens exagérés et parsemaient leurs phrases de l'interjection «eh?». Les vêtements ________________ (9) portaient ces deux «bouffons» ressemblaient à ceux des bûcherons *(lumberjacks)*!

Ces sketchs humoristiques contenaient cependant un petit message sérieux: Bien que les stéréotypes ________________ (10) on se fait des Canadiens ne soient pas vrais, il y a quand même une identité canadienne qu'on doit reconnaître et respecter.

II. Le pronom relatif *dont*

Grammar Podcasts, Grammar Modules

The relative pronoun **dont** indicates to the reader or listener that if the adjective clause were separated from the main clause, the word it shared with the main clause would be preceded by the preposition **de.**

J'ai assisté à **la fête foraine.** Le professeur nous avait parlé ***de* la fête foraine.**

J'ai assisté à la fête foraine **dont** le professeur nous avait parlé.

*I attended the fair **about which** our professor had told us (. . . **that** our professor had told us **about**).*

La Route des baleines traverse **la région de Charlevoix.** Les paysages grandioses ***de* la région de Charlevoix** ont inspiré beaucoup d'artistes.

La Route des baleines traverse la région de Charlevoix **dont** les paysages grandioses ont inspiré beaucoup d'artistes.

*The Whale Route crosses the Charlevoix region, **whose** grandiose landscapes have inspired many artists.*

Remarques:

- As is the case with **qui** and **que,** the pronoun **dont** may refer to people, things, or ideas.
- **Dont** is used with verb constructions and adjectives that are followed by **de,** such as:

avoir besoin **de**	*to need*
avoir envie **de**	*to want*
avoir honte **de**	*to be ashamed of*
avoir peur **de**	*to be afraid of*
parler **de**	*to talk about*
entendre parler **de**	*to hear about*
profiter **de**	*to take advantage of; to profit from*
se servir **de**	*to use*
se souvenir **de**	*to remember*
être certain(e) **de**	*to be certain of*
être content(e) **de**	*to be happy with*
être fier (fière) **de**	*to be proud of*
être sûr(e) **de**	*to be sure of*

Alors, là, c'est un jour **dont** je me souviens très bien! (Je me souviens très bien **de ce jour!**)

*Now, **that's** a day I remember very well!*

C'est un devoir **dont** il est très fier. (Il est très fier **de ce devoir.**)

That's** an [homework] assignment he's very proud **of.

- You will remember from your earliest study of French that you use **de** to indicate possession of something (**C'est la voiture *de* mon père; C'est le livre *de* Julie,** etc.) Quite logically, then, **dont** is also used to replace **de** + *a noun referring to an "owner"* in these sorts of sentences, thus expressing the equivalent of *whose* in English.

Voici l'ami québécois **dont** j'ai visité la ville pendant les vacances.

(Voici mon ami québécois. J'ai visité la ville **de cet ami** pendant les vacances.)

*This is the Québécois friend **whose** city I visited during vacation.*

C'est un village **dont** les maisons historiques sont bien préservées.

(C'est un village. Les maisons historiques **de ce village** sont bien préservées.)

*It's a village **whose** historic houses are well preserved.*

- We noted above that you have some freedom regarding word order with the relative pronoun **que.** There's no freedom here! You must use the following word order for your relative clause.

  dont + subject + verb

  In sentences where **dont** means *whose,* this sometimes produces a word order that is different from that of English. Compare:

  C'est une femme **dont** j'admire l'**honnêteté.**

  *That's a woman **whose honesty** I admire.*

  In English, it has become increasingly acceptable to end a sentence with a preposition.

  *That's the movie I was telling you **about.***

  In French, that practice is not acceptable.

  C'est le film **dont** je vous parlais.

  lit. *That's the film **about which** I was telling you.*

Exercices

En groupes de deux, chaque étudiant(e) doit faire une phrase vraie. Le/La gagnant(e) est celui ou celle qui pourra faire le plus de phrases exactes.

5. Êtes-vous cultivé(e)? Test 2. Montrez vos connaissances culturelles en répondant aux questions suivantes avec des phrases complètes. Utilisez **dont** et montrez votre vaste savoir culturel.

Modèle: Nommez un acteur ou une actrice dont les rôles ont été très différents les uns des autres.
Dustin Hoffman (Johnny Depp, Jack Nicholson, Morgan Freeman, Russell Crowe, Catherine Zeta-Jones) est un acteur/une actrice dont les rôles ont été très différents les uns des autres.

1. Nommez le pays africain dont la capitale est Abidjan.

   ____

2. Nommez un roman dont l'auteur est allemand.

   ____

3. Nommez un artiste dont les tableaux contiennent beaucoup de formes géométriques.

   ____

4. Nommez un homme ou une femme politique européen(ne) dont les idées sont conservatrices ou réactionnaires.

5. Nommez un homme ou une femme dont les idées sur la paix ont eu beaucoup d'influence sur le monde au 20e siècle.

6. Nommez le personnage mythologique dont le fils s'appelait Icare.

7. Nommez un sport dont les joueurs sont souvent blessés *(hurt).*

8. Nommez un philosophe grec dont les idées ont beaucoup influencé le monde occidental.

6. *Jeopardy!* Comme dans l'émission télévisée *Jeopardy!* vous devez donner la réponse sous forme de question.

Modèle: C'est un objet dont on a besoin pour faire la cuisine.
Qu'est-ce que c'est qu'une casserole (une spatule, une cuillère, etc.)?

1. C'est une notion grammaticale dont on parle en classe en ce moment.

2. C'est une nourriture dont on a envie quand on est triste ou déprimé.

3. C'est une date dont les Américains se souviennent bien.

4. C'est une qualité dont un dirigeant *(leader)* a besoin.

5. C'est un fait dont la communauté scientifique est certaine.

6. C'est un événement d'actualité *(current event)* dont on parle en ce moment.

7. C'est un animal dont on a souvent peur.

7. Au retour du Québec. De retour chez vous après des vacances au Canada, vous ouvrez vos valises et vous identifiez les objets que vous montrez à votre colocataire. Suivez le modèle, en utilisant **qui, que** ou **dont.** Faites attention aux accords!

Modèle: J'ai acheté cette montre au Québec.
Voici la montre que j'ai achetée au Québec.

1. Il faisait froid à Tadoussac. J'avais besoin *de ce pull.*

   Voici le pull ______________________________

2. *Cet imperméable* a remplacé mon vieux manteau.

   C'est le nouvel imperméable ____

3. J'ai acheté *cette valise* rue Sainte-Catherine à Montréal.

   Je suis très content(e) de cette valise ____

4. J'ai lu *ces cinq romans québécois* pendant mon séjour.

   Voici les cinq romans québécois ____

5. Je me suis beaucoup servi *de ces cartes routières (road maps)* pendant la dernière semaine des vacances.

   J'ai gardé les cartes routières ____

6. *Ce sirop d'érable (maple syrup)* m'a coûté 25 dollars.

   On va partager *(share)* ce sirop d'érable _____________________________________

7. J'ai oublié le prix *de cette statuette inuite.*

   J'adore cette statuette inuite ____!

8. J'ai beaucoup entendu parler de ce groupe, *La Bottine souriante.*

   Tiens, je t'ai apporté le CD de *La Bottine souriante,* un groupe __________________

III. Le pronom relatif *où*

Grammar Podcasts, Grammar Modules

The relative pronoun **où** is used with expressions of location (the place *where*) and time (the moment *when*).

> Nous sommes passés par les Laurentides, **où** il y a une grande concentration de stations de ski.
> *We passed through (crossed) the Laurentians, **where** there is a large concentration of ski resorts.*
>
> 1976, c'est l'année **où** les Jeux Olympiques se sont déroulés à Montréal.
> *1976 was the year **when** (in which) the Olympic Games took place in Montreal.*

Remarque: Just because you use the name of a place in a sentence doesn't mean you will use the relative pronoun **où** if you modify the place name with an adjective clause. Your sentence *must* mean *[the place]* ***where.*** Compare the three sentences below:

> Le Sénégal, c'est un pays **qui** est une ancienne colonie française. *(a country **that** is a former French colony)*
>
> Le Sénégal, c'est un pays **que** je voudrais visiter un jour. *(a country **[that]** I would like to visit one day)*
>
> *but:*
>
> Le Sénégal, c'est un pays **où** on parle français et plusieurs langues indigènes. *(a country **where** they speak French and several indigenous languages)*

Exercices

8. Êtes-vous cultivé(e)? Test 3. Expliquez la signification des dates données ci-dessous. Utilisez **le jour où, le mois où, l'année où.**

Modèle: le 14 février?
C'est le jour où l'on offre des fleurs ou des chocolats à la personne qu'on aime.

la Bourse (*stock market*) américaine a chuté de 12%
un homme a marché sur la Lune
les «Pèlerins» ont débarqué à Plymouth
Abraham Lincoln a signé la Proclamation d'émancipation
la Révolution russe a commencé
les Japonais ont attaqué Pearl Harbor
le Titanic a fait naufrage
le mur de Berlin est tombé
le président Obama a été réélu
les ouvriers et les étudiants en France ont fait une grève massive
la Révolution française a commencé
les Normands ont gagné la bataille d'Hastings

1. 1620

2. le 7 décembre 1941

3. mai 1968

4. le 20 juillet 1969

5. le 1er janvier 1863

6. 1789

7. 1066

8. le 9 novembre 1989

9. 1917

10. novembre 2012

11. le 15 avril 1912

12. le 29 octobre 1929 («Black Tuesday»)

Maintenant, écrivez quatre dates précises qui sont importantes pour vous. Montrez ces dates à votre partenaire qui va essayer d'en deviner la signification.

Modèle: le 28 août 2013
— C'était ton premier jour d'école?
— Non, c'est le jour où ma nièce, Sarah, est née.

9. Souvenirs d'enfance. Vous vous promenez avec un(e) ami(e) dans la ville où vous êtes né(e). Expliquez ce que représentent pour vous les endroits que vous voyez.

Modèle: Voilà le quartier. J'ai vécu toute mon enfance *dans ce quartier.*
Voilà le quartier où j'ai vécu toute mon enfance.

1. Voilà l'hôpital. Je suis né(e) *dans cet hôpital.*

2. Voilà l'école. J'ai appris à lire *dans cette école.*

3. Voilà le parc. J'allais souvent *dans ce parc* avec mes amis.

4. Voici la place. Nous faisions du skateboard *sur cette place.*

5. Voici le restaurant. Ma famille mangeait *dans ce restaurant* après la messe.

6. Voilà le cinéma. J'ai vu «Le monde de Nemo» *dans ce cinéma.*

7. Voilà la banque. Mon père travaillait *dans cette banque.*

8. Voici la maison. Nous habitions *dans cette maison.*

Maintenant, posez des questions à votre partenaire pour obtenir plus de détails sur son enfance.

Modèle:
— Comment s'appelle l'hôpital où tu es né(e)?
— L'hôpital où je suis né(e) s'appelle Abbott Hospital. (*ou:* Je ne me souviens pas du nom de l'hôpital où je suis né[e].)

10. ***Les Lettres chinoises.*** Lisez le passage suivant et ajoutez les pronoms relatifs qui manquent (**qui, que, dont, où**).

Je viens de lire un très bon livre _______________ (1) l'auteur s'appelle Ying Chen. C'est une immigrée chinoise _______________ (2) vit actuellement à Vancouver, _______________ (3) elle s'est installée après avoir quitté la Chine en 1989. Bien qu'elle soit d'origine chinoise, elle écrit en français.

Dans le roman, il s'agit d'un jeune homme chinois, Yuan, _______________ (4) part pour faire des études au Canada, _______________ (5) il voit un peu comme la Terre Promise. Le jour _______________ (6) il part, il jure à sa fiancée Sassa (_______________ [7] hésite à le suivre) qu'il lui écrira souvent. Le roman est une compilation des lettres _______________ (8) s'écrivent ces jeunes amoureux. Un jour, une autre jeune Chinoise arrive à Montréal — c'est Da Li, une amie _______________ (9) Yuan et Sassa connaissent depuis longtemps. C'est ainsi qu'un «triangle amoureux» est créé… Ne t'inquiète pas, je ne vais pas te dire ce qui se passe à la fin — je ne veux pas la gâcher (*spoil*) pour toi.

J'ai adoré ces lettres _______________ (10) sont pleines de remarques délicates et de sentiments cachés. Tu sais, je crois que c'est le premier roman francophone _______________ (11) j'ai lu uniquement pour le plaisir, et ça, c'est quelque chose _______________ (12) je suis très fière!

IV. Les pronoms relatifs *qui* et *lequel* après une préposition

Grammar Podcasts, Grammar Modules

A. *Qui*

Sentences in which the relative pronoun is preceded by a preposition are the only ones in which you might distinguish between a person and a thing. When referring to a person, **qui** is preferred in most circumstances:

Qui est l'homme **avec qui** elle danse?
*Who's the man (**whom/who/that**) she's dancing **with**? / Who's the man **with whom** she's dancing?*

Note once again that it is possible to leave out the relative pronoun in the English sentence; this is not possible in French. Furthermore, although standard American English has come to accept sentences ending with prepositions *(France has laws against anglicisation **(that)** I do not agree **with**),* this does not work in French.

B. *Lequel*

The relative pronoun **lequel** is used after a preposition when you are referring to a *thing.* It actually has four forms, depending on whether its antecedent is masculine or feminine, singular or plural.

	singular	plural
masculine	lequel	lesquels
feminine	laquelle	lesquelles

Since there are two kinds of prepositions in French, we'll present this explanation in two steps.

1. ***Lequel* after simple prepositions**

Simple prepositions are one-word prepositions.

à *at, in, to*
après *after*
avant *before*
avec *with*
contre *against*
dans *in, into*
derrière *behind*
devant *in front of*
durant *during*
entre *between*
envers *towards*
malgré *despite*
par *by*
parmi *among*
pendant *while, during*
pour *for, in order to*
sans *without*
selon *according to*
sous *under*
suivant *according to*
sur *on*
vers *toward*

When the relative pronoun refers to a thing or an idea and is preceded by any simple preposition other than **de** (which requires the use of **dont**), use the appropriate form of **lequel.**

C'est ***le*** *film pendant* **lequel** j'ai dormi.
Voilà ***la*** *maison dans* **laquelle** je vivais.
Voici ***les*** *exercices sur* **lesquels** je travaille.
Ce sont ***des*** *injustices (f.pl.) contre* **lesquelles** je lutte.

Remarques:

- As in the case of the article **le,** the pronoun **lequel** is contracted when preceded by the proposition **à.**

à + lequel = **auquel**
à + laquelle = **à laquelle**
à + lesquels = **auxquels**
à + lesquelles = **auxquelles**

— Tu as présenté ton travail à ce jury?
— Oui, oui, c'est le jury **auquel** j'ai présenté mon travail.

- If you can train yourself to say consistently **C'est la raison pour laquelle…** , you will impress everyone who ever hears you speak French.

Voilà la raison **pour laquelle** je suis venu(e) vous voir.
This is the reason ***(why)*** *I came to see you.*

2. ***Qui* and *lequel* after compound prepositions**

Compound prepositions contain more than one word: **d'après** *(according to),* **à travers** *(across),* **grâce à** *(owing to),* **jusqu'à** *(until, up to),* **autour de** *(around),* **à cause de** *(because of),* **à côté de** *(next to),* **au delà de** *(beyond),* **au-dessous de** *(under),* **au-dessus de** *(above),* **en face de** *(in front of),* **au lieu de** *(instead of),* **près de** *(close to),* **à propos de** *(about, on),* **au sujet de** *(on, about)* **. . .**

Once again, if your antecedent is a person, simply use the relative pronoun **qui** after a compound preposition.

Jean, je te présente Sandrine, **grâce à qui** j'ai réussi à mon examen de maths.
Jean, meet Sandrine, ***thanks to whom*** *I passed my math test.*

If you are referring to a thing, you will use the appropriate form of the relative pronoun **lequel** after a compound preposition, *even if the preposition contains* ***de.*** Do not use **dont** after a compound preposition.

— Paul habite près d'ici?
— Oui, voilà le bâtiment **à côté duquel** il habite.

It will probably not surprise you to learn that compound prepositions ending in **de** or **à** will contract with **lequel, lesquels,** and **lesquelles:**

à + lequel = **auquel**	de + lequel = **duquel**
à + laquelle = **à laquelle**	de + laquelle = **de laquelle**
à + lesquels = **auxquels**	de + lesquels = **desquels**
à + lesquelles = **auxquelles**	de + lesquelles = **desquelles**

Exercices

11. Êtes-vous cultivé(e)? Test 4. Choisissez la (les) réponse(s) correcte(s) pour chaque question ci-dessous.

Modèle: Quelle est l'altitude approximative au-delà de laquelle un être humain a besoin d'oxygène supplémentaire?
a. 3 000 m. b. 6 000 m. c. 9 000 m. **(Réponse: a)**

1. Quels étaient les médicaments grâce auxquels il y a eu moins de morts causés par les infections pendant la Deuxième Guerre mondiale que pendant les guerres précédentes?

   a. les antibiotiques b. les stéroïdes c. les analgésiques
2. À Paris, quel est l'édifice au sommet duquel il y a une antenne de radio?

   a. Notre-Dame de Paris b. la tour Eiffel c. la tour Montparnasse
3. Quels sont les États à côté desquels se trouve l'Orégon?

   a. l'Idaho b. le Nevada c. l'Utah d. la Californie
   e. l'État de Washington
4. Quelles sont les planètes autour desquelles il y a des anneaux?

   a. Saturne b. Vénus c. Uranus d. Jupiter
5. Aujourd'hui, quel est l'âge moyen jusqu'auquel une Américaine peut espérer vivre?

   a. 67 ans b. 81 ans c. 87 ans d. 92 ans
6. Quelle est la chaîne de montagnes auprès de laquelle se trouve la ville de Katmandou?

   a. le T'ien-Chan b. l'Himalaya c. l'Oural d. le Saïan
7. Quel est le fleuve au-dessus duquel on peut facilement sauter à sa source dans le nord du Minnesota?

   a. le Mississippi b. le Missouri c. la Rivière rouge d. la Sainte-Croix
8. Quelle est la religion contre laquelle Martin Luther a écrit ses 95 Thèses?

   a. le protestantisme b. le catholicisme c. l'anabaptisme
9. Quel est le scandale à cause duquel Richard Nixon a été obligé de démissionner de la présidence des États-Unis?

   a. l'affaire Alger Hiss b. l'affaire «Checkers» c. l'affaire du Watergate

12. Qui l'eût cru? ***(Who knew?)*** Utilisez les éléments donnés pour décrire des emplois «insolites» *(unusual)* d'objets ou de produits ordinaires. Utilisez **avec** et la forme appropriée de **lequel** dans chacune de vos phrases.

Modèle: un fer à repasser *(iron)* / faire un croque-monsieur
Un fer à repasser, c'est un appareil avec lequel on peut faire un croque-monsieur.
Mots utiles: un aliment, une boisson, un objet, une chose, un appareil, une machine, un produit, un instrument, un outil *(a tool)*, une pâte *(paste)*, des déchets *(waste)*

1. le dentifrice / nettoyer les touches *(keys)* d'un piano

   ____
2. la bière / tuer les souris *(mice)*

   ____
3. les peaux de banane / polir les chaussures

   ____
4. le Coca-Cola™ / se débarasser de l'odeur d'une mouffette *(skunk)*

   ____

5. le beurre de cacahuètes *(peanut butter)*

____

6. un vieux CD

____

7. ??

____

8. ??

____

13. Rapports divers. Écrivez quatre phrases décrivant vos relations avec différentes personnes en choisissant chaque fois un élément de chaque liste. Ensuite, faites un peu de commérage *(gossip)* et écrivez quatre phrases dans lesquelles vous parlez des relations personnelles des autres!

Modèles: Mon oncle Robert est une personne sur qui je peux toujours compter.
Justin Bieber, c'est un chanteur qui a eu quelques petits problèmes avec la police.

quelqu'un	s'entendre mal avec
un(e) ami(e)	aller souvent chez
une personne	téléphoner souvent à
une connaissance	avoir beaucoup d'admiration pour
une personne de ma famille	bien s'amuser avec
un professeur	pouvoir compter sur
un(e) colocataire	éprouver du respect pour
un(e) camarade de classe	éprouver de l'amitié pour
des gens	avoir confiance en
une star / un acteur / une actrice	s'entendre bien avec
un homme / une femme politique	ne pas être d'accord avec
un(e) athlète	ne pas pouvoir vivre sans
un chanteur / une chanteuse	sortir avec
???	être marié(e) avec
	rompre avec *(to break up with)*
	divorcer avec

____

____

____

____

____

____

____

____

14. Pour mieux vous connaître. Répondez à chaque question en utilisant un pronom relatif. Imitez le modèle pour produire la structure correcte de la phrase.

Modèle: Êtes-vous prêt(e) à protester *contre* certains *phénomènes* (*m.pl.*)? Nommez-en deux.
La faim et l'injustice sont deux phénomènes contre lesquels je suis prêt(e) à protester.

1. Êtes-vous fatigué(e) *après* certaines *activités?* Nommez-en une.

____

2. Vous êtes-vous jamais endormi(e) *pendant un concert, un film ou un cours?* Lequel?

____

3. Est-ce que vous vous intéressez *à* beaucoup de *choses?* Nommez-en deux.

____

4. Avez-vous écrit un très bon devoir *(paper)? Sur* quel *sujet?*

____

5. Est-ce qu'on vous a photographié(e) *devant* des *monuments* bizarres ou exotiques? Nommez-en deux.

____

6. Est-ce que vous ne pouvez pas vivre *sans* certaines *choses?* Nommez-en deux.

____

15. Scènes de crime. Un agent de police fait un rapport sur une arrestation qu'il vient de faire. Traduisez ses remarques en français en utilisant les formes appropriées de **lequel.**

Modèle: June was the month during which the thief came to the bank six times and we became suspicious.
Juin, c'était le mois pendant lequel le voleur est venu à la banque six fois et nous sommes devenus soupçonneux.

1. Here is the revolver **(le revolver)** with which he threatened **(menacer)** the people in the bank.

____

2. In this photo **(Sur cette photo),** you can see the sacks in which he put the money.

____

3. And there is the door by which he escaped **(s'échapper).**

____

4. Those are the desks behind which my officers hid to capture him **(attraper).**

____

5. Here is a photo of his capture (**capture,** *f*.), after which we questioned him for two hours.

____

6. We are going to watch **(surveiller)** the warehouse **(l'entrepôt,** *m.*) he called before the robbery.

____

7. All of this is evidence without which we would never have been able to arrest the criminal **(arrêter le criminel).**

Tout ceci forme l'ensemble des preuves (*f*) ______________________________

16. Potpourri canadien. Complétez ces phrases sur le Canada en ajoutant la forme appropriée de **lequel.**

1. Un beau symbole du Canada, c'est son drapeau, au milieu (de) _______________ il y a une feuille d'érable rouge.
2. Le français canadien et la culture québécoise sont des phénomènes grâce (à) _______________ le Québec et la France sont restés liés.
3. Québec est une belle ville au centre (de) _______________ on trouve la plus vieille église d'Amérique du Nord.
4. La population du Canada comprend beaucoup de peuples indigènes. Malheureusement, la variole *(smallpox),* la tuberculose, la grippe et la pneumonie sont des maladies «européennes» à cause (de) _______________ beaucoup d'indigènes sont morts.
5. La Route des baleines, c'est une route le long (de) _______________ on voit beaucoup de beaux paysages.
6. La pluie acide et la pollution de l'air ainsi que de la mer sont des problèmes écologiques au sujet (de) _______________ l'État canadien se fait beaucoup de soucis.

17. *Volkswagen Blues.* Lisez le passage suivant et ajoutez les pronoms relatifs qui manquent. Utilisez **qui, que, dont, où** ou la forme qui convient de **lequel.**

Volkswagen Blues, de Jacques Poulin, est un roman canadien qui ressemble à un «road movie». C'est l'histoire d'un écrivain _______________ (1) s'appelle Jack Waterman, et _______________ (2) le frère aîné a disparu il y a plusieurs années. Jack trouve une vieille carte postale _______________ (3) Théo lui a écrite quelques années après son départ et il décide de partir à sa recherche.

L'histoire commence au Québec, dans un camping près de la baie de Gaspé _______________ (4) Jack a passé la nuit dans son vieux minibus Volkswagen. Partant tôt le matin, il s'arrête pour prendre une jeune fille _______________ (5) fait de l'auto-stop avec son chat. Il lui montre la carte mystérieuse, sur _______________ (6) il y a une écriture ancienne presque illisible. La fille suggère qu'ils s'arrêtent au musée de Gaspé _______________ (7) Jack va peut-être trouver l'explication _______________ (8) il a besoin. Là, les protagonistes découvrent qu'il s'agit de l'écriture de Jacques Cartier — c'est le récit du jour _______________ (9) ses hommes et lui ont débarqué sur le continent américain au 16e siècle. Mais ils trouvent aussi un indice *(clue)* _______________ (10) suggère où il faut chercher Théo.

C'est ainsi que commence un long voyage au cours (de) _______________ (11) ils vont traverser l'Amérique du Nord, de Gaspé à San Francisco, à la recherche de ce frère disparu. À chaque endroit _______________ (12) ils s'arrêtent, ils trouvent des traces _______________ (13) a laissées Théo, mais ils trouvent aussi des traces d'explorateurs français et d'événements historiques _______________ (14) ont formé le caractère des États-Unis.

Jack et sa compagne font plusieurs découvertes, grâce (à) _______________ (15) ils réfléchissent sur les héros _______________ (16) on choisit et sur les raisons pour _______________ (17) on les admire. Les deux voyageurs, _______________ (18) étaient tous les deux un peu perdus au début, finissent par découvrir leur véritable identité. Est-ce qu'ils retrouvent Théo, sans _______________ (19) ils n'auraient jamais fait ce voyage? Je ne vous le dis pas, mais je vous assure que l'histoire a une fin _______________ (20) vous vous souviendrez très longtemps!

18. Ô, Canada! Complétez les phrases suivantes en utilisant chaque fois un pronom relatif. Il faut utiliser au moins une fois: **qui, que, dont, où** et une forme de **lequel.**

Prépositions utiles: **à, après, autour de, avec, à cause de, contre, dans, durant, entre, grâce à, malgré, par, pendant, près de, sans, suivant, à travers**

1. Le Québec et le Manitoba sont deux provinces…

   ____

2. Le Lac Louise est un lac…

   ____

3. Les «voyageurs» étaient des hommes…

   ____

4. L'hiver est une saison…

   ____

5. L'année 1534, c'est l'année…

   ____

6. Le hockey sur glace est un sport…

   ____

7. Keanu Reeves est un acteur…

   ____

8. Les «Canadiens de Montréal» sont une équipe de hockey sur glace…

   ____

9. Les ours blancs, les loups et les caribous sont des animaux…

   ____

10. Les Rocheuses sont des montagnes…

    ____

V. Les pronoms relatifs avec l'antécédent *ce*

Grammar Podcasts, Grammar Modules

In certain cases, relative pronouns are not preceded by a noun antecedent.

- In some situations, the person or thing the relative pronoun refers to is mentioned *after* the relative pronoun.

  Ce que je cherche, c'est un **roman** par un auteur canadien.

  What *I'm looking for is a* ***novel*** *by a Canadian author.*

- In other situations, the speaker or writer may not know exactly what the relative pronoun refers to, and is essentially asking another person to supply that information:

  (Je sais que tu veux **quelque chose.**) — Dis-moi **ce que** tu veux.

  (I know you want ***something.****)* — *Tell me* ***what*** *you want.*

- And in still others, the speaker or writer knows more or less what he/she is referring to, but isn't narrowing it down to a specific, one-word antecedent.

  (Something happened: an event, an accident, a crisis, a situation, an incident, etc.)

  Il m'a expliqué **ce qui** s'est passé.

  He explained to me ***what*** *happened.*

- Finally, the antecedent can be an entire idea, instead of just one word.

  Personne ne lui demande jamais de faire quoi que ce soit, **ce qui** m'agace!

  Nobody ever asks him to do anything, ***which*** *drives me crazy!*

These examples show us two important things. First, if a relative pronoun is not preceded by a noun antecedent, it is generally preceded by **ce.** Second, these **ce qui, ce que, ce dont** combinations are all translated into English as *what* or *which.* These are not the question words *what?* or *which?;* instead, they mean *that which, the thing or idea which,* etc.

RELATIVE PRONOUN	MEANING	USE
ce qui	*what (= [that] which)*	subject of verb
ce que / ce qu'	*what (= [that] which)*	object of verb
ce dont	*what (= [that] of which)*	with expressions taking **de**

You will decide whether to use **ce qui, ce que,** or **ce dont** by determining whether it refers to a subject, a direct object, or the object of the preposition **de,** just as you did in the case of relative pronouns *with* an antecedent. Complete the following sentences with either **ce qui, ce que,** or **ce dont** just to get a sense of how these constructions work:

Sentences with **ce qui:**

Quelque chose est arrivé.	J'ai vu **ce qui** est arrivé.
Quelque chose est drôle.	**Ce qui** est drôle, c'est son accent.
Quelque chose te gêne *(bothers you).*	Je comprends ________________.
Quelque chose me rend malade.	________________, c'est son attitude.

Sentences with **ce que:**

Il dit *quelque chose.*	________________ me semble injuste.
Tu as fait *quelque chose.*	J'apprécie ________________.
Il représente *quelque chose.*	________________, nous le détestons.

Sentences with **ce dont:**

J'avais besoin *de quelque chose.*	C'est **ce dont** j'avais besoin.
Ils ont peur *de quelque chose.*	________________, ce sont les serpents.
Elle est fière de *quelque chose.*	Je vois très bien ________________.

Exercices

19. À vous de choisir! Complétez les phrases en employant **ce qui, ce que** ou **ce dont** selon le besoin.

1. Le professeur explique à ses étudiants _______________ il veut.
   _______________ ils doivent faire.
   _______________ il a besoin.
   _______________ est important à retenir.
2. Les étudiants lui disent _______________ ils ont peur.
   _______________ ils ne comprennent toujours pas.
   _______________ ils sont contents.
   _______________ leur semble difficile.
3. Un étudiant a triché *(cheated)*. Il explique au professeur _______________ il a fait.
   _______________ il a honte.
   _______________ il a peur.
   _______________ il regrette.

Note that you can add **tout** to any of these expressions with **ce** to mean *everything that, all that.*

Dis-moi **tout ce que** tu sais de cette affaire.

*Tell me **everything (that)** you know about this case.*

20. Des courses réussies? ***(A successful shopping trip?)*** Vous venez de faire du shopping et vous parlez de votre «excursion» avec un(e) ami(e) après votre retour. Ajoutez une conclusion logique qui commence par **ce qui, ce que** ou **ce dont** à chacune des phrases suivantes.

Modèle: Est-ce que tu sais **ce que j'ai fait aujourd'hui? Du shopping!**

1. Je vais te montrer…

   ____
2. J'ai trouvé presque tout…

   ____
3. Caroline m'a donné une liste et j'ai acheté tout…

   ____
4. Ne regarde pas… C'est un cadeau pour toi!

   ____
5. Maman m'avait envoyé de l'argent, alors j'ai acheté tout…

   ____
6. Oh là là, j'ai dépensé presque 500 euros,…

   ____

Synthèse				
	antecedent			
	persons	**things**	**place or time**	**absent or indefinite antecedent, idea**
subject	**QUI** Voici un étudiant **qui** parle deux langues.	**QUI** Le français est une langue **qui** se parle en Afrique.	**QUI** Le Sénégal, c'est le pays **qui** est le plus à l'ouest de l'Afrique.	**CE QUI** **Ce qui** m'ennuie, c'est que je n'ai pas de vacances.
direct object	**QUE (QU')** C'est l'acteur **que** j'aime le plus.	**QUE (QU')** Paris est la ville **que** je préfère.	**QUE (QU')** Le Togo est le pays **que** j'ai visité.	**CE QUE (CE QU')** **Ce que** tu dis est vrai.
object of *de*	**DONT** L'homme **dont** je parle vient d'arriver.	**DONT** Où est le dictionnaire **dont** j'ai besoin?	**DONT** C'est le pays **dont** je rêve.	**CE DONT** **Ce dont** on a besoin en Afrique, c'est de médecins.
object of all other prepositions	**QUI (LEQUEL)** C'est l'ami avec **qui (lequel)** je voyage.	**LEQUEL** **LAQUELLE** **LESQUELS** **LESQUELLES** Je vais passer l'examen pour **lequel** j'ai tant étudié	**OÙ (LEQUEL)** Voici la salle **où (dans laquelle)** j'étudie. Le jour **où** vous viendrez, appelez-moi.	

21. Conseils culturels. Complétez la lettre que François a écrite à son ami Alain en choisissant les pronoms relatifs qui conviennent dans la liste suivante. Un pronom peut s'employer plus d'une fois.

qui	**que**	**dont**	**où**
à qui	**ce qui**	**ce que**	**ce dont**
lequel	**laquelle**	**lesquels**	**lesquelles**

Cher Alain,

Alors, c'est sûr, tu vas passer un an au Québec! C'est trop bien! ________________ (1) tu devrais faire pour t'adapter, c'est beaucoup regarder la télévision une fois arrivé. Je te conseille de regarder toutes les émissions d'actualités *(news, current events),* ________________ (2) pourrait t'aider à comprendre la culture québécoise. Bien sûr, il y a des émissions ________________ (3) on passe tous les jours et d'autres ________________ (4) sont hebdomadaires *(weekly).* On y montre le point de vue canadien sur tout ________________ (5) se produit (*happens*) dans le monde ce jour-là et on y fait des reportages sur des événements ________________ (6) sont uniquement canadiens. Les présentateurs, ________________ (7) la prononciation est très claire, sont des journalistes ________________ (8) savent très bien expliquer et analyser les phénomènes ________________ (9) ils parlent.

À Québec, tu rencontreras ma cousine Chantal, ________________ (10) le mari est originaire de Montréal et ________________ (11) j'ai annoncé ton arrivée au Québec. Elle est très gentille et elle t'attend avec impatience. Va la voir et dis-lui les endroits ________________ (12) tu veux aller et ________________ (13) tu veux voir. Je suis sûr qu'elle t'aidera avec tout ________________ (14) tu as besoin.

Chantal habite une grande maison dans _______________ (15) elle donne des cours de musique. Tu seras surpris quand tu verras les photos des chanteuses célèbres avec _______________ (16) elle a travaillé. Si tu as de la chance, elle te présentera à quelques-unes d'entre elles. Moi, _______________ (17) je me souviens surtout de mon dernier passage chez Chantal, c'est le jour _______________ (18) j'ai rencontré la chanteuse canadienne, Céline Dion, avec _______________ (19) j'ai échangé quelques mots — c'était une rencontre _______________ (20) m'a beaucoup impressionné, à cause de la gentillesse avec _______________ (21) elle m'a parlé. J'étais tout à fait ravi parce que c'est Céline _______________ (22) je préfère parmi tous les chanteurs québécois.

Alain, écris-moi de temps en temps pour me raconter tout _______________ (23) tu fais au Québec. Je penserai à toi et je te souhaite un très bon voyage!

Amitiés,

François

22. Un nouveau film. Vous êtes cinéaste et vous avez décidé de tourner un film sur le Canada. Vous essayez d'intéresser des producteurs éventuels *(potential producers)* à votre projet. Complétez chacune des phrases suivantes en ajoutant une proposition relative. Utilisez huit pronoms relatifs différents. Pronoms relatifs possibles: **qui, que, dont, où, lequel (laquelle, lesquels, lesquelles), ce qui, ce que, ce dont.**

Modèle: Je propose de tourner un film…
Je propose de tourner un film auquel vous êtes sûrs de vous intéresser (qui est sûr de plaire au public, ce qui n'est pas une tâche facile, dont nous pourrons tous être très fiers,…).

1. Ce sera un film…

____

2. Je voudrais présenter le *vrai* Canada aux habitants des États-Unis…

____

3. Dans le film, on verra…

____

4. Pour que les spectateurs voient la beauté de la nature au Canada, on va filmer des endroits…

____

5. Je voudrais aussi recréer des moments historiques…

____

6. Il faut aussi faire le portrait du peuple canadien…

____

7. Nous n'allons pas oublier les peuples indigènes…

____

8. Je chercherai des acteurs…

____

9. Le film coûtera assez cher…

____

10. Mais c'est un projet…

____

À l'écoute!

Le 23 juillet 1967, le général Charles de Gaulle arrive au Canada pour une visite officielle à l'occasion des festivités de l'Expo 67. Le lendemain de son arrivée, il donne un discours à Montréal, en face de l'hôtel de ville (*city hall*), durant lequel il prononce cette phrase devenue fameuse: «Vive le Québec libre!» Le message attribué à cette phrase a suscité beaucoup d'émotion et a créé une crise politique entre la France et le Canada. Deux jours plus tard, le général reprend l'avion et rentre en France sans avoir rencontré le chef du gouvernement canadien. Écoutez attentivement cette partie de son discours et répondez aux questions qui suivent.

Première écoute

Indiquez si les phrases suivantes sont justes ou fausses:

1. De Gaulle est un peu attristé *(saddened)* par ce qu'il voit au Québec. J F
2. Il propose de reprendre le Québec et d'en refaire une partie de la France. J F
3. Il dit que le Québec aide beaucoup la France et il le remercie. J F
4. Il dit que la France va aider le Québec. J F
5. Il est pour un Québec indépendant. J F

Deuxième écoute

1. Selon Charles de Gaulle, pourquoi est-ce particulièrement approprié qu'il prononce son discours à Montréal? _______________

____

____

2. Au début du discours, Charles de Gaulle parle de l'affranchissement *(freeing, independence)* du Québec. À son avis, qu'est-ce qui semble nécessaire pour qu'un pays «s'affranchisse»?

____

____

3. De Gaulle dit que les Français ressentent beaucoup d'affection et de solidarité pour les Québécois. Citez quelques mots ou phrases qui illustrent ces sentiments. À votre avis, quelle est la source de ces sentiments de solidarité? Expliquez votre réponse.

____

____

4. De Gaulle parle d'une France «réveillée après d'immenses épreuves». Quels événements historiques qui ont marqué les vingt-cinq années antérieures (*preceding*) à ce discours évoque-t-il probablement?

____

____

5. Quels sont les signes de progrès que le Général remarque au Québec? ______________

____

____

Troisième écoute

Un discours, c'est un «document oral». Pendant votre troisième écoute, considérez les aspects oraux de ce texte.

1. Quelles qualités de la voix et du débit *(delivery)* de Charles de Gaulle suggèrent qu'il s'agit ici d'un discours formel? ______________

____

____

2. En général, les phrases de ce discours sont assez complexes. Au lieu de dire «La France vous salue!», le Général dit «Au nom du vieux pays, au nom de la France, je vous salue de tout mon cœur.» Pourquoi le Général a-t-il choisi ce genre de phrase? Est-ce que des phrases simples comme «La France vous salue!» seraient préférables à votre avis? Expliquez.

____

____

____

3. Dans les discours formels, on entend souvent des séries de trois éléments (par exemple, le «Gettysburg Address» d'Abraham Lincoln: « . . . we cannot *dedicate*, we cannot *consecrate*, we cannot *hallow* this ground.»). Trouvez un endroit vers le milieu du discours où trois phrases consécutives commencent par les mêmes trois mots. Quels sont ces mots? Cherchez un endroit à la fin de ce discours où vous entendez un seul sujet suivi de trois verbes. Quels sont ces trois verbes? ______________

____

____

4. À la fin du discours, De Gaulle prononce cinq phrases qui commencent par le mot «Vive…» *(Long live . . . !):*

Vive ______________________________!

Vive ______________________________!

Vive ______________________________!

Vive ______________________________!

Vive ______________________________!

Quelle sorte de progression est établie dans cette série de phrases, de la première jusqu'à la dernière? Quel(s) changement(s) dans la voix du général de Gaulle souligne(nt) cette progression?

____

____

Atelier d'écriture

Des enfants bilingues, est-ce une bonne chose?

I. Le but: Faire de la recherche et écrire un rapport d'environ 400 mots sur les effets du bilinguisme chez les enfants.

II. Le sujet: Qu'est-ce que les chercheurs, les linguistes et les psychologues disent sur la relation entre le bilinguisme et le développement cognitif chez les enfants?

III. Élaboration du sujet: Plusieurs études indiquent que le bilinguisme précoce comporte des avantages. On parle de conséquences cognitives et sociales, on parle de flexibilité et d'ouverture mentales et on parle de la curiosité des enfants devant la diversité lexicale et structurale de deux langues. D'un autre côté, il y a des parents qui s'inquiètent car ils s'imaginent que le fait de parler et de penser en deux langues à un jeune âge est un «remplissage de tête» à éviter. C'est à vous de trouver ce que la recherche scientifique soutient et confirme sur ce sujet.

IV. Activités préparatoires. Avant d'écrire votre rapport, faites les exercices suivants.

A. Définitions. À l'aide d'un dictionnaire, donnez les définitions des mots ou expressions suivants.

1. un bilinguisme précoce ______________________________
2. un bilinguisme additif ______________________________
3. l'apprentissage d'une seconde langue ______________________________
4. la méthode de l'immersion ______________________________
5. l'école maternelle ______________________________

B. Relions des phrases avec un pronom relatif.

1. Mon colocataire a des grands-parents. Ses grands-parents sont bilingues.

____

____

2. Les enfants possèdent un vocabulaire très riche. Les enfants apprennent à parler plus d'une langue.

____

____

3. Certains enfants ont tendance à ne pas apprendre la langue de leur famille. Les parents de ces enfants sont immigrés.

___

___

4. Les gens bilingues utilisent les langues avec une certaine souplesse. Les gens monolingues ne possèdent pas cette souplesse.

___

___

5. Les enfants bilingues utilisent des capacités cognitives. À partir de ces capacités, ils peuvent résoudre des problèmes ou planifier une série d'actions.

___

___

6. En Europe centrale, on dit: «Plus vous parlez de langues, plus vous êtes un être humain.» En Europe centrale, une grande partie de la population est bilingue.

___

___

7. Les enfants bilingues réalisent qu'il y a une relation entre les mots et les objets. Cette relation est souvent arbitraire.

___

___

8. (Les enfants apprennent le mieux entre 1 et 5 ans.) C'est une période. L'enfant est très réceptif pendant cette période.

___

___

V. Au travail! Rédigez un premier brouillon de 400 mots sur le sujet indiqué ci-dessus. Ensuite, examinez votre texte en pensant aux suggestions suivantes.

- Vérifier la cohérence entre les phrases.
- Retravailler le texte après l'avoir fait relire par un(e) camarade de classe (si votre professeur l'autorise).
- Profiter des outils du traitement de texte (si votre professeur vous autorise à les utiliser):
  1. comprendre le fonctionnement du correcteur orthographique (*spellcheck*) en ayant conscience de ses limites;
  2. utiliser le dictionnaire des synonymes.
- Vérifier que le vocabulaire est précis.

Chapitre préliminaire

1. Au café

1. êtes, avons, veulent
2. t'endors, vient de, ne peut pas, attend
3. passe, allez, me sens, est, doit
4. viennent, vivent, suis, suis
5. faites, finis, écrivez, suis, comprennent
6. veux, peut, préfèrent
7. mettez, portons, s'habillent, mettent
8. lisez, achète, m'intéresse, lit, lisent
9. sais, connaissent
10. dis, dois, nous revoyons, espère, plaît, découvre
11. voulez, partons, nous retrouvons
12. vont, ne mens pas, croyons, surprend, forment
13. t'amuses, raconte, meurs, boit, faut
14. vois, écoute, disons
15. conduis, devons, me lève

2. Questionnaire

Given below are the verb forms specified in the exercise. Additional verbs used in answers or follow-up questions will vary.

1. fais, as, ai, regarde, écoute, lis, etc.
2. es, suis, prends, fais, vais, etc.
3. dépenses, vais, achète, offre, etc.
4. passes, reçois, sors, regarde, etc.
5. veux, fais, cours, suis, joue, etc.
6. est, fais, me détends, continue, etc.

3. Premiers jours sur le campus

1. Je suis ici…	mais j'ai l'impression…
2. Les cours viennent de commencer…	et ils semblent…
3. Mon camarade de chambre est en train…	Nous passons beaucoup de temps…
4. J'ai….	et j'ai peur…

5. Je viens d'assister à
6. Je lis... ... qu'est-ce que tu fais?
7. J'adore le chocolat!
8. Je vais t'écrire...

4. À votre tour!
Answers will vary, but exercise 3 serves as a model.

5. Depuis quand/Depuis combien de temps?
Answers will vary.

6. Des présentations
1. c'est, il est, c'est, c'est
2. c'est, c'est, c'est, c'est, c'est, c'est, c'est
3. c'est, elle est, c'est, il est

7. Je vous présente...
Answers will vary.

À l'écoute!

Première écoute

1. F 2. F 3. J

Deuxième écoute

1. La politique
2. *(Answers will vary. Sample answers:)* Pour participer à la conversation. Pour «égaliser» le temps pendant lequel chaque participant parle (les Américains parlent parfois un peu plus longuement que les Français avant de céder la parole à quelqu'un d'autre).

Troisième écoute

Answers will vary. Sample answers are given below.

Je ne vais pas avoir peur des «interruptions».

Je vais m'habituer à un rythme de conversation plus accéléré.

Je vais parler plus fort, peut-être, et/ou avec plus d'intensité.

Atelier d'écriture
Answers will vary.

Chapitre 1

1. Un coup de téléphone.

Answers will vary. Sample answers are given below.

1. Est-ce que tu as eu les résultats?
2. Quand est-ce que tu les as eus?
3. Pourquoi est-ce que tu ne m'as pas téléphoné?
4. Dans quelle université vas-tu étudier? / Où est-ce que tu vas étudier?
5. Comment vas-tu payer tes études?
6. Combien d'argent de poche est-ce qu'il te faudra?

2. Le bon réflexe.

1. b
2. a
3. a
4. c
5. b
6. c
7. b
8. a
9. a
10. b

3. Test de mémoire.

1. Avec deux colocataires — Alain et Marc.
2. Il ne travaille pas. Il a une bourse, son grand-père lui envoie de l'argent, et ses colocataires et lui vivent très simplement.
3. Son ancien professeur de biologie.
4. Il veut devenir neurologue.
5. Marc.
6. Au lieu d'être ingénieur.
7. La biologie.
8. Des recherches scientifiques.
9. De recherches scientifiques effectuées par le CNRS.

10. Sur les maladies dégénératives (comme les maladies de Parkinson, d'Alzheimer et la sclérose en plaques).
11. Le droit.
12. Son grand-père maternel.
13. Le bac scientifique.
14. En deuxième année.

4. Pardon? Je n'ai pas entendu.

1. Qui est-ce qui a pris cette photo?
2. Avec quoi vas-tu mettre ton nouveau pantalon?
3. Qu'est-ce que vous voulez faire cet après-midi?
4. À côté de qui est-ce que vous préférez vous asseoir?
5 Qui veut aller chercher les pizzas?
6. Que veut boire Carla? Du coca?
7. Près de quoi est-ce que je vais trouver les clés de ta voiture?

5. Un remplaçant sympathique.

Answers may vary. Sample answers are given below.

1. Qu'a-t-elle cassé? Qu'est-ce qu'elle a cassé?
2. Qui a bavardé pendant tout le cours? Qui est-ce qui a bavardé pendant tout le cours?
3. Par qui a-t-elle été taquinée? Par qui est-ce qu'elle a été taquinée?
4. Qu'a-t-il dessiné? Qu'est-ce qu'il a dessiné?
5. Qu'est-ce qui les a mouillés?
6. Qui avez-vous vu tricher? Qui est-ce que vous avez vu tricher?
7. Pourquoi ne l'avez-vous pas fini? Pourquoi est-ce que vous ne l'avez pas fini?
8. Qu'est-ce qui l'a causée?
9. Qui avez-vous puni? Qui est-ce que vous avez puni?

6. Quelle chance!

Answers will vary. Some reminders about question forms appear below.

1. You're asking about a *thing* that is *not* the subject of your sentence. The use of **est-ce que** means you need not invert subject and verb.
2. You're asking about a *person* who is the object of the preposition **avec.** Subject and verb will be inverted.
3. You're asking about a *thing* that is the object of the preposition **de.** Subject and verb will not be inverted.
4. You're asking about a *person* who is the subject of your sentence. You will not invert subject and verb.
5. You're asking about a *thing* that is *not* the subject of your sentence. You will invert subject and verb.

6. You're asking about a *thing* that is the subject of the sentence. Subject and verb will not be inverted.
7. You're asking about a *person* who is the subject of your sentence. You will not invert subject and verb.
8. You're asking about a *thing* that is the object of the preposition **de.** Subject and verb will be inverted.

7. Des questions.

Answers may vary slightly. Sample answers are given below.

1. Pourquoi êtes-vous devenu(e) professeur (enseignant[e])? / Pourquoi est-ce que vous êtes devenu(e) professeur (enseignant[e])?
2. Qui vous a encouragé(e) à devenir professeur? / Qui est-ce qui vous a encouragé(e) à devenir professeur?
3. Où et quand avez-vous obtenu vos diplômes? / Où et quand est-ce que vous avez obtenu vos diplômes?
4. En quoi vous êtes-vous spécialisé(e)? / En quoi est-ce que vous vous êtes spécialisé(e)?
5. Comment avez-vous trouvé le poste que vous avez actuellement? / Comment est-ce que vous avez trouvé le poste que vous avez actuellement?
6. Combien d'étudiants y a-t-il dans une classe typique à votre université? / Combien d'étudiants est-ce qu'il y a dans une classe typique à votre université?
7. Aimez-vous vos classes (cours)? / Est-ce que vous aimez vos classes (cours)?
8. Qu'est-ce qui vous rend heureux (-euse) en ce qui concerne votre carrière dans l'enseignement?
9. Que n'aimez-vous pas dans votre poste? / Qu'est-ce que vous n'aimez pas dans votre poste?
10. À qui parlez-vous quand vous avez un problème d'ordre pédagogique? / À qui est-ce que vous parlez quand vous avez un problème d'ordre pédagogique?

8. Oui, mais quoi, exactement?

1. D'accord, mais *quelle* cuisine internationale veux-tu essayer? (. . . *quelle* cuisine internationale est-ce que tu veux essayer?)
2. D'accord, mais *quels* films veux-tu voir? (. . . *quels* films est-ce que tu veux voir?)
3. *Quelle* amie veux-tu rencontrer? (*Quelle* amie est-ce que tu veux rencontrer?)
4. *Quelles* courses dois-tu faire? (*Quelles* courses est-ce que tu dois faire?)
5. Dans *quels* grands magasins veux-tu aller? (Dans *quels* grands magasins est-ce que tu veux aller?)
6. De *quel* problème veux-tu parler? (De *quel* problème est-ce que tu veux parler?)
7. D'accord, mais *à quelle heure* arrives-tu? (*À quelle heure* est-ce que tu arrives?)
8. D'accord, mais *quel est ton numéro* de portable?

9. Ça fait longtemps!

1. Ah, bon! Pour laquelle?
2. Avec lequel?
3. (Dans) Lequel?

4. (Dans) Laquelle?
5. Auxquelles?
6. Lesquelles?
7. Duquel?
8. Lequel?
9. Lequel?

10. *What?*

Answers will vary. Sample answers are given below.

1. Qu'est-ce qui se passe? / Qu'est-ce qui arrive?
2. Comment? (Quoi? Pardon?) Il y a trop de bruit ici!
3. Quelle est ton / votre adresse?
4. De quoi avez-vous besoin? (De quoi est-ce que tu as besoin?) (etc.)
5. Qu'est-ce que c'est qu'un *canif*?
6. Quoi! C'est impossible!
7. Que regardez-vous? Qu'est-ce que vous regardez? / Qu'est-ce que tu regardes?
8. Je ne comprends pas ce qu'il dit.
9. C'est ce dont j'ai peur.
10. Je veux faire ce qui me semble juste.

11. Qu'est-ce qu'il est curieux!

Answers will vary. Hints about constructing questions appear below.

1. This question is about a *thing* that is the subject of the sentence. The next element after *Qu'est-ce qui...* will be a verb.
2. *Quels* will be followed by a masculine (or mixed) plural noun. This question could either be about people or things. (*Quels* étudiants, *Quels* livres, etc.)
3. This question will be about a feminine singular person or thing. Because *laquelle* is an interrogative pronoun, the noun it refers to needs to be understood by the listener. Some kind of context is needed — for example: De toutes ces pâtisseries, *laquelle* veux-tu?
4. This calls for a question asking about a person (the object of the preposition **avec**).
5. This question contains the relative pronoun without antecedent **ce que,** meaning *what* in a non-interrogative sense. Example: "*ce que* j'ai fait dans mon cours de dessin" (*what* I did in my drawing class). This is only a question because the speaker is asking "May I show you ....?"
6. *Qu'est-ce que c'est qu'un* / *Qu'est-ce qu'un* both ask for an explanation or a definition. Your answer would be to try to explain what a chessboard is.
7. This question will be about a *person* who is the subject of the question. The next element in the question will be a verb.
8. This question is asking about a *thing* that is the object of the preposition **de.**

12. Des renseignements importants.
Answers will vary.

13. Un entretien.
Answers will vary.

14. Quelle transformation!
Answers will vary.

1. Il parle toujours/beaucoup en classe.
2. Il s'entend avec tout le monde.
3. Il est toujours à l'heure.
4. Il prépare toujours ses cours.
5. Tout le monde veut travailler avec lui.
6. Il fait tout effort / beaucoup d'effort.
7. Il n'a plus de difficultés.
8. Il comprend tout.
9. Il a de l'énergie et de l'enthousiasme.
10. Toute matière est facile pour lui. / Toutes les matières sont faciles pour lui.

15. Interro surprise.
Answers will vary.

16. Des témoins inutiles.

1. Mais, je ne sais rien sur ce crime!
2. Je n'ai rien vu.
3. Je n'ai rien entendu.
4. Eh bien, pour moi, rien n'indique qui a commis le crime!
5. Personne ne peut identifier les criminels.
6. Ils n'ont blessé personne.
7. Je n'ai reconnu personne.
8. Je n'ai discuté de mon témoignage avec personne.
9. Je n'ai entendu aucun bruit.
10. Non, je n'ai aucune idée de qui a commis le crime.
11. Non, aucun agent de police ne m'a déjà interrogé(e).
12. Non! Je ne veux regarder aucune photo de suspects possibles.

17. Ce n'est pas pareil en France!

1. Il n'y a qu'une vingtaine d'universités privées en France.
2. Dans les universités publiques, les étudiants ne paient qu'une petite somme pour y étudier.
3. En France, il ne faut que trois ans pour préparer le premier diplôme universitaire.
4. Souvent on n'a des examens qu'à la fin de l'année scolaire.
5. Les examens sont difficiles, mais il ne faut qu'une note de 10/20 pour réussir.

18. La maison hantée: Scénario de film.

1. Il fait nuit; aucune fenêtre de la vieille maison hantée n'est éclairée.
2. Quand le garçon sonne à la porte, personne ne vient l'ouvrir.
3. La porte n'est pas fermée à clé.
4. Il entre dans la maison; il n'y a personne là-dedans.
5. Il entend un bruit dans un placard et quand il y regarde, il ne voit rien.
6. Il ne se sent en sécurité nulle part dans la maison.
7. Il a très peur! Il ne peut rien faire./ Il ne peut ni bouger ni crier.
8. Il quitte la maison. Il n'y retourne jamais.
9. Rien ne peut le convaincre d'y retourner.

19. Jeu: Je n'ai jamais...

Answers will vary.

20. Il exagère!

1. Je n'ai qu'un problème—Je suis déprimé.
2. Rien ne semble intéressant.
3. Je ne peux jamais me lever le matin.
4. Je ne fais rien pendant la journée.
5. Je n'aime personne et personne ne m'aime.
6. Je ne m'amuse guère.
7. Je ne veux aller nulle part.
8. Je ne veux faire aucun sport.
9. Je n'ai ni projets ni rêves.
10. Je ne vais jamais être heureux.

21. Un sketch.

Answers will vary.

22. Une «nouvelle» planète.

Answers will vary.

À l'écoute!

Première écoute

1. J 2. J 3. J 4. J

Deuxième écoute

1. Aujourd'hui, les universités proposent de plus en plus de diplômes professionnels et techniques.
2. Cela veut dire «école préparatoire». Normalement, on y passe deux ans à préparer le concours pour une Grande École.
3. Elles ont des bibliothèques plus riches, et elles ont des restaurants, des logements et des terrains de sport. Ce sont des choses qu'on ne trouve pas toujours dans les universités.
4. Parce qu'une petite minorité d'étudiants français est sélectionnée pour bénéficier d'une formation qui n'est pas offerte aux autres Français.

Troisième écoute

1. Voici quelques explications parmi d'autres: Les enfants qui viennent d'un milieu bourgeois (par exemple) sont privilégiés dès leur naissance. Puisque leurs parents sont instruits, ces enfants sont exposés à un vocabulaire plus riche, aux livres, à la conversation sur des sujets «intellectuels», etc. En général, leurs parents surveillent leur travail scolaire, et sont capables de les aider avec leurs devoirs, ou de leur payer des cours particuliers, s'ils ont des problèmes. Pour toutes ces raisons, ils ont souvent de meilleurs résultats scolaires. De plus, il est probablement plus facile pour un enfant de milieu aisé de passer deux ans dans une école préparatoire sans avoir à travailler pour payer ses études.
2. C'est sans doute le résultat d'une économie plus faible qui rend les gens plus «pragmatiques» — le fait d'être préparé à exercer un métier précis à la fin des études leur devient de plus en plus important.

Atelier d'écriture

Answers will vary.

Chapitre 2

1. Avoir ou être?

1. ont eu 2. a fini 3. a terminé 4. ont décidé 5. se sont retrouvées 6. a fait 7. ont attendu 8. ont enfin entendu 9. a sorti 10. a vu 11. sont rentrées 12. est devenue 13. s'est mariée 14. ne sont jamais allées

2. Test de compatibilité.

Première partie

Answers may vary somewhat, and may be in the affirmative or the negative.

1. tu es allé(e), tu as choisi; je suis allé(e), J'ai choisi; Moi, j'ai choisi
2. tu as fait; J'ai fait; Moi, j'ai fait
3. vous avez voyagé; Nous avons voyagé; Nous avons voyagé
4. vous avez dormi, vous êtes descendu(e)s, Vous avez fait, Vous êtes resté(e)s; Nous avons dormi, nous sommes descendu(e)s, nous avons fait, nous sommes resté(e)s; Nous avons dormi…
5. tu t'es levé(e), tu as quitté, ton/ta camarade s'est levé(e); Je (ne) suis (pas) matinal(e); je me suis levé(e), j'ai quitté, mon/ma camarade s'est levé(e); Je (ne) suis(pas) matinal(e), je me suis levé(e), j'ai quitté, mon/ma camarade s'est levé(e)
6. tu as visités, les billets ont coûté cher; j'ai visité, les billets (n') ont (pas) coûté cher
7. tu as fait; j'ai fait; Moi, j'ai fait
8. tu as fait, tu t'es acheté, tu as acheté; j'ai fait, je me suis acheté, j'ai acheté; j'ai fait, je me suis acheté…
9. vous êtes-vous servi(e)s, avez-vous pris, vous êtes-vous déplacé(e)s, tu t'es perdu(e); nous nous sommes servi(e)s, nous avons pris, nous nous sommes déplacé(e)s, je me suis perdu(e)
10. vous avez mangé, tu as maigri, tu as grossi; nous avons mangé, j'ai maigri, j'ai grossi
11. vous avez fait, tu t'es couché(e); nous avons…, je me suis couché(e); nous avons fait, je me suis couché(e)
12. vous vous êtes bien amusé(e)s, vous vous êtes disputé(e)s; nous nous sommes bien amusé(e)s, nous nous sommes disputé(e)s; nous nous sommes bien amusé(e)s, nous nous sommes disputé(e)s

Deuxième partie: Sommes-nous compatibles?

Answers will vary.

3. Un album de photos.

1. loué, arrivé, préparé
2. monté
3. allés, tombée, cassé
4. amusés, achetées
5. commandé, adorée
6. reposé
7. laissé, rasée
8. dit, réservé

4. Quand j'étais jeune...

1. se trouvait 2. habitaient 3. avais 4. était 5. me disputais 6. nous entendions 7. avions 8. utilisions 9. inventions 10. allais 11. c'était 12. commençait 13. finissait 14. jouaient 15. apportait 16. partageait 17. jouait 18. ne nous voyions pas 19. devait 20. dépendait 21. ne pouvaient pas 22. sortaient 23. accompagnions 24. étaient 25. faisaient 26. allaient 27. s'endormaient 28. arrivait 29. s'y retrouvaient 30. achetaient 31. se promenaient 32. adorais 33. manquait 34. étais

5. Pour moi, ce n'était pas pareil.

Answers will vary.

6. Photo de groupe.

1. Il avait vu
2. Il était allé
3. Ils avaient joué
4. Elle avait eu
5. Il avait mangé
6. Ils étaient sortis
7. Ils avaient regardé
8. Elle avait renversé
9. Ils s'étaient disputés
10. Elle avait pris

7. Jeu: Déjà ou pas encore?

1. Quand les Américaines ont obtenu le droit de vote (1920), les Françaises n'avaient pas encore voté à leur première élection (1944).
2. Quand la Révolution russe a commencé (1917), Claude Monet avait déjà peint son célèbre tableau *Impression: Soleil levant (1873).*
3. Quand Victor Hugo a écrit *Les Misérables* (1845–1862), William Shakespeare était déjà mort (1616).
4. Quand Jane Austen a publié *Raison et Sentiments* (1811), Lewis Carroll n'avait pas encore écrit *Alice au pays des merveilles* (1865).

5. Quand Napoléon a vendu la Louisiane aux États-Unis (1803), Abraham Lincoln n'avait pas encore été président des États-Unis (1861–1865).
6. Quand la Première Guerre mondiale s'est terminée (1918), on n'avait pas encore développé la pénicilline comme antibiotique (pendant les années 1940).
7. Quand la guerre a éclaté en Corée (1950), Pablo Picasso avait déjà peint son tableau *Guernica* (1937).
8. Quand Sigmund Freud a écrit son *Introduction générale à la psychanalyse* (1917), Simone de Beauvoir n'avait pas encore écrit *Le Deuxième sexe* (1949).
9. Quand Jesse Owens s'est distingué aux Jeux Olympiques à Berlin (1936), Adolphe Hitler avait déjà accédé au pouvoir en Allemagne (1933)
10. Quand le public américain a vu la comédie musicale *Hair* pour la première fois (1968), Arthur Miller avait déjà écrit la pièce *Les Sorcières de Salem* (1953).
11. Quand on a signé la *Déclaration de l'indépendance* américaine (1776), la Révolution française n'avait pas encore éclaté (1789).
12. Quand le mur de Berlin est tombé (1989), l'Union soviétique ne s'était pas encore dissoute (1991).

8. Un peu de contexte!

Answers will vary.

9. Justifications.

1. ongoing, pre-existing condition
2. ongoing, pre-existing condition
3. action that had taken place "before the curtain went up" (*had* died)
4. her ongoing state at that time
5. action that had taken place before the curtain went up (*had* remarried)
6. ongoing state of mind
7. habitual, repeated action
8. habitual action
9. habitual action
10. habitual action
11. ongoing state
12. habitual action
13. habitual action
14. first completed action in the story
15. (mental) action (one *makes* a decision)
16. again, a mental action (she had a realization)
17. ongoing condition (of being unable to go)
18. ongoing condition (of not having)
19. completed action
20. completed action
21. background action, in progress when...
22. the action brought to the foreground that took place (p.c.) while Cinderella *was crying* (imp.)

23. the order was given / spoken
24. action (they were [suddenly] transformed)
25. action (she was [suddenly] transformed)
26. action (she made a promise)
27. reaction (her mental state changed)
28. he saw her, he caught sight of her (action)
29. action (he fell in love, his emotional state changed)
30. ongoing action, in progress at the same time as / while they were dancing...
31. this repeated (or ongoing) action (everyone wondered / was wondering). Note: the use of the **imparfait** for both of these verbs (***danser, se demander***) tells the reader that they were going on at the same time.
32. what was her (ongoing) identity
33. action (it began to ring)
34. reaction (her mental state changed)
35. refers to action that had taken place before the chiming of midnight, etc.
36. another action that had taken place earlier (she had promised)
37. the next action in «real time» (after panicking [#40], she lost...)
38. the next action (after she lost the shoe, the prince picked it up)
39. ongoing background action still in progress when
40. the next action occurred (Cinderella disappeared)
41. next action — the prince sent an envoy
42. refers to an action that took place earlier (obviously, Cinderella had disappeared before the prince sent the envoy)
43. next action – the envoy arrived
44. next action (the sisters tried on the shoe)
45. (negative) action (none of them managed — that is, they tried and failed)
46. next action (she put on the shoe)
47. this was an ongoing attribute of the shoe (it didn't suddenly shrink to fit)
48. action (they got married)
49. **passé composé** used here because it gives a greater sense of finality — a story needs "closure"
50. action (they had children, the children were born)

10. Quel temps faut-il? *Le Petit Chaperon Rouge.*

1. was = imparfait
2. lived = imparfait
3. asked = passé composé
4. was = imparfait
5. helped = imparfait
6. was = imparfait

7. was = imparfait
8. was = imparfait
9. set off = passé composé
10. believed = imparfait
11. was = imparfait
12. set foot = imparfait (at the very end of the story, this verb would probably be in the passé composé, but here it refers to people's habitual actions vis-à-vis the forest)
13. was = imparfait
14. did not intimidate = imparfait
15. was accosted = passé composé
16. asked = passé composé
17. was = imparfait
18. replied = passé composé
19. said = passé composé
20. said = passé composé
21. walked on = passé composé (she starts walking again, after having stopped to talk with the wolf)
22. had freed = plus-que-parfait (this had happened earlier)
23. knew = imparfait
24. burst = passé composé
25. ate = passé composé
26. put on = passé composé
27. crawled = passé compose
28. entered = passé composé
29. said = passé composé
30. have brought = passé composé
31. said = passé composé
32. forgot = passé composé
33. have seen = passé composé
34. has smelled = passé composé
35. said = passé composé
36. leaped out = passé composé
37. grabbed = passé composé
38. screamed = passé composé
39. were heard = passé composé
40. preferred = imparfait
41. burst = passé composé
42. saw = passé composé
43. tried = passé composé

44. raised = imparfait
45. stopped = passé composé
46. asked = passé composé
47. blinked = passé composé
48. tried = passé composé
49. came = passé composé
50. exclaimed = passé composé
51. heard = passé composé
52. jumped = passé composé
53. seized = passé composé
54. cut = passé composé
55. felt = imparfait
56. decided = passé composé
57. lived = passé composé (why? The end of a story needs closure. This is the last action narrated in the story. The imparfait would leave the audience in a state of suspended animation.)

11. Une affaire commerciale.

1. a décidé
2. adorait
3. étaient
4. est passée
5. n'avaient jamais
6. a demandé
7. avait suivi
8. se souvenait
9. c'était
10. sont allées
11. ont calculé
12. ont même téléphoné
13. ont écrit
14. ont distribuées
15. ont eu
16. allaient
17. avaient commandés
18. se sont levées
19. était
20. sentait
21. étaient
22. refroidissaient

23. travaillaient
24. imaginaient
25. allaient
26. allaient
27. était
28. ont commencé
29. avaient faites
30. faisaient
31. a réalisé
32. avaient oublié
33. faisaient
34. était
35. n'allaient rien gagné
36. avaient promis
37. ont dû
38. étaient / ont été
39. ont accepté
40. ont demandé
41. ont répondu

12. Comment la souris et le lion sont devenus amis.
Answers will vary.

13. Histoire enchaînée.
Answers will vary.

14. Commencer par la fin.

1. Je / Tu
2. Nous
3. Je
4. Ils / Elles
5. Il / Elle
6. Il / Elle
7. Vous
8. Nous
9. Tu
10. Ils

15. Au passé composé, s'il vous plaît!

1. Il a été
2. Ils ont eu
3. Vous avez su
4. J'ai vu
5. Nous nous sommes retrouvés
6. Je suis allée
7. Elle a mis
8. Nous n'avons pas compris
9. Elles n'ont pas dit
10. Ils n'ont pas reçu
11. Ils ont voulu
12. Ils ont acheté
13. Elles ont fait
14. Nous avons été
15. Il a plu
16. Ils ont bu

À l'écoute!

Qu'est-ce que l'amitié?

Première écoute: Juste ou Faux?

1. Juste
2. Juste
3. Faux (Selon Mimi, on n'est pas toujours obligé(e) d'être d'accord avec un(e) ami(e).)
4. Faux (À la fin de ses remarques, Mimi fait une liste qui résume les qualités des bons *amis*.)

Deuxième écoute

1. On est en bas de l'échelle.

   On est au bout du rouleau.

   On a besoin d'amis pour nous aider.

   On est au bord de la falaise.

   On a subi des coups durs (*hard blows*).
2. Le répondeur de la personne sera branché, le message promet de vous rappeler le soir-même, mais la personne ne rappelle pas.
3. ... qui te conseille
4. On s'amuse avec eux, mais on ne partage pas les moments difficiles avec eux.

Troisième écoute

1. La définition de l'amitié qu'on trouve dans le dictionnaire: «sentiment d'affection, de sympathie qu'une personne éprouve pour une autre; ce lien est généralement réciproque». La définition de Mimi elle-même: un(e) ami(e), c'est une personne qui est toujours là pour vous, quelqu'un sur qui nous pouvons toujours compter quels que soient nos actes, nos erreurs, nos avis qui diffèrent.
2. Pour elle, ce que le dictionnaire appellerait un(e) «ami(e)», c'est plutôt un copain / une copine.
3. C'est dans les moments difficiles qu'on peut distinguer entre les deux. Les copains vous abandonneront, mais les vrais amis seront là pour vous. *(Remainder of answer will vary.)*
4. Être le copain / la copine de quelqu'un, c'est un rapport beaucoup plus superficiel. La vraie amitié, selon elle, est très difficile à atteindre.

Atelier d'écriture

Answers will vary.

Chapitre 3

1. *Tu* ou *vous?*

1. tu
2. vous
3. tu
4. tu
5. vous
6. vous
7. tu
8. vous
9. vous
10. vous

2. Un petit paragraphe.

Answers will vary.

3. C'est en forgeant qu'on devient forgeron.

1. oui
2. oui
3. oui *or* non *(ambiguous — use* **on** *if you're talking about people in general,* ***tu*** *or* ***vous*** *if you're talking to a specific person or group of people)*
4. non
5. oui
6. oui
7. non
8. oui

4. Entretien.

Answers will vary slightly, depending on how students form their questions.

1. — Regardez-vous régulièrement les talk shows?

   — Oui / Non, je (ne) les regarde (pas).
2. — Respectez-vous Jimmy Fallon?

   — Oui / Non, je (ne) le respecte (pas).

3. — Aimez-vous bien Stephen Colbert?

   — Oui, je l'aime bien. / Non, je ne l'aime pas.

4. — Croyez-vous que le comportement de Stephen Colbert soit extrême?

   — Oui / Non, je (ne) le crois (pas).

5. — Si nous vous choisissons, est-ce que les téléspectateurs vous trouveront intéressant(e)?

   — Oui / Non, ils (ne) me trouveront (pas) intéressant(e).

6. — Aimez-vous les gens?

   — Oui / Non, je (ne) les aime (pas).

7. — Les gens vous admirent-ils?

   — Oui / Non, ils (ne) m'admirent (pas).

8. — Craignez-vous les disputes?

   — Oui / Non, je (ne) les crains (pas).

9. — Avez-vous tendance à éviter le conflit?

   — Oui / Non, j'ai / je n'ai pas tendance à l'éviter.

10. — Dites-vous toujours la vérité?

    — Oui / Non, je (ne) la dis (pas) toujours.

5. Communications.

1. Oui / Non, on (ne) nous envoie (pas) beaucoup de courrier électronique et de textos.
2. Oui / Non, quand mes amis voyagent, ils (ne) m'envoient (pas de) des cartes postales.
3. Oui / Non, je (ne) lui téléphone (pas) tous les jours.
4. Oui / Non, mes amis (ne) me laissent (pas) beaucoup de messages sur ma messagerie.
5. En général, je préfère leur envoyer une carte (offrir un cadeau).
6. Oui / Non, je (ne) leur dis (pas) toujours la vérité.
7. Oui / Non, si un(e) ami(e) me pose une question indiscrète, je (ne) lui réponds (pas).
8. Je leur téléphone X fois par semaine / par mois. (Je ne leur téléphone jamais.)
9. Oui / Non, je (ne) leur ai (jamais) menti.
10. Quand c'est l'anniversaire d'un membre de ma famille, je préfère lui envoyer une carte électronique (une carte «normale»).
11. Si je rencontre une personne intéressante, je (ne) lui demande (pas) son numéro de téléphone.
12. Oui / Non, je (ne) te donne (pas) mon numéro de téléphone.

6. Complément d'objet direct ou indirect?

1. le
2. l'
3. lui
4. lui
5. le
6. l'

7. les
8. lui
9. les
10. lui
11. leur / leur
12. leur

7. Jeu intellectuel.

1. l'
2. lui
3. lui
4. m'
5. leur *ou* nous
6. les
7. les
8. les
9. le

8. Un apéritif.

Sample answers. Students will add a second sentence of their own choice.

1. Oui / Non, je (ne) leur écris (pas) souvent.
2. Je l'ai appris (au lycée, à l'université, etc.)
3. Je leur parle en (français / anglais).
4. Oui / Non, ils (n') aiment (pas) les étudier.
5. Oui / Non, je (ne) le pense (pas).
6. Oui / Non, je (ne) la connais (pas).
7. Oui / Non, ils (ne) l'aiment (pas).
8. Oui / Non, je (ne) lui ai (pas) parlé de son importance.

9. Recherchons colocataires!

Answers may vary. Students will add a final sentence of their own creation. Sample answers:

1. On (ne) se connaît (pas) (déjà). Je (ne) les connais (pas).
2. Je m'intéresse (à la politique, au sport, aux films classiques, etc.) Pour m'amuser, je (vais au cinéma, joue au foot, etc.)
3. Oui / Non, je (ne) m'entends (pas) bien avec les gens. Oui / Non, je (ne) me suis (pas) bien entendu(e) avec mes derniers colocataires. Si, j'énerve / Non, je n'énerve pas les autres.
4. Oui / Non, je (ne) me vexe (pas) facilement. Si / Non, je (ne) me plains (pas) tout le temps.
5. Si / Non, je (ne) les réveille (pas). Oui / Non, vous (ne) pouvez (pas) vous me faire confiance.
6. Oui / Non, j'accepte (Je n'accepte pas) de m'occuper de ma propre chambre. Oui / Non, je (ne) pourrais (pas) me charger de la cuisine une fois par semaine.
7. On (va/pourrait, etc.) se voir (demain / ce soir, etc.) On se donne rendez-vous maintenant / On se téléphone demain.

10. De la glace à volonté.

Sample answers:

1. — Ton ami Tarik et toi, vous levez-vous de bonne heure?

   — Oui, nous nous levons toujours de bonne heure.

   — Et Fred et Paul?

   — Oh, ils se lèvent vers midi. (Ils sont paresseux!)

2. — Vous lavez-vous souvent les cheveux?

   — Tarik et moi, nous nous lavons souvent les cheveux.

   — Et Paul?

   — Paul ne se lave pas souvent les cheveux.

3. — Tarik et toi, est-ce-que vous vous habillez bien?

   — Oui, Tarik et moi, nous nous habillons bien.

   — Et Fred?

   — Il s'habille mal. Il ressemble à un épouvantail!

4. — Est-ce que Tarik se brosse souvent les cheveux?

   — Bien sûr que Tarik se brosse souvent les cheveux!

   — Et Fred?

   — Mais Fred se coiffe très mal. Il ne se peigne pas les cheveux, etc.

5. — Est-ce que Tarik et toi, vous vous brossez les dents régulièrement?

   — Mais oui! Nous nous brossons les dents trois fois par jour!

   — Et Fred et Paul?

   — Ils se brossent les dents une fois par jour, maximum!

6. — Est-ce que Tarik se fâche souvent?

   — Mais non! Tarik ne se fâche jamais.

   — Et Fred et Paul?

   — Eux, ils se fâchent tout le temps. (Ils sont toujours en train de se disputer, etc.)

11. Rapport confidentiel.

1. Elle s'est maquillée et s'est habillée soigneusement.
2. Elle a quitté la maison.
3. Elle s'est dirigée vers le centre-ville.
4. Elle a retrouvé un bel homme à l'air sinistre.
5. Ils se sont assis ensemble dans un café.
6. Je me suis installé(e) à une autre table pour les observer.
7. J'ai téléphoné à une collègue.
8. Au bout de quelques minutes, l'homme s'est énervé.
9. Les deux se sont disputés, tout en chuchotant.
10. L'homme s'est calmé.
11. La femme lui a passé une enveloppe.

12. Ma collègue est arrivée et nous avons parlé de ce que j'avais vu.
13. Deux minutes plus tard, l'homme s'en est allé.
14. Ma collègue et moi, nous nous sommes séparé(e)s.
15. Elle a suivi l'homme, et moi, j'ai suivi la femme.
16. L'homme s'est aperçu que ma collègue le suivait, et elle s'est sauvée.

12. J'accuse!

A. Réponses.

Answers will vary somewhat. Sample answers:

1. Moi, je range ma chambre, mais Nicolas, lui, ne la range jamais.
2. Nous faisons la vaisselle, Inès et moi / nous. Mais Paul et Caroline? Eux, ils ne la font jamais!
3. Je sors la poubelle, moi! Mais Paul? Il ne la sort jamais, lui!
4. Sylvie et moi, nous ne faisons jamais trop de bruit. Mais Paul et Nicolas, ils font souvent trop de bruit, eux.
5. Moi, je la partage toujours avec les autres. Mais Caroline (elle) elle ne partage jamais sa nourriture (à elle).

B. Reproches.

Pronouns can appear at the beginning or the end of the sentence. Sample answers:

6. Toi, tu ne ranges jamais ta chambre!
7. Vous ne faites jamais la vaisselle, vous!
8. Toi, tu ne sors jamais la poubelle!
9. Vous faites trop de bruit, vous!
10. Toi, tu ne partages jamais ta nourriture avec les autres!

13. Oui, maman!

1. Je vais passer chez eux.
2. Je lui ai acheté un cadeau.
3. Je ne me suis pas disputé(e) avec lui.
4. Tu peux toujours compter sur moi.
5. Il n'y a pas de problèmes entre elle et moi.
6. Je ne suis pas fâché(e) contre vous.
7. Vous pouvez avoir confiance en moi.
8. Je ne vais pas prendre une décision importante sans toi.

14. Le match de foot.

1. Ils
2. elle
3. Il
4. Elle
5. Moi
6. j'

7. moi
8. eux
9. Ils
10. Nous
11. On
12. Elles
13. lui
14. moi
15. Nous
16. toi
17. tu
18. toi
19. elle
20. toi

15. Le nouveau / la nouvelle.

1. — Vous allez habitez au quatrième étage?

   — Oui / Non, je (ne) vais (pas) y habiter.
2. — Est-ce que vous avez beaucoup de meubles?

   — Oui / Non, j'en ai / je n'en ai pas beaucoup.
3. — Vous avez besoin de peinture?

   — Oui / Non, j'en ai / je n'en ai pas besoin.
4. — Vous avez un chat?

   — Oui, j'en ai un. / Non, je n'en ai pas.
5. — Vous allez dormir dans cette chambre-ci?

   — Oui / Non, je (ne) vais (pas) y dormir.
6. — Votre batterie de cuisine est dans ce carton?

   — Oui / Non, elle (n')y est (pas).
7. — Vous allez parler au concierge?

   — Oui / Non, je (ne) vais (pas) lui parler.
8. — Vous avez assez de cintres?

   — Oui / Non, j'en ai / je n'en ai pas assez.
9. — Vous allez donner un chèque aux déménageurs?

   — Oui, je vais leur en donner un. Non, je ne vais pas leur en donner.
10. — Voudriez-vous dîner au restaurant avec nous ce soir?

    — Oui / Non, je (ne) voudrais (pas) y dîner avec vous.

16. La vie sociale.

Answers will vary.

17. Angoissé(e)?

Answers will vary somewhat. Sample answers:

1. J'en ai (très peu, pas mal, etc.)
2. Je (n')en rêve (pas) tout le temps.
3. J'y pense / Je n'y pense pas constamment.
4. Je le suis souvent / Je ne le suis pas souvent.
5. J'en ai peur. Je n'en ai pas peur.
6. J'en ai / Je n'en ai pas beaucoup. J'en ai 3 (6, 9, etc.).
7. J'y mange / Je n'y mange pas souvent.
8. Je (ne) m'y installe (pas) souvent au lieu de faire de l'exercice.
9. J'ai (rarement) / Je n'ai pas / souvent le temps d'y aller.
10. Je (ne) m'y habitue (pas) difficilement / facilement.
11. Je (ne) m'en soucie (pas) souvent.

18. Qui a peur de Facebook?

1. leur
2. y
3. l'
4. les
5. lui
6. nous
7. vous
8. l'
9. y
10. l'
11. leur
12. les
13. ils
14. les
15. il
16. les
17. les
18. ils
19. les
20. les
21. les
22. le

23. on
24. on
25. la (la liste) ou les (les détails)
26. vous
27. vous
28. le
29. les
30. les
31. les
32. il
33. ils
34. vous
35. vous
36. eux
37. il
38. y
39. vous
40. vous

19. Oui, Monsieur le Comte / Oui, Madame la Comtesse!

1. Je leur en ai donné il y a deux heures.
2. J'y en ai mis ce matin.
3. Je l'y ai installé dès son arrivée.
4. Je vous l'ai décrit hier.
5. Je vous en ai fait cinq à leur offrir.
6. Je vais les y monter tout à l'heure.
7. Je vais vous en trouver vingt.
8. Je vais lui en servir tout de suite.
9. Je vais vous y conduire bientôt.
10. Je vais le lui apporter dans cinq minutes.

20. Excuse-moi de te déranger…

1. Oui, il y en a. Non, il n'y en a pas.
2. On peut l'y étudier.
3. Ils (ne) les leur expliquent (pas) bien.
4. Si on a un problème, on (ne) peut (pas) aller l'y voir.
5. On (ne) peut (pas) leur en parler.
6. Les profs (ne) nous en donnent (pas) beaucoup.
7. On (ne) peut (pas) les leur remettre par courrier électronique.

8. Les profs (ne) nous les rendent (pas) vite.
9. Tu peux m'y téléphoner si tu as d'autres questions.

21. Conversation.

1. Le western, tout le monde l'a étudié.
2. Tu vas t'y mettre comment?
3. Dans ces films, elle sert à divertir un public…
4. Oui, j'en ai même vu certains.
5. Je leur trouve des messages très pessimistes.
6. Tu vas leur parler de ton nouveau sujet?
7. Je leur en ai déjà parlé.
8. Ils y ont répondu de façon très positive.
9. Oui, ils le pensent.
10. C'est précisément parce que le sujet est vaste qu'il est important.
11. Oui, ils en ont plein.
12. … ils ont dit qu'ils allaient me les écrire.
13. … tu vas travailler fréquemment avec eux?
14. C'est lui qui m'encourage le plus.

22. Votre conscience vous parle!

1. Écris-les sur Facebook. Écris-les. Ne les écris pas sur Facebook. Ne les y écris pas.
2. Ne lui en offre pas! / Offre-lui-en!
3. Ne la nettoie pas. / Nettoie-la!
4. Critique-la! / Ne la critique pas.
5. Ne leur en fais pas! / Fais-leur-en!
6. Énerve-toi contre eux tout le temps! / Ne t'énerve pas contre eux!
7. Racontez-les-leur. Ne les leur racontez pas.
8. Montre-le-lui. Ne le lui montre pas.

À l'écoute!

Première écoute

1. c
2. b
3. juste
4. a
5. juste

Deuxième écoute

1. la télé-poubelle, choquant, voyeurisme, pollution mentale
2. *Métier policier, Caméra choc, Catastrophes*
3. un conte de fées

Troisième écoute

1. Elle montre la vie quotidienne de vraies personnes. le contexte économique, social et politique de ces dernières années
2. Il n'est pas du tout sûr de les croire, il est sceptique.

Atelier d'écriture

Answers will vary.

Chapitre 4

1. Un étudiant hésitant.

1. vieilles
2. nouvelle
3. gentilles
4. bel
5. préoccupant
6. indépendants
7. dur
8. beaux
9. nouveaux
10. bruns, bleus
11. habillés, honnêtes

2. La vie estudiantine en France.

Answers may vary.

1. Les repas au restau-U sont (très) bons.
   Tu parles! Ils sont mauvais.
2. Les chambres en résidence universitaire sont (assez) spacieuses.
   Tu parles! Elles sont petites!
3. Les professeurs sont indulgents.
   Tu parles! Ils sont stricts!
4. Les cours sont passionnants.
   Tu parles! Ils sont ennuyeux!
5. Les autres étudiants sont très amicaux.
   Tu parles! Ils sont froids!
6. Les filles ici sont très exubérantes.
   Tu parles! Elles sont (trop) réservées!
7. (Tous) les garçons sont sportifs ici.
   Tu parles! Ils sont (tous) paresseux!
8. La vie sociale est merveilleuse ici.
   Tu parles! Elle est nulle!
9. La compétition est normale.
   Tu parles! Elle est insupportable!
10. Les vacances sont (assez) longues.
    Tu parles! Elles sont (trop) courtes!

3. La vie estudiantine chez moi.

Answers will vary.

4. Vous êtes le/la guide.

Answers will vary, but ***beau, grand, joli,*** *and* ***vieux*** *generally precede the noun, and* ***célèbre, connu, gigantesque, impressionnant, intéressant, superbe, fascinant, cosmopolite, charmant,*** *and* ***animé*** *generally follow it.*

5. L'habit ne fait pas le moine.

1. un bel ensemble
2. un nouvel emploi
3. ses vieux vêtements
4. une belle étudiante
5. une nouvelle vie
6. son vieux jean
7. son vieil anorak
8. ce beau tailleur
9. son nouvel imperméable
10. de nouvelles chaussures
11. de beaux vêtements

6. Une visite à Rouen.

Answers may vary.

1. Chers Éloïse et Marc
2. une ancienne (chère, pauvre) camarade de classe
3. le dernier train
4. beaucoup de vieux bâtiments
5. la grande (chère, pauvre) héroïne
6. la semaine prochaine
7. Cette pauvre femme
8. une chambre chère
9. ma propre salle de bains
10. une étudiante pauvre
11. ma prochaine lettre

Petit test de culture.

1. L'Alouette
2. Madame Bovary

7. George Sand: Une femme exceptionnelle.

1. de vrais aristocrates
2. de simples commerçants (*ou* des commerçants simples)
3. une petite fille

4. sa vieille grand-mère élégante et réservée
5. sa jeune mère bohémienne et volatile
6. une enfant créatrice et indépendante
7. des vêtements masculins
8. une femme amère
9. son mari autoritaire
10. les femmes instruites

8. George Sand à Paris.

1. d'une étudiante pauvre
2. de gros cigares
3. ses longs cheveux bruns
4. ses yeux marron foncé
5. un nouvel amant
6. son vrai nom
7. des liaisons amoureuses
8. beaucoup d'hommes célèbres
9. d'un ancien amant

9. George Sand (conclusion et… conclusions).

1. l'identité sexuelle
2. les idées socialistes
3. une femme indiscrète
4. sa vie scandaleuse
5. une femme fascinante
6. les opinions franches
7. un de mes écrivains favoris

10. Un autoportrait.

Answers will vary.

11. Une conversation franche.

Answers will vary, but the place of the adverb is indicated for each sentence.

1. Je m'entends [bien, mal, etc.] avec les autres.
2. Je fais [beaucoup, peu, etc.] d'erreurs.
3. J'oublie [parfois, etc.] des petits détails.
4. J'arrive [rarement, quelquefois, fréquemment] en retard.
5. Je parle [franchement, etc.] avec mes collègues.
6. Je travaille [assidûment, etc.).
7. Je m'absente [très rarement, de temps en temps, constamment] du travail.
8. Je suis [très, etc.] perfectionniste.

12. Le trac avant l'examen.

1. Le professeur l'a suggéré ouvertement.
2. Geneviève va certainement être surprise.
3. Je ne l'ai pas vue en classe récemment.
4. Mais comme elle est vraiment bonne en maths, elle n'aura probablement pas de problèmes.
5. Moi, je vais travailler énormément ce soir.
6. Avant l'examen, j'aurai affreusement peur.
7. Je serai complètement affolé.
8. Je changerai constamment mes réponses.
9. Je serai drôlement content si j'ai un un C.
10. J'ai rarement de meilleures notes.

13. Les stéréotypes ont la vie longue!

1. Beaucoup de travailleurs acceptent difficilement…
2. On préfère rarement…
3. Les patrons cherchent des femmes qui parlent doucement.
4. Ils changent lentement d'opinions.
5. Mais les femmes ont évidemment…
6. Il y a des femmes qui cherchent désespérément…
7. Et curieusement, elles peuvent…
8. Heureusement, nous n'avons pas…

14. La vie est toujours plus agréable ailleurs.

Answers will vary. One possible version of the paragraph:

Hier, j'ai eu une discussion intéressante avec un garçon que j'ai rencontré **récemment.** Il est **très** frustré parce qu'il pense que les rôles sexuels traditionnels sont tout aussi contraignants pour les hommes que pour les femmes. Il a décidé de s'installer **définitivement** en Scandinavie, où les rôles sexuels seraient **théoriquement** plus flexibles. J'ai **beaucoup** réfléchi à ses opinions. **Franchement,** je crois qu'il va être **bien** déçu s'il va vivre là-bas. **Malheureusement,** on pense que les choses sont plus faciles **ailleurs,** mais ce n'est pas **souvent** le cas.

15. Paris ne s'est pas fait en un jour.

Answers will vary.

16. Complexe d'infériorité.

Dominique's responses are given. Claude's responses will vary.

1. Anne est plus patiente que moi.
2. Je ne suis pas aussi blagueur qu'Hélène.
3. Je suis moins discipliné que Jean.
4. J'écris moins bien que Charles.
5. Paul et Christophe sont plus gentils que moi.
6. Je parle moins intelligemment qu'Hélène.

7. Charles conduit plus prudemment que moi.
8. Francine parle français mieux que moi.
9. Tous mes amis sont plus élégants que moi.
10. Je ne suis pas aussi intéressant que mes amis.

17. Solutions diplomatiques.

1. un premier pays dépense plus *d'*argent qu'un autre
2. un troisième pays dépense autant d'argent *que* le deuxième
3. tout le monde consacre *plus* d'argent que d'efforts diplomatiques
4. la défense est peut-être *moins* importante que la diplomatie
5. les disputes entre les pays sont bien plus dangereuses *qu'*autrefois
6. Je pense que je suis *aussi* idéaliste que toi
7. qu'un certain pays fait plus d'efforts pour maintenir la paix *qu'*un autre
8. que nous nous comportons *plus* honnêtement que les autres pays.
9. on fait plus d'efforts
10. que pour le développement économique

18. Une féministe et un sexiste.

1. Moi, je pense que les hommes sont plus intelligents que les femmes.
   Vous avez tort! Les femmes sont aussi/plus intelligentes que les hommes.
2. Moi, je pense que les hommes travaillent plus dur que les femmes.
   Vous avez tort! Les femmes travaillent aussi/plus dur que les hommes.
3. Moi, je pense que les hommes sont plus doués que les femmes.
   Vous avez tort! Les femmes sont aussi/plus douées que les hommes.
4. Moi, je pense que les hommes ont plus de responsabilités dans la vie.
   Vous avez tort! Les femmes ont autant/plus de responsabilités.
5. Moi, je pense que les hommes sont moins fragiles que les femmes.
   Vous avez tort! Les femmes ne sont pas plus fragiles (*ou:* sont moins fragiles) que les hommes.
6. Moi, je pense que les femmes ont plus d'avantages dans le monde du travail.
   Vous avez tort! Les femmes ont moins d'avantages que les hommes.
7. Moi, je pense que les hommes travaillent plus efficacement que les femmes.
   Vous avez tort! Les femmes travaillent aussi/plus efficacement que les hommes.
8. Moi, je pense que les hommes parlent plus franchement que les femmes.
   Vous avez tort! Les femmes parlent aussi/plus franchement que les hommes.
9. Moi, je pense que les femmes ont plus de problèmes psychologiques que les hommes.
   Vous avez tort! Les femmes ont autant/moins de problèmes psychologiques que les hommes.
10. Moi, je pense que les hommes pensent plus logiquement que les femmes.
    Vous avez tort! Les femmes pensent aussi/plus logiquement que les hommes.

19. Meilleur ou pire?

Answers will vary, but Julien and Jacqueline should contradict one another each time.

1. **Julien:** Aujourd'hui, le service est *pire/plus mauvais* que la dernière fois.
   Jacqueline: Ah, non… Il est *meilleur* que la dernière fois.

2. **Julien:** Ce restaurant est *mieux* situé que les autres.
   Jacqueline: Ce n'est pas vrai! Il est *plus mal* situé que les autres!
3. **Julien:** Cette serveuse parle italien *mieux* que moi.
   Jacqueline: Pas du tout! Elle parle italien *moins bien/plus mal* que toi.
4. **Julien:** Maintenant que ma collègue m'a donné une *meilleure* explication de la situation dans notre filiale américaine, je comprends *mieux* ce qui se passe.
   Jacqueline: Vraiment?! Je trouve cette explication *pire/plus mauvaise* que celle que j'ai lue hier…
5. **Julien:** Les deux premiers romans de cet auteur sont *pires* que son dernier.
   Jacqueline: Tu trouves?! Moi je pense au contraire que ses deux premiers romans sont *meilleurs* que son dernier.

20. Tout peut changer.

Answers will vary.

21. Bon voyage!

1. Parce que ce sont les musées les plus intéressants de la région.
2. Parce que ce sont les souvenirs les moins chers du magasin.
3. Parce que ce sont les plus belles cartes postales de toutes.
4. Parce que c'est le restaurant le plus abordable du quartier.
5. Parce que c'est le plat le plus typique du menu.
6. Parce que c'est la bière la moins alcoolisée de la brasserie.
7. Parce que c'est le plus bel hôtel du centre-ville.
8. Parce que ce sont les plus vieilles maisons de la ville.
9. Parce que c'est le train le plus confortable de la ligne.
10. Parce que tu es le compagnon de voyage le plus ennuyeux/la compagne de voyage la plus ennuyeuse du monde.

22. Et dans votre ville?

Answers will vary.

23. Prix de fin d'année.

1. parce qu'elle a lu le plus de livres
2. parce qu'il a étudié le plus diligemment
3. parce qu'elle a eu le moins de disputes
4. parce qu'il a eu le moins d'absences
5. parce qu'elle est arrivée le moins souvent en retard
6. parce qu'ils ont joué le moins bruyamment
7. parce qu'il a travaillé le plus patiemment
8. parce qu'il a fait le moins de fautes d'orthographe
9. parce qu'il a participé le plus activement aux discussions en classe
10. parce qu'elle a soigné le plus consciencieusement les animaux

24. Malheureux anniversaire!

1. C'est toi qui tricotes le mieux
2. Tu es la meilleure grand-mère
3. ce sont les meilleures activités
4. vous avez choisi le meilleur gâteau
5. Je suis vraiment la meilleure menteuse
6. C'était la pire / la plus mauvaise fête
7. On m'a offert les pires cadeaux
8. Christophe s'est comporté le plus mal

25. L'environnement — quelques records.

1. L'insecte qui chante le plus fort
2. Les vers de terre les plus longs (*ou* Les plus longs vers de terre)
3. Le pays qui émet le moins de gaz carbonique
4. Les animaux qui se déplacent le moins vite
5. L'arc-en-ciel qui a duré le plus longtemps
6. La fleur qui a l'odeur la plus forte
7. La tempête de neige qui a produit le plus de neige
8. L'animal qui a tué le plus d'humains
9. Les baleines bleues… sont les plus grands mammifères

26. Le palmarès de ma famille.
Answers will vary.

27. Les États-Unis: Le pays des superlatifs.
Answers will vary.

28. Les nouveaux pères.

1. intéressant
2. changeante
3. décourageantes
4. effrayantes
5. encourageants
6. important
7. hésitants
8. obéissants
9. épuisantes
10. satisfaisantes

29. Elle est très multitâche.

1. Elle travaille en élevant ses enfants.
2. Elle prépare le dîner en aidant les enfants avec leurs devoirs.
3. Elle couche les enfants en rangeant leurs jouets.
4. Elle fait les courses en téléphonant à des collègues.
5. Elle fait la vaisselle en parlant des enfants avec son mari.
6. Elle fait des listes de tâches à faire en attendant les enfants.

30. Avis aux enfants.

Answers will vary.

À l'écoute!

Première écoute

3, 2, 1, 5, 7, 6, 4

Deuxième écoute

1. F
2. F
3. J
4. J

Troisième écoute

Answers will vary. Sample answers:

1. Ce sont des mots qui ont un sens péjoratif et des connotations négatives.
2. Elle semble croire que la langue doit changer pour que des changements sociaux deviennent vraiment possibles.
3. Parce que ce sont des postes qui sont traditionnellement occupés par des hommes. En anglais, les mots comme «*man*» et «*mankind*» «*he*», etc., sont censés désigner les hommes *et* les femmes («*Man is mortal, but his art remains.*» «*Everyone should have his passport ready to show to the gate agent.*») On essaie de développer et d'utiliser un langage qui soit neutre au niveau du genre maintenant. De plus, beaucoup de gens utilisent le pronom pluriel «they» au lieu de «he or she» («If anyone needs a pencil, ***they*** can borrow one from me.») Ce n'est pas grammaticalement correct, mais c'est moins sexiste.

Atelier d'écriture

Answers will vary.

Chapitre 5

1. Tout de suite, Monsieur!

1. Oui, Monsieur, je vais l'appeler XXX (expression de temps)
2. Oui, Monsieur, je vais m'en occuper XXX (expression de temps)
3. Oui, Monsieur, je vais vous le taper XXX (expression de temps)
4. Oui, Monsieur, je vais la lui envoyer XXX (expression de temps)
5. Oui, Monsieur, je vais vous les chercher XXX (expression de temps)
6. Oui, Monsieur, je vais les y mettre XXX (expression de temps)
7. Oui, Monsieur je vais nous (vous) la réserver XXX (expression de temps)
8. Oui, Monsieur, je vais leur en parler XXX (expression de temps)

2. La colonie de vacances.

The director's comments are given. The counselor's responses will vary.

1. Les moniteurs accompagneront les enfants aux toilettes.
2. Les enfants écriront à leurs parents tous les jours.
3. Les enfants auront un dessert par semaine.
4. Les enfants devront nettoyer leur tente trois fois par jour.
5. Les enfants ne choisiront pas les activités auxquelles ils participeront.
6. Les enfants feront de la natation trois fois par semaine.
7. Les enfants n'iront jamais en ville.
8. Les enfants pourront acheter des bonbons une fois par semaine.
9. Les enfants attendront le soir pour ouvrir leur courrier.
10. Les enfants se coucheront à 20h00.

3. Pour aider votre ami(e) à cesser de fumer.

Answers will vary. Sample answers.

1. Si je ne fréquente pas de fumeurs, je ne verrai plus mes amis!
2. Si je ne garde pas de cigarettes à la maison, je sortirai tout le temps pour en acheter.
3. Si je m'abstiens de fumer dans la voiture, j'aurai un accident.
4. Si je mords mes crayons, je me ferai mal aux dents.
5. Si j'attends trois heures avant de reprendre une cigarette, je serai trop nerveux (euse).
6. Si je ne bois pas de café, je m'endormirai.

7. Si je choisis de manger dans des restaurants, pas dans des bars, ça me coûtera trop cher.
8. Si je n'emporte pas de cigarettes quand je sors le soir, j'en emprunterai à mes amis, et ils se fâcheront contre moi.

4. Merci, Roby!

Answers will vary.

5. À l'avenir...

Answers will vary.

6. Adieu, je pars.

1. Quand il sera entré dans la maison, il verra l'enveloppe.
2. Quand il aura ouvert l'enveloppe, il lira la lettre.
3. Quand il aura lu la lettre, il sautera de joie.
4. Quand il aura bu du champagne et aura fumé un cigare, il préparera le dîner.
5. Quand il aura dîné, il fera la vaisselle.
6. Quand il aura fait la vaisselle, il passera l'aspirateur.
7. Quand il se sera brossé les dents, il se couchera.
8. Quand il se sera couché, il commencera à pleurer.

7. Ne vous inquiétez pas...

*These sentences could be answered using «**nous**» or «**on**». Both possibilities are shown here.*

1. Quand vous viendrez, nous aurons mis des tableaux.
2. Quand vous viendrez, nous aurons installé des toilettes.
3. Quand vous viendrez, on aura réparé les trous.
4. Quand vous viendrez, on aura sorti les ordures.
5. Quand vous viendrez, on aura construit un nouvel escalier.
6. Quand vous viendrez, on aura fini le toit.
7. Quand vous viendrez, on aura désinfecté la maison.
8. Quand vous viendrez, on aura enlevé les oiseaux.
9. Quand vous viendrez, on aura nettoyé les taches de sang.
10. Quand vous viendrez, on aura enterré le cadavre.

8. Quand est-ce que vous...?

*Answers will vary, but the first verb will be in the **futur,** and the second will be in the **futur antérieur.***

1. Je ferai mes devoirs ce week-end quand...
2. Je ferai un long voyage quand...
3. Je lirai pour le plaisir quand...
4. J'aurai une famille quand...
5. J'achèterai une maison quand...
6. J'obtiendrai un poste permanent quand...

9. De bonnes résolutions.

a. Answers will vary, but will be in the ***futur.***

b. Answers will vary, but will be in the ***futur antérieur.***

10. La prochaine fois...

Answers will vary.

11. S'il vous plaît!

1. Est-ce que tu me *prêterais* des CD?
2. *Pourriez*-vous nous donner 100 euros pour acheter du vin?
3. Nous *aideraient*-elles à faire le ménage?
4. Votre sœur *enverrait*-elle les invitations pour moi?
5. Est-ce qu'ils nous *achèteraient* quelques bouquets de fleurs?
6. *Ferais*-tu une salade pour le dîner?
7. Je *voudrais* vous demander quelques autres petits services.
8. Vous vous *occuperiez* des manteaux des invités?

12. À ta place...

Answers will vary. Conditional forms of verbs are given below.

1. je ferais, j'achèterais
2. je lui écrirais, j'irais la voir, je lui téléphonerais
3. j'essaierais, j'attendrais
4. je ferais, je prendrais
5. j'étudierais, je regarderais, je lirais
6. je chercherais, je reprendrais
7. j'aurais, je choisirais
8. je l'aiderais, je sortirais
9. j'annulerais, je vendrais
10. je suivrais, je ferais

13. La mère poule.

Answers will vary, but the verbs in the second part of the sentence will be in the conditional. Sample answers.

1. Prends ce parapluie, au cas où il pleuvrait.
2. Emporte ton téléphone portable, au cas où tu aurais besoin de me téléphoner.
3. N'oublie pas ton portefeuille, au cas où il faudrait que tu achètes quelque chose.
4. Habille-toi de façon plus élégante, au cas où tu rencontrerais quelqu'un d'intéressant.
5. Prends un pull-over, au cas où il ferait froid.
6. Je t'ai fait un sandwich, au cas où tu aurais faim.
7. Tu ne veux pas emporter un livre avec toi, au cas où tu serais obligé(e) d'attendre quelque part?
8. Fais une liste de tout ce que tu dois acheter, au cas où tu oublierais quelque chose.

14. Imaginez!

Answers will vary, but verbs will be in the conditional.

15. Quel feuilleton...!

Answers will vary, but all will be in the past conditional. Sample answers:

1. Moi aussi, j'aurais confronté Julien au milieu du centre commercial.
2. Moi aussi, je me serais mis(e) en colère devant tout le monde.
3. Moi, je n'aurais pas donné de gifle à Julien.
4. Moi aussi, j'aurais posé des questions personnelles à l'autre fille.
5. Moi aussi, j'aurais plaqué Julien avant qu'il puisse se défendre.
6. Moi aussi, je serais rentré(e) chez moi.
7. Moi aussi, je me serais enfermé(e) dans ma chambre.
8. Moi aussi, j'aurais refusé de répondre aux questions de ma mère qui s'inquiétait.
9. Moi aussi, j'aurais éteint mon portable.
10. Moi aussi, j'aurais décidé de sortir avec mes amis pour l'oublier.

16. Blanche-Neige… autrement.

1. je ne l'aurais pas épousée
2. elle n'aurait jamais appris
3. Quelqu'un serait resté
4. elle n'aurait pas réussi
5. Blanche-Neige n'aurait pas mordu
6. nous ne l'aurions pas mise
7. le morceau de pomme empoisonnée serait resté / et elle ne serait jamais revenue
8. Blanche-Neige et son prince ne se seraient pas mariés
9. Cette histoire n'aurait pas eu
10. nous n'aurions pas pu

17. D'autres scénarios possibles.

Answers will vary.

18. Réunion de famille.

1. feras
2. Si vous n'étiez pas allé(e)(s)
3. Tu sauras
4. nous aurions offert
5. je ne leur permettrais pas
6. Aussitôt que mes enfants commenceront / auront commencé
7. parlez-leur
8. s'il n'avait pas lu
9. Si ma nièce peut
10. Nous réussirions

19. Ça m'étonnerait!

Answers will vary.

20. Un conte édifiant

1. était
2. allait composer
3. arriverait
4. était parti
5. voudrait
6. serait arrivé
7. était
8. n'aurait pas dû
9. s'il n'avait pas mis, serait /aurait été

21. Questions hypothétiques.

Answers will vary, but verbs will be in the conditional.

22. Visite présidentielle.

Le président a dit que/qu'…

1. il défendrait encore plus le droit des opprimés.
2. il aurait changé les lois sur l'immigration avant la fin de son mandat.
3. il irait sur les lieux de catastrophes naturelles aussitôt que possible.
4. son équipe aurait mis en place un nouveau projet de protection de l'environnement avant la fin de l'année.
5. les électeurs comprendraient qu'ils doivent le réélire après avoir regardé le débat télévisé de jeudi prochain.
6. son adversaire ne ferait aucun effort pour clarifier sa plateforme électorale d'ici-là.
7. les membres de l'opposition perdraient beaucoup de sièges au Congrès.
8. nous serions ravis de lui accorder un second mandat!

23. Erreur!

1. chaque famille possèderait
2. toutes les familles se déplaceraient
3. tous les enfants commenceraient
4. on pourrait acheter des téléviseurs qui diffuseraient
5. les hommes n'auraient pas réussi
6. on aurait construit
7. le public aurait bientôt oublié
8. les lettres C, X et Q auraient disparu

Et vous?

Answers will vary.

À l'écoute!

Première écoute

1. laïque _1_ laïcité _4_
2. intégriste _2_ intégrisme _0_
3. racistes
4. intégriste
5. crucifix

Deuxième écoute

Answers may vary.

1. a
2. qu'on se focalise sur une seule religion
3. dans des écoles privées
4. «C'est la République qu'on assassine!»

Troisième écoute

Answers may vary.

1. Le refrain est bien connu.
2. éducation
3. Ces jeunes filles vont dans des écoles coraniques et leurs chances d'émancipation deviennent faibles.
4. *Answers will vary.*

Atelier d'écriture.

IV. Pratique de vocabulaire.
Answers will vary.

V. Effets indésirables.
Answers will vary.

VI. «Ce n'est pas évident… »
Answers will vary.

Chapitre 6

1. À la vôtre!

1. Marion, que tu sois
2. Christophe, que tu prennes
3. Que vous ayez
4. Que vos enfants puissent
5. Que vous ne vous disputiez que rarement, et que vous réfléchissiez
6. Marion, que tu parles qu'il te réponde
7. Que nous nous souvenions
8. qu'on boive

2. Du tourisme «responsable».

1. sachions
2. voulions
3. comprenne
4. aille
5. dise
6. fassions
7. soyons
8. rapportions, montrions

3. Monsieur/Madame le/la candidat(e) se prononce.

Answers will vary.

4. Obligatoire ou facultatif?

Answers will vary.

5. Tout le monde a une opinion!

Answers will vary.

6. Nous avons bien reçu votre carte...

Expressions of emotion will vary. Sample answers:

1. Nous sommes contents que votre fils finisse bientôt ses études.
2. Nous sommes désolés que ton mari soit gravement malade.
3. Nous sommes heureux que Juliette vienne d'avoir un troisième enfant!

4. Nous sommes surpris que vous connaissiez nos voisins!
5. Nous sommes choqués qu'on détruise notre ancienne école primaire.
6. Nous sommes tristes que notre vieux professeur ait un cancer.

7. Soutien moral.

Answers will vary.

8. À chacun son dada!

Answers will vary. Two sample answers:

1. *Le directeur administratif et financier (CFO)* estime que la valeur des actions reste haute.
2. *Les actionnaires* veulent que la compagnie ne produise pas de déchets qui polluent.

9. Les conjonctions en français.

1. Recevant l'invitation du roi, les belles-sœurs disent à Cendrillon: «Tu peux aller au bal à condition que/pourvu que tu finisses tout ton travail.»
2. Cendrillon travaille dur afin que/pour que ses belles-sœurs — et elle — soient prêtes à y aller.
3. Cendrillon aide ses belles-sœurs à faire leur toilette avant qu'elles aillent au bal.
4. Les belles-sœurs disent cruellement à Cendrillon: «Eh bien, nous t'emmenons avec nous à moins que tu n'aies pas de robe de soirée.»
5. La marraine de Cendrillon arrive aussitôt que les belles-sœurs s'en vont.
6. Elle donne une robe et un carrosse à Cendrillon afin que/pour que la jeune femme puisse aller au bal, elle aussi.
7. Cendrillon s'amuse beaucoup au bal jusqu'à ce qu'elle entende sonner minuit.
8. Laissant une de ses chaussures, elle part sans que le prince découvre son identité.
9. Elle court vite de peur que le prince la voie dans son état habituel.
10. Le prince cherchera Cendrillon jusqu'à ce qu'il réussisse à la trouver.
11. Quand l'envoyé arrive, Cendrillon se cache afin que/pour qu'il ne la reconnaisse pas.
12. Les sœurs savent que le prince va se marier avec une demoiselle du royaume à condition que/pourvu que la chaussure lui appartienne.
13. Le roi est content parce que son fils a trouvé une épouse.
14. Le roi accepte le mariage bien que/encore que/quoique le prince veuille se marier avec une femme du peuple.

10. Le bon réflexe.

1. Nous ne pensons pas que	*subj.*
2. Il semble que	*subj.*
3. Il se peut que	*subj.*
4. Il est probable que	*indic.*
5. Est-ce vrai que…?	*indic.*
6. Il est évident que	*indic.*
7. J'espère que	*indic.*
8. Pensez-vous que…?	*subj.*

9. Nous disons que	*indic.*
10. Est-ce possible que…?	*subj.*
11. Nous trouvons que	*indic.*
12. Je ne crois pas que	*subj.*
13. Il est peu probable que	*subj.*
14. Ce n'est pas évident que	*subj.*
15. Il est clair que	*indic.*
16. Je ne doute pas que	*indic.*
17. Nous ne sommes pas sûrs que	*subj.*
18. Est-il probable que…?	*subj.*
19. Espérez-vous…?	*subj.*

11. La conférence de presse.

1. Il est possible que le gouvernement **fasse** de son mieux.
2. Je ne pense pas que les livres de Simone de Beauvoir **aient** une influence remarquable sur les femmes d'aujourd'hui.
3. Je doute que les hommes **veuillent** éliminer l'inégalité.
4. Nous doutons que les femmes de l'Europe du Nord **opèrent** des changements radicaux pour améliorer la condition féminine.
5. Je ne crois pas que nous **puissions** faire mieux.
6. Il est très douteux que la parité des salaires se **produise** bientôt.
7. Ça m'étonnerait que la condition des femmes **s'améliore** partout dans le monde.
8. Il n'est pas sûr que nous **recevions** beaucoup d'argent pour la cause des femmes.
9. Nous ne pensons pas que les jeunes femmes d'aujourd'hui **soient** féministes.
10. Il est peu probable que les femmes se **lancent** de plus en plus dans le domaine scientifique.

12. Doucement! La Terre est sensible!

Answers will vary. The choice of **subjonctif** or **indicatif** *is given below.*

1. Il faudrait que je *(subjonctif)*
2. Je pense que nous *(indicatif)*
3. Mon amie achète des vêtements d'occasion parce que *(indicatif)*
4. Je suis impressionné(e) que tu *(subjonctif)*
5. Je propose que nous *(subjonctif)*
6. Je fais des efforts pour recycler, bien que *(subjonctif)*

13. Au secours!

The tourist's questions and the guide's answers will vary, depending on the degree of certainty expressed. The indicative (and the subjunctive) forms of each verb in the exercise are given below.

1. un cinéma qui montre (montre) des films américains
2. un kiosque qui reçoit (reçoive) le *New York Times*
3. un restaurant qui sert (serve) des plats végétariens
4. un pharmacien qui vend (vende) des médicaments naturels

5. un bus qui va (aille) au musée d'histoire
6. un hôtel qui est (soit) climatisé
7. un étudiant qui veut (veuille) apprendre l'anglais
8. un interprète qui peut (puisse) m'aider
9. un magasin de chaussures qui accepte (accepte) la carte bleue
10. un chanteur qui fait (fasse) un concert ce week-end

14. Des souhaits.

Answers will vary.

15. La fête de l'indépendance.

Answers will vary, but the parents will use an expression of will + a conjugated verb (in the subjunctive), and Pierre will use an expression of will + an infinitive. Sample answers are given below.

1. Nous voulons que tu te couches toujours avant minuit. // Je ne veux pas toujours me coucher avant minuit.
2. Nous souhaitons que tu fasses souvent le ménage chez toi. // Je refuse de faire souvent le ménage chez moi.
3. Nous tenons à ce que tu nous écrives une fois par semaine. // Je trouve ça ridicule de vous écrire une fois par semaine.
4. Nous désirons que tu prennes le bus pour faire des économies // Je n'accepte pas de prendre le bus pour faire des économies.
5. Nous demandons que tu rendes visite à ta grand-mère tous les jours. // Je préfère ne pas lui rendre visite tous les jours.
6. Nous exigeons que tu rentres chez nous tous les week-ends. // Je ne veux pas rentrer chez vous tous les week-ends.
7. Nous suggérons que tu attendes l'année prochaine pour acheter des meubles. // Je trouve ça inadmissible d'attendre l'année prochaine pour acheter des meubles.
8. Nous désirons que tu n'invites pas d'amis chez toi. // Mais je veux inviter des amis chez moi!
9. *Answers will vary.*

16. Voilà, c'est ma vie.

Answers will vary; hints for structuring them appear below.

1. Le samedi soir, je sortirai avec mes amis pourvu que + [same or different subject + conjugated verb in the subjunctive]
2. Je dors tard le dimanche matin, à moins de [+ infinitive]
3. Si je fais du bénévolat avec des amis, peut-être que nous [+ conjugated verb in the indicative (future , conditional, etc.) – not the subjunctive –]
4. Beaucoup de mes amis se sont arrêté de fumer, de peur de [+infinitive]
5. Je me sens frustré(e) quelquefois, bien que [same or different subject + conjugated verb in the subjunctive]
6. Dans mon université, on étudie beaucoup parce que [same or different subject + conjugated verb in the indicative, (present, etc.) – not the subjunctive]
7. Je ne serai pas content(e) jusqu'à ce que [same or different subject + conjugated verb in the subjunctive]

8. Mes parents ont travaillé dur, pour [+ infinitive]
9. Je me sens adulte depuis que [same or different subject + conjugated verb in the indicative (present, etc.) – not the subjunctive]
10. J'essaie d'être très actif (– ive) sans [+ infinitive]

17. Mes prochaines vacances.

Answers will vary.

18. Des excuses, toujours des excuses!

Expressions of doubt used will vary. Sample answers:

1. Je doute que tu aies eu un pneu crevé.
2. Je ne pense pas que tu te sois foulé la cheville.
3. Il est peu probable que tu sois tombé dans l'escalier.
4. C'est carrément faux que tu aies été frappé d'amnésie.
5. C'est surprenant que le fleuriste ait fermé plus tôt que d'habitude aujourd'hui.
6. Je ne crois pas du tout que tes parents soient venus te voir au bureau.
7. Ce n'est pas sûr que le directeur t'ait renvoyé.
8. Je doute t'avoir dit que je n'aimais pas les fleurs.
9. Ce serait tout à fait incroyable que les fleurs aient été volées.
10. *Answers will vary.*

19. Une manifestation.

Answers will vary. Sample answers:

1. Il est impressionnant qu'elles aient parcouru tant de chemin en un siècle.
   Nous sommes fières d'avoir parcouru…
2. C'est dommage qu'elles soient restées silencieuses si longtemps.
   Nous avons honte d'être restées…
3. Il est bon qu'elles se soient mises à revendiquer l'égalité.
   C'est bien de nous être mises à revendiquer…
4. Tout le monde est content qu'elles aient tellement influencé les hommes.
   Nous sommes très heureuses d'avoir tellement influencé…
5. Il est honteux qu'elles aient été maltraitées pendant des siècles.
   Nous regrettons d'avoir été maltraitées…
6. Nous ne sommes pas surpris qu'elles aient réagi au 20e siècle.
   Nous n'avons pas honte d'avoir réagi…
7. Il est juste qu'elles aient finalement obtenu le droit de vote.
   Nous sommes ravies d'avoir finalement obtenu…
8. *Answers will vary.*

20. On fait le bilan.

Answers will vary.

21. De bons parents.

1. Ils le font obéir.

2. Ils les font courir trois fois par semaine.
3. Ils me font ranger ma chambre. / Ils me la font ranger.
4. Ils nous font faire nos devoirs. / Ils nous les font faire.
5. Ils lui font manger des légumes. / Ils lui en font manger.
6. Ils leur font mettre leurs beaux vêtements / Ils les leur font mettre pour sortir avec la famille.

22. Si j'étais riche…
Answers will vary.

À l'écoute!

Première écoute

1. D'après le professeur Edmond, la mondialisation est: b
2. En une décennie, la richesse globale est passée de: b
3. Les dépenses quotidiennes de 50% de la population du monde sont de: b
4. Les huit pays les plus développés du monde (appelés le G-8) possèdent: c
5. Deux-tiers des 125 millions d'enfants dans le monde qui ne vont pas à l'école sont: a

Deuxième écoute

1. F
2. J
3. J
4. J

Troisième écoute

1. Non. En fait, les riches deviennent plus riches, et les pauvres deviennent plus pauvres. Oui, la mondialisation marginalise surtout les femmes et les enfants.
2. Les femmes et les enfants représentent 70% des gens les plus pauvres. 30 000 meurent de maladies évitables. Deux-tiers des enfants non scolarisés sont des filles.
3. Les conséquences sont bénéfiques pour certains, mais désastreuses pour d'autres.

Atelier d'écriture

IV. Activités préparatoires.

A. Remue-méninges.

a. *Answers will vary.*

b. *Answers will vary.*

B. Exprimons des opinions.
Answers will vary.

V. Au travail!
Answers will vary.

Chapitre 1

1. L'immigration: Comparaisons.

1. Oui
2. Non
3. Oui
4. Oui
5. Oui
6. Non
7. Oui
8. Oui
9. Oui
10. Non

2. Axel, prends bien soin de toi!

Answers will vary, but will contain many definite articles.

3. Juste ou faux?

1. Juste
2. Faux
3. Juste
4. Faux
5. Juste

4. Tout le monde est critique!

Answers will vary.

5. Mes préférences.

Answers will vary, but will contain many definite articles.

6. Qu'est-ce qu'on est difficile!

Answers will vary, but will contain many definite articles.

7. L'opposition gauche/droite.

Answers may vary.

1. la droite
2. la droite
3. la gauche
4. la gauche
5. la droite
6. la droite
7. la gauche
8. la droite

8. Dans le frigo chez moi: jeu de mémoire.

Answers will vary, but will contain many indefinite and partitive articles.

9. Un repas marocain.

1. **la semaine dernière.** article défini: a specific, identifiable week
2. **un ami marocain.** article indéfini: one friend (among many) a member of my set of friends
3. **la cuisine marocaine.** article défini: specific style of cooking
4. **de restaurants.** pas d'article: negation of the indefinite article (**un, des**); not *any*
5. **la plupart des Marocains.** one of the two expressions of quantity (along with **bien des**) that uses **des** instead of **de.**
6. **de porc.** pas d'article: negation of the partitive article; not *any*
7. **l'islam.** article défini: a specific, identifiable religion
8. **la consommation.** article défini: a specific, identifiable activity
9. **de porc.** article partitif: parts of a larger whole
10. **du bœuf, du poulet, de l'agneau.** article partitif: parts of a larger whole: at any one time, one eats *some* (of a) «cow», *some* (of a) chicken, *some* (of a) lamb
11. **Ibrahim.** pas d'article: proper names generally do not require articles
12. **une bouteille.** article indéfini: one bottle among many, unspecified
13. **de vin.** article partitif: a quantity
14. **les musulmans.** article défini: refers to this entire class of people
15. **pas d'alcool.** pas d'article: negation of the partitive article; not *any*
16. **la bouteille.** article défini: the specific bottle that I brought – identifiable
17. **le dîner.** article défini: the specific one I was invited to – identifiable
18. **une table basse.** article indéfini: one among others, unspecified
19. **un énorme plat.** article indéfini: one among others, unspecified
20. **une sauce.** article indéfini: one among others, unspecified
21. **des légumes.** article partitif: *(some)* vegetables – an unspecified number of pieces of an unspecified number of different vegetables
22. **du poulet.** article partitif: some chicken, an unspecified number of parts of (a) chicken(s)

23. **une sauce.** article indéfini: one among others, unspecified
24. **l'harissa.** article défini: the *specific* name for this sauce, known for its middle eastern origins
25. **le repas.** article défini: the specific (identifiable) meal I have been talking about.
26. **des fruits secs.** article indéfini: an unspecified amount of something «countable» —discrete pieces
27. **des amandes.** article indéfini: an unspecified amount of something «countable» —discrete pieces
28. **du thé.** article partitif: an unspecified amount of a «non-countable» substance (here, a liquid)
29. **des verres.** article partitif: an unspecified number of «countable» objects
30. **à thé.** no article: *a tea glass; noun + noun* construction [Note: mint tea is served in small, pretty glasses, not cups]
31. **le thé.** article défini: refers to tea in general
32. **sans sucre.** pas d'article: with the preposition **sans**.

10. Un bon film «classique».

1. d'
2. aux
3. l'
4. une
5. d'
6. Les
7. [rien]
8. un
9. à [rien]
10. du
11. d'
12. [rien]
13. la
14. du
15. de l'
16. d'
17. un
18. du
19. des
20. l'
21. une
22. du
23. de l'
24. le

25. des
26. un
27. [rien]
28. d'
29. les
30. des

11. Un poème.

Answers will vary.

12. Inventaire.

Answers will vary, but will contain quantity expressions.

13. Un pique-nique.

Answers will vary, but will contain quantity expressions.

14. Au restaurant.

1. des, un, des
2. au, d', un, le, d', plusieurs/divers/différents/des
3. Le, [d']un, de, la, quelques (*or* des), le, de, le, les, d'
4. un, une, de, les, un, quelques/plusieurs/des, au, des/certaines
5. For these answers, the definite article would mean «*the* identifiable dish that is listed on this menu ("I'll have the fish. He'll have the roast pork," etc.). The indefinite or partitive articles (or their negation) would be used to mean "*some*" "I'll have some fish. He'll have some roast pork," etc.) In the case of potatoes, one would be more likely to say here "(some) potatoes," unless one is referring to "*the* potatoes that are one of my choices here." One would be more likely to say "*a* salad" (or "*some*" salad, if there's a salad bar), unless one is referring to "*the* salad that is an option for me here." les (de), le (du), le (du), des, le (du), une/de la, le (du), le/un/du (le if it's "the cake listed on the menu," un if it's "a whole cake/pastry," du if it's "a portion of a large cake"), les (des)
6. [rien] (*or* une), le, de
7. le, les, les

15. Trouvez votre numéro de sécurité sociale français!

Answers will vary.
6. Le numéro de sécurité sociale de Florence Mafranc est le: 2 93 08 60 610 174 et se lit de la façon suivante: deux–quatre-vingt-treize–zéro huit–soixante–six cent dix–cent soixante-quatorze.

16. La population des immigrés en France en 2008.

1. La population des étrangers en France en 2008 était de 3 720 000.
2. En 2008 le nombre d'étrangers nés en France était de 550 000.
3. La population des personnes nées à l'étranger qui ont acquis la nationalité française en 2008 était de 1 170 000.
4. La différence entre le nombre d'immigrés et le nombre d'étrangers en France en 2008 était de 1 620 000.

17. Rien à déclarer?

1. cette
2. cette
3. ce
4. ces
5. cet
6. ce
7. ces
8. cette
9. ces
10. ces

18. Une visite.

Answers will vary.

1. Est-ce que ce campus reçoit beaucoup d'étudiants étrangers?
2. Est-ce que ces résidences universitaires là-bas sont confortables?
3. Est-ce que cette salle de travail-ci a des ordinateurs Mac ou PC?
4. Est-ce que cette administration encourage le recyclage?
5. Est-ce que ces cafés sont fréquentés par les étudiants?
6. Est-ce que ce quartier est calme?
7. Est-ce que cet hôtel-là coûte cher?
8. Est-ce que cette ville a un système de transports en commun?

19. Où sommes-nous?

Answers will vary.

20. Nous ne sommes pas tous pareils!

Answers will vary.

21. Précisons.

1. Celles qui sont sur le lit.
2. Ceux qui sont sous le lit.
3. Celui qui est parmi les animaux en peluche *(stuffed)*.
4. Celui qui est derrière la porte.
5. Celui qui est au-dessus du lit.
6. Celle qui est dans le tiroir (*drawer*) ouvert.

22. C'est vous l'interprète!

1. Celui que vous avez maintenant n'est plus valable.
2. Où sont celles que vous avez reçues la semaine dernière?
3. Avez-vous aussi celui de votre mari?
4. Voici ceux qui expliquent notre politique d'immigration.

23. Une famille multiethnique.

1. Oui, c'est son mari.
2. Non, c'est sa sœur.
3. Non, c'est son mari.
4. Oui, c'est leur frère.
5. Oui, ce sont leurs parents.
6. Oui, ce sont ses parents.
7. Oui, ce sont ses beaux-parents.
8. Oui, c'est son cousin.

24. Quels sont tes goûts?

Answers will vary. The questions are:

1. Quelle est ton actrice préférée?
2. Quels sont tes chanteurs préférés?
3. Quelle est ton activité de loisir préférée?
4. Quel est ton animal préféré?
5. Quel est ton professeur préféré?
6. Quelle est ta saison préférée?
7. Quels sont tes plats préférés?
8. Quelle est ta marque de vêtements préférée?

25. Brochure touristique.

Answers will vary.

26. L'accident.

1. Vos neveux ont eu un accident.
2. Leur voiture est endommagée.
3. Paul s'est cassé le bras.
4. Il a aussi cassé ses lunettes, et il a eu dix points de suture à l'oreille droite.
5. Pierre est allé à l'hôpital avec lui, mais ses blessures à lui sont moins graves.
6. Il n'a que mal à la tête. / Il a seulement mal à la tête.

27. Un coup de main.

Answers will vary, but will contain possessive adjectives.

28. À qui appartient cet article?

Answers will vary, but will contain possessive pronouns.

29. Mon colocataire.

1. au mien
2. le mien
3. des siennes
4. la mienne

5. la sienne
6. les miens
7. la tienne
8. le vôtre
9. le nôtre
10. le sien

30. Ça commence bien!

Answers will vary, but will contain possessive pronouns.

31. Objets trouvés.

1. la vôtre
2. la mienne
3. le vôtre
4. le mien
5. le sien
6. le sien
7. les vôtres
8. les miens
9. les vôtres
10. les miens
11. les vôtres
12. les nôtres

À l'écoute.

Première écoute

1. neuf ans
2. dix ans
3. vingt et un ans
4. La Suisse
5. Non

Deuxième écoute

1. Dans sa jeunesse, la Hongrie faisait partie de l'Empire autrichien, et les Autrichiens parlaient allemand. Après l'arrivée des Soviétiques, les Hongrois étaient forcés d'apprendre le russe.
2. Parce que les Soviétiques ont contrôlé la Hongrie. Les enseignants de langues étrangères ont dû apprendre et enseigner le russe, langue des envahisseurs *(invaders)*.

3. Parce qu'ils en veulent *(resent)* aux soldats russes qui occupent leur pays.
4. C'était une autre langue inconnue, avec laquelle elle a dû se battre. Mais puisqu'elle parle et écrit aujourd'hui en français, elle trouve que sa connaissance de cette nouvelle langue «tue» sa langue maternelle.

Troisième écoute

Answers will vary.

Atelier d'écriture

A. Le lexique de l'immigration.

1. La carte de résidence: le document officiel qui prouve que l'on est un résident légal.
2. Le code de la nationalité: le code officiel qui détermine qui peut ou non obtenir la nationalité française.
3. Le droit du sang: les droits que les parents passent automatiquement à leurs enfants. Par exemple, la nationalité est un droit du sang. Où que je sois né[e], si mes parents sont français, je suis français(e).
4. Le droit du sol: le droit régit par le lieu. La nationalité est souvent (mais pas partout) un droit du sol: si je suis né(e) en France de parents américains, je suis français par droit du sol.
5. Les «sans-papiers»: les gens qui habitent dans un pays de façon illégale, qui n'ont pas de papiers d'identité officiels.
6. Les immigrés clandestins: les immigrés qui habitent dans un pays de façon illégale.
7. Un permis de séjour: un document officiel qui prouve qu'on habite légalement dans un pays étranger.
8. Le rapatriement: le renvoi dans son pays d'origine

B. Déterminez les noms.

1. la
2. L'; une
3. la
4. [rien]
5. les; une
6. deux; la
7. mon; la
8. la; la; le; des

C. Réflexion préliminaire.

Answers will vary.

IV. Au travail!

Answers will vary.

Chapitre 8

1. Êtes-vous cultivé(e)? Test 1.

Answers will vary. Some possible answers are given below.

1. Monet, Renoir, Degas, Morisot, Cassat, etc.
2. *La Flûte enchantée, Così fan tutte, Les Noces de Figaro, Don Giovanni,* etc.
3. "Someone Like You," "Rolling in the Deep," "Set Fire to the Rain," etc.
4. Frank Lloyd Wright
5. Antoine de Saint-Exupéry
6. La «Vénus de Milo»
7. *Les Misérables, Notre-Dame de Paris, Quatrevingt-treize, Le Dernier Jour d'un condamné, etc.*
8. *West Side Story, Rent, Miss Saïgon,* etc.

2. Un vernissage.

Answers will vary. Sample answers are given below.

1. C'est un ami qui aime le jazz, comme vous.
2. C'est une jeune femme que vous avez rencontrée au mariage de mon frère.
3. C'est une amie qui vient du Québec et qui est parfaitement...
4. C'est un homme que j'admire beaucoup, …
5. *Answers will vary.*

3. Le lendemain de la fête.

Initial answer of each pair is given. Partner's responses will vary.

1. Qu'est-ce que tu penses des hors-d'œuvre que j'ai préparés?
2. Qu'est-ce que tu penses de mes amis belges qui étaient en retard?
3. Qu'est-ce que tu penses du garçon qui parlait fort?
4. Qu'est-ce que tu penses de la robe que Marie-Thérèse portait?
5. Qu'est-ce que tu penses de la musique que j'ai choisie?
6. Qu'est-ce que tu penses des boissons qui étaient disponibles au bar?

4. Le Grand Nord.

1. que
2. qui
3. que
4. qui

5. qui
6. qu'
7. qui
8. qui
9. que
10. qu'

5. Êtes-vous cultivé(e)? Test 2.

Some answers will vary. In cases where there is more than one answer, sample answers are given.

1. La Côte d'Ivoire
2. *Le Tambour* (*The Tin Drum*), *La Montagne magique* (*The Magic Mountain*), *Le Loup des steppes* (*Steppenwolf*), *Siddhartha*, *L'Honneur perdu de Katharina Blum* (*The Lost Honor of Katharina Blum*), etc.
3. Cézanne, Mondrian, Klee, Braque, Picasso
4. Marine Le Pen, Geert Wilders, Jörg Haider, etc.
5. Mère Teresa, Nelson Mandela, Martin Luther King, Jr., Mahatma Gandhi, etc.
6. Dédale *(Daedalus)*
7. la boxe, le football américain, le foot, le rugby
8. Aristote, Platon, Socrate, etc.

6. *Jeopardy!*

Some answers will vary.

1. Qu'est-ce que c'est qu'un pronom relatif?
2. Qu'est-ce que c'est que la glace? *Answer will vary.*
3. Qu'est-ce que c'est que le 7 décembre (le 11 septembre, etc.)?
4. *Answer will vary.*
5. *Answer will vary.*
6. *Answer will vary.*
7. Qu'est-ce que c'est qu'un serpent (un lion, une araignée, etc.)?

7. Au retour du Québec.

1. Voici le pull dont j'avais besoin.
2. C'est le nouvel imperméable qui a remplacé mon vieux manteau.
3. Je suis très content(e) de cette valise que j'ai achetée rue Sainte-Catherine à Montréal.
4. Voici les cinq romans québécois que j'ai lus pendant mon séjour.
5. J'ai gardé les cartes routières dont je me suis beaucoup servi pendant la dernière semaine des vacances.
6. On va partager ce sirop d'érable qui m'a coûté 25 dollars.
7. J'adore cette statuette inuite dont j'ai oublié le prix!
8. Tiens, je t'ai apporté le CD de *La Bottine souriante,* un groupe dont j'ai beaucoup entendu parler.

8. Êtes-vous cultivé(e)? Test 3.

1. Les «Pèlerins» ont débarqué à Plymouth.
2. Les Japonais ont attaqué Pearl Harbor.
3. Les ouvriers et les étudiants en France ont fait une grève massive.
4. Un homme a marché sur la Lune
5. Lincoln a signé la Proclamation d'émancipation.
6. La Révolution française a commencé.
7. Les Normands ont gagné la bataille d'Hastings.
8. Le mur de Berlin est tombé.
9. La Révolution russe a commencé.
10. Barack Obama a été réélu.
11. Le Titanic a fait naufrage.
12. La Bourse américaine a chuté.
    Remaining questions and answers will vary.

9. Souvenirs d'enfance.

1. Voilà l'hôpital où je suis né(e).
2. Voilà l'école où j'ai appris à lire.
3. Voilà le parc où j'allais souvent avec mes amis.
4. Voici la place où nous faisions du skateboard.
5. Voici le restaurant où ma famille mangeait après la messe.
6. Voilà le cinéma où j'ai vu *Le monde de Nemo*.
7. Voilà la banque où mon père travaillait.
8. Voici la maison où nous habitions.
   Remaining questions and answers will vary.

10. *Les Lettres chinoises.*

1. dont
2. qui
3. où
4. qui
5. qu'
6. où
7. qui
8. que
9. que
10. qui
11. que
12. dont

11. Êtes-vous cultivé(e)? Test 4.

1. a
2. b
3. a, b, d, e
4. a, c, d
5. b
6. b
7. a
8. b
9. c

12. Qui l'eût cru?

Answers will vary. Sample answers are given below.

1. Le dentifrice, c'est un produit avec lequel on nettoie les touches d'un piano.
2. La bière, c'est une boisson avec laquelle on tue les souris.
3. Les peaux de banane, ce sont les peaux d'un fruit avec lesquelles on polit les chaussures.
4. Le Coca-Cola™, c'est un liquide avec lequel on se débarrasse de l'odeur d'une mouffette.

5–8. *Answers will vary.*

13. Rapports divers.

Answers will vary.

14. Pour mieux vous connaître.

Answers will vary, but sentence structures are given below.

1. xxx, c'est une activité après laquelle…
2. xxx, c'est xxx pendant lequel…
3. xxx et xxx, ce sont deux choses auxquelles…
4. xxx, c'est un sujet sur lequel…
5. xxx et xxx, ce sont deux endroits devant lesquels…
6. xxx et xxx, ce sont deux choses sans lesquelles…

15. Scènes de crime.

1. Voici le revolver avec lequel il a menacé les gens à la banque.
2. Sur cette photo, vous pouvez voir les sacs dans lesquels il a mis l'argent.
3. Et voilà la porte par laquelle il s'est échappé.
4. Ce sont les bureaux derrière lesquels mes agents se sont cachés pour l'attraper.
5. Voici une photo de sa capture, après laquelle nous l'avons questionné pendant deux heures.
6. Nous allons surveiller l'entrepôt auquel il a téléphoné avant le vol.
7. Tout ceci forme l'ensemble des preuves sans lesquelles nous n'aurions jamais pu arrêter le criminel.

16. Potpourri canadien.

1. duquel
2. auxquels
3. de laquelle
4. desquelles
5. de laquelle
6. desquels

17. *Volkswagen Blues*

1. qui
2. dont
3. que
4. où
5. qui
6. laquelle
7. où
8. dont
9. où
10. qui
11. duquel
12. où
13. qu'
14. qui
15. auxquelles
16. qu'
17. lesquelles
18. qui
19. qui
20. dont

18. Ô, Canada!

Answers will vary.

19. À vous de choisir!

1. ce qu', ce qu', ce dont, ce qui
2. ce dont, ce qu', ce dont, ce qui
3. ce qu', ce dont, ce dont, ce qu'

20. Des courses réussies?

Answers will vary.

21. Conseils culturels.

1. Ce que
2. ce qui
3. qu'
4. qui
5. ce qui
6. qui
7. dont
8. qui
9. dont
10. dont
11. à qui
12. où
13. ce que / que
14. ce dont
15. laquelle
16. qui
17. ce dont
18. où
19. qui
20. qui
21. laquelle
22. que
23. ce que

22. Un nouveau film.

Answers will vary.

À l'écoute!

Première écoute

1. F 2. F 3. F 4. J 5. J

Deuxième écoute

1. Parce que c'est une ville exemplaire pour ses réussites modernes.
2. Le progrès et le développement (économiques).
3. *(Answers will vary). Signes d'affection et de solidarité*: une immense émotion qui remplit mon cœur; je vous salue de tout mon cœur; s'il y a au monde une ville exemplaire par ses réussites modernes, c'est la vôtre [—]... je me permets d'ajouter c'est la nôtre; si vous saviez quelle confiance la France... porte vers vous, si vous saviez quelle affection elle recommence à

ressentir pour les Français du Canada; pour que les Français de part et d'autre de l'Atlantique travaillent ensemble à une même œuvre française; le concours que la France va... prêter ici, elle sait bien que vous le lui rendrez; [les développements économiques au Québec] vous permettront d'aider la France [à l'avenir]; [je suis ravi par]... cette réunion inouïe de Montréal. *Explication de ces sentiments:* Charles de Gaulle souligne les liens historiques entre le Québec et la France, et montre que la culture et la langue françaises lient pour toujours le Québec et la France — Il parle de «la ville *française* de Montréal»; il dit «pour que *les Français de part et d'autre de l'Atlantique* travaillent ensemble à une même œuvre *française*», etc.

4. Il parle probablement de la Deuxième Guerre mondiale, de la guerre d'Indochine et de la guerre d'Algérie.
5. Il remarque le développement des élites, des usines, des entreprises, des laboratoires, etc.

Troisième écoute

Answers will vary.

1. Le volume et la qualité de sa voix (la mélodie le rythme, le dynamisme, l'intensité)
2. La structure de ces phrases est très appropriée pour un discours. Les fragments de phrases courts exigent que l'orateur parle plus lentement et qu'il fasse des pauses pour séparer les différentes parties de ses phrases — ce qui permet au public de "digérer" chaque partie avant d'entendre la suite.
3. Si vous saviez (trois fois); La France entière sait, voit, entend.
4. «Vive Montréal! Vive le Québec! Vive le Québec libre! Vive le Canada français! et vive la France!» Il commence par nommer la ville où il se trouve, puis la province; il évoque ensuite l'idée d'un Québec indépendant, et puis d'un *Canada* français. Il finit par nommer le pays «mère». Sa voix devient plus forte et laisse paraître son émotion; il parle de plus en plus lentement.

Atelier d'écriture

Answers will vary.

IV. Activités préparatoires.

B. Relions des phrases avec un pronom relatif.

1. Mon colocataire a des grands-parents qui sont bilingues.
2. Les enfants qui apprennent à parler plus d'une langue possèdent un vocabulaire très riche.
3. Certains enfants dont les parents sont immigrés ont tendance à ne pas apprendre la langue de leur famille.
4. Les gens bilingues utilisent les langues avec une souplesse que les gens monolingues ne possèdent pas.
5. Les enfants bilingues utilisent des capacités cognitives à partir desquelles ils peuvent résoudre des problèmes ou planifier une série d'actions.
6. En Europe centrale, où une grande partie de la population est bilingue, on dit: «Plus vous parlez de langues, plus vous êtes un être humain.»
7. Les enfants bilingues réalisent qu'il y a une relation qui est souvent arbitraire entre les mots et les objets.
8. C'est une période pendant laquelle l'enfant est très réceptif.

AUDIOSCRIPT

Chapitre préliminaire (Manuel)

De quoi parle-t-on?

Sandrine pense qu'il faut supprimer les examens à l'université, mais Rachid n'est pas tout à fait d'accord avec elle. Écoutez leur conversation, et répondez aux questions suivantes.

Sandrine: À mon avis, il faut supprimer les examens à l'université. D'abord, c'est trop stressant. Et de plus, un ou deux examens, ça ne prouve pas qu'on a bien travaillé au cours de l'année.

Rachid: Je pense que tu as tort. Il est vrai que ça cause beaucoup de stress. Pourtant, il y a des avantages à avoir des examens. Ça encourage les étudiants à travailler, tu ne trouves pas?

Sandrine: Tu as peut-être raison, mais je préférerais autre chose qu'un examen. Par exemple, si on pouvait écrire un devoir, ou si on pouvait faire un exposé…

Rachid: C'est une bonne idée. On va proposer ça à notre professeur de français. Peut-être que lui aussi déteste les examens!

Chapitre préliminaire (Cahier)

À l'écoute!

Brad et Zélie parlent de la différence entre la conversation «à la française» et la conversation «à l'américaine». Écoutez ce qu'ils disent et répondez aux questions qui suivent.

Brad: Zélie, est-ce que je peux te poser une question sur les Français?

Zélie: Mais, bien sûr! Qu'est-ce que tu veux savoir?

Brad: Je ne veux pas croire que les Français sont impolis, mais j'ai passé la soirée avec des Français le week-end dernier, et je dois avouer qu'ils m'ont souvent vexé!

Zélie: Ah bon? Qu'est-ce qu'ils ont fait, exactement?

Brad: Eh bien, d'abord, ils m'ont posé des questions sur la politique aux États-Unis, et puis, quand j'ai essayé de répondre, ils ne m'ont pas laissé parler. Ils m'ont interrompu tout le temps!

Zélie: Ah, tu sais, à mon avis, vous avez eu un petit malentendu culturel, là. Quand un Français pose une question comme ça, c'est juste pour lancer la conversation. Les Américains ont tendance à transformer une conversation en monologue et les Français trouvent ça ennuyeux. Et puis, les interruptions, ce n'étaient pas forcément des interruptions. Quelquefois, c'est juste une façon de participer à la conversation. Tu vois comment les Américains disent «uh huh, uh huh» pendant que tu parles?

Brad: *(en riant)* Uh huh…»

Zélie: *(souriant)* Eh bien, les Français «interrompent» parfois juste pour montrer qu'ils écoutent. Ça ne veut pas forcément dire qu'ils veulent prendre la parole.

Brad: D'accord. Ce n'est pas toujours facile, la communication interculturelle. J'avais aussi l'impression que les Français étaient énervés contre moi.

Zélie: Peut-être, peut-être pas … Tu sais, en général, le rythme de la conversation à la française est souvent un peu plus rapide, et le ton de la conversation est souvent un peu plus intense. En fait, j'ai une amie française qui est mariée avec un Américain. Quand elle parle avec ses amies françaises, ses enfants pensent qu'elles sont en train de se disputer! Mais c'est juste leur façon de parler.

Brad: Ah bon!!! Eh bien, c'est plus facile de «jouer» quand on connaît les règles!

Chapitre 1 (Manuel)

De quoi parle-t-on?

Des soucis. Fabienne et Marc sont deux amis qui font des études à l'université pour devenir enseignants. Ils se rencontrent dans la cour de la fac. Écoutez leur conversation et dites si les phrases suivantes sont justes (J) ou fausses (F). Si vous trouvez qu'une phrase est fausse, corrigez-la.

MARC: Salut, Fabienne! Ça va?

FABIENNE: Bof! Pas trop mal…

MARC: Comment ça, «pas trop mal»? Où est passée «Mademoiselle Optimiste», que je connais depuis le lycée?

FABIENNE: J'arrive à la fin de mes études et je ne suis pas sûre d'avoir toutes les connaissances et les compétences nécessaires pour être un bon professeur.

MARC: Ah, bon? Pourquoi tu dis ça? Tu maîtrises toujours tes cours.

FABIENNE: Oui, c'est vrai. Mais je viens de faire un stage dans un collège- et assurer la discipline dans les cours est très difficile.

MARC: Oui, je comprends… Le manque de discipline est une chose dont on parle beaucoup de nos jours. C'est une des raisons pour lesquelles je préfère enseigner aux petits à l'école primaire. Mais ne t'inquiète pas. Les choses vont changer!

FABIENNE: Tu crois vraiment?

MARC: Oui, tout le monde parle des réformes. Le Ministre a même lancé un appel.

FABIENNE: Mais comment est-ce que les réformes vont m'aider avec des élèves sans discipline?

MARC: On parle d'avoir moins d'élèves dans chaque classe et d'améliorer les formations continues des profs.

FABIENNE: Peut-être que tu as raison. Et si nous nous mobilisons tous et sommes solidaires, nos voix seront sûrement entendues.

MARC: Voilà la fille que je connais! Allons au café. Je t'invite à prendre un verre et puis, on peut continuer notre discussion.

FABIENNE: Bonne idée! Merci.

Chapitre 1 (Manuel)

De quoi parle-t-on?

Au Salon de l'étudiant. Si elle est reçue au bac, Émilie commencera ses études universitaires cet automne. En mars, elle se rend au Salon de l'étudiant pour obtenir des conseils sur la façon d'organiser sa première rentrée universitaire. Elle parle à un conseiller pédagogique, Monsieur de Tienne. Écoutez leur conversation et indiquez juste, faux, ou NP (Non précisé) selon le besoin. Si vous pensez qu'une affirmation est fausse, corrigez-la.

Émilie: Bonjour...

M. de Tienne: Bonjour, mademoiselle. En quoi puis-je vous être utile?

Émilie: Ben..., je voulais savoir ce que vous pourriez me conseiller de faire pour me faciliter la vie à la rentrée... J'ai entendu dire que la première fois qu'on arrive à la fac, c'est pas évident...

M. de Tienne En effet, il faut s'armer de patience et ne pas hésiter à poser des questions... En fait, vous commencez bien, puisque vous êtes venue à ce salon. Où allez-vous suivre vos études, mademoiselle?

Émilie: À l'université de Paris IV.

M. de Tienne: Ah! La Sorbonne... Oui... ce n'est pas la plus petite fac de France... En quoi comptez-vous vous spécialiser?

Émilie: En anglais... Je suis assez bonne, et j'ai de la famille aux États-Unis... j'y vais tous les ans pendant au moins 15 jours.

M. de Tienne: Bien..., mais quels sont vos objectifs de carrière?

Émilie: Je ne suis pas sûre... je vais peut-être me consacrer à l'enseignement, mais je suis aussi attirée par le commerce international.

M. de Tienne: D'accord... Mais vous savez, il va falloir bientôt prendre une décision...

Émilie: Ah, bon?! Pourquoi?

M. de Tienne: Parce que, mademoiselle, si vous vous destinez à l'enseignement, vous feriez bien de suivre un parcours de spécialiste, c'est-à-dire, de vous spécialiser en anglais, mais si vous voulez vous spécialiser en commerce international, il serait peut-être préférable de faire des études de langues appliquées...

Émilie: Qu'est-ce que c'est ça?

M. de Tienne: Il s'agit d'un parcours plus adapté au domaine du commerce et de l'industrie. De plus, les étudiants en LEA, ce qui veut dire Langues Étrangères Appliquées, apprennent deux langues au lieu d'une seule. Et ils étudient l'économie et le commerce international plutôt que la littérature et la linguistique...

Émilie: Ah, oui... je vois... C'est très différent...

M. DE TIENNE: Écoutez, je crois qu'il va falloir que vous y réfléchissiez… Prenez ces deux brochures qui vous expliquent les différences principales entre les cursus qui vous intéressent, et lisez-les attentivement.

ÉMILIE: Oui… Merci bien, monsieur…

M. DE TIENNE: Je vous en prie. Et en attendant, bon courage pour le bac!

Chapitre 1 (Cahier)

À l'écoute!

Les universités et les Grandes Écoles françaises. Christopher, un étudiant américain qui suit des cours d'été à Strasbourg, pose des questions à son professeur sur un aspect unique de l'éducation en France — les Grandes Écoles. Écoutez leur conversation et ensuite répondez aux questions.

CHRISTOPHER: Monsieur Boucq, j'ai une question à vous poser, si ça ne vous ennuie pas…

PROFESSEUR: Pas du tout! Allez-y!

CHRISTOPHER: Quelle est la différence entre les Grandes Écoles et les universités?

PROFESSEUR: Il y a plusieurs critères qui permettent de différencier une université d'une Grande École, mais la plus importante est la professionnalisation de l'enseignement.

CHRISTOPHER: Qu'est-ce que cela veut dire?

PROFESSEUR: À l'exception de quelques disciplines précises, comme la médecine ou le droit, le but de l'enseignement universitaire n'était pas l'apprentissage d'un métier, mais plutôt l'acquisition de connaissances. Par contre, l'enseignement des Grandes Écoles vise généralement à former des ingénieurs et des cadres.

CHRISTOPHER: Mais vous venez de dire «n'était pas». Qu'est-ce qui a changé?

PROFESSEUR: Aujourd'hui, les universités proposent de plus en plus de diplômes professionnels et techniques.

CHRISTOPHER: Quelles autres différences importantes y a-t-il?

PROFESSEUR: Voyons… la manière de sélectionner les étudiants, par exemple.

CHRISTOPHER: Ah oui? Qu'est-ce qu'il y a de différent à ce sujet?

PROFESSEUR: Les universités accueillent presque tous les étudiants qui ont réussi au bac. Mais l'admission aux Grandes Écoles se fait à l'issue d'un concours.

CHRISTOPHER: Comment ça, un concours?

PROFESSEUR: Tous les candidats qui souhaitent faire des études dans une Grande École doivent passer un concours. Ces Écoles admettent un nombre limité de candidats pour l'année. Par exemple, l'École Polytechnique, l'une des Grandes Écoles de France les plus célèbres, n'admet que 400 étudiants par an. Ceux qui ont reçu les 400 meilleures notes au concours seront retenus, et les autres doivent aller ailleurs.

CHRISTOPHER: Comment est-ce qu'on se prépare aux concours?

PROFESSEUR: On passe normalement deux ans dans ce qu'on appelle une classe préparatoire. Une fois admis à l'École de son choix, l'étudiant ne reçoit aucun crédit pour ces deux années de préparation; elles ne comptent pour rien.

CHRISTOPHER: Dans le cas où l'étudiant n'est pas admis à la Grande École, est-ce qu'il peut transférer ces deux années sur une université?

PROFESSEUR: Je vois ce que vous voulez dire, mais non. Les deux années de préparation ne sont que pour préparer le concours.

CHRISTOPHER: Permettez-moi de continuer à vous poser des questions.

PROFESSEUR: Je vous en prie.

CHRISTOPHER: Est-ce que le gouvernement donne plus d'argent aux Grandes Écoles?

PROFESSEUR: À mon avis, oui. Les Grandes Écoles ont des bibliothèques plus riches, des restaurants, des logements et des terrains de sport — choses qui manquent assez souvent dans les universités.

CHRISTOPHER: Est-ce que c'est de la discrimination?

PROFESSEUR: Vous demandez si ces deux types d'établissements encouragent la discrimination sociale et opèrent en effet une politique d'exclusion?

CHRISTOPHER: Oui.

PROFESSEUR: Je pense qu'au minimum les Grandes Écoles représentent une forme d'élitisme.

CHRISTOPHER: Et vous avez aussi dit que les diplômes des Grandes Écoles ne sont pas comparables aux diplômes des universités?

PROFESSEUR: Les diplômes universitaires, à la différence de ceux des Grandes Écoles, doivent être de valeur nationale identique, quelle que soit l'université où ils sont délivrés. Les cursus des Grandes Écoles sont généralement différents et leurs diplômes bénéficient d'un prestige supérieur.

CHRISTOPHER: Est-ce que les entreprises préfèrent recruter les diplômés des Grandes Écoles?

PROFESSEUR: Oui, c'est certain. Mais…, revenons à la leçon d'aujourd'hui.

Chapitre 2 (Manuel)

De quoi parle-t-on?

Au café. Vincent rencontre Chloé au café et ils prennent un verre ensemble. Écoutez leur conversation et répondez aux questions suivantes.

VINCENT: Tu es toujours en train de facebooker!

CHLOÉ: Oui, c'est la seule manière de rester en contact avec tout le monde.

VINCENT: Combien d'amis as-tu?

CHLOÉ: Euh… trois cents environ.

VINCENT: Trois cents! Mais tous ne sont pas de vrais amis.

CHLOÉ: Non, c'est vrai. Quelques-uns sont des connaissances ou des collègues ou des copains de lycée… mais j'ai de vrais amis aussi parmi mes contacts. Je tchatte avec eux presque tous les jours. On a même des conversations qui continuent pendant toute la journée. C'est comme s'ils étaient toujours à mes côtés. Je ne me sens jamais seule. Et toi? Tu n'es pas sur Facebook?

VINCENT: Si, et je passe pas mal de temps à lire et à faire des commentaires. Mais je préfère passer du temps face-à-face, comme on fait maintenant.

CHLOÉ: Moi, j'aime faire les deux. Mais, je vais éteindre mon portable maintenant parce que je suis contente de te voir!

Chapitre 2 (Manuel)

De quoi parle-t-on?

Au téléphone. Karen et Linda sont deux étudiantes américaines qui vivent à Paris. Elles parlent au téléphone de Patrick, le copain de Linda. Écoutez leur conversation et répondez aux questions suivantes.

KAREN: Mais je ne comprends rien. Qu'est-ce qui ne va pas? Patrick et toi, ça semble marcher vraiment bien!

LINDA: Oui… ça va, ça va…

KAREN: Tu n'as pas l'air convaincue… Qu'est-ce qui se passe?

LINDA: Ben… ça fait trois mois que je sors avec lui, mais je n'arrive pas à me retrouver seule avec lui…

KAREN: Tu veux dire, sortir en «date»?

LINDA: Oui…

KAREN: Mais c'est tout à fait normal! Tu sais bien que les Français sortent le plus souvent en groupe.

LINDA: Oui, mais quand même… Il faudrait qu'on se voie un peu tout seuls!

KAREN: Tu ne devrais pas hésiter à passer du temps avec Patrick, à l'intérieur du groupe.

LINDA: Je trouverais ça vraiment gênant… Je ne suis pas habituée à sortir avec mon copain et quatre ou cinq autres personnes!

KAREN: À Rome, il faut faire comme les Romains.

Chapitre 2 (Cahier)

À l'écoute!

Qu'est-ce que l'amitié? Une jeune Française qui s'appelle Mimi publie sur Internet ses propres réflexions sur l'amitié. Écoutez ce qu'elle dit et répondez aux questions qui suivent.

Un ami ou une amie c'est une personne qui est toujours là pour vous, quelqu'un sur qui nous pouvons toujours compter quels que soient nos actes, nos erreurs et les avis qui diffèrent. Bien sûr cette définition de l'amitié est plus que banale. Mais c'est aussi la définition de l'amitié la plus difficile à atteindre. Car dans un dictionnaire, la définition de l'amitié, pour moi n'est pas exacte, elle définirait plutôt le copain ou la copine: «sentiment d'affection, de sympathie qu'une personne éprouve pour une autre; ce lien est généralement réciproque».

Pour moi l'amitié, on s'en rend compte seulement après avoir subi quelques coups durs. Quand on est au bout du rouleau, quand on est seul, et qu'on a besoin d'amis pour nous aider. C'est à ce moment-là que l'on reconnaît la vraie amitié. Une personne pour qui vous êtes seulement une copine va disparaître. Comme par hasard la soi-disant amie va être sur répondeur quand on va l'appeler, va dire «désolée, je ne peux pas te parler maintenant je te rappelle ce soir» et puis le soir on attend, et là rien. Le téléphone ne sonne pas. Il est donc pour moi nécessaire d'être un jour au bout du rouleau, en bas de l'échelle, au bord de la falaise. C'est triste à dire, je suis peut-être paranoïaque, mais personne n'est sûr d'avoir des amis tant que ces amis n'auront pas prouvé leur présence quelle que soit la situation.

Les amis ne sont pas obligatoirement des personnes avec qui TU es toujours d'accord, avec qui ON est toujours d'accord. Un ami c'est une personne qui accepte les divergences d'opinion, c'est une personne qui te dit quand ça ne va pas. C'est une personne qui te remet dans le droit chemin, qui te conseille.

Une copine c'est une personne avec qui tu rigoles, tu délires, c'est une personne qui n'est là que dans les bons moments. C'est une personne avec qui tu ne partages que les moments de bonheur mais pas les moments les plus difficiles.

Voilà donc pour moi les critères qui permettent de reconnaître les vrais amis:

- il ou elle s'amuse avec toi dans les bons moments
- il ou elle s'occupe de toi dans les moments plus difficiles
- il ou elle accepte tes erreurs
- il ou elle accepte les désaccords et les divergences d'opinion
- il est compréhensif ou elle est compréhensive
- il ou elle te comprend
- il ou elle t'appelle pour te remonter le moral
- tu as confiance en lui ou elle
- tu es sûr(e) de ton amitié pour lui ou elle

Chapitre 3 (Manuel)

De quoi parle-t-on?

À la maison. Stéphane aime beaucoup la télé-réalité. Il est en train de regarder l'émission *L'Île de la tentation,* quand sa mère entre dans le salon. Écoutez leur conversation et répondez aux questions suivantes.

MAMAN: Qu'est-ce que tu regardes, mon chou?

STÉPHANE: *L'Île de la tentation.* C'est génial! Diana et Brandon se disputent tout le temps!

MAMAN: Ah, non! Pas question! Change de chaîne tout de suite!

STÉPHANE: Mais enfin!? Pourquoi? Tous mes copains ont le droit de la regarder…

MAMAN: Écoute, tu me choques! Quel plaisir malsain te pousse donc à vouloir savoir ce qui se passe dans la vie privée des gens?

STÉPHANE: Ce n'est pas malsain! *L'Île de la tentation,* c'est un phénomène de société qui montre comment les couples d'aujourd'hui se comportent. J'apprends plein de choses sur la vie de couple.

MAMAN: Moi, au fond, ces gens-là, je les plains… Ce regard public sur leur vie privée, je trouve ça inquiétant et fasciste.

STÉPHANE: Bon… et le spectacle, tu aimes?

MAMAN: Oui, évidemment.

STÉPHANE: Alors, on va regarder *Star Academy?*

MAMAN: Oui, si tu veux. C'est un peu moins pervers que ton Île…

STÉPHANE: Et tu l'aimes bien le beau Jean-Pascal, hein?

MAMAN: Écoute, ne sois pas ridicule! Il pourrait être mon fils.

Chapitre 3 (Manuel)

De quoi parle-t-on?

Chez un concessionnaire à Trois-Rivières. Marc Tremblay accompagne son père qui cherche à acheter une nouvelle voiture. Aujourd'hui, Alain, le père de Marc, veut rendre visite à un concessionnaire américain…

Marc: Si, si, papa, je t'assure… Elles sont super, ces autos… Et elles sont à la pointe de la technologie moderne, regarde! Elles sont équipées avec OnStar…

Alain: Oui, oui… OnStar… tu sais… c'est du gadget tout ça, c'est pas de la bonne auto…

Marc: Arrête, tu veux rire! Tu ne te rends pas compte des avantages de cette technologie avancée? Tu peux enfin parler au téléphone sans ton téléphone cellulaire, et tu ne risques pas d'accident…

Alain: Tu sais bien que je ne l'utilise jamais quand je conduis!

Marc: Toi, non, mais Maman… Et en plus, sais-tu que quand tu fermes ton auto avec les clés dedans, comme tu l'as fait la semaine dernière, tu n'as qu'à appeler le numéro vert et ils ouvrent les portières automatiquement?

Alain: OK, c'est bien, mais ça n'arrive que rarement ce genre de problème!

Marc: Hum… pas avec toi… ! Tu as toujours la tête dans les nuages! En plus, si on vient à voler ton auto, encore une fois, tu appelles le numéro vert, et OnStar la retrouve avec le GPS, et contacte la police. Quand un policier repère ton auto, OnStar actionne les clignotants pour confirmer qu'il s'agit bien de la tienne, et si c'est le cas, ils coupent le moteur. Ton auto te revient sans accident ni dommages!

Alain: En effet, ça c'est pas mal…

Marc: Et il y a encore plein d'autres avantages: Si tu as un accident, OnStar contacte directement les services de secours d'urgence; si tu as une crevaison, tu peux appeler pour qu'on vienne te dépanner, et tu n'as rien à payer en supplément… et…

Alain: D'accord, d'accord… La technologie n'est pas toujours mauvaise… On ne va pas automatiquement refuser une auto mieux équipée…

Chapitre 3 (Cahier)

À l'écoute!

La télé-réalité: pour ou contre? Écoutez ce reportage sur la télé-réalité et répondez aux questions suivantes.

La popularité du genre d'émission de télévision comme *Loft Story* qu'on appelle «télé-réalité,» est incontestable. Cela a même un succès fou en Amérique du Nord et en particulier au Canada si on considère la prolifération de ce genre télévisuel et le nombre de téléspectateurs que cela attire. Les émissions comme *Métier policier*, *Caméra choc* et *Catastrophes* connaissent une réussite commerciale et une grande proportion des jeunes les regardent avec intérêt et passion.

Le succès commercial de la télé-réalité a suscité aussi des débats et des controverses. Partout dans la presse ou sur des sites Internet, on trouve des éditoriaux qui qualifient ce genre d'émission de choquant, de télé-poubelle, de voyeurisme ou de pollution mentale. Selon un article de *La Presse* à Montréal, il y a des psychologues qui estiment que les téléspectateurs regardent les émissions de télé-réalité afin de satisfaire certains penchants malsains et immoraux, dont le voyeurisme. Pour ces psychologues, les personnes qui regardent constamment les émissions de télé-réalité sont susceptibles de développer des attitudes et des comportements agressifs et répréhensibles.

Un professeur d'une université canadienne est sceptique face aux hypothèses avancées par les psychologues. «La popularité de la télé-réalité, dit-elle, «est simplement due au fait qu'elle montre de vraies personnes dans des situations réelles, accomplissant des tâches quotidiennes. Les téléspectateurs sont fatigués de voir à la télévision des gens qui ne leur ressemblent pas du tout.» Selon ce professeur, le contexte économique, social et politique de ces dernières années «a amené les gens à développer une mentalité plus réaliste. Ils ont pris conscience que la vie n'est pas un film ou un conte de fées; elle est bel et bien réelle.»

Chapitre 4 (Manuel)

De quoi parle-t-on?

À table. Paul et Virginie parlent de la parité durant le déjeuner. Écoutez leur conversation et dites si les affirmations suivantes sont justes ou fausses. Si elles sont fausses, corrigez-les.

VIRGINIE: Quoi!? Tu penses que les hommes et les femmes sont égaux?

PAUL: Ben, regarde comment les choses ont beaucoup changé pour les femmes depuis le début du vingtième siècle! Beaucoup de lois ont été votées: le congé maternité en 1971, la loi sur l'égalité professionnelle en 1983…

VIRGINIE: Oui, certes. Il y a eu aussi la loi sur la féminisation des noms de métiers, en 1986, mais malgré tout, 76% des employés sont des femmes alors que seulement 35% des cadres sont des femmes.

PAUL: Mais ce qui compte, c'est que les choses changent. Évidemment, ça prend du temps…

Chapitre 4 (Manuel)

De quoi parle-t-on?

À table. Paul et Virginie continuent à se disputer au sujet de la parité. Écoutez leur conversation et choisissez la réponse qui vous semble la plus juste.

VIRGINIE: Sais-tu qu'en France les femmes gagnent beaucoup moins que les hommes?

PAUL: Alors? Encore et toujours la même question: l'égalité entre les sexes! Ne trouves-tu pas qu'on en a assez parlé? Je t'ai déjà dit que les choses changent lentement.

VIRGINIE: Oui, et si tu étais une femme, tu serais le premier à promouvoir les réformes rapides, crois-moi!

PAUL: On ne peut pas bouleverser la structure de la société en un jour!

VIRGINIE: Désolée, mais tant que la situation des femmes ne s'améliore pas, il faut que les femmes continuent à pousser pour les réformes.

Chapitre 4 (Cahier)

À l'écoute!

La féminisation de la langue française? La grammaire française impose un genre (masculin ou féminin) à tous les noms, même pour les objets. Une commission de réforme a commencé le processus de «féminisation de la langue française», mais les choses ont peu changé. Écoutez la conversation entre deux amis, Julie et Denis à ce propos, et répondez aux questions suivantes.

Julie: Dis donc, Denis. Toi qui étudies les lettres, peux-tu m'expliquer pourquoi il n'existe pas de féminin pour certains noms?

Denis: Qu'est-ce que tu veux dire?

Julie: Simplement que seuls les hommes peuvent être des médecins, des professeurs ou des architectes par exemple.

Denis: Oh! Tu vas recommencer avec la vieille question de la réforme de la langue française? Pourquoi as-tu besoin de tout changer quand cela marche bien?

Julie: Cela marche bien? Cela marche bien pour toi! Mais pas pour les femmes!

Denis: Ah, non? Et pourquoi pas?

Julie: Tout simplement parce qu'un concept qui n'a pas de nom, n'a pas d'existence!

Denis: Tu veux dire que si une femme est un ministre, elle n'est pas ministre?

Julie: Pas du tout! Simplement, dire "madame *le* ministre" plutôt que "la ministre" c'est refuser d'admettre qu'une femme puisse accéder à cette position en tant que femme. C'est refuser l'existence des femmes et leur différence.

Denis: Mais non, c'est simplement que le poste de ministre est traditionnellement occupé par les hommes…

Julie: Exactement! Et tant qu'il n'y aura pas de terme spécifique pour les femmes-ministres, le concept ne pourra être que marginal. Les femmes ont beaucoup de mal à accéder à ces positions importantes qui sont réservées aux hommes. Pour changer les pratiques, il faut aussi changer la langue.

Denis: D'ailleurs, tu as tort: Il y a eu une commission qui a travaillé sur ce sujet entre 1984 et 1986, je crois.

Julie: Oui, mais le rapport de la commission n'a jamais été pris au sérieux! On a commencé à inventer de nouveaux mots comme *écrivaine* qui rime avec *vilaine* et *vaine*.

Denis: Tu n'es jamais contente! Il faut en plus que les mots soient jolis! *Le Petit Robert* accepte beaucoup de nouveaux mots féminins comme *la juge, la députée, la sénatrice* et *la magistrate*.

Julie: Oui…, mais il reste encore beaucoup de mots exclusivement masculins, qui font référence, naturellement, à de hautes fonctions… L'affaire de la féminisation de la langue n'est pas terminée!

Chapitre 5 (Manuel)

De quoi parle-t-on?

À la sortie du lycée. Deux amis, Alexandre et Leïla, se retrouvent à la sortie des classes et discutent de leur journée sur le chemin de la maison. Écoutez leur conversation, puis dites si les affirmations suivantes sont justes (J), fausses (F) ou non mentionnées (NM). Si elles sont fausses, corrigez-les.

ALEXANDRE: Salut, Leïla! Ça va? Bonne journée?

LEÏLA: Oui, super. Et toi?

ALEXANDRE: Bof! Le cours de maths, tu sais… J'ai horreur du lundi rien que pour ça. Mais l'entraînement de basket s'est bien passé. Et toi? La chorale…?

LEÏLA: J'adore! Quelle meilleure façon de finir la journée que de chanter? J'attends le lundi avec impatience, rien que pour ça.

ALEXANDRE: Votre concert, c'est pour bientôt, non?

LEÏLA: Oui, dans trois semaines. La seule chose qui m'ennuie, c'est que j'aurai à chanter l'Ave Maria… tu sais, les chants chrétiens, c'est pas mon truc, moi; je suis musulmane!

ALEXANDRE: Bah, je comprends, d'un côté… mais tu devrais te dire que c'est plus une manifestation culturelle que religieuse.

LEÏLA: Oui, c'est sûr. C'est magnifique.

ALEXANDRE: Alors, tu vois… On entend souvent de la musique musulmane à la radio, non? Même si je ne comprends pas les paroles, moi, j'aime bien. Dis-toi que c'est la même chose: une expression de la culture dans laquelle on vit.

LEÏLA: Oui, tu as peut-être raison…

Chapitre 5 (Manuel)

De quoi parle-t-on?

Au bureau. Deux collègues de bureau, Sébastien et David, parlent de leurs régimes alimentaires. Écoutez leur conversation, puis répondez aux questions qui suivent.

David: Pourquoi es-tu végétarien? Je veux dire… tu le fais pour des raisons de santé ou des raisons humanitaires?

Sébastien: Bof! Un peu pour les deux… Disons que je n'aime pas beaucoup la viande, et qu'en plus je trouve les conditions dans lesquelles on tue et prépare les animaux dans les abattoirs à la fois insalubres et inhumaines… Et toi, tu es juif, il me semble?

David: Euh… Oui, pourquoi?

Sébastien: On m'a dit que tu «mangeais casher». Qu'est-ce que ça veut dire, exactement?

David: C'est difficile à expliquer… On ne peut pas manger certaines nourritures, comme le porc, par exemple, tu le sais, mais aussi certains types de poissons et de fromages. … Il y a aussi certaines nourritures qu'on ne doit pas manger pendant un même repas, comme les produits laitiers et la viande, par exemple…

Sébastien: Ah bon?…

David: Oui… en plus, on prépare et on mange ces deux types de nourriture dans une vaisselle différente, pour qu'ils n'entrent pas en contact.

Sébastien: *[Il siffle.]* Ça ne te dérange pas que je te pose ces questions?

David: Non, pas du tout. Qu'est-ce que tu veux savoir?

Sébastien: Ben… Ça me semble bien compliquée, ton affaire…

David: Pas plus qu'un régime végétarien dans lequel, il me semble, on doit ajouter des protéines et assez de vitamine B?

Sébastien: Oui, c'est vrai… et en fait, je ne t'ai pas demandé pourquoi tu mangeais casher?

David: En fait, chaque fois que je prépare ma nourriture, ça me rappelle mes sources et mes croyances religieuses. J'imagine que c'est un peu ce qui pousse les Musulmans à observer le Ramadan ou à porter le foulard islamique.

Sébastien: Oui, je comprends… J'espère que mes questions ne t'ennuient pas… je m'intéresse beaucoup au sens que la religion a pour les gens…

Chapitre 5 (Cahier)

À l'écoute!

Sous le voile… le racisme! En France récemment, on parle beaucoup de ces élèves musulmanes qui veulent porter le foulard islamique à l'école. Le ministère de l'Éducation nationale a interdit cela au nom de la séparation entre l'Église et l'État. Écoutez le texte suivant dans lequel une jeune Française exprime ses opinions sur cette question. Ensuite, répondez aux questions.

C'est à chaque fois la même chose: il suffit qu'une jeune fille franchisse le pas de son lycée coiffée d'un foulard pour qu'aussitôt les intégristes de la laïcité hurlent au scandale. Le refrain est bien connu: «C'est la République qu'on assassine!»

Mais par le plus grand des hasards, ceux qui se découvrent subitement laïques (et dont certains des rejetons usent leur fond de culotte sur les bancs des écoles privées) focalisent leur attention sur une seule religion: l'islam. Ne soyons pas dupes, il ne s'agit pas ici de laïcité mais d'un racisme… voilé. On brandit la menace de l'islamisme (musulman = intégriste, c'est bien connu) pour écarter de l'Éducation nationale celles dont c'est le seul vecteur d'intégration. Il n'est pas question ici de défendre le port du voile mais de noter que c'est justement parce qu'on les exclut de l'école publique que ces jeunes filles se retrouvent dans des écoles coraniques où leurs chances d'émancipation sont faibles, voire inexistantes. Car, à terme, ce sont aussi des femmes opprimées que l'on prive de savoir.

Si l'on tolère crucifix et kippa, alors acceptons le foulard. Le principe qui consiste, au nom d'une laïcité à sens unique qui ne s'appliquerait qu'à une seule religion, à restreindre l'éducation des populations immigrées ou simplement d'origine étrangère est inacceptable.

La laïcité réside avant tout dans le contenu des enseignements, pas dans les tenues vestimentaires des élèves. Ce que l'on tente de faire passer pour une intangible règle républicaine n'est en fait qu'un exemple supplémentaire du racisme et des politiques d'exclusion menées depuis des années.

Chapitre 6 (Manuel)

De quoi parle-t-on?

Au centre commercial. Deux amis, Éric et Maxime, se rencontrent par hasard au centre commercial. Écoutez leur conversation et répondez aux questions suivantes.

Maxime: Salut, Éric! Wow! Elle est cool, ta chemise…

Éric: Salut, Max. Tu trouves… ?

Maxime: Ah, oui! Tu as les moyens, toi…

Éric: Non… Je l'ai achetée en promotion chez H&M. Elle n'était pas chère du tout.

Maxime: C'est vrai qu'on trouve de bonnes affaires chez H&M.

Éric: Moi, j'adore ce magasin.

Maxime: Mais ça ne t'embête pas que la plupart de leurs vêtements soient fabriqués dans le tiers monde et pas en France?

Éric: Ah, il faut vivre avec son temps… En plus, ils vendent des vêtements géniaux à des prix raisonnables. Et de toute façon, il y a beaucoup de magasins français qui vendent des vêtements faits ailleurs. C'est la conséquence de la mondialisation. Que veux-tu?

Maxime: C'est une jolie excuse… Mais tu verras! Il y aura des conséquences graves pour nous à cause de cette mondialisation — le chômage, la déstabilisation économique, un pouvoir d'achat qui baisse…

Éric: Toujours le pessimiste, toi!

Chapitre 6 (Manuel)

De quoi parle-t-on?

Dans un tram. Monsieur et Madame Garnier prennent le tram pour se rendre au centre-ville. Écoutez leur conversation et répondez aux questions suivantes.

MONSIEUR GARNIER: Oh, là, là! Les voitures n'avancent plus! Pourquoi y a-t-il un tel embouteillage?

MADAME GARNIER: Tu vois qu'on a bien fait de prendre le tram… En plus, on n'aura pas besoin de trouver une place de parking.

MONSIEUR GARNIER: Peut-être, mais je préfère quand même conduire ma voiture… Mais qu'est-ce qui se passe?

MADAME GARNIER: Tu n'as pas lu le journal ce matin? Les agriculteurs manifestent contre la politique des grandes surfaces comme Carrefour.

MONSIEUR GARNIER: Encore une manifestation! Regarde! Ils ont vidé ce camion de tomates sur la rue! Quelle honte quand il y a tant de gens qui meurent de faim!

MADAME GARNIER: Tu sais bien que ces «multicoloniales» aggravent la situation des petits producteurs. La concurrence est trop dure.

MONSIEUR GARNIER: Et le libre-échange? Tu n'y crois pas?

MADAME GARNIER: Pas à n'importe quel prix.

Chapitre 6 (Cahier)

À l'écoute!

Un aperçu pessimiste de la mondialisation: Le professeur Edmond a fait un cours magistral *(lecture)* sur les effets de la mondialisation. À la fin de sa présentation, il résume les points essentiels. Écoutez attentivement cette partie de son cours et répondez aux questions qui suivent.

Quand on parle de la mondialisation, il faut bien sûr parler de la richesse globale qui a doublé de 14 milliards à 28 milliards de dollars en une seule décennie. On peut se demander, «Est-ce que cette richesse a réduit la pauvreté dans le monde?». La réponse est malheureusement négative. Selon la Banque mondiale, approximativement quarante pays sont plus pauvres aujourd'hui qu'il y a vingt ans. Cela s'explique par le fait que les huit pays les plus développés du monde, appelés G-8, ne comptent que 10% de la population mondiale, mais collectivement ils possèdent 63% de la richesse globale.

De plus, on constate aujourd'hui que presque 50% de la population mondiale vit avec moins de deux dollars par jour, ce qui est sous l'indice de pauvreté. Et pire encore, presque un quart de la population mondiale, soit 1,2 milliard de personnes, vit avec moins d'un dollar par jour, ce qui constitue un indice de pauvreté extrême. Comparez ce niveau de vie avec les salaires des présidents des compagnies américaines, qui sont payés 517 fois plus que les ouvriers, et vous pouvez apprécier l'inégalité des richesses.

Quand on parle de l'économie globale, il faut aussi mentionner des inégalités de richesses au niveau des individus. Les femmes et les enfants, par exemple, souffrent le plus. Ils représentent plus de 70% des personnes les plus pauvres de la terre; 30 000 enfants meurent de maladies évitables chaque année; et deux-tiers des 125 millions d'enfants dans le monde qui ne vont pas à l'école sont des filles.

En bref, la mondialisation des économies a des avantages pour quelques pays et pour quelques personnes, mais elle a aussi des conséquences désastreuses pour d'autres.

Chapitre 7 (Manuel)

De quoi parle-t-on?

À la fac. Deux étudiants boivent un café après un cours d'histoire contemporaine du professeur Jacquard qui portait sur l'immigration. Écoutez ce qu'ils disent et dites si les phrases suivantes sont justes ou fausses. Si les déclarations sont fausses, corrigez-les.

ANTOINE: … mais ce qui m'étonne le plus, c'est que la proportion d'étrangers dans la population française diminue depuis vingt ans!

THOMAS: Oui, ça m'a étonné aussi, dans la mesure où les problèmes sociaux liés à l'immigration n'ont pas diminué… Comment est-ce que le professeur Jacquard a expliqué ça? Je n'ai pas bien compris.

ANTOINE: Oh! Tu le connais… ! Il est membre du Front national, alors ses analyses ne sont pas toujours très objectives.

THOMAS: C'est sûr, mais tout de même… il sait de quoi il parle, non?

ANTOINE: Moi, je ne suis pas convaincu… Il a dit que les problèmes viennent du fait que même si l'immigration est en baisse, la part des Africains a augmenté par rapport à celle des Européens.

THOMAS: Oui, il implique par là que ce sont les Africains qui sont la cause des problèmes sociaux auxquels la France fait face. C'est une analyse assez raciste…

Chapitre 7 (Manuel)

De quoi parle-t-on?

Dans le cours du professeur Jacquard. Alan, un étudiant américain en France, rencontre un camarade de classe, Julien, et lui pose des questions sur le cours de sociologie contemporaine, présenté par le professeur Jacquard. Écoutez la conversation entre Alan et Julien et dites si les phrases suivantes sont justes ou fausses. Si elles sont fausses, corrigez-les.

ALAN: Je ne suis pas sûr d'avoir compris le discours du professeur Jacquard la semaine dernière concernant les problèmes associés à l'immigration en France. Cela te dérangerait-il d'en reparler?

JULIEN: Pas du tout… Vas-y. Pose-moi des questions.

ALAN: Oui, voyons… Comment dirai-je?… Le professeur Jacquard a expliqué que les actes de racisme, de xénophobie et d'exclusion à l'égard de certains groupes minoritaires en France sont justifiés… Doit-on considérer l'intégration sociale des immigrants, surtout africains, comme un échec?

JULIEN: Il est vrai que la France rencontre beaucoup de difficultés à faire cohabiter harmonieusement des communautés tellement différentes par leurs origines, leur culture, leur religion et leurs valeurs… Le professeur Jacquard a dit que la France a longtemps préféré un modèle «républicain» d'intégration, dans lequel on s'efforçait d'intégrer les nouveaux immigrants en les assimilant, c'est-à-dire, en les rendant similaires, semblables, pareils à nous…

ALAN: Alors, est-ce qu'on a abandonné ce modèle aujourd'hui?

JULIEN: Abandonné… peut-être pas officiellement… Mais le professeur Jacquard a souligné que la France cherche depuis des années un autre modèle qui reconnaît et admet l'intégration de diverses ethnies.

ALAN: Je ne suis pas sûr de bien comprendre…

JULIEN: Prends par exemple le cas de l'équipe de football qui a remporté la Coupe du monde en 1998 et l'Euro en 2000…

ALAN: Oui… l'équipe qu'on a baptisée «black-blanc-beur»…

JULIEN: Exactement. À travers cet exemple notoire, mais il y en a bien d'autres, on peut voir qu'on accepte plus facilement aujourd'hui la diversité ethnique en France.

ALAN: Est-ce que c'est bien pour la France d'intégrer totalement ses différents groupes ethniques?

JULIEN: Pour moi, la réponse est sans équivoque; c'est «oui». La réponse du professeur est aussi claire; c'est «non».

Chapitre 7 (Cahier)

À l'écoute!

Langue maternelle et langues ennemies. Dans le texte que vous allez écouter, une écrivaine d'origine hongroise, Agota Kristof, raconte ses premières rencontres avec des langues autres que sa langue maternelle, le hongrois. Agota Kristof est née en Hongrie en 1935 et arrive en Suisse en 1956, où elle travaille dans une usine. Elle apprend le français et écrit pour le théâtre. En 1987, elle devient célèbre avec son premier roman, *Le Grand Cahier,* qui reçoit le Prix du Livre Européen. Écoutez le texte et ensuite faites les activités qui suivent.

Au début, il n'y avait qu'une seule langue. Les objets, les choses, les sentiments, les couleurs, les rêves, les lettres, les livres, les journaux, étaient cette langue.

Je ne pouvais pas imaginer qu'une autre langue puisse exister, qu'un être humain puisse prononcer un mot que je ne comprendrais pas.

Dans la cuisine de ma mère, dans l'école de mon père, dans l'église de l'oncle Guéza, dans les rues, dans les maisons du village et aussi dans la ville de mes grands-parents, tout le monde parlait la même langue, et il n'était jamais question d'une autre.

Quand j'avais neuf ans, nous avons déménagé. Nous sommes allés habiter une ville frontière où au moins le quart de la population parlait la langue allemande. Pour nous, les Hongrois, c'était une langue ennemie, car elle rappelait la domination autrichienne, et c'était aussi la langue des militaires étrangers qui occupaient notre pays à cette époque.

Un an plus tard, c'étaient d'autres militaires étrangers qui occupaient notre pays. La langue russe est devenue obligatoire dans les écoles, les autres langues étrangères interdites.

Personne ne connaît la langue russe. Les professeurs qui enseignaient des langues étrangères: l'allemand, le français, l'anglais, suivent des cours accélérés de russe pendant quelques mois, mais ils ne connaissent pas vraiment cette langue, et ils n'ont aucune envie de l'enseigner. Et de toute façon, les élèves n'ont aucune envie de l'apprendre.

On assiste là à un sabotage intellectuel national, à une résistance passive naturelle, non concertée, allant de soi.

C'est avec le même manque d'enthousiasme que sont enseignées et apprises la géographie, l'histoire et la littérature de l'Union soviétique. Une génération d'ignorants sort des écoles.

C'est ainsi que, à l'âge de vingt et un ans, à mon arrivée en Suisse, et tout à fait par hasard dans une ville où l'on parle le français, j'affronte une langue pour moi totalement inconnue. C'est ici que commence ma lutte pour conquérir cette langue, une lutte longue et acharnée qui durera toute ma vie.

Je parle le français depuis plus de trente ans, je l'écris depuis vingt ans, mais je ne le connais toujours pas. Je ne le parle pas sans fautes, et je ne peux l'écrire qu'avec l'aide de dictionnaires fréquemment consultés.

C'est pour cette raison que j'appelle la langue française une langue ennemie, elle aussi. Il y a encore une autre raison, et c'est la plus grave: cette langue est en train de tuer ma langue maternelle.

Source: Agota Kristof, *L'Analphabète: Récit autobiographique* (Paris: Éditions Zoé, 2011).

Chapitre 8 (Manuel)

De quoi parle-t-on?

La Bretagne, qui se trouve dans l'ouest de la France, se distingue des autres régions françaises parce que ses habitants sont d'origine celtique. Certains habitants parlent breton (une langue qui ressemble au gallois), et ils ont des costumes et des traditions uniques. Marielle Kervégan et Yannick Le Guélec, deux étudiants à l'université de Bretagne Occidentale, parlent de l'avenir du breton: Que peut-on faire pour préserver cette culture «en voie d'extinction». Écoutez leur conversation et dites si les phrases suivantes sont justes ou fausses. Si elles sont fausses, corrigez-les.

Marielle: Salut, Yannick. Tu as des projets pour ce soir ? J'ai deux billets pour un très bon concert.

Yannick: Merci, c'est gentil de penser à moi, mais ce soir je suis pris. Je vais à un Fest-Noz.

Marielle: C'est vrai? Tu t'intéresses vraiment à tout ce folklore?

Yannick: Bien sûr. Je suis fier d'être breton, et je tiens à faire tout ce que je peux pour préserver notre culture. À mon avis, il faudrait utiliser le breton comme langue d'instruction dans toutes les écoles élémentaires de Bretagne.

Marielle: *Ne ket gwir!* Tu n'es sérieux! Tu veux forcer toutes les écoles primaires à enseigner des matières comme les maths, l'histoire et la géographie en breton?

Yannick: Absolument. Dans une culture minoritaire comme la nôtre, si on ne parle pas le breton à la maison et avec les enfants, il va devenir une langue morte.

Marielle: Écoute, s'il faut l'intervention du gouvernement pour préserver une langue, c'est déjà mauvais signe…

Yannick: Qu'est-ce que tu veux dire ?

Marielle: Il y a déjà assez peu de gens qui le parlent. Beaucoup de jeunes n'en voient pas l'utilité. On a beau essayer de l'enseigner, à mon avis, le breton disparaîtra. C'est juste une question de temps.

Yannick: Et avec cette disparition, nous allons perdre toutes les coutumes qui font partie de notre identité culturelle…

Marielle: Je crois que tu dois accepter la réalité. Mais sois un peu plus optimiste. Je suis sûre que les professeurs d'université vont préserver des textes écrits et des enregistrements de gens qui parlent breton. Et on ne va pas forcément perdre toutes nos traditions. Aux États-Unis, beaucoup de gens observent les traditions des pays dont leurs ancêtres ont émigré, et ils sont très fiers de leurs origines. Ce serait peut-être plus réaliste d'essayer de faire comme eux.

Chapitre 8 (Manuel)

De quoi parle-t-on?

Aline, immigrante. Aline est une Française qui a immigré au Québec. Elle parle avec Monique, une de ses nouvelles amies québécoises, de la situation linguistique de «La Belle Province.» Écoutez leur conversation et répondez aux questions suivantes.

MONIQUE: Alors, Aline, comment ça va? Je ne t'ai pas vue depuis longtemps… T'adaptes-tu facilement à ton nouveau pays?

ALINE: Dans l'ensemble, oui… L'hiver est beaucoup plus enneigé que les hivers français, mais ce n'est pas ce qui me choque le plus…

MONIQUE: Ah, non? C'est quoi alors?

ALINE: La situation linguistique ici est vraiment bizarre.

MONIQUE: Oui, je veux bien admettre que le bilinguisme canadien n'est pas simple… Mais tu n'as pas de problème avec le français, non?

ALINE: Non… mais si ce n'était que le français! Je trouve que beaucoup de Français se font une fausse idée du bilinguisme à Montréal… Tu sais que je cherche un emploi…?

MONIQUE: Évidemment, et alors?

ALINE: L'autre jour, par exemple, j'ai eu un entretien avec une dame d'une agence de placement. On a commencé à discuter en français, mais elle a enchaîné en anglais!

MONIQUE: Oui, ça arrive…

ALINE: Je me suis débrouillée comme j'ai pu, mais en faisant des fautes grosses comme une maison… je t'assure… cette conversation ne m'aurait pas valu une note au-dessus de la moyenne à un test d'anglais au lycée…

MONIQUE: Et alors? Elle ne t'a pas comprise?

ALINE: Si, et même, en partant je me suis excusée de mon anglais, en disant qu'en France, on n'était pas habitués à passer des entretiens en anglais, et que c'était la première fois pour moi…

MONIQUE: Alors? Où est le problème?

ALINE: Le problème, c'est que la dame m'a dit que je n'avais pas à m'excuser, que j'étais parfaitement bilingue, et que je parlais bien mieux anglais qu'un grand nombre de Québécois!

MONIQUE: Alors tout va bien!

ALINE: Oui… Mais nous, les Français, on pense qu'être bilingue, c'est pouvoir discuter sur la théorie de la relativité ou de la philosophie néo-marxiste en Amérique du Sud… Le Français surestime le niveau à atteindre en anglais pour être considéré bilingue par un Québécois…

MONIQUE: Ça, c'est bien possible…

Chapitre 8 (Cahier)

À l'écoute

Le 23 juillet 1967, le général Charles de Gaulle arrive au Canada pour une visite officielle à l'occasion des festivités de l'Expo 67. Le lendemain de son arrivée, il donne un discours à Montréal, en face de l'hôtel de ville, durant lequel il prononce cette phrase devenue fameuse: «Vive le Québec libre!» Le message attribué à cette phrase a suscité beaucoup d'émotion et a créé une crise politique entre la France et le Canada. Deux jours plus tard, le général reprend l'avion et rentre en France sans avoir rencontré le chef du gouvernement canadien. Écoutez attentivement cette partie de son discours et répondez aux questions qui suivent.

C'est une immense émotion qui remplit mon cœur en voyant devant moi la ville française de Montréal. Au nom du vieux pays, au nom de la France, je vous salue de tout mon cœur. Je vais vous confier un secret que vous ne répéterez pas. Ce soir ici, et tout le long de ma route, je me trouvais dans une atmosphère du même genre que celle de la Libération. Outre cela, j'ai constaté quel immense effort de progrès, de développement, et par conséquent d'affranchissement vous accomplissez ici et c'est à Montréal qu'il faut que je le dise, parce que, s'il y a au monde une ville exemplaire par ses réussites modernes, c'est la vôtre. Je dis c'est la vôtre et je me permets d'ajouter c'est la nôtre.

Si vous saviez quelle confiance la France, réveillée après d'immenses épreuves, porte vers vous, si vous saviez quelle affection elle recommence à ressentir pour les Français du Canada et si vous saviez à quel point elle se sent obligée à concourir à votre marche en avant, à votre progrès! C'est pourquoi elle a conclu avec le Gouvernement du Québec, avec celui de mon ami Johnson, des accords, pour que les Français de part et d'autre de l'Atlantique travaillent ensemble à une même œuvre française. Et, d'ailleurs, le concours que la France va, tous les jours un peu plus, prêter ici, elle sait bien que vous le lui rendrez, parce que vous êtes en train de vous constituer des élites, des usines, des entreprises, des laboratoires, qui feront l'étonnement de tous et qui, un jour, j'en suis sûr, vous permettront d'aider la France.

Voilà ce que je suis venu vous dire ce soir en ajoutant que j'emporte de cette réunion inouïe de Montréal un souvenir inoubliable. La France entière sait, voit, entend, ce qui se passe ici et je puis vous dire qu'elle en vaudra mieux.

Vive Montréal! Vive le Québec!

Vive le Québec libre!

Vive le Canada français! et vive la France!

Source:
© 2004 Société Radio-Canada.

http://archives.radio-canada.ca/IDC-0-17-209-1048-20/politique_economie/gaulle_quebec_libre/

Le site Internet des Archives de Radio-Canada, mis en ligne en juillet 2002, vise à rendre accessible au grand public une partie de la vaste collection d'archives radiophoniques et télévisuelles de Radio-Canada et de la CBC.